개정판

축구 코칭론

김 기 호 저

도서출판 두남

●● 머리말 ●●

노력하는 사람 반드시 이루리!

세상에는 많은 사람들이 살아가고 있다. 이들 중에 드물게 일당천이 있고, 그 위에 만인적이 있으며, 다시 그 위에 시스템 창조자가 있다. 1831년 마이클 페러데이는 전기를 발명하여 인류에게 크나큰 혜택을 주고 있다. 아이작 뉴턴은 '만유인력의 법칙'을 증명해 우주여행의 길을 열어 놓았다. 아폴로 11호 달 탐사 임무를 비롯한 모든 우주여행에는 「프린키피아 마테마티카」에 규정된 뉴턴의 중력법칙이 적용된다. 1863년 10월 26일 런던의 링컨스 인 필즈에 있는 술집 '프리메이슨스 태번'에서, 그날 월요일에 사립학교 관계자들을 비롯해 런던과 근교의 12개 클럽 대표들이 최초의 통일된 축구규칙 「축구협회 규정집」을 만들었다. 이 얇은 책 덕분에 모든 사람들이 어디서나 동일한 조건하에서 축구경기를 할 수 있게 되었다. 이들은 모두 시스템 창조자들이다. 카리스마는 순간이고 시스템은 영속한다. 시스템은 인류에게 자자손손 크나큰 혜택을 준다. 시스템 창조자가 최고로 인류에게 공헌하는 사람들이다.

이 땅의 축구선수들은 매주 5일 이상, 하루 2시간 이상 연습하고 있다. 새벽에 밤에 개인 연습하는 선수들도 많다. 연습량은 세계 최고수준이다. 그러나 연습효과는 미미하다. 감독이 직접 지도하는 경우는 드물고 거의 대부분 1명의 코치가 30명 내외의 선수들을 가르치고 있다. 세밀한 개별지도가 불가능한 구조다. 수준 높은 연습을 실행하는 팀도 너무나 드물다. 올해는 한국축구 역사 134년째(1882~2015), 그 동안 한국은 World Class 선수를 한 명도 배출하지 못했다.

한 연구결과에 의하면 지도자 중 대다수는 자신은 지도경험이 많고, 지도내용이 좋으며, 선수를 인간적으로 이해하고, 선수지도와 경기전략 수립과정에 있어서 다른 지도자에 비해 월등하다고 생각한다. 그리고 다른 지도자들보다 거짓말도 덜하며, 양심적이고 능력 있는 지도자라고 생각한다. 또한 다른 지도자들은 자신에 비해 거짓말을 할 가능성이 3배 정도 높고, 지도방식이나 지도내용이 뒤떨어져 있으며 좋은 성과를 내지 못할 가능성이 크다고 생각한다. 내 방식이 최고이기 때문에 선수는 무조건 내 방식을 따라야 한다고 믿는다는 것이다(윤영길, 베스트 3

일레븐 2008년 11월호 P 48). 잉글랜드 · 스페인 · 이탈리아 1부 리그에 감독 코치가 한 명도 진출하지 못한 것은 앞으로 한국축구가 극복해야 할 과제다.

감독 코치는 자기 자신이 모르는 것을 절대로 선수들에게 가르칠 수 없다. 한국의 감독 코치는 공부를 더 해야 한다. 계속 공부해야 한다. 감독 코치가 존재하게 하는 존립기반인 선수와 학부모에게 고마워할 줄 알아야 한다. 결코 군림해서는 안 되며 선수를 지극하게 섬기려고 노력해야 한다. 높은 의식수준을 가지려고 끊임없이 힘써야 한다. 감독 코치가 변화하면 선수는 저절로 성장한다. '나에게 부족한 것이 무엇일까? 어떻게 하면 지금보다 더 잘할 수 있을까?'에 진지하게 집중해야 한다.

한국 축구인들이 크고 가치 있으며 대담한 목표를 가지기를 기대한다. FIFA 208개 회원국 중 한국대표팀 순위는 25~40위권을 오가고 있다. 가능한 빠른 시기 안에 한국축구를 세계축구의 표준이 되도록 만들어야 한다. 한국의 와이브로가 세계표준이 되었듯이, 이 일 역시 불가능한 일이 아니다. 코칭, 축구행정, 마케팅, 구단경영 등에서 세계에서 가장 앞선 시스템을 만들면 계속 세계에 수출할 수 있다. 잉글랜드 스페인 이탈리아 브라질 아르헨티나 등 축구 선진국들의 선수 지도자 축구행정가 축구마니아들이 한국에 축구 유학 오는 날을 만들어야 한다. 브라질은 해마다 1,000명 이상의 선수를 해외로 진출시키고 있으며 축구 수출로 700억 달러(약 77조 원) 이상을 벌어들이고 있다.

축구서적 출판 현황을 살펴보자. 지난 2008년 발행된 신간은 4만 300여 종이다. 이 중 축구서적은 15종도 안 된다. 2009년 1월 1일부터 7월 25일 현재까지 국내 축구인이 낸 축구서적은 3종 정도다. 「사랑한다 내 꿈아」(박문성, 여우별, 2009.5.6) 「성공이 성공이 아니고 실패가 실패가 아니다」(이영표 이승국, 홍성사, 2009.5.13) 「좌충우돌의 나의 축구인생」(김삼락, 2009.5)이다. 2011년에도, 2012년에도, 2013년에도, 2014년에도 그러했고, 마치 약속이나 한듯 올해 2015년에도 다르지 않다.

한국에는 한 권으로 독립된 제대로 된 '축구코칭론' 서적이 없다. 이 책 「축구코칭론」이 처음이다. 한국의 축구전문가들이 이 분야의 세계적인 서적을 하루 속히 내어주기를 바라는 마음이다. 저자도 노력할 것이다. 이 책은 모두 6부로 이루어져 있는데, 각 부와 각 장이 각각 여러 권의 책으로 낼 수 있을 만큼 크고 묵직한 주제들이다. 다만 저자의 부족한 공부와 그 한계로 한 권으로 그리고 책 내용도 평범하다. 하지만 이 책을 읽고 새롭게 분발하는 감독 코치들이 최소한 1,000명 이상이 되기를 기원하는 마음 가득하다.

이 책을 읽고 저자를 비난하는 감독 코치들도 있을 것이다. 하나님은 한 생명을 온 천하보다 귀하게 여기신다. 그리고 그렇게 실천하라고 명하신다. 저자는 감독 코치들을 존중한다. 척박한 환경에서 묵묵히 성실하게 선수들을 지도하는 감독 코치들도 많이 있다. 책 내용의 지적은 깊은 애정에서 비롯되며 잘못된 생각과 행위를 그치고 올바르게 지도하기를 바랄 뿐 결코 사람을 미워하지 않는다.

나는 이 책을 "슬픔도 분노도 없는 사람은 더 이상 조국(축구)을 사랑하고 있지 않다"는 마음으로 썼다. 정말이지 어린 선수들의 영혼과 몸을 올바르게 성장시켜야 하는 막중한 책임이 가르치는 감독 코치에게 있지 않는가! 한국에도 World Class의 자질을 가진 선수가 여럿 있었고 지금도 그러하다. 그런데 왜 한국축구 134년 동안 단 한명의 World Class 선수도 육성하지 못했을까? 한국축구는 왜 아직도 세계적인 선수를 계속 배출할 수 있는 시스템을 만들지 못하고 있나? 팀에 World Class 선수가 3명 이상 있어야 비로소 월드컵에서 우승할 수 있다. 가르치는 사람은 배움을 게을리 해서는 안 된다. 감독 코치는 매일매일 자기 자신을 혁신해야 한다.

책을 쓰면서 많은 분들의 도움을 받았다. 여러 서적, 신문자료, 관련 사이트, 각종 월간지 등에 힘입은바 크며, 출처를 모두 밝혀 놓았다. 요청한 사진을 보내준 K리그 6개구단, 포항 스틸러스 김태영님, 성남 일화 이윤철님, 대구 FC 이동준님, 제주 유나이티드 황광진님, 대전 시티즌 이지훈님, 전북 현대 구단에 감사의 마음을 전한다.

고요히 생각하면 많이 부족한 사람에게 이 책을 쓸 수 있도록 허락해 주시고 완성하게 하여 주신 여호와 하나님께 한없는 감사와 찬양을 올립니다.

2015년 7월 19일

광주광역시 중흥동에서 김 기 호

차 례

제 2 부 구체적인 경기력 향상 방안

제 3 부 감독 코치의 경영학

제 4 부 축구경기의 4가지 구성 요소

제6부 분야별 한국어판 축구서적

제 1 부

축구 감독 코치의 세계

"나는 내년에 많은 일을 하겠지만
오늘은 무엇을 했던가?"

— 버크 헤지스

01 축구지도자가 갖추어야 할 자질

1 1인기업으로서의 인생 경영이념

이것은 축구지도자뿐만 아니라 모든 스포츠 지도자에게 요구되는 자질 중 첫째 가는 가장 중요한 자질이다. 지금까지 이걸(1인 기업으로서의 인생 경영이념) 가장 강조하는 「코칭론」 서적이 한 권이라도 있었던가? 그러나 이게 시작이다. 여기서부터 출발한다. 과정이며 추구하는 목적 그 자체이다.

1) 나는 무엇을 위해 축구를 지도하는가?

모든 축구지도자는 이 질문에 대한 선명한 답을 가지고 있어야 한다. 그렇지 못하면 그는 결코 성공한 감독 코치가 되지 못하며 위대한 선수를 배출하지도 못할 것이다.

2) 경영이념이란 무엇이며 왜 필요한가?

오늘날 유소년팀에서 프로구단에 이르기까지 팀 운영 그 자체가 바로 경영이다. 이러하기에 모든 팀들은 철저하게 경영의 논리로 조직되고 운영되어야 한다. 개인 기업 국가 뿐만 아니라 각급 팀들도 확고한 경영이념을 가지고 있어야 한다. 경영학에서 동종업계 세계 1위의 기업을 '비전기업'이라 하고, 세계 2위의 기업을 '비교기업'이라 부른다. 계속 시티은행은 1위이고 체이스맨하턴은행은 2위이다. 보잉은 비전기업이고 더글라스는 비교기업이다(현재 더글라스는 보잉에 인수합병되었고, 비행기 제조업에서 보잉과 에어버스가 치열하게 경쟁하고 있다). 제약업계에서 메르크(Merck)는 언제나 1위이고 화이저(Pfizer)는 뒤쳐져 있다.

3) 왜 이런 차이가 나는가?

많은 경영학자들이 경영이념의 차이가 혁신·학습문화·리더십·기업지배 시스템·제품 교체·얼라인먼트·이사회의 감시·전략 등의 우열을 초래하고, 그 결과 기업의 성과가 달라진다고 들려주고 있다. 일례로, 보잉[1)]은 중요한 전략적 의사결정의 기준으로 기업이념(경영이념)을 중시했다.

그러나 맥도넬 더글라스는 단기적인 목표에 지나치게 집착하여 10원을 아끼고 100원을 잃는 행태를 계속했기 때문에 점보제트기 생산을 주저하는 등 미래로의 과감한 도약이 어려웠다.

비전기업인 HP(휴렛 패커드)는 사회공헌도와 기술혁신을 강조하지만 TI(텍사스 인스트루먼츠)[2]는 매출목표를 기업의 주요 추진력으로 삼고 있으며, '왜 그렇게 하는가'에 대해서는 별로 강조하지 않았다.

경영이념이란?

- 사업체(조직체)의 영원히 변하지 않는 핵심 가치
- 기업의 출발점이자 최종 지향점
- 사업체의 정체성이며 사업체의 영속적인 성격을 규정
- 기업(또는 개인, 국가, 조직)이 무엇을 옹호하며 왜 존재하고 있는가를 나타내는 개념
- 1인기업으로서의 개인의 경영이념이란 "나는 무엇을 위해 살고 있는가?" 라는 질문에서 '무엇을 위해' 에 해당함.
- 경영이념은 제품/시장의 라이프 사이클과 기술적인 혁신, 경영기법상의 유행, 개개인의 리더십 스타일을 초월한다.

경영이념이란, 비유하면 사람에게 있어 사고와 언행을 지배하는 정신(왔다 갔다 하는 게 아닌 초지일관하는)과 같다. 경영이념의 역할은 실로 중대하고 결정적이다. 경영이념이 없는 개인 기업 그리고 국가는 끊임없이 위기에 직면하게 된다. 이들은 일관성도 시스템도 없으며, 위기의 극복 방법으로 종종 손쉽지만 올바르지 못한 선택을 하기에 상황을 더욱 악화시키곤 한다. 그러면 올바르고 확고한 경영이념은 어떠한 영향력을 행사하는가?

첫째, 위기 상황에서도 고객이 신뢰할 수 있는 선택을 하게 한다. 예를 들어 J&J[3]는 1982년 누군가가 타이레놀 병에 시안화물을 넣어 시카고 지역에서 7명의 사망자를 낸 타이레놀 사건에 대처하기 위해 그 기본이 되는 지침으로 신조를 이용했다.

J&J는 사건이 시카고 지역에서만 발생했음에도 불구하고 즉각 전 미국 시장에서 타이레놀을 회수했고 전 국민에게 위험을 알렸으며, 이런 일을 하는 데 모두 1억 달러의 비용과 2,500명의 인력을 동원했다. <워싱턴 포스트>지는 "이 사건을 통해 J&J는 비용이 들더라도 옳은 일이라면 반드시 한다는 기업 이미지를 소비자에게 심어주는 데 성공

---

1) 성공하는 기업의 8가지 습관(원제는 BILT TO LAST), 짐 콜린스 · 제리 포라스 저, 워튼 포럼 옮김, 김영사, 2002.11.29, p.94.
2) 위의 책 p.89.
3) 성공하는 기업의 8가지 습관, 짐 콜린스 · 제리 포라스, 워튼 포럼 옮김, 김영사, 2002.11.29, p.93.

했다."고 보도했다.

타이레놀 사건이 있은 지 며칠 후 브리스틀 마이어스도 유사한 사건을 겪었다. 덴버 지역에서 누군가가 엑세드린(Excedrin)이라는 브리스틀 마이어스 제품에 독극물을 넣었다. 이때 브리스틀 마이어스는 J&J가 전국에서 약을 회수했던 것과는 달리 콜로라도 지역에서만 약을 회수했고, 소비자들에 대한 경고 활동도 하지 않았다.

브리스틀 마이어스 회장인 리처드 겔브(Richard Gelb) — 스스로 자신을 마지막 남은 콩 하나까지도 세어 보는 주의 깊은 경영자라고 표현한다 — 는 한 잡지와의 인터뷰에서 엑세드린 사건은 브리스틀 마이어스의 수익에 거의 영향을 미치지 못할 것이라고 강조했다.

이 두 사건은 J&J가 위기 상황 시에 회사에 좋은 영향을 미치든 아니든 간에 지침을 얻을 수 있는 성문화된 이념을 가지고 있었던 반면, 브리스틀 마이어스는 그렇지 못했다는 것을 암시해 주고 있다.

둘째, 크고 위험하며 대담한 목표를 설정하고 달성하게 하는 에너지를 지속적으로 제공해 준다. 비전기업들은 예외 없이 이러한 목표를 추구하고 있으며 목표 달성 후에도 안주하거나 만족하지 못하게 하는 '불만족 제도'를 실행하고 있다.

만족이란 비전기업의 목표가 아니다. 실제로 비전기업에서는 자기만족을 없애기 위해 일부러 불만족을 유도할 수 있는 강력한 제도를 만들어 놓는다. 이렇게 함으로써 외부 세계가 변화와 개선을 요구하기 전에 기업 스스로 변화와 개선을 촉진한다. 즉, 비전기업에게는 궁극적인 결승점이란 존재하지 않는다. 비전기업 내에는 '달성했다(having made it)'라는 개념이 존재하지 않기 때문에 그 동안의 성과에 만족하면서 앞날을 편히 지낸다는 것은 상상할 수 도 없다.

셋째, 조직 구성원들의 열정과 창의성을 최고로 촉발시키는 원동력이 된다. 탁월한 경영이념이 높은 수준의 조직 문화(기업 문화)를 만든다. 이런 조직 문화의 토양 위에서 전설적인 신화를 창조하려는 조직원들이 속속 등장하게 되는 것이다. 비전기업인 3M은 "실패가 우리의 가장 소중한 상품이다. 실험적이고 시간 소모적인 일을 장려하라. 한 번 해보게 하라. 그것도 당장!"이라고 부추긴다. 3M의 기업 문화는 이처럼 열려 있다. 최고만이 최고를 알아본다. 최고만이 최고를 만들 수 있다. 세계의 비전 기업들은 공통적으로 사교(私敎)같은 기업 문화를 가지고 있다.[4)]

4) 위의 책, p.103~105.

비전기업의 몇 가지 경영이념[5]

메르크 (Merck)	•인류의 건강을 지키고 향상시킨다. 우리의 모든 활동은 이 목적을 얼마나 달성했느냐에 의해 평가된다. •기업의 사회적 책임 •정직성과 도덕성 •모방이 아닌 과학에 기초한 혁신 •모든 면에서 초일류인 회사 •이익 추구, 그러나 인류에 봉사함으로써 얻는 이익
월마트 (Wal-mart)	•회사는 고객에게 가치를 제공하기 위해 존재한다. 저렴한 가격과 다양한 선택을 제공하여 고객의 인생을 풍요롭게 만든다. 이 밖의 모든 것은 부차적이다. •상식에 도전하라. •열정, 헌신, 정열을 가지고 일하라. •종업원과의 동료 의식 •더 높은 목표를 추구하라. •단순하고 간편한 경영
3M	•혁신 : 새로운 제품 아이디어를 죽이지 마라. •완벽한 정직성 •개인의 창의성과 개인적 성장 존중 •선의의 실수에 대한 관대함 •제품의 품질과 신뢰성 •문제 해결이 본질적 업무

우리는 변화와 스피드의 시대, 지식정보화사회에서 살고 있다. 종신고용제도는 과거에 한때 존재했었다. 원하든 원하지 않든 개개인은 이미 1인기업으로 기능할 수밖에 없게 되었다. 이제 모두가 자기 자신이 자기 자신이라는 주식회사의 설립자[6], 사장 그리고 100% 주주인 1인기업 — 여기에서 자유로운 사람이 있는가?

그러면 축구선수를 가르치는 나는 1인기업으로서의 경영이념을 가지고 있는가? 나는 무엇을 위해, 왜 축구를 가르치는가? 나의 인생에서 축구는 무엇인가? 이제 이 책을 읽는 여러분이 스스로에게 답할 차례이다.

2 코칭 철학

감독 코치는 경기장에서, 연습하면서, 선수와의 일상생활에서 온갖 상황을 경험하게 된다. 그리고 그때마다 하나의 선택을 해야 한다. 침묵하거나 무관심한 태도를 보이는

5) 위의 책, p.273.
6) You. Inc 당신이라는 1인 기업, 버크 헤지스 저, 이삭출판사, p.4.

것도 일종의 선택이다. 어떤 선택을 하느냐에 따라 결과는 달라진다. 이때 지도자의 선택을 결정짓는 것이 그가 가지고 있는 코칭 철학이다. 그러므로 코칭에 있어 철학만큼 현실적인 것은 없다.

코칭[7])은 어려운 의사결정과 도덕적 딜레마가 따르는 도전적인 직업이다. 잘 계발된 철학은 어려운 의사결정을 내리는 것을 도울 것이며, 보다 성공적으로 가르치는 데 도움이 될 것이다. 철학이 없으면, 방향성이 없고, 외부의 압력에도 쉽게 굴복하게 된다.

코칭 활동을 하는 데에 있어서 스포츠에 대한 지식보다는 오히려 코칭 철학이 많은 도움을 줄 것이다. 철학을 갖는 것은 훈련 규칙, 경기의 유형, 훈련, 행동유형, 경기 전망, 장·단기적인 목표 그리고 코칭 활동에 있어서 부딪치게 되는 많은 것들로부터 불확실성을 제거해줄 것이다. 철학을 계발하는 데 투자한 시간이 스포츠의 기술적인 지식을 계발하는 데 소요한 시간보다 많다면 더욱 좋은 코치가 될 것이다. 코칭 철학 계발의 요점은 자기 자신을 아는 것이다. 그리고 철학을 가지고 있다고 하더라도 그 철학은 평생 계발되어야 한다는 것을 명심해야 한다.

선수들을 대할 때에는 생활 속에서 사람들과의 관계를 유지하는 것처럼 해야 한다. 이것은 물론, 다른 사람이 당신을 함부로 대한다고 선수들에게도 그렇게 하라는 뜻은 결코 아니다. 유용한 철학을 계발하기 위해서는 두 가지 사항을 포함해야 한다. 첫 번째로는 자신을 더 잘 알기 위해 자기 인식(self-awarness)을 하는 것이다. 둘째로는 코칭 활동을 하는 데에 있어서 목표를 설정하는 것이다. 목표는 코치로서의 당신의 역할이 무엇인지를 구체적으로 볼 수 있는 길을 제공하며, 코치로서의 행동을 요구하게 할 것이다.

▲ 대전 시티즌 감독 시절 김호 감독이 선수들에게 주문하고 있다. 모든 감독의 코칭 철학은 언행을 통해 선수들에게 전달된다. 감독이 선수들에게 존경받을 때 선수들로부터 높은 자발성을 이끌어 낼 수 있다.

(사진 : 대전 시티즌)

7) 코칭 과학, Rainer Martens 지음, 김병준 외 옮김, 대한미디어, 2007.9.3, pp.4~16.

1) 자기 자신을 알기 위한 질문

주어진 각각의 질문을 잘 읽고, 잠시 정답을 생각해 본 후 빈 공간에 이를 작성해 보도록 하라. 질문을 읽고 쉽게 지나치지 말고, 자신에 대해 깊이 생각하는 시간을 갖도록 하라.

- 나는 누구인가?
- 내 삶에 있어 원하는 것은 무엇인가?
- 내가 어디로 가고 있는가?
- 나의 행동이 삶의 목적에 부합한가?
- 나 자신에 대해 부끄러운가 또는 자랑스러운가?
- 나는 행복한가, 불행한가?

2) 코칭 활동에 대한 다섯 가지 질문

질문을 곰곰이 생각하고, 자신의 생각을 적어보도록 하라.

- 왜 코치가 되었는가?
- 올바른 코칭 활동을 하고 있는가?
- 코치로서 나의 목표는 무엇인가?
- 나는 훌륭한 코치인가?
- 나를 좋은 코치로 만드는 것은 무엇인가?

여기에 특별하고 장엄한 하나의 코칭 철학이 있다. 이 책을 읽는 여러분의 코칭 철학을 성숙시키는 소중한 등불이 되기를 기대한다.

▶ 존 우든 감독의 코칭 철학

결코 경기 중에는 선수들에게 소리를 지르거나 무엇을 요구하지 않았다. 코트 위의 선수들은 자발적이고 자유스럽게 기량을 펼쳤다."나의 임무는 훈련이다. 그리고 선수를 지혜롭게 만드는 것일뿐이다"
UCLA 대학 농구팀의 선수와 코치로 27년간 있으면서 620승 147패 승률 80.8%의 경이적인 기록으로 88연승의 위업을 달성했던 존 우든은 체계적인 훈련과 세밀한 경기운영으로 선수들의 능력을 최대한 발휘케한 '코트의 헨리 포드'였다.
동양의 선(禪)사상에 심취해 모든 일에 중용을 강조했던 우든[8]은 12년간 UCLA코치로 재임하며 NCAA(전미대학농구시리즈)에서 팀을 10차례 정상에 올려놓은 천재적인 조련사였다.

8) 스포츠 서울, 1986. 12. 27(土). 4면.

그는 모든 훈련에서 한치의 오차도 허용치 않는 비정한 지도자였다. 그의 빽빽한 훈련일정은 선수들을 혹독하게 몰아붙였고 완벽을 요구했다. 시즌이 시작하면 매일매일 선수들의 체중을 점검하는가 하면 새삼스럽게 양말 신는 법을 강의하곤 했다. 그는 27년간 한결같이 그날그날의 훈련계획과 결과를 수첩에 정리했다. 그리고 일단 코트에 나서면 정장차림으로 벤치에 조용히 앉아있기만 했다. 마치 참선에 몰두한 수도승처럼. "어쩔 수 없는 일에 집착하면 할수록 가능한 일도 할 수 없게 된다."

우든은 경기에 지더라도 선수들이 최선을 다했다고 생각하면 만족해했다. 자신의 영향력을 벗어난 일에 대해 놀라울 정도로 침착하게 수용했다. 때문에 우든은 결코 승부에 집착하는 모습을 보이지 않았고 라이벌 팀의 선수를 스카우트하는 물의를 일으키지 않았으며 외부의 압력에도 흔들리지 않았다.

노자의 도덕경을 즐겨 읽었던 우든은 '도의 원리는 자연스러움'이라는 구절을 좋아했다. 그래서 그의 작전은 물 흐르듯 유연했고 한 가지 스타일에 구애받지 않았다. "나는 선수들에게 한 번도 상대방에게 이길 것을 요구하지 않았다. 그것이 우승의 비결이다"라고 토로했던 우든은 "실수를 많이 하는 팀이 승부에서 이긴다"라는 역설적인 말을 했고 그것을 입증해 보였다.

1975년 NCAA 준결승에서 루이스 빌을 물리친 직후 "선(禪)은 목표가 없다. 다만 정처 없이 여행하는 것이다."라고 말하며 은퇴를 발표, 홀연히 코트를 떠났던 우든은 농구 '명예의 전당'에 헌액됐다.

서양인으로 동양철학을 바탕으로 미 대학농구를 제압했던 우든은 독특하고 유능한 농구인으로 기억되고 있다.

3) 생각해볼 문제

- 행동에 지침이 되는 신념과 원칙으로 구성된 자신만의 코칭철학을 갖고 있는가?
- 코치로서의 자기 자신에 대한 인식을 더 계발하면서, 코칭 목적을 세우려 하고 있는가?
- 상황에 대한 분석과 다른 사람이 당신에게 어떻게 반응하는지에 따라 주의를 기울이려고 하고 있는가?
- 당신의 이성적, 공적, 실제적 자아의 특징은 무엇인가?
- 자신의 가치를 어떻게 평가할 것인가? 자기존중감의 수준은 어느 정도 되는가?

이와 같은 질문은 성공적인 코칭과 깊은 연관이 있다.

- 자신을 드러내고 있는가? 자신을 드러낸다는 것은 다른 사람이 자신을 이해하는 데 도움을 줄 뿐만 아니라, 자기 자신을 이해하는 데도 도움이 된다. 이는 또한 지도자가 선수들과 신뢰를 쌓는 데도 중요한 역할을 한다.

3 자기주도적 학습문화

「강대국의 흥망」으로 유명한 폴 케네디는 미국이 초강대국의 자리를 지킬 수 있는 것은 다른 나라보다 월등한 지식 체계가 있기 때문이라고 해석한다.

1) 지식이란 무엇인가?

지식은 크게 세 가지로 나눠볼 수 있다. 첫째, 기초과학[9]이나 순수학문, 경제경영학과 같은 이론적 지식, 둘째, 데이터베이스나 기술특허와 같은 실용적 지식, 셋째 현장경험과 노하우 등이다.

▶ 지식의 구성요소

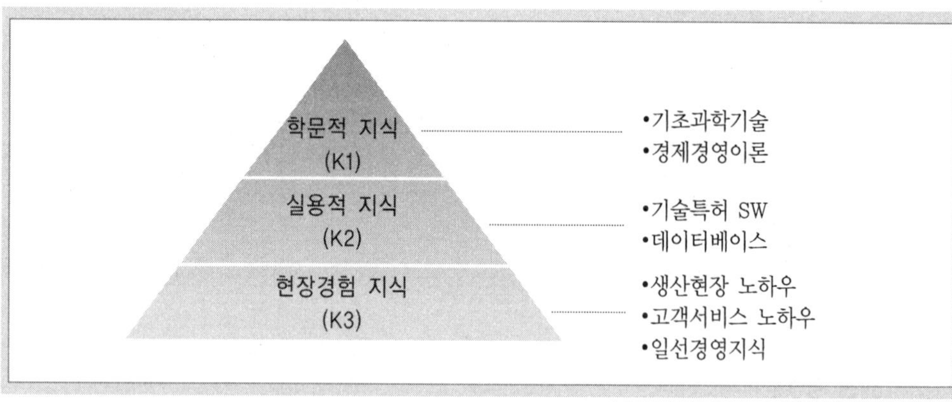

지식은 접근방법에 따라 다른 형태로도 표현할 수 있다.

미국 컨설팅회사 모니터 컴퍼니의 최고 지식 경영자(CKO)인 앨런 캔트로는 지식을 데이터와 정보의 상위개념으로 파악한다. 여러 가지 데이터에서 한 가지 맥락이나 공통점을 찾아낸 것을 정보라 하고, 정보를 나름대로 해석하고 의미를 부여한 것을 지식이라 부른다.

2) 지식의 역할

최근 발표된 미국 국토안보부 이민통계국의 2006 회계연도 비이민 비자 승인 현황에 따르면 한국[10]은 13만 5265명이 유학생·교환연수 비자를 승인받아 단연 1위를 차지했다. 2위는 일본으로 9만 490명이었고 3위는 중국으로 7만 503명을 기록했다.

---

9) 지식혁명 보고서, 매일경제지식프로젝트팀 편, 매일경제신문사, 1999.1.25, pp.62~63.
10) 중앙일보, 2007.9.19.水. 2면,'탈 코리아' 미성년자 연 10만 돌파.

또 하나. 2007년 9월 17일 한국은행에 따르면 올 1~7월 사업서비스 부문의 수지 적자는 45억 4000만 달러로 같은 기간의 여행수지 적자액(88억 2000만 달러)[11]의 절반 수준에 그쳤다. 그러나 같은 기간 사업서비스 부문의 대외지급액은 130억 달러로 여행수지 대외지급액 120억 2000만 달러를 능가했다.

사업서비스 부문의 대외지급액은 2002년 96억 1000만 달러에서 매년 큰 폭으로 늘어나 지난해엔 199억 달러를 기록했다. 사업서비스는 기업영업활동과 관련한 서비스로 법률·회계, 컨설팅, 홍보, 경영자문, 광고·디자인, 시장조사, 연구개발, 운용리스, 중개무역, 현지가공 등을 포함한다. 이러한 업종들은 전통적인 제조업에 비해 부가가치가 훨씬 높아 선진국들은 저기술 제조업을 개발도상국에 넘겨주는 대신 이 부분의 경쟁력을 높여 왔다.

하나 더. CDMA 방식의 이동통신 기술을 개발한 퀄컴은 최근 10년간 우리나라에서 3조 원의 로얄티를 받아갔다. 2007년 국내법인이 해외에 지급한 로얄티는 50억 달러(6조 원)을 넘었다.

지식기반시대 지식정보화시대 21세기 글로벌 경제체제에서 경쟁 우위를 결정짓는 단 하나의 요소는 지식이다. 지식이 가장 강력한 경쟁 수단이며 지구 최후의 경쟁 무기가 되었다. 보이지 않는 지식의 차이가 당신의 인생을 결정한다. 기업과 국가의 미래를 좌우한다.

■ 공부하지 않으면? 우물 안 개구리!

개인의 자기주도적 학습문화는 평생교육(생애교육 Lifelong Education)과 그 궤를 같이한다. 진실로 가르치는 사람은 배움을 게을리 해서는 안 된다. 한 권의 책을 읽은 사람은 두 권의 책을 읽은 사람을 결코 앞서갈 수 없다. 이제 몇 가지 질문을 던지며, 지금 이 글을 읽고 있는 여러분 스스로가 답해 보기를 권유 드린다.

- 한국에 세계적인 축구 석학, 축구 지식인이 있는가?
- 한국 축구 역사 이래 지금까지 왜 월드클래스(World Class) 선수를 한 명도 배출하지 못하고 있는가?
- 한국 축구는 빅3(잉글랜드 이탈리아 스페인 : 축구시장 크기 순) 최고 리그 클럽에 왜 1명의 감독도 진출시키지 못하고 있는가?
- 대한축구협회의 행정력은 초일류기업과 어떤 격차를 보이고 있는가?
- 762억 이상의 1년 예산과 '한국 축구계에서 내로라 하는' 80여 명의 유급 상근 직원을 두고도 변화와 스피드가 너무나 느린 협회의 '굼벵이' 행정을 무엇으로, 어떻게 극복할 것인가?

---

11) 중앙일보, 2007.9.18.火, E 1면, 법률·회계 등 사업서비스 해외 지급액 급증, 여행수지 지출 앞질렀다.

- 대한민국 최초의 브라질 1부 리거로 2006년 4월 브라질 1부리그 피게이렌세에 입단한 권준(22)은 한국에서 이유 없이 선배·지도자에게 맞는 게 너무 싫어 미련없이 브라질행 비행기를 탔다.
- 한국의 축구 지식 토대는 축구선진국과 어떤 차이를 보이고 있는가? 일례로, 한국 축구계는 여전히 축구서적 출판이 빈곤하다. 분야도 한정되어 있고 수준 높은 축구서적도 만나기 어렵다. 프로 구단 경영 시스템, 헤딩 전문서 등 특화되고 깊이 있는 책이 한 권이라도 있는가? 그 결과 프로 구단의 헤딩 연습도 단순하고, 어제 연습한 걸 오늘도 내일도 그대로 답습하고 있는 실정이다. 선수들은 계속 더 높은 수준의 연습을 원하고 있다.
- 프로 구단이 왜 계속 적자를 내고 있는가?

  1983년 K—리그 출범 후 올해로 30년째. 27세면 정신적 경제적 사회적으로 독립한 어른이다. 그런데 왜 여전히 줄기차게 적자 행진을 계속하고 있는가? 2006년 12월 말 인천 유나이티드 FC는 2006 시즌에서 5억 4998만 1616원의 흑자(수입 116억 5088만 4470원, 지출 111억 90만 2854원)를 달성했다고 발표했다. 그러나 모든 마케팅 활동의 원천이 되는 입장권 수입이 9076만 633원(총수입의 1% 미만임)에 불과했던 인천 FC가 진정 흑자를 내었다고 말할 수 있는가?
- 한국프로축구연맹은 주어진 책임과 역할을 제대로 하고 있는가?
- 한국 축구계에 피터 드러커, 샘 월턴 같은 분들이 얼마나 있었던가?

■ 피터 드러커!

'현대 경영학의 창시자'요, 세계 석학 중의 석학이었던 그는 96번째 생일을 불과 8일 남긴 2005년 11월 14일 숙환으로 별세했다(1909.11.22~2005.11.14). 35권의 저서와 수천 편의 논문을 남겼다. GM을 비롯한 세계적인 기업들을 경영 컨설팅했으며 삶이 다한 그날까지 연구 교육 강연 집필 등에 치열하게 천착했다. 그의 저서는 세계 각국에 출판되어 베스트셀러 스테디셀러가 되었고, 지구촌 인류의 부의 증가와 기업 혁신에 결정적으로 기여했다.

월마트의 창시자 샘 월턴은 끈기와 집념의 화신이었다. 병상에서 임종하는 그날까지도 보고 받고, 대화하고, '어떻게 하면 오늘보다 더 잘 할 수 있을까?'에 몰두했다. 포천은 2007년 7월 23일 월마트를 세계 1위의 글로벌 기업으로 선정했다(매출액 3511억 달러). 2위는 엑손모빌(3472억 달러), 3위는 로열더치 셀(3188억 달러)이고 삼성전자(894억 달러)는 46위였다.

이들은 삶이 다하는 그날까지 결코 은퇴는 없었다. 처음부터 '노년을 편안하게 보내야겠다'는 생각조차 하지 않았다. 이들은 잠시 존재했다 사라지는 카리스마가 — 거의 대부분의 경우 리더의 카리스마가 강렬할수록 후유증은 심각하다. 그 지도자의 카리스마가 사라지면 그 조직에는 혼란과 무질서가 시작된다. 그러나 우리가 상상하는 것과는 달리 초일류 중의 초일류 기업인 비전기업의 CEO 중 위압적인 카리스마를 가진 사람이 매우 드물다는 사실은 매우 흥미롭다. 합리적이고 겸손하며 온유한 성품을 가지고 있다. 조용하며 심지어 수줍어하기까지 하는 CEO들도 많다고 한다. 그러나 기업 경영에서는 계속 최고의 실적을 내고 있다 — 아닌, 영속하면서 인류에게 대대로 탁월한 제품과 서비스를 만들어내는 시스템을 선물로 남겼다.

■ 치열한 공부 없이는 성적도 없다!

학습조직의 대가 피터 센게는 "진정한 배움[12]은 인간적이라는 말이 가지는 뜻의 핵심이다. 우리는 배움을 통해 자신을 재창조한다. 배움을 통해 우리는 전에는 절대 할 수 없었던 것을 할 수 있다. 배움을 통해 우리는 창조하는 능력, 삶의 생산적인 프로세서의 일부가 되는 능력을 확대시킨다. 우리 각자에게는 이런 유형의 배움에 대한 깊은 갈망이 있다."라고 깨우쳐 주고 있다.

"80살에 은퇴하면서 무엇을 할까 고민하다가 공부[13]를 시작하기로 결심했다." 2005년 베르나르트 헤르츠베르크(96)는 영국 국립성인평생교육연구소 조사 결과 영국에서 가장 나이 많은 학생으로 뽑혔다. 그는 9월부터 런던의 오리엔트·아프리카 경제와 문학으로 석사 과정을 밟는다. 100살을 바라보고 있지만 아직 기억력과 사고력에는 별 문제가 없다고 그는 자랑한다.

2005년 10월 24일 8세 천재소년 송유근군[14]이 인하대 2학기 수시 모집에 최연소 대학생으로 합격했다. '21세기 글로벌 리더 전형' 케이스로 자연과학 계열에 응시한 송군이 지난 10월 22일 심층 면접고사에서 슈뢰딩거 방정식과 양자역학 등 어려운 물리방식에 뛰어난 재량을 보이는 등 실력의 우수성을 인정받아 합격 처리했다고 밝혔다.

송유근군(8)의 천재성은 어느 정도일까? 송군의 어머니 박옥선씨(46·경기도 구리시 교문동)는 24일 "두뇌가 뛰어나다기보다는 노력과 집중력이 월등한 것 같다."고 밝혔다. 지난 2003년 유치원에 다니던 송군은 유치원 생활에 적응하질 못해 결국 집에서 홀로 공부하는 길을 택해야 했다. 옷도 입혀줘야 하고, 잠자리에서는 엄마 곁을 떠나려 하지 않는 어린애인데도 수학과 과학책, 컴퓨터를 접하면 하루 12~14시간을 꼬박 책상에 앉아 즐기는 놀라운 집중력을 보였다는 게 가족들의 얘기다. 만 5세이던 2003년 7월부터 '나홀로 공부'를 시작한 송군은 6개월 만에 미적분을 풀어 놀라게 했다. 이듬해 8월에는 한국산업인력공단이 실시한 최연소 정보처리기능사 시험에 합격, 영재성을 인

12) 소중한 것을 먼저 하라, 스티븐 코비 · 로저 메릴 · 레베카 메릴 지음, 김경섭 옮김, 김영사, pp.277~278.
13) 한겨레신문, 2005. 10. 22. 土. 16면 "팔순에 시작한 공부 100살까지"
14) 스포츠 조선, 2005. 10. 25. 火. 23면, 대학 새내기 된 '여덟 살 천재'

정받기 시작했다. 송군은 만 6세이던 지난해 11월 초등학교 6학년 입학, 3개월 만에 졸업하고 지난 5월과 8월 고입, 대입검정고시에 잇따라 합격했다.

지금은 시간과 공간, 중력의 원리 등 우주의 거시적 측면을 다루는 아인슈타인의 상대성이론과 미시적 입자들을 불확정적인 확률로 기술하는 양자역학을 종합한 '초끈이론'에 푹 빠져 있다. 송군을 지도해온 인하대영재교육원 박제남 원장은 "수학 미적분을 푸는 능력이 대학생 수준이며, 컴퓨터 능력이 뛰어나고 초끈이론을 공부할 정도"라고 평가했다.

축구 담당기자들은 한국 프로 감독들 중 J, G 감독을 한결같이 공부하는 감독으로 지목하고 있다. 축구 일지 쓰고, 비디오 분석에 열중하며, 수시로 선진 축구를 견학하러 간다. 그러나 이 감독들은 뼈저리게 알아야 한다. 그렇게 해서는 축구 지식인도, 세계적인 업적을 남기는 감독도 될 수 없다. 이들은 무엇을(연구 분야) 공부해야 하는지 아는지 궁금하다. 우선 경기에서 이기는 공부만 해서는 백년하청이다. 너무나 폭 좁게 공부하고 있는 걸 극복해야 한다. 우물을 깊게 파려면 터를 넓게 잡아 첨단기기를 활용해야 한다. 팀 운영자체가 바로 경영이다. 감독이 경영자다. 선수를 가르치는 것 그 자체가 수업이다.

이러하기에 경영학을 모르고, 교수학습이론을 공부하지 않으면 성장에는 한계가 있다. 이외에도 지도법, 어학, 변화전문가, 스포츠 심리학, 스포츠과학, 스포츠 생리학 등 공부해야 하는 분야가 많이 있다.

세상에서 진정으로 하려는 사람보다 더 잘하는 사람은 없다. 남의 성공 방식만을 그대로 좇아서는 결코 그들을 뛰어 넘을 수 없다. 자신이 알고 있는 지식들을 활용하여 또 다른 지식을 창출하는 방법에서—이것이야말로 지식사회에서 가장 중요한 일이다—앞서 가야 한다.

자기 자신을 성장시키려는 축구지도자는 공부해야 할 분야를 정확하게 알고, 올바른 방법으로, 끊임없이 공부해야 한다. 거듭 말하지만 스스로 공부하는 자기주도적 학습문화를 가지고 있지 않은 축구지도자는 대성할 수 있는 선수의 앞길을 가로막으며 학부모와 주위 사람들을 좌절시킨다. 한국 축구를 정체시킨다. 어리석은 지도자는 적보다도 더 위험하다.

■ 이 사람이 바로 세계의 석학!

한국은 아직 지식선진국에 진입하지 못하고 있다. 첨단 원천기술이 거의 없기에 해마다 막대한 로얄티(기술사용료)를 외국에 지불하고 있으며 세계가 인정하는 세계적인 석학도 드물다. 그 나라의 지식수준을 나타내는 지표 중의 하나인 서비스 수지에서 한국은 지난 2006년 적자 세계 2위였다.

한국의 서비스 수지 적자는 2007년[15] 상반기에만 105억 7500만 달러를 기록해 지난해 같은 기간보다 19.2%나 늘었다. 이 추세가 이어진다면 올해 적자는 200억 달러를 넘어 사상 최고치를 경신할 것으로 예상된다.

반면 미국은 2006년 797억 4000만 달러의 서비스 수지 흑자를 기록했다. 이어 영국 스페인 스위스 룩셈브르크 터키 오스트리아 프랑스의 서비스 수지 흑자가 100억 달러를 넘어 섰다. 상황이 이러하나 이 사람은 진실로 한국이 자랑할 수 있는 세계의 석학이다.

박대연 한국과학기술원(KAIST) 전기공학과 교수, 아래는 그의 이야기이다.

— 1조 모아 나라 이끌 '1%의 학생' 키우겠다 —

■ '티맥스소프트 창업' 박대연 교수

박대연 한국과학기술원(KAIST) 전기전자공학과 교수(50)는 부자다. 그것도 '작은 부자'가 아니라 '큰 부자'다. 재산만도 이미 수백억 원대에 이른다. 5년 정도 지나면 억 원대를 넘어 조 원대에 이를 잠재력을 갖고 있다. 하지만 그는 돈이 많다는 것을 굳이 내세우지 않는다. 자신이 부자가 되는 게 아니라 한국이 부자가 되도록 하는 게 그의 꿈이기 때문이다. 나만 잘 먹고 잘 사는 게 아니라 배달의 민족 전체의 부를 키우기 위해 지천명(知天命)의 나이에도 하루 16시간씩 연구에 매달린다. 큰 부자의 꿈을 이루기 위해 그는 결혼도 하지 않았다.

박 교수는 별명이 많다. 돈키호테, 한국의 빌 게이츠[16], 괴짜, 마라토너, 소년가장, 몽상가, 낙천주의자…. 끝없이 이어지는 그의 별명은 한 편의 드라마처럼 파란만장했던 그의 삶을 그대로 옮겨놓은 것이다. 불과 몇 문장으로 피눈물 맺힌 그의 50년 인생을 표현하는 것은 불가능하다. 하지만 오해와 미화의 위험을 무릅쓰고 그의 삶을 정리해보자.

그는 13세 때 소년가장이 됐다. 편모와 5남매를 먹여 살리기 위해 월급 3000원(당시 쌀 1가마 값)을 받는 운수회사 사환생활을 하면서 야간중학교와 상고를 전 학년 1등으로 졸업했다. 심부름하면서 받은 택시비를 아끼기 위해 무수히 뛰어다녀 주위에선 그가 마라톤선수가 될 것이라고 예상했을 정도다. 한일은행(현 우리은행)에 들어가 13년 동안 동생 셋을 대학공부시킨 뒤 34세의 늦은 나이에 미국 유학을 떠났다. 학사와 석사(오리건대학) 및 박사(USC)를 8년 만에 마쳤다. 그것도 학사부터 박사 때까지 전 과목 A(All A!)와 최우수 논문상을 받았다.

귀국 후 시스템 소프트웨어 개발회사인 티맥스소프트를 창업했고 야간상고 출신으로는 처음으로 KAIST 교수가 됐다. 이것만으로도 박 교수의 삶은 충분히 성공적이다. 하지만 그의 삶은 그 후가 더 드러매틱하다. 돈키호테와 몽상가에서 '한국의 빌 게이츠'라는 별명을 얻게 되는 과정이 그것.

티맥스소프트(티맥스는 기술최대화라는 뜻의 Technology Maximization을 줄인 말)를 창업해 '조수' 2명과 함께 미들웨어 원천기술을 개발하겠다고 나서자 곳곳에서 비아냥됐다. 미들웨어란 한 기업에 설치된 각종 컴퓨터 프로그램이 충돌을 일으키지 않고 순조롭게 연결되도록 해주는 소프트웨어 운영체계(OS)와 데이터베이스(DB) 엔진과 함께 정보

---

15) 중앙일보, 2007.8.7.火. 3면 작년 서비스수지 적자 세계 3위.

16) 1조 모아 나라 이끌 '1%의 학생' 키우겠다, 중앙일보 2004.10.4.月. 5면.

기술(IT) 부분의 3대 기술로 꼽힌다. 미국의 BEA IBM 오라클 등 일부 기업만이 원천기술을 갖고 있다. 일본과 독일 및 한국 대기업들이 수천억 원의 자금을 쏟아 붓고도 개발에 실패한 기술이다. 그런 기술을 몇 사람이서 하겠다니 싸늘한 반응은 어쩌면 당연한 것이었다.

그러나 그는 1998년 미들웨어 기술을 개발했다. 미국을 제외하고는 처음이었다. 박교수는 "소프트웨어 개발은 사람과 돈이 많다고 이뤄지는 게 아니다. 열정을 갖고 혼자서도 할 수 있다."고 강조한다. 하지만 기술을 개발했다고 해서 탄탄대로가 펼쳐진 것은 아니었다.

외국기업 제품이 판로를 꽉 잡고 있는 현실에서 이름도 생소한 신생 벤처기업이 뚫고 들어가야 할 벽은 예상보다 훨씬 높았다. 3개월 이상 하나도 팔지 못했다. 국방부에서 실시한 성능시험(BMT)에 72시간 동안의 사투 끝에 합격한 뒤부터 막혔던 판로가 뚫리기 시작했다. 티맥스의 미들웨어 개발로 국내 시판가는 25% 수준으로 폭락했다. 외국기업이 누렸던 수백억 원에 이르는 독점이익을 한국기업에 되돌려 주는 부가가치를 이루어낸 것이다.지난해 크리스마스 때는 IBM을 제치고 세계에서 가장 먼저 J2EE(웹의 세계적 기술표준) 인증을 획득함으로써 기술수준이 세계 제일임을 보여줬다.

■ 소프트웨어는 단기필마 게임

박 교수의 도전은 여기서 끝나지 않았다. 그는 IT 기술 중 가장 어려운 DB엔진도 20억 원을 들여 개발해 10월부터 시판에 들어간다. 이제 남은 것은 OS. 메인프레임 OS가 휴대폰이나 시계 등에 들어가는 유비쿼터스(Ubiquitous) 환경의 OS가 목표다. 그는 "미들웨어와 DB엔진 기술을 개발했기 때문에 OS 개발은 큰 어려움이 없다."며 "2006년까지는 OS 개발을 마무리해 3대 IT 원천기술을 모두 갖는 기업이 될 것"이라고 밝힌다. 현재 미들웨어 OS, DB엔진 기술을 모두 갖고 있는 기업은 IBM뿐이다.

박 교수가 불가능의 영역에 속해 있던 이런 기술을 잇따라 개발하자 박찬호가 메이저리그에 진출하고, 박세리와 최경주가 각각 미국여자프로골프협회(LPGA)와 미국프로골프협회(PGA)에 발을 들여놓은 뒤 한국선수들이 잇따라 활약하고 있는 것과 마찬가지다. 박 교수는 "요즘이 한국이 선진국이 될 수 있느냐를 결정짓는 중요한 시기"라며 "앞으로 5년 동안 시스템소프트웨어 개발을 마무리하는 데 전력을 기울일 것"이라고 각오를 다진다. 그와 티맥스 연구원들은 이번 추석 연휴 5일 동안에도 모두 나와 연구에 매달렸다. "21세기는 과학기술자들이 목숨 걸고 나라를 먹여 살리기 위해 노력해야 한다. 다른 사람이 할 수 없는 일을 해내는 사람이 엘리트다. 서울대나 KAIST 등 일류대학을 졸업한 뒤 개인의 이익만을 위한 평범한 일을 하는 것은 매국노"라는 그의 철학에 따른 것이다.

박교수가 시스템소프트웨어분야에 인생을 건 것은 '성공 가능성'이 가장 높다고 보기 때문. "일본과 독일이 미국에 이어 2위 그룹을 형성한 이유는 자동차 전자 기계 등 미국이 넘겨준 기술을 다른 나라보다 일찍 받았기 때문이다. 창의성과 아이디어가 풍부한 한국(인)은 이 분야에서 일본과 독일을 제치고 앞서 나갈 수 있는 자질과 기회를 갖췄다."는 게 그의 설명이다.

박교수는 "티맥스의 경쟁상대는 삼성전자가 아닌 IBM"이라고 힘주어 말한다. 티맥스의 매출은 지난해 217억원, 당기순이익은 27억 원으로 삼성전자와 비교가 되지 않는다. 하지만 마이크로소프트가 순식간에 제너럴일렉트릭(GE)을 따라 붙을 정도의 괴력을 발휘한 것처럼 무한한 가능성을 지닌 IT 원천기술을 갖고 있는 만큼 성장잠재력이 엄청나기 때문이라는 설명이다. 한 창업투자회사가 자본금(30억 원)의 일부를 액면가의 150배에 인수한 것은 이런 잠재력을 평가한 것이다.

박교수는 "2006년에는 매출 3조 원, 순이익 1조 5000억 원을 달성할 수 있을 것"이라고 밝힌다.

"지금으로서는 꿈같은 이야기처럼 들리겠지만, 1~2년의 시차가 있더라도 꼭 실현할 수 있다."는 자신감이다. 그때쯤 그의 재산도 조원대로 늘어날지 모른다.

■ 티맥스의 경쟁상대는 IBM

하지만 그는 "돈과 부자가 무슨 의미가 있느냐"고 반문한다. "죽으면 3평 땅에 묻히고 만다."는 것. 박 교수는 그의 계획이 예정대로 실현대면 캘리포니아공과대학(CALTEC)에 버금가는 공대를 설립할 꿈도 갖고 있다. 전교생이 1000명에 불과할 정도로 극소수의 엘리트를 양성하는 곳이다.

박 교수의 공대 설립계획은 다음과 같다. "공대 설립 및 운영예산은 총 1조 원. 3000억 원으로 부지를 사고, 2000억 원으로 첨단시설을 갖춘다. 학생은 1000명으로 제한하고 교수는 500명을 확보한다. 교수는 억대 연봉을 보장하되 연구 성과에 따라 차별화하며 학생은 등록금을 전액 면제하고 매월 150만 원(학사)~250만 원(박사)을 생활비로 지원한다." 박교수는 "모든 국민이 새벽부터 밤늦게까지 고생하며 일하는 '새마을운동'은 끝났다."며 "주 5일제로 99%의 사람이 '나인 투 파이브(9 to 5)'로 근무하고 놀지만 나라를 이끌어갈 1%를 길러내는 게 중요하기 때문에 이처럼 파격적인 대우를 해줄 것"이라고 강조한다.

박교수는 아직 미혼이다. 아직 시간이 있는 만큼 결혼은 가능성의 영역에 남아 있지만 그는 고개를 내젓는다. "앞으로 5년 동안 기술개발을 마무리하는 데 전력을 기울일 예정이기 때문에 현실적으로 어렵다. 지금 내가 아니면 불가능하다고 생각한다. 결혼보다는 기술로 한국의 미래를 바꾸는게 훨씬 중요하다"는 것이다.

■ 결혼보다 소프트웨어 개발이 소명

그는 종교가 없다. 영화 한 편도 본 적이 없다. 미국에서 함께 고생하며 공부했던 USC 후배들도 귀국 뒤 한 번도 만나지 않았다. 연구에 방해가 되기 때문이다. 그는 "연구자는 외로워야 한다."고 강조한다. "미들웨어나 DB엔진 기술을 개발하면서 에러가 나타날 때 물어볼 사람도 없고 원인을 알 수도 없는 고통의 순간을 수없이 겪었다. 그럴 때면 KAIST 뒷산에 가서 엉엉 울었다."고 한다. 하지만 그는 아무리 어려운 순간이 닥쳐도 이겨낼 수 있다는 자신감을 잃지 않았다. "비관적으로 보는 사람은 어떤 일도 이룰 수 없다."며 0.01%의 가능성이라도 현실로 만들 수 있는 길을 찾을 수 있다는 것을 믿어 의심하지 않았다.

누구나 부자가 되고 싶어 한다. 쓸 것 안 쓰고 먹을 것 참으면서 열심히 돈을 모아 부자가 된 사람도 적지 않다. 하지만 그들은 재산규모가 수십억~수백억 원에 그치는 작은 부자들이다. '큰 부자는 하늘이 낸다.'는 말이 있다. 재산이 수천억~수조 원에 이르는 큰 부자는 '부자 되겠다'며 악착같이 돈을 따라다녀서는 되기 어렵다는 뜻일 게다. 부자이되 부자임을 내세우지 않고, 사회적 부가가치를 높이기 위해 개인의 삶을 희생하는 박대연 교수는 진정 이 시대의 큰 부자임에 틀림없다.

4 청 렴

"너는 굽게 판단하지 말며 사람을 외모로 보지 말며 또 뇌물을 받지 말라. 뇌물은 지혜자의 눈을 어둡게 하고 의인의 말을 굽게 하느니라"

— 전도서 16:19

"그들은 뇌물로 인하여 악인을 의롭다 하고 의인에게서 그 의를 빼앗도다"

— 이사야 5:23

1) 고기를 먹여 주마!

2004년 6월 21일(月) 한 신문에 아래와 같은 내용이 보도되었다. 대구달서경찰서는 21일 운동선수인 아들에게 고기를 먹이고 싶지만 돈이 없어 대형할인점에서 음식물을 훔친 혐의로 입건. 경찰에 따르면 김씨는 남편과 4년 전 이혼한 뒤 고교생 아들과 함께 살고 있는데 20일 오후 4시쯤 달서구의 한 대형할인점에 선풍기를 사러 갔다가 아들에게 먹이려고 한우 고기와 포도, 갈치, 파인애플 등 5만 7천여 원 어치를 웃옷에 숨겨 나왔다는 것. 경찰은 "김씨가 식당 일을 하면서 생계를 꾸려오다 최근 그만 뒀다."고 발표했다.

2) "전화가 무서워요"

선수를 자녀로 둔 학부모들은 고액의 교육비 부담으로 등이 휠 지경에 와 있다. 이걸 견디다 못해 운동을 포기하는 선수도 한둘이 아니다. 도대체 어디에 돈이 필요하고 사용되는가? 선수들은 이런 저런 온갖 명목의 돈을 내어야 한다. 합숙비, 전지 훈련비, 차량비, 간식비, 대회 참가 경비, 용품 구입비, 감독 코치 월급 및 사례비, 간식, 관람비 등등 갖가지 이름으로 비용이 부과될 때마다 "돈 보내주세요"하고 선수들의 부모에게 연락이 간다. 프로구단이 운영하거나 후원하는 학교 외에는 감독 코치의 보수를 학부모들이 거출하여 부담하고 있다. 정말이지 이상한 일이다. 축구부가 학교의 축구부인가? 학부모가 설립한 축구부인가?

고등학교 축구선수는 미래의 장밋빛 꿈을 이루기 위해 얼마나[17] 많은 돈을 쓸까? 서울 H고 3년 A군의 경우를 살펴보면? 그는 한 달에 50만 원을 일정하게 학교에 납부한다. 1년 내내 하는 합숙 훈련에 드는 비용이다. 대부분이 학교가 뽑은 축구부를 위해 뽑은 직원의 급료다. 30명 선수들은 코치 3명, 주방 요리사 2명, 버스 기사 1명, 영어 과외교사 1명 등 총 7명의 월급을 분담해야 한다. 영어 과외는 이 학교 축구부만의 특징으로, 기초 학력 유지를 위해 코칭스태프가 특별히 요청해 이뤄진 것이다.

---

17) 스포츠조선, 2007.6.18.月.14면, 고교 축구선수 A군 1년 비용 1천만 원 '훌쩍~'

전국 대회에 출전하는 달은 지출이 더욱 커진다. 경기 대부분이 지방에서 열리기 때문에 여관비와 식비를 합해 매회 평균 30~40만 원이 쓰인다. 운동복과 축구화 등 운동에 필요한 장비 비용도 당연히 개인 부담이다. 운동복 장만에 연 200만 원, 축구화에 연 50만 원 정도가 따로 소요된다고 한다. 동계전지훈련을 가게 되면 100만 원 정도가 더 추가된다. A군의 사례로 보면 프로를 꿈꾸는 고등학교 축구선수가 순전히 운동을 위해 들이는 돈은 한 해 1,000만 원이 훌쩍 넘는다.

A군의 아버지는 "중앙연맹은 물론 학교의 지원도 전무한 편"이라며 "학교마다 사정이 비슷하니 어디 하소연할 데도 없다."고 열악한 환경에 대해 아쉬움을 토로했다. 이처럼 한국 초·중·고의 학원 축구는 거의 100% 선수 학부모가 내는 돈으로 운영되는 기형적인 구조가 줄기차게 계속되고 있다.

3) 끊이지 않는 추악한 보도들

신문에 보도된 몇 가지 사례를 살펴보자. 한국축구계에는 입시 비리 외에도 선수 선발, 프로입단, 해외선수 스카웃, 취업 비리 등이 끊이지 않고 있다.

(1) 프로 이적 동의 1억 수수 축구감독 구속

서울북부지검 형사6부(부장검사 이금로)는 20일 재학 중인 선수들의 프로 구단 이적을 동의해 주는 대가로 학부모들로 부터 1억여 원을 받은 혐의(업무상 배임) 등으로 K대 축구부 감독 김모(42)씨를 구속했다.

검찰에 따르면 김씨는 2004년 3월 소속팀 김모(23) 선수가 K리그 모 구단[18]에 입단할 당시 이적 동의를 대가로 김 선수의 어머니로부터 5,000만 원을 받는 등 2003~2006년 선수 3명의 부모로부터 모두 1억 2,700여만 원을 받아 챙긴 혐의를 받고 있다. 김씨는 또 2005년 11월 실력부족으로 고심하던 소속팀 A선수의 어머니로부터 선수자격 유지를 조건으로 1,000만 원을 받았다고 검찰은 밝혔다.

한편 김씨는 2003년 9월 소속팀 B선수의 머리를 둔기로 내리쳐 다치게 한 혐의도 받고 있다. B선수는 구타 장애로 입원치료를 받았으며 이후 선수 생활을 포기했다고 검찰은 전했다.

(2) "툭하면 돈 내라" 선수가 봉?

의정부 지방검찰청 고양지청은 최근 경기도 모 고등학교 축구부 감독을 기소했다. 시체육회 공금을 유용하고 축구부 학부형들로부터 선수 스카우트비 명목으로 걷은 돈을 착복한 혐의다. 이 감독은 동계훈련을 가거나 대회에 참가할 때마다 공문서를 위조해 체육회 지원금을 빼돌렸다. 체육특기생으로 대학에 보내주겠다며 학부형들로부터 받은

18) 2006.8.12.월드사커, 국민일보.

돈이 한 해 수천만 원이다. 학부형 지갑이 자신의 지갑이나 다름없었다.

고등학교 축구선수를 둔 한 학부형[19]의 호소다. "매달 들어가는 돈이 100만 원 가까이 된다. 대회에 참가할 땐 대회 기간 중 교통비와 숙박비, 식비 명목으로 40~50만 원씩을 추가로 걷는다. 근데 팀이 예선에서 떨어지고 오면 반 이상의 돈이 남는 데 돌려주는 걸 본 적이 없다." 또 다른 제보자는 "학원축구의 현실이 썩을 대로 썩었다."며 보다 심각한 사례를 들려주기도 했다. "대회에 참가했을 때 팀에서 주전선수로 뛰려면 한 경기에 20만 원 이상씩 내는 학교도 있다. 또 16강이니 8강에 올라가면 감독이 주심한테 인사를 해야 한다며 3학년 학부모들로부터 50만 원씩 걷는다." 축구를 배우기 위해 한 달에 100만 원 내외를 내야 하는 나라는 대한민국밖에 없을 것이다.

유소년 클럽 시스템이 활성화 되어 있는 독일의 경우 1년에 학생들이 축구를 배우기 위해 내는 돈은 60유로(약 7만 5,000원)가 전부다. 다쳤을 때를 대비한 보험 가입비다. 선수는 자기 축구화만 사면된다. 나머진 유소년 클럽을 운영하는 구단에서 낸다.

(3) 고교축구 대입 비리 — 전·현직 감독이 돈 받고 특기생으로 합격시켜

일부 대학이 축구 선수를 부정 입학시킨 혐의에 대해 경찰이 수사[20]에 나섰다. 경찰청 특수수사과는 27일 서울의 Y대 전 감독 김모씨 등 전·현직 4개 대학 축구감독이 2001년부터 올해까지 선수 한 명당 500만~3,000만 원씩 받고 특기생으로 입학(알선수재)시킨 혐의를 잡고 수사 중이라고 밝혔다. 서울의 M고 감독 등 5명의 고교 감독은 대학 감독과 학부모를 소개해주는 대가로 학부모에게서 알선료를 받은 혐의를 받고 있다.

경찰은 일부 대학 감독과 학부모등을 조사해 범죄 사실을 자백 받은 것으로 알려졌다. 경찰은 대학 감독 등 세 명을 출국금지하고 일부 감독들의 은행 계좌에 대해 법원으로부터 압수수색영장을 발부받아 본격적인 수사에 나섰다. 경찰관계자는 "일부 감독은 혐의가 확인돼 조만간 구속영장을 신청할 예정"이라고 밝혔다.

이와 관련, Y대학 관계자는 "감독 한 사람에게 선수 선발 권한이 집중된 것이 비리의 원인"이라며 "선수 스카우트와 지도 등을 체계적으로 관리하는 시스템이 필요하다."고 말했다.

현재 대부분의 대학은 전국대회 8강 또는 16강 이상의 성적을 거둔 고교 팀 선수 가운데 감독이 필요한 선수를 대학체육회의 선발위원회에 추천해 합격자를 결정한다. 그러나 선발위원회는 보직 교수들로 구성돼 선수의 기량 등을 제대로 심사하지 못해 감독의 의견에 의존하는 실정이다.

대학 체육특기자 선발과 관련된 비리는 끊이지 않아 2000년 당시 K대 조모 감독 등

---

19) 스포츠조선, 2007.6.18.月.14면, 학부모 지갑은 감독님 지갑.
20) 중앙일보, 2004.10.28.木.10면, 고교축구 대입비리.

대학 야구감독 4명이 야구 특기생 선발과 관련해 금품을 받은 혐의로 구속됐고, 1998년에는 지방 D대 이모 감독 등 대학·고교 축구감독 10여 명이 같은 혐의로 적발돼 6명이 구속된 바 있다. 이런 경우도 적지 않다. 심판에게 로비하겠다고 돈을 거둬 슬쩍 다른 곳에 쓰는 감독도 많다.

한 심판은 "이런 지도자일수록 패할 경우 잘못이 없는 심판에게 거세게 항의하는 일이 많다. 주위의 학부형을 의식하기 때문이다"라고 말했다. 또 "심판 로비로 이득을 본 경험이 있는 팀일수록 조금만 판정이 이상하다 싶으면 '우리가 당했다'고 생각해 크게 흥분한다"고 말했다.

(4) '용병비리' 수사 본격화

프로축구단 용병비리에 대한 검찰 수사가 본격화될 전망이다. 광주지검 순천지청은 2004년 10월 28일 "프로축구 외국인 선수 영입 비리와 관련해 4개 구단 외국인 선수 15명을 소환해 구단과의 계약내용에 대한 사실 확인 조사를 했다."고 밝혔다. 검찰은 나머지 8개 구단 외국인 선수에 대해서도 참고인 조사를 벌인 뒤 구단[21] 관련 서류와 대조해 구단 관계자들을 상대로 계약금 횡령여부 등을 수사할 방침이다.

검찰은 이와 관련해 최근 외국인 선수가 없는 광주 상무를 제외한 12개 국내 프로축구단에 1999년 1월부터 지난 6월 사이, 외국인 선수와의 계약내역과 계약금 지출증빙서류 등을 요청해 일부 구단으로부터 관련 서류를 제출받았으며 에이전트 10여 명에 대해 출국 금지를 요청했다. 검찰 관계자는 "아직 뚜렷한 혐의는 밝혀내지 못했으나 일부 구단이 비리에 관련됐을 개연성이 높아 참고인 조사 중"이라고 밝혀 외국인 선수에 대한 조사를 마친 뒤 구단 관계자들에 대한 수사에 본격 나설 것임을 분명히 했다. 검찰은 앞서 지난 달 18일 해외 선수들을 영입하는 과정에서 68만 달러를 빼돌린 혐의(사기)로 전남드래곤즈 전 사무국장 P모(50)씨와 에이전트 C모(49)씨를 구속했다.

(5) J대표 코치 학부모 돈 받아 충격

한국 청소년대표팀의 한 코치(대한축구협회 전임지도자)가 선수 선발과 관련된 금전 구설수에 올라 사표를 제출하는 사건이 발생했다. 이 코치는 내년 한국에서 열리는 17세 이하 세계청소년선수권대회에 출전하는 한국 청소년대표팀을 맡아 왔다.

사건이 외부로 불거진 것은 2006년 9월 대한축구협회 산하 한국여자축구연맹 홈페이지 게시판에 K코치에 대한 비난 폭로성 글이 오르면서 시작됐다. 지금은 삭제된 그 글에는 선수 발탁을 둘러싼 K코치의 금전 수수에 관한 내용이 담겨있었다. 대한축구협회는 그 글의 작성자와 출처를 찾기 시작했고, 지난 12일 작성자는 자신이 올린 글 중 일부가 사실과 다른 점이 있다며 같은 게시판에 사과문을 올렸다.

---

21) 스포츠서울, 2004.10.29.金. 8면, '용병 비리'수사 본격화.

사건은 여기서 일단락되는 듯했다. 하지만 축구협회는 K코치에게 대표팀 코치[22]로서의 도덕성을 문제 삼아 사퇴를 요구했다. K코치는 결국 사표를 제출했고, 현재 보직 보류 상태에 있다. 축구협회와 K코치가 모두 인정하는 도덕성의 문제는 뭘까. 전임지도자를 관리하는 축구협회 기술국의 한 관계자는 "현재 면밀한 조사가 진행되고 있다. K코치는 학부모로부터 돈을 빌려서 사용하고 2년 만에 돌려줬다고 말했다."고 밝혔다. K코치도 "학부모에게서 돈을 빌려서 사용하고 갚았다."고 시인했다. 또 그는 "잘못을 뉘우치고 있다. 조용히 반성하겠다."고 했다.

협회 전임 지도자이기도 한 대표팀 코치가 금전적 문제로 사표를 내고 해임 처분을 기다리기는 이번이 처음이다. 협회는 이번 사건으로 몹시 어수선하다. 가장 모범적이어야 할 대표팀 지도자의 도덕성이 국내 축구인들의 입방아에 오르내리고 있다. 16세 이하 청소년 대표에 발탁됐던 선수들과 학부모들도 불미스런 사건에 대해 의문을 갖고 있다. 문제가 있다는 얘기까지 나오고 있다. 선발 과정에서의 투명성이 도마에 오르고 있는 것이다. 자격과 실력보다는 출신 학교와 인맥에 따라 최종 결정된다는 비판의 소리가 높다. 강신우 협회 기술국장은 "(전임 지도자 선정방식 개선 등에 대한)향후 대책을 논의하고 있다. 지도자 개개인의 문제를 기술위가 모두 점검한다는 게 역부족이지만, 채용 후 지도자들에 대한 관리도 더 철저히 할 생각"이라고 밝혔다. 청소년 대표팀 출신이라는 메리트만을 좇아 자식을 대표팀에 넣고자 물불을 가리지 않는 학부모들도 이같은 불상사를 낳았다.

4) 이 선수를 아시나요?

(1) 모국 의료재단에 150억 원…감동의 '큰손' 무톰보

미국프로농구(NBA) 최고스타 앨런 아이버슨(32, 덴버 너기츠)은 경기 뒤 "무톰보가 정말 마흔 살이냐?"며 혀를 내둘렀다. 1966년 6월에 태어났으니 한국 나이로 치면 마흔둘이다. 하지만 디켐베 무톰보(휴스턴 로케츠 소속)는 나이를 잊은 듯했다. 젊은 선수들을 제치고 돌고래처럼 솟구쳐 공을 척척 자기 품 안에 넣었다. 이렇게 잡아낸 튄 공이 무려 22개. 2007년 3월 3일. 무톰보는 2003년 칼 말론(19개)이 가지고 있던 40대 최다 튄 공 잡기 기록을 갈아치우고 미국프로농구 역사를 새로 썼다.

시즌 전까지만 해도 무톰보[23]는 한물간 백업센터였다. 그러나 주전센터 야오이가 다친 뒤 기회를 잡았고, 4경기에서 18튄 공 이상을 잡아내며 펄펄 날았다. 무톰보가 농구 실력만 뛰어났다면 그저 잊혀져가는 올드 스타에 불과했을 것이다. 그는 자선사업으로 더 큰 감동을 주고 있다. 그의 고향은 아프리카 콩고. 10남매 중 일곱째로 태어난 그는 어려서부터 아파도 제대로 치료받지 못하는 이들을 너무 많이 봐왔다. 그는 1997년 콩

---

22) 스포츠조선, 2004.10. 본인은 "빌린 돈 2년 만에 돌려줘…." 사표제출.
23) 한겨레신문, 2007.9.19.水, 모국 의료재단에 150억 원… 감동의 '큰손' 무톰보.

고에 의료재단을 만들어 지금까지 3천만 달러가 넘는 돈(약 300억 원)을 모금했고, 그 중 자신이 절반(약 150억 원)을 기부했다.

1987년 미국 조지타운대학 장학생이 돼 대서양을 건널 때만 해도 그의 꿈은 의사였다. 그러나 '킹콩센터' 패트릭 유잉을 길러낸 톰 존슨이 그의 운명을 바꿔놓았다. 조지타운 대 감독이던 톰슨은 키 2m18의 무톰보를 가만 내버려 두지 않았다. 어느새 무톰보의 손에 메스 대신 농구공이 들려 있었다. 1991년 졸업과 함께 덴버 너기츠에 입단한 무톰보는 16시즌 동안 올스타에 여덟 차례 선정됐고, '올해의 수비상'을 네 차례나 받으며 미국프로농구 역대최고의 수비형 센터로 우뚝 섰다. 통산 블록슛은 3230개로 역대 2위에 올라있다. '무톰보의 감동 드라마'가 있기에 다음 달 개막하는 2007~2008 시즌이 더욱 기다려진다.

(2) 데라 산타크루즈, 연봉 10% 떼어 고향에 병원 학교 지어

중남미 에콰도르 출신 축구선수가 영국의 프리미어리그에 진출하면서[24] 번 돈으로 가난한 고향마을을 발 벗고 돕고 있다. 29일 BBC에 따르면 한국의 설기현 선수도 뛰고 있는 영국의 축구 명문 '레딩'의 수비수인 율리시스 데라 쿠르즈(32)는 자신의 월급을 털어 고향에 수도를 놓은 데 이어 학교를 세우고 결식아동 100명에게 매일 아침, 점심 식사를 무료로 제공하고 있다.

쿠르즈 선수의 고향은 에콰도르의 수도 키토에서 안데스산맥 쪽으로 자동차로 세 시간 떨어진 피쿠지오 마을. 700여 명의 농민이 토마토를 키우며 근근이 살아가는 이곳은 이 나라에서도 특히 가난한 곳으로 전기, 수도가 연결되지 않는 것은 물론 근처에 병원조차 없어 주민들은 피부병을 비롯한 각종 질환에 시달려도 아무런 치료를 받지 못했다. 두 칸짜리 집에서 12명이 북새통을 이루며 사는 집도 있다.

이 마을 출신인 쿠르즈의 인생에 전환점이 마련된 것은 2001년. 16세 때부터 에콰도르의 국내 축구 리그에서 활약했던 그는 영국 스카우트의 눈에 띄어 스코틀랜드의 하이버니아 클럽으로 옮긴다. 하루 아침에 프리미어리거가 된 그가 당시에 받은 돈은 70만 파운드(약 13억 원). 평소 고향마을을 돕고 싶었던 그는 이 돈으로 마을에 수도 시설을 놨다. 그는 마을에서 18㎞ 떨어진 산에서 물을 끌어 집집이 수도 파이프를 연결해줬다. 평생 처음 수돗물을 구경한 농민들은 "에콰도르 정부보다 쿠르즈가 낫다"고 그를 칭송했다.

2002년 한·일 월드컵은 쿠르즈를 영웅 반열에 올려놨다. 이때 쿠르즈가 이끈 에콰도르 대표팀은 처음으로 월드컵 본선에 진출해 축구 붐을 일으켰다. 이어 쿠르즈는 2006년 독일 월드컵에서 자국 팀을 16강에 올려놔 하루 아침에 '국민영웅'으로 떠올랐다. 같은 해 8월 그는 영국의 레딩으로 스카우트됐다. 영국에 자리를 잡은 뒤로 매월 월급의 10%를 떼어 자신이 에콰도르에 세운 쿠르즈 재단에 송금하고 있다. 재단은 이

24) 고향 아이들에게 내일을, 중앙일보 07.1.30.火. 16면.

돈으로 고향마을의 병원 설립과 주택 개량 사업을 지원한다. 의사 두 명과 간호사 한 명이 진료하는 미니 병원을 운영 중이며, 쓰러져가는 농가에 사는 농민을 위해 40채의 새로운 주택을 짓는 주택 개량 사업도 다음달 중 착공된다.

현재 그가 가장 주력하는 사업은 20만 달러를 들이는 체육관 건설 프로젝트다. 그는 "몇 달 뒤 체육관이 문을 열어 안데스 산골마을의 아이들이 전통 무용을 배우고 공을 차는 장면을 생각만 해도 가슴이 뛴다"고 말했다. 쿠르즈는 고향마을을 돕는 이유에 대해 "나는 단지 우리 마을 아이들이 열심히 노력하면 좀 더 나은 내일을 맞을 수 있다는 점을 알려주고 싶었을 뿐"이라고 대답했다.

▲2009년 어버이날을 맞아 성남시 중원구 상대원3동에 있는 독거노인 및 치매노인들께서 이용하는 복지시설을 방문하여 어르신들을 찾아 뵙고 위로한 행사 후 모습 (사진 : 성남 일화)

5) 이런 이야기들

대학원생 서태호(32. 전남 여수시)씨는 한 번도 어렵다는 조혈모세포(골수) 기증[25]을 세 번이나 했다. 그의 희생으로 지금까지 백혈병 환자 두 명이 새 생명을 찾았다. 서씨는 "동생뻘 환자들이 새 생명을 얻고 완쾌했다는 소식을 들을 때마다 가슴이 뿌듯하다."며 "건강이 허락하는 한 몇 번이라도 더 도와주고 싶다."고 말했다.

구두직공 존 파운즈는 이마에 땀을 흘리며 번 적은 수입으로 생계[26]를 꾸려가면서 지금까지 5백 명 이상의 아이들을 불행에서 구출해내었다. 2006년 11월 팔렙스키씨가

25) 한겨레신문, 2004.3.12.金. 9면, 백골 난망할 골수 3번 기증.
26) 최고의 인생을 사는 지혜, 사무엘 스마일스 저 김진욱 옮김, 지성문화사, 1992.12.17, p.218.

'캘리포니아 커뮤니티재단'에 2억 달러(약 1884억 원) 상당의 땅을 기부했다. 방 2개짜리 집에서 살고 낡은 도요타 승용차를 몰며 검소한 생활을 해온 팔렙스키씨의 딸인 매들린 모스크위츠씨는 "어머니는 자신이 갖게 된 부에 책임감을 갖고 세상을 변화시키는 일에 참여하고자 했다."고 말했다. 시각장애인 1급 김병식(51.광주 서구 상무동)씨는 20년 동안 233회 헌혈했다. "헌혈 가능 연령인 65세가 될 때까지 헌혈을 계속하고 이후에는 다른 봉사의 길을 찾겠다"고 말했다.[27]

6) 할머니의 10억 원

양로원 오르는 길에 핀 들꽃은 하늘거리고, 은퇴한 일흔일곱 수녀님은 뒤뚱뒤뚱했다. "천식 때문에 숨이 차서…." 비라도 맞을까 비닐봉지로 한 번 더 싼 모카케이크상자만은 흔들리지 않게 꼭 쥐었다. "돌아가시기라도 하면 더는 못 뵐 것 같아서." 45년 전 성당에서 처음 만난 윤모니카 할머니에게 줄 선물도 직접 털실로 짰다. "아이고, 아이고!" 혼자 누워 있던 할머니[28]는 어쩔 줄 몰라 했다. "깜짝 놀라게 하려고 연락도 없이 왔다."는 수녀님의 기습 방문은 꽤 성공적이었다. "죽을 것 같다가도 약이 날 살려내고, 그러니 이렇게 만나네요." 수녀님이 웃으며 말하자, 할머니는 "여길 어떻게 왔어요? 힘내라고 하늘이 기적 같은 일을 만드셨네요."라며 붙잡은 손을 놓지 못했다.

27일은 할머니가 수십 년 전 세례명을 받아 새롭게 태어난 날이었다. 수녀님은 그걸 잊지 않고 있었다. 큰 것 여덟, 작은 초 여덟 개에 불이 붙었다. 깡마른 할머니는 두 번 만에 촛불을 훅 껐다. "내가 여든 여덟이라….팔팔하죠?" 농담까지 하는 할머니는 이제 보청기 없이는 또렷하게 듣지 못한다. 다른 방 할머니가 손수 만든 꽃 장식을 슬그머니 내밀었다. 그 밑엔 자신이 아끼던 양말 한 컬레도 있었다. "곱다""예쁘다"는 말과 꽃내음이 뒤섞여 방은 더 향긋해졌다. 한 할머니는 차갑게 얼린 홍시를 사기그릇에 담아 왔다. 수녀님은 "이럴 줄 알았으면 큰 케이크를 사올 걸 그랬다."며 얼굴을 붉혔다.

모니카 할머니는 주스가 잔뜩 남았는데, "주스 드셔야지"하며 또 한 통을 꺼내 왔다. 숟가락은 가져오고 또 가져와 상 위에 10여 개가 쌓였다. 할머니는 요즘 정신이 깜박깜박한다. 한 말을 또 하기도 하고, 애처럼 삐칠 때도 있다. 그러나 이 날 할머니는 "참 좋다" "마음이 편하다"고 했다. "그럼 그럼. 욕심내며 살 필요 뭐 있수?"라는 할머니의 말씀과 웃음이 근사하게 어울렸다.

부모님을 일찍 여읜 할머니는 수녀가 되고 싶었다고 한다. 폐결핵만 아니었으면, 수녀원에서 나오지 않았을 것이다. 결혼은 하지 못했다. 뭐가 급했는지 서둘러 세상을 떠난 오라버니의 딱한 아들을 품에 안은 건 당연하다 여겼다. 동네에서 옷감을 짜기도 했고, 헌집을 고쳐 되파는 험한 일도 했다. 남을 돕는 데는 통이 컸고, 자신에겐 인색했

---

27) 동아일보, 2006.11.1.水. A27, 1884억 원 주고 간 美할머니.

28) 한겨레신문, 2007.8.29.水.30면, 할머니의 10억 원.

다. 할머니는 관절이 상한 지금도 먼 정류장까지 걸어가 버스를 탄다. 그렇게 모은 돈과 건물이 10억여 원이었고, 2002년 한 대학에 송두리째 건넸다. 상속자였던 조카들도 "그 돈이 우리 것이 아니다."라고 했다. 할머니는 수녀원이 운영하는 경기도 용인의 양로원 '기도의 집'에 자신의 말년을 맡겼다. 할머니는 수십 년 전 산 옷을 아직도 입는다. 이날 할머니께 점심을 대접하려고 온 조카 내외는 "좋은 음식 사드리려고 오면 '난 터미널 손칼국수와 만두가 제일 맛있다'며 비싼 곳을 불편해하신다"고 했다.

할머니는 가진 걸 나누니 "오히려 내가 구원받은 것 같다."고 했다. 그러면서 "난 아이들을 낳아 인성을 갖춘 사람을 사회에 드리지 못했는데... 양심적인 인재, 정말 양심적으로 사는 사람을 키울 수 있게 됐으니 소원이 풀렸다"며 좋아했다. 젊은 시절 여장부 같았다던 할머니는 "이제 육신의 한계에 다다랐다"는 말을 하곤 한다. 더 늦기 전에 할머니를 찾은 수녀님처럼, 우리도 "소원을 풀었다"고 굳게 믿는 할머니께 "정말 그러셨노라"고 답할 때가 어서 와야 한다. 양심 있는 인재를 키우고, 그 양심이 자신을 포장하는 거짓과 구별될 수 있는 것. 할머니의 10억 원은 그걸 바라고 있다.

7) 공무원, 뇌물·횡령 벌금 300만원 넘으면 자동 퇴출

이르면 2009년 하반기부터 공무원들이 뇌물·횡령죄로 300만 원 이상의 벌금형[29)]을 받으면 자동으로 퇴출된다. 행정안전부는 최근 공직 사회에서 잇따라 발생하고 있는 사회복지 예산 등의 횡령과 금품수수 비리를 근절하기 위해 이런 내용의 국가·지방 공무원법 개정안을 마련해 26일 입법예고한다.

행정안전부 정만석 인사정책과장은 "개정안대로 법이 바뀌면 금품 비리로 300만 원 이상의 벌금형을 받은 공무원은 파면·해임 등 별도의 징계를 받지 않더라도 자동으로 공직에서 물러나게 된다"고 밝혔다. 현행법은 공무원이 범죄와 관련해 금고 이상의 형을 선고받은 경우에만 당연 퇴직하도록 규정하고 있다. 그러나 개정안은 경제활동 관련 벌금형이 많은 현실을 감안해 벌금형에 따른 당연 퇴직 사유를 뇌물·횡령죄로 제한했다.

또 개정안은 금품비리로 퇴출된 공무원이 특채 등을 통해 공직에 재임용되는 것을 막기 위해 뇌물·횡령죄로 300만 원 이상의 벌금형을 받은 공무원은 퇴직 후 2년간 신규 임용되지 못하도록 명문화했다.

행안부는 공무원이 공금을 횡령하거나 금품·향응을 받으면 형사 처벌과 별도로 해당 금액의 5배까지 물도록 하는 '징계부가금제'를 이르면 하반기에 도입하기 위해 관련법의 개정을 추진하고 있다.

물고기 떼가 500m[30)] 전방에서도 보이지 않는 적들을 감지하고 방향을 바꾸듯이, 감독 코치의 뇌물 수수를 모르는 것 같지만 선수들이 알게 된다. 접대 받기를 좋아하고

29) 공무원, 뇌물·횡령 벌금 300만 원 넘으면 자동 퇴출.
30) 의식혁명, 데이비드 호킨스, 한문화, p.13.

부정한 뇌물을 받고 심지어 강요하는 코치 감독에게 우주는 '성공 에너지' 공급을 닫아 버린다. 우주는 지극히 경제적이다. 한 켜의 먼지도 함부로 낭비하지 않는다. 선수들에게 존경받지 못하는 감독 코치는 결코 세계적인 선수들을 길러낼 수 없다. 왜냐하면 스스로 당당하지 못하기에 선수들에게 최대의 노력을 불러일으킬 수 없기 때문이다.

인간은 섹스만으로 태어나지 않는다. 신(神)의 허락으로 태어난 생명은 지구에서 각자가 해야 할 사명을 부여받는다. 오래고 오래된 녹색별 지구에서 앞 시대의 사람들이 살다가 갔다. 영원히 살 것 같은 인생이라고 착각하지만, 100년 안팎의, 지나고 나면 순간에 스쳐간 '나그네 인생'이다.

> "인생은 그 날이 풀과 같으며 그 영화가 들의 꽃과 같도다.
> 그것은 바람이 지나면 없어지나니 그곳이 다시 알지 못하거니와
> 여호와의 인자하심은 자기를 경외하는 자에게 영원부터
> 영원까지 이르며 그의 의는 자손의 자손에게 미치리니"
>
> —시편 103:15~17

사람에게는 3가지 생명이 있다. 첫째, 영(靈)이다. 이 세상 그 무엇과도 비교할 수 없는 가장 소중한 생명이다. 둘째, 영이 살고 있는 몸이다. 몸은 삶이 다하는 그 날까지 한결같이 영에게 헌신한다. 셋째, 돈(경제)이다. 사람들은 돈이 가지고 있는 교환의 수단을 통해 욕구를 충족하려고 한다. 덜 중요한 것이 더 소중한 것을 엉망으로 만들어서는 안 된다. 뇌물을 받을 때 그 죄로 인해 그 사람의 영이 생기를 잃어버린다. 그 누구보다도 뇌물을 챙기는 사람이 가장 큰 피해자라는 걸 감독 코치는 하루 속히 깨달아야 한다. 밝게 깨어 있을 때 죄악에서 자유롭게 된다.

지도자이며 교육자인 감독 코치는 청렴해야 한다. 어린 영혼을 성장시켜야 하는 축구지도자는 무릇 가슴속에 사무치는 그 무엇이 있어야 한다. 감독 코치는 이렇게 할 수 있고 또 이렇게 해야 한다. 먼저, 주어진 월급으로 검소하게 생활해야 한다. 프로팀을 제외한 축구팀의 지도자들의 처우가 열악한 실정이다. 신분보장도 대부분 안정되어 있지 않다. 그렇더라도 주어진 월급으로 검소하게 생활해야 한다. 근검절약이 주는 유익함은 이루 헤아릴 수 없지만 뇌물 수수는 패가망신의 지름길이다.

둘째, 축구지도자는 최고의 고객인 선수들의 경제적인 어려움을 해결해 주기 위해 활활발발하게 움직일 것을 권유드린다. 동창회와 졸업한 축구부 선배를 통한 매월 후원금 조직, 1기업 1선수, 자매결연[31], 지역 축구협회와 생활축구팀으로부터의 후원, 적정한 학교 예산 확보, 학교발전기금, 재단 차입금, 교사·지역사회·졸업생 학부모 모임 조직, 스포츠용품회사의 스폰서 받기, 프로팀과의 협력 등 다양한 방법을 통해 학부모

31) 킥 오프, 김기호 지음, 삼보출판사, p.153.

에게 조금도 의존하지 않을 수 있는 방법이 있다. 매너리즘에 빠져 시도하지 않고 있을 뿐이다. 감독 코치, 그가 진정으로 선수들을 섬기는 지도자라면 이걸 해야 한다. 다행히 메세나(기업 이익의 사회 환원으로 기업이 문화예술 활동에 자금이나 시설을 지원하는 활동)가 점점 더 활발해지는 오늘날 재정 확보 가능성을 점차 커지고 있다. 한국메세나협회에 따르면 기업계에 메세나에 대한 인식이 확산되면서 2002년 720억 원이었던 문화예술 지원액이 지난해 1840억 원으로 4년 새 2배 이상 늘었다.

셋째, 제도의 혁신이 시급하다. 대한축구협회의 행정력이 초일류기업의 업무 능력에 도달할 때 한국축구의 후진성이 빠르게 해결될 것이다. 2009년 762억 원의 예산을 쓰고 축구계에서 내로라 하는 80여 명의 유급 상근직원이 근무하는 협회가 해마다 이룬 업적이 무엇인가? 특히 한 번 제·개정 및 창조해 놓으면 각급 팀에 계속 긴밀하게 영향력을 행사하는 제도의 혁신이 있는가? 변화가 너무나 느리고 미미하다. 그 결과 겪지 않아도 될 선수와 학부모들의 온갖 고통이 여전히 계속되지 않고 있다.

감독 코치의 보수는 학교 등 소속기관이 지급하고, 채용 해고 및 상벌 규정 등이 관련 법규로 명문화되어야 한다. 유소년축구, 지역 여성축구, 직장축구, 지역 조기축구 등 생활축구를 활성화하고 빠르게 천연 및 인조잔디구장도 부족함이 없도록 만들어야 한다. 그리고 각 잔디구장마다 유급으로 코치를 배치하여 언제, 어디서나, 누구나 축구를 배우고 즐길 수 있도록 하여야 한다. 여기에 필요한 재정 확보도 어렵지 않다. 이 역시 아는 사람은 이미 알고 있고 모르는 사람은 여전히 꿈속을 헤매고 있다. 이런 일들을 한국 축구계에서 거의 전권을 쥐고 있는 협회가 하루 속히 해야 한다.

결국 인간 의식을 고양시키며, 감독 코치가 반드시 갖추어야 할 덕목인 '청렴'은 축구지도자의 자발적인 의식혁명과 관련 법규의 구비에 의해 축구 현장에서 자리 잡을 것이다.

5 동기부여 능력

동기화(動機化 motivation)란? 유기체가 행동의 원인이 되는 동인(動因)을 가지고 어떤 목표를 향한 행동을 일으키는 것을 말한다. 학습도 일종의 행동이므로 동기유발은 학습활동의 핵심이 되는 데, 이때 학습에 작용하는 동기는 학습동기 또는 성취동기라고 한다.

스포츠 현장에서 코치들은 일반적으로 다음 두 가지의 질문에 대한 해답을 원한다.

선수의 일부는 동기부여가 되고 일부는 동기부여가 되지 못하는 이유는 무엇일까? 어떻게 하면 선수들이 최선을 다할 수 있도록 동기부여시킬 수 있을까?

사람들은 그들의 욕구를 채우기 위해 동기부여 된다. 만약 선수들의 욕구를 이해하고 있다면, 지도자는 그들의 욕구를 채우는 데 도움을 줄 수 있을 것이며, 그들을 동기부여시키는 데 결정적인 역할을 할 것이다. 선수들이 경기를 원하는 이유와 스포츠를 통해서 무엇을 얻고 싶은지를 알아야 한다. 그렇게 함으로써, 시즌 동안 선수들의 행동을 이해하는 것이 더욱 쉬워질 것이다. 이는 또한 선수들을 동기부여시키는 데 도움을 줄 수 있으며 최소한 선수들이 갖고 있던 본능적인 동기가 단절되는 것을 피할 수 있을 것이다.

승부로부터 태어나는 것

— 에드가 A 구에스트

"펌블해 버리다니…"
소년은 슬픈 눈초리로 말했다.
"모처럼의 찬스를 그만…"
"아 아 괜찮아"
코치는 대답했다.
"열심히 하려는 것은 잘 알고 있어.
이제 실수는 잊어 버려
자아 돌아가서 뛰어라
힘껏, 있는 힘을 다해서 말이야."
"기죽을 건 없어. 마음 편하게 가져.
만약 어떤 볼이라도 놓치지 않는다면
아무도 비틀거리지 않고 잡을 수 있다면
그리고 모든 플레이가 제대로 풀린다면
또 어떤 진략이라도 제내로 들어맞는나넌
승부의 세계란 아무 뜻이 없을 거야."

승부로부터 태어나는 것은?
완벽한 플레이가 아니다.
모처럼의 찬스를 놓치다니!
펌블하는 볼

작은 실수
제 아무리 단련된 선수라도 저지르기 마련이다.
불완전한 판정
그리고 인간의 의지
승리를 향해 나가는 것, 그 기쁨을 기다리는 것
바로 그것이다.

인생도 그렇다.
모든 인간이 똑똑하고 완전하다면,
의심도 실패도 두려움도 없다면,
이런 세계에서 용기를 시험해 보는 것이라면,
만약 모든 것을 알고, 모든 것이 해결된다면,
인생은 죽은 것처럼
흐린 것이 되고 말거다.

1) 동기유발의 3가지 과정

(1) 행동의 활성화

동기를 발생시키고 이를 행동으로 활성화시키는 과정, 다시 말해서 개인의 욕구 결핍이나 심리적 불균형을 수정하기 위하여 의식 또는 무의식적 행동으로 에너지가 전환되는 과정

(2) 행동의 유도

활성화된 행동을 특정 목표[32]로 지향하도록 유도하는 과정

(3) 동기유발된 행동의 강화

특정의 방향을 갖춘 활성화된 행동이 지속적으로 유지되도록 강화시키는 과정

능력 × 동기유발 × 환경적 상황 = 성 과

2) 동기유발 요소

(1) 외적(Extrinsic) 및 내적(Intrinsic)보상

① 외적 보상

㉠ 다른 사람들이나 외부조건에 의해 선수에게 주어지는 보상
㉡ 트로피, 메달, 돈, 칭찬, 경기를 위한 여행 등
㉢ 시간이 지나면 그 가치가 줄어들 수 있음

② 내적 보상

㉠ 선수가 경기나 연습에 참여하였을 때 스스로 만족하는 것
㉡ 즐거움, 유능감, 성공적 느낌, 자기 인정 등
㉢ 내적 보상이 매력적인 이유는 외적 보상과는 달리 선수 스스로 동기부여시키는 (self—fueling) 가치가 있기 때문이다.

훌륭한 코치들은 이러한 동기부여의 원리가 선수들을 동기부여시키는 결정적 조건이라는 것을 잘 알고 있다. 코치들은 그들이 선수들을 동기부여시키는 것이 어렵다는 사실을 알고 있다. 그 대신 선수들이 스스로 동기부여 되기 위한 조건을 만들어주는 것이다. 그러면서 내적 동기부여를 위해 외적 보상을 노련하게 활용한다.

---

32) 스포츠 지도론, 윤익선 지음, 태근, 1996.3.20, p.40.

(2) 유희적 욕구

① 적정 각성 수준

각성 수준이 너무 낮을 때는 지루하거나 새로운 자극을 찾는다. 반면 지나치게 각성되면 두려움 또는 긴장을 느낀다. 사람들은 너무 많지도 적지도 않은 각성이나 자극, 즉 적정 수준에 대한 욕구를 갖고 있다. 이러한 적정 수준의 각성은 사람마다 다르다.

② 몰입 경험

몰입은 우리가 활동에 빠져들었을 때 나타난다. 지루하지도 불안하지도 않으며 모든 것이 똑바로 행해진다는 느낌도 시간 감각조차도 잃어버리게 된다. 몰입 경험이 나타나면, 우리의 주의는 자동적으로 집중되며 그 활동에만 강하게 주의력이 모아진다. 몰입 안에서 우리는 활동에만 완전히 집중하기 때문에 지루함도 위험함도 느끼지 않고, 자신 스스로와 환경에 의해 통제되는 것을 느낀다. 선수들은 이러한 느낌을 "너무 몰입해 있기 때문에 본능적인 보상이라 할 수 있다. 우리는 몰입 경험에서 너무 즐겁기 때문에 다른 어떤 이유 없이도 활동에 전념할 수 있다."고 한다.

③ 즐거움을 위한 다른 요소

적정 각성 수준의 유지나 몰입의 경험 외에 선수들은 스포츠에서 그들과 관심을 함께 하는 다른 젊은이들과 더불어 참여한다는 것만으로도 즐거움을 얻는 경우가 있다. 스포츠에 참여하는 이러한 이유를 인지함으로써 사회적 관계를 즐길 수 있는 기회를 선수들에게 주는 팀 환경을 새롭게 만들 수 있다.

(3) 가치적 욕구

스포츠 참여자의 자아가치가 스포츠의 성취 정도와 비례하기 때문에 스포츠는 잠재적으로 위협이 따른다. 승리하는 것이 성공적이고, 유능하며, 가치 있는 자가 되는 것이다. 즉 패배는 실패자요, 무능력하며, 가치가 없는 것이다.

적절한 성공은 선수들의 유능감을 강화시켜주며, 이 유능감은 다시 더 큰 성공을 이루게 한다. 그러나 선수들이 성공하지 못하면 실패나 부족한 자신의 자질에 대해 스스로를 비난할 수 있다. 반복되는 실패를 통해 선수들이 성공을 확신할 수 없다면, 적어도 패배를 피함으로써라도 그들의 자존심을 보호할 수 있어야 한다고 판단하게 될 수도 있다. 성공과 실패의 경험은 선수들에게 매우 큰 두 가지 차이를 갖게 하는데, 하나는 성공을 위해 동기부여 되는 것이고, 또 하나는 실패를 피하기 위해 동기화되는 것이다.

가치에 대한 기본적인 문제는, 선수들은 이기고 지는 것이 그들의 가치를 결정짓는 가장 큰 판단 기준이라고 그들의 부모, 코치, 팀 동료들 그리고 대중매체로부터 배운다는 것이다. 나쁜 결과는 단지 다른 사람들이 자신을 가치 없게 느끼는 것만으로 자기가

치를 인식하고 유지하는 것이다. 선수들의 동기를 향상시키기 위해 코치로서 할 수 있는 가장 중요한 부분은 선수들의 이러한 성공의 기준을 바꾸는 것이다. 승리는 중요하지만 그것은 개인적인 목표를 달성하기 위하여 노력하는 이차적인 목표가 되어야 한다. 이러한 원칙은 스포츠에서 동기부여를 이해하기 위한 기본적인 것이다.

3) 생각해볼 문제

- 어떠한 동기에 의해서 코치를 하는가? 사람들이 욕구를 성취하기 위하여 동기부여 된다고 믿는가?
- 운동선수의 가장 중요한 2개의 욕구[33]는 무엇인가?
- 운동선수에게 있어서 왜 외적 동기보다 내적 동기가 더 중요한가?
- 선수들이 적정 각성 수준이나 몰입 상태를 경험하게 하기 위해 어떤 도움을 줄 수 있는가?
- 성공 지향적 운동선수는 승패를 어떠한 관점을 바라보는가?
- 실패 지향적 운동선수는 승패를 어떠한 관점으로 바라보는가? 자신의 가치를 보호하기 위하여 그러한 선수들은 어떠한 전략을 선택할 수 있는가?
- 어떤 방법을 통해서 선수들에 대한 코치와 기대는 자기 충족적으로 변하는가?
- 실패 지향적 운동선수는 왜 스스로 성취 가능성을 거부하는가?
- 운동선수들이 갖는 실패 공포 학습에 대한 3가지 원인은 무엇인가?
- 여러분은 운동선수의 개인적 목표에 초점을 맞추는가? 이러한 것이 운동선수의 동기를 향상시킬 수 있겠는가?
- 운동선수들의 실현 가능한 개인적 목표를 설정하고 자신의 한계성을 인식할 수 있도록 어떻게 도움을 줄 것인가?
- 적절한 팀의 목표는 무엇인가?
- 선수들의 불안 원인은 무엇인가? 그들의 불안 수준을 조절하기 위해서는 어떠한 방법으로 도움을 줄 것인가?
- 코치로서 자신의 스트레스를 어떻게 관리할 것인가?

6 크고 대담한 목표

"(천 년을 살아도) 인생은 작아지기에는 너무 짧다."

— 디즈레일리

33) 코칭과학, Rainer Martens 저, 김병준 외 옮김, 대한미디어, 2007.9.3, p.121~144.

"사람은 그 마음으로 생각하는 바와 같이 된다."

— 다윗

"머리로 생각할 수 있는 것이라면 그 무엇이든지, 가슴으로 믿을 수 있는 것이라면 그 무엇이든지 여러분은 달성할 수 있다."

— 나폴레옹 힐

"크게 생각할수록 크게 이룬다."

— 데이비드 슈바르츠

1) 몇 개의 장면들

■ 장면 1 카드 빚 1억원에 사라져간 청춘

수천만 원에 달하는 카드빚에 쪼들리던 20대 형제와 친구 등 3명이 강도사건[34]을 저지른 뒤 동반자살을 기도해 2명이 숨지고 1명은 중상을 입었다(아깝다, 청춘!). 경찰은 가족들을 상대로 조사한 결과 이들이 4,000만 원에서 1억 원에 달하는 카드빚 때문에 심하게 고민했다는 진술을 확보했다.

■ 장면2 시각장애인 웨이언메이어 에베레스트 등정 성공

시각장애인이 세계 최고봉 에베레스트 등정에 성공[35]했다. 세계 7대륙 최고봉에 도전하고 있는 시각장애인 에릭 웨이어메이어(32, 미국)가 2001년 5월 25일 오전 10시(네팔 현지시간)쯤 해발 8천8백48m 에베레스트 정상을 밟았다.

웨이언메이어는 지난 9일 정상을 공격할 계획이었으나 수차례 악천후로 연기를 거듭하다가 22일 베이스캠프를 출발해 남쪽 코스를 이용, 25일 오전 4시 마지막 캠프4(해발 8천 5백 80m) 떠난 지 6시간 만에 정상에 올랐다. 그는 정상에 근접한 9시30분쯤 현지 기상대로부터 "기상악화로 하산 요망" 무전을 받았으나 그대로 정상 등정을 감행, 성공했다. 웨이언메이어가 속한 등반대는 에베레스트 최초 시각장애인 등정 이외에도 최고령 등정(셔먼 불·브래드 불)기록도 동시에 세웠다.

1995년 헬렌 켈러의 생일날 매킨리봉을 점령해 '시각장애인 7대륙 최고봉 등정'의 첫발을 내디뎠던 웨이언메이어는 이로써 북아메리카(매킨리)·남아메리카(아콩카파)·남극(빈슨 매시프)·아프리카(킬리만자로)에 이어 다섯 번째 대륙 최고봉에 올랐다.

그는 유아기에 안질을 앓아 13세 때 완전히 시력을 잃고 '시각장애인의 한계는 어디까지인가'를 찾기 위해 어둠 속에서 모험을 시작했다. 코네티컷주 레슬링 고교대표에 발탁된 데 이어 장거리 사이클·마라톤·스카이다이빙·스킨스쿠버에서 뛰어난 기량을

---

34) 스포츠투데이, 2003.5.22.木, 카드빚 고민 20대 자살기도

35) 중앙일보, 2001.5.26.土. 19면. 시각장애인 에베레스트 빛 밝혔다. 웨이언메이어 등정 성공

발휘했다. 그는 장애인을 위한 암벽 등반 레포츠센터에서 등반과 인연을 맺어 현재 미국 내 최고 암벽 등반가 중 한 명이다.

웨이언메이어의 삶을 한마디로 정리하면 바로 엄청난 두려움을 이기고 쟁취해낸 승리, 바로 그 자체다. 그는 생후 6개월에 망막층간 분리증 *retinoscheses 진단을 받았다. 안과 의사는 그로 인해 망막기능이 서서히 마비될 거라고 말했다. 자라면서 웨이언메이어는 자신이 세상을 볼 수 있는 시간이 얼마 남지 않았다는 사실[36)]을 알게 되었고, 결국 열세 살 때 완전히 실명하고 말았다. 하지만 웨이언메이어는 이런 장애 속에서도 자신이 할 수 있는 모든 일을 하기로 결심한다. 그리하여 오늘날 육상, 스카이다이빙, 장거리 사이클, 마라톤, 스키, 스쿠버다이빙 등의 만능 스포츠맨이자 또 세계레슬링 협회 명예의 전당 회원으로 알려진 웨이언메이어가 만들어진 것이다(비범함을 찾아서!).

■ 장면3 자살 비용 마련 위해 강도 행각

서울지검 형사 1부는 2003년 8월 8일 여관에서 자살하기 위해 여관비를 마련할 목적으로 강도행각을 벌인 혐의[37)] 등으로 박모씨(24)를 구속 기소했다. 검찰에 따르면 박씨는 2003년 7월 27일 새벽 서울 송파구 모 PC방에서 주인 신모씨를 흉기로 찔러 전치 4주의 상처를 입힌 후 현금 5만 6,000원을 빼앗아 달아난 혐의다. 검찰 조사 결과 박씨는 2001년 출소한 이후 일자리를 구하지 못해 생활고에 시달려 오다 삶에 염증을 느끼고 자살하기 위해 여관에 투숙하려 했으나 여관비가 없어 범행을 한 것으로 드러났다.

■ 장면4 살기 위해 수천 Km 이동하는 철새의 생명력

나이 좀 든 사람들이라면 대표적인 겨울 철새로 기러기 무리[38)]에 대한 어린 시절 기억이 있을 것이다. 가을철에 들어서는 한반도라면 어디서나 휘영청 밝은 달빛 아래 기러기 무리가 'ㅅ(시옷)'자를 그리며 줄지어 날아가는 모습을 흔히 볼 수 있었다. 박 덩굴이 무성한 초가지붕 위로 '꽈글꽈글' 날아가는 기러기는 가을 정취를 더해주곤 하였다. 그러나 요즘은 기러기가 날아드는 들판은 몇몇 군데에 불과하다.

이는 철새들의 월동 서식지가 점점 그들에게 낯설어지고 위협 요소가 늘고 있다는 의미를 갖는다. 이들은 한반도에 날아들면서부터 경계를 강화하는 경향이 늘고 있다. 학자들은 철새들의 무리 짓는 습성에도 심리적인 요인이 작용하고 있다고 추론하고 있다. 위험한 곳에 갈수록 새들은 본능적으로 큰 무리를 짓는다.

기러기 무리가 나는 모습을 살펴보면 그들 나름의 지혜가 깃들어 있는 것을 알 수가

36) 세계적 스포츠 리더 55인의 성공 패스워드, 윌리엄 J.오닐 엮음, 이서규 옮김, 지식의 날개, 2005.2.15. 12,000원 pp.91~92.
* 망막은 10개의 층으로 이루어져 있는데, 이들 층 사이가 분리됨으로써 시력 장애를 일으키는 증상
37) 스포츠서울, 2003.8.9.土. 25면 자살비용 마련 강도 행각
38) 조선일보, 2003.12.26.金, D3, 살기 위해 수천 Km 이동하는 철새의 생명력

있다. 맨 앞을 날아가는 한 마리는 방향을 설정한다. 이 지도자의 양 날개 깃 사이에서 실낱 같이 발생하는 상승 기류는 뒤따라 오는 새들에게도 도움이 된다. 이따금씩 첫째는 둘째와 자리를 바꾼다. 적당한 시기가 되면 임무교대를 하는 것이다. 들판에 내려 먹이를 먹을 때에는 상공에서 따로 한 마리가 사방을 살핀다. 안전한 여행을 위해 질서가 지켜지는 것이다.

지혜롭고 질서 있는 철새는 자연 생태계 먹이사슬의 상층부를 차지하는 경쟁력 있는 생물 종이다. 요즘 우리나라에서는 지조 없는 정치인을 '철새 정치인'이라 부르고 있지만 이는 철새에 대한 모독이다. 철새에 대한 부정적 이미지는 우리만이 가진 이상하고 독특한 것이다.

■ 장면5 삼성전자, 모든 제품을 세계 시장 1위로

삼성전자가 제시한 목표의 핵심[39]은 '1위 고수와 1위 도약'이다. 메모리 반도체, 디스플레이, 이동통신 등 현재 1등인 제품은 계속 지키고 비메모리 반도체(시스템 LSD), 프린터 등 후발 제품은 1등으로 올라서겠다는 것. 특히 메모리 반도체와 이동통신 등 앞선 기술을 더욱 발전시켜 큰 수익을 내지 못하고 있는 디지털 미디어(DM) 부문의 미래 시장을 선점하겠다는 의지를 보였다.

삼성전자가 4대 씨앗 사업으로 정한 홈 네트워크와 U—헬스 등은 모두 DM 분야로 반도체와 정보통신, 디스플레이 기술의 발전과 융합이 있어야만 성공할 수 있다.

2) 목표는 어떤 역할을 하는가?

서민들은 자잘한 일상에 매여 평생을 살아간다. 사명감을 잃어버릴 때 월급생활자들은 월급 인상과 승진을 기다리다 돌아서면 인생의 황혼기에 와 있다. 영국의 극작가 조지 버나드 쇼(1856~1950)[40]는 후인들에게 통렬한 메시지를 전하고자 "우물쭈물하다가 이럴 줄 알았다(I knew if I stayed around long enugh, something like this would happen)."는 묘비명을 스스로 만들었다.

그러나 큰 뜻을 가진 사람은 비전의 성취가 필생의 과업이다. 크고 대담하며 가치 있는 목표를 달성하여 인류에게 공헌하고자 혼신의 노력을 기울인다. 빈센트 반 고호의 열정으로, 돈키호테 데 라만차의 초지일관으로, 샘 월턴의 불굴의 추진력으로, 월트 디즈니의 집념과 끈기로 치열하게 세상을 달려간다. 생각의 크기가 성공을 좌우한다. 얼마나 크게 생각하느냐가 얼마나 크게 성공할 수 있느냐를 결정한다. 여러분은 자신이 생각하는 것보다 훨씬 더 위대하다. 꿈이 크고 선명하면 현실의 어려움은 아무 문제가 되지 않는다.

그렇다면 "만약 크게 생각하는 것이 그렇게 많은 일을 성취한다면 어째서[41] 모든 사

39) 동아일보, 2005.11.4.金, B1 삼성전자, '전자' 2010년 세계 톱3 진입 전략
40) 킥 오프, 김기호, 삼보출판사, 2005.8.8. 10,000원, p.5, 저자의 '감사의 글' 중에서

람이 그렇게 생각하지 않는가?" 현실은 이러하다. 우리 모두는 생각하는 이상으로 우리 주변의 사고방식에 의해 영향을 받고 있다. 그리고 이 같은 사고방식의 대부분은 큰 것이 아니라 작은 것이다. 사람들의 주위는 모두 그들의 발목을 잡아 끌어내리려 하고 있다. 그것은 2, 3류의 지위에 머물게 하려는 환경이라고 할 수 있다. 주위에는 꿈을 훔치는 사람들이 너무나 많다. "송충이는 솔잎을 먹고 살아야 한다."(인간은 송충이가 아니라 만물의 영장이다)느니, "올라가지 못할 나무는 쳐다보지도 마라"(우주왕복선은 지금도 훌륭하게 임무를 수행하고 있다)는 등 꿈을 훔치는(빼앗는) 사람들로 즐비하다. 이들은 여러분이 크게 성공하는 걸 싫어한다. 그러나 꿈같이 이야기를 하는 사람이 꿈 같은 일을 이룬다. 사실보다 상상이 더 중요하다. 상상이 세계를 지배한다. 절대로 여러분의 꿈을 빼앗기지 말라!

데이비드 호킨스 박사는 명저「의식혁명」에서, 의식수준 *200이 경계이다. 200 미만의 사람들이 100명 중 85명이다(1984년 이전). 이들이 사회에서 거의 모든 문제를 일으킨다, 고 일러주고 있다. 참고로 의식수준 지도[42]는 아래와 같다. 여러분의 의식수준은 어디에 위치할까? 그 누구에게도 당신의 꿈을 절대로 빼앗기지 말라!

의식의 지도

신의 관점	세속의 관점	수준	대수의 수치	감정	과정
자아	존재	깨달음	700~1000	언어 이전	순수의식
항상 존재하는	완전한	평화	600	축복	자각
하나	전부 갖춘	기쁨	540	고요함	거룩함
사랑	자비로운	사랑	500	존경	계시
현명함	의미 있는	이성	400	이해	추상
인정 많은	화목한	포용	350	용서	초월
감화 주는	희망에 찬	자발성	310	낙관	의향
능력이 있는	만족한	중용	250	신뢰	해방
용납하는	가능한	용기	200	긍정	힘을 주는
무관심한	요구가 많은	자존심	175	경멸	과장
복수에 찬	적대의	분노	150	미움	공격
부정하는	실망하는	욕망	125	갈망	구속
징벌의	무서운	두려움	100	근심	물러남
경멸의	비극의	슬픔	75	후회	낙담
비난하는	절망의	무기력	50	절망	포기
원한을 품음	사악한	죄의식	30	비난	파괴
멸시하는	비참한	수치심	20	굴욕	제거

여러분은 에디슨을 어떤 사람으로 생각하고 있는가? 그냥 탁월한 발명가에 지나지 않았을까? 아니다. 아래의 일화는 에디슨이 얼마나 높은 의식수준을 소유하고 있었는

41) 크게 생각할수록 크게 이룬다. 데이비드 슈바르츠, 나라, p.6.

42) 의식혁명, 데이비드 호킨스, 한문화,1997.4.30, 10,000원, p.63. 의식수준이란, 데이비드 호킨스 박사는 오랜 세월 동안 수백만 번에 걸친 시험을 함으로써 우리에게 잘 알려진 태도와 감정들의 수준을 정확한 숫자로 나타낼 수 있다고 한다.

지 선명하게 보여주고 있다.

> "여러분 재난 속에는 커다란 가치가 있습니다. 보시오. 우리의 모든 실수가 사라졌습니다. 우리를 새롭게 시작하도록 해주신 신께 감사드립시다."
>
> — 토마스 에디슨(그의 연구소가 화재로 잿더미가 된 후)

기적적으로 화재가 난 지 겨우 3주일 만에 에디슨[43]은 엔터테인먼트 산업을 혁신시킬 수 있는 발명을 했다. 그 발명은 세계 최초의 축음기였던 것이다.

초등하교 6학년 때 도저히 수업을 해낼 수 없는 저능아로 낙인 찍혀 학교에서 쫓겨났지만 토머스 에디슨은 미국 특허청에서 1093가지나[44] 되는 발명품의 특허를 받았다. 그 발명품들은 거의 모두 그가 살아 있는 동안 상업용 제품으로 만들어졌다. 1931년 그가 죽었을 때, 미국 전체 노동력의 6분의 1이 토마스 에디슨이 발명한 제품을 제조하고 유통하는 일에 종사하고 있었다. 에디슨은 평생 일을 하는 내내 수퍼의식[45]을 활용해, 전기, 영화, 녹음, 전신을 비롯한 수백 개의 영역에서 도무지 할 수 없을 것 같은 문제들을 해결하고 역사적인 발전을 이룩해냈다. 오늘날의 위대한 기업 GE는 에디슨 전기회사의 후신이다.

▶ 목표 수립, 그 필요성과 역할

1. 목표 수립이 여러분을 성공으로 안내한다. 목표 없이 성공하는 사람은 아무도 없다. 공기 없이 생존한 사람이 없듯이…. 그러므로 여러분이 하려고 생각하는 것에 분명한 목적을 세워 두어야 한다.
2. 목표를 수립하면 무엇에 최우선적으로, 최고의 노력을 쏟아부어야 하는지를 선명하게 알려 준다.
3. 효과적으로 시간을 활용하게 된다. TV, 술, 포커, 바둑 등 중요하지도 급하지도 않은 일에 시간 소모를 줄이거나 전혀 가까이 하지 않게 이끌어 준다. 시간은 누구에게나 가장 값비싼 자원이며 통제가 불가능하다. 사람은 주어진 시간 속에서만 살아간다.
4. 일을 계속 해나갈 수 있도록 에너지를 제공해 준다.
5. 더 큰 자아를 성취하게 한다. 설정한 목표를 달성하면 계속 더 큰 목표를 정하고 성취하도록 동기부여한다.

---

43) YOU, INC 당신이라는 1인 기업, 버크 헤지스, 이삭출판사, p.95.
44) 목표 그 성취의 기술, 브라이언 트레이시, 김영사, 2003.11.27, 12,900원, p.221.
45) 브라이언 트레이시의 조사에 의하면, 이전의 생각, 경험들이 모두 집결되어 있는 거대한 기억과 감정의 저장고로 신체를 움직이고 생각과 감정을 과거의 경험들과 일치하게 유지시키는 자율적인 기능을 담당하는 것이 있는데 지그문트 프로이드는 이드(id)라고 불렀다.이 이드(id, 초자아)를 랠프 왈도 에머슨은 대령(大靈)으로, 프로이드의 제자인 아들러는 '집단 무의식'(collective Unconscious)이라고 불렀고, 나폴레옹 힐은 '무한지능'(Infinite Intelligence), 칼 융은 '수퍼 의식'(Supra conscious)이라고 불렀다.

3) 축구지도자 여러분, 크고 대담한 꿈을 보여 주세요!

목표는 전염성이 강하다. 축구지도자가 높은 수준의 목표를 가지고 있으면 선수들에게 전파되어 분발하게 한다. 한국의 축구지도자들은 축구에서 어떤 목표를 가지고 있을까? 각종 미디어를 세밀하게 주시하고 있는데, 아쉽게도 크고 가치 있으며 대담한 목표를 제시하는 걸 만나기 어렵다. 목표가 평범하다. 선명하지 못한 경우가 허다하고 구체적인 실행 지도와 의지를 가지고 있는지도 궁금하게 한다. K—리그, 아시안컵, 아시아 챔피언스컵 우승—이런 것은 조그마한 것이다.

왜 한국 축구지도자들에게서 큰 꿈과 구체적이고 치열한 실천을 찾아보기 어려울까?

공부와 능력에서 자기 자신에 대한 확신을 가지지 못해서일까? 한국축구계의 문화에 창의력이 부족해서일까? 선수 시절부터 선수를 가르치는 오늘에 이르기까지 그 누구도 이점을 가르쳐 주지 않았고 스스로도 진지하게 생각해 보지 않아서일까? 지금의 현실에 만족하고 안주해 있는 걸까?

인천 유나이티드 FC 감독으로 현재 잉글랜드에서 축구 유학 중인 장외룡 감독은 인천의 K—리그 우승도, 국가대표팀[46]을 이끌고 월드컵에 출전하는 것도 장 감독이 꾸는 꿈의 일부다. 그러나 그의 최종 목표는 국제축구연맹(FIFA)이나 아시아축구연맹(AFC)의 테크니컬스터디 그룹(TSG)에 속해 전 세계를 누비며 선수들과 지도자를 육성하는 것이다. 이 계획이 나쁘지는 않다. 그러나 더 큰 꿈을 가질 수 없을까? 10억이 목표인 사람은 결코 수십 조를 벌 수 없다. 하려고 한 목표보다 그 이상의 일을 할 수 있는 사람은 아무도 없다. 모두 원대한 목표를 그려야 한다.

4) 무엇을 할 것인가?

서민들은 자잘한 일상에 매여 평생을 살아간다. 사명감을 잃어버릴 때 월급생활자들은 월급 인상과 승진을 기다리다 돌아서면 인생의 황혼기에 와 있다. 그러나 큰 뜻을 가진 사람은 비전의 성취가 필생의 과업이다. 축구에서 이러한 목표는 어떠할까?

- 한국을 세계 축구의 중심으로 만들겠다. 브라질, 잉글랜드 등 세계의 선수 지도자 축구행정가들이 한국으로 유학오도록 하겠다.
- 세계 축구의 표준을 지금보다 한 단계 이상 향상시키겠다.
- 감독으로서 월드컵축구에서 우승하겠다.
- 탁월하게 앞서 있는 프로구단 운영 시스템을 창조하고, 세계에 수출하겠다.
- 출중한 선수들을 계속 배출하여 현재의 세계 축구계의 경기 수준을 성큼성큼 높일 수 있는 축구감독학과 코칭론 등을 창조하겠다.
- 한국과 세계의 축구 인프라를 완비하여 지구상 어디서나 축구를 즐길 수 있는 생활축구를 정착시키겠다.

---

46) 스포츠서울. 2007.1.26.金, 10면. 영국 축구유학 장외룡 인천 감독, 난 공부에 한 맺힌 사람

■ 하루의 힘!

- 오늘 충실히 하여 미래를 성취해내는 하루의 힘!
- 크고 대담한 목표와 구체적이고 끊임없는 실천!
- 노력하는 사람 반드시 이루리!

7 인재를 찾아내고 조직하는 능력

1) 재미있는 이야기들

(1) 뉴욕 양키스는 어떻게 성공했는가?

한 조직이 어떻게 80년 동안 업계를 지배할 수 있는가? 그러나 뉴욕 양키스는 1921 이후로 월드 시리즈에 39번 출전했으며, 그 가운데 26번 우승[47)]을 차지했다. 그 어떤 팀도 그 기록에 근접하지 못했다. 그나마 가장 근접한 기록은 월드시리즈 9번 우승이다. 역사상 그 어떤 스포츠 팀도 양키스 만큼 장기간 우승을 차지하지 못했다. 80년간 독점력을 유지하는 것은 분명히 미국 역사에서 그 어떤 기업도 누려보지 못한 영광이다.

양키스 제국의 성공에 가장 핵심적인 역할을 한 것은 비할 데 없이 뛰어난 인재 경영 전략이다. 양키스는 그 누구보다 스타와 수퍼스타를 발굴해서 육성하고, 보유하는 법을 잘 알고 있었다. 「전설적인 조직 뉴욕 양키스의 경영방식」의 지자 랜스 A. 버거는 일반 대중의 생각과 달리 양키스의 인재 경영 비법이 고액 연봉이 아니라고 말한다. 양키스 조직에서는 모든 사람들이 조직 안팎에서 끊임없이 인재를 발굴하고, 추천하며, 심지어는 적극적으로 영입한다. 다시 말해 선수와 구단주, 감독, 코치 모두가 팀을 향상시킬 방법을 끊임없이 모색하는 것이다. 덕분에 양키스는 방대한 양의 추천서와 평가서를 확보해서 더 나은 야구팀을 구성할 수 있다. 동시에 추천 받은 사람이 성적을 내거나 추천한 유망주가 슈퍼스타로 발전하면, 채용담당자와 관리자들에게 재정적 보상을 지급하고, 그들의 공로를 반드시 인정해 준다.

(2) 알렉스 퍼거슨의 '트레블, 그 힘의 원천은?

경영지원팀을 구성하는 데 있어 축구가 기업 경영에 시사하는 것은 무엇일까? 첫째로 수석 코치가 자기보다 더 뛰어난 인물이어서 자신의 자리를 위태롭게 할 거라는 생각을 하지 말아야 한다. 지미 암필드는 많은 감독들이 자기 자리를 위협하지 않은 만큼의 재능을 가진 2인자를 물색할 때, 자신과 친분이 있는 인물을 발탁한다고 언급했다. 실제로 발탁된 인물들이 훌륭한 자질을 가졌는가는 두 번째 고려 대상이라는 것이다. "감독들은

---

47) 전설적인 조직 뉴욕 양키스의 경영방식, 랜스 A. 버거, 예솜출판, 2005.10.10, 15,000원, p.11, 앞표지 앞날개 p.133, p.138.

우수한 수석코치를 선별하는 데 별로 관심을 가지지 않아요. 나중에 자기 제자가 자신의 자리를 노리는 하극상을 두려워하는 이유겠지요. 하지만 일단 구단을 책임지고 있는 것은 감독 자신이고, 만약 감독이 몸져 눕기라도 한다면 누가 그 팀을 이끌고 나가겠습니까? 그 때문에라도 능력 있는 수석코치를 곁에 두는 것은 꼭 필요한 법이지요."

맨체스터 유나이티드의 물리치료사로 일했던 짐 맥그리거는 이 견해에 동의한다. "일단 요즘의 추세는 새로운 감독이 선임되면 그 감독이 거느리고 다니는 가신군단이 구단 전체의 지휘권을 통째로 넘겨받는 겁니다. 심지어 의료 스태프들도 자리보전이 어려워요. 예전에 새로운 감독이 와서는 '당신들은 팀의 중요한 주춧돌입니다.'하고 고개를 숙였던 것과는 천양지차죠. 요새는 감독이 바뀌면 지원 스태프 모두는 짐을 싸야 해요."

… 하지만 녹스와 녹스의 후임을 맡았던 브라이언 키드마저 1998년 12월에 사표를 제출하자 퍼거슨 감독은 자신의 기준에 부합하는 새로운 2인자를 물색하기 위하여 영국 전역을 샅샅이 뒤지고 다녔다. 마침내 2개월 여의 탐사과정을 거처 그가 찾아낸 것은 더비 카운티에서 별 볼일 없는 자리에 있던 스티브 맥라렌이었다. 퍼거슨은 자신의 자서전에서 이렇게 회고했다.

"전임 유소년 코치 에릭 해리슨과 유소년 육성 담당자 레스 커쇼[48]에게 요구한 것은 코칭 능력은 물론 철저한 직업윤리를 가진 사나이였다. 그들은 스티브 맥라렌을 찾아내기 위해 영국 전역을 뒤지고 다녔다."

맥라렌이 미들스부르의 감독으로 자리를 옮기며 발생한 수석 코치의 부재로 인해 맨체스터 유나이티드는 2001/02 시즌에 단 하나의 우승 트로피도 가져가지 못하고 리그 3위로 시즌을 마치며 위기를 맞았다. 그런 와중에도 퍼거슨은 중요한 2인자를 고르는 일을 서두르지 않았다. 결국 2002년 6월 심사숙고 끝에 그는 제대로 된 사람이라는 믿음하에 포르투갈과 남아공 국가대표팀 감독을 역임한 모잠비크 출신의 카를로스 케로스를 자신의 수석 코치로 선임하였다.

유나이티드는 2003년 다시 리그 챔피언 자리에 올랐다. 하지만 1년 정도 구단에 머물었던 케로스는 다시 레알 마드리드 감독으로 떠나고 만다. 퍼거슨은 다시 끈기 있게 적합한 인물을 기다렸다. 2004년 3월 홀로 고군분투하던 퍼거슨은 결국 자신의 친구 월터 스미스를 구단으로 불러들였다.

그 와중에도 그는 부족한 시간을 할애하면서까지 애타게 수석코치로 적합한 사람을 찾고 있었던 것이다. 또한 퍼거슨은 다른 코칭스태프를 선임함에 있어서도 고민을 아끼지 않았다. 그는 클럽에 젊은 선수들에게 기술을 가르치고, 그들의 기술 향상을 위해 코치들을 가르칠 수 있는 기술코치가 필요하다는 결론을 내렸다. 퍼거슨은 이런 새로운 코치 직책의 소개가 다른 주요 유럽의 클럽들에게 코칭스태프 구성의 표준이 될 것

48) 90분 리더십, 데이빗 볼초버 · 크리스 브래디 지음, 신인철 차영일 옮김, JN BOOK, 06.5.11. 12,900원, p.209, 210, 211, 214, 219.

이라고 확신하였다. 결국 적합한 사람이 등장했다. 영국 축구계에는 거의 알려지지 않았으며 당시 카타르에서 일하고 있던 독일인 르네 뮬렌스틴은 그렇게 2001년 5월 고용계약을 맺을 수 있었다.

맥라렌, 케로스 그리고 뮬렌스틴은 퍼거슨이 그들을 임명하기 전까지 퍼거슨 감독과 사적으로 만남을 가져본 적이 전혀 없었다. 심지어 퍼거슨이 뮬렌스틴에게 맨체스터에서 근무할 것을 정식적으로 제안할 때까지 그가 뮬렌스틴과 얼굴을 마주친 적이 있었는지조차도 의심스럽다. 하지만 그는 각각의 역할에서 전문적 기술과 경험을 높이 평가하였고, 그 일에 가장 적합한 사람을 찾았다고 강한 확신을 가지고 있었다.

1998년 브라이언 키드가 맨체스터 유나이티드를 떠난 이후, 알렉스 퍼거슨은 선수단을 함께 이끌고 더 높은 목표를 향해 나갈 수 있는 제2인자가 필요했다. 감독을 대신하여 선수 선발과 육성을 책임지고, 선수들을 격려하며, 감독과 함께 장기적인 전략을 세울 수 있는 인재. 그것이 퍼거슨 자신이 원했던 수석코치의 상이었다. 그런 의미에서 스티브 맥라렌은 완벽한 사람이었다. 그는 개혁적인 마인드를 바탕으로 선수단과 팀 경기력을 기술적이고 심리적으로 분석하는 동시에 그것을 곧바로 실행할 수 있었던 인재였다. 꼼꼼함을 바탕으로 한 맥라렌의 공헌은 퍼거슨에게 큰 힘이 되었다. 맥라렌의 지도 철학은 개인과 조직의 우수성을 향상시키기 위한 끊임없는 노력과 자기만족의 거부에 있었다. 이러한 철학은 맥라렌 자신도 예외는 아니었다. 맥라렌 만큼이나 성공의 심리학에 심취했던 지도자도 없었다.

팻 라일리(현 미국 NBA 마이애미 히트 감독)와 빌 월시 같은 미국 스포츠계의 거물 감독들의 저서를 그는 코치 인생에 있어 중대한 영향을 끼친 서적이라고 고백했다. 또한 그는 비디오를 보며 연구하고, 농구선수 마이클 조던의 인터뷰 사본을 읽었으며, 조던의 소속 팀 시카고 불스의 지도법을 공부하였다.

맥라렌은 정기적으로 고참 선수들과 대화하면서 그들을 다독였다. 훈련과 경기를 통해 얻은 데이터를 바탕으로 선수의 발전 정도와 활약도를 체크하고 또한 그것을 팀 전체와 선수 개개인에게 통보하였다. 끊임없는 계획과 노력은 그의 장점이었다. '준비를 게을리 하는 것은 실패를 준비하는 것'이 그의 캐치프레이즈였다. 맥라렌의 부지런하고 엄격한 지도 아래 유나이티드 팀은 1999년 그 유례를 찾아볼 수 없던 트레블을 달성하였고, 그가 2001년 여름에 팀을 떠나기 전까지 리그 3연패를 하는 등 가장 화려한 시절을 보냈다. 그러나 스티브 맥라렌이 떠난 후 퍼거슨은 5시즌 동안 한 번도 유럽 챔피언스 리그 우승을 일구어 내지 못했다.

미들스부르의 감독 브라이언 롭슨은 퍼거슨의 사례와는 정반대의 길을 걸었다. 그러나 대부분의 축구감독들과 일반 기업체의 경영자들은 아직도 대부분이 브라이언 롭슨의 방법을 따르고 있다. 롭슨은 맨체스터 유나이티드에서 선수로 함께 뛰면서 이미 친분을 쌓은 비브 앤더슨을 수석코치로, 고든 맥퀸을 1군 코치로 각각 임명하였다. 롭슨은 그 자리에 꼭 필요한 적임자를 찾아 헤매기도 전에, 옛날부터 알고 지내던 그의 죽마고우들을 자신의 보좌역으로 불러오는 실수를 저지르고 말았다. 결국 그가 제대로 된 코칭스태프를 구성했는지에 대한 의문은 증폭되었다.

결국 2000년 후반 구단 이사회는 비참한 리그 성적을 이유로 숙련된 지도 능력을 가진 테리 베너블스를 불러들였고, 그 의문의 해답은 명확해졌다. 그는 팀을 전술적으로 재구성했고, 구단은 천신만고 끝에 시즌 막판 리그 탈락을 면할 수 있었다. 베너블스의 선전으로 인해 망신을 당한 롭슨의 코칭스태프 전원은 결국 팀 내 위상에 커다란 상처를 입었고, 스스로 구단을 떠나는 굴욕을 당했다.

(3) 초패왕 항우는 어떻게 자멸했는가?

고금에 이르기까지 인기 있는 스테디셀러 「초한지(楚漢誌)」는 인재 등용이 모든 걸 결정한다는 걸 극명하게 보여 주고 있다. 당시 중국 천하를 일통할듯한 파죽지세의 초패왕 항우는 비범한 군사(軍師) 범증의 몇 차례에 걸친 적극적인 추천에도 불구하고 끝내 한신을 중용하지 않았다. 그러자 범증은 "중용하지 않으려면 죽여 후환을 없애자."고 진언했으나 항우는 이마저 듣지 않았다. 한신이 누구였던가? 유방을 도와 한나라 장군 중에서 누구와도 비교되지 않는 최고의 전공을 이루었고 한나라 건국의 일등공신이 되었다. 초한전의 승리는 당대의 최고 인재들인 소하, 장량, 한신에 의해 결정되었는데, 이들은 한고조 유방이 중용한 인물들이다. 아래는 유방과 장량이 처음 만나는 장면을 일본의 역사소설가 시바 료타로가 흥미진진하게 재구성하고 있다. 우리는 유방처럼 경청할 수 있을까?

> 유(留)라는 도시가 있다.
>
> 춘추시대 때부터 있었던 작은 도시로 유방의 출신지인 패현에 가깝다. 지금의 강소성 패현의 동남쪽이다. 이 시기에 형구는 거기에 있었다.
>
> 장량은 유를 향하는 도중에 패를 지났다. 이때 유방은 이미 '패공'으로 이름을 날리면서 수천 명의 소집단을 거느리고, 그 부근의 진 세력과 끊임없이 싸우고 있었다.
>
> '그러고 보니 유 뭐라고 이름을 들은 적이 있어.'
>
> 장량은 그 정도의 지식밖에 없었지만, 어쨌든 사자를 보내 면회를 요청했다. 보아하니 유방은 마음이 탁 튼 사람인 것 같았다. 무조건 만나 주었고 그 의견도 경청해 주었다.
>
> '듣는다는 것이 바로 이런 것이로구나.'
>
> 장량은 이야기를 듣는 유방을 보고, 꽃봉오리가 점점 벌어지는 듯한 신선한 느낌을 받았다. 유방은 시원스런 표정으로 장량을 바라보다가 거대한 몸을 점점 장량[49] 쪽으로 기울이면서, 그 어린 남자가 하는 말을 하나도 빠짐없이 들었다. 연기가 아니었다. 유방은 어린 시절부터 '작은 나'를 어디서 잃어버린 듯한 행동을 해왔다. 그는 마음을 완전히 비

49) 항우와 유방 제2권, 시바 료타로 지음, 양억관 옮김, 달궁, 03.11.28, 9,000원, p.28~30.

우고 장량이라는 한 인격체의 말을 듣고 있었다. 들으면서 확신했다.

'이 젊은이는 진짜다.'

마음을 비우면 총명해지는 법이다. 유방이 가진 유일한 장점이라 할 수 있었다. 장량은 이야기를 하면서 거대한 그릇에 물을 붓고 있는 듯한 쾌감을 사로잡혔다.

마지막으로 유방은,

"내 비록 보잘 것 없는 몸이지만, 나의 객이 되어 주지 않겠는가."하고 촌뜨기처럼 순박한 목소리로 말했다. "기쁘게 받아들이겠습니다."

장량은 볼을 발갛게 물들이고 말했다. 그렇게 말한 후에 낭패감을 느꼈다. 이미 형구에게 사람을 보내 그 휘하에 들어가겠다고 약속을 한 터였기 때문이다.

'형구 따위가 뭔데!'

장량은 스스로를 질책했다. 협객은 본래 일구이언을 하지 않는다. 그러나 눈앞의 유방은 너무도 매력적이었다. 이 유방을 천하의 패자로 만들고 말겠다는 고고한 의지 앞에서 형구에 대한 배신 따위는 너무도 사소한 일에 지나지 않았다.

장량은 유방의 '객'이 되는 한편, 군사조직에서는 '구장(廐將)'이라는 직책을 받았다. 구장이란 옛 초나라의 관직명으로, 직접 전투에 참가할 의무는 없지만, 장령으로서 최고 군사회의에 출석한다. 장량에게 가장 적절한 직책이었다. 첫 만남에서 장량의 기량과 성향을 알아채고 적절한 직책을 준 것만 보아도 유방에게는 사람을 보는 눈이 있었던 것 같다.

(4) 비전 기업 HP와 3M의 사례

여러분이 1946년 당시의 빌 휼렛과 데이비드 패커드의 입장이 되었다고 가정해 보자. 회사는 10년이 채 안 된 소기업이며, 제2차 세계대전의 종전으로 군수 계약이 줄어들어 최근 매출이 50%나 감소했다.

회사의 생존 자체를 위협할 정도로 자금이[50] 부족하여 급박한 위기에 직면해 있으며, 당장 민간 시장에 진출하여 문제를 해결할 수 있는 전망도 보이지 않는다. 데이비드 패커드는 이 상황을 다음과 같이 기술했다.

"우리 모두 종전을 축하하고 있었지만, 동시에 우리에게 심각한 문제가 닥치고 있음을 깨닫고 있었다. 회사 매출은 150만 달러 정도에서 1946년에는 절반 수준으로 떨어졌고, 우리가 계속 견뎌나갈 수 있을지 걱정을 많이 했던 기억이 난다."

이런 경우 여러분이라면 어떻게 했겠는가? 여러분은 그들이 어떻게 했을 것이라고 생각하는가? 첫째, 그들은 직원 수를 20% 가량 줄였다. 정부와의 계약이 물거품처럼 사라지는 상황에서는 회사를 살려 내기 위해서 우선 인원을 감축하지 않을 수 없었다. 둘째, 그들은 앞으로 부침(浮沈)이 심한 정부와의 계약에 지나치게 의존하지 않기로 굳게 결심했다. 휼렛과 패커드 두 사람은 여기서 멈추지 않았다.

---

50) 성공하는 기업의 8가지 습관, 짐 콜린스 · 재리 포라스 지음, 워튼 포럼 옮김, 김영사, 2003.11.29, 13,900원 p.220~221.

그들은 영업 실적이 40%나 감소하여 소기업으로서는 위태로운 상황에서도 매우 대담하고 장기적인 안목을 갖춘 조치를 취했다. 즉, 그들은 모든 정부 지원 기관들이 처해 있는 어려운 상황을 활용하기로 결심하고, 전쟁 기간 중 정부 지원 연구소에 고용되어 있다가 당시 실직 상태에 처한 재능 있는 과학자들과 기술자들을 고용하기 시작했다. 또 두 사람은 장기적으로 손실이 될 수 있는 인원 감축을 원하지 않았기 때문에 높은 봉급을 받고 있던 회사 내의 최고 인재들은 계속 고용하기로 결정했다. 이를 패커드는 다음과 같이 설명했다.

"비록 사업이 하락세를 보이고 있었지만 우리는 이런 총명한 기술자들을 고용하기로 결정했다. 우리는 랠프 리(Ralph Lee), 브루스 홀리(Bruce Wholy), 아트 퐁(Art Fong), 호레이스 오버래커(Horace Overacker) 등을 사세가 기울고 있는 시점에 고용했다. 그 이유는 이런 시기야말로 기술자들을 얻을 수 있는 호기라고 확신했기 때문이다."

이러한 결정에서 특기할 만한 점은 휼렛과 패커드 두 사람 모두 종전 후의 사업 전망이 그들이 고용한 기술자들에게 봉급을 줄 수 있을 정도로 좋아질지에 대한 확신이 없었다는 사실이다. 그것은 일종의 도박이었다. 그리고 실제로 HP는 종전 후의 경기 조정기를 고통스럽게 견뎌야 했고, 1950년까지는 성장 속도도 빠르지 못했다. 그러나 이후 20년 동안 HP의 엔지니어링팀이 혁신적이고 수익성 높은 신제품을 무수히 개발함으로써 1946년에 이루어진 장기적 안목의 투자는 결국 상당한 보상을 받게 되었다. 현재 HP는 동종업계 세계 1위의 비전 기업이다. 탁월한 경영이념을 실행하고 있는 위대한 기업이 되었다. 수많은 원천기술을 만들어내고, 세계에 수출하여 막대한 로얄티를 벌어들이고 있다. 해마다 흑자를 내는 세계 초우량 기업이다. HP는 "기업은 사람이다." 라는 원칙을 철저히 지키고 있다.

■ 윌리엄 맥나이트의 등장

1907~1914년까지 3M은 저품질, 낮은 수익성, 과도한 재고, 열악한 현금 흐름을 이겨내려고 안간힘을 썼다. 그러나 회계사에서 세일즈 매니저로 변신한 윌리엄 맥나이트의 조용하면서도 신중한 독려하에 3M을 오늘날까지 생존할 수 있도록 한 제품 향상 실험을 하기 시작했다.

1914년 3M은 겨우 20대인 맥나이트를 부장으로 승진시켰다. 맥나이트는 500달러를 투자해서 조그만 창고에 실험과 검사를 위한 싱크대와 접착 욕조를 만들었는데, 이것이 바로 3M 최초의 실험실이었다.

수 개월 간의 실험 후에 3M은 새롭고 매우 성공적인 천으로 된 쓰리엠 아이트(Three—M—Ite)를 개발했다. 덕분에 3M은 처음으로 배당을 실시했으며, 이 제품은 개발 이후 75년이 지나도록 여전히 상품 목록에 기재되어 있다.

겉으로 보기에는 겸손하고 수줍어하지만, 맥나이트는 전진을 위한 끊임없는 호기심과 꺾이지 않는 추진력으로 일을 처리했고, 햇병아리 3M의 큰 목표를 달성하기 위해 일주일 내내 일하기도 했다. 그리고 항상 3M이 추구하는 새로운 기회를 찾아 나섰다. 예를 들어 1920년 1월 맥나이트는 다음과 같은 내용이 쓰인 편지를 받았다.

"3M이 사포를 제조하는 데 사용하는 모델 샘플을 인쇄 잉크, 동(銅)파우더, 금빛 잉크색을 제조하는 업자인 필라델피아에 사는 프랜시스 오키(Francis G. Okie)에게 보내 주십시오."

3M은 원료를 팔지 않았기 때문에 그런 거래가 전혀 없었다. 그러나 3M을 발전시킬지도 모르는 새로운 아이디어들을 개발하기 위해 호기심으로 가득 찼던 맥나이트는 다음과 같은 질문을 던졌다. "왜 오키가 그런 샘플을 요구했을까?"

이로써 3M은 역사상 가장 중요한 제품을 우연히 발견하게 되었다. 왜냐하면 오키가 전세계 자동차 제조업체와 페인트 가게에서 광범하게 사용되는 혁명적인 방수 사포를 이미 개발해 놓았기 때문이다. 오키는 수많은 미네랄 사포 제조 회사에게 샘플을 요구했다. 그러나 3M을 제외하고는 어떤 회사도 왜 오키가 샘플을 요구했는지 물어 보지 않았다. 3M은 재빨리 그 기술에 대한 특허권을 획득하여 웨토드라이(Wetodry)라는 방수 사포를 팔기 시작했다.

그렇지만 이것이 3M이 얻은 전부는 아니었다. 즉, 웨토드라이가 오키와의 거래에서 가장 가치 있는 부분은 아니었다. 조직을 구축하는 데 항상 중점을 두었던 맥나이트는 오키와 단순히 고맙다는 인사나 제품 개발에 관한 계약서를 작성한 것이 아니라 그를 고용해 버렸다. 오키는 필라델피아에 있는 가게를 닫고 세인트폴로 이사했고, 19년 후 정년퇴직할 때까지 3M에서 새로운 발명품들을 개발하는 데 핵심적인 인물이 되었다.

(5) '인물' 찾아 1,000시간 해외 출장

제진훈 제일모직 대표이사 사장은 2004년 1월 취임한 이후 1000시간[51] 이상을 중국, 유럽, 미주, 일본, 러시아 등 해외에서 보냈다. 사업 때문만은 아니었다. 기업에 도움이 되는 인재가 있다면 세계 어느 곳이라도 사장이 직접 찾아가 만나야 한다는 지론 때문이었다. 그는 또 인재를 모으기 위해서는 '젊은 인재의 가치관을 수용할 수 있는 기업문화'가 무엇보다도 중요하다고 생각한다. 이를 위해 대학생들과도 수시로 접촉하고 있다. 04년 11월 달만 해도 9일 건국대, 22일 고려대에서 '21세기 인재론'에 대해 특별 강연을 했다.

■ 이 선수를 주목한다!

5학년이지만 6학년 선수보다 성큼 더 빨리 달리는 탁월한 스피드, 부드럽고 정확한 볼터치, 문전에서의 침착하고 섬세한 골 결정력!

여기에다 높은 학습지능을 보여 주고 있는 서정호 선수(대구 영재사커스쿨 소속·2009 U 20대표 전북현대 서정진 선수의 사촌동생·2009 가을 대구시국민생활체육협의

51) 동아일보, 2004.12.6. 月.B6, 제일모직 제진훈 사장 '인재 발굴—육성 1년' '인물'찾아 1000시간 해외 출장

회 유소년축구대회에서 16골로 득점상 수상)의 무한한 가능성! 반드시 World Class 선수로 성장하기를!

서정호 선수의 성장 과정

▲6세 서정호의 드리블(경북 칠곡 농촌진흥원 잔디구 장) 아버지 서성도 감독의 한결같은 지원으로 어려서부터 축구공과 같이 하는 시간을 많이 가지고 있다.

▲2002년 대구월드컵경기장에서 한국 VS 세네갈전 관중 중의 한 포즈

▲2001년 11월 대구 수성구민운동장에서 연습 후의 국가대표 이동국 선수와 함께

▲2001년 11월 대구 수성구민운동장에서 연습 후의 김병지 GK와 기념사진

▲2006.11.5. 한국유소년 VS 브라질 유소년 경기 후 베베토(브라질 · 1994년 미국 월드컵 우승 핵심선수)와 함께 한 서정호, 서정욱(동생), 서성도(아버지). 정호야! 베베토를 뛰어 넘자!

▲2009년 여름 영재 사커스쿨 전지훈련 중(경북 영덕군 강구중)의 한 장면. 공중볼의 무게중심을 세밀하게 주시하고 있다.

▲2009년 여름 영재 사커스쿨 전지훈련 중 팀 동료들과. 앞줄 오른쪽에서 두 번째가 서정호 선수

제 사장의 이같은 인재경영 철학은 내부 인재육성 혁신으로도 이어지고 있다. 갓 입사한 디자이너는 1년간 의무적으로 사전 실무 교육을 거치게 해 전문성을 대폭 강화했다. 또 물품조달, 유통 등 특정 분야 인력을 해외로 파견해 전문가로 육성하는 품목 전문가 제도를 확대, 현재 13명의 품목전문가를 2010년까지 추가로 육성할 계획이다.

(6) 레인콤, 5년 만에(2004년) 세계 MP3 시장 1위

2002년 1월 안정적인 제조자개발 생산(ODM) 방식을 접고 '아이리버'라는 독자 상표를 내건 레인콤의 현재 성적표는 플래시메모리형 MP3 플레이어 시장에서 세계 1위[52]이다. 국내시장 점유율 50% 이상, 세계시장 점유율 25% 가량이다. 필립스, 소니, 삼성전자를 직원 270명의 벤처기업이 누른 것이다. 애초 레인콤에 생산을 맡겼던 미국 소닉블루는 이제 미국시장에서 레인콤에 자리를 내주며 '호랑이 새끼를 키운' 꼴이 됐다. 1999년 12억 원에 불과하던 매출액은 지난해 2380억 원이 됐고, 올해는 3800억 원을 내다보고 있다. 지난해 순이익(추정치)은 425억 원이다. 특히 올해는 하드디스크드라이브(HDD)형 MP3 플레이어에서도 미국 애플을 누르고 1위를 차지할 작정이다.

레인콤의 성공 뒷면에는 늘 최고를 지향하는 열정이 있었다는 게 회사 쪽 설명이다. 기술적으로는 최고의 메모리 용량, 최소형 단말기 등을 추구했고, 고객에게도 어느 대기업에 뒤지지 않는 서비스를 제공하려 했다. 지금보다 회사 규모가 적을 때도 7개 나라 말로 된 인터넷 사이트로 소프트웨어 업그레이드를 제공하고, 국내에서는 택배료를 대가며 애프터서비스를 해 왔다. 서비스센터를 찾은 고객에게도 때가 되면 식사를 대접할 정도로 정성을 다했다.

세계적 수준의 디자인회사도 협력사로 끌어들였다. 삼성전자 수출담당 이사를 하다 99년에 창업한 양덕준 사장은 여기에 '최고의 사람'과 '튀는 인재론'을 내세운다. 학력, 경력을 불문하고 각 분야에서 최고라는 평가와 마니아라는 평판을 얻은 인물들을 모았다. 양 사장은 "지금까지 내가 맘 먹고 데려오려 한 사람을 스카우트하는 데 실패한 적이 없다."고 자랑했다. 한 직원은 지난해 봄 직원들이 차츰 정형화된 회사원 복장을 하게 되는 것을 보고, 당시 52살의 양 사장이 스스로 머리에 초록색 염색을 하고 나타난 일화를 소개했다.

양 사장에게 최고 자산은 1,000억 원대의 자산도, 2,000억 원대의 매출도 아니다. 800명의 아이리버 서포터스(고객평가단)다. "이들이 한 달이면 수백 건의 아이디어를 게시판에 올려주는데 하나도 버리지 않고 테이터베이스로 만듭니다. 지금은 황당하더라도 기술력이 뒷받침되는 날이면 빛을 낼 것들이거든요.", "맡은 분야에서 최고 마니아인 260명 직원과 800명의 '연구개발 인력'이 있기에 삼성의 추격도 두렵지 않다."는 양사장은 벤처 신화를 꿈꾸는 이들에게 "꿈을 가지고, 크게 보고, 실패를 두려워하지

52) 스포츠 투데이, 2003.12.15.月. 29면, 5년 만에 세계 MP3시장 1위, 비결은 감동!

않고, 세계를 목표로 뛰면 성공할 수 있다"고 조언했다.

이제 레인콤은 MP3플레이어뿐 아니라 차세대 디지털기기인 휴대용 동영상 멀티미디어플레이어에서도 세계적 경쟁 상대들과의 일전을 벼른다. 양사장은 "어떤 거대 기업도 우리만큼 순발력을 발휘하지는 못할 것"이라며, "일단 시작한 분야에서는 확실히 헤게모니를 잡으면서 세계 표준을 주도해 나갈 것"이라고 포부를 밝혔다.

(7) 교장 공모제, 평교사 8명 '교장 선생님'으로

29년간 평교사로 교단에 섰던 경기도 양주시 회정초등학교 최창해(50) 교사는 희망에 부풀어 있다. 9월부터 양주시 유양초등학교 교장으로 부임해 학교를 운영할 수 있게 됐기 때문이다. 최 교사는 지난 4월 교육부가 처음으로 시행한 교장 공모제에 응모, 4대 1의 경쟁률을 뚫고 최연소 교장 임용 후보자로 선정됐다.

교장 공모제는 교육부가 교단에 새 바람을 불어넣겠다는 취지로 교장 자격증이 없어도 교직 경력 15년 이상인 교원에게 문호를 개방한 제도다. 최 교사는 "평소 학생들의 창의성을 살리려면 현장 교육을 많이 해야 한다는 소신을 갖고 있었다."며 "분기별 박물관 탐방과 역사기행 프로그램을 시행하겠다."고 말했다.

충남 천안시 복자여고 이정로(54) 영어 교사도 다음 달 홍성군 홍동중학교 교장이 된다. 31년간 제자를 가르친 그는 "교사들에게 자율성을 최대한 주고 학생들의 실력을 끌어올리도록 하겠다."고 다짐했다. 전교생이 150명인 시골 학교 여건을 감안해 맞춤형 교육을 실시하고, 교사들에게 자극을 줘 학교를 바꿔보겠다는 것이다. 홍동중 교장 공모에는 현직 교장 4명과 평교사 5명 등 9명이 지원해 가장 치열한 경쟁률을 보였다. 이 교사는 "교사들의 자율과 책무성을 강조한 것이 높은 점수를 받은 것 같다"고 말했다.

두 교사와 같은 평교사 출신의 교장 후보자가 처음으로 8명 탄생했다. 교육부가 29일 전국 55개 교장 공모제 시범학교(공립)를 대상으로 교장 임용 후보자를 발표했다. 55명 가운데 현직 교장 출신은 16명, 교감은 26명이다. 특히 경북 문경관광고 등 13곳에서는 같은 학교 출신 교장·교감이 다시 교장 후보자로 뽑혀 타교 출신들의 진입은 무산됐다. 기대를 모았던 평교사 출신은 8명이 뽑히는 데 그쳤다.

교육부 김광호 교원정책과장은 "학교 운영 경험이 있는 교장·교감 출신들이 높은 점수를 받아 평교사들의 임용이 상대적으로 적었다."고 설명했다. 교장 후보자들은 30일부터 다음달 10일까지 직무연수를 받은 뒤 9월 1일자로 정식 임용된다. 교육부는 내년에는 교장 공모제 시범학교를 54개 더 늘릴 방침이다.

(8) 대학가, 우수 교수 영입 전쟁 중

2007년 2학기 서울대 교수 승진심사에서 대상자 중 37.4%가 탈락[53]했다. 지난 1학

53) 중앙일보, 2007.10.2.火. 2면, 서울대 교수 승진 37% 탈락

기 승진심사에서 33%가 탈락한 데 이어 서울대 설립 이후 가장 높은 탈락률을 기록했다. 서울대 김완진 교무처장은 07년 10월 1일 "2학기 승진심사 대상자 147명 중 55명이 유보 또는 제외됐다"며 "대부분 자연대나 공대의 엄격한 심사 기준을 넘지 못한 경우"라고 말했다. 승진심사에서 탈락하면 조교수의 경우 4년, 부교수는 6년 유예기간이 주어지며, 이 기간에도 통과하지 못할 경우 해임된다. 최근 한국과학기술원(KAIST)에서 40%에 이르는 교수가 정년보장심사를 통과하지 못한 데 이어 서울대 승진심사 탈락률도 지속적으로 높아지면서 대학가에는 긴장감이 커지고 있다.

한편 우수 교수를 영입하여 대학의 경쟁력을 높이려는 시도도 치열해지고 있다. KAIST는 2007년 9월 27세 여성 MIT 공학박사 메리 캐서린 톰슨[54]을 모셔 왔다. 미국인인 그녀는 MIT에서 학위를 받자마자 KAIST로 왔다. 현재 이 학교에는 6명의 외국인 교수가 있지만 이렇게 박사학위를 받자마자 임용된 교수는 그녀가 처음이다. 톰슨 교수를 영입하기 위해 미국 보스턴에 직접 다녀온 같은 학과의 박희경 교수는 "미국의 명문 대학들이 톰슨 교수를 스카우트하려는 것을 설득해 간신히 KAIST로 오게 했다." 고 털어놨다. 이 때문에 그녀의 연봉은 같은 급의 한국인 교수에 비해 50% 정도 많다. 그러나 미국 유명 대학보다는 30% 적은 수준으로 알려졌다.

(9) 끼리끼리 있으면 뭘 모르는지 모른다

— 안혜린 기자 : LG가 왜 당신을 택했다고 보나.

— 토머스 린튼 LG전자의 부사장급 최고구매책임자 : " '네가 뭘 모르는지를 모른다(You don't know what you don't know)'라는 미국 속담이 있다. 한국 안에서 끼리끼리 모여 있으면 뭘 모르는지 모른다. 세계시장의 일류 브랜드가 되려면 글로벌 시각과 경험이 필요하다. 역량을 한 단계 끌어올리려면 외부 인재가 필요하다는 얘기다. 다른 위대한 회사들도 그런 과정을 거쳤다. 그래서 LG가 외국인 임원을 영입한다는 말을 들었을 때 놀라지 않았다."

— 중앙일보, 2008.5.14.水. E3면

(10) 사람 하나가 기업의 심장

요즘 기업들은 두 가지 자원을 확보하기 위해 전쟁을 치른다. 하나는 최근 가격이 치솟는 천연자원이다. 다른 하나는 기업의 미래를 책임질 인재다. 둘 중에서 더 중요한 것을 꼽는다면 '사람'이다. 사람 없이 돌아가는 기업은 없기 때문에 '인재 제일주의'는 글로벌 기업의 화두다. 세계 500대 기업 최고경영자(CEO) 중 90%가 시급한 경영과제로 '인재 확보'를 꼽을 정도다.

— 중앙일보, 2008.4.1.火. E10면

---

54) 중앙일보, 2007.10.2.火. 2면, '정년 보장' 대거 탈락 KAIST 이번엔 파격 스카우트

(11) '학연 이름값 난 몰라'…유재학 만수 더 빛난다.[55)]

① 학연은 몰라

13명의 모비스 국내 선수 중 유재학 감독의 모교인 연세대 후배는 우지원 한 명뿐이다. 우지원은 유 감독이 모비스에 부임하기 전부터 있던 선수다. "프로농구 감독 10년 동안 드래프트에서 대학 후배를 뽑은 경우는 한 번도 없는 것 같다."고 유 감독은 기억했다(실제론 1명 있다). 물론 일부러 안 뽑은 건 아니다. 능력과 잠재력만 보고 뽑다 보니 그렇게 됐다. 선수 보는 눈이 특출하다는 건 농구인들이 대부분 인정하는 대목이다.

농구계의 다른 감독들은 실력이 비슷하면 후배를 뽑는다. 드래프트 후반엔 성의로라도 후배를 한두 명 뽑아주기도 한다. 그러나 유 감독은 쓸 선수가 아니면 뽑지 않는다. 수석코치도 경희대 출신인 임근배씨다. 당연히 모비스 팀 내에 '어느 학교 출신'끼리의 파벌은 없다. 감독이 지연·학연을 챙긴다는 말도 전혀 나오지 않는다.

원래부터 그에게 학연은 없다. 프로 출범을 앞둔 1996년 대우 코치로 프로팀 창단을 준비하던 그는 연세대(우지원·김훈)와 고려대(김병철·전희철)를 선택할 기회가 있었다. 회사 고위층의 결정으로 연세대를 택했지만 그는 고려대 선수들을 희망했다고 한다.

② 명성도 무관심

프로농구에서 실패한 한 전직 감독은 자신의 팀을 화투판에 빗대 "우리는 광은 없고 피만 있다"면서 패배를 합리화하곤 했다. 모비스에도 광은 없다. 김주성(동부·7억1000만원)처럼 경기를 지배하는 빅스타는커녕 최고 연봉자가 2억 4000만 원을 받는 '마당쇠' 우지원이다. 모비스는 다른 팀에서 자유계약선수를 한 명도 데려오지 않았다. 유 감독이 일부러 그런 것은 아니다. 유 감독은 "김주성이나 김승현 같은 기술이 매우 좋은 선수와 뛰고 싶기도 하다."며 "다만 기회가 없었을 뿐이다."고 말했다.

결과적으로 모비스는 광이 없지만 대박을 내고 있다. 모비스의 보물 함지훈은 드래프트 10번으로, 천대현도 드래프트 10번으로 지명한 선수다. 우승연은 삼성에서 엔트리에 들어갈 자리가 없어 임대됐고, 포인트가드 김현중도 LG에서 사실상 방출한 선수다. 일부 감독이 보기에 이들은 껍데기에 불과할 수도 있지만 유재학 감독의 조련으로 한 단계 성장했고, 광에 못지 않게 빛을 내고 있다.

만일 광이 있다고 해도 그에겐 똑같은 선수일 뿐이다. 유 감독은 "아무리 뛰어나도 감독의 지시를 성실히 수행하지 않는 선수는 뛰게 할 수 없다"고 말했다. 모비스 이동훈 팀장은 "유 감독은 백지상태에서 모든 선수를 경쟁시키고 실력이 나은 선수를 경기에 내보낸다. 다른 선수들이 불만을 가질 수 없는 시스템"이라고 말했다.

크고 가치 있으면 대담한 일을 하려면 뛰어난 인재가 없으면 불가능하다. 새롭고 앞서 있는 시스템 창조 역시 그 일을 해낼 수 있는 인물들을 가지고 있느냐에 달려 있다.

---

55) 학연 이름값 난 몰라, 중앙일보 2008.12.9.火. 27면

2) 한국 축구계의 현실은 어떠한가?

한국 축구의 시장은 작다. 각계각층의 유능한 인재들은 축구계가 아닌 다른 분야로 진출하고 있다. 한국 축구계는 심각한 '인재 부족증'이라는 중병을 앓고 있다. 인재를 유치하기 어려운 축구계 풍토와 인재가 빈곤한 한국 축구는 지금까지 계속 그리고 끈질기게 정체되어 있다. 세계적인 축구 석학이 한 명도 없다. 수많은 문제가 산적해 있지만 적확한 해결 방안이 거의 나오지 않고 있다. 당면한 현안 문제를 해결하기 위한 논의도 빈곤하고, 더 큰 문제는 논의 후 결정사항이 나와도 '실천이 흐지부지해지는' 게 너무나 많다는 점이다. 대한축구협회 프로축구연맹 그리고 15개 프로구단이 새로운 시스템 창조는커녕 이미 실행되고 있는 해외 스포츠계의 모범 사례를 벤치마킹조차 제대로 하고 있는가?

3) 패거리로 다니지 말란 말이야!

전 언론인 김상훈(71)씨는 지난 2005년부터 2007년 2월까지 2년 여 쓴 시사칼럼을 묶어 낸 책 「패거리 문화의 해악」(김상훈 세종출판사)에서 "원시 부족시대의 부정적 의식구조가 확산되고 있어 크게 우려하지 않을 수 없다. 우리 사회가 각양각색의 패거리(같이 어울려 다니는 사람의 무리를 낮잡아 이르는 말)들이 날뛰는 통에 혼란과 무질서, 불안이 극에 달해 있다. 여러 패거리가 있지만 바로 정치인 패거리, 경제인 패거리, 교수 패거리, 스포츠인 패거리, 연예인 패거리 등이다."고 진단하고 있다.

그러면 한국의 축구 감독들은 어떻게 코칭스텝을 조직할까? 천차만별 각양각색의 방법이 있을 것이다. 최고의 수석코치를 구하기 위해 영국 전역을 샅샅이 뒤져 마침내 2개월 여의 발굴 과정을 거쳐 스티브 맥라렌을 발탁한 알렉스 퍼거슨처럼 할까?

아르센 벵거는 아스날의 감독직을 맡았을 때, 1959년 빌 쉥클리가 리버풀의 감독직에 오르면서 그랬듯이, 자신이 데리고 있던 사람들을 불러오기보다 브루스 리옥 전임감독 아래서 선수로 뛰었고 그 후 그의 밑에서 코치로 일했던 팻 라이스를 수석 코치로 임명하였다. 라이스의 임명으로 아스날은 외국인 감독(프랑스) 선임으로 인한 조직의 불안을 해소하고 선수들의 화합을 유지하였으며, 감독의 구단 적응에 도움을 줄 수 있었다. 이들은 결코 패거리를 쓰지 않았다. 그리고 성과를 일구어 내었다.

E 감독은 사람 좋고 술을 즐기며 무사안일하다. E 감독은 이렇게 한다. 3가지 원칙을 철저히 엄수한다. 첫 번째 원칙, 나의 패거리가 아니면 철저히 배척한다. 그가 아무리 유능해도 나와 학연, 지연, 선수 시절 동료 선후배관계가 없으면 절대로 채용하지 않는다. 두 번째 원칙, 내 말을 고분고분 듣지 않는 코치 채용은 생각조차 할 수 없다. 나의 팀은 나의 왕국이다. 우리는 지금이 좋다. 현재 상황에 만족하고 있다. 새로 굴러들어온 인간이 팀의 개혁이니 혁신이니 하는 일은 상상만 해도 골치 아프다. 세 번째 원칙, 나보다 실력 있고 능력 있는 코치는 절대 채용하지 않는다. 그로 인해 나의 무능

과 공부하지 않는 게 드러나는 일이 결단코 있어서는 안 된다. 지시대로 움직이는 선수들, 눈치 보며 고분고분한 코칭스텝들, 보수는 매월 꼬박 꼬박 나오고 초청 술대접이 수시로 있으며 선물도 빈번하게 들어오지요. 신입생 진학(프로팀의 경우는 선수 입단)에 대한 전권을 쥐고 있는 이 좋은 현실이 쭉 계속되어야 한다.

이런 E 감독 아래서 출중한 선수가 배출될 수 있는가? 한국 축구 역사 이래 134년이 넘었지만 월드 클래스(World Class) 선수는 왜 한 명도 나오지 못하고 있는가? "수업의 질은 교사의 질을 결코 능가할 수 없다"지 않던가! 선수들은 학습권도 빼앗기고 교실에서 수업도 받지 못하고 축구에 모든 것을 쏟아 붓고 있는데, 2009년 4월부터 주말리그 시행으로 많이 좋아졌지만 깊이 알아보면 여전히 학습권 보장이 아직 취약하다, 선수들의 뒷바라지로 학부모들의 등이 휠 지경인데 E 감독은 마냥 태평성대를 누리고 있다.

4) 일에 들어가서는 무릇 사무치는 게 있어야 한다.

서민들은 자잘한 일상에 매여 평생을 살아간다. 세상에는 치열하게 움직이는 게 아니라 죽은 물고기처럼 무기력하게 살아가는 사람들이 적지 않다. 지위를 악용하여 자신의 이익 챙기기에 급급하고 사회에 해악을 주는 사람들이 여기저기에 즐비하다. 이들은 참으로 불쌍한 영혼들이다. 이들은 눈 뜬 장님과 다를 바 없다. 이들은 신이 자기 자신을 이 땅에 태어나 살아가게 한 의미를 모르는, 신을 경외하지 않는 패역한 무리들이며, 신의 진노와 심판을 면할 수 없는 강팍한 영혼들이다.

사람은 일에 들어가서는 무릇 사무치는 게 있어야 한다. 유시민 전 보건복지부 장관이 대학 시절 '항소 이유서'에 인용했던 "슬픔도 분노도 없는 사람은 더 이상 조국을(축구를) 사랑하고 있지 않다"는 문장을 생각해보자.

세상에는 일당천이 있고, 그 위에 만인적이 있고, 다시 그 위에 뛰어난 제품과 서비스를 계속 만들어 내는 '시스템'을 창조하는 사람이 있다. 대부분의 사람들은 당면한 현안 해결에 급급해 있어 '시스템'을 생각하지 못하고 있다. 시스템을 만들어 내는 사람이 언제나 승리한다. 시스템 창조자가 진정 최고의 인재다. 이런 인재가 모인 조직 기업 국가는 실패할래야 실패할 수가 없다. 역으로 박현주[56] 미래에셋 회장의 말처럼 "사람이 엉터리면 재앙이 온다." 수나라 양제는 중국 천하를 물려받았지만 빠르게 멸망해버렸다. 자기 자신도 보존하지 못했다. 당태종 이세민은 "수양제처럼 되지 말자." 고 좌우명처럼 스스로를 일깨웠다고 한다.

3년 전 대한상공회의소는 우리나라 국가대표 축구감독을 지낸 거스 히딩크와 움베르토 코엘류를 비교한 보고서를 냈다. 보고서에 따르면 히딩크는 연고나 파벌에 휘둘리지 않고 능력 있는 신인들을 발굴, 서로 경쟁시켰다. 반면 코엘류는 월드컵 4강 선수들 개개

---

56) 중앙일보, 2007.10.1.月. 20면, 노트북을 열며

인의 명성에 안주, 인재육성에 실패했다. 축구에서 유능한 인재를 어떻게 구할 것인가?

첫째, 경영에 밝은 사람들의 명단 작성과 활용! 국내 최고 최대의 인물 DB는 '조인스 인물정보 people.joins.com'다.

둘째, 한국과 세계의 축구 인재 데이터베이스화!

이 일은 어려운 일이 아닌데도 대한축구협회, 프로연맹, 23개 프로구단에서도 못하고 있다. 능력 있는 인물을 찾아 조직하고, 이들이 일할 수 있는 조건을 만들어 주며 격려하는 일! 성공의 법칙은 이처럼 간단하다.

02 축구지도자가 공부해야 하는 분야

1 정신세계

지도자가 반드시 가져야 할 능력(자질) 중의 하나인 1인기업으로서의 경영이념과 코칭 철학에 깊이 연결되어 있다. 의식수준이 높을수록 화평하고 상대방을 배려한다. 하지만 200 미만의 낮은 의식수준의 소유자는 이기심·무지·탐욕·두려움·교만·분노·시기·부정직·조급함 등으로 온갖 문제를 일으킨다. 폭언·폭행·온갖 금전 비리 등으로 구속되고 해임되는 등 자멸해 가는 축구지도자들이 있다. 반면 아시시의 성(聖) 프린시스코나 마하트마 간디와 같이 의식수준 600이 넘어 성스러운 경지에 든 분들도 있다. 높은 정신세계에 도달하면 치유가 시작되며, 다른 사람들에게 사랑과 평화를 널리 전파할 수 있는 능력이 생겨난다. 이 수준의 특징은 이들이 갖는 자비의 마음 상태이다.

누가 나를 이 세상에 태어나게 했는가?
이 세상에서 나의 존재 이유는 무엇인가?
지금 여기에서 무엇을 어떻게 해야 하는가?

감독 코치는 밖으로만 향하던 시선을 거두어 수시로 자기 자신의 내면으로 응시해야 한다. 그리고 위의 질문에 자문자답해야 한다. 정신이 허기진 시대일수록 지도자의 역할이 더욱 중요해진다. 보다 많은 사람들에게 영향력을 행사하기 때문이다. 이러하기에 잘못에 대한 책임도 보통 사람보다 더 크게 져야 한다. 스포츠에서도 높은 정신세계를 가질수록 지도력이 향상된다. 왜냐? 무지하지 않고 밝게 알게 되니 저절로 그렇게 된다.

마음을 내어, 애써 마음을 내어 의식수준이 높은 책을 읽으면 나날이 성장할 것이다. 언제나 깨어 있으려고 노력하면 올바르지 못한 언행이 계속 줄어들 것이다. 특히 믿음생활을 한결같이 실천하면 그의 정신세계가 계속 고양될 것이다.

날마다 성장하는 감독 코치의 정신세계는 선수들에게 바람직한 영향력을 주게 된다. 그리고 이와 같은 변화는 무엇보다도 먼저 감독 코치 스스로의 영혼을 구원하는 결과로 연결될 것이다.

② 경영학

축구 감독 코치가 경영학을 공부하고, 밝게 알아야 하는가? 반드시 그렇다! 구체적인 체력, 개인기, 전술 지도가 차지하는 비중보다 정신세계, 경영학이 훨씬 더 크고 중요하다. 이걸 깨닫지 못하는 감독 코치는 아무리 노력해도 중급 정도의 성공 밖에 거두지 못할 것이다. 팀 운영이 바로 경영이다. 경영의 2대 핵심은 혁신과 마케팅이다. 프로팀의 경우 철저하게 경영의 논리로 조직되고 운영되어야 한다. 이러하기에 구단 사무국의 혁신과 마케팅에 적극 협력하지 않는 감독 코치는 멍청하다 못해 구단 경영에 크나큰 손실을 끼친다. 초·중·고·대학·실업팀 등 각급 아마추어 팀들은 혁신하는 만큼 경기력이 향상된다.

▲2009년 10월 30일 박경훈 제주 유나이티드 FC 감독 취임. K리그에서 첫 감독직을 수행하는 박 감독이 어떤 내용의 축구와 경영을 보여줄지 기대된다. (사진 : 제주 유나이티드 FC)

"개인이나 기업이나 국가가 파산하는 가장 큰 이유는 그들이 경영을 모르기 때문이다."

— 피터 드러커

피터 드러커의 지적은 처음부터 끝까지 이 책을 관통하고 있는 핵심 메세지 중의 하나이다. 이 책에서 3~4회 이 지적을 인용하고 있는데, 그 이유는 감독 코치가 하루 속히 깨달아 실행해주기를 바라는 의도에서다. 좀 더 자세한 내용은 '제3부 감독 코치의 경영학'을 참고하기 바란다.

3 교수학습이론

운동장에 가서 지도 현장을 자세히 보라. 감독 코치가 가르치고(교수) 선수들이 배운다(학습). 즉 축구 지도가 곧 수업이다. 그러므로 똑같은 교육과정을 동일한 환경에서 가르치더라도 감독 코치의 교수학습능력에 따라 선수들의 학습 성과는 달라진다. 매일 세밀하게 계획하고 과학적으로 가르쳐서 세계적인 경쟁 우위를 확보하면 뛰어난 선수를 계속 배출할 것이다.

모든 연습에는 도달하고자 하는 목표가 있다. 선수는 어떤 연습이든지 먼저 그 연습이 가지고 있는 '의미를 발견하고' 연습을 수행해야 한다. 어떻게 하면 보다 효과적으로 가르칠 수 있을까? 보다 바람직한 방법은 선수들의 축구 인식 수준을 가르치는 감독 코치의 수준으로 끌어올리는 것이다. 즉 강의실에서의 지속적인 이론 강의를 통해 축구경기를 구성하고 있는 체력 개인기 전술 정신력에 대한 이론적인 지식을 감독 코치의 수준으로 성장시키는 일이다. 이 일은 선수들의 나이가 많을수록 실행하기가 수월할 것이다.

이걸 달성하면 그 효과는 실로 크다. 계속된다. 선수 스스로 감독 코치가 되어 자발적으로 연습한다. 스스로 자신의 기술적인 결함을 고쳐가면서 연습하게 된다. 여기에다 선수 스스로 새로운 연습 방법과 기술을 창조하기도 한다. 한 가지 기술을 가르쳐 주면 스스로 여러 가지 기술을 만들어 동료 선수들에게 전해주던 드라고슬라브 세크라라츠(前 유고슬라비아 대표)처럼!

그리고 교수학습이론뿐만 아니라 교육학에 두루 관심을 가지고 수시로 공부하면 더욱 큰 성취를 이룰 것이다. 축구를 비롯한 각종 스포츠는 교육학에서 많은 것을 빌려 쓰고 있다. 스포츠교육학은 교육학에서, 스포츠심리학은 심리학에서, 스포츠평가는 교육평가에서 거의 대부분의 이론을 차용하고 있는 실정이다. 시중 서점에 탁월한 교육학 서적이 많이 있다.

1) 감독 코치의 지도력에 대한 몇 가지 생각거리들

한 선수가 세계적인 선수로 성장하기 위해서는 여러 가지를 갖추어야 한다. 선수 내적 요소로는 크고 선명한 목표·타고난 재능·치열한 노력 등이 있다. 선수 외적 요소로는 그 나라의 축구역사와 문화·수준 높은 프로 리그·축구 행정·축구인프라·가족들의 지원·훌륭한 지도자 등을 들 수 있는데, 이 중에서 단연 지도자의 역할이 중요하다. 교육학의 "교육의 질은 교사의 질을 능가할 수 없다."는 지적과 그 궤를 같이 한다. 세상의 모든 지도자들은 인식과 그 한계를 가지고 있는데, 감독 코치 스스로가 모르는 것은 결코 선수에게 가르칠 수 없다.

명감독이란 쉼 없는 공부로 자기 자신의 무지를 줄여가는 사람이 아닐까? 2002 월드컵

때 히딩크 감독은 '감독이 왜 필요한지?'를 선명하게 보여 주었다. 감독 중의 감독, 감독의 최고봉 존 우든 감독(前 UCLA대 농구팀 감독)은 감독이 무엇을 어떻게 해야 하는지를 자세히 알려 주었다. 반면 존 우든 감독이 누구인지도 모르는 감독, 가슴 속에 촛불이 꺼져 버린 감독, 어제의 지식이 내일 되면 쓸모가 없는 세상이건만 아예 공부를 잊어버린 감독도 있다. 아래의 신문기사가 읽는 이에게 많은 생각거리를 던져주기를 기대한다.

(1) 장면 1 "허들, 지금까지 '거꾸로' 달렸습니다"

"그동안 잘못 배웠습니다. 한국에서 배운 건 전부 '거꾸로'였습니다." 2007년 4월 30일 경기도 고양종합운동장에서 열린 제36회 전국종별육상경기선수권대회 남자 일반부 110m 허들에서 우승한 이정준(23 · 안양시청)은 이렇게 첫마디를 던졌다.

이정준은 이날 13초99를 기록 한국 기록(13초67) 보유자인 박태경(27 · 광주광역시청 14초04)을 따돌렸다. 난생 처음 박태경을 이긴 레이스였다. 이정준은 대한육상경기연맹의 육상진흥 프로그램의 일환으로 1월부터 중국 상하이 제2체육학교에서 허들 훈련을 받고 있다. 남자 100m 세계기록(12초88) 보유자이자 현재 세계 랭킹 1위인 중국의 류시앙이 훈련하는 곳이다. 이정준은 이곳에서 4개월째 류시앙 등과 함께 훈련하고 있다. 그는 "중국에서 허들을 새로 배우고 있다"며 "솔직히 한국 지도자 중 허들을 아는 사람이 없는 것 같다"고 말했다.

거꾸로 배웠다고 말하는 근거는 "웨이트[57]를 하든, 한 동작을 연마하든 왜 하는지 이유가 있어야 한다. 한국에서는 무조건 근육을 키우고 많이 뛰는 훈련만 받았다. 그러다 보니 오히려 커진 근육이 달리는 데 지장을 준다. 마치 짐을 메고 달리는 기분이다. 그런 훈련이 단거리나 허들에 해롭다는 걸 뒤늦게 깨달았다."

— 중국에서는 뭐가 다른가?

"허들 원리는 두 가지다. 하나는 빠르고 유연하게 허들을 넘는 것이고, 하나는 신속하게 앞뒤로 체중이동을 하는 것이다. 이를 위해서는 크게 움직이는 근력 운동이 필수다. 이 두 가지를 위해 웨이트도 하고 스피드 훈련도 한다. 루시앙도 그렇고 중국의 세계상위권 선수들은 다른 근력운동은 거의 하지 않는다."

(2) 장면 2 외국인 코치로 모두 바꾼다.

2011년 대구 세계육상선수권대회를 대비해 대한육상경기연맹이 칼을 빼들었다. 신필렬 육상연맹 회장은 2007년 9월 17일 "남녀 마라톤, 남녀 경보, 남녀 창던지기, 남자 세단뛰기, 여자 멀리뛰기, 남자 높이뛰기 등 10개 전략 종목을 선정, '세계 톱10으로 집중 육성키로 했다'고 발표했다. 10개 종목 중 6개 종목은 결승에 진출시켜 세계선수권 사상 첫 메달을 노리고, 4개 종목은 예선 통과 및 준결승 진출을 목표로 정했다.

57) 중앙일보 2007.5.1.火. 21면

이를 위해 대표팀은 10월 전국체전 직후 '2011년 팀'으로 전면 개편되며 세부 종목 코치를 전원 외국인으로 교체키로 했다. 대표 선수도 현재 기록이 아니라 기능성을 보고 면접을 통해 선발키로 했다. 연령대는 17~24세이며 대면평가를 통해 정신력이나 사명감이 부족한 선수는 제외할 방침이다.

외국인 코치 선임과 관련, 신 회장은 "국내 지도자[58]로는 기량 향상에 한계가 있다"고 말했으며 박정기 육상연맹 명예회장도 "한국 마라톤이 90년대 들어 르네상스를 맞은 것은 정봉수 감독(작고) 같은 역량 있는 지도자의 역할이 컸다. 유능한 외국인 코치를 초빙하는 것은 절대 필요하다"고 말했다.

(3) 장면 3 외국인 코치로 바꿨을 뿐인데 … 육상 신기록 줄 잇는다

육상 남녀 도약에서 한국 신기록이 잇따라 수립돼 이들을 지도한 외국인 코치에게 관심이 모이고 있다. 4일 대구에서 열린 전국육상선수권대회 여자 멀리뛰기에서 정순옥이 2년9개월 만에 한국기록을 경신한 데 이어 5일엔 김덕현이 남자 세단뛰기에서 2년8개월 만에 한국 신기록을 수립했다. 이들을 지도한 사람은 3주 전에 입국한 미국인 코치 랜들 헌팅턴(55). 남자 멀리뛰기 세계기록 보유자인 마이크 파월(미국)을 조련했던 세계적 지도자다.

랜들의 집중 조련을 받은 정순옥과 김덕현은 각각 한국 신기록을 수립한 뒤 "국내 코치들은 '이게 잘못됐다.'고 지적하고도 정작 '어떻게 하라.'는 처방을 내리지 못했는데 랜들은 '이게 잘못됐으니 이렇게 하라'고 구체적으로 가르쳐 줘 기록 향상에 큰 도움이 됐다."고 말했다. 한국 육상 지도자들의 자기반성을 촉구하는 목소리로 들린다. 2011년 대구 세계육상선수권대회가 2년 앞으로 다가온 가운데 국내 선수들의 기록 정체가 국내 지도자들의 무능 때문이라는 지적이 나오고 있다.

▲2009 아시아챔피언스리그 우승, 피스컵 우승 뿐만 아니라 그동안 K리그 우승, FA컵 우승, 컵대회 우승 등 골고루 우승 경력이 있는 명감독 파리아스 포항스틸러스 감독이 2009.9.16. 피스컵 결승전 부산과의 경기 중 작전 지시를 하고 있다. (사진 : 포항 스틸러스)

58) 중앙일보 2007.9.18.火. 29면

육상 회장도 혀를 내두른 '발목잡기'

대한육상경기연맹[59]은 2004년 초 미야카와 지아키(일본 도카이대 교수)를 단거리 대표팀 코치로 영입했다. 미야카와 코치는 남자 100m에서 10초00의 아시아 신기록을 수립한 일본의 단거리 스타 이토 고지를 키워낸 지도자다. 하지만 미야카와 프로젝트는 출발부터 삐걱거렸다. 국내 지도자들이 "자존심도 없느냐. 일본한테서 뭘 배우느냐"며 반발했기 때문이다. 결국 미야카와는 당시 단거리 대표팀 코치이던 장재근씨와 따로 선수들을 가르치는 웃지 못할 상황이 벌어졌다. 미야카와 휘하로 들어간 선수들은 '배신자' 취급을 받기도 했다. 창던지기의 에사 우트리아이넨(핀란드)도 비슷한 일을 겪었다. 선수들이 힘들다며 에사 코치의 훈련을 보이콧하자 선수들의 소속팀 지도자들은 이들을 타이르기는 커녕 동조하며 선수들을 빼내기에 바빴다. 혼자 남아 에사 코치의 지도를 받은 박재명(태백시청)은 2006년 도하 아시안게임에서 한국 유일의 육상 금메달리스트가 됐다. 국내 지도자들이 외국인 코치를 터부시하는 이유는 "밥그릇을 빼앗길지 모른다"는 피해 의식 때문이다.

맞춤형 교육에 목마른 선수들

지난해 남자 110m허들의 한국기록을 네 차례 갈아치웠던 이정준(안양시청)은 베이징 올림픽 직후 "중국에서 류샹과 함께 훈련하면서 중국인 코치에게서 많이 배웠다"고 말했다. 외국에서 훈련한 선수들은 한결같이 개개인의 스타일에 맞춘 '맞춤형 교육'에 높은 점수를 준다. 서상택 육상연맹 총무이사는 "선수마다 스타일이 다른데도 국내 지도자들은 지식을 응용하기는 고사하고 자신이 선수 시절 배웠던 한 가지 스타일만 고집하는 경향이 있다."고 지적했다. 정순옥은 "랜들에게 3주밖에 안 배웠는데 많이 달라졌다. 그는 내가 뛰는 모습을 캠코더로 찍어 보여주면서 고칠 점을 일일이 지적해 준다"며 "국내 지도자에게선 경험하지 못한 것"이라고 소개했다.

이와 관련, 박정기 국제육상경기연맹(IAAF) 집행이사는 "대구 세계육상대회의 성패는 얼마나 유능한 지도자를 초빙해 오느냐에 달려 있다. 육상 지식과 경험 면에서 국내 지도자로는 한계가 있다"고 말했다.

(4) 장면 4 수학을 못하는 것은 100% 선생님 책임!!

초등학교 때 수학우등생이 왜?
중학교에 가서 수학을 포기 할까요!
아이가 머리가 나빠서? 학원, 과외를 안 시켜서?
책이 나빠서? 선생님이 성의가 없어서? 아닙니다.
선생님이 잘못 가르쳤기 때문입니다.

---

59) 중앙일보 2009.6.6.土. 30면

100% 개념원리로 가르치지 못했기 때문입니다.
순서적으로 체계적으로 가르치지 못했기 때문입니다.
문제풀이 위주로 가르쳤기 때문입니다.
끄적끄적 답만 썼기 때문입니다.
초등학교 때부터 노트필기식으로 공부하지 않았기 때문입니다.

— 중앙일보 2008.3.19.水. C10면

노개명수학 겨울방학 3개월 집중학습프로그램
"초등 4학년 이상이면 3개월 안에 중학수학 끝낸다!"

— 중앙일보 2009.1.12. 月. E10면

(5) 장면 5 실력 없는 교수 퇴출 당연 - 미국에선 뉴스도 안 돼"

— 기자 : 한국에서 테뉴어(tenure 정년 보장)나 재계약 탈락 교수가 이슈다.
— 해리 루이스 하버드대 석좌교수 : 실력이 모자라는 교수를 탈락시키는 것은 당연하다. 미국에서는 뉴스도 안 된다. 일정 기간 재직했다고 대부분 정년을 보장하는 것은 질 높은 교육을 받을 권리가 있는 학생들에 대한 대학의 도리가 아니다.

— 중앙일보 2008.3.5.水 . 8면

(6) 장면 6 수업료가 두 배인 이유

모차르트에 관한 일화입니다. 그는 음악을 배우러 오는 사람들에게 항상 이렇게 말했습니다. "예전에 다른 데서 음악을 배운 적이 있습니까? 그렇다면 수업료를 두 배로 내십시오. 그러나 배운 적이 없다면 반만 내십시오." 그러자 사람들이 항의했습니다. "왜 음악을 모르는 사람에게 수업료를 반만 받고, 이미 잘 아는 사람에게 두 배나 받습니까?" 모차르트는 대답했습니다. "음악을 아는 사람은 잘못된 것을 알고 있기에 그것을 지우려면 내가 애를 먹으니까 두 배를 받아야 합니다. 그러나 음악을 모르는 사람은 내가 원하는 대로 가르칠 수 있기에 노력이 적게 듭니다"

—「일어나 빛을 발하라」(조용기 외) 중에서

(7) 장면 7 '포정해우'와 '포인트 컷' 또는 쇠고기 써는 기술

「장자」 내편에 보면 '포정해우(庖丁解牛)'의 고사가 나온다. 어느 포정(庖丁)이 소를 잡는데, 그 솜씨가 어찌나 절묘한지 옆에서 구경하는 사람이 감탄하고 말았다는 이야기다. 어떻게 하면 그런 경지에 도달할 수 있는지 묻자, 포정은 자신이 터득한 바를 이렇게 설명한다. 처음에는 자기 눈앞에 소만 보이더니, 그렇게 3년이 지나자 소가 보이지 않고 오히려 근육과 뼈 사이의 틈새와 구멍이 훤히 보이더라는 거다. 그쯤 되자

이제는 억지로 힘을 들여 칼을 휘두를 필요가 없이, 그런 틈새와 구멍에 칼을 대기만 하면 자연스레 소가 해체되는 경지에 이르렀다고 한다. 자연의 순리에 따르다 보니 칼날이 닿지 않아서, 무려 19년 동안이나 칼을 숫돌에 갈지 않았다고 말한다.

— 박중서, 2008년 6월

(8) 장면 8 서남표 KAIST 총장 월요 인터뷰

"똑똑한 학생들을 받아 일류 학생으로 못 키우면 크리미널(criminal 범죄)이다. 학자는 다른 사람이 아니라 역사와 경쟁해야 한다"

— 중앙일보 2007.10.15.月. 29면

(9) 장면 9 "좋은 선생님 만나면 불우 학생도 성적 올라"

당시 미셸 리(현재 워싱턴DC 교육감)가 가르친 학생 중 90%가 전국 평가시험에 통과했다. 그가 오기 전 시험 통과율은 13%에 불과했다. "사람들은 학생들이 불우한 가정에서 태어났기 때문에 공부를 못 한다고 생각하죠. 하지만 좋은 선생님을 만나고 노력만 뒷받침해 준다면 학생들은 반드시 좋은 점수를 받을 수 있습니다."

— 중앙일보 2008.10.20.月. 18면

2) 지도자의 중요성 – 최호택(S&P 대표)

우리는 2002년 이래 히딩크 감독의 계속되는 승리에 대해 주목할 필요가 있다. 처음에는 그럴 수도 있을 것이라고 생각을 했었지만 지금은 그럴 수는 없다는 생각이다. 축구에 관한 지식이 일천해 히딩크 감독의 전술과 전략이 뛰어난지 어떤지 알지 못한다. 다만 그의 계속되는 경이적인 승리가 운이 아니라면 어디에서 기인하는 것인가가 궁금하다.

이 의문에 대해 몇 마디 말을 해두고 싶다.

첫째는 승리를 하고 있는 팀에게는 지도자가 매우 중요하다는 점이다. 한국은 히딩크 감독이 오기 전까지 여러 차례 월드컵 본선에 진출하는 집념을 보였음에도 불구하고 단 1승도 올리지 못한 채 몇 경기에서 모두 몇 골이나 넣었는가에 대한 이야기로 스무 해를 보내야 했다. 그가 지휘봉을 잡은 2002년에야 비로소 승리를 챙기며 월드컵 4강이라는 불후의 명작을 썼다. 호주 역시 이번에는 월드컵 본선 진출이 가능한가에 대해 오랫동안 이야기를 나누며 한 세기 가까이 기다려 왔다. 그들 역시 본선진출은 물론 16강에 오르는 영광을 히딩크 감독이 부임한 2006년 독일 월드컵에서 누렸다. 이번 Euro—2008에서, 1960년 첫 대회 때 우승을 한 러시아가 무려 반 세기가 지난 금년에야 4강에 오르는 쾌거를 이룩한 것도 히딩크가 지휘봉을 잡은 다음의 일이다. 이 세 나라의 공통점은 영광 뒤에 히딩크 감독이 있었다는 점이다.

둘째는 우리나라는 여러 번 월드컵 본선에 진출했지만 그때마다 감독이 달랐으나 한 번도 승리를 한 적이 없었다는 사실을 상기할 필요가 있다. 그들의 운이 그쯤에서 끝이 났는지 아니면 선수들이 열심히 뛰지 않았는지 모르지만 어쨌든 결과는 늘 같았다는 사실이다. 셋째는 조별 리그에서 승리를 챙기지 못한 다음 매스컴에서는 '골 결정력 부족' '문전 처리 미숙' '중원 장악 실패' '체력 열세' 등의 이유로 승리하지 못했다고 선수의 무능을 탓하고는 했다. 그 전에는 '축구인프라의 구축이 시급하다'는 등 시설 미비가 패배의 원인으로 몰리기도 했다. 이제는 그런 이유는 당치 않게 되었는데, 아직도 승리가 쉽지 않은 까닭은 어디에 있는가?

그때마다 감독은 패배의 책임을 지고 물러나기는 했지만 새로운 감독을 세우는 것 말고는 감독에 관한 한 보완한 것이 없다는 사실에 주목을 할 필요가 있다. 이외에도 많은 이유가 있다. 그런 부차적이고, 억지스러운, 면책을 위한 이유는 언급할 필요를 느끼지 않는다. 억지로 꿰맞추자면 패배의 변이 안 될 이유도 없겠지만 그런 이유가 축구 발전에 무슨 보탬이 되고 거름이 되었겠는가.

선생님으로 불리고 있는 이 땅의 많은 지도자에게는 불경스러운 말이겠지만 그들이 한국축구의 발전을 위해 한 일이 무엇인가를 묻지 않을 수 없다. 솔직히 나는 이제야 깨닫지만 우리 축구의 가장 큰 문제는 지도자에게 있다고 감히 말하고 싶다. 얼마 전 영국의 축구 칼럼리스트인 죤 듀어든이 인터뷰에서 한국축구를 '100년 전 영국의 2부리그경기'에 비유한 기사를 보았다. 불쾌하기는 하지만 일면 납득이 안 가는 바도 아니었다. 안타까운 것은 이런 한국축구의 문제를 어째서 우리나라의 지도자가 보지 못하고 있느냐는 것과 만약 누군가가 보았다면 개선의 노력을 어째 유보하고 있는가 하는 것이다.

유럽의 축구는 빠르고 힘이 있다. 이는 선수들의 머리에서 나오는 것이 아니라 지도자의 지도에 의한 것이다. 개인기야 타고난다고 하더라도 후천적인 기술 습득은 누군가가 지도해야 하는 데 바로 이점이 지도자의 몫인 것이다.

문제는 알지 못하면 지도할 수 없고, 아는 만큼밖에는 지도할 수 없다는 점이다. 이런 관점에서 볼 때, 과연 우리나라의 축구지도자는 좀 더 발전된 지도를 위해 어떤 공부를 했는가 하는 것이다. 불행하게도 선수들의 해외진출보다도 더 후진적이고 폐쇄적인 부분이 지도자의 해외진출이다. 아시아 일부 국가의 축구팀의 지도를 위해 진출을 한 적이 없는 것은 아니지만 축구 선진국에 공부를 위해 진출한 경우는 없다.

첫째는 언어의 장벽이 이를 막는 요소 중의 하나다. 둘째는 수박겉핥기식 배움으로 충분하다고 판단했음을 부인하기 어렵다. 그런 전례는 얼마든지 있으며 자신들이 더 잘 알 것이다. 셋째는 어떤 프로팀도 혹은 협회나 연맹도 지도자의 연수에 중점적으로 투자한 적이 없었다. 기껏해야 선수생활을 끝낸 자기 팀의 선수 중 공헌도가 높은 선수를 골라 보상적 혹은 포상적 성격의 단기여행을 지도자 연수로 포장하려고 했음이 고작이다. 넷째는 지도자 역시 자신들은 한국축구의 발전과는 무관한 듯 패배에 대한 책임은 단지 사퇴로 충분하다는 안이한 생각으로 일관한 끝에 공부를 하려는 노력을 게을리 했음을 부인키 어려울 것이다.

이제 한국 축구의 부진을 선수와 축구인프라에서 찾기도 어려울 뿐만 아니라 누구도 그런 이유를 타당하다고 믿지 않는다. 이미 이렇게 저렇게 많은 투자가 이루어졌는데 이 역시 축구인을 비롯한 지도자들의 요구에 의한 것이었다. 더 이상 요구할 것이 없어졌다. 만약 그럼에도 불구하고 한국축구가 지속적으로 침체의 늪에서 허덕인다면 그것은 마땅히 지도자의 책임이다.

이제 한국축구의 발전에 기여할 지도자[60]의 차례가 왔다. 스스로 공부하지 않으면 자신은 말할 것도 없고 한국축구의 발전도 기대하기는 힘이 들 것이 자명하다. 축구용어를 유창하게 사용하며, 나름대로의 논리 정연한 이론을 말한다고 해서 그가 훌륭한 지도자가 될 수는 없다. 우리는 그런 지도자보다는 어떤 식으로든 축구 선진국의 이론을 쉴 새 없이 공부하고 받아들여 우리 축구에 접목시킬 수 있는 지도자를 가져야 한다. 이런 노력이 협회 등 관계 기관과 지도자 스스로의 노력에 의해 이루어져야 하며 빠르면 빠를수록 축구 발전이 빨리 이루어진다는 점을 잊어서는 안 된다.

축구가 지구상에 존재하고 사랑을 받는 동안 늦을 것은 없다.

다만 빨리 시작을 해야 한다는 사실을 깨닫는 일부터 깨달아야 한다.

4 축구경기의 4가지 구성 요소

체력, 개인기, 전술, 정신력이 그것이다. 어떤 일에서든지 밝게 알수록 쉽고 명쾌하면서도 깊이 있게 가르친다. 더욱 자세한 내용은 '제4부 축구경기의 4가지 구성 요소'를 참고하기 바란다.

5 스포츠의학

감독 코치가 이 분야를 열심히 공부해도 관련 전문의를 능가할 수 없을 것이다. 그러나 연습이나 경기 중 돌발하는 스포츠상해나 여러 가지 긴급 상황에서 신속하고 올바른 선택을 해야 할 때가 빈번하다. 이때 스포츠생리학, 해부학, 맛사지, 구급법 등 스포츠의학을 밝게 알수록 정확하고 올바른 선택을 할 수 있다.

---

60) 사커 21, 2008년 7월호 p.17.

6 식품영양학

사람은 섭취한 음식으로 생명을 유지하고 활동하는 에너지를 얻는다. 성장의 재료로 사용되기도 한다. 5대 영양소 중 탄수화물, 지방, 단백질은 상대적으로 많이 섭취하는 대량 영양소이고 비타민, 미네랄(무기질)은 소량영양소이다. 자동차에 비유하면 대량 영양소는 추진하게 하는 연료(휘발유, 경유, LPG 등)에, 소량영양소는 자동차의 윤활유에 해당한다. 현재 의학계에서는 비타민, 미네랄의 역할에 주목하고 있다. 여기에다 여섯 번째 영양소인 식이섬유가 있다.

그리고 물의 중요성을 아무리 강조해도 지나치지 않다. 몸속에서 수분은 세포 안에(세포 내액), 세포와 세포 사이에(세포 외액), 독립적으로(세포 초월액, 관절액이나 눈의 안구액 등) 존재한다. 마시는 물이나 음식을 통해 수분을 섭취하며, 매일 몸 속에서 300ml 정도 만들어지기도 한다(대사수). 어떤 물을(좋은 물의 조건) 어떻게 마시는가는 경기력 향상에 긴밀하게 영향을 미친다.

감독 코치는 될수록 많은 식품을 알고(종류), 그 식품의 성분을 이해하고 있으며(역할), 어디에서 생산되는 게 더 좋은 건지 알고 있어야(식품 정보) 한다. 그리고 지혜롭게 선택할 수 있어야 한다. 영양사 조리사에게만 맡겨둘 일이 아니다. 나아가 언제나 음이온을 호흡할 수 있는 실내 환경 조성과 피로를 회복할 수 있는 최적의 침대(음이온, 원적외선, 산소 등이 나오는)를 갖추는 일도 중요하다. 호흡하는 공기, 마시는 물, 먹는 음식, 수면을 취하는 잠자리 그리고 경기력을 향상시키는 여러 가지 상품에서 언제나 최선의 선택을 하려는 노력이 요구된다.

7 축구 규칙

주심은 '축구의 경기 규칙과 양심'으로 판정을 내린다. 축구의 경기 규칙(이하 축구 규칙)은 1863년 10월 26일[61] 런던과 근교의 12개 클럽 대표들이 런던의 링컨스 인 필즈에 있는 술집 '프리메이슨스 태번'에서 만들었다. 그때 완성된 「규정집」이라는 얇은 책 덕분에 모든 사람이 어디에서나 동일한 조건하에서 축구 경기를 할 수 있게 되었다. 그 이전, 즉 1863년 이전의 축구는 시끄럽고 혼란스러운 놀이였다. 이후 수많은 개정을 거쳐 현재의 17조로 정착되었다.

축구 규칙 하나 하나에는 그 축구 규칙이 가지고 있는 고유한 정신이 있다. 제11조 오프사이드(off side)에는 축구가 단체경기이므로 협력해서 득점하라는 정신이 담겨 있

61) 세상을 바꾼 12권의 책, 멜빈 브래그 지음 이원경 옮김, 랜덤하우스, 2007.5.23, P132

다. 제1조 경기장, 정식 규격은 68×105m이다. 총면적 7,140㎡, 선수 1명이 차지하는 면적은 324㎡(98평)이다. 경기장이 이보다 더 크지도 좁지도 않은 것은 90분간 선수 1명이 책임질 수 있는 가장 합리적인 면적이라는 것을 경기 경험을 통해 알았기 때문이다.

주심의 임무 중 하나가 선수 보호다. 선수가 이 점을 깊이 이해하고 있으면 퇴장 당할 수 있는 위험한 플레이를 자제할 것이다. 한 선수가 퇴장 당하면 팀 동료 1명이 담당해야 할 수비 면적이 324㎡에서 357㎡로 33㎡가 불어나 수비에 그만큼 부담이 가중된다. 이처럼 선수가 경기 규칙과 그 정신을 밝게, 깊이 있게 알고 있으면 경기를 훨씬 효과적으로 풀어갈 수 있다. 그러므로 각급 팀은 해마다 심판을 초청하여 3~4차례 강의를 들으면 축구 규칙 이해에 크게 도움이 될 것이다. 경기 규칙을 선수들끼리 토론하게 하는 것도 한 방법이다.

1) 축구 규칙의 변천사

축구의 경기규칙은 단 17조뿐이다. 단순할수록 경기에서 인간이 창조할 수 있는 다양성이 풍부해지며 그럴수록 경기는 더욱 흥미진진해진다. 축구경기는 감독의 정교한 설계도들이 에티엔 랄루가 말한 것과 같은, 리처드 줄리아노티가 말한 것과 같은, '녹색 마술 양탄자' 위에 공으로 그리는 그림이다. 한없이 복잡한 수학[62] 문제들이 매 순간 이루어지는 활발한 사고의 섬광 속에서 제기되었다가 해결된다. 다른 어떤 곳에서도 수학적 조합이 이처럼 시시각각으로 결과들을 산출하지 못한다. 아름다운 것은 활동하는 지성, 구현된 지성이며 정신은 이 순종적인 탄력 있는 육체를 도구로 삼는다.

바로 여기에 인간의 진정한 위대함이 있다.

오늘날 축구공이 이미 지구를 정복했고 축구는 하나의 거대한 사회현상이 되었다. 이 모든 것을 가능하게 한 것은 축구의 경기규칙 통일이다. 이 책이 축구의 역사와 규칙을 전문적으로 다루는 책이 아니므로 여기서는 50% 정도의 깊이로 축구 규칙을 알아보기로 한다.

2) 축구의 기원

축구의 사회사를 이야기하기 위해서는 축구의 기원에 대한 이해가 필요하다. 역사학자들은 초기 문명의 일부에서 독특하게 변형된 형태의 축구가 행해진 사실을 밝혀냈다. 기원전 1500년경 원주민들에 의해 축구가 행해졌던 중앙아메리카와 아마존의 일부 지역이 축구의 문화적 발원지로 알려져 있다. 매킨토시Macintosh(1987:33)의 가정에 따르면, 축구의 초기 형태는 로마의 하르파스툼Harpastum 혹은 그리스의 에피스키로스episkyros라는 이름으로 고대에도 행해졌다. 하지만 이러한 시합이 얼마나 현재의 축구

---

62) 축구의 역사, 알프레드 바알 지음, 지현 옮김, 시공사, 2001.10.20. 7,000원, pp.117~118, 17.

와 유사한지는 알 수 없다(Marples 1953: 4; Sweet 1987:96). 더욱 흥미로운 것은 가장 오랜 축구 역사를 갖고 있다는 중국의 주장이다. 축구와 유사한, 발로 차는 시합에 쓰이는 돌로 된 공이 신석기 시대에 산시성 山西省에서 만들어졌다. 이후 한(漢:BC206~AD220)나라 때 현재의 축구와 매우 유사한 규칙을 가진 축국 蹴鞠이 행해졌다.

다른 토착 원주민들도 자신들만의 축구경기를 벌였다. 17세기 초반 청교도[63] 필그림들은 북아메리카에 도착했을 때, 원주민들이 '그들은 축구를 하기 위해 모였다,' 라는 의미를 지닌 파수크콰크코호워그pasuckquakkohowog라는 시합을 하는 것을 보았다(Fould & Harris 1979:7~8). 신대륙 정복자들이 남아메리카에 도착하기 한참 전에 칠레의 원주민들은 필리마툰pilimatun이라는 시합을, 파타고니아에서는 초에카tchoekah라는 시합을 했다(Oliver1992:2). 로마인들은 새로운 점령지에 공 시합을 도입할 의무가 있었지만 이러한 의무의 실행은 자연의 힘과 다산에 대한 숭배를 불러일으키는 고대 종교행사로 북구의 관습에 뿌리를 두고 있는 것이었다. 예로, 프랑스 북부의 갈리아 지역에서는 태양을 숭배하는 종교의식적인 시합을 가졌다(Baker 1988:43). 영국제도 英國諸島에서 전통적인 축구는 수많은 형태로 존재했다. '교양 없는 남자'들의 경기는 적어도 1,000년 전에 등장해 켈트족, 특히 아일랜드 사람들에게 인기가 있었다(Sugden & Bairner 1993: 71). 웨일스에서는 이 시합이 나판knappan으로 불렸으며, 콘월 지방의 헐링hurling과 마찬가지로 말을 타고 할 수 있었다(Ellias & Dunning 1986: 228). 스코틀랜드 북쪽의 오크니 제도에서는 18세기 이래 크리스마스와 새해 첫날에 커크월 '바Ba' 경기가 벌어졌다. 보나 일반적으로, 이러한 축구 형태의 시합은 13세기부터 잉글랜드와 스코틀랜드에서 휴식기에 벌어지는 대규모 오락으로 자리 잡았다. 전통적인 형태의 축구는 대륙에서도 행해졌다. 프랑스의 농부들은 중세 이래 술soule이라는 난폭한 공 시합을 하곤 했다(Brombger 1995b: 276). 피렌체에서는 칼초calcio가 13세기에서 18세기까지 행해졌고, 점차 르네상스 시대 귀족과 신사들의 전유물이 되었다(Guttman 1991: 57). 현대 이탈리아 축구는 아직도 이 고어로 불리고 있다(De Biasi & anfranchi 1997: 88).

초기 원시 형태에서 현대 형식에 이르기까지 축구의 발전에 관한 역사적인 해석은 막스 베버Max Weber와 노르베르트 엘리아스Norbert Elias의 관점을 따르는 경향이 있다. 이 관점은 규칙과 조직이라는 면에서 전통축구folk football에서 제한된 범위나마 현대화의 징후를 발견할 수 있다는 점을 강조한다. 대부분의 경기에서는 공을 손으로 만지거나 차는, 선수를 상대로 차는 것도 허락된다. 상대 팀의 경우 선수 수나 기술면에서 대등한 경우는 거의 없었고, 대부분 인근 부락의 젊은 남성들로 구성되었다. 관중과 선수의 구분이 없었고 아무런 기준도 없었으며, 틀림없이 심판도 없었던 것으로 보인다. 일반적으로 이 경기는 가죽으로 된 공을 가지고 위치가 변하는 상대편 '골대'에 돌격하는 것이었다(Signy 1969: 15). 마지막으로 시합의 운영을 관장하는 아무런 제도

63) 축구의 사회학, 리처드 출리아노티 지음 복진선 옮김, 현실문화연구, 2004.8.16, p.25.

적·관료적 장치도 존재하지 않았다.

전통축구는 현대축구에 비해 폭력적이고 '비문명적'인 것으로 비추어질 수 있다(Elias & Dunning 1986을 보라). 13세기와 14세기의 선수들은 대개가 단검을 지니고 있었고 상대방에게 자주 심각한 상해를 입혔으며, 애초의 의도대로 사고로 인한 부상도 많았다(Birley 1993: 32). 분풀이로 상대 선수들에 의한 발로 차고 주먹을 날리는 싸움질이 일상사였다. 뼈가 부러지고, 선수들이 중태에 빠지고 죽음에 이르는 것은 예상할 수 있는 결과였다(Elias & Dunning 1970: 119~120). 물론 당시의 축구시합에 선수들의 포지션이나 팀 전술 같은 것은 전무했다.

3) 전통축구(근대축구)에서 현대축구로

영국의 산업화의 영향을 받아 1830년부터, 사립 중고등학교들 내부에 다양한 변화가 잇달았는데 여기에는 구기 진행방식의 결정적인 변화도 포함되어 있었다. 당시 학교들은 저마다 자신들의 관례를 고수했다. 여전히 경기장 규격, 경기 시간, 참가 선수 수에 관한 규칙들은 마련되지 않았다. 경기에서 맡아야 할 역할들은 정해져 있지 않았고 경기의 제한사항 또한 없었다.

1845년경, 사립 중고등학교들은 경기의 규칙을 영구히 존속시키기 위해 이제까지 정리된 규칙을 명문화하기로 결정했다. 그리하여 이튼과 해로 같은 유서 깊은 유명한 학교들은 정강이를 발로 걷어차거나 공을 손으로 만지지 못하게 하는 따위의 규칙을 채택했는데 이것이 드리블링 게임이다.

1863년 이튼, 웨스터민스터, 해로 같은 남부클럽들의 소수의 대표들이 — 더 정확하게는 1863년 10월 26일 월요일 사립학교 관계자들을 비롯해 런던과 근교의 12개 클럽 대표들이 — 런던의 링컨스 인 필즈에 있는 술집 '프리메이슨스 태번'에 모였다. 이들은 경기를 활성화하기 위해 현행의 다양한 규칙을 조정하려는 목적을 지니고 있었다. 이들은 케임브리지의 규칙들을 채택하기로 결정했고, 오후가 끝나갈 무렵 '이 모임에 참석한 클럽들은 지금부터 축구협회 The Football Association라는 명칭의 협회를 구성한다'는 발표가 있었다. 완벽하지는 않지만 처음으로 축구의 경기규칙이 통일되었고, 'THE FOOTBALL ASSOCITION LAWS'라는 이 얇은 책(규정집) 덕분에 모든 사람이 어디에서나 동일한 조건하에서 축구 경기를 할 수 있게 되었다.

▶ 태번 모임에 참석한 12개 클럽

• 원더러스	• N.N. 킬빌	• 반스	• 워로피스
• 크루세이더스	• 퍼니벌 하우스	• 블랙히스	• 킹스턴 스쿨
• 세비턴	• 블랙히스 스쿨	• 차터하우스 스쿨	

반면 회합에 참여했던 럭비 사립학교의 대표는 그러한 결정에 따르지 않았고, 손을 사용하는 경기를 계속하고자 했다. 1871년, 이러한 경기방식을 옹호하는 이들이 모임을 가졌고, 럭비·풋볼 연합(Rugby Football Union)을 창설했다. 이렇게 하여 축구와 럭비는 결정적으로 분리되었다.

4) 1863년 축구협회 규칙[64)]

① 경기장의 최대 길이는 200야드이고 최대 넓이는 100야드이며, 경기장의 경계선은 깃발로 표시한다. 그리고 골문은 두 개의 기둥을 세워 표시하고, 그 폭은 8야드이며, 끈이나 막대를 가로지르지 않는다.

② 동전을 던져 골문을 결정한 다음, 이때 진 쪽이 경기장 중앙에 공을 놓고 차면 게임이 시작된다. 공이 킥오프될 때까지 상대편은 공의 10야드 이내로 접근할 수 없다.

③ 골을 먹은 팀에게는 킥오프 자격이 주어진다. 그리고 골이 날 때마다 골문을 서로 바꾼다.

④ 공이 골대 사이를 통과하거나 골대 사이 공간(높이는 상관없다)을 넘어가면 골로 인정하며, 던지거나 들고 가거나 손으로 치면 안 된다.

⑤ 선수들이 공을 터치하면 먼저 터치한 선수가 공을 들고 경계선 밖으로 나가 경계선과 직각 방향으로 공을 던진다. 그리고 공이 땅에 닿기 전에는 차면 안 된다.

⑥ 한 선수가 공을 찼을 때, 상대편 골라인에 가장 가까이 있는 같은 편 선수는 공을 건드릴 수 없으며, 다시 플레이할 수 있을 때까지 다른 선수의 플레이를 어떤 식으로도 방해해서는 안 된다. 하지만 골라인 밖에서 공을 찰 경우에는 모든 선수가 플레이에 제한을 받지 않는다.

⑦ 공이 골라인 밖으로 나갈 경우, 그 쪽 골대에 속한 선수가 먼저 공을 터치하면 공이 터치된 지점의 반대편 골라인에서 프리킥할 권한을 준다. 만약 상대편 선수가 공을 먼저 터치하면 공이 터치된 지점의 반대편 공이 터치된 지점의 반대편 골라인으로부터 15야드 떨어진 지점에서 골대를 향해 프리킥할 권한을 주고, 그가 킥을 할 때까지 상대편은 골라인 안쪽에 선다.

⑧ 선수가 페어캐치를 하고 곧바로 뒤꿈치로 그 지점을 표시하면 프리킥 권한을 준다. 그리고 원하는 만큼 뒤로 물러섰다가 킥을 할 수 있으며, 그가 킥을 할 때까지 상대편 선수들은 그 표시를 넘어서면 안 된다.

⑨ 공을 들고 뛰면 안 된다.

⑩ 다리를 걸거나 정강이를 걷어차서는 안 되며, 손으로 상대를 붙잡거나 밀어서도 안 된다.

---

64) 세상을 바꾼 12권의 책, 멜빈 브래그 지음, 이원경 옮김, 랜덤하우스, 2007.5.23, 19,800원 p.130, 140~142.

⑪ 손으로 공을 던지거나 동료에게 패스하면 안 된다.
⑫ 인플레이 상황에서는 어떠한 경우에도 손으로 땅에서 공을 집어 들면 안 된다.
⑬ 튀어나온 못이나 철제 갑옷을 착용해서는 안 되며, 신발 밑창이나 뒤꿈치에 구타페르카(열대 지방에서 자라는 구타페르카 나무의 수액을 말린 고무질—옮긴이)를 대는 것도 안 된다.

13번 규칙은 과거의 축구가 얼마나 험악했는지 돌아보게 해 준다. 이후 몇 가지 규칙이 추가되었다. 1865년에는 8피트 높이로 골대에 끈을 가로지르는 규정이 합의되었다. 1866년에는 오프사이드 규정이 생겼다. 1869년에는 골킥이 도입되었고, 1877년에는 경기 시간이 90분으로 제한되었으며, 1년 뒤에는 주심의 휘슬 사용이 인정되었다. 하지만 그 기본은 1863년 제대로 마련되었다. 축구는 세계로 뻗어나가기도 했다. 예컨대 1865년에 아르헨티나에 거주하던 영국인들은 '부에노스아이레스 FC'를 창단했다. 축구협회 규칙에 따라 치러진 첫 시합은 반스와 리치먼드의 경기였다('협회Association'에서 유래된 '축구soccer'라는 말은 이미 사용되고 있었다.). 이 시합에 대해 《필드》는 이렇게 보도했다. "양쪽 모두 새로운 규칙에 따라 경기하면서 별 어려움을 겪지 않았으며, 덕분에 아주 온건한 시합이 되었다. 규칙이 매우 간단하고 따르기 쉬워서 말썽이 생기기 어려웠다."

이처럼 럭비 등 다른 종목에 비해 일찌감치 경기 규칙[65]에 합의하여(통합성), 협회 및 대회를 보다 체계적으로 정비하고(체계성), 열린 태도로 노동자 계층을 중심으로 저변 확대를 꾀했으며(개방성), 초창기부터 많은 논쟁 속에서도 프로화에 성공하는(상업주의) 등, 현대 축구의 발전에 중요한 모티브를 제공했다.

5) 세계 최초 축구클럽은?

2007년 10월 24일 수요일 잉글랜드에선 모처럼 '축구종가'다운 뜻깊은 행사가 개최됐다. FIFA(국제축구연맹)가 세계 최초의 클럽 팀으로 인정하고 있는 셰필드FC[66]의 창단 150주년 기념식이 벌어졌다. 이날 행사에는 제프 블래터 FIFA 회장과 이탈리아 세리에A 인터 밀란의 마시모 모라티 회장 등 전 세계 축구계의 저명인사 700여 명이 참석했다. 셰필드가 떠들썩했다고 한다. 그렇다고 셰필드FC를 잉글랜드 챔피언십리그(2부 리그)에 소속된 지역 간판 셰필드 유나이티드나 셰필드 웬즈데이와 혼돈하면 안 된다. 셰필드FC는 세계 최초의 클럽 팀이란 것 빼고는 내세울 게 없는 팀이다. 관중이 많아야 300명인 그저 그런 아마추어 동네 축구팀에 불과하다. 굳이 참가하고 있는 리그를 따

65) 국제 스포츠의 흐름 이해하는 기회, 박용수 KFA 대외협력국 과장, 축구가족 2007년 9월호 p.14.
66) 스포츠조선, 2007.10.31. 水. 10면, 세계 최초 축구클럽은?

지자면 잉글랜드 북부리그에서도 디비전Ⅰ에 소속된 8부 리그 팀이다.

하지만 이날 전 세계 축구계는 셰필드FC에 경의를 표했다. 블래터 회장도 "셰필드FC는 전 세계 축구클럽의 아버지다. 세필드FC가 모태가 되어 오늘날 매 주말 30만 클럽 팀이 경기를 하고 있다"며 고개를 숙였다. 세필드FC가 세계에서 가장 오래된 축구클럽으로 인정받고 있는 것은 현대 축구 규정을 명문화했기 때문이다. 셰필드FC가 창단된 1857년 10월 24일 이전에도 이미 축구는 성행했다. 하지만 정해진 룰이 없어 그라운드는 투구장이나 다름없었다. 거기에 셰필드FC가 오늘날의 프리킥, 스로인, 헤딩 등을 처음으로 도입한 것이다. 골대에 코로스바를 만든 것도 이들의 발상이었다. 그리고 이를 계기로 1862년까지 셰필드 지역에 15개 클럽 팀이 생겨났고, 이듬해 잉글랜드 축구협회(FA)가 창설되기에 이르렀다. 팬들을 열광케 하는 EPL(잉글랜드 프리미어리그)의 탄생도 셰필드FC가 있었기에 가능했다.

6) 축구, 세계를 정복하다

FA 설립 이후 축구(Soccer)는 영국 밖으로 빠르게 전파되기 시작했다. 1870년대부터 세계 곳곳에 나가 있던 수많은 영국인들이 축구의 전도사요, 외판원이었다. 1865년 독일의 유명 학교들이 앞 다투어 축구경기를 개최했고 같은 해 남아프리카[67]에 클럽 팀이 창단되기도 했다. 1867년 아르헨티나의 부에노스아이레스에서도 축구 경기가 열렸다. 1874년에는 보타포고와 브라질의 해변에서, 10여 년 후에는 포르투갈과 마르세유에서, 그 고장 사람들은 호기심 어린 눈으로 선원들의 축구경기를 구경했다. 이제 지구를 정복한 축구는 유일한 세계 공통어가 되었다. 칠레의 푼타아레나스에서 북극의 스피츠베르겐에 이르기까지 마드리드에서 캐나다의 배틀러버에 이르기까지 축구경기가 없는 날이 하루도 없다.

2002년 한일월드컵에서 경험했듯이 월드컵 축구는 지구 최고 최대의 이벤트이다. 이처럼 축구가 세계 최고의 스포츠로 발전한 데에는 영국이란 거대 국력보다 축구가 가지는 특성이 더 중요한 원인이라는 주장도 있다. 축구가 많은 스포츠 가운데서 가장 단순한 경기(sinplet game)이기 때문이라는 것이다. '볼과 장애물이 없는 공간에 골'만 있으면 되는 경기가 축구다. 그래서 19세기 중반에는 축구가 '심플리스트 게임'으로 별칭되기도 했다.

무엇보다 축구는 박진감 넘치며 흥미진진한, 인간의 인식으로 적확하게 표현할 수 없는 강렬한 매력을 가지고 있다. 강준만은 저서 「축구는 한국이다」에서 "스포츠는 사람을 미치게 한다. 모든 스포츠 가운데 사람을 가장 미치게 만드는 종목은 축구다. 축구의 구조가 그렇게 돼 있다. … 인간의 몸이 얼마나 놀라운가 하는 걸 보여줄 수 있는

67) 조광식, 축구가족 2005년 6월호 p.24~25.

미디어로 축구를 따라갈 만할 것이 없다. ……인간의 발이 뿜어낼 수 있는 가장 강한 힘을 순간적으로 드라마틱하게 보여줄 수 있는 건 축구 이외에 없다. 모든 각도에서, 가장 다양하게, 몸의 격렬함이 파도친다. 선수들의 표정도 다양하다. 환희, 고통, 공포, 기대, 분노, 짜증, 경멸, 피곤, 탈진, 허탈 등등 얼굴이 보여줄 수 있는 모든 그림이 온 몸의 격렬함과 함께 동시 상영되는 게 바로 축구다.

FIFA는 2007년 6월 1일(한국시간) 스위스 취리히에서 열린 제57회[68] 연차 총회 후 통계 자료를 발표했다. 이 자료(2006년 전반기 기준)에 따르면 전 세계 축구 종사자는 2억 7000만 명, 세계 인구의 4%가 축구와 관계된 일을 하고 있는 것이다. 2억 7000만 명 가운데 선수가 2억 6500만 명이고, 500만 명은 심판과 코치, 각국 축구협회와 프로연맹 관계자다. 2억 7000만 명은 러시아(약 1억 5000만 명, 이하 2006년 기준) 인구 보다 많고, 서유럽의 핵심국가인 독일(8200만 명)과 프랑스(약 6100만 명), 이탈리아(약 6000만 명), 영국(약 6100만 명) 인구를 모두 합친 것과 비슷하다. 전 세계 축구클럽은 모두 30만 1000개였고, 회원국도 208개 국가로 유엔 가입국보다 많다.

7) 1882년 한반도에 축구를 싣고 온 영국 군함

영국을 모태로 하는 근대 축구가 한국에 전파된 것은 1882년(고종 19년) 6월 인천항에 상륙한 영국 군함 플라잉피시[69] 호의 승무원들을 통해서였다. 당시 조선은 완고한 쇄국정책으로 일관한 홍선 대원군의 집정기(1865~1873)를 거쳐 1876년 2월 일본과 강화도조약(병자수호조약), 1882년 5월 미국과 수호통상조약을 체결하고 문을 열기 시작하던 때였다. 조선은 이어 영국(1883년 11월), 독일(1883년 11월), 이탈리아(1884년 6월), 러시아(1884년 7월), 프랑스(1886년 6월), 오스트리아(1892년 6월), 벨기에(1902 3월), 덴마크(1902년 7월) 등과도 잇달아 조약을 맺었다.

영국 군함의 입항은 1883년에 맺어진 수교를 위해서였던 것으로 추정된다. 플라잉피시 호의 해군 승무원들은 선상 생활의 지루함을 덜기 위해 연안 부두에서 공을 찼고, 호기심이 가득 찬 눈으로 지켜보는 주민들에게도 축구를 가르쳤다. 이후 주민들이 선원들이 두고 간 공을 차면서 근대 축구는 시작됐다. 한국 축구의 시작을 1882년으로 보는 근거다. 플라잉피시 호가 놀다간 지 1개월이 지난 1882년 7월엔 다른 영국 군함 엥가운드호가 인천항에 입항했다. 승무원들은 서울에 들어와 축구를 했는데 이때 많은 사람들이 몰려들어 구경했다. 승무원들은 구경하던 사람들에게 공을 주었고, 이후 공놀이가 서울에서도 시작되었다. 이래서 “한국 축구는 축구 종가 영국의 피를 물려받았다.”는 말까지 나오게 된 것이다.

당시의 상황을 더 자세히 살펴보자.

---

68) 스포츠조선, 2007. 6. 2. 土. 12면, 세계 인구 4% ‘축구로 밥벌이’ 회원국도 208개로 늘었다.

69) 축구는 한국이다. 강준만 지음, 인물과 사상사, 2006.6.9, 9,500원 p.22~24.

1882년 고종 19년 6월, 인천 제물포에 놀랍게도 우리 개국 이래 처음으로 영국의 해군 함[70] 플라잉 피시(Flying Fish)호가 입항했다. 국교를 맺어 양국이 앞으로 잘 지내자는 게 방문 목적이었다. 그러나 당시 우리나라는 대원군의 주도 아래 쇄국정책을 펼치던 터라 이들의 요구가 받아들여지지 않았다. 그런데 이때 함정의 승무원들이 오랜 선상생활이 지겨웠던지 부두 공터로 올라와서는 편을 갈라 축구를 했다. 축구종주국 청년들다운 행동이었다. 그러나 조정의 승낙도 없이 상륙을 했다 하여 축출명령을 받은 우리 군사들이 함성을 지르면서 몰려가자 이들이 축구를 하다 말고 놀라서 볼을 내버린 채 함정으로 쫓겨 달아나고 말았다. 바로 이때 그들이 두고 간 공으로 우리끼리 편을 갈라 축구경기 흉내를 낸 것이 우리나라 근대축구의 시발점이 된 것으로 회자되기도 한다. 그 뒤 7월 다시 영국의 엥가운드호가 재차 제물포항에 입항하여 국교를 맺을 것을 거듭 촉구했다(이 같은 이야기는 우리나라 최초의 축구심판이었던 서병희씨가 1880년 그 당시 관찰사였던 부친 서승원씨에게서 직접 들은 내용을 전재한 것이다.)

1895년 5월 서울에 관립 외국어학교가 설립되었는데, 이 학교에 초빙된 외국인 교사들이 선보인 서양식 축구는 조선의 전통축구인 축국과의 구분을 위해 척구라 불렀다. 1902년 배재학당에 축구반이 처음으로 생겼고, 1904년 황성기독청년회에서 운동부를 조직해 축구를 했으며, 이 해에 외국어 학교는 축구를 체육 과목의 하나로 채택하였다. 한국 최초의 골대가 세워진 건 1905년 배재고보 운동장이었다. 소나무 기둥을 깎아 적당한 너비로 세우고 양쪽 기둥 위에 각목 두 가닥을 못질한 것에 지나지 않았지만, “이 골대에서 경기를 해 보는 것이 모든 축구선수들의 소망이었고, 심지어는 이 신기한 물건을 구경하러 일부러 배재고보에 내방하는 관광객까지 있었다” 한다. 한국 최초의 공개 축구경기는 1905년 6월 10일 서울 훈련원(오늘날의 동대문운동장)에서 열린 대한체육구락부와 황성기독청년회 간의 경기였는데 “관중들은 구름처럼 몰려들었고, 양 팀 응원단의 열띤 응원도 상상을 초월했다.”

8) 축구의 경기규칙 변천사

앞에서 살펴보았듯이 1863년 축구협회 규칙은 13개뿐이었다. 그 후 경험이 쌓이자 필요에 따라 몇 가지가 더 추가되곤 했다. 국제축구평의회는 1896년부터 지금까지는 총 120회가 넘는 회의를 열며 재·개정을 이끌어 왔다. 이렇게 하여 축구의 경기규칙이 계속 진보하게 되었다.

참고로 당시 축구와 관련된 영국의 사회풍경 중 한 면을 들춰보자. 또 다른 뜻밖의 기폭제는 그 무렵 싹트기 시작한 교육 체계였다. 당시에는 갖가지 이유로 학교에 다니지 않는 아이들이 적지 않았다. 아무리 적은 돈이라도 벌어서 집안 살림에 보태야 할 뿐만 아니라, 어린 소년들은 공부에 관심이 없었다. 그래서 망설이는 아이들에게 축구를 할 수 있는 시간과 공간은 최고의 당근이었다.

월빈의 글을 보자.

---

70) 백 년 전 사람들은 어떻게 축구했을까? 이재형, 축구가족 2007. 3월호 p.33.

> 공립학교들이[71] 축구를 강조하게 된 것은 축구가 대중 스포츠로 자리매김한 가장 중요한 요소였으며, 그로 인해 축구가 국민 스포츠로 거듭난 것은 의심할 여지가 없다. 또한 전국적으로 새로운 스타일의 대중 잡지들이 탄생하는 기반이 되었다. 곧 이어 축구를 다루는 간행물들이 봇물 터지듯 쏟아져 나왔고, 덩달아 온갖 싸구려 주말 신문과 지역 신문들이 범람하면서 축구의 인기는 나날이 높아졌다. 축구 기사를 읽으려고 글을 배운 것은(청소년들 사이에서) 전반적인 읽기 능력 향상의 주요한 동기였다.

다시금 '의외의 결과의 법칙'이 작용했다. 축구 때문에 글을 읽게 된 것이다. 이제 축구는 전국적인 전염병이 되었다. 영국에서 공장 팀이 생겨나자 술집 팀, 경찰 팀, 교회 팀, 도시 팀, 마을 팀이 속속 등장했다. 관중들은 자기 지역 팀 주위로 모여들기 시작했다. 부자들이 더 잘 볼 수 있도록 수레와 마차를 끌어다 놓곤 했던 낡은 경기장들이 값싼 입장권을 판매하는 새로운 스타디움으로 탈바꿈했다. 수입금은 자선가 성향이 강했던 초기의 신사적인 구단주들 덕분에 대부분 클럽의 몫이었다. 십자형 회전문, 번호를 매긴 입장권, 경기결과를 술집에 알리는 전보소, 탈의실 등은 초기 상업화의 풍경이었다. 지역 팀의 선수로 뛰느라 일자리를 잃은 선수들에게는 여러 가지 보상과 상금, 보수를 주었다. 교통비도 제공되었다. 마침내 프로축구의 시대가 온 것이다.

축구의 경기규칙 연표

연도	경기규칙
1863	런던 링컨스 인 필즈 그레이트 퀸 스트리트에 있는 프리메이슨 태번에서 영국 축구협회(FA)가 결성되었다. 그로부터 한 달 뒤, FA가 다시 모여 회원들이 따를 규칙을 구상하다.
1865	아르헨티나에 거주하는 영국인들에 의해 부에노스아이레스 FC가 결성되다.
1866	FA 규칙에 따라 반스와 리치먼드 간에 첫 경기가 열리다.
1869	골킥이 도입되다.
1871	처음으로 FA컵 선수권이 개최되다(케닝턴 오벌에서 열린 원더러스 대 로열 엔지니어스의 경기 결과는 1대0).
1872	최초의 국제 시합이 열리다(잉글랜드 대 스코틀랜드의 경기 결과는 5대2). 영국 선원들이 르아브르에서 벌인 축구 시합으로 프랑스에 축구가 전해지다. 축구공의 둘레 길이가 정해지다.
1875	옥스퍼드 대학의 독일 투어 기간에 많은 독일 대학들이 축구를 받아들이다. 스웨덴에 축구가 전해지다.
1876	캐나다의 칼튼 크리켓 클럽이 축구 부서를 설립하다.
1877	경기 시간이 90분으로 제한되다.
1880	(여전히 부업으로 뛰는)선수들이 손해 본 임금과 비용을 클럽에서 청구해 승인을 얻어 내다.
1882	우루과이에서 첫 클럽이 문을 열다. 두 손을 이용한 스로인이 도입되다.

71) 세상을 바꾼 12권의 책, 멜빈 브레그 지음, 이원경 옮김, 랜덤하우스, 2007.5.23, 19,800원 p.145~156, 159~162, 138.

1885	프로 선수가 인정되다.
1887	영국이 러시아에 축구를 전파하다.
1888	12개 팀으로 구성된 축구연맹이 결성되다.
1889	영국 이외의 지역에서 오래된 연맹인 볼드스필 연맹이 덴마크에서 결성되다. 축구가 브라질에 전해지다.
1890	골네트가 처음으로 사용되다.
1891	페널티킥이 도입되고, 주심 1명과 부심 2명을 두는 제도가 시행되다.
1892	영국 이외의 국가로서는 처음으로 아르헨티나가 전국 선수권 대회를 개최하다.
1893	제노바에서 이탈리아의 첫 클럽이 결성되다.
1894	주심에게 경기에 대한 완전한 통제권을 부여하다.
1898	공식적인 규칙이 현대와 같은 17개에 도달하다. 스페인의 첫 클럽인 아슬레티코 빌바오가 결성되다.
1899	아이슬란드에서 첫 클럽이 결성되다.
1904	파리에서 유럽7개국으로 구성된 국제축구연맹(FIFA)이 설립되다.
1905	페널티킥 때 골키퍼가 골라인을 벗어나지 못하게 되다. 영국이 뒤늦게 FIFA에 가입하다.
1907	12월에 프로 축구선수 협회 Professional Foolballer's Association(PFA)가 결성되다.
1912	골키퍼가 페널티 에이리어 밖에서 공을 잡는 것이 금지되다.
1913	프리킥을 할 때 상대편 선수들이 10야드 이상 떨어지게 되다.
1914	축구 단체들이 회원들에게 입대를 권유하다.
1923	최초의 FA 컵이 웸블리에시 개최되다.
1924	코너킥을 이용한 직접 득점이 가능해지다.
1927	최초의 리그 경기가 라디오로 중계되다.
1930	처음 개최된 월드컵 결승에서 우루과이가 아르헨티나를 4 대 2로 이기다.
1938	FA컵 결승전이 최초로 TV에 생방송되다.
1955	유러피언 컵이 처음으로 개최되다.
1960	리그 컵이 시작되다. 유러피언 컵 위너스 컵이 처음으로 개최되다.
1981	이길 경우 3점을 얻고 비길 경우 1점을 얻는 식으로 승점제가 바뀌다.
1985	5월에 브뤼셀에서 열린 유러피언 컵 결승전 당시 헤이셀 스타디움 참사로 39명이 목숨을 잃다. 그로 인해 영국 클럽들이 향후 5년간 유럽대회 참가 자격을 발탈당하다.
1989	셰필드 웬즈데이 FC의 힐스버로 구장 참사로 96명이 사망하고 766명이 부상을 당하다. 영국 정부가 축구 관람법을 제정하여 경기가 열릴 때 관중들의 신분증 지참을 지시했지만 머지않아 슬그머니 자취를 감추다.
1992	FA 프리미어 리그 결성으로 과거의 1부 리그가 프리미어십으로 바뀌고 과거의 2부 리그, 3부 리그, 4부 리그가 각각 1부 리그, 2부 리그. 3부 리그로 바뀌다.
2004	1부 리그가 챔피언십으로 이름이 바뀌고, 2부 리그와 3부 리그가 각각 1부 리그와 2부 리그로 바뀌다.

9) 최근에 등장한 FIFA의 새로운 경기규칙

■ 2000.7.1

골키퍼 지연행위의 판단은 발걸음 수(4보)가 아니라 시간(6초)으로 하고 부심도 경기장에 나올 수 있으며 대기심도 반칙을 지적하고 승부차기는 양팀의 키커 숫자를 동일하게 한다.

■ 2002.2.28

파울을 유도하는 행위인 '눈속임 동작(시뮬레이션 액션)'에 최소 옐로 카드의 중징계를 준다.

■ 2003.5.28

2003년 6월 19일부터 프랑스 파리에서 개막되는 2003 컨페더레이션스컵에서 심판들 간의 명확한 의사소통을 위해 이어폰을 착용시키겠다.

■ 2003.7.1

1993년 세계청소년축구대회 때부터 10여 년 남짓 시행해온 '연장전 골든골 승부제'는 폐지하고, 연장전 전·후반 30분을 모두 실행한다.

■ 2003.10.28

선수가 오프사이드 위치에 있더라도 볼을 건드리거나 골키퍼 등 상대 선수의 시야를 가리는 것이 아니라면, 오프사이드가 아니다.

■ 2004.7.1

- 득점 후 상의를 벗으면 엘로 카드를 받는다.
- 경기장은 해당 대회 규정에 따라 가능할 경우 경기는 천연잔디 또는 인조잔디구장에서 진행할 수 있다.
- 친선경기에서 교체선수의 수는 6명을 넘지 않는다.
- 경기의 승자를 결정하는 방법으로 IFAB(국제축구평의회)는 전후반 연장전(각각 15분 이내)과 무승부일 경우 페널티킥을 채택했다. 결과적으로 골든골과 실버골 제도는 더이상 사용하지 않는다.

■ 2005.7.1

- 반칙 선언 후 볼을 건드리면 바로 경고가 주어진다.
- 드로인 할 때 상대편 선수는 드로인이 행해지는 지점에서 최소한 2m 이상 떨어져야 한다.

■ 2005.10.3

FIFA와 영연방 4개국 축구협회 대표들은 2005년 12월 세계클럽선수권 대회에서도 스마트볼을 사용하기로 결정했다. 스마트볼은 라인을 벗어날 경우 심판의 몸에 부착된 신호기에 무선신호를 보내 주는 첨단 장비로 2005년 10월 3일 페루에서 끝난 세계청소년 축구대회(17세 이하)에서 처음으로 사용됐다.

■ 2006.3.5

- 팔꿈치 가격, 거친 태클은 여지없이 퇴장을 준다.
- 셔츠를 잡아끌거나, 선수들이 심판의 판정에 불만을 표시하며 둘러싸거나 폭언을 해도, 일부러 껴안는 행위에도, 불필요하게 경기를 지연시켜도 옐로카드를 받게 된다.

■ 2006.3.8

오프사이드 위치에 있는 선수가 공격에 직접 관여를 했더라도 볼만 건드리지 않으면 오프사이드 반칙이 아니다.

■ 2007.5.28

선수 보호를 위해 해발 2500m 이상의 경기장에서는 A매치 개최를 금지하기로 결정했다.

■ 2007.6.28

FIFA가 2500m 고도 제한을 3000m로 완화했다.

■ 2007.12.15

2,750m 고지대 국제경기 금지, 고자적응기간 누면 예외

국제축구연맹(FIFA)이 해발 2750m 이상 고지대에서 국제경기가 열리는 것을 결국 금지하기로 했다. 단 '고지적응'기간을 두는 경우는 예외로 했다. 제프 블라터 FIFA 회장은 지난 15일 FIFA클럽월드컵이 열리고 있는 일본 도쿄에서 집행위원회를 갖고 "FIFA의 의무위원회와 다시 한번 논의한 끝에 고도 순화에 충분한 시간이 주어지지 않는 한 해발 2750m이상의 고지에서 국제경기가 열리는 것을 금지하기로 했다."고 밝혔다.

FIFA는 지난 5월 고지대 경기가 원정선수들의 건강상 문제를 유발할 수 있고 홈팀이 불공평한 이득을 취한다는 이유로 고지대에서 국제경기가 열리는 것을 금지하겠다고 밝혔다. 당초 제한고도를 2500m로 제시했다가 남미 국가들이 강력하게 반발하자 3000m로 완화하는 모습을 보이기도 했지만 결국 그 가운데 수치인 2750m로 결정했다.

블라터 회장은 "고지 경기를 무조건 금지하는 것이 아니다. 경기가 열리기 전 고도 순화에 충분한 시간이 보장돼야 한다."고 설명했지만 고지에 어떻게, 얼마나 적응해야 하는지에 대한 구체적인 언급은 하지 않았다. 이에 따라 볼리비아의 수도 라파스(3600m), 에콰도르의 키토(2800m) 등의 경우 앞으로 국제경기 개최가 힘들게 됐다. 대표팀 간 경기든, 클럽팀 간 경기든 소집기간이 제한적이기 때문에 고지적응에 대한 규정이 생겨도 실제 적용되기는 쉽지 않을 전망이다.

볼리비아는 FIFA의 고도제한 결정에 반대하며 스포츠중재재판소(CAS)를 통한 법정 투쟁에 나서기로 했다. 카를로스 차베스 볼리비아축구협회장은 2008년 3월 30일(한국시간) "우리의 권리를 지키기 위해 싸우기로 결정했다. 다음 주 공식적으로 제소할 것"이라고 밝혔다. 볼리비아 수도 라파스는 해발 3,640m에 위치하고 있어 FIFA가 2007년 12월 선수 보호를 위해 해발 2,750m 이상 고지대에서의 A매치 금지 조치에 해당한다.

■ 골인과 노골 사이, 기계가 알려준다(2012.7.6)

축구 경기 도중 골 판정을 정확히 하기 위해 첨단 전자 기술이 마침내 동원된다. 국제축구위원회(IFAB)는 2012년 7월 6일 스위스 취리히에서 열린 회의에서 '골라인 테크놀로지'를 공식 경기에 사용할 수 있도록 규정을 개정했다.

국제축구연맹(FIFA)은 이 기술이 경기에 바로 도입될 수 있도록 IFAB의 결정을 승인했다. 이르면 오는 12월 도쿄에서 열리는 FIFA 클럽월드컵대회에서 첫 선을 보일 전망이다. 각국 리그도 자국 상황을 고려해 도입 여부를 결정할 수 있게 됐다.

FIFA는 잉글랜드가 개발한 '호크아이'(Hawk Eye)와 독일이 설계한 '골레프'(Goal Ref)를 공식 골라인 기술로 승인했다. 호크아이는 골문에 설치된 6대의 카메라가 다양한 각도에서 볼을 찍어 골라인을 넘어갔는지 심판에게 알려준다. 골레프는 아예 축구공에 전자칩을 심어 골라인을 넘어가면 심판에게 즉시 신호를 보내도록 했다.

이 같은 결정은 2010년 남아공월드컵 때 심각한 오심이 불거지면서 제프 블라터 FIFA 회장 등이 도입에 찬성하는 의견을 내기 시작하면서 추진력을 가지기 시작했다. 당시 잉글랜드는 독일과의 16강전에서 1-2로 뒤진 전반 38분 프랭크 램퍼드의 슛이 크로스바를 때리고 골문 안에 떨어졌으나 득점으로 인정받지 못했다. 이 오심 때문에 맥이 풀린 잉글랜드는 세 골이나 더 내주며 완패했다. 우크라이나도 2012년 6월 잉글랜드와의 유로 2012 조별리그에서 볼이 골라인을 넘어갔는데도 득점으로 인정받지 못해 0-1로 졌다.

한편 IFAB는 여자선수들이 '히잡'을 쓰고 경기를 할 수 있도록 했다. 아시아 축구연맹(AFC)이 "목이 졸리지 않는 소재로 히잡을 만들 수 있다."며 착용을 허용할 것을 요구한 것이 받아들여진 것이다(서울신문, 2012.7.7. 土. 24면).

10) 17조의 경기규칙

- 제 1 조 경기장(The field of play)
- 제 2 조 볼(The ball)
- 제 3 조 경기자의 수(Number of players)
- 제 4 조 경기자의 장비(Play's equipment)
- 제 5 조 주심(Referees)

- 제 6 조 부심(Assistant referees)
- 제 7 조 경기 시간(Duration of the game)
- 제 8 조 경기 개시(The start of play)
- 제 9 조 볼의 인 플레이와 아웃 오브 플레이(Ball in and out of play)
- 제10조 득점방법(Method of scoring)
- 제11조 오프사이드(Off side)
- 제12조 반칙과 불법 행위(Fouls and misconduct)
- 제13조 프리 킥(Free—kick)
- 제14조 페널티 킥(Penalty—kick)
- 제15조 드로우 인(Throw—in)
- 제16조 골 킥(Goal—kick)
- 제17조 코너 킥(Corner—kick)

11) 몇 가지 질문들

(1) 하프타임은 어떻게 해서 생겨났을까?

1863년 축구협회 규칙이 만들어지기 전에는 오늘날 축구라고 불리는 경기와 럭비 사이에 구별이 없었다. 때문에 전·후반으로 나누어 각각 상대방의 규칙에 따라 경기하는 것이 일반화 되었다. 하프타임은 여기서 생겨났다.

(2) 축구에서 한 팀이 11명인 이유는?

영국 사립학교 방별 정원이[72] 11명이었기 때문이다. 이들은 교복을 입고 축구를 했다. 혈기왕성한 기숙사 학생들의 방 대 방 축구경기는 이들에게 일상적이고도 소중한 문화였다.

(3) 선수 교체가 허용된 첫 월드컵 대회는?

1970년 멕시코 월드컵대회 때부터이다. 이 대회에서 처음으로[73] 각 경기당 두 명의 선수를 교체할 수 있도록 규정이 개정되었다. 그 전까지는 단지 부상인 경우에 한해서 골키퍼만 교체할 수 있었다.

12) 왜 축구규칙을 알고 있어야 하나?

외계인이 지구인에게 "지구인 모두가 의사소통할 수 있는 공통어가 있느냐?"고 질문한다면, "오직 축구만이 유일하게 그러하다."라고 답할 수 있다. 축구가 지구촌 인류의

---

72) 매일신문, 2007.5.31.木. 26면, 축구와 계급, 박근영.
73) 축구, 그 빛과 그림자, 에두아르도 갈레아노 지음, 유왕무 옮김, 2002.5.13, 12,000원 p.233.

유일한 공통어가 될 수 있었던 것은 축구의 경기규칙이 통일되어 전 세계로 전파되었기에 가능했다는 것은 앞에서 살펴보았다.

그러면 축구의 경기규칙을 왜 알아야 하는가? 먼저, 경기를 원만하게 할 수 있게 해준다. 이것은 경기를 관전하거나 시청하는 팬들에게도 마찬가지이다. 둘째, 축구지도자의 경우 경기규칙을 자세히 알고 있어야 선수를 지도할 수 있다. 셋째, 다양한 전략전술을 실행할 수 있는 상상력을 불러일으킨다. 실제로 감독 코치와 선수가 오프사이드(제11조), 프리킥(제13조), 페널티킥(제14조), 반칙과 불법행위(제12조) 등을 심원하게 이해할 때 탁월한 전략전술 창조가 가능하다. 넷째, 축구의 근본정신을 알게 해준다. 오프사이드는 축구가 개인 경기가 아니라 팀 경기이기에 '협력하여 득점하라'는 정신이 담겨 있고, 퇴장 PK 등은 반칙행위에 대한 사전 경고와 선수를 위험으로부터 보호하려는 의도가 내포되어 있다. 그럼에도 스포츠 정신에 반하는 행위를 할 때 퇴장 PK, 등의 벌을 주어 그 팀의 경기력이 떨어지도록 불이익을 주는 것이다.

다섯째, 축구의 경기규칙 속에 내재되어 있는 잠재적 교육과정(특히 스포츠정신)을 생활 속에서 실천하기를 은연 중 요구하고 있다. 즉, 규칙과 스스로의 양심을 지키면서 정정당당하게 승부를 겨루듯이 사회생활도 그렇게 하도록 권장하고 있는 것이다. 이미 알고 있듯이, 스포츠는 단순히 즐기고 노는 데 그치는 것이 아니라 국민의 사고방식에도[74] 큰 영향을 준다. 지난 세기 중국 사상가 량수밍은 지도자들의 스포츠 부족이 큰 문제라고 했다. 어느 미국 정치인은 한국에서는 정치인들이 페어플레이를 하지 않는다고 말하는데 이는 팀 스포츠를 통해 길러지는 것이라며, 팀 스포츠를 한 적이 없는 사람들에게서 이를 기대하는 것은 잘못이라고 말했다. 팀 스포츠는 심신의 건강은 물론 조직력, 팀워크, 페어플레이 정신, 전략훈련, 경쟁력 향상에도 요긴하다.

8 피지컬 트레이닝

2006 독일 월드컵 개막 1개월을 앞두고 프랑스 대표팀 체력 담당 로베르 뒤베른 코치의 훌륭한 맞춤 프로그램 덕분에 2명의 '레블뢰' 리더는 정확하게 제때에 최고의 몸 상태를 가질 수 있었다. 2005~06 시즌 내내 서혜부(샅) 부상으로 고생한 비에리와 레알 마드리드에서의 시즌을 마친 뒤 체력이 고갈상태이던 34세의 지단을 재건시켰다.[75] 이것이 피지컬 트레이닝의 힘이다.

트레이너는 크게 AT(Athletic Trainer 선수 트레이너 또는 의무 트레이너)와 PT(Physical Trainer 피지컬 트레이너 또는 피지컬 코치)로[76] 나뉜다. AT는 선수 또는 일반인들을 대

74) 중앙일보, 07.7.6.金. 39면, 나라의 스포츠를 바로 잡자, 송병락 서울대 명예교수
75) 꺼져 사던 佛씨 살린 '지단 마술', 스포츠서울 2006.7.4.火. 2면

상으로 부상시점에서부터 회복에 이르기까지 재활치료에 초점을 두는 건강보조자의 역할을 담당하는 반면, PT는 스포츠선수들의 기초기술 지도에서부터 체력 단련, 부상 방지 그리고 일반인들을 대상으로 한 체력관리 프로그램 제공에 이르기까지 체력에 관련된 모든 영역을 담당하는 지도자를 말한다.

축구선진국에서 선수의 몸 상태를 최상으로 유지하여 최고의 경기력을 발휘하도록 하는 피지컬 트레이닝을 하지 않고 있는 곳은 단 한 곳도 없을 정도로 이제는 축구 트레이닝이 갖추어야 할 가장 중요한 요소가 되고 있다. 브라질의 경우 피지컬 트레이너의 위치는 감독 바로 다음일 정도로 그 위치 또한 높으며, 제2의 감독으로 인정받고 있다. 이는 곧 피지컬 트레이너의 중요성을 알려주는 구체적인 사례이다. 지난 2002 한일 월드컵의 4강 신화를 창조해 냈던 거스 히딩크 감독 역시 자신이 직접 스카우트한 피지컬 트레이너를 통해 대표 팀 훈련의 상당부분을 피지컬 트레이너에 할애했을 만큼 피지컬 트레이너의 중요성을 강조했다.

감독 코치는 피지컬 트레이닝에 대해 일정 수준 이상의 이해를 가지고 있어야 한다. 유능한 피지컬 트레이너를 활용하는 것이 뛰어난 선수를 육성하는 지름길임을 하루 빨리 깨달아야 한다. 그런데 K리그 프로팀에 아직 피지컬 트레이너가 없는 팀도 있다. GK코치는 15개팀 모두에 있다. 그러나 피지컬 트레이너가 하는 일과 그 중요성은 GK 코치에 비교할 수 없을 정도로 크다.

9 스포츠 과학

'국민남매' 박태환, 김연아 선수의 활약이 눈부시다. 하지만 그들이 성공할 수 있었던 것은 타고난 신체조건과 불굴의 노력 때문만은 아니다. 지금 그들을 있게 한 또 하나의 숨은 공신은 바로 '첨단 과학기술'이었다.

박태환과 김연아 선수의 세계제패를 이끌어 낸 과학기술 중 가장 먼저 거론되는 것은 '생체모방공학'이다.[77] 박태환 선수가 입은 '레이저 레이서'라 불리는 첨단 신소재 수영복은 상어의 피부를 본떠 만들었다. 이 수영복은 수많은 미세돌기가 몸 뒤쪽에 생기는 소용돌이를 밀어내어 마찰을 줄여줘 박 선수가 신기록을 세우는 데 큰 도움이 됐다.

'운동역학을 이용한 분석과 트레이닝'도 중요한 역할을 했다. 체육과학연구원의 송홍선 박사는 '실시간 이동속도 측정 장치'를 이용해 박태환 선수가 최고의 스피드를 낼 수 있도록 팔 스트로크 동작과 킥 동작을 다듬었다. 일명 '명품 점프'라 불리는 김연아 선수의 환상적인 점프 기술도 회전 원리와 토크의 상관관계를 이용한 과학적인 분석

76) 피지컬 트레이닝, JAE, 2007.6.12, cafe.daum.net

77) 스포츠 강국 대한민국, 숨은 공신 '과학기술', 서울신문 2009.7.2.木. 30면

덕분에 더욱 정교해질 수 있었다.

FC서울은 2007년 1월 전지훈련 당시 최첨단 체력측정 장치인 '폴라시스템'을[78] 도입했다. 운동시간에 따른 운동량을 정확히 측정해 선수 개인별로 가장 이상적인 경기체력을 만들어갈 수 있도록 하는 장비다. 러닝을 하면서 정해진 범위 내에서 자신의 심박 수를 유지하도록 하고 훈련이 끝난 뒤에는 컴퓨터와 연결해 선수들의 훈련강도와 체력이 어느 정도인지를 데이터화할 수 있다.

2009년 7월 8일의 보도에 의하면, 한국대표팀이 '트래킹 시스템'[79] 도입을 추진하고 있다고 한다. '트래킹 시스템'이란 경기장의 선수 활동 상황을 면밀하게 분석하는 첨단 프로그램을 말한다. 유럽 프로리그와 UEFA 챔피언리그에서 보편화되어 있다. 종전처럼 전력분석관 같은 사람에게 의존하는 것에서 나아가 유럽에서 활용하고 있는 트래킹 시스템으로 상대팀 선수들의 각종 정보를 수집하겠다는 것이다.

첨단 경기분석 시스템의 경우 유럽이 디지털이라면, 한국은 아날로그 수준이다. 현재 대표팀에서 운용하고 있는 경기분석 프로그램 '다트피시'나 '스포츠코드' 등은 패스, 슛, 크로스의 횟수나 성공률 등을 분석해낸다. 공격 전개나 수비 시 좋았던 점을 지적하면 편집할 때 그 순간을 기억해 낸다. 하지만 유럽의 현실은 한 세대 앞을 달리고 있다. 유럽 유수의 클럽이나 대표팀에서 사용하고 있는 프로존이란 프로그램은 감독이 원하는 거의 모든 정보를 자동으로 분석해낸다. 선수 개개인의 움직임(방향·전력질주 횟수·뛴 거리 등), 패스의 질(방향 등) 등이 동영상을 보지 않아도 그래픽화되어 나온다. 유로 2008 중계방송 때 전문적인 데이터를 실시간으로 시청자들에게 보여준 델타트레란 프로그램은 프로존과 비슷한 형태의 프로그램이다. 프로존 프로그램을 운용하기 위해서는 경기장에 카메라를 8대 이상 설치해야 한다.

김세윤 분석관은 "토트넘의[80] 경우 전력분석실에 전문가 4명이 포진해 있다. 경기가 끝나면 감독이 일일이 선수를 지적할 필요가 없다. 경기 다음날이면 선수 개개인의 경기 데이터를 담은 자료가 선수 전원에게 배포된다. 이미 세계적인 수준에 올라 있는 선수들이라 자료만 줘도 자신의 잘잘못을 쉽게 안다. 데이터 자체가 경기에 나선 선수들을 발가벗겨 놓은 엑스레이 같은 것"이라고 말했다.

고대 올림픽경기에서는 '스포츠과학'이 적용되지 않았다. 연습으로 다져진 인체의 탁월함으로 승부를 결정지었다. 그러나 오늘 스포츠과학의 도움 없이는 결코 우수한 성적을 낼 수 없다. 월드컵축구나 올림픽 등 세계적인 대회는 첨단과학의 전쟁터가 된 지 오래다. 스포츠과학의 위력을 모르는 감독 코치는 계속 과거의 경험으로 선수를 가르칠 것이며, 그 팀의 경쟁력은 갈수록 약해질 것이다.

---

78) 진화하는 네덜란드 피지컬트레이닝, 스포츠서울 2007.6.2.土. 3면
79) 허정무호 '트레킹 시스템' 도입한다, 스포츠조선, 2009. 7.8.水. 10면
80) 축구 전력 분석관, 일간 스포츠 2009.4.11.土. 6면

03 축구지도자의 임무

1 축구지도자의 수행

축구지도자는 무엇을 수행해야 하는가? 사람들은 왜 감독 코치를 고용하는가? 선수들의 입장에서 그 이유를 살펴보도록 하자.

1) 올바른 목표를 정하기 위해

선수 자신의 가치와 욕구, 비전을 기준으로 선수들이 정말로 원하는 것을 발견하도록 도와준다.

2) 목표를 빨리 달성하기 위해

감독과 코치는 선수들이 단시간 내에 목표를[81] 달성하도록 지속적으로 지원하고, 혁신적인 전략과 접근 방법을 제공한다.

3) 중대한 변화를 위해

모두는 어떤 식으로든 변화를 만들어내고 있다. 감독 코치는 선수들의 대인관계, 경기력 향상, 발달과업의 성취를 근본적으로 그리고 항구적으로 변화시키는 데 도움을 줄 것이다.

4) 직업적으로 앞서가기 위해

모든 선수는 프로팀에서, 대표팀에서 그리고 해외 빅 리그에서 활약하기를 희망하고 있다. 이때 선수 자신에게 맞는 코치가 도와주면 쉽게 앞서 갈 수 있다. 코치는 곧 자원이다. 좋은 코치를 고용할 때 그들의 전체 자원 네트워크를 활용할 수 있기 때문이다.

---

81) 프로페셔널 코치로 성공하기, 샌디 바일러스 · 김경섭 지음, 김영사, 2004.11.19 초판 1쇄, pp.59~68.

5) 올바른 결정을 내리기 위해

갈수록 훨씬 더 많은 선택을 해야 한다. 하지만 고등학교나 대학에서 '제대로 된 의사결정을 내리는 101가지 방법'을 배운 사람이 있는가? 코치를 이용하면 어떤 상황에서도 최선의 결정을 내리는 데 도움이 될 것이다. 잘 훈련된 코치들은 선수들이 더 나은 결정을 내리도록 도와준다.

6) 대인관계를 강화하기 위해

코치는 선수들의 주변을 둘러보고 관계가 일방적인지, 혹은 활력소가 필요한지 파악할 수 있다. 코치는 선수들의 커뮤니케이션 및 관계 형성에 필요한 기술 향상과 선수에게 유익한 사람을 끌어들이는 것을 도와줄 수 있다.

7) 스트레스와 참고 견디는 일을 줄이기 위해

유능한 코치들은 참고 견디는 일이 없도록 도와주고 줄여준다. 선수들이 무엇을 참고 있는지 확인하고 그 요인을 제거함으로써 즉시 스트레스 수준을 떨어뜨려 준다.

2 교사로서의 코치

뭐니 뭐니 해도 코치는 교사로서의 선생님이다. 수학, 미술, 영어, 국어 등을 가르치는 교사가 있는 것처럼 경기에도 교사는 있게 마련이다. 그런데도 일반적으로 우리나라든, 외국이든 간에 코치를 이런 각도로 보지 않는다. 그러나 앞으로 바람직하게 하려면 코치를 채용할 때, 첫째는 교사로 채용하고 그 교사가 둘째 일을 코치로서의 역할을 하도록 해야만 할 것이다.

물론, 코치들은 교사로서 손색이 없을 정도로 지적 배경을 충분히 가질 것은 물론, 또 그러한 자격을 가질 필요가 있다. 그러기 위해서 대한체육회에 코치 아카데미가 생겼고, 이 기관을 수료하면 자격증과 진급할 수 있는 특권을 부여하고 있는 이유도 코치의 교사로서의 임무를 하기 위한 것이다.

코치들의 이미지(image)는 그 자신 외모로나 언어, 행동으로 나타내고 있다. 이렇게 외모, 언어, 행동으로 이미지를 나타내는 일이 다른 교사나 교수들이 영어나 국어를 가르치는 것보다 예의범절을 가르친다는 면에서 볼 때는 중요한 것이 사실이다. 언제나 따뜻한 인간성과 정확한 사고력을 가지고 머리 속에는 늘 발전을 위한 바람이 떠나지 않아야만 교사으로서의 코치가 될 수 있다.

3 훈련시키는 사람으로서의 코치

어떤 형태로든지 훈련이라는 과정을 하지 않고는 학습이나 가르침도 생각할 수 없다. 불행하게도 많은 코치들은 질책을 하고, 벌을 주려고 하고, 그것이 곧 훈련이라고 생각한다.

역사적으로 볼 때 어떤 스포츠 팀이건 고도의 훈련을 하지 않고서 계속적으로 성공한 팀은 없었다. 현명하고 알맞은 훈련의 증가에 의해서 상해를 받은 사람은 아무도 없다. 그러나 많은 선수들이 훈련을 전혀 못 받아서 장애를 받은 예는 많다.

근본적으로 코치를 하는 첫 단계는 신체적인 기술이 아니라 코치 자신의 인성이 문제시 된다. 이것이 또한 그 팀의 이미지를 만드는 가장 중요한 요인이 되는 것이다. 그 코치의 인성에 따라서 그 팀의 특색이 들어나게 된다 함은 널리 알려진 사실이다.

4 판매원으로서의 코치

판매원하면 월부나 놓으려 다니는 사람으로 생각되어지는데, 여기서는 자기의 이상과 작전을 실현시킨다는 의미의 판매원이다. 이러한 코치들의 이상 실현이라는 판매 행위는 코치를 하는 데 있어서 특별히 중요하다 아니 할 수 없다. 구체적으로는 코치들은 선수들이 팀의 한 부분이 되게 하기 위해 학생이나 선수들에게 코치가 가지고 있는 프로그램을 팔지 않으면 안 된다. 코치들은 또한 좋은 프로그램을 이행하기 위해서 필요로 하는 모든 지원을 학교로부터 혹은 자기가 속해 있는 기관으로부터 받기 위해서라도 지적, 정서적, 신체적인 판매원이 되지 않으면 안 된다.

코치를 하는 데 있어서 매우 중요한 이유 중의 하나는 코치가 새로 채용되면 우선 자기의 프로그램을 선전 판매하게 되며, 그렇게 되면 과거 코치가 했던 것과 비교를 하게 된다는 점이다.

결론적으로 말해서, 자기의 아이디어(idea)와 목표를 코치하는 데 관계되는 사람, 즉 선수, 팀의 기관장, 학부모들에게 가능한 빨리 알려야만 금쪽 같은 시간을 낭비하지 않고 협조를 구할 수 있으며, 협동이 잘 될 수 있기 때문에 판매원으로서의 역할이 중요하다.

5 인간관계

코치들이 다른 어떤 선생보다도 사회적 안목이 넓기 때문에 그 방면의 역할을 할 기회를 충분히 갖고 있다. 코치들은 많은 사회인과 접촉하는 기회가 많기 때문에 선수들에게 지혜롭고 원만한 인간관계 형성 방안을 가르칠 수 있다.

6 상담자로서의 코치

젊은 선수들이 그들의 복잡한 문제를 가지고 코치들에게 서로 상담하고 의논하려 오는 수는 많다. 왜냐하면, 그들 선수들은 해결해야 할 자기 문제들을 학교의 상담자나 부모들과 의논할 수 없고, 오직 코치만이 상담의 대상이 된다고 생각할 때가 많기 때문이다. 선수들이 어떤 문제가 있을 때는 낮이고 늦은 밤이건 코치들을 찾는 것은 상담의 대상이 다른 사람보다도 보다 친근하게 느끼기 때문인 것이다.

코치들이 젊은 선수들이 찾아와 상담하고자 할 때 가장 중요한 문제는 정성을 들여 가장 현명하고 건전한 기술로 상담하지 않으면 안 된다는 것이다. 코치들은 상담 시 한쪽으로는 문제를, 다른 한쪽으로는 그 문제의 해결이라는 양면을 도와주지 않으면 안 된다. 그러면 그 다음은 젊은 선수들은 무엇을 할 것인가를 자기들 자신이 결정할 것이다. 상담 시 가장 중요한 것은 교사나 코치들이 도와주고 충고하되, 어떻게 하라고 말을 해서는 절대로 안 된다는 것이다. 그 다음은 상담자가 어떤 편견을 가져서는 안 된다는 일이다.

7 연습 시 지도자의 역할

1) 합리적인 트레이닝 계획 수립

모든 연습은 계획적, 구조적, 과학적으로 준비한 학습지도안에 의해 이루어져야 한다.

2) 지속적인 동기 부여

선명한 학습목표를 제시하고, 이 목표를 달성하면 경기력이 그만큼 향상된다는 내적 동기를 강화한다.

3) 선수 개개인의 장단점 파악 및 교정

선수의 강점을 극대화하고 약점은 평균 이상으로 향상시킨다.

4) 현저하게 탁월한 이론과 실기 지도

강의실에서 반드시 이론을 이해시키고 그라운드 연습에 들어가야 한다.

5) 선수의 개성 및 심리 적성 파악

선수는 모두 다르다. 팀 경기력에 해를 끼치지 않는다면 가능한 각 선수의 개별성을 존중한다.

6) 심화학습 장려

오늘 배운 내용을 개인 시간에 연습하여 완전히 자신의 경기력으로 만드는 태도를 권장한다.

7) 최적의 시설 장비 활용과 안전사고 예방

제 2 부

구체적인 경기력 향상 방안

"항상 기뻐하라, 쉬지 말고 기도하라,
범사에 감사하라."

— 데살로니가 전서 5:16~18

이 장에는 선수 개인과 팀 경기력을 성큼 향상시키는 구체적인 경기력 향상 방안을 담고 있다. 수많은 다양한 방법이 있으나 보다 근원적이고 핵심적인 내용으로 조직하였다. 이를 실행하여 놀라운 성과를 체험하고 성공한 감독 코치가 되기를 희망한다.

1 1회 지도 내용을 메뉴얼화하라!

1) 메뉴얼은 힘이 세다.

2007년 초 삼성SDS에 경력사원으로 입사한 김상근 대리는 부서 배치 일주일 만에 계약업무를 처리하라는 지시를 받았다. 김 대리는 인트라넷의 '아리샘(지식공유시스템)'에 접속해 계약서 양식을 내려 받고 업무를 처리했다. 김 대리는 "선임자나 상사에게 일일이 물어봤다면 며칠이 걸릴 일을 몇 시간 만에 끝낼 수 있었다."고 말했다.

삼성SDS의 지식경영이 업계의 주목을 받고 있다. 이 회사는 지난해 2조 2093억원[1)]매출에 2577억 원의 영업이익을 올렸다. 시스템통합(SI)업계는 치열한 경쟁으로 덤핑 수주가 만연하다 보니 영업이익률 10%를 넘기는 게 불가능한 일로 치부되어 왔다. 하지만 삼성SDS는 '마의 벽'으로 불리는 영업이익률 10%를 2005년에 이어 지난 해에도 뛰어넘었다. 이같은 성과 덕분에 이 회사는 지난달 '신 품질 컨벤션 2007'에서 대상을 받기도 했다. 삼성SDS 직원들은 아리샘을 보물단지처럼 여긴다. 모든 업무 처리방식을 메뉴얼화한 아리샘이 구축된 뒤 업무효율이 높아졌기 때문이다.

이 회사 이동희 부장은 "몇 년 전만 해도 부서를 옮기면서 선배 도움 없이 일을 배우거나 업무 처리를 하는 게 어려웠다."며 "모든 업무를 메뉴얼화한 뒤 정보를 공유하자 업무효율이 뛰기 시작했다."고 말했다. 삼성SDS가 지식경영시스템을 도입한 것은 1996년이다. 하지만 초기엔 개인이나 부서 중심의 지식정보로 국한되어 모든 직원이 공유하지 못하는 문제점을 갖고 있었다. 이를 2004년 경영트렌드·기술·업무·혁신(이노베이터) 등 4개 분야로 정리해 모든 직원이 활용할 수 있도록 바꿨다.

2) 축구 지도에도 메뉴얼은 반드시 필요하다.

메뉴얼이 모여 시스템이 된다. 메뉴얼은 이해당사자들이 경험과 지혜를 농축하여 만든 업무처리 표준이다. 건국 초기 양치기 무리에 불과하던 로마인들이[2)] 서방세계 전역을 지배한 원동력은 체계적 '메뉴얼(manual·교범)'이었다. 강력한 주변 민족들 틈바구니에서 살아남기 위해선 조직력이 최우선이었다. 로마는 각종 전투 시나리오별 메뉴얼

1) 메뉴얼은 힘이 세다, 중앙일보, 07.6.8 金 E6
2) 메뉴얼, 중앙일보, 07.11.5. 月. 35

과 시스템으로 체계적 군사력을 구축, 영토를 확장해 나갔다. 전쟁에서 패하는 건 용서해도 메뉴얼을 안 지키는 것은 용납하지 않았다.

2008년 12월 16일(火) 한국프로축구연맹 신임수장으로 재추대된(3선) 곽정환 회장은 "연맹이 앞장 서 각 구단의 홍보·마케팅·유소년 육성 등에 대한 메뉴얼을 만들어 K 리그 전체가 상생할 수 있는 방안을 찾겠다."며 "K리그에 선진리그 시스템을 구축하고, 국제적인 위상을 높이겠다" 는 포부를 밝혔다. 또 "올해 마련된 K리그 중장기 발전계획을 내년부터 각종 위원회를 통해 현실화하겠다"고 약속했다. 무엇을 내놓을지 기대가 된다.

축구 지도에도 메뉴얼이 반드시 필요하다. 축구경기는 체력 개인기 전술 정신력으로 구성되어 있다. 축구지도자는 과학적인 메뉴얼을 가지고 있어야 한다. 이 일은 쉽지 않다. 오랜 시간 연구하고 책상에 앉아야 한다. 접대받기를 좋아하며, 중요하지도 급하지도 않은 소모적인 일에 시간을 사용하며, 밤마다 술자리에 앉는 감독 코치는 결코 할 수 없다.

메뉴얼은 처음 만들 때 많은 공부와 노력을 요구한다. 시간도 많이 걸린다. 이러하기에 몇몇 지도자들이 힘을 합쳐 공동으로 만드는 것도 좋은 방법이다. 한 번 만들어 놓으면 코칭 메뉴얼은 더 없이 요긴하게 계속 활용할 수 있다.

그러나 정형화된 메뉴얼이 없으면 절대로 수준 높은 지도를 할 수 없다. 코칭 메뉴얼 준비가 바로 수업준비이다. 올해 2012년이 한국축구 131년째, 그러나 그동안 한국축구는 World Class 선수 한 명도 배출하지 못했다. 코칭 메뉴얼 없이, 또는 부실한 코칭 메뉴얼로 가르친 것과 밀접한 관련이 있다. 메뉴얼 없이 가르치겠다는 것은 연료가 고갈된 자동차를 운전하겠다는 것과 같다. 메뉴얼은 외부에서 만들어진 것을 사용하지 않는 게 좋다. 참고하는 것은 나쁘지 않다. 스스로 연구해서 만들어야 한다. 왜냐? 이 과정에서 엄청난 공부가 되기 때문이다. 이때 비로소 생생하게 살아 있는 자기 자신의 지식이 된다.

또 메뉴얼은 반드시 서면으로 작성되어야 한다. 내용은 누가 보아도 알 수 있도록 명쾌해야 한다. 동시에 컴퓨터를 활용해서 수시로 내용을 관리해야 한다. 즉 보완, 수정, 폐기, 업그레이드, 창조, 공유, 확산이 끊임없이 이루어져야 경쟁에서 이기는 메뉴얼이 된다. 이렇게 할 때 여러분은 세계적인 선수를 육성할 수 있는 토대를 마련한 것이 된다. 그리고 그 성과는 자연스럽게 한 권의, 몇 권의 책으로 출판될 수도 있다.

3) 메뉴얼 예시

(1) 인스텝킥의 스포츠물리학적 이해

① 학습목표

㉠ 감독 코치가 인스텝킥의 스포츠물리학적 이해를 온전하게 하고 그 내용을 선수들에게 가르친다.

㉡ 선수는 반드시 인스텝킥의 스포츠물리학적 이해를 완전하게 하고 난 후에 인스텝킥 연습에 들어간다.

㉢ 선수는 잘못된 인스텝킥을 했을 경우 스스로 그 원인을 알고 교정할 수 있는 능력을 가져야 하며, 실제로 연습이나 경기 시 그렇게 실행한다.

② 인스텝킥의 스포츠물리학적 이해 : 3대 원칙과 2대 핵심

인스텝킥은 모든 킥의 기초다. 시작이요 마무리다. 인스텝킥을 마음먹은 대로 할 수 있으면 다른 종류의 킥(인사이드, 아웃사이드, 인프론트, 아웃프론트, 힐킥 등)은 쉽게 익힐 수 있다. 저절로 자연스럽게 따라 온다.

현대축구의 화두는 압박과 스피드에 있다. 그 격전지는 미드필드이며 플레이 스피드가 그 팀의 수준이다. 폭 20~30m 안에서 20명의 선수가 경쟁하기에 상대의 압박을 이겨 내고, 메이저리그의 초일류투수가 야구공을 목표지점에 정확하게 던져 넣듯이 자유자재로 킥할 수 없는 선수는 월드컵·유럽챔피언스리그·빅 3(잉글랜드 스페인 이탈리아)리그 등 수준 높은 경기를 해낼 수 있는 능력이 없다.

한국축구의 경우 2008. 6. 22(日) 북한과의 월드컵 예선전에서 보았듯이, 지금까지의 경기를 통해 알 수 있듯이 대표선수들의 킥 정확성이 여전히 부족하다. 축구는 쉽다. 축구경기는 단순한 개인기의 집합이다. 축구는 단순하다. 축구는 쉽다. 결코 어렵지 않다. 밝게 알고 있는 지도자에게 축구는 너무나 쉽다. 선수는 올바르게 배울 때 축구가 쉽다. 그러나 교수학습이론에, 스포츠물리학에 무지하거나 공부하지 않는 지도자에게 배울 때 축구는 너무나 어렵다. 백년하청이요, 연목구어다. 결코 넘지 못할 벽처럼 느껴진다.

축구 지도는 그 자체가 수업이다. 감독 코치가 가르치고(교수) 선수가 배우는(학습) 교수학습 과정인 것이다. 이러하기에 축구지도자는 교수학습이론에 밝아야 한다. 인스텝킥을 가르칠 때 먼저 원리(이론)를 이해시키고 난 뒤 — 이때 장소는 운동장보다 집중할 수 있는 실내가 좋고, 말로만 하지 말고 언제나 A4용지에 내용을 복사해서 선수들에게 나누어 준다. 선수는 이걸 스크랩북에 보관하여 수시로 복습하고 활용한다 — 구체적인 연습에 들어가야 한다.

모든 연습의 과정이 이러해야 한다. 선수는 코치 감독이 가르치는 원리(이론)를 이해하고, 자기 자신을 설득하고 이해시킨 후에 연습에 들어가야 한다. 그래야 선수 스스로 잘못을 고칠 수 있다. 지도자는 선수를 이해시키지도 않고, 선수는 원리를 알지도 못하고 시키는 대로만 연습해서는 대선수가 되기 어렵다. 경기력이 운동장에서만 향상된다고 생각하는 것은 너무나 큰 착각이다. 운동장 아닌 곳에서 훨씬 더 많이 향상된다.

(2) 인스텝킥의 3대 원칙

인스텝킥의 스포츠물리학적 원리는 크게 '3대 원칙과 2대 핵심'으로 요약할 수 있다.

이게 모두다. 헤딩도 이 원리에 그대로 적용된다. '3대 원칙과 2대 핵심'은 필자가 정리한 이론이다. 지도자와 선수에게 쉽고 명쾌하게 알려주고 있다.

① 제1원칙 : 발등으로 킥하기

발을 완전히 일자로(180°) 펴서 고정시킨 다음 발등으로 킥한다.

㉠ 킥하는 발 일자(180°)로 완전히 펴기 : 이렇게 하지 않으면 정확한 인스텝킥은 불가능하다.

※ 평소 틈날 때마다 의자에 앉아 발을 일자로 쭉 펴서 위 아래로 흔드는 연습을 하면 발펴기 습관화에 매우 좋다. 발 펴기 실패가 반드시 인스텝킥 실패를 가져온다.

㉡ 발등(인스텝)으로 킥한다.

발등이란 발의 왼쪽과 오른쪽의 중심선과 축구화 끈 아래와 위 사이의 가운데 선이 만나는 가장 넓은 부위이다. 볼과 접촉하는 면이 넓을수록 정확도가 높아진다.

② 제2원칙 : 볼의 무게중심에 킥하기

볼의 무게중심에 정확하게 킥한다.

㉠ 볼의 무게중심이란?

볼 좌우의 중심선과 상하의 중심선이 만나는 지점이다.

▶ 볼의 무게중심

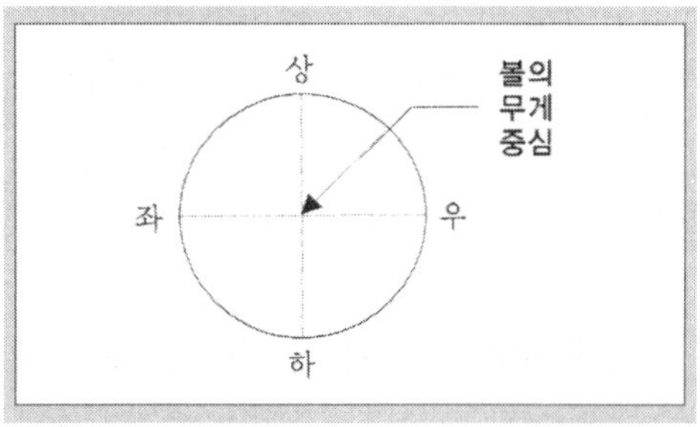

▶ 킥 포인트별[3] 볼의 이동 방향

㉡ 볼의 무게중심은 킥하는 선수에게 가장 가까이(볼을 보는 방향으로 가장 돌출되어)있다. 정지된 볼을 자세히 보면 이걸 발견할 수 있다.

㉢ 볼의 무게중심을 차면 수평으로, 아래쪽을 차면 위로, 위쪽을 차면 굴러간다. 연습 시 볼의 무게중심을 발등으로 킥하는 연습을 집중적으로 해야 한다. 왜냐하면

3) The soccer coaching handbook, Martin Bidzinski, J.W.Arrowsmith Ltd, P51

이게 익숙해지면 볼의 아래쪽, 위쪽을 마음먹은 대로 킥할 수 있기 때문이다.

※ 2.44m 높이의 크로스 바를 넘어가는 뻥슛은 볼의 무게중심 아래쪽을 킥하기 때문이다. 더욱 문제는 인스텝킥의 물리학적 이해가 없는 선수는 잘못을 스스로 교정하지 못하며, 그 원인도 계속 모르고 있기에 잘못을 반복한다는 점이다.

※ K리그나 대표선수는 상대적으로 자기 자신의 개인기에 대한 확신이 강하다. 이러하기에 실수에 대한 지도자의 지적에 수긍하지 않는 경우도 있다. 이때에는 녹화한 잘못된 인스텝킥 동영상을 보여주면 생생한 증거이기에 받아들인다.

㉣ 볼을 본다는 것은 볼의 무게중심을 본다는 것이다.

볼을 자세히 볼수록 킥해야 하는 볼의 부위를 정확하게 킥할 수 있다. 볼을 섬세하게 볼수록 성공가능성이 높아진다. 미 프로야구 명예의 전당에 헌액되어 있는 메이저리그 최후의 4할 타자 테드 윌리엄스는 투수가 던진 총알처럼 날아오는 야구공의 실밥까지 보는 물체추적시력이 탁월한 타자로 유명하다. 그는 필요에 따라 야구공의 중심, 위, 아래를 가격하여 수많은 안타와 홈런을 만들어 내었다.

볼을 자세히 볼수록 볼 처리 방법을 선택할 수 있는 시간이 많아진다. 자연스럽게 준비할 수 있는 여유가 생겨 마음먹은 대로 볼을 처리(패스, 슛, 소유)할 수 있다. 동시에 물체추적시력이나 주변인지시력이 향상된다.

㉤ 순간적으로 골문까지의 거리와 위치(각도)를 읽어내고 슛할 때도 볼을 세밀하게 보면서 필요한 부위를 킥해야 한다.

③ 제3원칙 : 딛는 발의 방향이 킥하는 방향임

딛는 발의 방향(발 뒤꿈치에서 발 앞쪽으로의 방향)이 킥하는 방향을 결정한다.

㉠ 딛는 발의 방향(선)이 볼이 나아가는 방향이다.

슛의 경우 딛는 발의 방향이 골문 안으로 향해야 볼이 골문 안으로 비행한다. 반대로 딛는 발 방향이 골문 밖으로 향하면 볼이 골포스트 밖으로 나가버린다. 그러므로 특히 각도가 부족한 사각에서는 슛하기 직전에 딛는 발의 방향이 골문 안으로 슛하고자 하는 방향으로 정확하게 딛는 것이 득점의 성패를 결정한다.

㉡ 딛는 발은 적절하게 탄력 있게 굽히고 체중의 3/4 정도를 싣는다.

볼을 킥하면서 굽혔던 디딤발의 무릎이 자연스럽게 펴진다.

※ 디딤발을 굽히지 않고 일자로 뻣뻣하게 하고 슛하면 무릎관절 주위에 심각한 부상이 발생할 수 있다(채찍 효과).

ⓒ 딛는 발이 튼튼한 전나무처럼 확고하고 안전한 자세를 가질 때 차는 발의 스윙이 자연스럽고 편안하며 효과적으로 이루어진다(높은 평형성 유지하기).

ⓓ 딛는 발의 앞꿈치와 뒤꿈치 사이에 볼이 위치한다

이렇게 해야 킥하는 발이 볼의 무게중심을 차기가 가장 수월하다. 특수한 경우도 있다. 유연성(관절 건 인대 근육의 가동 각도)이 특출한 선수는 딛는 발을 볼보다 앞에 놓기도 한다. 1966 런던월드컵 8강전에서 포르투갈이 북한에 5:3으로 역전승할 때 4골을 몰아넣은 에우제비오 실바 페레이라(아프리카 모잠비크 출신, 1966 유럽 최우수선수)가 대표적인 보기이다. 킥할 때 볼과 접촉하는 시간이 길수록 볼에 더해지는 힘이 커진다.

▶ 가마모도 구니시게 선수의 시도

올드팬들이 기억하고 있는 일본의 가마모도 구니시게 선수는 1968년 멕시코올림픽 축구 동메달(아시아 최고 성적)의 주역이었다. 당시 한국의 차범근 선수와 라이벌이었다. 선수 시절 가마모도는 흑표범 에우제비오 실바 페레이라 선수의 미사일슛에 큰 감명을 받고 배우려고 따라 했다. 에우제비오는 딛는 발을 볼보다 30cm 가량 앞에 딛고 슛했다. 워낙 유연한 몸이기에 가능했다. 그렇지 못한 선수가 따라 하면 스트레인(strain 근육 인대 건 등이 지나치게 순간적으로 늘어나 찢어지거나 끊어지는 스포츠상해)에 손상당하게 될 위험이 크다. 열심히 연습했지만 가마모도가 이루어낸 성과는 15cm 였다. 15cm? 이후 가마모도는 더욱 위력적인 슈터로 활약하게 된다. 달리는 지하철에서 손잡이를 잡지 않고 몸의 균형을 유지하는 연습을 하는 등 새로운 시도와 연습에 성실한 선수였다.

(3) 인스텝킥의 2대 핵심

① 제1핵심 : 팔로우 스로우(follow through)를 끝까지, 최고로 빠르게!

'기성용 131Km 대포알 슛'으로 본 국내의 최고 스피드는 누구?,

팔로우 스로우가 인스텝킥의 혼이요 생명이다. 팔로우 스로우의 스피드가 볼이 비행하는 스피드를 결정한다. 최고로 빠르게, 끝까지, 높이! 지구의 중력과 공기 저항을 무시하는 듯한 미사일슛을 본 적이 있는가? 에우제비오 실바 페레이라가, 체코의 아다 메크가, 유로 2008에서 보여준 발락의 슛이 그러하다.

평균 축구선수의 슛 스피드가 110Km대이다. 그럼 세계 치고의 슛 스피드를 자랑하는 축구선수들은 누구일까? 파워 킥의 일인자는 터키 페네르바체에서 뛰고 있느 호베르트

카를로스(브라질)다. 일명 'UFO' 슛으로 불리는 그의 왼발 프리킥은 한마디로 예술이다. 스피드는 160Km를 상회한다. 세계 최고다. 데이비드 베컴도 빠지지 않는다. 맨유에서 뛸 당시 156Km의 슛 스피드를 기록, 축구 종가를 놀라게 했다. 무회전 킥으로 유명한 크리스티아누 호날두는 평균 135Km의 스피드를 자랑한다. 유로 2008 당시에는 미하엘 발락(독일)의 슛이 121Km를 찍어 화제가 됐다. 국내 선수 중 최고 기록을 보유하고 있는 선수는 은퇴한 이기형이다. 2002년 캐넌 슛 경연대회에서 138Km를 기록했다. 이듬해에는 정조국(FC서울)이 시속 135Km의 슛을 선보여 눈길을 끌었다. 2009.7.8, FC서울과 인천의 피스컵코리아 2009 8강 1차전이 벌어진 후반 29분 기성용의 슛이 131Km를 기록했다. 축구공의 속력은 축구공을 차는 선수의 발의 속력과 의외로 단순한 관계를 가지고 있다. 축구공은 축구공을 차는 발의 속력보다 약 1.3배 높은 속력을 가진다. 가령 차는 발을 시속 90Km로 휘두르면 축구공은 시속 117Km로 날아간다. 축구공의 속력은 '얼마나 무게가 많이 나가는 근육질의 다리가 얼마나 빨리 움직이는가' 하는 것으로 결정된다(이인호 한국표준과학연구원 책임연구원, 2005.9월).

— 스포츠조선 2009.7.10.金. 6면

공통점은 팔로우 스로우가 싱싱하게 살아있다는 것이다. 또 한 가지, 팔로우 스로우는 볼이 비행하는 방향에 영향을 준다. 그러므로 앞으로 가지런히 자연스럽게 뻗어야 한다. 볼을 킥한 후 발이 디딤발 쪽으로 휘어져 휘두르면 안 된다. 볼의 방향이 부정확해 목적을 달성하기 어렵게 되기 때문이다.

인스텝킥은 3가지 과정으로 이루어진다. 볼을 차기 전 동작(pre—impact 또는 back swing)→ 임팩트(impact 발등과 볼이 접촉하는 시점)→팔로우 스로우 (볼을 킥하고 난 다음 발의 휘두름)이 그것이다. 강하고 빠른 팔로우 스로우로 여러분의 인스텝킥에 생명력을 불어 넣어라!

▶ 강력한 팔로우 스로우를 위한 근력 기르기

무릎 아래를 앞쪽으로 밀어내는 역할은 대퇴사두근(넙다리 네갈래근)이 담당한다. 고관절 아래를 높이 올리고 차고 뛰고 달리는 데는 대요근이 결정적으로 작용한다. 그러므로 이들 근육을 강화시키면 팔로우 스로우가 성큼 향상된다. 두 계단식 뛰어 오르기, 교대로 머리 위로 발 차올리기, 관련 웨이트트레이닝으로 이 근육들을 크고 뚜렷하게 강화시켜라!

② 제2핵심 : 킥한 후 펴서 고정한 발을 그대로 유지하기

킥한 볼에 더해지는 힘을 계속 유지하고 안정된 방향을 유지하기 위해 일자로(180°) 펴서 고정한 발을 킥한 후에도 그대로 유지해야 한다. 많은 선수들이 발목이 풀려 발끝이 위로 올라가는 잘못을 저지르고 있다. 일자로 펴서 고정한 발은 처마의 쇠파이프 기둥처럼 흔들리지 않고 고정되어 있어야 한다.

▲2009년 여름 피스컵 안달루시아대회 유벤투스와의 경기 장면. 성남의 에이스 몰리나가 슛하고 있다. 인스텝 슛(킥)은 단순하다. 3대 원칙과 2대 핵심이 모두이다. (사진 : 성남 일화)

4) 결론

(1) 지도자는 선수에게 인스텝킥의 3대 원칙과 2대 핵심을 이해시킨 후에 연습에 들어가라. 이때 종이에 내용을 작성하여 주라.

(2) 선수는 의도적으로 적극적으로 연습이나 경기 중 3대 원칙과 2대 핵심에 맞게 킥하도록 노력하자. 잘못이 나오면 스스로 교정한다.

(3) 감독 코치는 선수들에게 틈날 때마다 수시로 3대 원칙과 2대 핵심에 대해 질문하고 대화한다. 선수의 이해를 정확하고 깊게 하자.

2 미리 선택해 놓고 실행하자

1) 미리 선택하세요!

"느리고 수비에 치중한다."

히딩크 감독이 2001년 한국대표팀 감독 취임 후 K리그를 보고 난 후 한 말이다. 이때 '느리다'는 것은 선택(판단)과 볼 처리 속도가 늦어 플레이 스피드가 늦다는 뜻이다. 경기 스피드가 바로 경기 수준인데 K리그는 빅3 리그와는 확연하게 수준 차이가 난다. 상대진영에서의 패스 연결 횟수는 평균 4회가 못 된다. 속공의 횟수도 매우 적다. 중장거리 논스톱 패스는 가뭄에 콩 나듯 한다. 또 킥 실행 스피드가 늦기에 동료가 오프사이드를 범하게 한다. 킥의 의도와 방향을 간파당해 패스된 볼을 뺏기기도 한다.

왜 이럴까? 여러 가지 원인이 있지만 가장 큰 2가지는 이것이다. 경기 중 주위 상황을 미리 판단·선택해 놓고 실행하지 않는 것과 볼 컨트롤 미숙이다(여기서 볼 컨트롤은 다루지 않는다). 경기 중 언제나 주위 상황(선수 위치, 볼의 움직임 등)을 미리 알고 볼이 오면 어떻게 처리하겠다는 걸 미리 선택해 두지 않기 때문이다. 필드플레이는 패스 받으면 할 수 있는 선택은 3가지뿐이다. 패스, 슛, 드리블이다. 볼이 오면 선택해둔 대로 즉시 실행하면 경기 스피드가 저절로 빨라진다. 팀 경기력이 25% 이상 배가된다. 놀랍지 않은가! 경기가 그렇게 수월할 수가 없다. 경기가 쉽다. 의도한 대로 이루어지니 재미있다. 성취감을 자주 느끼게 된다. 그런데 한국축구 선수 중 이렇게 해내는 선수가 몇 명이나 되는가? 거의가 볼이 오고, 볼을 잡고, 주위를 살피고, 판단한 뒤 선택하고, 실행한다. 너무 늦다. 경기 스피드가 느릴 수 밖에 없게 되어 있다. 수비의 4대 원칙 중 하나가 '공격의 지연' — 속공 기회를 주지 않는 — 인데, 느린 플레이는 상대팀에게 수비를 조직할 수 있는 시간을 주게 된다. 그 결과 느리게 경기하는 팀은 볼을 둘러싸고 수적 열세에 놓여 공격이 너무나 힘들고 볼을 빼앗길 가능성이 높아진다.

(1) 볼 처리 과정

모든 선수들의 플레이 과정은 아래의 순서로 이루어진다.

주시	→	판단	→	선택	→	실행

이 과정이 빠르게 이루어질수록 경기 속도가 빨라진다. 거듭 말하지만 경기 스피드가 그 팀의 수준이다.

(2) 주시

축구에서 '주시'란 정지되어 있거나 움직이는 볼을 자세히 보는 행위이다. 너무나 많은 선수들이, 거의 대부분의 선수들이, 100중 99 이상의 선수들이 '주시'의 중요성을 모르고 있는 것 같다. 연습이든, 경기든 처음부터 끝까지 볼을 치열하고도 섬세하게 주시하지 않는 선수는 일정 수준 이상 성장하지 못한다. 이런 선수는 결코 일류가 되지 못한다. 주시는 모든 플레이의 시작이요, 출발이며 끝이다. 공중볼이든, 굴러오는 볼이든, 빠른 볼이든, 느린 볼이든, 그 외 어떤 볼이든 볼을 자세히 보아야 터치할 볼 부위를 정확하게 찾을 수 있기 때문이다. 한국 선수들 거의 대부분이 '섬세한 볼 주시'를 제대로 못하고 있다. 그 결과 볼 컨트롤·슛·패스·킥 모두 세계 수준과 거리가 있다.

볼 주시에는 2가지 요인이 작용한다. 하나는 시각능력이다. 또 하나는 '볼을 의도적으로 자세히 보려는 의지(마음)'이다. 먼저 시각능력에 대해 살펴보자.

프로골퍼들의 성패는 거의 퍼팅에서 판가름 난다고 해도 지나치지 않다. 그린에 올려놓은 공을 홀컵에 넣기 위해 골퍼들은 그린을 읽는다. 그린을 읽는 능력이 곧 눈의 입체지각시력이다. 운동선수에게 시력은 손이나 팔목, 어깨, 다리 등 다른 신체적 능력에 못지 않게 중요함에도 불구하고 대체적으로 소홀히 다루어지고 있다.

대한안과학회는 스포츠의학회의 후원으로 1986년 11월 3일 팔레스호텔에서 '스포츠와 시력'을 주제로 안과의사와 스포츠전문가들이 참석한 가운데 심포지움을 열고 스포츠 시력에 관해 토론을 가진 바 있다. 이날 심포지움에서 발표된 미국 주립 미시간대학교 켄네드 마틴박사의 주제 강연을 요약하면 다음과 같다.

> 시력이라고 하면 보통 1.0이면 충분하다고 생각하기 쉬우나, 이는 중심시력일[4] 뿐 스포츠에서는 안구운동능력을 포함하여 추적시력, 전환시력, 수렴시력, 확산시력, 입체지각시력, 융합시력, 주변능력시력, 공간지각시력, 야간시력, 색분별력, 영상능력 등 12가지 시각기술로 나눌 수 있다.
>
> 미국 캘리포니아 에인절스팀의 외야수 프레드 린의 볼을 좇는 공간지각시력은 타의 추종을 불허하며 스웨덴의 테니스 스타 비욘보리는 추적시력이 뛰어난 선수다. 즉 스포츠에서의 수퍼스타는 자신의 경기종목과 가장 연관이 깊은 시각기술에 남보다 뛰어난 시각능력을 갖추고 있다. 운동선수는 어느 경기나 마찬가지이긴 하지만 특히 농구에서는 주변능력시력이 크게 요구된다. 즉 180°의 넓은 시야를 가져야 선수들의 배치를 한눈에 알 수 있기 때문이다. 스포츠뿐만 아니라 일반적으로 정보의 80%를 눈을 통해 얻고 있으며 두뇌는 시각에 의한 정보를 통해 손, 발, 다리 등 신체의 다른 부분에 지휘하게(명령을 내리게) 된다. 따라서 운동선수는 신체적응프로그램의 일부로서 반드시 정기적인 눈 검사를 받아야 한다.

다음은 최우정(예안과 원장, 서울 아산병원 외래교수)원장이[5] 들려주는 이야기인데, 기억하고 '활용해야 할 내용이 많이 있다.

> 이리저리 패스되는 축구공을 눈으로 따라잡는 것도 쉬운 일은 아니다. 게다가 공이 꺽이는 각도까지 사전에 예측하려면 축구선수들의 시력은 독수리눈이 아닐까 싶을 정도로 매서울 수밖에 없다. 오감이 아무리 뛰어나도 움직이는 물체를 따라잡아야 하니, 시력이 있어야 순발력도 빛난다.
>
> 어느 방향으로 튈지 모르는 공을 잡아야 하는 골키퍼에게는 시력이 더욱 중요하다. 축구팬이라면 누구나 2002 월드컵 8강 스페인전의 승부차기에서 호아킨의 슛을 막아낸 이운재 선수의 눈빛을 기억할 것이다. '거미손'이 제대로 실력을 발휘하기 위해서는 공을 차는 각도를 정확하게 꿰뚫을 수 있는 시력이 기본이다. 일본의 '스포츠비전 연구회'에서는 시력

---

4) 스포츠서울, 스타는 시각 기술 갖춰야, 1986.11.3(月).2면

5) 시력이 좋아야 순발력도 좋다, 최우정 예안과 원장, 축구가족 2002년 12월호 p.30~31.

이 우수한 사람들이 각 스포츠에서 두각을 나타내고 있다는 것을 증명하고 있을 정도다.

물론 시력이라고 해서 다 같은 시력은 아니다. 보통 일반인들은 정지해 있는 사물을 볼 때의 '정지시력'만을 생각하기 마련이다. 하지만 최고의 운동선수들은 움직이는 물체를 끝가지 다 보는 '동체 시력', 한순간의 정보를 놓치지 않는 '순간 시력' 등 세부적인 시각 능력에서 월등하다.

야구단의 수석 트레이너는 '집중력이 눈에서 비롯된다'는 사실을 파악하고 안구운동, 보안경 착용, 수술에 이르기까지 선수의 눈을 보호하기 위한 각종 프로그램을 진행한다. 반면 축구는 자기편과 상대편의 위치, 공의 위치를 제대로 파악해야 패스미스를 줄이고 경기를 잘 운영할 수 있는 게임임에도 불구하고, 아직까지 시력의 중요성에 대해서는 미처 깨닫지 못하고 있는 것 같다. 시력의 중요성, 일반인들은 물론 운동선수들은 특히 잊어서는 안 될 것이다.

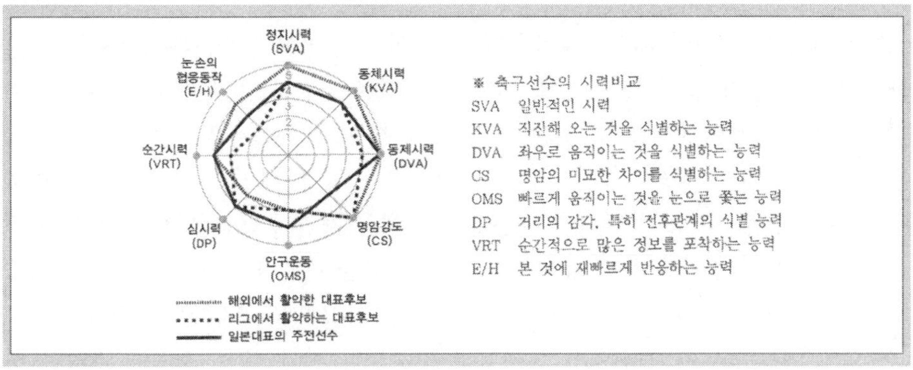

장면 1 박종호 선수의 연속경기 안타 '39'

2004년 4월 23일(金) 삼성 라이온즈의 박종호 선수가 연속경기 안타 39의 대기록을 달성했다. 176cm 75Kg에 불과한 선수가 매 경기 안타를 쳐내는 비결은 무엇일까. 전문가들은 하나 같이 '독수리 눈'으로 볼을 식별하는 예리한 선구안과 성실한 자기관리를 기록 달성의 주 요인으로 지목했다.

박종호의 가장 큰 힘은 예리한[6] 선구안이다. 삼성 박흥식 타격코치는 "종호가 신기록을 달성한 이유는 간단하다. 좋은 공은 치고 나쁜 공은 골라내는 것이다. 자기가 원하는 공을 골라 타결하니 안타를 칠 가능성이 높아지는 것"이라고 단언했다.

장면 2 안경 쓴 심정수 "실밥도 보여요"

야구선수에게는 눈이 보배라는 사실을 심정수가 새삼스럽게 증명했다. 라섹수술[7] 후유증 때문에 13일부터 안경을 다시 착용한 현대 심정수가 홈런포를 가동하며 시즌 개막 이래 가장 화끈하게 방망이를 가동했다. 안경을 착용한 지 3일 만에 헤라클레스의

---

6) '박종호 신화'만든 3가지 비결, 스포츠조선, 2004.4.17.土.5면
7) 안경 쓴 심정수, "실밥도 보여요", 스포츠서울, 2004.4.16.金.4면

위력을 되찾고 특유의 파워스윙으로 그 동안의 부진을 일거에 날려버렸다.

심정수가 워밍업을 마친 뒤 점심을 먹으며 "안경을 다시 쓰니까 공의 실밥이 보인다"며 자신의 타격이 좋아질 것으로 예상했다. 예감은 적중했다. 13일과 14일의 롯데전에서 안타 하나씩을 치며 타격감을 잡기 시작한 심정수는 롯데와의 3연전 마지막 경기 2회 말 첫 타석에서 선두타자로 나와 이상목의 초구를 통타해 좌중간 스탠드에 꽂았다. 이상목의 체인지업이 가운데로 몰리자 기다렸다는듯 후려쳐 뒤늦은 시즌 1호 홈런을 기록했다. 4회 말 볼넷으로 출루해 숨을 고른 심정수는 6회 말 무사 2루서 좌전적시타를 때려 또 한 점을 불러들였다.

■ 장면 3 이승엽 "시력 보호 위해 인터넷도 안 해"

시즌 개막을 앞둔 이승엽(32 · 요미우리)의 눈이 반짝이고 있다. 4번 타자를 지키기 위한 열쇠가 두 눈에 달려 있기 때문이다. 26일 일본 도쿄 요미우리랜드 훈련장, 수비훈련을 하던 이승엽이 불펜으로 걸어갔다. 이어 헬멧을 쓰로 방망이를 든 채 '시력훈련'을 시작했다. 빠른 공을 던지는 투수를 상대로 스윙 타이밍을 맞추는 훈련이다.

"야, 이 타이밍에서 배트가 나가야 하는데…." "방금 체인지업이에요,[8] 포크볼이에요?"

이승엽은 타석에서 불펜 포수 유환진과 계속 대화를 나눴다. "베이징 올림픽 최종예선전에서 뛰다 왔더니 눈이 무뎌졌다. 그래서 시범경기에서도 타격이 부진했다."고 이승엽은 설명했다. 올림픽 예선에서 상대했던 투수들의 공이 시속 140Km 내외일 정도로 느렸기 때문이다. 그래서 일본으로 돌아온 뒤 시범경기에서 고전했다고 한다. 투수가 던진 공이 홈플레이트까지 오는 데 걸리는 시간은 0.40~0.45초 안팎. 타자는 0.2초 내에 구질을 파악하고 스윙 여부를 결정해야 한다.

이승엽은 눈에 관한 한 최고 센스를 갖고 있다. 2003년 그의 운동능력을 테스트한 삼성스포츠과학지원실은 이승엽의 운동능력 중 '동체(動體) 시력'을 최고라고 분석했다. 빠른 공의 구질을 파악하는 능력, 즉 동체 시력이 출중하다는 뜻이다. 야구인들은 "동체 시력은 타고 난다."고 입을 모은다. 게다가 이승엽은 시력 보호를 위해 눈을 각별히 챙긴다. 시즌 중에는 인터넷도 거의 하지 않는다. 취미로 즐기는 인터넷 장기조차 두지 않는다. 눈이 피로해질까봐서다. 이승엽은 "지금 몸 상태는 최상이다. 지난해 말 수술 받은 왼손 엄지도 좋다"며 "다만 동체 시력을 얼마나 빨리 회복하느냐가 타격의 관건"이라고 말했다.

탁구공 크기만 한 인간의[9] 눈에는 1억 3천 7백만 개의 감광세포가 들어 있다. 어떤 사물을 보면 시신경을 통해 480Km의 속도로 뇌에 전달된다. 사물을 판단하는 데 걸리는 시간은 0.02초[10] 정도 되는데 앞면과 좌우 옆만 볼 수 있다. 뒤에서 우리를 부르는

8) 이승엽 "시력 보호 위해 인터넷도 안 해", 중앙일보,2008.3.27.木. 30면, 김식 기자
9) 만화「신의 가면」131회 中에서, 일간스포츠, 2008.6.4.水. 23면

소리가 들릴 때 고개를 돌려야만 그 사람을 볼 수 있다. 말은 시야가 350도 되기 때문에 고개를 돌리지 않고도 알아챌 수 있다. 즉 가만히 있어도 눈동자의 움직임을 통해 좌우에 있는 물체를 분간할 수 있는 능력을 가지고 있다.

그런데 불안은 주의력과 근긴장 수준에 영향을 미치고 이러한 영향력이[11] 운동수행에 영향을 미친다. 우선 주위 영역과 관련해 인간의 시야는 초점시와 환경시로 구분되는데, 초점시는 우리가 보는 대상이고 환경시는 우리에게 보이는 대상이다. 일반적으로 초점시는 2~5°의 범위를 식별하고, 환경시는 평정상태에서 좌우 200°, 상하 160° 정도의 각도의 물체를 식별한다. 하지만 불안은 초점시와 환경시에 영향을 미쳐 초점시와 환경시를 축소해버린다. 그래서 불안하면 긴장하게 되고 긴장하면 보이는 것이나 보는 것이 적어지고 이는 운동상황에서 시야가 좁아지는 결과로 나타난다.

경기 중 볼은 온갖 궤적을 그리면서 비행한다. 자립과 반동이라는 고유의 속성을 지닌 볼은 새털 같이 가볍고 불규칙하게, 나는 총알처럼 빠르고 강력하게, 높이 솟았다가 깎아지른 절벽처럼 뚝 떨어져 내리는, 허공에서 꺾이고 비틀리며 비선형으로 궤적을 남기며 나아간다.

볼이 어떻게 춤추든 선수는 볼의 진행방향을 예측할 수 있어야 한다. 축구선수에게는 특히 물체추적시력, 주변인지시력, 공간지각시력이 요구된다. 시각 능력 향상, 자세히 보기 연습은 일상생활 속에서도 얼마든지 할 수 있다. 이동하는 차 안에서 간판 자세히 보기, 길에서 움직이는 차량 번호판 숫자 알기, 하늘을 나는 새들의 날개 짓 세밀하게 보기, 바람에 흔들리는 나뭇잎사귀 식별해서 보기 등 찾아보면 많이 있다.

이어서 '볼을 자세히 보려는 의지(마음)'에 대해 살펴보자.

거듭 강조하는데 볼을 자세히 볼수록

- 터치할 볼 부위를 정확하게 찾을 수 있으므로 첫 터치가 정확해진다. 정교한 킥을 할 수 있다.
- 볼을 처리할 수 있는 시간이 많아진다.

왜냐? 볼을 세밀하게 자세히 본다는 것 자체가 미리 준비하고 있다는 것이다. 비유하면, 여행을 떠날 때 미리 준비물을 기록하여 하나하나 챙기면 빠뜨리지 않지만 시간에 쫓겨 허겁지겁 가방에다 넣으면 빼먹고 잊어버리는 게 있는 것과 같다. 축구에서도 볼을 섬세하게 주시하면 시간이 있으니 여유 있게 준비하고 여유 있게 판단·선택할 수 있으니 자연스럽게 정확하게 불 처리할 개연성이 높아지는 것이다.

이러하기에 선수는 자기 자신에게 오는 볼뿐만 아니라 경기장을 이동하는 볼을 의도적으로 자세히 보려고 노력해야 한다. 경기 내내 볼이 나에게 오고 있다는 마음가짐으

10) 「과학으로 하나님을 만나다」, 김경태 저, 예영커뮤니테이션, 2005.8.20 논판 1쇄 8,000원, p.14.
11) 불안한가요, 윤영길 한국체대 교수, 「사커21」2008.10월호 p.12.

로 볼을 주시해야 한다. 이때 볼을 본다는 것은 볼의 무게중심을 본다는 것을 의미한다. 볼의 무게 중심이 볼터치 부분의 기준이 되기 때문이다.

(3) 판단

판단과 선택은 대뇌가 한다. 그 과정은 아래와 같다.

시각 정보 (외부상황 인식) —전달→ 대뇌 (판단·선택) —명령→ 몸 (실행)

반복연습은 반응시간을 단축한다. 몸과 정신도 이러하다. 그러므로 연습 중에 다양한 상황을 의도적으로 만들어 정신과 몸의 판단스피드를 신속하게 할수록 경기를 지배할 수 있다.

(4) 선택

선수가 볼을 잡으면 3가지 중 하나를 선택하고 실행할 수 있다. 패스, 슛, 드리블이다. 이때 선택이 신속하고 명확하며 구체적이어야 한다. 그래야 혼란 없이, 찰나의 순간을 지체하지 않고 즉시 몸의 실행이 가능하다. 자세히 살펴보자.

▲ 대구 FC 이슬기와 레오가 광주 상무 김용대 GK 앞에서 역동적인 장면을 연출하고 있다(2009.9.27 K리그 광주와의 어웨이전). 레오의 황금같은 결승골로 1 : 0으로 승리. (사진 : 대구 FC)

① 패스 : 볼을 받아 패스할 경우

㉠ 패스 타이밍 : 논스톱 패스, 볼을 소유했다가 패스, 드리블하다 패스 등

㉡ **몸의 볼터치 부위** : 패스 받는 선수의 오른발에 줄 것인가? 왼발에 줄 것인가? 무릎 높이로 또는 가슴 높이로 줄 것인가? 헤딩할 수 있도록 줄 것인가? 오른쪽 어깨에 줄 것인가? 등

㉢ **패스의 종류** : 침투 패스, 벽 패스, 역 패스, 횡 패스, 직진패스 등

㉣ **이동 여부** : 제자리에서 패스 받도록 할 것인가? 서너 발자국 뛰어 들면서 패스 받게 할 것인가? 전력 질주하면서 패스 받게 할 것인가? 비스듬히 달려가다 순간적으로 되돌아오면서 패스 받게 할 것인가? 등

㉤ **집중적으로 패스 받는 선수는 누구인가?** : 즉 , 우리 팀이 가장 중점적으로 활용하려는 선수는 누구인가? 플레이메이커인가? 원톱인가?

㉥ 여러 가지 패스 가능성 중 어느 것을 선택해야 득점에 가장 유리한가? 즉 상대방은 어느 패스가 가장 수비하기 어려운가?

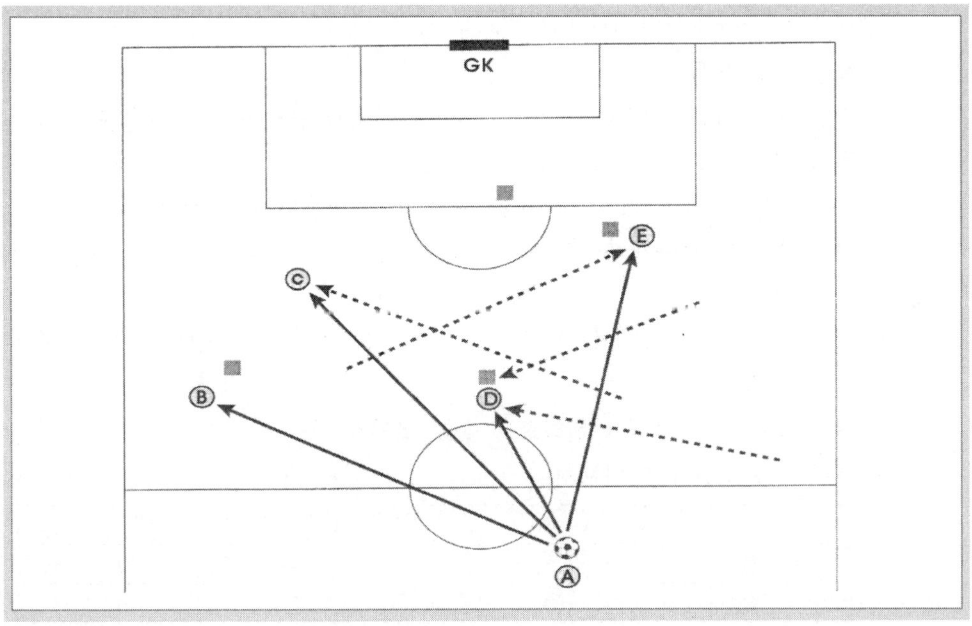

위 그림에서 볼을 가진 Ⓐ는 4가지의 패스 가능성(Ⓑ, Ⓒ, Ⓓ, Ⓔ)을 가지고 있다. 누구에게 패스 보내어야 득점하기에 가장 유리할까? 1순위는 Ⓒ이고 2순위는 Ⓔ이다. Ⓑ와 Ⓓ에게 패스하기는 쉬워도 그 가치는 떨어진다. 그림에서 3명의 선수 Ⓒ, Ⓓ, Ⓔ가 동시에 달려서 공간과 열린 패스 각도를 확보하고 있다. 결정적인 패스를 받으려는 선수는 이처럼 적극적으로 달린다. 동시에 패스를 내는 Ⓐ가 최고의 선택을 하기 위해서는 전체 상황을 한눈에 파악하고 있어야 한다.

㉦ 선택

하나의 보기로, 볼을 받기 전에 미리 주위상황을 파악하고 아래와 같이 하기로 선택하고 볼이 오면 즉시 실행한다.

> 논스톱 패스로, 왼쪽 측면에서 중앙으로 움직이면서, 상대 수비수 뒤로 돌아가는 동료의 오른발에, 땅볼로, 스루 패스를 넣어, 슛하게 만든다.

② 슛 : 볼을 받아 슛할 경우

㉠ 슛 타이밍

- 논스톱 슛인가? 투터치 슛이냐?
- 투터치 슛의 경우 어떤 내용으로 할 것인가?

㉡ 슛할 때 볼 터치 부위

무게중심, 무게중심의 위·아래·좌·우 등

㉢ 슛하는 몸의 부위

인스텝, 인사이드, 인프론트, 아웃프론트. 아웃사이드, 이마, 어깨, 무릎 등

㉣ 이동 여부

제자리에서, 3~4m 뛰어들면서 또는 문전으로 돌진했다가 순간적으로 되돌아 나와서 볼을 받아 슛하게 할 것인가? 등

㉤ 슛의 방향

- 미사일처럼 직진? 좌우로 휘어 찰 것인가? GK 머리 위로 넘어 들어가게 슛할 것인가? 등
- 볼이 낮게 또는 높게 비행하도록 슛할 것인가? 등
- 골문의 슛 목표구역 나누기

<table>
<tr><td>A</td><td>D</td><td>E</td><td>F</td></tr>
<tr><td>B</td><td colspan="2" rowspan="2">GK</td><td>G</td></tr>
<tr><td>C</td><td>H</td></tr>
</table>

㉥ 선택

하나의 보기로, 패스 받기 전에 미리 주위상황을 파악하고 아래와 같이 하기로 선택하고 볼이 오면 즉시 실행한다.

> 상대진영 오른쪽을 완벽하게 돌파한 우리 편 RB(라이트 윙백)이 낸, 골라인 부근에서 페널티 스포트를 지나오는 볼을 최고의 스피드로 뛰어 들면서 논스톱 인스텝킥으로 F구역으로 슛하여 득점한다.

위의 선택은 얼핏 보면 길고 장황한 듯 하나 내용은 간단하다. 이 정도는 미리 준비한다면 얼마든지 순간적으로 선택하고 결정할 수 있다.

▲2009년 10월 3일 볼턴의 이청용이 토트넘의 Wilson Palacios의 방해를 극복하고 드리블하고 있다. 프리미어리그에서 체력 몸싸움에서 뒤지는 이청용이 '미리 선택해 놓고 실행하는 능력'을 체득하면 50% 이상 경기력이 향상된다. 이것이 성공의 비결이다. (사진 : AP)

2) 결 론

경기 중 볼이 오면 '어떻게 할 것인가?'를 미리 선택해 놓고 최고를 신속하게 실행하면?

- 경기를 풀어나가기가 너무나 쉽다. 상대적으로 수비는 공격을 막아내기가 너무 너무 어렵다. 왜냐? 상대의 공격 패턴을 수비가 예측하고 움직이기 전에 이미 플레이가 완료(숏, 패스)되어 있거나 진행(드리블)되고 있기 때문이다.
- 경기력이 성큼 향상된다. 팀 경기력은 최소 25% 이상, 선수 개인은 30% 이상 실력이 향상된다. 한국 국가대표선수들이 이걸 자유자재로 구사하면 빅3리그에도 우수한 경기를 계속 펼칠 수 있다. 그렇지 못하면 후보로 전전하다 도태되어 버릴 것이다.

감독 코치는 이걸 가르쳐야 한다. 선수는 이걸 배워 완벽하게 활용해야 한다. 이게 능수능란하지 않으면 그 선수는 결코 World Class가 될 수 없다.

③ 인조잔디구장을 시급히 만들자!

구조가 결과를 결정한다. 축구경기는 천연잔디 또는 인조잔디구장에서 이루어진다. 그러므로 연습도 잔디구장에서 해야 한다. 너무나 상식적인 이야기이다. 그러나 현실은 어떠한가? 여러분 팀은 잔디구장을 가지고 있는가? 맨땅에서 연습하는가? 경험을 통해 알고 있듯이 잔디구장과 맨땅에서의 볼은 반응은 서로 다르다. 맨땅에서는 헤딩 태클 GK연습 등을 제대로 할 수 없다. 눈비가 조금이라도 내리면 볼에 수분과 흙이 달라붙어 부상의 원인조건이 되기도 한다. 맨땅에서 연습하다 잔디구장에서의 경기에 적응하기 어려워 낭패를 보게 된다.

1) 천연잔디

포아플과에 속한 다년생 草木인 잔디는 자연의 경관을 아름답게 꾸미는 원색의 카페트이다. 잔디는 유럽이나 북미에 많이 분포해 있어 그쪽을 원산지로 생각하기 쉽지만 잔디의 고향은 한국·중국·일본이다. 세계 도처에 있는 잔디 종류는 3백 종이 넘는다. 이 가운데 그라운드나 코트용으로 쓰이는 것은 코로니얼 밴트, 츄잉 페스큐, 레드 페스큐 등이다. 또 생육기간에 따라 한국잔디(난지형, 하록형)와 서양잔디(한지형, 상록형)로 나눌수 있는데 한국잔디는 조이시아(Joysia)계에 속하며 크게 들잔디, 금잔디, 갯잔디, 빌로드잔디, 녹세계, 에메랄드 등 6종류로 나누어진다. 이중 들잔디가 축구장용으로 쓰이고 있다. 서양잔디는 골프장의 그린에 쓰이는 밴트그라스나 정원용인 켄터키 블루그라스 등 7종으로 나뉘는데, 대부분의 한국의 월드컵 경기장과 프로구단의 구장에는 켄터키 블루그라스나 그 혼합 잔디가 깔려 있다.

난지형인 들잔디는 푸르름이 짧은(5~9월) 단점이 있는 반면 어떤 땅에서나 잘 자라며 병충해가 강하다. 특히 생명력이 끈질겨 축구화 굽에 의해 파손의 위험이 큰 축구장에 적격인 품종이다. 들잔디를 개량해 성능을 더욱 향상시킨 잔디도 나오고 있다. 건국대학교[12] 김두환 교수가 들잔디를 개량하여 획기적인 세계 최고 수준의 새로운 잔디를 내놓았다. 이 들잔디는 1년 내내 푸르고 병충해에 강하며 자람(성장)도 왕성하다. 일부 축구인들이 사계절 들잔디구장을 선호하기도 한다.

서양잔디(사계절 잔디)는 1년 내내 푸른 상태를 유지할 수 있는 한지형이다. 연중 경기나 연습이 가능하나 병충해에 약하고 웃자라 자주 깍아 줘야 하며 들잔디에 비해 밟으면 쉽게 손상되는 약점이 있다. 여러 면의 잔디구장을 보유할 수 있다면 들잔디, 서양잔디, 인조잔디를 골고루 갖추는 게 활용하기에 좋다. 그러나 천연잔디는 결정적인 약점을 가지고 있다. 1주일에 2번 정도 사용할 수 있을 뿐이다. 잔디 보호를 위해 사용 횟수가 극소로 제한되어 있다. 한국형 잔디는 늦가을에서 새싹이 돋아나는 이른 봄까지 아무도 발을 올려놓을 수가 없다. 유지비도 생각보다 많이 든다.

2) 인조잔디

우리나라에도 본격적으로 보급되고 있고 미국, 유럽, 일본에서는 이미 많이 활용되고 있다. 1965년 세인트루이스社가 세계 최초로 휴스턴 아스트로돔(실내 야구장)에 인조잔

12) 한국형 잔디의 활용을!, 일간스포츠, 1983.7.14(木). 3면

디를 포설, 아스트로터프(구장 이름에서 따온 인조잔디 명칭)를 개발해 스포츠계의 이목을 집중시킨 이래 인조잔디구장은 전천후 경기장으로 미국은 물론 세계적으로 인기를 누리고 있다. 세계 유수의 팀들이 추운 겨울에도 인조잔디(또는 사계절 잔디)가 포설된 실내 체육관에서 날씨에 구애받지 않고 연습하는 시설 조건이 부럽지 않을 수 없다.

한편 국내에서는 1982년 태릉선수촌(일본 도레이社)에 처음으로 인조잔디를 깔아 국내에 소개된 이래 효창운동장(서독 폴리그라스社), 성남공설운동장, 대구 두류운동장 등에 설치되었다. 지금은 여기저기에서 인조잔디가 채택되고 있고 파주 트레이닝 센터에도 있다. 국내 프로 구단들도 대개 1면 이상의 인조잔디 구장을 가지고 있는 실정이다.

인조잔디의 원료는 크게 석유 추출물인 나이론GS3와 모래인데 거의 대부분 나일론GS3가 대세를 이루고 있다. 옴니스포츠 인터내셔날社의 옴니터프 정도가 모래를 원료를 하고 있다.

인조잔디는 마찰에 의한 정전기 발생을 어느 정도 줄일 수 있느냐가 중요 관건인데 초창기에는 미끄럽고 심한 슬라이딩을 했을 경우 피부에 화상을 입는 등의 문제가 있었다. 이러한 결함에도 인조잔디는 꾸준히 개발되어 그 품질이 비약적으로 향상되었다. 어떤 선수들은 천연잔디보다 더 선호하기도 한다.

인조잔디는 어떤 장점을 가지고 있을까? 24시간 사용이 가능하며 사계절[13] 내내 푸르다. 잔디를 깍거나 물을 줄 필요가 없다. 비료나 영양제가 필요치 않으며 병충해로 상할 염려가 없다. 우천시나 동한기에도 계속 사용할 수 있다. 라인을 그을 필요가 없다. 지면이 고르고 쿠션이 좋아 볼의 바운드가 규칙적이나. 런닝 스피드가 빠르며 점프가 좋고 보상 걱정이 없다. GK 훈련에 특히 이상적이며 부상 선수의 회복 훈련에 좋다. 어떠한 신발도 가능하며 맨발 또한 가능하다. 어떠한 규격도 자유화할 수 있으며 시내 중심가, 옥상, 실내 등 장소에 구애받지 않는다. 시공이 간편하고 설치 기간이 짧으며 유지 보수 등 별도의 관리가 필요치 않아 경제적이다. 잔디 바닥에도 광고를 할 수 있다. 잔디의 수명이 15~25년간으로 반영구적이다. 이런 이유로 전 세계적으로 인조잔디구장 건립이 빠르게 확산되고 있는 추세이다.

(1) FIFA 7월 1일부터 인조잔디에서 공식 경기 가능

2004년 5월 20일 국제축구연맹(FIFA)은 국제축구평의회(IFAB)가 2004년 2월 28일 제118차 회의에서 손질한 4가지 경기 규칙을 오는 7월 1일부터 실시하라고 각국 축구협회에 촉구했다. 그 중 하나가 경기장 관련 내용이며 아래와 같다.

> 〈경기장 : 해당 대회 규정에 따라 가능할 경우 경기는 천연잔디 또는 인조잔디구장에서 진행될 수 있다. 인조잔디의 경우 표면(잔디의 질)은 질적 수준을 충족해야 한다(인조잔디에 대한 FIFA의 질적 수준 또는 국제 인조잔디 기준).〉

---

13) 인조잔디 수입 시공회사 (주) 필드터프 브로셔 p.5.

현재 인조잔디구장은 이미 FIFA에 의해 그 국제적 표준이 정해졌으며, 전 세계에 대략 40개 경기장이 건설되어 FIFA가 공인하는 국제 대회를 치를 수 있게 되어 있다. 실지로 2003 세계청소년축구대회(17살 이하, 8.13~30, 핀란드)에서 결승전과 예선전 등 10경기가 인조잔디 경기장에서 열렸다. FIFA[14] 주최 국제 대회 결승전이 인조잔디에서 열린 것은 역사상 처음이었다.

인조잔디구장의 FIFA 공인 여부는 FIFA공인 테스트 기관(네덜란드 ISA SPORT 등)으로부터 AR—0002 인증 마크를 받으면 된다. 11개 항목의 연구 테스트와 12개 종목의 필드 테스트가 있다. 테스트는 연구의 경우 2×2m 크기의 표본을 대상으로 △내구력, △이음새 강도, △충격 흡수, △슬라이딩 거리와 표면과의 상관관계, △수직방향의 볼의 바운드 등 11개 항목이다. 필드 테스트는 △기울기, △평탄성, △배수력 등이다.

인조잔디구장 포설회사로는 (주) APW의 엑셀 터프(T02—595—2005 www.zmsrkd@dreamwiz.com), 필드터프 승목(주) (T 052—257—1989 www.koreafield.co.kr), 제리코아(주)(T 02—553—5083 www.jerryc.co.kr), 코오롱글로텍(T 02—3677—5894~6 www.kolon.co.kr), 효성 에버그린, 앙투카(주)(T 080—584—4111 www.anyspo.com)등이 있다. 같은 회사 제품이라도 여러 등급이 있으며 포설비용은 3억~12억 정도이다. 인조잔디 선택 시에는 세밀한 검토가 필요하다. 먼저, 고무칩 충진재를 사용하지 않는 게 바람직하다. 최근 국내외에서 인조잔디 고무칩 충진재에 대한 인체 유해 및 환경 오염 등의 논란이 불거지고 있다. 고무칩은 폭염 시 구장 표면의 급격한 온도 상승의 원인이 된다. 거기다가 고무칩의 유실로 인한 하천 유입 및 쓰레기 발생 등 2차 환경오염, 충진재의 수시 보충으로 인한 사후관리비용 발생 등도 문제다. 둘째, 발목, 무릎, 허리 등에 무리가 가지 않도록 충격 흡수력이 좋아야 한다. 셋째, 환경친화제품이어야 한다. 재활용이 가능하고 인조잔디의 해체 시 폐기물 쓰레기가 적을수록 좋다. 이러한 조건을 두루 갖춘 제품이 '엑셀 터프'(XL Turf)이다. 엑셀 터프는 충격 완화제인 EPP Pad(발포 폴리프로필렌 패드)를 적용하고 있다. 조명시설과 4라인 내외의 트랙도 같이 만들면 더욱 좋다.

(2) 인조잔디구장이 해답이다.

위에서 살펴본 바와 같이 언제나 활용할 수 있고, 품질은 천연잔디에 거의 근접해 있는 인조잔디구장을 만드는 게 해결책이다. 대학이나 실업팀이 갖추기에 그리 어려운 일이 아니다. 전통 있는 사립고교팀도 얼마든지 할 수 있다. 대학총장이나 기업체 사장은 이런 데까지 신경 쓰기 어렵다. 감독 코치가 앞장서서 해야 한다. 계획을 수립하고, 주위를 설득하고, 재정확보 방안을 찾고, 인조잔디구장 포설 추진위원회를 만들어 실행하면 쉽게 이루어진다는 걸 경험하게 될 것이다. 국민체육진흥공단이나 교육과학기술부가 해줄 때까지 기다려서는 안 된다. 기존의 인조잔디구장 대부분이 이 두 곳에서 만

14) 연합뉴스, 2004.6.28, 수원월드컵 인조잔디구장 FIFA인증 획득

들어 주었다는 사실은 정말이지 감독 코치로서 부끄러운 일이다. 아직 이걸 해내지 못한 감독 코치는 둔하고 용기가 부족하며 선수 사랑이 부족한 사람이 아닐까?

지금 시작하세요!

▲ 인천에 시공한 엑셀 터프 구장 개장식에 참석한 히딩크 감독이 인천 유나이티드 유소년팀과 기념촬영을 하고 있다. 히딩크 감독은 (주) 에이피더블유의 컨설턴트로서 향후 4년간 글로벌 인조잔디시장에서 친환경 인조잔디인 엑셀 터프에 대한 전 세계 홍보 및 마케팅 자문 역할을 하게 된다. (사진 : 머니투데이/아주경제/이데일리/데일리포커스/파낸션뉴스 보도자료)

▲ 인천 한화 에코메트로단지 내 XL Turf 구장 전경. 엑셀 터프는 고무칩 EPP Pad(발포 폴리트로필렌 패드)를 사용함으로써 천연잔디에 거의 근접한 우수제품이다. (사진 : 인천 한화)

4 결코 만족하지 말라!

만족이란 비전기업의 목표가 아니다. 실제로 비전기업에서는 자기만족을 없애기 위해 일부러 불만족을 유도할 수 있는 강력한 제도를 만들어 놓는다. 이렇게 함으로써 외부 세계가 변화와 개선을 요구하기 전에 기업 스스로 변화와 개선을 촉진한다.

마치 위대한 예술가나 발명가처럼 비전기업[15]은 불만족이라는 바탕 위에서 번성한다. 만족하면 자기도취에 빠지고, 결국 쇠퇴의 길을 걷는다는 것을 비전 기업들은 잘 알고 있다. 물론 문제는, 한 기업이 성공을 이룩하거나 자신의 분야에서 최강자가 되었을 때 어떻게 하면 자기만족에 빠지지 않고 규율 있는 기업으로 남아 있을 수 있느냐 하는 것이다. 즉, 어떻게 하면 만족하는 일 없이 사람들을 계속 앞으로 나아가게 하고 항상 개선을 추구하게 만드는, '내부에서 타오르는 불길'을 계속 살릴 수 있을 것인가 하는 문제다.

15) 성공하는 기업들의 8가지 습관, 짐 콜린스 · 제리 포라스 지음 워튼 포럼옮김, 김영사, 2002.11.29 2판 4쇄, pp.273~274. 비전기업이란 동종업계 세계 1위 기업을 말하며 2위를 비교기업이라 부른다. 예를 들면 은행업계에서는 씨티은행(1위)과 체이스 맨해턴은행(2위), 비행기제조업에서는 보잉(1위)과 더글라스(2위), 제약업계에서는 메르크(1위)와 파이저(2위)가 경쟁하고 있다.

"하나의 성공은 언제나 그 성공을 성취할 수 있게 해준 것들을 진부하게 만들어버리는 습성이 있다. 성공은 언제나 새로운 현실들을 창조한다. 무엇보다도 성공은 그 자신으로부터 비롯된 문제들과 완전히 다른 새로운 문제들을 만들어 낸다. '그들은 그 후로도 오랫동안 행복하게 살았다'라는 식은 오직 동화의 세계에만 가능한 일이다. 현실세계에서는 한 번의 성공이 오래도록 유지되는 일이 매우 드문 법이다. 정상에 서 있는 사람에게는 쉬운 길만 남아 있다. 즉 내려가는 일 말이다. 정상을 지키는 일은 정상에 오르는 것에 비해 수 배의 노력과 기술을 필요로 한다."

— 피터 드러커

▲2009.11.1(日) K212 정규리그 우승을 달성한 전북 현대의 기념 사진. 한국축구 131년 동안 한 시즌이 끝날 때마다, 대회 때마다 우승팀이 나왔다. 그렇다고 우승팀이 한국축구를 한 단계 발전시킨 것은 아니다. 우승은 소중하다. 가치 있다. 그러나 진정 가져야할 것은 뛰어난 선수와 수준 높은 서비스를 계속 만들어내는 앞서 있는 시스템이다. 전북 현대는 이것을 가지고 있는가? (사진 : 전북 현대)

"나는 단 한 번도 내가 정점에[16] 이르렀다는 생각을 하지 않았다. 어느 날 내가 맞이할 최고의 순간은 항상 미래에 있다. 최상의 플레이, 최고의 골, 가장 멋진 경기는 미래의 언젠가 내가 맞이할 최고의 선물로 남겨두고 있다. 그렇게 질주하는 것이다"

— 크리스티아누 호날두

1) 성적에 결코 만족하지 마세요! – 우승? 국제 대회에서의 우승?

올해 2012년은 한국축구 131년째, 대한축구협회 76년째 되는 해이다. 그동안 한국축구가 낸 성적은 초라하다. 2002월드컵 4강, 1983 세계청소년축구대회 4강, 2004 아테네 올림픽 8강, 아시아에서의 몇 회의 우승이 고작이다. 축구 선진국에서는 여전히 한국 축구를 낮게 평가하고 있다.

---

16) 최고의 순간, 크리스티 호날두・마누엘라 브란다오 지음, 박영미 옮김, 램덤하우스코리아. 80.12.17. 초판1쇄, 15,000원, p.95.

수십여 개, 100여 개의 팀 중에서 우승하기는 쉽지 않다. 우승팀은 스토리가 있다. 감독은 인터뷰 세례를 받는다. 언론과 학부모들의 칭찬이 자자하다. 그러나 깊이 있게 객관적으로 살펴보면, 우승했다고 그리 기뻐할 일이 못된다. 그동안 이 땅에서 수많은 국제·국내 축구대회가 있었고 그때마다 우승팀이 나왔다. 그 우승팀이 한국 축구의 발전에 기여한 것이 있는가? 그 결과 한국 축구가 유럽이나 남미와 같은 축구 선진국이 되었는가? 그렇다면 가까이 2006 독일 월드컵 16강 실패, 극명한 실력 차이를 보이며 조별 예선에서 탈락한 베이징올림픽축구대표팀의 경기력을 무엇으로 설명할 수 있는가?

결과적으로 그동안 개별 팀의 우승 감독 코치는 팀을 '우승으로 이끈 축구 지식'을 문서로 체계화하여 시스템으로 정착시키고, 나아가 공유 확산 관리 폐기 재창조하는데 소홀했다. 이제는 달라져야 한다. 우승을 하루 또는 길게는 3일 정도 만끽해도 좋을 것 같다. 그런 후 잊어버려야 한다. 월드컵 우승조차도 우승은 어제 내린 눈이요, 이미 흘러가 버린 시냇물이다. 한국 축구의 수준이 이러한데, 우승했다고 자신의 지도력을 자랑하거나 우쭐대는 것은 어린아이 같은 자기만족이다. 대회 3관왕을 했어도, 대회 전관왕을 했어도 결코 만족해서는 안 된다.

우승 감독이 반드시 해야 할 일이 있다. '우승 노하우'를 문서로 체계화·시스템화하고 다른 팀과 널리 공유해야 한다. 나눌수록, 더 많이 줄수록 더 많은 정보가 들어온다. 이래야 한국 축구가 과학적으로 성장한다. 시스템만이 지속적으로 성과를 낸다. 시스템이 지속적으로 우수한 선수와 수준 높은 경기를 만들어 낸다. 초일류 비전 기업이 세계에 앞서 있는 시스템을 가지고 있듯이!

2) 자신의 인격에 결코 만족하지 말라

> "내가 진실로 너희에게 이르노니 너희가 여기 네 형제 중에 지극히 작은 자 하나에게 한 것이 곧 내게 한 것이니라."
>
> — 마태복음 25:40

> "참 인격자를 헤아리는 척도는 여러 가지다. 그 중에서도 틀림이 없는 것은 그 인간이 손아래 사람을 어떻게 대하는가 그 모습을 지켜보는 것이다."
>
> — 사무엘 스마일스

너무나 많은 사람들이 영원히 살 것처럼 생각하고 말하고 행동한다. 그 결과 현실의 욕망에 극단적으로 매몰되어 살아가고 있다. 부와 명예, 높은 지위와 권력, 성(性)의 타락, 술, 마약, 도박 등 온갖 악행이 펄펄 날뛰고 있다. 그러나 인간의 수명은 유한하다. 150년을 살아도 되돌아보면 순간에 지나온 나그네 인생일 뿐이다. 세상의 삶을 다한 후 우리를 지구에 있게 한 신(神)에게 "착하고 신실한 종아! 잘 했다!"는 말씀을 들을 수 있어야 진정한 인격자로 이 세상을 살아간 사람이다.

감독 코치의 인격은 선수와 학부모를 정성껏 섬기는 데서 출발한다. 높은 의식수준의 지도자는 온유하다. 자비심으로 세상을 본다. 깨어 있는 정신으로 다시는 죄 짓지 않으려고 힘써 노력한다. 학부모로부터 부정한 돈은 1,500원이라도 받지 않는다. 월급만으로 검소하게 생활한다. 폭력, 체벌, 폭언은 있을 수 없다. 팀의 선수들에게 존경받을 때 감독 코치의 지도가 깊이 흡수된다. 지도자와 선수가 가치 있는 팀 정신으로 혼연일체 하나가 된다. 이때 선수들의 경기력이 폭발적으로 향상되며 저절로 성적이 나온다.

반면 의식수준이 낮은 지도자는 자기중심적이 되고, 무절제해지고, 부정한 욕망에 굴복하고, 폭력적이고, 잔인해지며, 쉽게 허무에 빠진다. 선수들에게 어리석은 지도자는 적보다도 더 위험하다. 선수들에게 존경받지 못하는 지도자는 불행한 지도자다.

감독 코치가 갖추어야 할 능력의 우선순위는 무엇일까? 축구지도력(체력, 개인기, 전술, 정신력 등)을 최우선으로, 전부로 생각하고 있는 감독 코치는 구석기시대의 사고를 하고 있다. 첫째가 인격이다. 그러므로 감독 코치는 인격이 되지 못하면 스스로 지도자가 되어서는 안 된다. 왜냐하면 인격이 지저분한 지도자는 선수와 학부모를 고통스럽게 하기 때문이다. 둘째, 스스로 평생 동안 계속 공부하는 '자기 주도적 학습문화'이다. 셋째, '경영학'이다. 팀의 운영이 바로 경영이다. "개인이나 기업이나 국가가 파산하는 가장 큰 이유는 그들이 경영을 모르기 때문이다."(피터 드러커)는 말을 기억해야 한다. 넷째, '교육학'이다. 코칭이 바로 수업이다. 축구지도자가 가르치고(교수)선수가 배운다(학습). 다섯째, 구체적인 축구지도력이다. 이게 가장 아래에 있다. 이러하기에 지금 대한축구협회의 지도자 강습회 교육과정은 많이 잘못되어 있다. 더 깊이 있게, 더 중요하게 가르쳐야 할 것을 등한시하고 있다. 결과적으로 이 땅의 지도자가 위대한 감독 코치로 성장하는 데 걸림돌로 작용하고 있다. 새로운 교육과정 도입이 시급히 요구된다.

데이비드 호킨스 박사는 비온 뒤의 깨끗한 풍경처럼 마음을 정화시켜 주는 명저 중의 명저 「의식 혁명」— 감독 코치에게 꼭 일독을 권해드린다 — 에서 아래와 같이 들려준다.

> 우리를 향상시키거나[17] 파멸시키는 것은 성공 자체가 아니다. 성공을 우리의 인격체에 어떻게 융화시키는가에 달려 있다. 자만심이냐 겸손이냐, 에고의 강화냐 감사하는 마음이냐, 우리의 재능 때문에 우리 자신을 남들보다 낫다고 평가하느냐 아니면 우리의 재능을 감사의 대상으로 돌리느냐 하는 이 모든 것이 결정적인 요소가 된다. 성공의 한 자락을 거머쥐었다고 해서 타락해 버리는 사람, 거만해지는 사람, 권력의 한 조각을 차지했다고 해서 참견하고 지배하려고 드는 사람들을 우리 주변에서 흔히 볼 수 있다. 하지만 훨씬 더 큰 권위를 가지고도 누구에게나 성의를 다하고 주의 깊게 신경을 써 주는 사람들도 없지 않다.
>
> 세계적으로 유명한 사람들, 산업체의 총수나 은행의 회장, 노벨상 수상자, 사회사업에 기여도가 높은 이름 있는 가문의 사람들을 만나보면 그 중에는 뜻밖에도 마음이 열려 있

17) 의식 혁명, 데이비드 호킨스 지음 이종수 옮김, 한문화, 1997.4.30. 1판 3쇄, 10,000원, pp.191~192.

고, 따뜻하고, 성실하고, 성공이라는 것을 하나의 책임이라고, 다시 말해서 자신들이 해야 할 책무라고 생각하는 분들이 적지 않음을 확인하고는 놀라지 않을 수 없게 된다. 이들이야말로 진정으로 성공적인 사람들로서, 이들은 한결같이 모두에게 친절하고 사려가 깊다. 그들은 권력자를 만나든지 하인을 만나든지 모두를 동등하게 대한다. 진정으로 성공한 사람들은 거만하게 행동할 이유를 조금도 느끼지 못한다. 그들은 자신이 다른 사람들보다 잘난 것이 아니라 행운이 자신들에게 따랐을 뿐이라고 생각한다. 그들은 자신들이 '봉사해야 하는' 위치에 서 있다고 믿으며, 자신들의 영향력을 모든 사람들의 안녕을 위해 써야 할 책임이 있다고 생각한다.

3) 자신의 공부에 결코 만족하지 말라

가르치는 사람은 배움을 게을리 하지 않는다. 감독 코치는 선수를 가르치는 사람이다. 감독 코치의 서재가 그의 공부를 말해 준다. '서가에 어떤 수준의 책이 얼마나 있으며 몇 권이나 읽었는가'가 지도자의 성장을 좌우한다. 언제나 책상과 의자를 깨끗하게 해두고 오래 앉아 있어야 한다. 술이나 시간 소모적인 취미, 불필요한 만남 등 중요하지도 급하지도 않은 일을 멀리해야 공부하는 시간을 확보할 수 있다. 진실로 공부가 깊어지면 축구와 인생을 밝게 알게 된다. 몽롱한 미몽에서, 무지에서 벗어난다.

가르치는 사람은 쉼없이 공부해야 한다. 즉 평생교육(생애교육 平生敎育 life—long Education)이 생활화되어야 한다. 피터 드러커 박사의 지적 그대로, 오늘날 경쟁 우위를 결정짓는 단 하나의 요소는 지식이다. 지식이 가장 강력한 경쟁 수단이며 지구 최후의 경쟁 무기이다. 진실로 이 땅의 감독 코치들의 분발을 촉구하며 학습조직의 대가 피터 센게의 '진정한 배움'을 옮겨 적는다.

> "진정한 배움은[18] 인간적이라는 말이 가지는 뜻의 핵심이다. 우리는 배움을 통해 자신을 재창조한다. 배움을 통해 우리는 전에는 절대할 수 없었던 것을 할 수 있다. 배움을 통해 우리는 창조하는 능력, 삶의 생산적인 프로세서의 일부가 되는 능력을 확산시킨다. 우리 각자에게는 이런 유형의 배움에 대한 깊은 갈망이 있다."

5 매일 연습일지를 쓰자

1) 효과적인 복습의 토대, 기록

감독 코치는 자신이 모르는 것은 가르칠 수 없다. 선수는 알지 못하는 것을 경기에서 실행할 수 없다. 누구든지 배운 것을 기록하지 않으면 효과적인 복습을 기대할 수 없다. 기록은 기억을 저장하는 창고다.

---

18) 소중한 것을 먼저 하라, 스티븐 코비 · 로저 메릴 · 레베카 메릴 지음, 김경섭 옮김, 김영사, 1997.2.15, 1판 41쇄, 12,900원, pp.277~278.

사람의 망각 속도를 최초로 규명한 독일의 심리학자 에빙하우스에[19] 따르면 사람은 하루 뒤면 학습한 것의 절반을 잊어버린다. 실제 실험에서도 24시간 뒤엔 46%를, 2주 뒤엔 79%를 잊어버린다. 즉 여러분의 머리가 나빠서 그런 것이 아니라 사람이면 누구나 그렇게 빨리 잊어버린다는 말이다. 사실 필자도 어제 공부한 것이 잘 떠오르지 않는다.

하지만 우리가 공부하는 태도는 어떠한가? 수업을 듣든, 문제집을 풀든 한 번 공부하면 그 내용은 내 것이 된 것이라 생각하곤 한다. 엄청난 착각이다. 공부를 마친 그 순간의 기분일 뿐, 다시 보지 않으면 금세 잊어버려 거의 보지 않은 수준에 이른다. 여러분도 분명 내가 필기한 내용인데 남이 쓴 것 같은 느낌을 경험해본 적이 있을지 모르겠다. 벼락치기를 할 때 흔히 겪는 일이다.

필자가 강조하고 싶은 것은 복습이다. 복습의 중요성은 너무나 중요해 공부 그 자체라 해도 과언이 아니다. 그렇다면 같은 복습이라도 어떻게 하면 좀 더 효과적으로 할 수 있을까. 많은 학생이 공신은 무언가 비상한 재능이 있을 거라 생각한다. 하지만 극소수의 천재를 제외하곤 솔직히 거기에서 거기다. 다른 점이 있다면 이렇게 복습하는 습관, 즉 노력이 있을 뿐이다. 세상에 노력 없이 되는 것이 어디 있겠는가. 여러분도 공신이 되고 싶다면 지금 당장 책을 펼쳐라. 그리고 공부했던 내용을 되새겨 보자. 그리고 매일 하라, 시간이 지나면 천재라는 소리를 들을 수 있을지도 모르겠다. 에디슨이 말하지 않았는가. 천재는 1%의 영감과 99%의 노력으로 만들어지는 것이라고.

2) 메모의 유익함

세계 역사에서 위대한 발명가, 세기의 사업가, 문학계의 거장, 큰 정치가들의 공통점 중 하나는 '메모광'이라는 점이다. 현대인들은 대부분 보고 듣고 말하면서 수많은 정보를 받아들인다. 하지만 '쓰기'는 부족하다. 기록을 안 하면 기억력도 떨어진다. 매일 수많은 정보를 받아들이지만 기록을 하지 않으면 내 것이라고 믿었던 정보도 물고기처럼 빠져나가 버리고 만다.

인간의 두뇌는 '하드 드라이버'라기보다[20] '램 RAM'이라고 하는 것이 옳은 개념일 것이다. 무엇인가를 기록하기 위해 늘 고심하는 사람보다는 무엇인가를 창조하기 위해 노력하는 사람이 성공한다.

기록하고 잊어라. 안심하고 잊을 수 있는 기쁨을 만끽하면서 항상 머리를 창의적으로 쓰는 사람이 성공한다. 그 비결은 바로 '메모 습관'이다. 메모를 잘하려면 항상 메모장과 필기도구를 휴대하고, 정보를 얻거나 아이디어가 떠오를 때마다 즉시 메모해야

---

19) 복습은 최대한 자주, 그리고 빨리 시작해봐~, 중앙일보, 2009.2.18.水 . C2, 강성태의 gongsin 학습 노하우
20) 메모의 습관, 사카노 켄지 지음 고은지 옮김, 해바라기, 2003.9.15 1판 9쇄, 7,800원, 이 책 추천의 글 '메모를 하면 뇌가 살아난다' 中에서 윤은기.

한다. 강의 듣고, 라디오를 듣고, TV를 보고, 무언가 좋은 아이디어가 떠올랐는데도, 잠시 뒤에 정리하려고 하면 잘 기억나지 않는 경우가 많다, 메모를 육하원칙에 따라 쓰고, 자기 자신의 고유한 약어나 암호를 활용하면 간단명료하게 기록할 수 있다. 그리고 메모하는 것만이 목적이 아니므로 반드시 활용하는 것이 가장 중요하다.

메모를 하면 머리가 살아난다. 그래서 메모 예찬론자인 나는 늘 이런 말로 주위 사람들에게 메모를 권유하고 있다.

"메모는 돈이다(Memo is money)"
"메모는 그대를 자유롭게 하리라"

김효범 양동근 그리고 가득염

• 사례 1 숙소에 감독 지적사항 도배

프로농구 울산 모비스에 새로운 전통이 생겼다. 메모붙이기다.[21] 4년 차 김효범(25·193cm)과 시즌 전 LG에서 트레이드 된 김현중(27·178cm)의 신갈 숙소 방에는 A4지로 벽이 도배됐다. 무려 30여 장의 메모가 나부낀다. 방문을 열고 닫을 때는 벽에 붙은 메모지들이 춤을 춘다.

A4지에는 유재학(45) 모비스 감독으로부터 훈련 중 받았던 지적 사항과 새로 부여된 임무에 관한 내용이 꼼꼼히 적혀 있다. 이들은 훈련 중간의 휴식시간과 취침 전, 기상 후 생기는 짧은 여유 시간에도 틈틈이 벽을 보면서 무엇을 어떻게 할 것인지 고민한다. 메모는 한마디로 생존 방법이다.

유 감독은 날카롭고 세심한 감독으로 유명하다. 각 선수들마다 임무가 정해져 있다. 또 훈련이 세고, 될 때까지 반복 훈련시키는 것이 트레이드 마크다. 그래서 같은 지적을 여러 번 듣지 않기 위해 생각해 낸 방법이다. 이동훈 모비스 기획팀장은 "메모하기의 원조는 상무에 입대한 양동근이다."고 말했다. 양동근(27·180cm)은 루키 때부터 숙소 방 벽을 A4지로 가득 채웠다. 그는 피나는 노력과 메모의 힘으로 유감독이 원하는 만큼 쑥쑥 성장해 2006~2007 시즌 유 감독에게 챔피언전 우승트로피를 선물했다.

유재학 감독은 "요즘은 가장 많이 혼나는 선수는 김효범이다. 효범이는 혼내는 맛이 나는 선수다"며 "잘 따라오고 당장 못하는 것도 시간을 주면 할 것 같은 기대가 드는 선수다."고 평했다. 양동근에 이어 김효범도 메모의 효과를 보고 있는 것이다.

• 사례 2 가르침 적다 보니 어느새 노트 한 권

SK 가득염은 한국시리즈 2차전까지 내준 뒤 씁쓸한 표정이었지만, 벤치에 앉아 있는 김성근 감독을 보더니 "후배들을 이끌어서 감독님의 첫 우승을 안겨드리겠다."며 주먹을 불끈 쥐었다.

---

21) 모비스 김효범 실력 쑥쑥 '메모의 힘', 일간스포츠, 2008.10.22.水.10면

가득염은 지난해 롯데에서 방출된 뒤 SK 유니폼을 입었다. "선수생활을 더 하고 싶다"는 이유로 롯데의 코치 제의를 거부하고 가시밭길을 선택한 것이었는데, 김성근 감독을 만나 야구와 인생의 눈을 떴다고 한다.

김 감독은 지난해 마무리 훈련부터 일본전지훈련까지[22] 이런저런 주제를 놓고 강의를 했다. 당시 항상 맨 앞줄에 앉아 메모하는 선수가 가득염이었다. 그는 "야구뿐만 아니라 인생 전반에 걸쳐 많은 것을 배웠다. 앞으로 살아가는 데 지침이 될 만한 것들이 많았다."면서 "글자 하나도 놓치지 않고 적다 보니 어느새 노트 한 권이 됐다."고 말했다.

그의 노트에는 '너는 너의 공만 쳐다보지만, 그 공에 너의 가족의 생계가 달려 있다', '남자는 어느 누구도 밟지 않았던 길을 가야 한다' 등 야구와 인생에 대한 글들이 가득했다. 단순한 경구가 아니라 김 감독의 연륜과 경험이 더해진 강의였기에 감동이 남달랐다고 한다. 올 1년 행복했다고 한다. "한 타자를 상대하든, 두 타자와 승부하든 마운드에 서는 것 자체가 행복해졌고, 김성근 감독과 좀 더 일찍 만났으면 하는 아쉬움이 들었다"고 말했다. 그래서 그는 이번 한국시리즈에서 "감독님의 첫 우승을 위해서라면 무슨 일이든 할 수 있다."며 의지를 밝혔다.

2007 코리안 시리즈 우승팀이 누구인가? 김성근 감독의 SK이다. 2008 코리안 시리즈 야구 우승팀이 누구인가? 김성근 감독의 SK다.

■ 매일 연습일지를 써라

감독 코치는 선수에게 매일 연습일지를 쓰도록 지도해야 한다. 이 일은 선택이 아니라 필수가 되어야 한다. 오늘 배운 감독 코치의 지도 내용, 생활하면서 한 순간 떠오른 아이디어, 경기력을 향상시키기 위해 앞으로 해야 할 과제 등을 그때마다 메모하고 활용하면 크나큰 유익함이 많다. 몇 가지를 찾아보면?

① 경기력 향상의 지름길이다.

연습일지를 쓰면서 생각하게 된다. 자신의 강점과 약점을 점검하게 된다. 쓰면서 스스로 해결방안을 찾아내게 된다. 다시 자기 자신과 결의한다. 추진력의 에너지를 얻는다.

② 자율연습의 계획 자료가 된다.

혼자 어떤 연습을 하지? 이때 연습일지를 펴놓고 스스로 효과적인 연습 계획을 세울 수 있다.

③ 감독 코치가 되어 요긴하게 활용할 수 있다.

부천 SK 시절 니폼니시 감독에게서 배웠던 조윤환 前 전북 현대 감독, 최윤겸 前 대전 시티즌 감독은 선수 시절 기록한 연습일지 공책을 감독시절 펴놓고 수시로 활용했다.

---

22) 가득염 "김성근 감독 만나 야구와 인생 눈떴다", 스포츠서울, 2007.10.25. 5면.

④ 공부(학습)하는 습관을 기를 수 있다.

연습일지를 쓰려면 책상에 앉아야 한다. 연습일지 쓰는 그 자체가 축구 공부다. 이 행위를 통해 기량이 향상되고 있다는 걸 느끼면 더욱 정성을 기울인다. 공부(학습)의 필요성을 체험하면 스스로 다양한 분야의 공부에 눈을 뜬다.

⑤ 감독 코치와 인간관계가 좋아진다.

지도자는 열심히 하려는 선수를 주목하게 마련이다.

가르침에 순종하는 선수를 어여삐 여기게 마련이다. 가령 같은 포지션의 실력이 비슷한 누구를 기용할 것인가? 연습일지를 쓰고 기록하는 선수를 기용할 것이다. 자연스러운 결정 아닌가?

▶ 편리한 메모 방법

A4 용지를(이면지도 좋다) 가로로 한 번 접고, 이어서 세로로 한 번 접고, 다시 가로로 한 번 접으면 와이셔츠나 T셔츠 주머니에 들어가는 크기가 된다. 메모지가 든 주머니에 필기구를 넣거나 꽂으면 메모 준비 완료. 이제 메모하면 된다. 그리고 귀가해서 메모공책에 옮겨 적고, 활용방안을 모색하고, 실천하면 된다.

■ 연습일지 예시 1

연습일지 형식은 선수마다, 팀마다 다를 수 있다. 형식에 구애받지 말고 자기 자신에게 가장 맞는, 가장 효과적인 방법으로 쓰면 된다. 쓰다가 더 좋은 방법이 떠오르면 그때마다 변화를 주면 더욱 좋다. 연습일지 쓰기에 도움이 되기를 바라며 몇 가지 참고사항과 하나의 보기를 예시한다.

① 연습일지는 매일 쓴다.
   연습, 경기, 개인연습 등 쓸 내용이 날마다 있다.

② 연습일지 공책은 질 좋은 걸로 구입한다.
   대학노트 크기가 좋으며, 오래 쓸 수 있도록 제본이 튼튼하게 되어 있는 공책을 선택한다.

③ 만약 분실했을 경우 되돌려 받을 수 있도록 앞표지에 성명 전화번호를 적고, 속지 첫 페이지도 당부 말씀을 적는다.

- 앞표지

△△고 축구부
연습일지 1
홍길동 HP 010—1234—4567

※ 라벨에 써 붙이고 그 위에 광폭 투명테이프를 붙여 글씨가 깨끗하게 오래 보존되도록 한다.

- 속지 첫 페이지

  이 공책은 저의 소중한 공부 자료인 '연습일지'이니 습득하신 분은 꼭 전화주시고, 돌려주시기를 부탁드립니다.

④ 분량

1일 1페이지가 적당하다. 시간은 20~30분 정도. 가끔 경기기록이나 특별한 강의내용 등 1페이지를 초과할 수도 있을 것이다.

⑤ 내용

이것저것 많이 쓴다고 잘 쓰는 게 아니다. 간략하지만 핵심을 적어야 한다. 처음 배우는 연습내용은 반드시 기록해야 한다. 감독 코치가 특히 강조한 점, 경기 분석 등도 빠뜨릴 수 없다.

⑥ 핵심

연습일지의 가장 큰 목적은 경기력 향상에 있다. 그러므로 연습이나 경기에서 자기 자신의 약점과 강점 분석, 극복대책 찾기, 평가 반성(결의)이 연습일지에서 가장 '중요한 핵심'이다.

■ 연습일지 예시 2

- 때 : 2009. 10. 20(火) 15:00~17:00
- 곳 : △△고 인조잔디구장
- 지도 : 감독님, 코치님, 코치님

1. 연습 내용
   - 볼 컨트롤(20), 패스 받는 연습(40), 슛(15)
2. 자세히 보기 : 패스 받는 연습(오늘 처음 배운 연습임)
   - 패스 받는 선수는 항상 달린다.
   - 달리는 스피드와 방향에 변화를 주어 패스 받을 수 있는 각도와 공간을 확보하라. 그러면 패스가 저절로 온다.
     - 달리는 스피드 : 전력질주, 조용하면서도 신속하게, 천천히, 천천히 달리다가 순간적으로 전력질주 등
     - 달리는 방향 : 360° 방향으로 자유자재로 달린다. 대각선, 수비수 뒤를 돌아 들어가는, 두 수비수 사이를 침투하는, 볼 가진 동료에게 다가가면서 또는 멀어지면서, 앞으로 나오면서, 뒤로 물러나면서, 좌로, 우로 움직이면서, 앞으로 나왔다가 다시 순간적으로 되돌아가면서 등등
   - 볼 가진 선수가 패스하기 쉽도록 움직여라
3. 과제·결의

   감독님이 패스 받는 움직임이 정확하고 자유자재가 되면 개인 경기력이 30% 이상 향상된다고 하셨다. 축구는 패스 게임이다. 패스에 (주기와 받기) 뛰어난 선수가 진정 가치 있는, 경기를 지배하는 선수이다. 좋다! 오늘부터 저녁 식사 후 오리(별명)와 연습하여 2주 안에 내 것으로, 내 실력으로 만들겠다.

6 헤딩 경쟁에서 이겨라

머리로 볼을 다루는 헤딩은 지구상의 모든 스포츠 가운데 오직 축구에만 있다. 축구를 더욱 축구답게 한다. 경기 중 헤딩 경쟁은 관중들의 기억에 선명하게 남는 역동적인 장면을 연출한다. 선수에게는 큰 성취감을 준다. 동시에 공중의 볼을 패스나 슛으로 연결할 수 있기에 프리킥 코너킥 등 세트 피스에서뿐만 아니라 경기 전 영역에서 축구의 전술을 더욱 다양하게 만들어 준다.

1) 헤딩의 귀재들

① 원조 헤딩 마법사 : 코시스(Kocsis, 헝가리)

헤딩 마법사의 원조라고 하면 1954년 스위스 월드컵에서 득점왕에[23] 오른 헝가리의 '공중 폭격기' 산드로 코시스를 들 수 있다. 키는 177cm 보통 수준이었지만 탁월한 공중볼 처리 능력으로 강력한 헤딩을 구사했던 그는 브라질과의 준준결승에서 헤딩골을 포함해 2골을 넣으며 4—2 승리를 이끈 데 이어 우루과이와의 준결승에선 연장전에 헤딩으로만 2골을 더 넣으며 전설을 썼다. 스위스월드컵 첫 경기에서 코시스는 처녀출전한 한국을 상대로 해트트릭을 기록하기도 했다. 당시 4년간 A매치 무패 기록을 이어가던 헝가리는 독일과의 결승에서 코시스의 헤딩골이 더 이상 터지지 않으면서 2—3의 통한의 패배를 맛봤다.

② '헤딩골 해트 트릭' 미로슬라프 클로제(Klose, 독일)

'골든 헤드'라는 별명이 말해 주듯 그의 헤딩슛은[24] 당대 최고라는 평가를 받고 있다. 단순히 큰 키를 이용한 멋대가리 없는 헤딩슛이 아니라 헤딩할 때 볼에 힘을 실어 주는 테크닉도 아주 뛰어나 헤딩슛의 강도가 웬만한 선수들이 발로 찰 때와 비슷하다. 여기에 영리한 위치 선정과 높은 점프력으로 원하는 곳에 골을 넣는 그야말로 '헤딩의 달인'이다.

③ '헤딩도 천재' 미하엘 발락(Ballack, 독일)

어시스트 능력은 기본이고 스트라이커보다 더 골을 많이 넣는 '천재 미드필더'로 불리는 발락은 헤딩도 발군이다. 중원을 장악하는 것도 모자란지 189cm 큰 키를 이용한 공중전에서도 위력적이다.

---

23) 공중 폭격기들 "독일 하늘은 내 차지", 스포츠서울, 2006.3.30.木 14면
24) 전차군단 '헤딩머신'의 황금발 폭격!, 스포츠서울, 2006.6.22.木. 8면

▲2009 화랑대기(09.8.8) 광주남초와 옥수초와의 경기 중 헤딩 결승골을 성공시키고 있는 선병헌 선수(5번 광주남초)

▲선병헌 선수의 헤딩 결승골을 기뻐하며 달려나오고 있는 광주남초 선수들. 두 팀 선수들 모두 가슴 속에 품은 소망을 성취하기를! (사진 : 선상현)

④ 2m가 넘는 고공 폭격기들

헤딩골은 대부분 공중전의 산물인 경우가 많다. 그런 만큼 2m가 넘는 장신 스트라이커들을 짚고 넘어갈 필요가 있다. 2006 독일월드컵에서 뛸 세계 최장신 공격수들로는 체코의 얀 콜레르(202cm)와 세르비아—몬테네그로의 니콜라 지기치(203cm)를 꼽을 수 있다. 콜레르는 몸무게 100Kg에 육박한 거대한 체구를 갖췄다. 일단 헤딩하기 위해 솟구치면 그 파워와 높이를 막기가 힘들다. 올해 서른 살의 베테랑으로 분데스리가(도르트문트)에서 뛰고 있다.

올해 스물여섯으로 콜레르보다 1cm 크고 몸무게는 콜레르 보다 10Kg 가벼운 지기치는 배구선수를 연상케 하는 점프력을 선보이면서 상대를 공포에 떨게 한다. 역시 세트플레이에서 위력적인 것은 물론이다.

⑤ 헤딩의 '태산북두들'

예부터 중국에서 이르기를 산은 태산이요, 별은 북두칠성이라. 세계축구대백과사전을 펴서 헤딩의 태산북두들을 열람해 보자.

존 찰스(John Charles, 웨일스, 1958 월드컵 출전)의 헤딩은 아름답고 신비하기까지 했다. 점프의 최고점에서 헤딩하기에 공중에 잠시 머물러 보이는 듯한 절묘한 타이밍, 헤딩 패스는 손으로 던져주는 것처럼 정확했다. 에우제비오와 동시대에 활약했던 포르투갈의 아우구스트, 1978 아르헨티나 월드컵 우승 멤버 다니엘 파사렐라(아르헨티나) 역시 메가톤급 헤딩 선수였다. 크로스 바(244cm) 위에서 헤딩하는 엄청난 도약력의 러미 레튼, 상대 문전으로 전광석화처럼 쇄도해 들면서 꽂아 넣는 다이빙 헤딩슛의 예술가 크라우츠 피셔(독일, 살게 04, 1990 월드컵 우승 멤버), 작은 키지만 분수처럼 솟아 올라 볼을 따내는 데니스 로(스코틀랜드, 맨체스터 유나이티드의 1968 유럽챔피언스컵 우승 멤버), 유럽의 장대 랄프 에드스퇴름(스웨덴) 등 이들은 헤딩을 행위예술의 경지로 승화시킨 선수들이었다.

2) 점점 중요해지는 헤딩

축구는 발로만 하는 스포츠다? 아니다. 온몸으로 하는 스포츠다. 슛은 발로 한다? 곧잘 머리를 이용하기도 한다. 지난 2002 한·일 월드컵에서 나온 총 161골(64경기) 중 헤딩골은 37골. 총득점의 5분의 1이 넘는 23%가 머리에서 터져 나왔다. 최근 월드컵을 보면 지난 98 프랑스월드컵(64경기)에서 171골 가운데 31골, 94 미국월드컵(52경기)에선 141골 가운데 25골(약 17.8%)이 머리에서 나왔다. 한국은 2002 월드컵에서 안정환이 미국과의 조별리그에서 넣은 동점골 그리고 이탈리아와의 16강전에서 넣은 골든골 등 감격적인 헤딩골의 추억이 있다.

3) 헤딩력을 결정하는 4가지 요소

공중 볼의 선취 경쟁력, 즉 헤딩력을 결정짓는 4가지 요소는 시각능력, 도약력, 타이밍, 과감한 결단력이다.

① 시각능력

볼의 비행 궤적을 상대방보다 빠르고 정확하게 읽어내고 예측하는 물체 추적시력과 볼 낙하지점의 선수 배치 및 움직임을 파악하는 주변인지시력이 특히 요구된다. 좀 더 자세한 내용은 제2부 2의 '미리 선택해 놓고 실행하자'를 참고하기 바란다.

② 도약력

더 높이 점프하는 선수가 더 빨리 공중에서 헤딩할 수 있다. 즉 볼의 선취경쟁에서 이길 수 있는 가능성이 높아진다. 도약력을 결정짓는 체력의 요소 3가지는 유연성·순발력·근력이다. 순발력은 순간적으로 큰 힘, 즉 폭발적인 근력을 발휘할 수 있는 능력, 또는 최단시간에 발휘할 수 있는 근력의 크기라고 할 수 있다. 물리학적으로는 근력×스피드로 표현할 수 있으며 근파워라고도 한다. 따라서 순발력을 발달시키기 위해서는 순간적으로 발휘되는 근력을 강화시키거나 근력의 발휘 속도를 향상시켜야 하며, 두 가지 모두를 향상시키면 더욱 효과적이다.

유연성은 관절의 가동 범위로서 주로 관절을 움직이는 근육의 신장성 또는 탄력성에 의하여 결정된다. 유연성은 동작을 크고 넓게 하여 기술 동작을 효과적으로 수행하는 데 필수적인 능력이며 부상예방을 위해서도 중요하다. 인대·건·관절의 가동 범위가 유연성의 발달 여부를 알려준다. 근력도 유연성에 영향을 준다. 보통 근력이 강하면 유연성이 감소하며, 유연성을 향상시키면 근력에 나쁜 영향을 주는 것으로 알고 있지만 사실은 그 반대이다. 근력이 약하면 반대로 길항근도 작용이 일어나기 때문에 근육을 충분히 수축시킬 수 없고, 반대로 길항근도 충분히 늘어나지 못하기 때문에 유연성에 나쁜 영향을 주게 된다. 근력 트레이닝과 달라서 근육을 지나치게 키우지 않을 뿐만 아니라, 근력 트레이닝 중에 수시로 스트레칭을 하여 유연성을 향상시키면 오히려 유연성에 좋은 효과가 있다.

근력은 근육의 수축에 의해 발휘되는 힘의 크기를 의미한다. 다시 말하면,[25] 근육의 수축에 의하여 외부의 저항을 극복할 수 있는 능력으로 보통 최대근력(Maximum Strength)이라고도 한다. 이것은 트레이닝 현장에서 보통 선수가 한 번밖에 들 수 없는 최대 무게에 의하여 결정될 수 있으며 근력 트레이닝의 부하 강도는 이 최대 근육의 백분율로 나타내는 것이 보통이다. 인체의 근육 중 도약력에 크게 관여하는 근육으로 대퇴사두근(넙다리네갈래근), 대요근, 대퇴굴근(넙다리두갈래근)이 대표적이다. 대퇴사두근은 무릎 아래를 앞으로 밀어내는 기능을 하며, 대퇴굴근은 앞으로 나간 무릎 아래를 뒤로 끌어당기는 역할을 한다. 대요근은 뛰고 달리며 점프하는 데 크게 기여한다. 도약력 향상 방법으로 웨이트 트레이닝, 박스 드릴, 줄넘기, 계단 오르내리기 등 다양한 방법이 활용되고 있다.

■ 사례 하나. 169cm의 덩크 왕 웹

1985년 드래프트에서 4라운드 87번째로 디트로이트 피스톤스의[26] 지명을 받은 앤서니 '스퍼드' 웹(45)은 NBA에서 12년 동안 814 경기에 출장해 평균 9.9점, 2.1 리바운드, 5.3 어시스트, 1.1 스틸을 기록하며 뛰어난 활약을 펼쳤다. 무엇보다 각각 45%, 31%에 달하는 야투 및 3점 슛 성공률은 그가 뛰어난 슈터였다는 사실을 보여 준다. 특히 그는 1986년 올스타게임 덩크콘테스트에서 선보인 놀라운 덩크슛으로 유명하다. 당시 쟁쟁한 선수들을 물리치고 결승에 오른 그는 팀 동료이자 당대 최고의 '덩크' 도미니크 윌킨스와 대결했다. 그는 169cm의 단신이었지만 경기장을 찾은 관중은 물론 전세계 TV 시청자들이 보는 앞에서 상식적으로 불가능한 점프력으로 윌킨스를 따돌리고 역대 최단신 덩크 왕에 등극했다.

그는 "남들은 나를 넘어 덩크를 했다. 나는 그게 너무 싫었다. 그래서 하루 5시간 이상 연습을 했고, 마침내 나를 뛰어 넘었다."고 소감을 밝혔다. "지금 내 앞에 놓인 수많은 장애물들을 뛰어 넘을 수 있다고 믿는다."고 말한 그는 농구는 키만으로 하는 것이 아님을 증명했다.

④ 타이밍

헤딩에서 가장 중요한 요소 중 하나가 적절한 타이밍이다. 타이밍이란 정확한 시점에 점프하거나 앞으로, 옆으로 몸을 날리는 것을 말한다. 타이밍보다 빨리 또는 늦게 실행하는 선수들이 있는데, 코치의 지도와 수많은 연습을 통해 극복할 수 있다.

---

25) 축구선수를 위한 과학적 트레이닝, 신동성 외, 국민체육진흥공단 체육과학연구원, 1999.12,비매품, pp. 18~22.

26) 당대 최고 덩크 왕 누른 '169cm 덩크 왕', 스포츠서울, 2008.2.11. 月. 13면

⑤ 과감한 결단력

적극적으로 헤딩하려는 의지가 필요하다. 빠르고 강하게 날아오는 볼에 대한 공포감, 헤딩으로 인한 머리의 충격, 공중에서 상대방과의 격렬한 신체 접촉에 대한 두려움을 극복하고 헤딩을 즐기는 수준으로까지 향상되어야 한다. 연습 시 의도한 대로 헤딩할 수 있는 능력을 기르면 헤딩에 대한 커다란 자신감이 저절로 생긴다.

4) 헤딩 능력을 향상시키는 방법

다른 개인기에 비해 헤딩의 특장점은[27] 즉시성과 의외성이다. 경기 중 헤딩 컨트롤로 볼을 소유하는 경우는 극히 드물다. 즉 논스톱으로 패스나, 슛이 이루어지는 즉시성과 이 즉시성이 만들어내는 의외성이다.

골키퍼 입장에서 헤딩슛은 볼의 날아오는 위치를 예측하기 힘들기 때문에 정확하게 골문 방향으로 시도한다면 골로 연결될 확률이 높다. 특히 현대축구에서는 전체 득점의 30%가 주로 공중 볼 다툼이 발생하는 세트 플레이(프리킥 코너킥)를 통해 이뤄지고 있으니 헤딩의 중요성은 더욱 높아질 수밖에 없다.

공격수는 위력적이고 성공률 높은 슛을 구사하기 위해 헤딩 기술을 몸에 익혀야 한다. 반대로 수비수는 그라운드에 볼이 떨어지기 전 공중에서 1차적인 방어를 하기 위해 헤딩 기술을 펼치는 것이다. 특히 문전에서 수비수가 헤딩 경합에서 밀리거나 정확하게 처리하지 못하면 상대 공격수에게 결정적인 득점 기회를 준다는 사실을 잊어서는 곤란하다. 결국 현대축구에서 헤딩은 공격이나 수비 선수에게 공히 중요한 기술인 것이다.

프랑스의 유명한 축구학교 '클레르퐁텐 축구센터'에서는 유소년 프로그램을 통해 장신 수비수들을 별도로 키우고 있다. 이는 장신 선수들의 헤딩이 얼마나 위협적이고 효과적인지를 설명하는 것이며 장신 수비수 육성의 필요성을 보여주는 사례이다. 최근 유럽의 빅 리그를 살펴보면 중앙수비수의 신장이 급격히 높아지는 경향을 알 수 있다.

5) 헤딩이 이루어지는 여러 가지 상황

첫째, 헤딩은 주로 최전방 공격수와 상대팀 최후방 수비수 간의 볼 경합 상황에서 많이 일어난다. 공격수는 헤딩 슛 득점을 올리기 위해, 반대로 상대 수비수는 이를 막기 위해 경합하는 것이다.

둘째, 후방에서 최전방 스트라이커에게 직접 연결하는 패스를 시도할 때 상대 수비수가 도중 차단이나 방어를 위해 헤딩을 많이 시도한다.

셋째, 상대지역 좌우 측면에서 공격수를 향한 크로스를 시도할 때 상대 수비수가 이를 차단하기 위해 헤딩을 많이 시도한다.

---

27) 헤딩은 공격과 방어의 필수적 기술이다, 김종환, 베스트일레븐 2008.6월호, 6,800원, p.84.

넷째, 경기 종료 전 패색이 짙어질 무렵 공격지역의 타킷 존(득점지역)으로 볼을 빨리 보내기 위해 긴 패스를 시도할 경우 상대가 이를 차단하기 위해 헤딩을 많이 하게 된다.

▶ 효과적인 헤딩의 주요 요소(Key Factors)

① 헤딩 리프팅이 자유자재로 되어야 한다. 최소 30분 이상
② 주위의 상황을 파악할 수 있는 넓은 시야를 가져라.
③ 한 발로 도움닫기 점프를 하라.
④ 떨어지는 낙하지점을 찾아라.
⑤ 볼이 도달하는 동선을 확인하라.
⑥ 타이밍을 맞춰라.
⑦ 눈을 감지 말고 끝까지 응시하라.
⑧ 정확하게 이마에 맞춰라.
⑨ 허리를 많이 이용하라.
⑩ 빠르게 오는 볼의 중심을 맞춰라.
⑪ 항상 몸의 균형을 잡고 몸에 힘이 들어가지 않게 하라.

6) 어떻게 할 것인가?

감독 코치는 경험을 통하여 헤딩의 중요성을 잘 알고 있다. '어떻게 하면 선수들의 헤딩력을 높일 수 있을까?'에 대해 고심하고 있다. 아쉽게도 한국에는 이걸 해결해 줄 수 있는, 깊이 있게 헤딩만을 담고 있는 전문서적, CD, DVD, 비디오테이프 등이 하나도 없다. 여기저기에 조금씩 있는데 만족할 만한 해답을 주기에는 많이 부족하다. 필자는 가능한 빠른 시기 안에 「헤딩 전문서」를 내고, 뛰어난 헤딩 능력의 선수가 보여주는 헤딩 연습 방법을 담은 DVD를 낼 계획을 가지고 있다.

현 단계에서 현장의 감독 코치가 선택할 수 있는 몇 가지 방안을 찾아보자.

① '헤딩력을 결정하는 4가지 요소'에 대한 이해

시각능력·도약력·타이밍·과감한 결단력을 깊이 있게 이해해야 한다. 끊임없는 공부와 관련 자료수집, 전문가의 도움 받기, 감독 코치들의 집단연구 등이 요구된다.

② 언제든지 헤딩 연습할 수 있는 조건을 만들자.

그리고 선수들에게 자발적인 헤딩 연습을 적극 권장하자. 3~5개의 펜듈럼볼(PendelBall)시설, 착지 시 충격을 흡수하는 제대로 시공된 인조 잔디 바닥, 야간 조명시설이다.

③ 팀마다 헤딩 스페셜리스트를 가져라.

선수 중에서 헤딩에 특히 재능이 있는 선수를 헤딩 전문 스페셜리스트로 집중 육성시

킨다. 공격진에 3~4명, 수비진에 4~5명 정도 있으면 팀 경기력이 성큼 향상된다.

④ 연습 시 다양한 헤딩 경쟁 상황을 설정하고, 철저한 상황별 대응 연습을 통하여 경기 중 헤딩 경합에서 이길 수 있는 준비를 갖춘다.

미리 준비하면 당황하지 않는다. 미리 준비해 두면 언제든지 활용할 수 있다.

⑤ 경기 중의 주목할 만한 헤딩 장면을 모아, DVD나 비디오테이프로 만들어 선수들에게 나누어 준다. 그리고 보고 느끼고 생각하고 배우고 연습하고 활용하게 한다.

이외에도 찾아보면 많은 방안이 떠오를 것이다. 감독 코치 여러분의 창조적, 상상력을 마음껏 꽃 피우기를 기대한다.

7 비범한 강연으로 의식을 고양시켜라

- 어떻게 하면 지금보다 더 잘 할 것인가?
- 지금 당장 무엇을 혁신하고 무엇을 폐기해야 하는가?
- 어떻게 성과를 낼까?

세상에는 일당천이 있고, 그 위에 만인적이 있으며, 다시 그 위에 최고의 경지인 인류에게 영속하는 시스템 창조자가 있다. 페러데이는 전기 시스템을 창조하여 인류에게 크나 큰 혜택을 계속해서 주고 있다. 전기 에너지 없이 여러분의 삶이 한시라도 평온하게 이루어질 수 있을까? 이처럼 시스템 창조자가 인류를 가장 사랑하는 사람이다.

지구에는 8,000m가 넘는 산이 14좌 있다. 히말라야산맥에 우뚝 솟아 세상의 산들을 발 아래 두고 내려다보고 있다. 세상에도 이런 사람들이 있다. 이들을 '석학, 거장 프로페셔널, 태두, 구루, 전문가, 장인, 마에스트로' 등으로 부른다. 인간의 우열을 결정짓는 혼신의 노력으로 그 세계에서 일가(一家)를 이룬 사람들이다. 이 분들은 이야기를 가지고 있다. 이들의 성공 스토리는 듣는 이에게 엄청난 감동을 준다. 듣는 이를 내부로부터 움직여 행동하게 한다.

지금까지 한 번도 들어보지 못한 새롭고 경이로운 세계가 감독 코치 선수의 인식과 그 한계를 성큼 확장시켜준다. 갇혀 있는 의식을 해방시킨다. 마치 머리에 천둥 번개 벼락을 맞은 것 같은 충격을 준다. 자기 자신이 우물 안 개구리라는 걸 인정하게 된다. 축구만 할 게 아니라 다른 분야도 공부해야겠다는 강렬한 의욕을 가지게 해준다. 가슴 깊은 곳에서 호연지기와 진취적 기상이 솟아오를 것이다. 스스로의 생활을 비춰주고 점검해주는 거울을 보게 될 것이다. 창조성이 발현되기 시작할 것이다.

2007, 2008 한국시리즈 2연패 업적을 달성한 김성근[28] SK 감독은 독서광이다. 김 감독은 전지훈련 가서도 사과 박스 하나 분량의 책을 가지고 간다. 호텔 감독 방에 죽 진열해 놓고 틈 나면 읽는다. 전지훈련에서 선수단 휴식일 선수들이 삼삼오오 파친코를 하러 가면 김 감독의 발길은 항상 책방으로 향한다. 쉼 없는 독서로 선수들에게 가르쳐줄 게 많다. 실제로 김 감독은[29] 전훈지의 '지옥 캠프'에서 하루의 모든 연습을 마친 후 매일 밤 9시 무렵 한 시간 가량 강의를 한다. 왜 야구를 해야 하는가, 왜 훈련을 하는지 근원적인 문제에서부터 선수들이 놓치고 지나가는 부분까지 강연의 주제는 끝이 없다. 파김치가 될 정도로 훈련을 마친 후 강의까지 듣고 난 선수들은 제대로 씻지도 못하고 잠이 듣기 일쑤다.

이렇게 직접 강연해도 좋다. 그러나 명강사를 초청하여 강연을 듣는 게 효과가 훨씬 크다. 강연을 조직하는 감독이 이긴다. 연령대가 비슷한 몇몇 팀이 함께 강연을 들어도 좋다. 강연 내용·상황 등을 녹화해 두면 두고두고 교육 자료로 활용할 수 있다.

참고로 몇 분의 강사를 소개해 드린다. 될수록 축구계가 아닌 다른 분야의 명사를 초청할 것을 권유 드린다. 그래야 인식의 폭과 깊이를 넓힐 수 있다.

■ 박대연

KAIST 교수 겸 티맥스소프트 창업자. 미들웨어·운영체계(OS)·데이터 베이스 엔진(DB) — 컴퓨터 정보기술(IT) 부분의 3대 핵심기술이다. 미국의 IBM만이[30] 이 3가지 원천기술을 가지고 있다. 일본 독일 한국 대기업들이 수천억 원의 자금을 쏟아 붓고도 개발에 실패한 기술이다. 그러나 박대연 교수는 1998년 미들웨어 기술을 개발, 지금은 3대 기술을 모두 개발했다. 한국이 더 이상 막대한 로얄티를 지불하지 않게 되었다. 2003년 크리스마스 때는 IBM을 제치고 세계에서 가장 먼저 J2EE(웹의 세계적 기술표준)인증을 획득함으로써 기술 수준이 세계 제일임을 보여 주었다.

그는 영화 한 편도 본 적이 없다. 미국에서 함께 고생하며 공부했던 USC 후배들도 귀국 뒤 한 번도 만나지 않았다. 연구에 방해가 되기 때문이다. 추석·설 연휴에도 나와 연구에 전력투구한다. 50세가 넘은 나이에도 하루 16시간씩 연구에 몰두한다.

■ 박영석

등산가 탐험가. 현 단계 세계 등산·탐험계의 태산북두. 8,000m 14좌 등정, 6대륙 최고봉 등정, 남극점 북극점 도착 기록을 동시에 가진 세상에서 최초 유일의 모험가이다. 전인미답 전무후무 전대미문의 신화를 창조한 인간이다.

---

28) 전훈지 '김성근 박스'의 비밀, 일간스포츠, 08.11.26.水. 4면
29) 이것이 최강 SK만든 '지옥 캠프', 일간스포츠, 09.1.14
30) 1조 모아 나라 이끌 '1%의 학생' 키우겠다. 중앙일보, 04.10.4.月. 5면

■ 도올 김용옥

■ 구본형

변화 전문경영가이며 '구본형 변화경영연구소' 소장

■ 김기호

이 책의 저자. 선수 지도, 구단 경영, 축구 행정 등에서 이미 한국을 지나 세계 경쟁에 들어가 있다. 한국축구 131년 동안 한 번도 실현하지 못한 World Class 축구선수 육성 방안, 프로구단 흑자 경영 시스템, 세계에 앞서 있는 한국축구 시스템을 가지고 있다. 세계 축구는 이 사람의 노력으로 크게 성장할 것이다.

■ 공병호

성공한 1인 기업가의 대표격인 공병호. 공병호경영연구소 소장

지난 2008년 강연 횟수 240회, 출간한 책은 무려 5권이나 된다. 5시간 수면, 금주금연, 저녁약속 안 잡기 등 철저한 자기관리로 유명하다.

이런 분들은 초청하기가 쉽지 않을 것이다. 국가 인재 DB를 참고해도 좋다. 찾아보면 주위에도 적임자가 있다. 감독 코치의 공부와 인식에는 한계가 있다. 강연을 조직하는 감독이 이긴다. 강연을 조직하는 감독이 위대한 선수와 팀을 창조한다.

⑧ 휴가기간에 해야 할 과제를 주자

그 과제는 크게 두 가지이다. 하나는 선수 개인별 연습 프로그램이고, 또 하나는 읽어야 할 한 권의 책이다.

1) 선수 개인별 연습 프로그램 주기

① 장면 1 김병현의 워크아웃 프로그램

2004년 11월, 보스턴 레드삭스는 서울에서[31] 재기를 위해 연습 중인 김병현에게 새로운 워크아웃 프로그램을 전달했다. 요일별로 어떤 운동을 얼마나 오랫동안, 어떤 요령으로 해야 하는지 자세하게 적혀 있는 일목요연한 훈련 지침서다. 연습상황을 점검하고 지원하기 위해 수시로 감독 김병현 선수, 미디어 담당 대니얼 김 간의 컨퍼런스콜(3자간 전화)도 활발하게 이루어졌다. 이 프로그램을 충실하게 소화해낸 김병현 선수가

31) 스포츠서울, BK 에이스 맞춤 훈련, 2004.11.17.水. 4면

워크아웃 프로그램의 효과를 톡톡히 보았다. 또 하나, 서정원 선수의 소속팀 오스트리아의 SV 리트는 시즌이 끝난 뒤에는(팀의 비소집 기간) 개인의 체력에 맞는 맞춤형 훈련 스케줄을 준다. 시즌 중 경기 다음날에는 피를 뽑아 혈액검사를 한다. 미네랄 비타민이나 수분 부족으로 판단이 나면 즉각 거기에 맞는 처방을 하는 등 종합적이고 신속한 해결책을 실행한다.

감독은 경기력을 향상시키기 위해 선수들을 준비시키는 사람이다. 대표팀의 경우 프로팀과 달리 소집기간에만 연습시킬 수 있다. 역대 대표팀 감독들은 연습시간 부족을 내세워 하나 같이 보다 많은 소집기간을 확보하려고 힘써 왔다. 이 과정에서 규정 소집기간 이상을 요구하는 협회와 프로 구단이 줄기차게 긴장관계를 계속해 왔다. 팀의 핵심 선수를 제외한 채 리그를 치러야 하는 프로팀들과 이해관계가 상충할 수밖에 없는 것이다.

비소집 기간에도 대표팀 선수들을 연습시킬 수 있는 방법이 없을까? 있다. '협력 코칭'을 하면 된다. 협력 코칭은 대표팀 감독, 해당 선수, 이 선수의 소속팀 감독 사이에서 이루어진다. 감독이 각 선수의 강점과 약점을 분석하여 비소집 기간에 소속팀에서 선수가 연습해야 할 프로그램을 문서화하여 쥐어 주고 소속팀 감독의 협력을 구하는 것이다. 이후 틈틈이 연습현장을 방문하여 성취도를 점검하고, 새로운 과제를 주고 격려하는 것이다.

협력 코칭은 효과가 크고 부작용은 없다. 개인별 맞춤형 처방이기에 경기력을 성큼 향상시킨다. A팀 올림픽팀 아시안게임팀 뿐만 아니라 각급 대표팀 코칭스텝이 적극 활용해야 한다. 프로 실업 대학 초중고 팀이 활용해도 큰 성과를 거둘 수 있다. 선수 이적 기간이나 휴가 후에 연습 부족으로 몸이 만들어져 있지 않는 일을 예방할 수 있다. 한국 축구계에 협력 코칭, 비소집기간의 개인별 연습 프로그램 제공이 정착되기를 기대한다.

② 장면 2 허정무호의 첫 소집훈련 풍경

2007년 12월 대표팀 감독에 취임한 허정무[32] 감독이 2008년 1월 27일 파주 NFC(국가대표팀 트레이닝 센터)에서 첫 소집훈련을 가졌다. 허 감독이 지휘봉을 잡은 뒤 국가대표팀의 훈련 강도는 무척 높아졌다. 선수들은 소집 첫날부터 오래달리기, 왕복달리기 등 체력 강화훈련을 했다. 예상치 못한 훈련량이었다. 선수들의 이마에는 땀이 비 오듯 흘렀다. 강도 높은 훈련은 칠레 전을 하루 앞둔 날에도 계속 됐다. 경기 전날 컨디션을 점검하고 경기 감각을 끌어올리는 데 주력했던 예전 방식과는 달랐다.

허 감독의 스파르타식 훈련의 백미는 소집 첫날 가진 체력 테스트였다. 허 감독은 "선수들의 몸 상태와 컨디션을 두 눈으로 확인하기 위해서였다."고 해명했다. 선수들에게 사전 예고 없이 진행된 깜짝 테스트였다. 1분 5초 안팎으로 50m를 7차례 오가야 했

32) SPORTS 2 · 0, 2008.2.11 p.85.

다. '공포의 셔틀런'이었다.

국가대표팀 내에서 체력왕으로 꼽히는 조원희 선수조차 "너무 힘들다."고 할 정도로 힘든 테스트였다. 조용형 선수는 "(테스트와 관련해) 아무런 얘기도 듣지 못했다. 몸을 풀다 다른 선수들이 뛰는 걸 보고 알게 됐다."며 "(셔틀런을 하는데) 다리 근육이 끊어지는 줄 알았다."며 힘겨워했다. 황재원 선수는 "테스트 결과가 만족스럽지 못하다. 허 감독님의 훈련 스타일에 맞추기 위해 소속 팀에서 지구력 위주로 준비했으니 낭패였다. 내가 하지 않았던 스피드 테스트를 했으며 뒤처질 수 밖에 없었다."며 "앞으로 살아남기 위해 단단히 마음을 먹어야 할 것 같다."고 말했다.

③ 장면 3 오랜 휴식으로 풀어진 몸, 올림픽 대표선수들

2008년 1월 28일(月) 박성화 올림픽 대표팀 감독은 "1월에[33] 귀중한 시간이 주어졌지만 사실 시점은 최악이었다. 선수들이 오랜 휴식 뒤 체력훈련도 하지 못하고 모여 승부가 걸린 정상적인 경기는 풀타임을 뛰기 힘든 시점이었다. 처음 일주일간 러닝만 한 선수도 있었다"고 말했다.

선수에게 정기적으로 비정기적으로 휴가(주중·월간·시즌 후·여름 혹서기·겨울 혹한기·연말 연시·명절 등)가 주어진다. 그런데 경기력 저하를 예방하기 위해 3일 이상 휴가기간에는 선수 개인별 연습프로그램을 주어야 한다. 그리고 전화로 수시로 점검해야 한다. 이 일은 여러 가지 유익을 준다. 언제든지 — 자다가 일어나서도— 경기를 할 수 있는 컨디션을 유지하고, 쉼 없이 연습해야 한다는 의식을 심어주며, 스스로 연습할 수 있는 능력을 길러준다.

이 일은 갑자기 하려면 막막한 느낌이 들 수 있다. 평소에 틈틈이 선수 개인별 기록(차트)를 누적해서 적어 두고 활용하면 수월하다. 또 감독 코치별로 담당선수를 정해 두고 해당 선수의 개인별 연습프로그램을 작성해 선수에게 전해주고 전화로 수시로 점검하면 효과적이다. 이처럼 세밀하고 치열한 계획과 실행이 팀 경기력을 성큼 향상시킨다. 세월 속에서 실천하지 않는 팀과는 확연한 실력 차이를 낳는다. 선수가 하루 연습하지 않으면, 자기 스스로 알고, 이틀 연습하지 않으면 감독 코치가 알고, 3일 연습하지 않으면 관중이 안다.

④ 장면 4 경기 내용을 유심히 살펴라

교체 경기당 평균 0.31골의 결정력 높은 득점포를 가동하는 수퍼 서브 훌리오 크루스(35, 인테르 밀란, 아르헨티나)는 "경기 중간에 교체돼 짧은 시간에 골을 넣는 것은 정말 힘들다. 아마도 축구 경기에서 가장 어려운 일일 것"이라고 말했다. 크루스는 이 같은 어려운 일을 해결하기 위해서는 학습이 필요하다고 강조한다.

---

33) "7월 한달 소집도 못해?" 답답한 박성화 감독, 스포츠서울, 2008.1.29.火. 8면

"벤치에 앉아 있으면서 별다른 생각 없이 경기를 보지 않는다. 두 팀의 경기 내용을 살핀다. 특히 우리 팀의 플레이 내용을 유심히 관찰한다. 경기가 제대로 풀리지 않는다면 어디가 문제인지 그리고 어떻게 보완해야 하는지를 계속 생각하는 것이다. 그러다 후반 막판 교체로 그라운드에 서면 내가 뭘 해야 할지를 알게 된다. 그러면 짧은 시간 뛰면서도 골을 넣을 수 있다."

— SPORTS 2.0 ·2008·0407, p.42.

⑤ 장면 5 오자와 세이지의 즉전력

즉전력, '즉시 실전에 사용하는 힘'은 하루아침에 생기는 게 아니다. 세계적인 지휘자 레너드 번스타인이 어느날 몸이 아파 지휘봉을 못 들게 됐다. 악단은 급히 대타를 구했다. 번스타인의 유고에 청중들은 실망했다. 하지만 실망은 곧 탄성으로 바뀌었다. 청중들은 새 지휘자에 완전히 빠져들었다. 그의 이름은 오자와 세이지. 그는 오래 전부터 번스타인을 능가하는 지휘자가 되기 위해 늘 즉전력을 키웠다.

— 어학 재무 문제해결 능력 언제든지 쓸 수 있게 길러라, 중앙일보 2007.10.13.土 22면

2) 책 1권 읽기

선수별로 각기 다른 적합한 책 1권을 쥐어준다. 책 선택 시 관련 전문가의 도움을 받으면 더욱 좋다. 주의할 점은 "책을 구입해서 읽어라"고 하면 침투력이 떨어진다. 반드시 지도자가 구입하여 선수의 손에 직접 쥐어주어야 한다. "한 권의 책을 읽은 사람은 두 권의 책을 읽은 사람을 결코 앞서 갈 수 없다. 사람은 책을 만들고 책은 사람을 만든다.", "책 속의 밝은 길 읽으면 나의 길" 등 독서의 위대한 힘은 새삼 말하지 않아도 아는 사람은 이미 알고 있다.

9 1년 52권 이상의 책을 읽자

신재흠 연세대 축구부 감독이 2005년 1월 부임해 처음 시작한 일이 놀랍게도 축구부 기숙사에 서재를 만든 것이었다. 동문·친지의 도움으로 600권의 책을 장만했다. 선수들이 교양서적을 읽으면서 스스로 돌아보고 '왜 축구를 하는지' 생각하도록 유도한 것이다. 선수들은 점차 책 읽는 재미에 빠져 들었다.

■ 필 잭슨 감독? 그는 누구인가?

1967년부터 11년간 뉴욕 닉스 팀에서 선수로[34)]뛰었고, 이후 TV 시사 해설가, 마이

34) NBA 신화, 필 잭슨·휴 델리헌티 지음, 박병우 옮김, 한경북스, 1996.12.25. 초판 1쇄, 7,000원, pp.171~172.

너 리그 코치를 거쳐 1993년 시카고 불스의 감독으로 선임되었다. 이후 4년 연속 NBA 우승 신화와 함께 NBA 최고 감독 10걸에 올라 있다. 필 잭슨 감독이 선수들의 마음의 폭을 넓히는 데 이용한 또 다른 방법은, 여행을 할 때 각자에게 책을 주고 읽도록 만드는 것이었다. 그러한 책 중에는 다음과 같은 것들이 있었다. 존 와이드먼이 지은 「열병熱病 : 열두 가지 이야기」(이 책은 마이클 조던에게 주었음), 랭스턴 휴스의 「백인들의 풍습」(피펜에게), 잭 케루액의 「길 위에서」(윌 퍼듀에게), 코맥 매카시의 「아름다운 말馬들의 모든 것」(커에게), 마이커 저지의 「빨려드는 책」(스태시 킹에게), 어떤 경우에는 영혼의 주제를 탐구할 수 있는 책을 선정하기도 했다. 암스트롱은 「선 마음과 초보자의 마음」을 읽었으며, 팩슨은 용감하게도 「오토바이 수리의 예술과 선」이라는 책과 씨름하기도 했다. 그랜트 조지프 F.그리존의 「조슈아」라는 책을 읽고 난 뒤부터는 열렬한 독서광이 되어, 그의 또다른 저서인 「평화로운 전사의 길」에 깊은 감명을 받았다고 했다. 이는 잃어버린 경쟁심을 되찾기 위해 자기 내면으로 파고든 운동선수에 대해 댄 밀먼이 지은 책이었다.

자신의 마음을 다스리는 자가 경기를 지배할[35] 수 있는 법. 독서는 정신력 강화를 위한 좋은 촉매제다. 다가오는 시즌을 준비하는 스프링 캠프를 향하는 투수들의 가방에 책이 자리잡는 이유다.

소문난 독서광인 두산 불펜의 핵 임태훈(21)은 1월 초 일본 미야자키 전지훈련을 앞두고 무려 8권의 책을 가방에 담았다. 에세이와 소설 등 종류도 다양하다. 이미 「견디지 않아도 괜찮아」라는 책을 독파했다. 임태훈은 "이 책을 읽는 동안 깊이, 많은 생각을 했다."고 밝힌 뒤 "사실 투수는 견뎌야 하는 직업이다. 투수가 무너지면 경기가 어려워지지 않나. 하지만 사람들과 이야기 나누며 유쾌하게 풀어나가는 것이 팀을 위해서는 도움이 되는 것 같다."고 설명을 더했다. 봉중근(29. LG)은 조엘 오스틴의 「잘되는 나」를 통해 마음을 키운다. 그는 "잘 아는 교회 목사님께서 선물해 주신 책이다. 긍정의 힘이 얼마나 위대한지 깨닫게 된다"고 밝혔다. 그리고 황선홍 부산 아이파크 감독이 수시로 선수들에게 책을 선물하는 리더십을 보다 많은 감독 코치들이 본받기를 희망한다.

그러나 감독 코치가 책을 읽지 않고 독서에 관심이 없으면 소속 선수들이 독서를 생활화하기는 어렵다. 아이들이 책을 읽지 않는 것은 바람직한 독서환경을 제공하지 못한 어른들 탓이다. 축구선수의 경우도 마찬가지다. 협회에 등록된 초·중·고·대학 축구팀은 680개 팀이 넘는다. 이들 중 정규수업시간 공부를 다 하고 연습하는 팀은 그리 많지 않다. 대부분 기숙사 생활을 하며, 저녁 식사 후에는 개인운동을 하거나 TV·컴퓨터로 시간을 보낸다. 이 시간에 독서를 할 수 있다. 감독이 독서의 유익함을, 그 엄청난 영향력을 모르기에 실천하지 않고 있는 것이다.

35) 임태훈 전훈 가방 속엔 '책 무려 8권', 일간스포츠, 2009.2.5.木. 4면

1) 독서의 유익함

축구선수가 왜 책을 읽어야 하는가? 독서의 유익함이 무엇인가? 한 권의 책을 읽은 사람은 두 권의 책을 읽은 사람을 결코 앞서갈 수 없다. 사람은 책을 만들고 책은 사람을 만든다. 지혜로운 삶에는 독서가 있다. 독서는 상상력 창의력의 원천이다. 책보다 밝게, 많이 아는 사람은 아무도 없다. 리더는 책을 읽는 사람이다. 책을 읽지 않는 사람의 세계는 좁고 편협하며 창조적 상상력이 성장할 여지가 거의 없다. 독서는 가장 강력한 평생교육의 수단이다. 여러분은 누구에게 배우는가? 무엇에게서 배우는가? 책 속에 길이 있다.

풍부한 경험이 많은 사람이 성공한다. 독서처럼 많은 경험을 일깨워 주는 것도 드물다. 독서는 사람을, 새롭게 창조한다. 자신이 몰랐던 부분을 깨우쳐 주기 때문이다. 독서를 많이 하는 사람이 장수한다. 머리 속에 에너지를 충만하게 해주기 때문이다. 책 한 권이 스승 한 사람이다. 한 달에 열 권의 책을 읽으면 120분의 스승의 지도를 받는 셈이다. 선수의 자주적 자기관리능력을 성큼성큼 길러준다. 내가 좋아하는 사람의 책을 계속 읽어보라.

그 사람과 같은 수준으로 성장한다. 좋은 책을 많이 읽다 보면 풍부한 감성이 생기고 무한한 상상력이 넘치게 된다. 독서의 반복이 사고력, 판단력, 이해력을 향상시켜 수학능력 점수가 몰라보게 높아진다. 독서를 많이 하는 사람치고 치매에 걸린 사람이 없다. 독서는 머리를 쓰는 작업이어서 머리에 녹이 생기지 않기 때문이다.

습관 중에 최상의 습관은 독서습관이다. 훌륭한 지도자는 힘으로 만들어지는 것이 아니라 독서를 통해 얻은 무한한 지혜로 만들어지는 것이다. 독서를 통하여 희망과 의욕에 불을 붙여 도피자를 도전자가 되게 해준다. 음식은 몸을 성장시키고 독서는 영혼을 성장시킨다. 독서는 운명을 바꾸어 놓는다. 생각을 바꾸고 행동을 바꾸기 때문이다.

2) 이 한 권의 책

좋은 책은 심원하다. 걸출한 책은 거장의 정신이 맥박 치는 혈액이다. 필생의 과업을 찾도록 도와주기도 한다. 프랭클린은 청년시절에 종교가 코튼 마더의 「선을 하기 위한 수상집」에 감명받았다. "내가 사람에게 도움이 되고 명성을 얻은 것도 이 책을 만난 덕분이다."고 프랭클린은 뒷날 두고두고 이렇게 술회하고 있다. 익타나우스 로욜라는 군대시절 전투에서 발에 중상을 입고 요양을 하게 되었다. 어느 날 심심풀이로 가져온 책이 「성자 열전(聖子 烈傳)」이었다. 그는 이 책으로 인해서 마음의 불꽃이 일어났고 새로운 종교조직인 예수회의 창설에 몸을 바칠 결심을 굳혔다고 한다.

"극히 소수만이 톱클래스에[36] 드는 훌륭한 학생이 될 수 있다. 하위권을 차지하는

---

36) 도전! 하루 30분 책읽기, 중앙일보, 07.8.25.土

절반의 학생들은 (대학까지 진학한다고 가정하면) 16년간을 내내 똑똑하지 못하다는 소리를 들으며 살 것이다. 그러니 그들이 어떻게 성공할 수 있다는 자신감을 갖겠는가? 나 역시 나쁜 성적 때문에 앞날을 걱정했던 적이 있었다. 하지만 「돈키호테」를 읽고 비록 A를 받는 학생이 아니더라도 무엇이든 지속적으로 도전하는 것이 그나마 경쟁에 계속 참여하는 길이라고 생각했다." 세계 최대 리눅스업체의 설립자 밥 영이 털어 놓은 말이다.

3) 이제 시작하자

리피, 무리뉴, 스콜라리, 히딩크 등 그 어떤 감독도 자기 자신이 모르는 것은 가르치지 못한다. 감독 코치도 치열하게 책을 읽어야 한다. 여러분은 1년 몇 권 읽는가? 이제 독서의 위력을 알았으니 선수에게 책을 읽게 하자. 성적으로 그대로 연결된다. 생각하는 선수가 된다. 올해 시행하는 '최저학력제'를 해결하는 한 방법이 된다. 대선수로 성장한다. 현역 은퇴 후 뛰어난 지도자로 성장할 수 있다.

사실 선수들에게 책을 읽게 하는 것은 쉬운 일이다. 책을 갖추고, 독서 전반에 걸쳐 가르쳐 주고, 독서를 장려하는 분위기를 만들어주면 된다. 이때 적합한 책의 선택, 독서권장 방안 등은 전문가의 도움을 받으면 된다. 시간을 절약하기 위해 몇 가지 관련정보를 담는다.

- 한우리 독서문화운동본부(www.hanuribook.com)
- 한국출판마케팅연구소(대표 한기호 T 02—336—5675)
- 어린이도서연구회(www.childbook.org)
- 문예원 글로피아(대표 오길주 T 02—567—1038 www.moonyewon.co.kr)
- 한국독서능력개발원(www.readingcenter.or.kr)
- 이용훈 한국도서관협회 부장

특히 나이·흥미·기존의 독서수준에 맞는 책의 선택은 민감하면서도 중요한 일이다. 국립중앙도서관, 문화관광부, 국회도서관에 납본한 도서자료 집계에 의하면 2007년 발간된 신간도서(초판 1쇄)는 총 4만 1094종에 1억 3,250만 부. 초판 2쇄 이후의 출판서적까지 합하면 발간종수가 엄청나다. "인생은 짧다. 이 책은 읽을 수 있어도 저 책은 읽을 수 없다."(에머슨)는 말이 실감나게 하는 수량이다.

그리고 장서 구비의 바탕이 사전이다. 즉 사전을 먼저 갖추고 필요한 일반 도서를 구입하는 게 순서이다. 사전은 고가이므로 해당 분야에서 충실한 것을 선택하는 지혜가 필요하다. 백과사전으로는 「브리태니커 세계대백과사전」이 세계 백과사전의 최고봉이다. 국어사전은 「우리말 큰 사전」(어문각)이 있다. 한국학 관련사전으로는 「한국민족문화 대백과사전」이 으뜸이다. 영어사전은 영한, 영영한, 한영사전 모두 갖추는 게 좋다.

꺼내고 펴서 보기 쉽도록 중간 크기의 자전(한자 사전)과 국어사전도 준비해두자, 책 읽다 궁금하면 즉시 사전 찾아 익히자. 그러면 그 내용이 평생 내 것이 된다.

1년은 52주로 이루어져 있다. 1주에 1권 이상 읽으면, 충분히 할 수 있다. 1년에 52권 이상 읽을 수 있다. 10년이면 520권 이상이다. 그러면 나도 지식인이다. 세상에 520권 책 읽은 사람이 흔치 않다. 드물다. 20년이면 몇 권인가? 평생 읽으면? 해당 분야에서 성공하지 않을래야 않을 수 없게 된다. 언제나 책을 가지고 다니자. 틈나면 수시로 읽자. 일평생 책 읽는 사람이 되자. 선수들이 책을 읽도록 하자.

책을 펴자! 미래를 열자!

⑩ 창의·다양·활발하게 가르치자

감독은 선수들을 관리하는 경영자이다. 그가 무엇을 해야 하고 무엇을 폐기해야 하는지 정확하게 알 때만 비로소 성적을 낼 수 있다. 혁신 계획과 마케팅 계획만이 이익을 내고 나머지는 소모되는 비용이다. 끊임없이 배우고 학습하는 감독만이 정상에 오르고 정상에서 오래 머무를 수 있다. 구석기 시대는 지나갔다. 오스트랄로 피테쿠스, 네안네르탈인 시대도 지나갔다. 지질주상도의 그 모든 시대는 이미 지나간 과거였다.

팀 경기력 향성을 위해 노력하지 않는 감독이[37] 있을까? 아마 없을 것이다. 그러나 그 노력이 효과를 내지 못할 때 그는 스스로의 지도 방법을 점검해 볼 필요가 있다. 초등학교팀에서 프로팀 그리고 대표팀에 이르기까지 여러 수준의 연습을 기록하면서 보아 오고 있다. 그때마다 '선수 기량과 팀 경기력을 성큼 올릴 수 있는 효과적인 방법이 무수히 많은데 왜 활용하지 않을까?'하는 아쉬움으로 답답할 때가 많다.

▲포항 스틸러스 유소년 축구교실에서 축구 지도를 받고 있는 축구 꿈나무 선수들 (사진 : 포항 스틸러스)

37) 킥 오프, 김기호, 삼보출판사, 2006.8.8 초판1쇄, 10,000원, pp.26~28.

감독 코치의 선수 지도에서 상상력의 재료가 되기를 희망하며 5가지 보기를 찾아보면, 먼저, 슛 보오드(Shooting board)를 왜 활용하지 않는가? 여기에 대해서는 제2부 21 '슛 보오드를 적극 활용하자'에서 독립된 한 꼭지로 다루었으니 참고하기 바란다.

둘째, 전체 연습 도중에 개인 연습 시간을 주어라. 100에 98이상의 팀이 코칭스텝의 지시대로 움직이다 연습을 마무리한다. 도무지 개인 연습할 시간을 주지 않는다. 연습 계획이 획일적이어서는 안 되고 선수 개인별로 처방되어야 한다. 모든 선수는 자신의 기술적인 강점과 약점을 알고 있다. 연습 때마다 30분의 개별 연습 시간을 주라. 이때 코칭스텝은 선수가 운동장에 나오기 전에 개인 연습의 목표와 연습 내용을 미리 준비하라고 주문해야 한다.

셋째, 프로팀의 경우 '역할극'을 하자

1주일에 1번, 시간은 30분 내외로 선수가 감독이 되어 선수를 지도하는 것이다. 사전에 지도 내용·날짜·담당 선수를 의논하여 확정한 뒤 실행하면 된다. 해당 선수는 가르칠 내용을 준비하고 공부할 것이다. 프로 선수는 어린아이가 아니다. 처음에는 어색하겠지만 빠르게 잘 해낼 것이다. 해보면 재미있고 경기력 향상에도 도움이 된다는 걸 실감하게 된다. 고교, 대학, 실업팀에도 얼마든지 적용할 수 있다.

넷째, 매주 1~2회 경기 구성요소에 대해 선수들이 토론하게 하자.

체력, 개인기, 전술, 정신력 중 한 부문에 대해 선수가 주제 발표한 후 선수들끼리 토론하는 것이다. 이때 코칭 스텝은 반드시 참석하되 발언하지 않고 최고의 자세로 경청해야 한다.

다섯째, 적극적으로 개인지도·개별 코칭을 하자.

가서 선수들이 연습하는 걸 보라. 대부분 코치 1명이 30~40여 명의 선수를 가르치고 있다. 근무시간 중임에도 감독은 어디서 무얼 하고 있는지? 이래서는 개인 지도·개별 코칭이 불가능한 수업 환경이다. 연습 시 코칭 스텝을 모두 가동하여 가능한 개인 지도·개별 코칭을 해야 한다. 초·중·고·대학팀은 거의 감독 1인 코치 1인으로 코칭 스텝이 구성되어 있는 데, 감독 코치 모두가 지도에 참여해야 하는 것이다. 3명이면 3명 모두가 운동장에 나와야 하는 것은 너무나 당연하다.

가령 A 프로팀의 코칭스텝이 5명이라면 35명의 선수 중 각기 7명씩 담당한다. 연습 지역도 서로 다르다. 축구장 2~3개를 사용하여 서로 방해가 되지 않도록 한다. 선수들은 돌아가면서 서로 다른 분야를 지도하는 5명의 감독 코치에게서 배운다. 이때 섬세한 개별 지도로 선수들의 기량이 성큼성큼 향상된다. 그 감독처럼 감독 혼자 다 하고 코치들이 우두커니 서 있게 해서는 안 된다. 그리고 잘못이 나타나면 즉시 이해시키고 교정해주어야 한다(즉시성의 원칙).

비교하면, 학생이 30여 명의 교실에서 배우는 것과 1:1 개인 지도를 받는 것 중 어느 쪽이 학력 향상에서 이기겠는가? 올해 한국 축구 131년, 아직도 1명의 World Class 선수를 배출하지 못한 원인 중 하나가 지속적인 개인 지도·개별 코칭의 부재라는 걸 하루 속히 깨달아야 한다.

정기적으로 감독 코치는 자기 자신의 지도력을 진지하게 객관적으로 평가해야 한다. 여기서 매 순간 새롭게 출발해야 한다. 결코 만족하거나 안주해서는 안 된다. 감독 코치가 자신의 수업(지도) 과정을 동영상으로 촬영해 스스로 분석하면 코칭 방법이 날로 개선된다. 다른 전문가에게 보내어 평가와 보완을 받으면 더욱 좋다. 나아가 서로서로 앞서 있는 코칭 방안을 공유하면 더욱 더 좋다.

11 위생과 안전사고에 유의하자

위생과 안전사고는 일상생활을 하면서 수시로 만나게 된다. 이 두 가지를 어떤 선수들은 지혜롭게 대처하나 또 다른 어떤 선수들은 부주의로 혹독한 댓가를 치르기도 한다. 그러므로 감독 코치는 여기에 대한 최소한의 생활수칙을 만들어 선수들이 지키게 해야 할 필요가 있다. 조그마한 실수로, 부주의로 선수의 건강이 손상 당해 팀 전력에서 이탈되면 선수와 팀 모두에게 큰 손실이다.

다른 모든 분야와 마찬가지로 건강도 노력하는 만큼 좋아진다. 스포츠의학에서는 건강의 정도를 아래의 5등급으로 분류한다. 그리고 각 시기에 해야 할 과제를 알려준다.

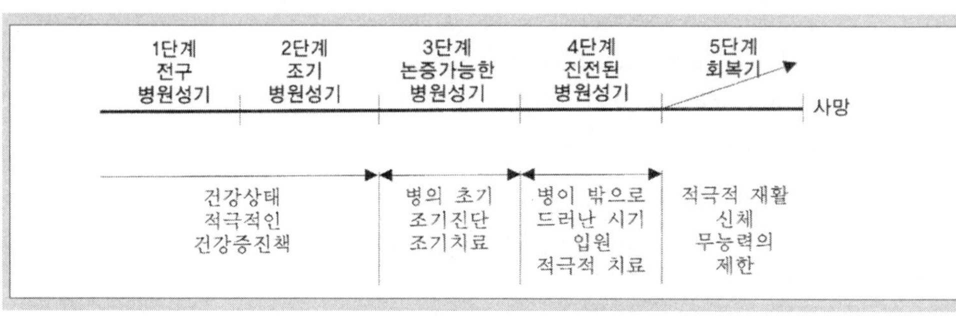

100 중 95 이상의 선수들이 건강상태인 1, 2단계에 있다. 이 시기에는 더욱 적극적인 건강 증진책을 실행해야 한다. 운동, 위생, 영양, 휴식, 이 4가지가 조화를 이루어 향상될수록 건강이 계속 증진된다. 여기서 위생과 안전사고 예방에 대해 알아보기로 하자.

1) 위생에 주의하자

① 손 씻기

1997년 「영양의 새로운 위기」를 낸 영양위생과 심장병 전문가 의사인 프레데릭 살드만이 최근 「건강관리는 손 씻기부터(on s'en lave les mains)」를 냈다.

건강관리는 위생에서 시작된다. 위생법은 먼 옛날부터 있었다. 그 중의 하나가 손 씻기다. 실제로 손 씻기만으로 질병, 특히 호흡기 질환을 최소 20%, 최대로는 40%까지 줄일 수 있다. 이 수치는 콜로라도 대학교에서 430명의 학생을 대상으로 실험해서 얻은 과학적 결과다. 그러나 손 씻기는 너무나 간단한 위생법이어서 그런지 대부분이 무시해 버린다. 설마 그렇겠냐고? 우리 자신을 돌아보자. 화장실을 쓰고 나서 항상 손을 씻는가? 급하다고, 남이 보지 않는다고 그냥 나온 적은 없는가? 메릴랜드 대학교에서 조사한 바에 따르면, 화장실을 사용하고 나서 주변에 사람이 없으면 무려 45%가 손을 씻지 않았다. 동료와 함께 있을 때도 9%가 손을 씻지 않았다.

요즘 우리 문화에서도 악수는 거의 필수적인 인사법이[38] 됐다. 화장실을 사용하고 손을 씻지 않은 사람과 악수를 나누었을 때, 그 사람의 대변에 있는 균이 2시간 내에 내 입에서 발견될 가능성이 39%다. 저자가 2007년 1월에 직접 실험한 결과다. 그것도 2006년 12월의 결과가 너무 충격적이어서 재조사해서 수정한 결과다. 12월의 조사에서는 화장실을 사용하고 손을 씻지 않은 사람과 악수를 나눈 15명 중 무려 11명의 입에서 그 사람의 대변에 있는 균이 발견됐다. 대변의 균은 장 질환과 관련이 있다. 따라서 손을 씻는 간단한 행위로 장 질환을 40%까지 줄일 수 있다는 잠정적 결론이 내려진다.

그럼 손을 어떻게 씻어야 할까? 요즘 대부분의 화장실에는 열풍기가 설치되어 있다. 무척 위생적이란 생각이 든다. 그러나 객관적 조사에 따르면 그렇지도 않다. 오히려 손을 씻고 열풍기에 말렸을 때 손에 있는 세균의 수가 손을 씻기 전보다 증가했다! 공기의 흐름으로 다른 사람의 손에 있던 세균과 공기 중에 떠돌던 세균이 열풍기 안으로 들어가, 따뜻한 열기와 습기 덕분에 더 번식해서 우리 손에 세균을 뱉어내기 때문이다. 열풍기보다 개별적으로 쭉 뽑아 사용하는 둘둘 말린 소독된 천이 더 낫다. 실제 조사에서도 이런 천을 사용했을 때 세균수가 절반 이하로 줄어들었다. 물론 종이를 사용해서 손을 닦는 것도 위생적이다. 하지만 이 방법도 비용 문제만이 아니라 환경문제와도 연결되기 때문에 낭비적인 면이 없지 않다.

손 씻기는 나만을 위한 위생법이 아니다. 다른 사람을 배려하는 위생법이기도 하다. 히포크라테스의 말대로 "잘 먹는 것이 약"이 되기 위해서도 생산과정에 있는 사람들이 손 씻기에 충실해야 한다. 손 씻기는 그야말로 누구나 마음만 먹으면 할 수 있는 '손에 잡히는 위생법'이다.

또 감기, 독감 예방책으로 손 씻기는 매우 중요하다. 사람들이 생각 없이 눈을 비비거나 콧속에 손가락을 넣는데 이런 행위 때문에 감기가 오기도 한다. 이것저것 만진 손은 온갖 세균과 바이러스의 창고다. 감기 환자들이 만진 물건들에 감기 바이러스가 적어도 이틀 이상 남아 있을 수 있다는 연구 결과도 여럿 있다. 팀이나 가정에 감기 환자가 있다면 분비물이 묻은 휴지를 잘 관리하고, 손을 자주 씻는 등 개인위생을 지킬 필

38) 손만 잘 씻어도 장·호흡기질환 40% 줄어요, 중앙일보, 2007.10.13.土. 23면

요가 있다. 손 씻기는 AI·장 바이러스 등에도 예방 주사의 역할을 한다.

황사 꽃가루가[39] 있을 때는 운동이나 외출 후엔 콧속까지 씻어야 한다. 황사가 코에 들어가면 알레르기성 비염을 일으켜 콧물, 재채기, 코 막힘을 야기한다. 기관지에 들어가면 기관지 점막이 부어 기침과 가래, 숨찬 증상을 일으킨다. 피부에 닿으면 가렵고 진물이 생기는 아토피성 피부염을 일으키고 눈에 들어가면 눈이 충혈되고 아프며 눈물 눈곱이 생기는 알레르기성 결막염을 유발한다. 또 손톱을 길게 기르지 않는 게 좋다. 긴 손톱 밑에 낀 때에는 결핵 등 여러 종류의 세균·바이러스가 수 백만 개 이상 있어 감염의 원인조건이 될 수 있기 때문이다.

- 식사 전(연습 중 간식 때도), 외출 후, 화장실 다녀온 뒤 꼭 손을 씻도록 지도한다.
- 손수건을 사용하며, 연습이나 경기 시 선수 개인별로 수건을 준비하여 활용한다.

② MP3로부터 귀를 보호하자

인간은 귀가 두 개인 덕분에 소리의 방향과 좌우를 구별할[40] 수 있다. 그런데 청력을 가장 위협하는 것이 바로 소음이다. 많은 연구를 통해 일정 기간 이상 소음에 노출되면 심각한 청력 상실이 발생할 수 있음이 밝혀졌다. 90데시벨 이상의 소리는 8시간 이상, 140 데시벨 이상의 소리에는 즉시 청력에 손상을 입고 만다.

MP3플레이어를 이어폰으로 5년[41] 동안 하루 1시간 이상씩 음악을 크게 들을 경우 청력을 영원히 잃을 수 있다는 보고서가 유럽에서 나왔다. EU안전기준은 개인용 음악 장치에서 나오는 음의 크기를 100dB 이하로 규정하고 있다. 그러나 이보다 높은 강도로 음악을 듣는 사람이 최근 크게 늘어 사회적 문제가 되고 있다.

지난해 11월 영국 청각장애연구소 연구 결과에 따르면 16~34세 남녀 3명 가운데 2명은 MP3의 볼륨을 최대로 올려 음악을 들으면 청력에 손상이 올 수 있다는 사실을 모르고 있는 것으로 나타났다. AP통신은 "장시간에 걸쳐 큰소리에 노출되면 귓속 작은 감각세vh가 손상되어 이명 증상이 발생할 수 있다."며 "처음엔 귓속 울림이 일시적인 현상일 수 있으나 반복되면 영구적인 손상이 생길 수 있다"고 전했다.

좀 더 자세히 알아보자.

이어폰에서 나오는 소리가 옆사람에게도[42] 들릴 정도로 커지면 증폭할 필요성이 없을 뿐더러 세포에 무리가 가기 시작한다. 사람이 느끼는 소리의 세기는 비선형적이어서 실지로는 10배 크기의 소리가 2배 정도로 밖에 느껴지지 않는다. 이런 상태가 오래 지속되면 결국 외부섬모세포는 기능이 약화되어 작은 소리를 증폭하지 못하게 된다.

39) 외출 후엔 콧속까지 씻어야, 중앙일보, 2008.3.13.木. C4면, 김남선 영동한의원 원장
40) 내 몸 사용설명서 마이클 로이젠·메멧 오즈 지음 유태우 옮김, 김영사, 2008.3.29 1판 67쇄, 13,000원, pp.253~247.
41) "MP3족 1,000만 명 청력 상실할 수도", 중앙일보, 2009.1.29.木 17면
42) MP3로부터 귀를 보호하자, 중앙일보, 08.2.2.木 30면 이수영 교수

골전도 이어폰 개발한 최성식[43] 엔텍 대표는 "이어폰은 외부 공기를 차단해 귓속 압력을 높이고 그 충격이 바로 고막으로 이어집니다. 문제는 그것만이 아닙니다. 주변 상황을 인지하지 못해 안전사고가 발생합니다. 등산하면서 이어폰으로 음악을 듣다가 신체 균형 감각이 무너지면 추락할 수 있고, 운전 중에도 위험 신호의 방향을 구분하지 못해 큰 사고를 당할 수 있습니다."라고 주의를 촉구한다.

③ 고마운 발, 올바로 섬기자

발은 26개의 뼈와 114개의 인대, 20여 개의 미세한 근육, 그리고 힘줄과 신경이 모여 다양한 기능을 표출한다. 레오나르도 다빈치조차 발을 일컬어 '공학의 걸작'이라고 할 정도였다. 하지만 우리 인체에서 가장 홀대 받는 부위가 발이다. 생계를 위해 발품을 팔아야 하고, 달리기와 걷기가 유행하면서 혹사 당하기 일쑤다. 가뜩이나 신발과 양말에 갇혀 질식사할 것 같은데 발에 감사하고, 발이 좋아하는 습관을[44] 가져보자.

첫째는 발을 따뜻한 물에 씻고, 마사지를 하며 밝은 곳에서 살펴보자. 발에 굳은 살이나 티눈이 있는지, 발의 아치가 어느 정도인지, 특정 부위가 아프거나 쉽게 피로한지 점검한다. 만일 이런 문제가 있다면 서 있거나 걷는 일상 동작으로도 몸이 뒤틀린다. 주춧돌이 흔들리니 건물이 붕괴되는 것은 시간문제다.

둘째는 발의 유연성을 높이는 것이다. 타월을 발끝에 걸고 몸 쪽으로 잡아당겨 발가락과 발목을 스트레칭한다. 많은 전문가가 추천하는 방법이다. 발이 찬 사람에겐 건포마찰을 추천한다. 발바닥을 수건으로 문지른다 이어 엄지발가락과 둘째 발가락 사이를 마찰한다. 발바닥이 부드러워져 유연성이 좋아지며, 발이 따뜻해진다. 면역력도 덩달아 높아진다.

셋째로 엄지를 포함해 전체 발가락을 강화시킨다. 발가락으로 골프공 잡기, 수건 집어 올리기 등을 한다. 엄지발가락이 굳어 움직이기 어려워지면 발의 아치도 깨져 뒤틀린다. 엄지발가락이 뒤로 잘 젖혀지도록 하는 것이 포인트다. 엄지발가락은 두뇌의 반사구이기도 하므로 머리도 맑아진다.

다음에는 발목을 돌려 풀어준다. 발목을 돌리면 골반도 정렬된다. 한쪽 손으로 발목을 누르고, 발등을 쥔 뒤 부드럽게 돌린다. 이어 발가락 밑동 움푹 들어간 곳(부들기)을 꾹꾹 눌러 주면서 마사지한다. 부들기는 몸 전체의 뒤틀림을 바로잡는 급소 같은 곳이다. 마지막으로 바로 걷는 것이 중요하다. 바른 걷기만으로도 몸의 뒤틀림이나 외반무지, 발피로 같은 트러블은 상당히 개선된다. 발 뒤꿈치부터 발을 내딛고 무게중심이 아치 바깥쪽으로 이동하면서 엄지발가락으로 지면을 차듯 걷는다. 발의 아치를 지지해 피로하지 않으며 장딴지나 종아리 뭉침도 풀어준다.

---

43) "맘껏 써도 괜찮은 이어폰 만들어", 중앙일보, 2008.11.4.火. C2
44) 발과 친해져야 하는 이유, 중앙일보, 2008.2.22.金. W4

발을 건강하게 유지하려면[45)]

① 귀가 후엔 발바닥 아치나 발가락 사이의 작은 근육을 마사지한다.

② 자주 족욕을 한다. 발을 섭씨 42~44도의 따뜻한 물에 10~15분 동안 담그면 혈액순환이 촉진돼 근육의 피로를 풀어준다.

③ 맨발로 모래나 흙 위를 걸으면 미세한 근육을 고루 사용할 수 있다.

④ 발톱은 가급적 일직선으로 깎는다.

⑤ 발바닥 통증이 있을 때는 즉시 운동을 중지하고, 원인을 알아본다.

⑥ 평소 발 스트레칭을 하고, 발가락 주변 근육과 아킬레스건 등을 단련한다.

⑦ 장시간 보행으로 발바닥이 화끈거릴 땐 얼음찜질이 도움이 된다.

④ 이 닦기

사람은 청소년기의 영구치로 평생을 쓴다. 이가 튼튼해야 음식물을 세밀하게 씹을 수 있고, 위장의 건강이 유지되고 음식물 소화력이 높아진다. 이가 튼튼할수록 연습이나 경기 중에 손쉽게 에너지를 공급받을 수 있다.

구강질환의 근본 원인은 플라그다. 일반인의 경우엔 하루 3회 올바른 칫솔질만으로도 플라그를 효과적으로 제거할 수 있다. 치아는 직선 모양이 아니고, 타원의 아치 형태로 배열되어 있다. 또 치아 사이 공간들은 칫솔모를 의도적으로 집어넣어야만 하는 곳이다. 때로는 어긋난 배열로 인해 굴곡진 곳도 있어 칫솔질하기가 어려운 곳도 있다. 따라서 구석구석 빠지지 않게 깨끗이 닦아내는[46)] 것은 결코 쉬운 일이 아니다. 꽉 눌러 힘들이지 않고 설렁설렁, 상당한 시간을 들여서 닦아야만 하는 작업이다. 세균은 혀와 입천장까지 골고루 퍼져 있다. 그러므로 이곳도 닦아야 한다. 특히 자기 전에 칫솔질하는 것이 중요하다. 자는 동안엔 침 분비가 적어 세균이 증가할 수 있다. 하루 10분 정도만 투자하면 대부분의 치과적인 문제는 예방할 수 있고 치과치료의 공포에서도 벗어날 수 있다.

대한치과의사협회와 오랄—비는 치아 수명을 늘려 건강한 치아를 유지할 수 있는 4가지 방법을 제시하고 있다. 올바른 칫솔질, 치과 방문 빈도를 높이는 것, 흡연을 하지 않고, 치실을 사용하는 것이다.

- 식사 후, 간식 후에 가장 먼저 곧바로 해야 할 일이 이 닦기이다.
- 언제나 치약, 칫솔을 휴대하여 활용한다.
- 선수들에게 이 닦기를 강조하고 필요하면 수시로 치아와 구강검사를 한다.

⑤ 정기적인 구충제 복용

만약 피부에 벌레가 붙어있는 걸 발견했다면 크게 놀라 얼른 떼어내 버릴 것이다. 기

---

45) 발이 편안해야 걷는 게 즐겁다, 중앙일보, 2008.9.23.火. C3

46) 칫솔질 횟수에 집착 '무의미' 하루 10분 이상 실천해야 효과, 매일신문, 2007.5.24.木. 20면, 최성진 원장

생충은 말 그대로 몸속에 기생하는(빌붙어 있는) 벌레다. 눈에 보이지 않는다고 아무런 조치 없이 그냥 지낼 일이 아니다. 기생충은 생명 유지·활동 에너지·성장의 재료가 되는 영양을 빼앗아갈 뿐만 아니라 더러는 질병을 일으키고 장기에 심각한 폐혜를 줄 수도 있다.

해결책은 의외로 간단하다. 봄·가을 정기적으로 구충제를 복용하는 것이다. 값싸고 효과가 뛰어난 구충제가 약국에 여럿 있다. 한 번 복용하기만 하면 된다.

⑥ 정기정밀 건강진단

1~2년마다 정기정밀 건강진단으로 건강상태를 확인하고, 조기진단 조기치료를 달성해야 한다. 여기에다 팀 주치의는 반드시 있어야 한다. 팀 주치의는 일반의사와는 달리 전문적인 스포츠의학에 밝은 의사를 선정해야 하며, 선수들은 필요 시 적극적으로 자주, 수시로 팀 주치의의 도움을 받을 수 있어야 한다.

⑦ 독감 예방주사 접종

최근 수 년 사이에 독감으로 입원하는 환자가 늘고 유행기간도 길어져 예방접종의 중요성이 새삼 부각되고 있다. 질병관리본부에 따르면 2006~2007년 겨울 평균 독감 유행기간은 14주인 데 반해 2007~2008년 겨울에는 5주 이상 늘어났다. 일반적으로 독감은 12월부터 3월까지 유행하는 것으로 알려져 있는데, 최근 2~3년 전부터는 4월까지도 독감환자가 발생하는 것으로 조사됐다.

독감 유행기간과 환자 수가[47] 늘어나는 가장 큰 원인은 독감예방접종률이 낮아지고 있기 때문이다. 독감 예방접종을 받은 뒤 2주가 지나면 면역 항체가 생기기 시작한다. 4주 후에는 면역력이 최고조에 이르고 1년 동안 면역이 유지된다. 11월에 독감 예방접종을 하면 겨울철에 독감으로 7일 안팎 연습하지 못하는 시간 낭비를, 1년 동안 독감이나 감기로 인한 시간 낭비를 하지 않아도 된다. 독감 예방접종? 안 할 이유가 없는 것이다.

⑧ 숙면 취하기

어떠한 피로 회복도 숙면 없이는 비효과적이다.[48] 수면은 어떤 기능을 하는가? 실로 중요하다. 수면 중에 혹사 당한 뇌를 쉬게 한다. 성장호르몬이 대량으로 분비되어 어린이의 성장을 돕고 성인에겐 세포의 회복을 도와준다. 낮 동안 손상 받은 피부가 복구된다. 다음 날 아침을 대비해 변을 만든다. 자는 동안에 기억이 저장된다 등등 헤아릴 수 없이 많다.

선수들의 피로 회복에 결정적인 역할을 하고, 날마다 8시간 내외의 수면 시간을 가지기에 최적의 수면을 제공하는 침대와 베개를 선택할 필요가 있다. 그리고 밤 늦도록 인터넷을 하거나 TV를 시청하는 것은 금물이다.

---

47) '따끔' 한 방이면 독감 걱정 끝, 서울신문, 2008.9.27.土. 19면

48) 잠 한번 푹 사봤으면…, 중앙일보,2009.1.12.月/ C1

숙면을 취하려면

① 병원에서 정밀 검진으로 불면증의 원인을 찾는다.
② 취침시간을 일정하게 정한다.
③ 잠자리에서 잠이 안 오면 15분 이내에 다른 일을 시작한다(졸리면 다시 침상으로, 잠 안 오면 다시 일하기 반복).
④ 낮 12시 이후엔 카페인이 든 음식은 안 먹는다(홍차·녹차·코코아·콜라·초코릿 등).
⑤ 규칙적인 아침 운동을 한다.
⑥ 소음 등 숙면을 방해하는 요인을 없앤다(배우자가 코를 골면 다른 방에서 자는 식).
⑦ 자다가 화장실 가느라 깰 때도 항상 조명은 어둡게 한다.
⑧ 절대 금주한다.
⑨ 예민·깔끔·강박·불안 등이 심한 성격은 이를 치료한다.
⑩ 복식호흡·바이오피드백 등 이완훈련을 받는다(처음엔 전문가 도움 필요).

이 밖에도 개인전용 물품 사용하기(컵·물병 등), 찌개 들어 먹기, 불량식품 안 먹기 등 크고 작은 게 많이 있다. 생활을 스스로 관리하는 능력이 선수 모두에게 요구된다.

2) 안전사고를 예방하자

생활 속의 안전사고와 연습이나 경기 중의 스포츠상해는 언제라도 일어날 수 있으며, 선수생활에 치명적인 악영향을 줄 수도 있다. 그러므로 말하고 행동하기 전에 깊이 생각하는 — 내가 이 일을 하고 나면 어떤 결과가 생길까? — 습관으로 안전사고와 스포츠상해를 줄이고, 나아가 제로로 만드는 지혜가 필요하다.

① 장면 1 화장수 병은 축구공이 아니야!

2002년 월드컵 당시 스페인 대표 팀의 주전 골키퍼는 백전노장 산티아고[49] 카니자레스였다. 그런데 한국으로 오기 전 욕실에서 떨어지는 화장수 병을 슬쩍 걷어차다가 그만 골절상을 입었다. 그래서 21살의 백업 요원 이케르 카시야스가 주전이 되었다. 한국과의 8강전. 마지막 승부차기 당시, 중계 카메라는 관중석에 앉아 낙담하는 카니자레스를 여러 번 보여준 적이 있다. 당시 우승팀은 브라질이었다. 그런데 주장 에메르손은 팀 어디에도 없었다. 훈련캠프에서 재미로 골키퍼 흉내를 내다가 골포스트에 어깨가 충돌하여 골절상, 혼자 브라질행 비행기에 올랐다. 사소한 부주의로 일생에 한 번 올까 말까한 월드컵 우승의 기회를 날려버렸다.

② 장면 2 부상 중에도 계속 뛰어야 하나?

1990년대 초 올림픽 국가대표로 태극마크를 달고 그라운드를 호령하던 김병수[50] 선수

49) BK '여권 분실' 책임 분실 아니기를…, 서울신문, 2009.2.18.水. 20면

를 아세요? 아마 모르는 분이 더 많을 겁니다. 머릿속에는 '그런 선수가 있었나?'하겠지만 미동초등학생 시절부터 천재 소리를 들으며 축구만을 했던 사람입니다. 바로 요즘 각종 포털사이트에서 많이 소개되고 있는 김병수(37)가 그 주인공입니다. 사실 인터넷에서 조금만 찾아보면 김병수 선수에 대해서 가장 잘 표현해 놓은 글이 있어요. 그런데 굳이 그 글을 직접 소개하지 않는 이유는 글이 너무 길고 읽는 데 부담이 될 것 같아서입니다.

당시 김병수를 보는 사람들마다 축구천재라고 불렀습니다. 특별한 포지션 없이 단지 공격수로 경기에 나갔지만 지고 있던 게임도 교체 순간부터는 게임을 지배하며 뒤집었다고 하더라고요. 그렇게 잘 하니까 감독이 가만 내버려 둘리가 없겠죠? 계속 뛰었대요. 뛰고 또 뛰고 그래서 발목 인대가 늘어났어요. 보통 0.6인치만 늘어나도 심하다고 하는데 양쪽 발목 인대가 1인치씩이나 늘어났다고 하니 심했죠.

발목 인대 수술을 하고 회복되나 싶었는데 재활 훈련을 충분히 하지 못하고 또 경기에 나갔답니다. 고·연전(김병수가 고대출신이고 게임에서 고대가 이겼으므로 고·연전이라고 하겠습니다)에서 고려대가 지고 있었대요. 그래서 김병수가 투입되었죠. 그리고 바로 역전해서 고려대가 이겼습니다.

1992년 바르셀로나 올림픽대표팀에 선발될 때 당시 대표팀 감독이었던 크라머는 김병수를 보고 "50년 만에 만난 축구천재"라고 평했어요. 그리고 92년 1월 27일 말레이시아 콸라룸푸르에서 벌어진 올림픽 최종 예선 일본과의 경기에서 김병수는 종료 직전 극적인 결승골을 넣었죠. 골을 넣을 당시 김병수는 "공을 약간 빗겨 찼다"라고 소감을 밝혔습니다. 몸보다 머리로 먼저 생각하고 몸까지 따라주는 천재였죠. 골을 넣은 김병수는 그라운드에서 무슨 말인가를 계속 소리 질렀습니다.

그리고 그걸로 선수생명은 끝이 났습니다. 지금은 지도자 생활을 하고 있어요. 영남대학교 축구부 감독을 하고 있죠.

③ 장면 3 포복절도 '엽기 부상'

지난달 잉글랜드 울버햄프턴이 이적 시한을 이틀 앞두고 설기현과의 이적계약을 서두른 것은 팀 내 주전 공격수들이 대거 부상자 명단에 올라 있어서다. 이처럼 주전 선수들의 예기치 않은 부상은 틈의 전력에 막대한 피해를 끼친다.

또 부상은 모든 운동선수들의 가장 큰 적이기도 하다. 이를 위해 선수들은 앞으로 바다에서 헤엄치거나 TV 리모컨을 집어들 때, 혹은 얼굴에 로션을 바를 때조차 각별한 주의를 기울여야 한다. 물론 좌약의 쓰임새를 정확히 알아두는 것도 도움이 될 것이다. 황당한 소리라고? 만일 그렇게 느낀다면 아래에 소개할 이야기들을 읽어보길 권한다.

영국 선덜랜드에서 활약 중인 훌리오아르카는 지난달 27일 예상치 못한 부상으로[51]

50) 비운의 천재 김병수의 '희망슈팅', 일간스포츠, 2007.2.20.火. 23면
51) 포복절도 '엽기 부상', 스포츠서울, 2004.9.7.火. 9면

경기에 나서지 못해 화제를 불러 일으켰다. 아르헨티나 청소년대표 출신인 아르카는 사고 당일 훈련을 마친 뒤 근처 바닷가에서 헤엄을 치다 포르투갈산 해파리에게 가슴 부위를 쏘였다. 해파리의 독으로 인해 쇼크를 받은 그는 곧장 병원으로 이송됐고 밤새 입원치료를 받았다. 다행히 사흘 만에 완쾌해 지금은 무사히 경기에 출전할 수 있게 됐지만 독성이 강한 해파리였다면 목숨까지도 위험할 수 있는 사고였다고 하니 당사자로서는 십 년 감수했을 법한 일이다.

이처럼 축구계에는 예상치 못한 사고로 부상자 명단에 오른 선수가 의외로 많다. 거실 소파에 편히 누워 있다가 부상자 명단에 오른 어처구니없는 사례도 있다. 잉글랜드 첼시의 쿠디치니 골키퍼는 소파에 누워 발로 TV 리모컨을 주우려다 발가락이 부러지는 바람에 부상자 명단에 오른 경험이 있고, 토튼햄의 로비 킨 역시 6년 전에 똑같은 일로 무릎 인대가 늘어나 병원 신세를 졌다. 또 잉글랜드 맨체스터 유나이티드의 수비수 리오퍼디난드는 소파 앞 테이블에 발을 올려놓으려다 뒤꿈치를 다치는 바람에 부상자 명단에 오르기도 했다.

그러나 가장 엽기적인 부상을 꼽으라면 브라질의 축구선수 라말류의 경우를 빼놓을 수 없다. 잇몸염증을 치료하겠다며 실수로 좌약을 삼키는 바람에 사흘 동안 병원에 입원했기 때문이다. K—리그에서도 이에 뒤지지 않는 황당한 부상 사례가 있다. 몇 년 전 고액의 이적료를 받고 포항 스틸러스에 입단한 크로아티아 출신의 율리안이 바로 그 주인공이다. 오랜 부상 끝에 복귀전에 나서기 위해 그라운드로 입장하다 트랙 옆 하수구에 발이 빠져 경기에 나서지도 못한 채 곧장 다시 부상자 명단에 오른 것이다.

⑫ 볼 리프팅과 유연성에서 이겨라

세계 축구 시장을 움직이고 있는 유럽은 아시아 축구를 낮게 평가하고 있다. A, B, C, D등급 중 스페인 프리메라리그의 여러 팀은 일본 J리그를 C등급, K리그를 D등급으로 분류하고 있다. "아시아 선수들은 축구를 제대로 하지 못한다."는 인식이 팽배해 있다.

아시아 지역 축구선수의 경쟁력 열세에는 여러 원인이 있다. 상대적으로 취약한 축구 인프라, 지도자 자질, 축구 마케팅, 축구 행정, 축구 문화 등을 들 수 있다. 그러면 일본, 한국, 사우디아라비아, 이란, 중국, 쿠웨이트, 보다 훨씬 열악한 아프리카가 지속적으로 세계 수준의 선수를 배출하는 이유가 무엇인가? 한국은 에투, 에시앙, 드로그바, 아데바요르 같은 선수를 왜 한 명도 배출하지 못하고 있는가?

평소 개인적으로 한국 축구 선수들이 기술적으로는 볼 리프팅을, 체력적으로는 유연성을, 브라질, 아르헨티나 그리고 아프리카를 넘어서야 세계무대에서 성적을 낼 수 있다고 확신하고 있다.

1) 볼 리프팅을 지배하라

볼 리프팅은 축구의 기초기술 중에서도 기본이52) 되는 기술이다. 볼 감각을 익히는 데 매우 좋다. 공중 볼 처리를 익히는 데 안성맞춤이다. 여러 상황의 볼에 정확한 자세를 익힐 수 있다. 볼의 무게중심을 찾는 연습이 저절로 된다. 볼의 무게중심을 쳐야 몸에서 벗어나지 않고 똑바로 위로 올라간다. 무엇보다 경기에 자주 사용된다. 볼 리프팅으로 익힌 기능이 매우 효과적으로 활용된다. 볼 리프팅에 자유자재가 되지 않으면 결코 초일류 선수가 될 수 없다.

참고로, 볼 리프팅의 1인자는 스웨덴의 마카엘 팜크비스트로 1983년 10월 스위스 취리히구장에서 머리와 다리, 발만을 사용해 무려 12시간 15분 동안 볼을 떨어뜨리지 않는 묘기를 연출했다. 헤딩 분야에서는 한국 우희용이 세계에서 가장 오랫동안 헤딩을 하는 사람으로 기네스북에 올라 있다. 1989년 5시간 6분 30초 동안 헤딩을 하는 세계기록을 세웠다. 2002월드컵 유치 경쟁이 뜨겁던 1996년 3월 월드컵을 국내로 유치하기 위한 홍보를 위해 LA국제 마라톤 풀코스를 축구공을 튀기며 완주해 (9시간 17분) 세계를 놀라게 했다.

볼 리프팅에 완벽하면 무엇보다 선수가 엄청난 자신감을 가지게 된다. 왜냐? 볼 리프팅이 바로 볼 컨트롤이기 때문이다. 완벽한 볼 리프팅이 경기 중 완벽한 볼 컨트롤로 연결되어 볼을 결코 빼앗기지 않기 때문이다. 볼 컨트롤이 완벽하면 최고 수준의 경기를 하더라도 거의 어려움이 없다. 최고의 선수는 하나 같이 최고의 볼 리프팅을 보여주었다. 펠레를 기억해 보라. 마라도나를 기억해 보라. 전성기 때의 호나우지뉴를 보라.

선수가 볼 리프팅에서 프리스타일로 확장해 나갈 수 있으면 경기력이 성큼성큼 향상된다. 프리스타일 내용을 경기에 그대로 적용할 수 있다. 한 번의 킥으로 상대 2~3명을 순간 돌파하거나 투 터치 슛 등 활용할 수 있는 게 너무나 많다. 우희용이나 전권을 넘어서거나 근접하는 프리스타일 수준에 도달하면 경기 중 볼을 빼앗기지 않고 안전하게 소유할 수 있게 된다. 볼을 뺏기지 않으면 상대팀에게 공격 기회가 없다.

거의 대부분의 한국 선수들은 경기를 풀어가는 첫 단계인 볼 컨트롤이 제대로 안 되기에 다음 플레이를 뜻한대로 만들어가기가 어렵다. 브라질 아르헨티나와 상대하는 팀은 이들의 볼을 뺏어내기가 어려워 경기가 힘들어지는 것이다. "한국 대표선수들은 볼 컨트롤이 제대로 안 되는 것 같다."는(2004.6.5, 평가전 후 터키 대표선수들이 한 말) 이야기가 있었다. 올림픽, 월드컵에서 강팀의 치열한 압박에 부딪히면 대표 선수들의 볼 컨트롤이 어떠한가?

감독 코치는 볼 컨트롤을 장려할 일이다. 선수가 언제나 볼 한 개를 갖고 다니면서 개인적인 시간에 틈틈이 연습하여 볼 컨트롤을 마스터하도록 적극 권장해야 한다. 그

52) 축구기초기술지도 上, 김기호 황병진, 금광, 1992.3.15 초판1쇄, 6,500원, p.7.

리고 한 달에 두 번 정도 볼 컨트롤, 프리스타일 컨테스트를 하여 시상하고 벌 주면 신선한 자극이 된다. 볼 리프팅, 프리스타일 정복 없이는 결코 초일류 선수가 될 수 없다.

2) 낙지 같은 유연성을!

낙지(Octopus minnor)는 연체동물문 두족강 팔완목 낙지과 낙지속에 속하는 해산동물이다. 주로 내만의 펄 속에 서식하며 발을 이용하여 게류, 새우류, 어류, 갯지렁이 등을 잡아먹고 산다. '봄 주꾸미, 가을 낙지'라는 말처럼 낙지는 가을에 맛이 좋다. 몸에 영양을 많이 축적하고 활력이 세 '가을 낙지를 먹으면 쇠젓가락이 휜다'는 말도 있다.

세발낙지는 낙지 중에서도 명물로[53] 취급되는데 전남 목포 무안 신안이 주 산지다. 낙지 연구로 박사 학위를 받은 김동수 해남수산사무소장은 "부화 후 3~4개월 자라 20~30g인 것을 보통 가늘 세(細)자를 붙여 세발낙지라고 한다"고 설명한다.

세발낙지는 너르고 깊은 무안 신안 갯벌에서 나 잿빛 윤기가 나는 것을 제일로 친다. 발이 긴 데다 쫄깃하면서도 부드럽고, 고소한 맛이 난다. 예전엔 낙지를 광주, 전남 지역 사람이나 좋아했고, '잔인한 식도락'이라고 눈살을 찌푸리는 사람도 없지 않았다. 그러나 2001년 12월 서해안 고속도로 개통 후 수도권에서 목포까지 오기 쉬워져 관광객이 늘면서 세발낙지도 전국에 널리 알려졌다.

세발낙지는 머리 밑으로 밀어 넣은 나무젓가락에 다리들을 엄지와 검지 사이로 훑으며 돌돌 감은 다음 초고추장을 묻힌 뒤 입에 훑어 넣어 먹어야 제 맛을 안다. 무안군 낙지골목의 이현숙(50)씨는 "입 안에서 살아 요동치니 충분히 씹어서 삼켜야 한다"고 말한다. 목포와 다리로 이어진 신안군 압해도 송공산 주차장에서 매년 낙지축제가 열린다.

유연성이란 관절 건 인대 근육의 가동범위의 정도를 말한다. 건은 뼈와 근육을 연결하며, 인대는 뼈와 뼈를 붙잡아 연결하여 뼈와 근육을 안정적으로 위치하도록 한다. 유연성은 운동수행에서 실로 중요한 역할을 한다. 순발력, 순간 스피드, 근육의 폭발적인 파워가 유연성에서 나오며 유연성을 바탕으로 한다. 축구경기 중 1:1 경쟁에서 이기게 하는 결정적인 요소가 유연성이다. 슛 타이밍, 슛(킥)하는 발의 스윙 스피드도 유연성에 좌우된다. 여기에는 고관절의 회전 속도, 차고 뛰고 달리는 데 크게 기여하는 대요근, 무릎 아래를 앞으로 뻗거나 휘두르게 하는 대퇴 사두근, 무릎관절의 반응 스피드 등 여러 요소들이 작용한다. 그런데 이 모두가 유연성과 직접 관련되어 있다. 경기 중 순간적인 방향 전환, 신속한 턴, 빠르고 높은 도약 등 유연성이 관여하지 않는 게 없다. 일례로, 축구공의 속력은 축구공을 차는 선수의 발의 속력과 의외로 단순한 관계를 가지고 있다. 볼은 볼을 차는 발의 속력보다 약 1.3배[54] 높은 속력을 가진다. 다시 말해

53) 지금이 제철 세발낙지, 중앙일보, 2008.10.25.土. 11면
54) 축구공의 운동 1. 이인호 한국표준과학연구원 책임연구원, 축구가족 2005. 9월호, p.25.

서, 축구공의 속력은 '얼마나 무게가 많이 나가는 근육질의 다리가 얼마나 빨리 움직이는가'하는 것으로 결정된다.

▲2009.3.8 한국 축구계가 기대하고 있는 제주 유나이티드 FC 구자철(2009 U20 주장) 선수가 강원 FC 이을용 선수를 빠져 나오면서 힘차게 드리블하고 있다. (사진 : 제주 유나이티드)

아프리카나 남미 선수들이 유럽이나 아시아 선수들보다 유연성이 훨씬 뛰어나다. 남미 선수들 중에서는 백인보다 뮬래토나 메스티조가 유연성에서 우위를 보이고 있다. 유연성이 뒤지면 신체의 균형이 흐트러진 상황에서, 가령 넘어지면서 정확한 슛이나 크로스가 불가능하다. 즉 고난도의 스킬을 구사할 수 없게 된다. 강한 압박 속에서는 볼 터치가 둔탁해진다. 순간적인 방향 전환에서도 뒤진다. 유연성이 뒤지면 경기 중 체력적인 경쟁에서 뒤진다. 체력적으로 중학생과 대학생이 경쟁하는 상황이 되어 버릴 수도 있다. 그 결과 개인기를 제대로 사용할 수 없게 된다. 1:1 개인전술이 통하지 않으니 부분전술 팀전술이 무용지물이 된다. 이처럼 유연성이 뒤지는 아시아 지역에서 세계적인 선수도, 월드컵이나 올림픽에서 성적을 내는 나라도 희귀한 것이다. 역으로 걸출한 유연성으로 체력적인 우위를 가지면 마음대로 평소의 개인기를 발휘할 수 있고 경기를 풀어나가기가 그렇게 쉬울 수가 없다.

그러면 어떻게 유연성을 계속 배가시킬 것인가? 실로 중요한 과제이다.

첫째, 기존의 유연성 증가에 관한 지식을 활용하면 된다. 찾기가 막막하면 이 일을 해낼 수 있는 개인에게 과제를 주면 해결된다. 둘째, 매일 요가나 스트레칭을 20~30분 하면 지속적으로 유연성이 좋아진다. 요가를 스스로 할 수 있도록 일정기간 배운 후 매일 실천하는 것이다. 매일 틈새시간을 활용하면 얼마든지 할 수 있다. 셋째, 유연성에 도움이 되는 음식을 의도적으로 섭취하는 것도 좋다. 연골은 콜라겐[55], 프로테오글라이칸, 연골세포 그리고 수분으로 이루어져 있다. 이 영양소를 많이 함유한 식품을 의도적으로 섭취하면 연골의 유지, 보존, 재생에 도움을 준다. 관절이 파괴되는 것을 막아주는 음식이 있는가 하면, 처음부터 골관절염을 예방해 주는 음식이 있다. 비타민A, 베타 카로틴, 카로티노이드(브로콜리 시금치 호박 당근 멜론 등), 비타민C, 비타민E, 셀레늄(갈치, 연어, 해바라기씨, 굴, 새우 등)이 많은 음식이 좋다. 시중에 글로코사민 제품이 많이 있는데, 실제로 글루코사민(포도당과 아민의 혼합물)과 콘드로이틴황산(연골 구성 물질)을 사용해서 골관절염의 진행을 멈추거나 치료할 수 있기 때문이다.

넷째, 근력 강화가 유연성을 배가시킨다. 근력이 약하면 운동을 억제하는 작용이 일어나기 때문에 근육을 충분히 수축시킬 수 없고, 반대로 길항근도 충분히 늘어나지 못하기 때문에 유연성에 나쁜 영향을 주게 된다. 근육의 발달 상태는 근섬유의 크기와 뚜렷함으로 판정한다. 규칙적인 웨이트 트레이닝으로 근육을 발달시키면 부상 예방에도 큰 도움이 된다.

볼 리프팅(프리스타일)과 유연성!

아시아 선수가 World Class 선수로 성장하기 위해서 반드시 통과해야 할 관문이다. 이걸 해내면? 이걸 해내지 못하면?

13 패스 받는 움직임을 완전히 익혀라

축구는 패스 게임이다. 패스로 시작해서 패스로 끝난다. 패스를 지배하는 팀이 경기에서 승리한다. 패스는 상대팀을 공략하는 가장 파괴적인 무기요, 최고로 효과적인 득점수단이다. 빅3처럼 공격할 때 물 흐르듯 패스 연결이 되어 슛으로 마무리되어야 한다. 그렇지 못하고 상대 진영에서 패스 연결 횟수가 고작 3~4회 이루어지다 볼을 빼앗기곤 하는 수준 낮은 리그와 팀을 보러 관중들이 경기장을 찾겠는가? 고객들에게 질 낮고 조잡한 제품을 가져다 놓고 구입해 달라는 것과 다름없다.

패스는 패스 내는 선수(the passer)와 패스 받는 선수(the receiver) 사이에 이루어진다. 이때 패스 받는 선수가 패스의 성패와 패스의 품질을 결정짓는 열쇠를 쥐고 있다. 그러므로 선수에게 패스 받는 움직임을 완벽하게 이해시키고 연습시켜 자유자재가 되도록 해야 한다. 패스 받는 움직임(달리기)은 너무나 간단하다. 12가지 정도의 기본적인 움직임(달리기)이 있을 뿐이다. 그런데 왜 한국 선수들의 패스 받는 움직임이 왜 그렇게 옹색하고 비효과적인가? 전혀 배우지 않은 것처럼 행동할 때가 많다. 왜 세계 수준과는 너무나 차이가 클까?

---

55) 관절염 치료법, 제이슨 테오도사키스 외 지음 이도영 옮김, 집사재, 2001.2.22. 초판8쇄, 12,000원, p.54.

운동장 연습 때 "이렇게 해라, 저렇게 하라" 단편적으로 가르쳐서는 백년하청이다. 먼저 강의실에서 세계 최고 수준의 교수학습방법으로 이론을 선수들에게 완전히 이해시킨 다음 잔디구장에서 의도적으로 계획된 프로그램대로 코칭이 이루어져야 한다. 거듭 강조하지만 경기력 향상에 잔디구장에서 감독 코치에게 배우는 연습을 후하게 주어도 35%도 되지 못한다. 65% 이상이 잔디구장 밖의 일상생활에서 결정된다. 감독 코치는 이 사실을 하루 속히 그리고 깊이 있게 깨달아야 한다. 경기에서의 승패는 선수들의 운동장 밖의 일상생활에서 이미 결정되어 있다.

1) 축구는 패스 게임이다

축구경기를 자세히 보면, 축구는 패스 게임이라는 생각이 저절로 들지 않는가? 슛도 일종의 패스다. 골문 안으로 GK가 잡을 수 없는 방향으로 패스하는 것이다. 축구는 볼 나르기 게임이다. 드리블보다 패스가 훨씬 효과적이다. 전술이란 어떻게 하면 상대편의 볼 나르기를 저지하고 우리 편이 경제적으로, 효과적으로 볼을 운반할 것인가에 대한 계획이다.

과거에는 뛰어난 드리블러가 관중의 인기를 독차지했다. 일례로, 경기장에 풀어 놓은 실이 역동적으로 춤추듯 유려하고 거침 없었던 10개의 다리를 가진 드리블의 귀재 호세 레안데르 안드라데(우루과이, 1928 올림픽 축구 우승 멤버). 도저히 수비가 불가능했던 자연의 힘, '브라질의 기쁨'으로 불렸던 작은 새 가린샤(브라질, 1958, 1962 월드컵 우승 멤버, 1962 월드컵 최우수 선수)의 드리블은 축구의 즐거움 그 자체였다. 그러나 이제 그런 시대는 지나갔다. 체력적인 우위와 패스의 효율성을 강조하는 현대축구는 드리블의 아름다움을 억제하고 스피드와 압박을 더욱 강조하고 있다. 드리블의 시대가 가고 패스의 시대가 왔다.

2) 패스란?

패스는 두 사람 사이의 대화와 같다. 말하는 사람이 있고 듣는 사람이 있다. 패스 하는 선수가 있고 패스 받는 선수가 있다. 패스는 두 선수 사이의 의사소통이다. 패스를 통해 서로가 무엇을 원하는지 알 수 있다. 패스는 팀의 신진대사이다. 패스가 건강해야 팀이 건강해진다. 말할 때가 있고 들을 때가 있는 것처럼 패스 내어야 할 때가 있고 패스 받기 위해 달려야 할 때가 있다. 대화에도 격이 있듯 패스에도 품질이 있다.

3) 패스의 종류

패스의 종류는 매우 다양하다. 그 중에서도 특히 가치 있으며 장려해야 할 패스 몇 가지를 찾아보자.

① 스루 패스(Through Pass)

상대편 두 선수 사이를 관통하는 이 패스는 단 한 번에 득점 기회를 만들어 내며 수비 전체를 흔들어 놓는다.

② 크로스 패스(Cross Pass)

완벽하게 돌파한 후 정확한 크로스를 올리는 선수는 팀의 보배다. 이때 크로스 패스를 받는 선수는 오직 한 사람뿐, 이 선수를 목표로 크로스를 내어야 한다.

③ 벽 패스(Wall Pass)

상대 문전에서의 벽 패스로 득점 기회를 만들자.

④ 더블 패스(Double Pass)

이중적인(연속적인) 벽 패스

⑤ 역(逆) 패스

역 패스는 플레이의 전개 방향을 순식간에 바꾸는 패스이다. 일례로, 오른쪽 터치라인 부근에서 두세 번 짧은 패스로 상대편을 가까이 끌어당긴 후 장거리 패스로 비어 있는 왼쪽 터치라인에서 플레이를 전개해나가는 것이다.

⑥ 논스톱 패스(Non—stop Pass)

주위 상황을 미리 읽어두지 않으면 논스톱 패스는 불가능하다. 상대 수비가 반응하고 방해하기 전에 이루어지는 논스톱 패스는 상대의 압박을 이기는 효과적인 방법이다. 논스톱 패스의 달인 알란 볼을 넘어서는 논스톱 패스를 내는 선수가 되자!

패스에 주로 사용하는 부위는 발이다. 그러나 여기에 한정해서는 안 된다. 이마로 훌륭한 헤딩 패스를 낸다. 때로 가슴 무릎으로 기막힌 패스를 할 수 있다. 또 어깨는 패스하기에 얼마나 좋은가! 그때그때 상황에 따라 가장 적합하게 온몸으로 패스할 수 있어야 한다.

4) 패스의 공간과 각도

이 두 가지는 패스의 성패와 품질을 좌우하는 핵심 요소이다. 패스 받는 선수는 항상 달린다. 왜? 패스의 공간과 각도를 확보하기 위해서다.

① 패스의 공간

축구경기에서 공간은 오직 3곳에 있다. 하나는, 높은 곳에서 경기상황을 사진 찍었을 때 상대 선수가 서 있지 않은 곳, 말 그대로 비어 있는 공지(공간)이다. 대개의 경우 양쪽 터치라인 부근에 이런 공간이 가장 많고 상대 문전 중앙에 가장 적다.

둘째, 경기 중 선수들의 질주에 의해 순간적으로 생기는 공간(open space)이다. 가장 바람직한 공간이며, 이런 공간을 잘 만들고 효과적으로 활용하는 팀이 수준 높은 팀이다. 이런 공간을 만드는 연습을 많이 해야 한다. 세 번째 공간은 머리 위에 있다. 볼의 낙하지점 아래에서 헤딩 경쟁이 이루어지는 높이의 공간이다. 자연스럽게 헤딩 경쟁력이 뛰어난 선수가 이 공간을 차지한다. 다이빙 헤딩의 경우 공간은 앞에 있다. 상황에 따라 선수의 좌우에 허공이라는 공간이 있기도 한다.

축구에서 공간은 어떤 의미를 가지고 있으며 그 기능은 무엇일까? 집이나 건축물을 왜 만드는가? 그 속의 공간을 활용하기 위해서다. 공간을 만드는 바닥, 벽, 천정을 활용하기 위해서가 아니라 공간을 방이나 사무실로 쓰기 위해서다. 축구에서의 공간도 이와 같다. 공간은 수비 중반 공격을 만들어 가는 구체적인 장소다. 공간이 많을수록 선택 가능성이 많아진다. 상대방의 방해가 적다. 즉 공간이 많다는 것은 상대편 선수가 볼에서 멀리에 있다는 뜻이다. 이러하기에 사용할 수 있는 시간도 많아진다.

반대로 쓸 수 있는 공간이 좁을수록? 선택 가능한 패스 통로가 줄어든다. 즉 패스 받을 수 있는 동료선수가 적다. 상대방이 볼 가까이 있기에 볼을 빼앗길 개연성이 높아진다. 패스보다 드리블 돌파로 상황을 타개해야 할 경우가 많아진다. 경기를 준비하는 감독 코치 선수가 공간에 대한 이해가 깊을수록 더 효과적으로 경기를 풀어갈 수 있다.

② 패스의 각도

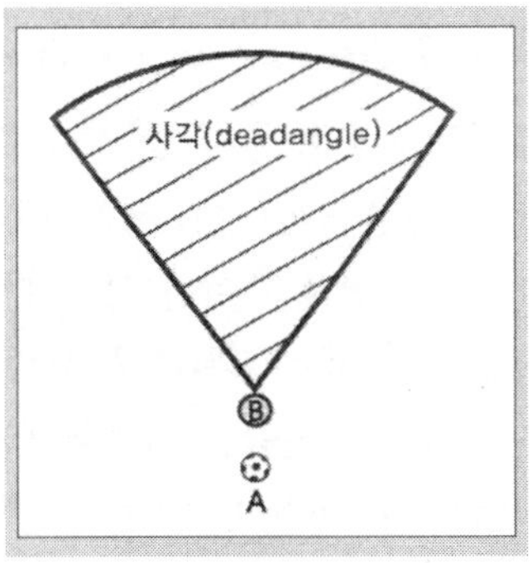

볼을 소유하고 있지 않은 상태에서 패스를 받는 선수가 생각해야 할 것은 패스를 받을 수 있는 위치를 확보하는 것이다. 즉, '볼이 자신에게 없을 때에는 완전한 위치를 선택하는가'는 축구의 기본 원리 중의 하나로 항상 생각해야 한다.

패스를 받는 위치를 이해하기 위해서는 사각(dead angle)을 이해해야 한다. 사각이란 그림과 같이 볼을 가진 선수(A)에 대하여 상대방 선수인 B의 다리나 몸, 머리로 볼의 패스를 막을 수 있는 폭의 각도를 의미한다.

이 사각 안에[56] 있으면 패스를 받을 수 없기 때문에 패스를 받는 선수는 자기를 마크한 상대 선수로부터의 이탈과 함께 사각에 들어가 있지 않도록 해야 한다. 즉, 사각을 벗어나 패스를 받을 수 있는 각도를 만들어야 한다. 경기 중에는 볼을 가진 선수와 상대방의 위치관계 즉, 각도가 순간적으로 변화하기 때문에 패스를 받을 사람은 사각을 이해하고 패스를 받을 수 있는 위치로 계속적으로 움직이는 것이 중요하다.

---

56) 축구 기본기술 및 전술 트레이닝, 강유원 외, 두남, 2001.7.10.초판1쇄, 17,000원, p.70.

5) 패스의 전술적 고려

① 패스의 시점, 방향 및 방법은 기본적으로 볼을 갖지 않고 빈 공간을 향해 자유롭게 질주하는 선수가 결정하게 된다. 왜냐하면 볼을 가지고 있는 선수는 자유롭게 질주하는 선수의 움직임을 보고서 어떻게 볼을 패스할 것인지를 파악하는 반면에 자유롭게 질주하는 선수는 볼을 가지고 있는 선수의 생각을 결코 점칠 수 없기 때문이다.

② 경기를 진행하는 과정에서, 개개의 선수들 상호 간의 패스와 팀 전체의 콤비플레이는 가능한 한 변화무쌍해야 한다. 직선 패스 및 반대편으로의 패스, 앞 또는 뒤쪽으로의 패스, 롱 패스 및 쇼트 패스, 낮은 패스와 높은 패스, 그리고 자기편 선수에게 패스하든가 아니면 빈 공간으로의 패스 등등 여러 가지 형태의 패스를 적절히 섞어서 변화시켜야 할 것이다. 만약 이처럼 다양한 패스를 시도한다면 상대편 선수는 그 누구도 앞일을 예측할 수 없을 것이다. 이것이야말로 이미 경기의 반은 이기고 있는 것이다.

③ 경기장 규모, 기상조건 및 상대편의 수준에 따라 어떤 패스를 이용할 것인가가 상당히 영향을 받는다. 날씨를 고려한다. 예컨대 바람 부는 날이면 공중 패스보다 땅볼 패스가 안전하다.

④ 패스는 상대편 선수를 등진 자기편 선수의 앞으로 연결되어야 한다.[57)]

⑤ 슈팅을 전제로 한 패스는 가능한 한 패스 받는 선수의 익숙한 다리에 연결되어야 한다.

⑥ 스핀을 먹지 않은 낮은 패스나 적당한 강도의 낮은 패스가 받기에 가장 알맞다.

⑦ 거꾸로, 높은 패스나 스핀볼은 상대편 선수를 속아 넘어가게 할 수 있다. 그것에는 드롭킥이 아주 적당하다.

⑧ 스핀은 주어진 상황에 알맞게 이루어져야 한다. 예를 들면, 자기편 선수가 달려 들어 오는 오른쪽을 향해 스핀을 먹인 킥을 할 때는, 오른발의 바깥 발등이나 왼발의 안쪽 발등을 이용해야 한다. 오른쪽 코너에서 골키퍼가 잡을 수 없도록 스핀을 먹여 킥을 할 때는, 오른발의 안쪽 발등이나 왼쪽의 바깥 발등을 이용해야 한다.

⑨ "단순할수록 최고다."라는 축구격언이 있다. 패스를 간단히 하면 볼을 계속 유지할 수 있을 것이다. 리버풀 팀의 좌우명은 다음과 같다. "가장 가까이 있는 붉은 셔츠에게 패스하라", 결과적으로 볼 때 위의 두 말은 동일한 뜻을 지니고 있다. 항상 가장 가까이 있는 동료선수에게 패스하는 것은 아니지만 그것이야말로 볼을 뺏기지 않고 앞으로 전진할 수 있는 최상의 방법임이 명백하다.

⑩ 동료선수의 습관, 장단점, 플레이 스타일 등을 고려한다.

---

57) 축구 기초기술지도 上, 김기호 황병진, 금광, 1992.3.15. 초판1쇄, 6,500원 pp.124~125.

⑪ 압박상황에서는 가급적 빠른 패스 또는 논스톱 패스가 요구된다.
⑫ 가능하면 패스의 정확성과 강약을 조절하기 쉬운 인사이드 부위를 사용한다.

6) 패스는 최상의 병기

장 피에르 모홀랑 前 프랑스기술위원장에 의하면 현대축구는 전체 득점의[58] 1/3이상이 1~2번의 패스를 통한 속공전술로 만들어진다. 그리고 속공을 잘하기 위해서는 1:1 대응력, 2:1 패스, 정확하고 긴 크로스, 짧고 빠른 패스 등이 필요하다. 패스는 항상 최소한 두 사람, 즉 보내는 사람(the passer)과 받는 사람(the receiver)의 움직임으로 구성된다. 그리고 우수한 패스 능력은 모든 팀 전술의 기초가 된다. 패스란 단순히 같은 편에게 볼을 전달하면 그만인 것이 아니라 받는 선수가 무엇을 할 수 있을지가 중요한 요소가 된다. 따라서 중요한 것이 '패스의 질'인데 '질'이란 일반적으로 타이밍(timing), 방향(direction), 강도(weight of the ball)를 말한다.

우리나라 선수들의 평상시 패스 미스 상황을 분석해 보면 다음 3가지가 가장 흔하게 나타난다. ① 시야가 좁아 정확한 판단을 내리지 못한다. ② 패스 강도가 약해 인터셉트를 당한다. ③ 동료와의 순간 커뮤니케이션 부족으로 실수를 범한다.

효과적인 패스를 생산하기 위해서는 빠른 판단과 시야확보, 킥의 기술, 받기 위한 동작(움직임), 볼 컨트롤 기술 등의 4가지 요소가 결합되어야 한다. 완벽하게 패스하기 위해서는 반복 훈련이 반드시 필요하다. 효과적인 패스 훈련을 통해서 기본적인 기술의 질을 높여 자기도 모르게 무의식적으로 기술을 펼칠 수 있어야 한다.

멋진 패스는 보내는 선수와 받는 동료선수간의 콤비네이션 플레이에 의해 만들어진다. 보내는 선수는 패스를 받는 동료의 습관, 플레이 스타일, 장점, 몸의 형태 또는 방향, 컨트롤 범위, 상대의 수비 위치, 골키퍼의 위치 등을 모두 고려해 볼을 전달해야 한다. 다시 말하면 볼을 받는 동료가 가장 처리하기 쉬운 볼을 보내야 한다. 그렇게 하기 위해선 평상시 훈련과정에서 부단히 호흡을 맞춰야 한다. 특히 패스의 강도가 중요하다. EPL에서 뛰는 선수들과 우리 선수들의 패스를 비교해 보면 강도와 방향성에서 차이가 난다. 패스가 약해 볼이 멀리 가지 않거나, 멀리 가더라도 상대의 마크에 걸려 쉽게 볼을 빼앗기는 경우를 우리 선수들에게서 자주 볼 수 있다. 그래서 항상 볼을 받는 사람이 바른 몸의 형태(Bady shape)를 취할 수 있게 적절한 강도로 볼을 전달하는 게 중요하다. 패스를 보내는 쪽은 실전에서 통용될 수 있는 강한 패스를 할 수 있어야 하고, 패스를 받는 선수는 그 강한 볼을 제대로 컨트롤할 수 있어야 한다. 이 같은 기술은 평상시 훈련에서 무의식적으로 익혀야 습관화할 수 있는 것이다.

---

58) 패스는 최상의 병기, 김종환, 베스트 일레븐 2008년 3월호, 6,800원, p.89.

7) 패스 받는 움직임을 완벽하게 익혀라

선수는 경기에서 승리하기 위해 날마다 연습한다. 축구경기는 패스 게임이다. 그러므로 패스 받는 연습을 완벽하게 그리고 종합적으로 이해하고, 연습하여 선수 자신의 것으로 만드는 일은 아무리 강조해도 지나치지 않다. 패스 받는 방법은 크게 두 가지이다. 제자리에서 그리고 움직이면서(달리면서) 받는 방법이다.

① 제자리에서 패스 받기

바람직하지도, 효과적이지도 않은 방법이다. 그러나 너무나 많은 선수들이 거의 습관적으로 이렇게 하고 있다. 상대 선수가 순식간에 접근하여 볼을 뺏거나 다음 움직임을 방해할 것이다. 그러므로 언제나 움직이면서 패스를 받아야 한다.

② 움직이면서(달리면서) 패스 받기

선수가 움직일(달릴) 수 있는 방향은? 360°이다. 어디로든, 어떤 방향으로든 움직임(달리기)이 가능하다. 여기서는 핵심이 되는 기본적인 움직임 13가지를 제시한다. 이걸 응용하면 효과적인 움직임을 무한히 창조할 수 있다.

㉠ 8방향으로 달리면서 패스 받기

가장 기본적인 움직임이지만 그 효과는 매우 크다.

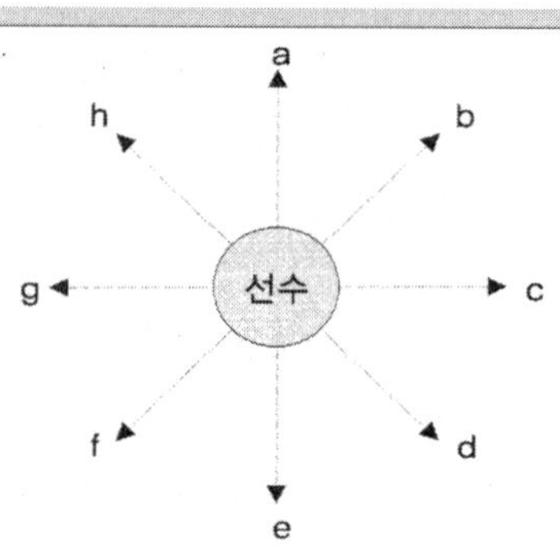

a. 상대가 뒤에서 달려들면 그만큼 앞으로 나와서 패스 받는다. 수비가 발을 뻗어도 닿을 수 없는 곳에 있으면, 그 수비는 절대로 볼을 뺏어낼 수 없다. 너무나 간단한 상식 아닌가?

e. 상대가 앞에서 달려오면 그만큼 뒤로 물러나면서 패스 받는다.

c. 상대가 왼쪽에서 다가오면 그만큼 오른쪽으로 이동하여 패스 받는다.

g. 상대가 오른쪽에서 접근하면 그만큼 왼쪽으로 이동하여 패스 받는다.

㉡ 상대편 뒤로 돌아가서 패스 받기

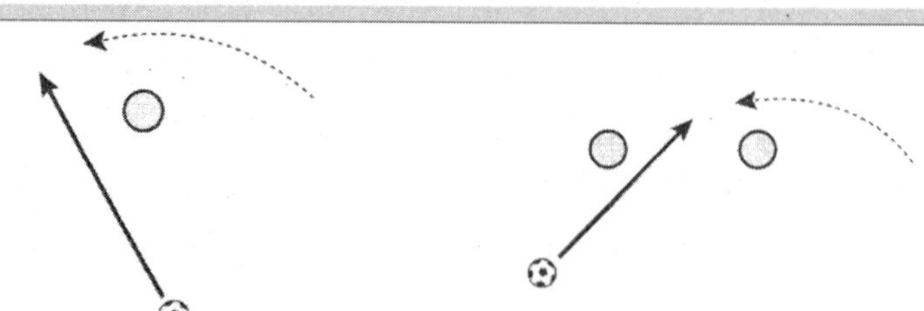

왼쪽에서 오른쪽으로 움직여서 패스 받는다.

상대 등 뒤로 달려 들어가면서 효과적으로 스루 패스를 받고 있다.

㉢ 수비 앞에서 적극적으로 패스 받기

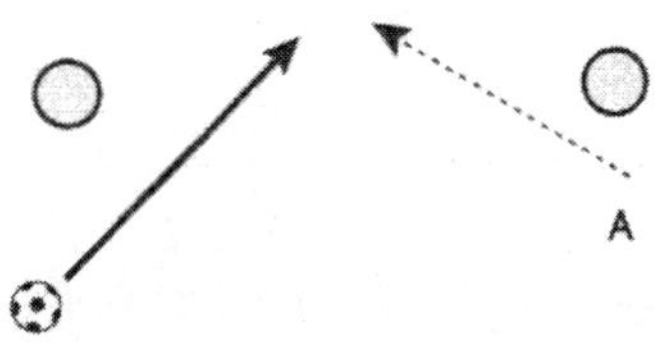

선수 A는 수비 바로 앞에 위치하여 적극적으로 침투 패스를 받는다. 순발력 뛰어난 단거리 달리기에 앞서 있는 선수에게 특히 권장할 만하다.

㉣ 상대를 순간에 떨어뜨리고 되돌아와서 패스 받기

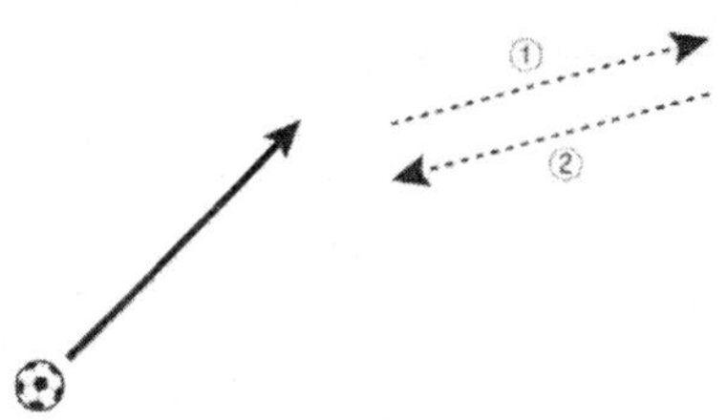

대각선으로 빠르게 달리다 순간적으로 턴하여 수비를 떨어뜨리고 되돌아 와 빈 공지에서 패스 받는다. 주위 상황에 따라 달리는 방향은 360°로 다양하게 할 수 있다.

㉤ 두 발 사이로 볼을 흘려보내고 순간적으로 턴하여 볼 소유하기

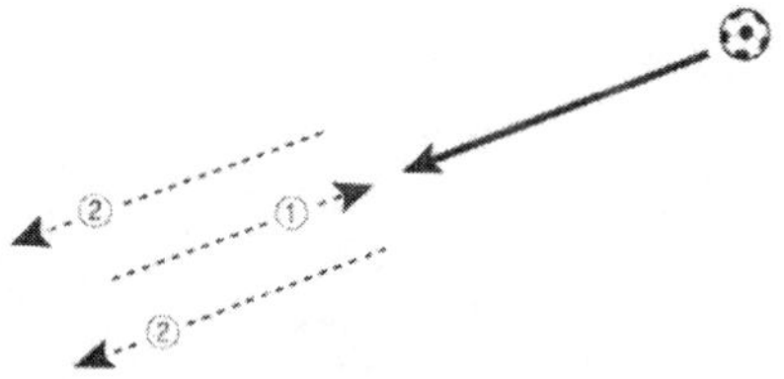

패스된 볼을 마중 나가면서 볼을 만나는 순간 터치하지 않고 그대로 흘려보내고, 최고 스피드로 턴하여 볼을 따라 가서 소유한다. 달려드는 상대 수비를 이 속임수 동작으로 단번에 떨구어 놓는다.

㉥ 볼에서 떠나는 달리기

이 움직임은 동료선수에게 공간을 만들어 주기 위해 시도한다.

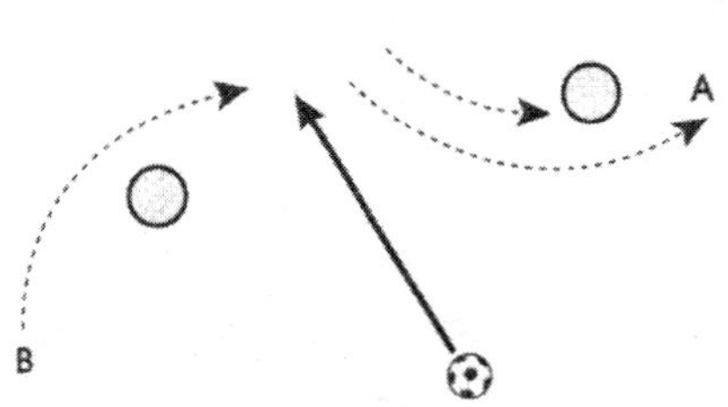

A가 의도적으로 외각으로 달린다. 수비는 A의 움직임을 압박하기 위해 같이 움직인다. 이 빈 공간으로 B가 달려 들어가 패스 받는다.

㉦ 역(逆) 패스를 받는 달리기

이 패스는 공격 방향이 순간적으로 바뀌게 한다.

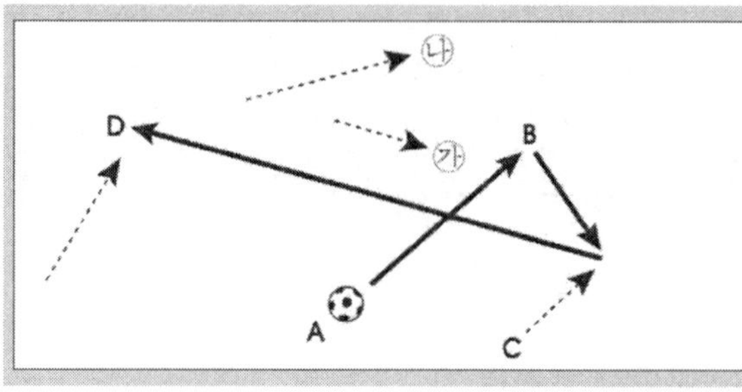

A, B, C가 별로 의미 없는 듯한 근거리 패스를 하면서 ㉮를 끌어당기고 ㉯가 빈 공지를 커버하게 움직이면 바로 D에게 역 패스를 낸다.

㉧ 볼 가까이로 마중 나오면서 비스듬히 달려 각도 열고 패스 받기

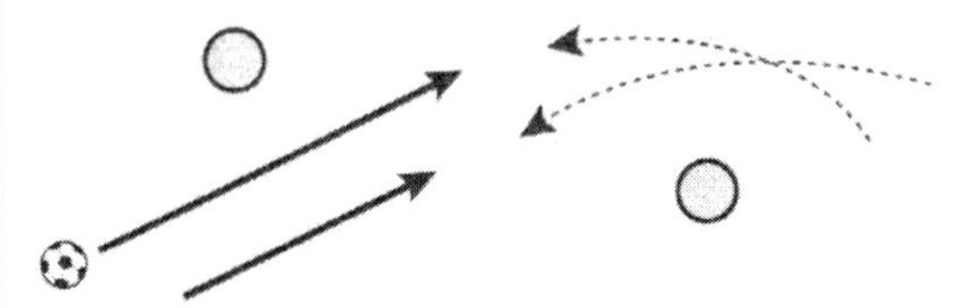

간단하지만 이 달리기로 곧바로 패스길이 열린다.

㉨ 장거리 패스를 내고 전력질주로 접근하여 패스 받기

1970년대 아르헨티나 레이싱 데 코르도바 팀의 팬 벌버스는 이렇게 장거리 패스를 내고, 동료가 컨트롤할 때 벌써 접근하여 볼을 달라고 소리쳤다. 힘이 넘치는 역동적인 플레이다.

ⓩ 교차동작

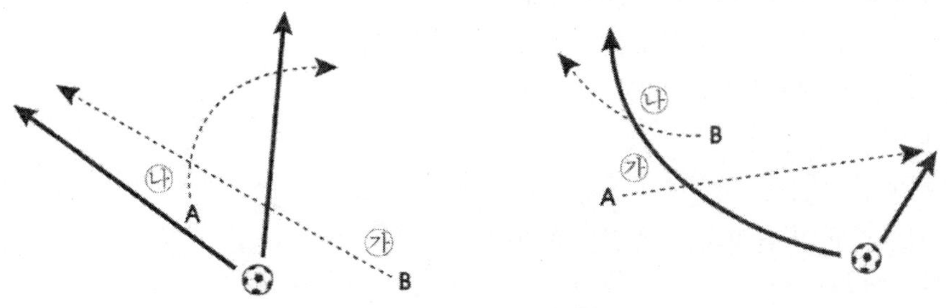

이렇게 A, B 2명의 선수가 교차해서 달리면 수비는 당황하게 된다. 어느 순간 패스 가능성이 저절로 생기게 된다.

ⓚ 벽 패스(wall pass)

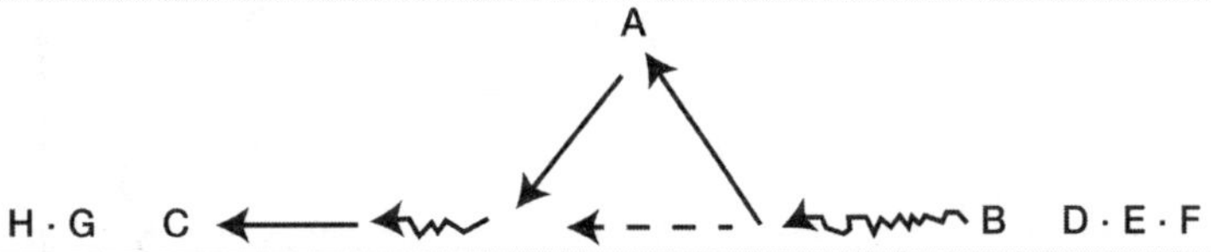

- A는 벽의 역할을 한다.
- A는 논스톱 패스를 낸다(상황에 따라서는 잠시 잡고 있다가 패스내는 경우도 있다).
- 이때 패스의 스피드와 각도(방향)를 결정해주는 것은 달리는 B이다(전력질주 권장, 돌파의 스피드 높이기).
- 수행 후 B는 H · G 뒤에 위치하고, 이어 C가 B처럼 움직인다.
- A는 땅으로(지면으로) 굴러가는 품질좋은 패스를 돌려준다.

ⓣ 동료의 뒤를 돌아가서 패스 받기

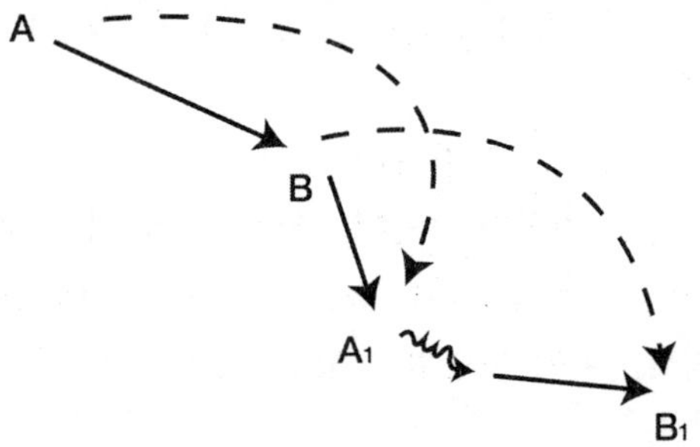

• 패스 준 동료가 볼 가진 선수 가까이 다가온 순간 수적우위(2:1) 상황이 만들어지며, 한 개의 패스 가능성도 생겨난다.
• 패스 준 동료가 스스로 만들어내는 좋은 패스 기회!
  - 패스 받으려는 선수는 항상 달린다.
  - 달린다는 것은?

㉲ 크로스를 만들어내는 측면돌파 패스

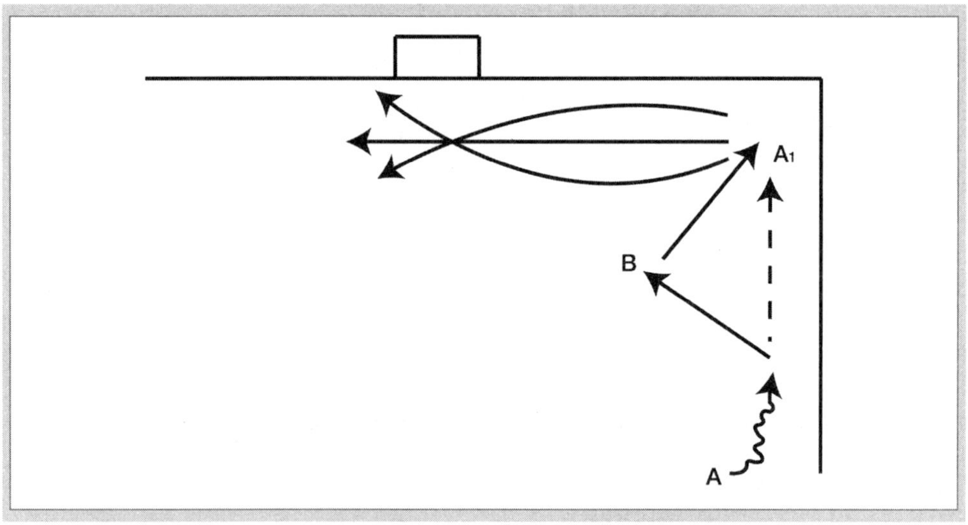

• 수비를 붙이고 B가 후방으로(A쪽으로) 드리블하여 보다 넓은 공간을 만든 후 ── 상대가 없는 ── A에게 패스해도 좋다.
• 이때 A의 선택은 크게 2가지이다.
  크로스와 슛(중앙으로 드리블해 들어가)이다.

※ 크로스에 대하여
a. 크로스의 목적은 슛 기회를 만들기 위해서다(득점).
b. 그러므로 크로스 받는 선수는 오직 1명(득점하기 가장 좋은 위치에 있는)이다.
c. 이 선수가 가장 좋아하는(가장 잘하는) 슛을 할 수 있도록 크로스 올려라.
   보기로, 헤딩의 경우?
d. 자유자재로 올릴 수 있는 몇 가지 크로스 유형(각도·거리·스피드 등)을 가져라.
e. 반대편 문전공간(또는 측면공간) 확보를 위해 볼을 너무 오래 끌지 않는다.
f. 패스 받는 선수의 스피드를 살릴 수 있도록 정확한 타이밍을 만들어라.
g. 윙어뿐만 아니라 스트라이커 미드필더 윙백, 나아가 모든 선수가 크로스의 달인이 되어야 한다.

h. 정확하고 빠른 크로스를 내려면 강력하고 유연한 발목을 가져야 한다. 발목을 강화시켜라!

이상으로 13가지의 기본적이면서도 핵심적인 패스 받는 달리기를 살펴보았다. 단순하고 간단하지 않은가! 그러면서도 그 효과는 어떠한가! 이걸 생각거리로 하여 수없이 많은 패스 받는 달리기를 만들어 내고 연습하자.

축구는 패스 게임이다. 패스를 지배하는 팀이 경기에서 승리한다.

14 적극적으로 선수들에게 장학금을 주자

1) 그런 이야기들

(1) 고기를 먹여주마

2004년 6월 21일(月) 한 신문에 아래와 같은 내용이 보도되었다. 대구 달서경찰서는 21일 운동선수인 아들에게 고기를 먹이고 싶지만 돈이 없어 대형 할인점에서 음식물을 훔친 혐의로 김모(39 · 달서구 본동)씨를 입건. 경찰에 따르면 김씨는 남편과 4년 전 이혼한 뒤 고교생 아들과 함께 살고 있는데 20일 오후 4시쯤 달서구의 한 대형 할인점에 선풍기를 사러 갔다가 아들에게 먹이려고 한우 고기와 포도, 갈치, 파인애플 등 5만 7천여 원 어치를 웃옷에 숨겨 나왔다는 것. 경찰은 "김씨가 식당 일을 하면서 생계를 꾸려오다 최근 그만 뒀다."고 발표했다.

(2) 자동차 선물 받아 기쁘세요?

내가 아는 어느 가정에는 집안일을 도와주는 한 파출부가[59] 있다. 얘기를 듣자니 이 아주머니는 그런 대로 어렵지 않은 가정을 꾸려 나가는 모양인데 고등학교에서 운동을 하는 아들 뒷바라지를 하기 위해 남의 집일을 돕고 있다고 한다.

나는 가끔씩 이 아주머니의 얘기를 전해들을 때면 기분이 언짢아지곤 하는데 학부형인 이 사람들의 얘기를 100% 모두 믿지 않더라도 운동선수 학부모들의 벙어리 냉가슴 앓는 식의 불만이 위험 수위를 넘고 있는 것은 틀림없는 것 같다. …감독이 친구들과 술을 마실 때도 학부형을 불러낸다든지 학부모와 함께 고스톱을 쳐서 돈을 따게 하고 잃어준다든지 하는 얘기는 사실 여부를 떠나 보통 듣기 거북한 게 아니었다.

졸업생이 명문 K대학에 들어가면서 감사의 표시로 자동차를 선물했다고 했는데 알고 보니 그 선수는 계약금만 냈을 뿐 나머지는 학부모들 몫이었다는 투덜거림은 바로

59) 그라운드 산책, 차범근, 우석, 1997.12.4 초판1쇄, 6,000원, pp.102~103, 114.

그 감독을 좇아가 한방 갈겨버리고 싶다는 충동을 느낄 만큼 화나게 만들었다.

언젠가 운동하는 아들의 뒷바라지를 제대로 못한다는 부담감으로 자살을 했던 아버지도 있었다.

(3) 학교운동비 비용 부담, 너무 힘들어요

서울의 한 초등학교에 다니는 아들을[60] 둔 어머니 A씨는 아들의 야구 뒷바라지에 허리가 휠 지경이다. 야구부의 모든 비용은 학부모가 부담해야 하기 때문이다. 야구부 학부모는 월 훈련경비를 30만 원씩 내고, 전국대회가 열리면 버스 대절 비용부터 식비까지 대고 있다. 심지어 감독과 코치의 4대 보험비와 월급도 학부모가 책임진다. 선수를 자녀로 둔, 특히 축구, 야구, 농구 등 인기 종목일수록 학부모들은 고액의 교육비 부담으로 힘겨워 하고 있다.

대한축구협회는 한국축구를 국내외에 대표하는 기관이다. 행정, 재정, 각급 대표 팀 등 한국축구의 거의 모든 것을 쥐고 있다. 그러나 이 문제는 대한축구협회 창립 76년째인 올해까지 줄기차게 방치해 놓고 있다. 이걸 하라고 협회가 존재하고, 이걸 해내어야 협회다. 그리고 이 일 역시 해결이 어려운 일이 아니다.

2) 누가 고객인가?

언제나 비고객이 시장을 움직인다. 그러나 회사에 수익을 주는 건 언제나 고객이다. 시장점유율 역시 고객의 선택에 의해 결정된다. 2009년 3월 현재 세계의 기업 중 매출 1위는 월마트이고 2위는 엑손 모빌이다. 이 두 기업뿐만 아니라 고객을 이길 수 있는 기업은 이 세상에 하나도 없다. 기업이 파산하는 것은 고객을 잃어버렸기 때문이다.

그러면 감독 코치에게 가장 소중한 고객은 누구인가? 선수이다. 축구경기가 생겨나기 이전인 18세기에는 축구선수가 없었기에 당연히 감독 코치라는 직업도 없었다. 이처럼 선수는 감독 코치의 존립 기반이다. 그러면 이 땅의 축구지도자들은 최고의 고객인 선수들을 어떻게 대접하고 있는가? 서비스는 어떠한가? 합숙소, 연습장면 그리고 경기 장면을 보면 바로 알 수 있다.

변화를 예측하고 변화에 앞서 가는, 변화를 만들어 가는 개인이나 기업이 지속적인 성공을 일구어낸다. 변화하지 않으면 변화 당한다. 앞으로 거스를 수 없는 새 시대의 물결이 밀려와, 감독 코치와 선수의 관계가 지금처럼 군림하는 관계가 아니라 지원하고 서비스하는 '섬김'의 관계로 패러다임이 전환될 것이다. 그리고 서비스로 구체적으로 표현될 것이다. 서비스란 무엇인가? Time지가 선정한 서비스의 구루(guru) 고객서비스의 세계 최고 권위자 존 숄이 들려주는 말에 귀 기울여 보자, 어떤 생각거리를 주는가?

---

60) 야구하는 아들 허리 휘는 엄마, 서울신문, 2008.7.22.火.9면

(1) 서비스란 무엇인가?

- 고객들은 가격에 대한 관심사나 제품의 질보다는 서비스에 문제가 있다는 인식 때문에 거래 회사를 바꿀 가능성이 다섯 배나 더 많다.
- 나쁜 서비스는 광고를 무용지물로 만든다.
- 당신이 약속한 것보다 더 많이, 또 고객이 기대하는 바 이상으로 서비스를 제공하라.
- 고객 서비스의 가장 큰 문제점은? 경영자들이 서비스를 중요한 전략으로 여기지 않는다는 점이다.
- 기업의 평판을 결정하는 요소 중 95%가 일선에서 고객들을 상대하는 사원들의 손에 달려있다.
- 슬로건, 현학적인 말투, 요란한 격려, 이런 것들로 가득 찬 안내 지침서는 우수한 고객 서비스를 만들어내지 못한다. 단지 우리의 헌신, 실천의지, 투철한 직업의식만이 그것을 이루어낼 것이다.
- 내가 조금이라도 더 수고해야 한다면, 당신을 돕고 싶지 않다.
- 당신은 나를 좋은 사람이라고 생각할지 모른다. 그러나 내가 누구인지 당신은 아는가? 나는 두 번 다시 찾아오지 않는 고객이다.
- 고객은 만족해서 돌아가야 한다.

(2) 고객이란 무엇인가?

- 고객이란 이 회사에서 가장 중요한[61] 사람이다 — 지점 접하든 혹은 우편을 통해 접한 고객이든.
- 고객이란 우리 업무의 방해꾼이 아니라, 우리 업무의 목적이다.
- 고객이 우리에게 의존하고 있는 것이 아니라, 우리가 그들에게 의존하고 있다.
- 우리가 고객에게 봉사함으로써 호의를 베풀고 있는 것이 아니라, 고객이 우리에게 그런 기회를 제공해줌으로써 우리에게 호의를 베풀고 있는 것이다.
- 고객은 잔꾀를 써가며 논쟁할 대상이거나 대항할 상대가 아니다. 그 누구도 고객과의 논쟁에서 이긴 적이 없다.
- 고객은 그가 필요한 사항을 우리에게 가져오는 사람이다. 그것을 고객과 우리 자신에게 유리하도록 처리하는 것이 우리의 임무이다.

3) 적극적으로 선수들에게 장학금을 주자

감독 코치는 노동자다. 고용하는 쪽이 아니라 고용된 사람이다. 노동력을 제공하고 보수를 받는다. 초・중・고 대학 감독 코치의 보수를 주는 주체는 크게 3곳이다. 먼저,

---

61) 행복한 고객을 만드는 존 숄의 고품질서비스, 존 숄 지음 김경섭 외 옮김, 김영사, 2001.4.3 1판2쇄, 14,900원, p.416.

체육교사나 대학교직원 신분으로 학교에서 월급을 지급한다. 초중고의 경우 이런 예는 아주 드물다. 이런 방식은 학부모의 부담을 줄여준다. 둘째, 프로구단의 유소년 육성학교는 프로구단에서 지급한다. 뿐만 아니라 선수들의 숙식과 그 외 여러 가지를 지원해 주기에 학부모들의 부담이 거의 줄어든다. 이 제도는 최근 3~4년 전부터 시행되고 있다. 셋째, 학부모들이 돈을 거출하여 감독 코치의 보수를 지급한다. 초중고 대부분이 이렇게 하고 있다. 여기에다 숙식비, 대회출전비, 전지훈련비, 관람비, 감독코치사례비 등 온갖 명목의 돈이 부과된다.

여기서 감독 코치가 그들의 최고 고객인 선수들에게 해야 할 서비스 중 시급하고도 최우선 순위에 속하는 것 중 하나를 소개하고자 한다. 그것은 적극적으로 선수 모두에게 장학금을 주는 것이다. 일찍이 맹자는 "항산이 있어야 항심이 있다"고 말씀하셨다. "누구든지 3일 굶으면 담장을 뛰어 넘는다"는 말도 전해 내려오고 있다. 마찬가지로 선수들이 집안 살림살이 걱정, 돈 걱정에서 해방되어야 마음 편히 축구에 집중할 수 있다. 여러분 주위에 돈 문제를 해결해 놓은 사람이 있는가? 희귀하게 드물 것이다. 선수의 학부모들도 대부분 고단하게 살아가고 있다. 이때 감독 코치가 몸을 일으켜 걸어가는 것이다. 선수들이 돈 한 푼 내지 않도록 하고, 나아가 적극적으로 팀의 모든 선수들에게 장학금을 매월 지급하는 것이다. 축구부 육성 기금 조성과 장학금 지급으로 나누어 볼 수 있다.

(1) 축구부 육성 기금 조성

기금 200억 원을 달성하면 그 모든 경제적 문제가 해결된다. 티끌 모아 태산이요, 천리길도 한걸음부터다. 시작이 반이다. 기금이 조성되어가는 과정에서 선수들에게 계속 혜택이 주어진다. 그러니 미루지 말고 지금 시작하자. 기금 조성 방법을 찾자.

- 매년 학교 예산 중 일정부분 적립
- 졸업한 축구부 선배를 통한 매월 기금 조성
- 재단 차입금
- 프로 입단 시 계약금의 5~10% 출연 — 지금은 드래프트제이지만 자유계약제로 전환 시 가능
- 스포츠용품회사 스폰서 받기
- 프로팀과의 협력
- 성공한 동문 축구 매니아의 지원
- 매년 △△ 고등학교 축구인의 밤 개최
- 축구부 기금 모금 자선 바자회

이외에도 여러 사람의 지혜를 모으면 더 효과적인 방법을 많이 찾을 수 있을 것이다. A교고는 3억 원이 모여 있고, B고교는 10억 원을 넘어섰다. 이보다 많이 적립한 학교

도 있을 것이다. 더욱 속도를 내면 어느 시점에 200억 원을 돌파할 것이다. 지방의 C대학은 2006년 서울 소재 한 회사로부터 3억 원(10년간 매년 3,000만 원) 후원계약서를 체결했다. 당시 축구부장의 주선으로 어렵지 않게 성사되었으며, 앞으로 각계각층의 지원을 이끌어내 최소 10억 원을 넘어서겠다고 밝혔다. 하지만 안타깝게도 이런 시도를 하는 감독 코치는 지극히 드물고, 대부분 아예 생각조차 시도조차 하지 않고 있다.

(2) 장학금 지급

위에 예시한 방법 중 채택할 수 있는 것은 활용하고 여기에다 아래의 방법을 추가하면 더욱 성과가 있을 것이다.

- 1선수 1기업 자매결연
- 지자체의 장학생 선발제도
- 전국의 다양한 장학재단(삼성재단·대산문화재단·청암재단 등) 활용
- 프로팀의 우수 선수 지원제도
- 여러 축구인들(차범근 홍명보 등)의 장학제도 등

어떤 이들은 "감독 코치가 이런 일까지 해야 하나?"하면서 불만을 말할 것이다. 세상이 변하기를 바라기보다 감독 코치 여러분 자신이 바뀌는 게 더 쉽다. 이 일에 있어, 누구는 할 것이다. 또 다른 누구는 하지 않을 것이다. 지금 이 글을 읽고 있는 감독 코치 여러분은 어느 쪽을 선택할 것인가?

⑮ 첫 터치가 성패를 결정한다

박지성이 150일만에 공격 포인트(시즌 1호, 어시스트)를 올렸다. 2009년[62] 2월 19일(한국시간) 오전 올드 트래포드에서 열린 풀럼과 2008~2009 시즌 잉글랜드 프리미어리그 25차전에서 후반 12분 웨인 루니의 쐐기골을 돕는 시즌 첫 어시스트였다(박지성은 슈팅을 했는데 결과적으로 어시스트가 되었다고 밝혔다). 지난 해 2008년 9월 21일 첼시전 이후 150일만의 공격 포인트였다. 도움 기록은 2008년 4월 미들즈브러 전 이후 처음이었다.

1) 박지성 왜 슈팅 안 좋을까?

루니와 호날두, 라르손의 슈팅은 비록 골문을 비켜갈지라도[63] 쭉쭉 골문을 향한다.

62) 지성 첫 도움, 스포츠서울, 2009.2.20.金. 1면
63) 박지성 사는 길은 칼날 슈팅력, 일간스포츠, 2007.1.9.火 2면

반면 박지성의 슈팅은 위력이 떨어진다. 왜 그럴까. 근력이 떨어지기 때문인지. 아니면 타이밍을 잡지 못해 그런 것인지. 이도저도 아니라면 타고난 감각이 부족해서인가. 가장 큰 이유는 둔탁한 퍼스트 터치 때문이다. 볼이 배급될 때 바로 슈팅할 기회는 그리 많지 않다. 거의 대부분의 슈팅은 한 차례 볼을 잡아 놓은 후(퍼스트 터치) 슈팅하는 게 기본이다.

맨유의 특급스타들은 아무리 강한 패스가 올지라도 슈팅하기 가장 좋은 위치로 볼을 퍼스트 터치한다. 바로 이게 톱클래스 기술이다. 하지만 박지성의 터치는 둔탁하다. 볼이 몸에서 벗어나거나 떠버려 좋은 슈팅 자세를 잡기가 힘들다. 그의 퍼스트 터치 문제는 맨유로 이적할 때부터 제기되어 왔던 것이다. 종종 그에게 골 욕심이 부족하다는 비판이 일고 있다.

오히려 골 욕심보다는 볼을 잡을 위치를 선점할 때 이기심이 발동돼야 한다. 그의 움직임을 살펴보면 동료들이 좋은 자리를 찾은 후 빈 공간을 찾아다니려니 늦다. 과감하게 공격에 가담할 때는 자신이 먼저 좋은 위치를 선점하려는 의지가 필요하다.

마지막으로 완벽 보디 밸런스를 갖추려는 집중력이 요구된다. 박지성의 슈팅 모습은 중심이 높다. 그런 자세에서의 슈팅은 뜨기 마련이다. 항상 자신에게 볼이 투입될 것을 염두에 두고 집중력을 높여야 막상 볼이 왔을 때 좀 더 밸런스를 맞출 수 있다. 프리미어리그에는 미드필더를 평가하는 항목 중 '주어진 찬스에서 골로 연결하는 비율'이라는 게 있다.

2000~2001시즌의 기록을 살펴보면 라이언 긱스(맨유·33%)가 가장 높았고 스티븐 제라드(리버풀·29%), 데이비드 베컴(맨유·24%) 순이었다.

한편 '인사이드 맨유' 한국판 2009년 3월호서, 알렉스 퍼거슨 감독이 박지성을 2007~2008 유럽축구연맹 챔피언스리그 결승에서 제외한 것은 골 결정력 부족 때문이었다고 털어 놨다.

2) 한국축구선수들의 유럽 진출 명세서

EPL 공식 통계업체인[64] PA스포츠가 2008년 3월 26일 발표한 '액팀(Actim) 선수 랭킹 100'에서 한국의 박지성(맨유), 이영표(토트넘), 설기현(풀럼), 이동국(미들즈브러)이 100위 내에 들지 못했다.

스포츠조선은 일반에 공개되지 않은 100위 아래 선수들의 랭킹을 PA스포츠 한국 파트너인 아이웨이코프에 협조, 확인한 결과 이영표가 180위로 한국 선수 4명 중 가장 높은 랭킹에 올랐다. 박지성 310위, 설기현 382위, 이동국 452위였다.

---

64) EPL 500명 중 코리안 순위 : 이영표 180위—박지성 310위—설기현 382위—이동국 452위, 스포츠조선, 2008.3.27.木.6면

▲2009년 5월 5일 유럽챔피언스리그 아스날전에서 맨체스터 유나이티드의 박지성이 슛을 성공시키고 있다.
(사진 : 로이터 통신)

액딤 선수 랭킹은 선수의 경기 출전 여부, 공격 포인트(골, 도움), 옐로카드, 레드카드, 출전시간, 유효슈팅, 태클, 드리블, 패스, 가로채기 등을 일일이 따져 누적 집계된다.

여기서 잠시 한국축구선수들의 유럽 진출사를 살펴보자. 성적이 별로 신통치 않다. 많은 선수들 중 성공한 선수는 차범근, 박지성, 서정원 셋 뿐이다.

부상이든, 자기 관리 실패든 그 책임이 선수 자신에게 있다는 걸 인정하지 않을 수 없다. 그렇게 오매불망 학수고대했던 유럽에 진출했는데 실패한 이유가 무엇일까?

결과적으로 성공보다 실패가 많은 것은 앞으로 유럽에 진출하려는 후배 선수들에게 부정적인 영향력을 행사하고 있다.

한국축구선수들의 유럽 진출 명세서

09.7.30 현재

	성 명	팀	비 고
크게 성공	차범근	프랑크푸르트 → 레버쿠젠	UEFA컵 2회 우승 308경기 98골
성공	박지성	아인트호벤 → 맨유	2007~08 챔피언스리그 우승 EPL 우승
	서정원	스트라스부르 → SV리트	
평균	김동진	제니트	07~08 UEFA 컵 우승
	이영표	아인트호벤·토트넘 → 도르트문트 → 알 힐랄	
진행형	박주영	AS 모나코	2008.9월 진출
	조원희	위건	2009.2월 진출
	신영록	부르사스포르	2009.1월 진출
	이청룡	볼턴	2009.7월 진출
아쉬움	김두현	웨스트브롬위치알비온 → 수원 삼성	2008.1월 진출
	오범석	FC사마라 → 울산 현대	2009.7월 울산 현대
	이천수	레알소시에다드 → 누만시아 → 페예노르트 → 수원 삼성 → 알 나스르	
	황선홍	부퍼탈	독일·2부
	김주성	보쿰	독일 1부→2부
	설기현	풀럼 → 알힐랄 → 풀럼	
	김진국	다름슈타트	
	박상민	듀스부르크	
	박종원	카이저스라오테른	
	안정환	페루자, 뒤스브르크, 다렌스더	
	김남일		
	송종국		
	차두리		
	조원광		
	양동현		
	그 외		

3) 첫 번째 터치는 곧 기회다

과거의 축구는 경기 속도가 느려 제자리에 서서 볼 컨트롤을 두세 번 한 뒤 경기를 풀어나갔지만, 요즘은 다르다. 거의 모든 기술이 첫 번째 터치에서 시작한다. 그 때문에 첫 터치가 잘못되면 결정적일 때 득점을 못하는 실수를 유발하기도 한다. 잘못된 첫 터치는 자기 팀을 궁지에 몰아넣는 원인이 되기도 한다. 예컨대 볼 컨트롤 미스나 도중 차단, 결정적 득점 실패, 1:1 대응 실패, 느린 공수 전환, 경기속도 지연, 무리한 동작 등이 팀워크를 깨거나 팀을 패배의 수렁으로 몰아넣을 수 있는 것이다.

첫 터치란 우리가 모든 축구 경기에서 볼 수 있는 볼을 다루는[65] 기본 기술이다. 원터치는 다양한 기술로 연결되는데 슈팅, 터닝, 드리블링, 패스, 헤딩, 크로스 등이 모두 원터치 혹은 뒤에 이루어진다. 예를 들어 공격 지역 내에서 첫 번째 볼 터치가 잘 되면 슈팅과 공간 침투, 드리블링, 스크린 플레이에 의한 터닝, 다이렉트 플레이, 스루패스 등이 비교적 자연스럽게 이어져 골로 연결될 가능성이 높다. 첫 터치가 효과적으로 이루어지면 제2동작, 제3동작으로 유연하게 연결되어 어시스트나 득점도 수월해진다.

우리가 자주 접하는 C.호나우도나 루니가 공격 지역 내에서 볼 컨트롤하는 모습을 보면, 첫 터치가 얼마나 중요한지 잘 알 수 있다. 이들 두 선수는 골에어리어 근처에서 자신에게 볼이 오면 그대로 논 스톱 슈팅을 날리거나, 안정적인 원터치 뒤에 강력한 슈팅을 날린다. 그러나 반대로 볼 터치가 불안한 팀은 무너질 수밖에 없다. 가령 수비 지역 내에서 수비수가 볼 터치 실수를 하면 곧바로 상대에게 기회를 내준다.

축구선수에게 첫 번째 볼 터치의 중요성은 아무리 강조해도 지나치지 않다. 그만큼 안정적인 첫 터치가 중요하고 필요하다. 선수의 체력은 단기간에 향상될 수 있지만, 기술 습득이나 기술의 질은 다르다. 결코 하루 아침에 향상되지 않는다. 이제 개개인의 수준 차이를 조직의 힘으로 보완하는 일이 점점 어려워지고 있다. 유럽의 빅 리그 경기 등을 보면 '기술의 기본적인 질'이 향상되지 않고는 경기를 이길 수 없다는 사실이 점점 분명해지고 있다.

효과적인 첫 번째 볼 터치의 10가지 주요 요소(Key factor)를 살펴보면,

① 항상 넓은 시야를 확보하고, 제2동작으로 빠르게 연결할 수 있게 몸의 방향과 자세를 갖춘다.
② 짧은 시간 내에 빠른 판단과 무의식적인 움직임을 갖도록 노력한다.
③ 변화하는 상대 수비수의 자세와 움직임을 재빨리 인지한다.
④ 볼을 컨트롤할 때는 자기 중심에서 1m 이내로 하고, 몸의 균형을 확보한다.
⑤ 볼이 도달하는 동선을 확인한 후 가능하면 항상 공격방향으로 컨트롤한다.
⑥ 드리블링할 때 공간을 활용하되 자신 있는 발을 사용할 수 있는 방향을 선택한다.
⑦ 수비수가 등 뒤쪽에서 압박하면 첫 번째 터치는 빠른 패스(논스톱 백패스 등)로 연결한다.
⑧ 첫 번째 터치가 측면에서 이루어지면 빠른 하프 턴(몸의 방향) 기술을 이용해서 시야를 넓게 확보하고, 경기장을 넓게 활용하며 제2동작을 생각한다.
⑨ 첫 번째 터치 기술을 향상시키기 위해서는 빠르게 오는 볼을 제어할 수 있어야 하고, 인사이드 부분을 이용한다. 그렇게 하면 패스가 아무리 강해도 볼을 원하는 방향으로 컨트롤하기가 유리하다.
⑩ 첫 번째 터치를 슈팅으로 연결할 수 있는 상황이라면 과감히 논스톱으로 슛한다.

65) 첫번째 터치는 곧 기회다. 김종환 교수, 베스트 일레븐 2008년 2월호 p.83.

4) 첫 터치에서 성패가 결정 난다

첫 단추를 잘못 꿰면? 연쇄적으로 단추와 단추 구멍이 어긋난다. 첫 터치도 이와 같다. 첫 터치가 정확하면 두 번째 동작은 저절로 성공한다.

> "한국 대표선수들은 볼 컨트롤이 잘 안 되는 것 같다. 한국축구는 공부를 좀 더 해야 한다. 한국 팀에는 창조적인 선수가 없다."
>
> —에르순 야날 터키 감독, 2004.6.2 평가전 후

■ 첫 터치에서?

볼이 위로 튀어 오르고, 몸에서 멀리 튕겨 나가 볼을 쉽게 빼앗겨 버리고, 원터치로 방향을 바꾸어야 하는데 볼을 두 번 세 번 건드리고, 빠르고 강하게 오는 볼 처리에 허둥대고, 공중 볼 컨트롤이 거칠고 불안정하며, 패스의 품질이 조잡하며, 강한 압박에 볼 키프가 제대로 되지 않고, 첫 터치가 섬세하지 못하면 결코 수준 높은 경기를 할 수 없다. 최근의 월드컵과 올림픽을 보면, 대표팀은 2006 월드컵에서 조별 리그를 통과하지 못해 16강 진출에 실패했고 올림픽팀 역시 2008 베이징올림픽에서 조별 리그를 통과하지 못했다. 2008 AFC 챔피언스리그에서 전남 드래곤즈와 포항 스틸러스 역시 조별 리그에서 탈락했다.

한국 축구 시작에서 지금까지 131년 동안 끈질기게 고질병으로 남아 있는 거칠고 둔탁한 첫 터치를 무엇으로 어떻게 극복할 것인가? 아래의 5가지 원칙을 지키면서 의도적이고 계획적인 연습으로 첫 터치를 지배할 수 있다.

① 볼이 닿는 몸의 부위에 마음이 가 있어야 한다

가령, 무릎으로 볼을 터치할 때는 그 순간 무릎에 마음이 가 있어야 한다. 그리하여 이때 볼의 무게중심과 무릎의 중심이 만나고 있는가? 볼의 스피드를 효과적으로 흡수하고 있는가? 볼과 무릎이 만나는 각도는 정확한가? 볼을 튕겨 올리는 높이는 적정한가 등등 마음이 무릎에서 살아 있어야 정확한 볼 터치가 가능하다. 그렇지 않으면 볼은 부딪히는 순간 '반동'이라는 고유한 속성이 생겨나 엉뚱한 곳으로 도망가 버린다.

② 온 몸에 유연성이 살아 있어야 한다

유연성이란 근육·관절·뼈와 뼈를 연결하는 인대·뼈와 근육을 연결하는 건의 가동 범위를 말한다. 한국 선수들은 선천적으로 아프리카나 남미 선수들에 비해 몸이 뻣뻣하다. 뻣뻣할수록 뻣뻣하게 볼 컨트롤하고 유연할수록 유연하게 컨트롤하게 된다. 태어날 때부터 뒤지는 유연성에서 이기기 위해 더 많이, 더 적극적으로 유연성 배가운동을 해야 한다. 우리 몸은 노력하는 만큼 변화한다. 어릴 때부터 매일 요가를 하고, 틈날 때마다 스트레칭을 하도록 하자.

③ 첫 터치 내용을 미리 결정해 있어야 한다

이래야 첫 터치를 고양이처럼 부드럽게 할 수 있는 시간이 생기고, 찰나의 순간이지만 시간 여유가 있으니 차분하게 준비할 수 있고, 준비한 대로 볼을 정교하게 컨트롤할 수 있는 것이다. 생각(판단)의 스피드가 빠를수록 첫 터치가 부드러워진다는 걸 기억하라!

④ 볼을 자세히, 끝까지 주시해야 한다

일례로, 국가대표나 K—리그 선수들의 경기에서 크로스 바를 훌쩍 넘는 대공포 슛이 왜 자주 나오는가? 여러 이유 중 볼을 자세히 보지 않는 게 가장 큰 이유다. 공중볼이든 잔디 위를 구르는 볼이든 볼의 무게중심을 자세히 그리고 끝까지 보지 않고 슛하기 때문이다. 그 선수는 볼의 무게중심을 보지 않고 막연하게 볼을 보고 슛한 것이다. 볼을 자세히 그리고 끝까지 볼수록 세밀한 터치가 가능해진다. 볼에 쓰여져 있는 글씨, 기호, 이음새까지도 선명하게 보면서 볼을 터치하도록 하라.

⑤ 볼의 스피드를 완벽하게 흡수하라!

볼은 스포츠물리학의 법칙대로 움직인다. 볼을 멀리 보내려면 볼과 접촉하는 몸의 부위를 딱딱하게 하고 고정시켜야 한다. 반대로 최대한 몸 가까이에서 소유하려면 볼과 접촉하는 몸의 부위를 솜덩이처럼 부드럽게 하여 볼의 스피드를 흡수해야 한다. 즉 상황에 따라 볼과 만나는 몸의 부위는 강철벽이 되기도 하고, 솜덩이가 되기도 하여야 한다.

㉠ 패스된 볼을 멈추게 하는 방법 1

다가오는 볼을 멈추게 하려면 반발 계수를[66] 고려하여 볼을 받는 발의 속도를 볼이 멈출 수 있도록 조절해야 한다. 여기서 발을 움직이는 속도는 반발계수를 e라 할 때 볼의 속도와 e/(e+1)를 곱한 속도와 같아야 한다. 가령 볼이 시속 40Km로 이동하고 반발계수가 2/3일 때 볼을 받으면서 발을 뒤로 빼는 속도는 시속 16Km여야 한다. 이상적인 상태라면 볼은 멈추게 된다.

㉡ 패스된 볼을 멈추게 하는 방법 2

빠른 볼을 제대로 받으려면 발을 움직이는 적절한 속도 이외에도 타이밍을 잘 맞추어야 한다. 시속 50Km로 움직이는 공은 대략 6분의 1초 동안에 공 한 개만큼 움직이므로 타이밍을 맞추기가 얼마나 어려운지 짐작할 수 있다. 선수가 공의 움직임에 반응하는 시간은 그 보다 10배 이상이나 걸리므로 이 기술을 사용하려면 미리 예측하고 움직이는 능력을 갖추어야 한다.

66) 축구강국 유소년 훈련서 꿈은 이루어진다. 김의수 외, 대한미디어, 2002.8.15 초판1쇄, 20,000원, pp.78~79.

⑥ 볼 리프팅, 프리스타일과 친해져라

볼 한 개를 언제나 갖고 다니면서 틈새시간이 나면 바로 여러 가지 연습을 할 수 있다. 이때 틈틈이 볼 리프팅과 프리스타일도 향상시킬 수 있다. 고난도의 볼 리프팅과 프리스타일에 익숙해지면 볼 컨트롤에 엄청나게 자신감이 생긴다. 경기 중의 볼 처리가 그렇게 쉬울 수가 없다. 볼 리프팅과 프리스타일이 경기 중의 볼 컨트롤과 조금도 다르지 않기 때문이다. 펠레 마라도나 카카 호날두 메시 등 초일류 선수들의 공통점 중 하나가 볼 리프팅과 프리스타일의 대가들이라는 점이 무엇을 알려주고 있는지 지금부터 3분 동안 생각해 보기를 권유드린다.

⑯ 자기 관리 능력을 기르자

감독 코치는 선수들의 경기력 향상을 위해 고심하고, 선수들은 축구에서 자신의 꿈을 실현하고자 노력하고 있다. 초·중·고 주말리그가 시작되기 전에는 선수들은 수업 불참은 예사고, 시간 노력 돈 등 모든 것을 축구에 쏟아붓고 있다. 학부모들은 선수 뒷바라지에 등이 휠 지경이다. 한국의 초·중·고·대학 선수들의 연습량은 세계 그 어느 나라에도 뒤지지 않는다. 그러나 이렇게 하고도 탁월한 선수는 가뭄에 콩 나듯 드물다. 왜 이런 일이 계속 일어나고 있는가?

그 원인은 여기 저기에 있다. 경기력 향상은 어디에서 이루어지는가? 거듭 거듭 말하지만 단체로 연습하는 운동장에서는 35% 이하, 운동장 밖의 개인생활에서 65% 이상 이루어진다. 개인생활에서의 시간을 어떻게 사용하느냐에 성공과 실패가 좌우된다. 자기주도적 자기관리 능력이 있는 선수는 성공하고 그렇지 못한 선수는 실패할 것이다. 그러므로 이 능력을 길러주는 감독 코치가 유능한 지도자이다. 자기주도적 자기관리 능력을 기르기 위해 해야 할 일들이 있다. 그 중에서도 특히 중요한 몇 가지를 살펴보자.

1) 자기주도적 학습문화

자기주도적 학습문화란 학생(선수)과 학부모, 교사(코치)가 각각 자기에게 필요한 내용을 스스로 공부하는 시스템이다. 학생(선수)은 학습동기부여·자신감 키우기·집중력 향상·시간 계획 및 관리 등 스스로 공부(연습·준비)하는 습관이 배도록 도와준다.

'자기주도적 학습법'의 세계적 권위자인 송인섭(숙명여대 교육심리학과)[67] 교수는 "학생들은 일방적이고 주입식으로 공부를 하고 있고 배운 것을 제대로 소화해내지 못

---

67) 혼자 공부하는 힘 길러주자, 매일신문, 2007.4.5.30면, 박해문 대륜중 교장

하기 때문에 성적이 오르지 않는다."고 말한다. 이어서 "혼자 힘으로 공부(자기주도적 학습)를 할 수 있는 학생은 원하든 원하지 않든 모두 상위 10%에 드는 성적을 올릴 수 있다."고 말한다. 자기 주도 학습능력이 부족한 것은 잘못된 공부 계획에서 비롯된 것이 아니라 자기 목표의식의 부재 때문인 경우가 많다.

2) 시간 활용

하루를 보내고 잠자리에 들기 전에 오늘 하루의 '시간 사용 명세서'를 적어보자, 소모적인 일로 낭비해 버린 시간이 얼마인가? TV시청, 잡담, 인터넷게임, 낮잠 등 하지 않아도 될 일에 시간을 많이 쓸수록 가치 있는 일을 할 수 있는 시간이 줄어든다. 그가 사용하는 시간이 바로 그 자신이다. 시간의 주인이 되기 위해서는 자기주도적으로 시간을 관리하는 것이 중요하다. 시간 관리를 위한 수첩을 이용하여 매주, 매일의 일을 계획하는 것도 좋지만 편하게 지속적으로 하기 위해서는 컴퓨터 프로그램(램프온 http://www.lampatud.co.kr)을 활용하는 것도 효과적이다. 또 「성공하는 시간 관리와 인생 관리를 위한 10가지 자연법칙」(하이럼 스미스 지음, 김경섭 이경재 옮김, 김영사, 2004.7.10 1판 29쇄, 12,900원) 등 책에서 배우는 것도 좋은 방법이다.

▶ 시간관리 10계명

① 시간 사용 내역을 구체적으로 파악한다.
② 사소한 일보다 중요한 일을 먼저 한다.
③ 해야 할 일들은 반드시 기한 내에 마무리 짓는다.
④ 자투리 시간을[68] 생산적으로 활용한다.
⑤ 핵심적인 일에 치중하고 나머지는 적임자에게 위임한다.
⑥ 맺고 끊는 일을 명확히 하고 가능한 한 삶을 단순화 한다.
⑦ 완벽하게 준비될 때까지 기다리지 않고 즉시 실천한다.
⑧ 불필요한 요구는 단호하되 지혜롭게 거절한다.
⑨ 포기할 것은 빨리 포기하고 버릴 것은 그때그때 버린다.
⑩ 자기만의 안식처를 갖고 휴식시간은 철저히 지킨다.

3)'코칭'스크랩북 만들기

생활하면서 만나는 중요한 자료, 경기분석 내용, 감독 코치가 나누어 준 자료 등을 스크랩 북에 차곡차곡 모아 둔다. 한 권 한 권 모이면 소중한 개인 코치가 된다. 수시로 읽어 전술적인 이해를 높이고 개인훈련 시 연습 프로그램 작성에도 참고한다. 경기 전날 펼쳐보면 크게 도움이 된다. 물론 스크랩북 앞에는 차례를 만들어 쉽게 찾아볼 수 있도록 한다.

68) 책 「1%만 바꿔도 인생이 달라진다」(더난출판)중에서, 스포츠서울, 2008.8.21.木. 25면

4) 독 서

앞의 제2부 9. '1년 52권 이상의 책을 읽자'를 참고하기 바란다.

5) 연습일지 쓰기

앞의 제2부 5. '연습일지를 쓰자'를 참고하기 바란다.

6) 질문하기

왜 똑같이 수업을 들었는데 누구는 공신이 되고 누구는 뒤처지게 되는 것일까? 세상 모든 일이 그러하듯 처음엔 매우 작고 사소한 것에서부터 시작된다. 공부가 뒤처지게 되는 것 또한 마찬가지. 어느 날 수업을 듣다가 혹은 공부를 하다가 잘 이해되지 않는 부분을 발견한다. 하지만 많은 학생이 '에이, 귀찮아. 나중에 다시 보면 되지.' '선생님 귀찮아하실 게 뻔한데.' 이런 생각으로 매점으로 향하곤 한다.

하지만 이것이야말로 우리의 공부를 뒤처지게 하는 가장 큰 이유다. 생각해보라. 만일 조금이라도 모르는 것이 발견될 때마다 바로바로 선생님께 질문을 던지고 이해하고 넘어갔다면 장담컨대 지금 이 글을 읽는 사람치고 공부에 뒤처질 사람은 없다.

필자 또한 마찬가지다. 공부의 신이라는 엽기적인 별명을 가진 사람, 후배들 말로는 수업 내용이 너무 쉽기에 뒷자리에서 팔짱 끼고 앉아 선생님 말씀에 고개만 끄덕이고 있는 것 아니냐고 하는데 오히려 정반대다. 솔직히 고백하면 대학 수업을 들으며 질문을 하지 않으면 수업을 따라가기조차 힘들었다. 수업 시간에 가능한 한 앞자리에 앉아 모르는 내용이 나오면 그때그때 물어본다. 수업에 방해가 되면 수업이 끝나자마자 뛰쳐나가 교수님을 붙들고 질문을 던진다. 그마저 안 되면 연구실에 계신 시간을 여쭤 보고 따로 찾아간다.

번거롭고 극성맞다 생각할지 모르지만 언제나 이것이 가장 빠르고 쉬운 방법이었다. 모르는 것을 쌓아두다 보면 나중엔 이해를 하려 해봤자 어디서부터 시작해야 할지 몰라 시험기간엔 발만 동동 구르게 되었다. 게다가 질문을 통해 단순히 궁금증에 대한 답만 얻게 되는 것이 아니다. 시험에 대한 힌트뿐 아니라 이미 해당 학문을 꿰뚫고 있는 대가의 통찰력까지 얻을 수 있다.

대부분 공신들은 질문이 생활이나 다름없다. 공부하는 과정 자체가 자기 스스로에 대한 질문의 연속이다. 아예 질문만을 위한 '질문노트'를 따로 마련하여 사용하기도 한다. 이 노트에 질문 거리가 생각날 때마다 모조리 적어 두었다가 나중에 선생님께 찾아가 한 번에 여쭤보는 것이다.

혹은 과목별로 질문 멘토를[69] 두기도 한다. 질문 거리가 생기면 한밤중에 전화를 걸어서라도 바로 물어볼 자기만의 멘토를 한 명씩 정해두는 것이다. 학원이나 과외 선생

---

69) 강성태의 gongsin학습 노하우, 수업이 끝날 때마다 질문을 한 개씩 던져봐!, 중앙일보, 2009.3.4.水

님도 좋지만 학교 선생님이라면 더욱 좋을 것이다.

모르는 것이 발견되면 그 순간부터 속이 꽉 막혀 잠이 잘 오지 않는다는 공신도 있다. 어떤 공신은 어린 시절부터 하도 질문을 많이 해서 지금도 별명이 '호기심 지옥'이다. 사실 공신들의 이러한 습관은 배우는 학생이 가져야 할 기본자세다. 유별난 것 같지만 어떤 내용을 처음 배웠는데 질문할 게 없다는 것이 말이 되는가? 그건 수업을 제대로 듣지 않았다는 뜻이다. 극소수의 천재를 제외하곤 처음부터 모든 것을 이해할 수 있는 사람은 없다. 반대로 수업이 끝나고 질문을 한다는 것은 수업을 열심히 챙겨 들었다는 증거이기도 하다. 선생님께 '선생님, 저 수업 열심히 들었습니다!'라고 외치는 것과 마찬가지. 질문 많이 하는 학생치고 수행평가 점수가 나쁜 학생이 없는 법이다.

공신이 되는 법, 대단한 것이 있을 것 같지만 그렇지 않다. 모르는 게 나오면 답답하지 않은가? 당장 손을 들어 질문을 던져라. 오늘부터 수업이 끝날 때마다 반드시 선생님께 질문을 한 개씩 해보기로 하자. 당장 학교 시험 벼락치기할 일이 없을 것이고 고3이 되어 기초가 부족하다거나 이해가 잘 안 된다는 말이 나올 일 또한 없을 것이다.

7) 복습하기

학생이 아무리 일류학원에 다녀도 복습하지 않으면 아무 소용이 없다. 축구도 마찬가지다. 축구에서 한 번의 연습으로 완전학습을 달성하는 일은 매우 드물다. 철저한 복습으로 배운 것을 선수 자신의 것으로 만들어 놓아야 새롭게 배우는 과제를 뒤처지지 않고 따라갈 수 있다. 비유하면 더하기 빼기를 못하면 다음에 배우는 곱하기 나누기를 할 수 없는 것과 같은 이치다. 개인연습을 할 수 있는 시간을 확보하고 복습에 치열하게 열중할 일이다. 로키산맥의 같은 발원지에서 시작하지만 동쪽으로 흘러 대서양으로 유입하는 강이 있고, 서쪽으로 나아가 태평양으로 흘러드는 강이 있다. 이처럼 출발은 같으나 복습의 차이로 경기력이 결정적으로 달라지게 되는 것이다.

8) 유해식품 안 먹기

초·중·고 시절 무심코 먹은 불량식품이 선수 시절 내내 반응 스피드를 늦게 한다는 걸 아는가? 온갖 첨가물이 들어 있는 가공식품보다 될수록 1차 식품을 선택한다. 후다닥 성급하게 10~20분 만에 먹지 말고 식탁에 최소한 40분 이상 앉아 반찬을 골고루, 천천히 꼭꼭 씹어, 많이 먹는다. 음식은 생명을 유지하고 노동과 스포츠에 필요한 에너지를 공급하고 키를 성장시키는 재료가 된다.

식품영양학 관련 전문가의 강의로 선수들이 충분하게 알게 하고 실천하도록 하자. 선수 시절 서정원은 술, 담배 등 몸에 좋지 않은 것은 멀리 했다. 술자리에서도 우유와 쥬스를 마셨다. 덕분에 은퇴할 때인 38세까지도 젊은 선수 못지 않은 체력과 기량을 보여 주었다.

9) 분석하면서 축구경기 시청하기

축구경기를 자세히 집중해서 보면 배울 게 너무나 많다. 격렬한 방해가 있는 경기는 선수와 팀의 기량을 그대로 보여 준다. 가능한 수준 높은 경기를 보도록 하자. 체력, 개인기, 전술, 정신력에서 내가 부족한 점이 무엇이며 이 경기에서 무엇을 배울 수 있는가? 기록하면서 보면 더욱 좋다. 녹화해두었다 수시로 보면 더욱 더 좋다.

- 슛할 때 호날두는 골문을 보는가, 볼을 보는가?
- 수비형 미드필더 피를로(이탈리아, 2006월드컵 우승 멤버)는 중반에서 어떻게 움직이는가?
- 유로 2008 우승팀 스페인의 4—1—4—1시스템에서 공간 활용은 어떠한가?
- 아르헨티나 대표팀에서 마스체라노와 아게로의 연속적인 벽 패스의 정교함이 얼마나 아름다운가?

10) 영어 공부

프로야구의 마해영 선수(前 삼성, 롯데)는 늦게 대학시절부터 틈틈이 영어공부로 영어회화를 마스터했다. 초·중·고 등 일찍 시작하면 더욱 좋다.

11) 명상하기

> "실로 참선은 정신상의 안정을 도모할 뿐만 아니라, 마치 자동차의 베터리를 충전하는 것과 같이 인체의 수십조 세포 하나하나에 우주의 기, 즉 활력소를 불어 넣는 것이다."
>
> — 박희선

내가 실행하여 느낀 바에 의하면 참선은 단순한 정신수련법이나 건강 증진법으로 그치는 것이 아니다. 일보 전진하여 현대를 사는 비즈니스맨들의 경영관리 능력 발전과 과학도의 잠재능력 향상은 물론, 체육인들의 정신력 강화에도 많은 도움을 줄 수 있을 것이다.

지구상에 존재하는 것 중 가장 안정적인 구조물은 피라미드이다. 사람은 가부좌로 앉을 때 피라미드 구조에 가장 가까워진다. 바쁜 중에도 틈틈이 시간을 내어 1주일에 2~3회 이상, 매회 30분 내외의 명상을 하자. 온갖 생각이 떠오를 것이다. 이때 선수 자신의 일상생활과 축구에 대해 깊이 생각해 볼 수 있다. 명상 중에 스스로의 일상생활을 정화하고 혁신하려는 의지를 불러 일으키고, 새로운 길을 찾아내고, 생활 속에서 실천할 수 있다. 명상은 선수들의 의식수준을 성큼성큼 고양시킨다.

이상으로 11가지를 들여다보았다. 감독 코치가 알고 있는 내용이라고 짐작된다. 문제는 현장에서 이런 일들이 얼마나 실천되고 있는가이다. 세상을 변화시키는 것은 생각이 아니라 행동이기 때문이다. 1T의 생각보다 1g의 행동이 더 위력적이다.

17 스포츠과학이 메달 색깔 바꾼다

100명이 삽으로 하루 일하는 작업량과 굴삭기 1대가 해내는 작업량은 어느 쪽이 더 많을까? 1,000명이 양동이로 물을 길어 나르는 양과 지름 1m의 파이프라인이 운반하는 물의 양 중 어디가 더 효과적일까? 이처럼 과학을 활용하는 쪽이 성과를 낸다. 축구에서도 마찬가지다.

현재 스포츠과학은 세 분야에서 집중 연구되고 있다. 스포츠역학, 스포츠생리학, 스포츠심리학이다. 월드컵축구대회나 올림픽 같은 큰 국제대회는 경기력뿐만 아니라 물밑에서 또 하나의 세계가 치열하게 경쟁하는 무대이다. 바로 스포츠과학이다. 2008 베이징올림픽에서 중국은 과학훈련으로 미국을 제치고 종합 1위를 달성했다. 중국은 국가대표 선수들의 과학적인 훈련을 지원하기 위한 '체육과학연구소'가[70] 별도로 있다. 이곳에는 150여 명의 연구 인력과 9개의 영역별 실험실이 있으며 45개국의 엘리트 스포츠 관련 정보를 수집하고 있다. 중국은 또 16개 체육대학에 교수진이 전문 영역별로 과학적인 훈련을 지원하고 있다. 올림픽에서 선수가 입상하면 지도자는 물론 과학적인 훈련을 지원한 학자에게도 선수와 똑같은 액수의 포상금이 지급된다.

1) 몇 가지 사례

(1) 장면 1 경기 분석 연필 대신 마우스로!

2002~2003시즌 프로농구 코리아 텐더 4강신화의 주인공 이상윤 전 감독대행(현 SK 나이츠 감독)은 경기가 있기 전날 거의 밤을 꼬박 새워가며 상대팀 경기를 비디오로 체크한 뒤 내용을 일일이 연필로 메모한다. 반면 NBA 최강인 LA 레이커스의 필 잭슨 감독은 비디오 코디네이터로부터 받은 몇 장의 분석 자료를 간단하게 검토하는 것으로 경기 전날의 일을 끝내버린다. 디지털 비디오 편집 프로그램이라는 하드웨어 및 소프트웨어 시스템을 이용하기 때문이다.

이 편집기는 컴퓨터와 마찬가지로 비디오 화면에 마우스로 클릭만 하면 사용자가[71] 원하는 정보를 다양하게 제공한다. 예를 들어 선수가 볼을 잡을 때마다 클릭한 뒤 태그(표시어)만 입력하면 그 선수에 대한 모든 정보가 화면에 뜬다. 이런 것들을 취합, 출력한 분석 자료들을 그냥 한번 쭉 훑어보며 다음 경기의 전술을 머릿속에 입력한다. LA 레이커스가 NBA 3연패를 달성할 수 있었던 원동력 중 하나가 바로 이 첨단 디지털 시스템의 활용이었음은 두말할 필요가 없다.

---

70) 미국 제친 중국의 힘?, 중앙일보, 2008.8.22.金. 6면
71) 경기 분석 연필 대신 마우스로!, 스포츠투데이, 2003.5.8.木. 12면

(2) 장면 2 장미란 근육 불균형 잡으니 金 따더라

여자 역도 75㎏급의 장미란은 체육과학 덕에 베이징올림픽 금메달이 유력하다. 장미란은 세계선수권을 3연패했지만 그동안 바벨을 들 때 좌우 근육의 불균형 현상이 있었다. 이것이 관절에 부하를 줘 부상의 우려가 있다는 지적을 받았다. 문영진 체육과학연구원 책임연구원은 근육 활동을 분석하는 근전도 분석법(EMG)으로 근육의 좌우 밸런스를 분석, 구간 동작에 따라 좌우 근력의 차이가 난다는 점을 발견해 장미란이 결점을 극복하는 데 도움을 줬다. 문영진 연구원은 "근력을 맞추는 작업을 했더니 세계선수권 대회에서 금메달을 따더라."라고 말했다.

하키는 실시간 비디오 시스템으로[72] 재빠르게 경기 분석을 가능하게 했다. 송주호 선임연구원은 하키가 축구와 달리 페널티 코너가 경기력의 40~50%를 차지하는 것에 주목했다. 그러나 현장에서는 페널티 코너 때 공격과 수비 형태를 감독 등이 분석하기가 쉽지 않다. 이에 따라 송주호 연구원은 경기 장면을 비디오로 찍어 실시간으로 벤치에 전송하는 시스템을 만들었다. 코치진은 안경 형태의 모니터로 이를 체크, 다음 상황에 재빠르게 대비하도록 했다. 유덕 여자 하키 대표팀 감독은 "옛날에는 지도자의 경험이 중요했지만 요즘엔 여기에 과학 시스템이 결합돼 대응 전략을 바로 세울 수 있다."며 흡족해했다.

(3) 장면 3 'IT기술' 골프에 접목하자

지난 주 남아프리카공화국에선 유러피언투어 사우스아프리칸 에어웨이스오픈이 열렸다. '황태자' 어니 엘스가 12개월 만에 우승한 대회였는데 주목할 만한 일이 있었다. 3라운드에서 코스레코드를 작성하며 선두로 뛰어 올랐던 남아공의 트레버 이멜만이 화제의 주인공이었다. 올 시즌 미국프로골프(PGA)투어 신인왕에 오른 이멜만은 휴대폰을 이용한 스윙 교정으로 3라운드에서 보기 없이 버디만 9개를 잡아내며 코스레코드(63타)를 작성했다.

2라운드를 마친 후 이멜만은 자신의 스윙을 휴대폰으로 촬영한 뒤 미국 플로리다주 올랜도에 있는 스윙코치인 데이비드 레드베터에게 전송했다. 그리고 전화 통화를 통해 스윙의 문제점을 상의한 뒤 드라이빙 레인지에서 이를 교정하고 다음날 무더기 버디를 잡았다. 잉글랜드의 닉 도허티도 10월 마지막 주 스페인에서 열린 볼보마스터스 도중 휴대폰을 이용해 레드베터와 스윙 교정을 한 뒤 재미를 봤다. 이들의 이야기는 중계 도중 별도로 시간을 내 소개될 정도로 관심이 컸다.

이멜만과 도허티의 사례는 IT기술의[73] 발달이 프로골퍼들에게도 많은 도움을 주고 있다는 좋은 본보기다. 이들은 '골프 황제' 타이거 우즈가 사용해 유명해진 스윙분석기

72) 체육과학의 힘 어디까지, 서울신문, 2008.7.18.金 . 52면
73) 'IT기술' 골프에 접목하자, 스포츠서울, 2006.12.21.木. 9면

인 'V1코칭시스템'이 내장된 노키아 휴대폰으로 자신의 스윙을 촬영한 뒤 수만㎞ 떨어져 있는 스윙코치에게 보내 면밀하게 문제점을 점검할 수 있었다. 투어생활을 하느라 이동이 많은 프로골퍼들로서는 시간과 돈을 획기적으로 절약할 수 있는 좋은 채널이 생긴 셈이다.

(4) 장면 4 김인섭 비운의 레슬링 영웅의 탄생 비화

"이상해. 힘도 좋고 기술도 좋은 데 맞잡기만 하면 자빠져버리니……." 1998년 태릉선수촌. 방대두 레슬링 대표팀 감독은 수수께끼 속을 헤맸다. 김인섭은 기술로는 세계 최고 수준이며, 체력 측정을 해보면 누구보다 힘도 좋았다. 그러나 실전에 나서서 맞잡기로 힘 싸움을 하면 십중팔구 중심이 무너졌다.

수수께끼를 푸는 실마리는 파워를 최고치로[74] 끌어올리는 시간 속에 있었다. 김인섭은 최고치의 힘을 발휘하는 데 필요한 시간이 0.06초. 하지만 비슷한 수준의 동료는 0.05초였다. 불과 0.01초의 눈 깜짝할 새도 안 되는 순식간이지만 기선을 제압당하기엔 충분한 시간이다. 눈으로는 도저히 발견할 수 없는 차이였지만 숫자는 거짓말을 하지 않는다.

연구원이 제시한 자료를 방대두 감독은 반신반의하며 받아들였다. 하지만 순간 스피드는 근력처럼 훈련으로 늘릴 수 없는 게 문제. 해법은 타고난 자질에 맞는 전술 개발로 모아졌다. '집요할 만큼 처음부터 끝까지 상대에게 선제공격을 걸어야 한다'는 진단이 떨어졌고 체육과학연구원은 지구력을 끌어올릴 수 있는 훈련 프로그램을 제시했다. 대성공이었다. 김인섭은 이듬해 세계선수권을 제패했다. 2000시드니올림픽서는 준결승서 부상을 당하며 아깝게 은메달을 목에 걸어 아쉬움을 남겼지만 스포츠 과학과 지도현장이 이상적으로 결합한 주요 사례로 꼽힌다.

(5) 장면 5 축구는 과학이다

"아직도 공짜로 골을 내주는 바보들이 있어." 프로축구 수원 삼성의 김호(59)[75] 감독은 2일 오후 7시 부천 SK와의 경기 직전 선수들을 둘러놓고 호통을 쳤다. 아프신 고트비 코치가 경기 재개 순간의 선수들의 위치와 움직임을 장면별로 뽑아놓은 비디오 분석을 보고 나서다. 이 분석에서는 코너킥이나 프리킥 스로인 등 게임이 다시 시작되려는 순간에 넋을 놓고 있는 선수들이 적나라하게 드러났다.

"축구도 과학이다. 지도자의 경험이나 직관에 의존하던 시대는 지났다. 과학을 제대로 축구와 접목시킬 수 있을 때 한국 축구는 또 한 단계 업그레이드할 것이다." 고트비 코치가 한국 축구에 하는 당부다.

---

74) 과학은 숨은 능력 2%를 끌어냈다. 일간스포츠, 2007.4.14.土. 12면
75) 축구는 과학이다, 중앙일보, 2003.4.3.木. S2면, 진세균 기자

2) 축구에서의 스포츠과학

영국에서 스포츠기록 분석을 전공한 최형준(32)씨는 명지대 스포츠기록 연구센터 책임연구원으로도 일하고 있다. 명지대 스포츠기록 분석 연구센터는 스포츠기록 분석학을 국내에 처음으로 들여와 축구기록 분석시스템을 만들었다. 과학적인 분석이 힘을 얻고 있는 현대 축구에서 기록 분석은 팀을 운영하는 데 필수적이다. 시청자들이 한눈에 경기의 흐름을 파악할 수 있도록 실시간으로 제공되는 각종 자료는 명지대 스포츠기록 분석 연구센터에서 나온다.

해외의 경우는 어떤가. '프로존'이나 '스포츠코드'와 같은 값비싼 분석[76] 프로그램이 있다. 프리미어리그를 예로 들면 이 분석 프로그램을 사용하지 않는 팀은 없다고 보면 된다. 경기와 선수에 관한 모든 자료가 있다. 선수의 체력까지 수치로 나타낼 수 있어 교체 타이밍을 정확하게 잡을 수 있다. 설기현이 한 때 몸담았던 레딩의 경우 전반전이 끝나면 스티브 코펠감독과 경기 분석관이 함께 라커룸에 들어간다. 전반전 경기 분석을 통해 잘못된 점을 바로 잡고 새로운 전술을 들고 후반전에 나선다. 한국의 실정은 어떤가. 해외에서 사용하고 있는 분석 프로그램은 워낙 비싸서 들여오기가 여의치 않다. 그리고 일선 지도자들은 기록 분석이나 통계의 필요성을 알면서도 아직까지는 적극적으로 활용하려고 하는 것 같지 않다. 비디오 분석에 쏠리는 경향이 있고 대부분 선수 시절 및 지도자로서 얻은 경험에 기대려고 하는 것 같다. '축구 경기 전후반 90분 동안 한 사람이 기억할 수 있는 경기 상황은 전체의 30% 미만'이라는 해외 논문이 있지만 국내에서는 설득력을 얻지 못하고 있다. 유로 2008에서 선보인 '트래킹 시스템'도 인상적이었는데, 경기에 대한 기본 자료뿐만 아니라 선수의 활동 반경이 나오고 뛴 거리까지 수치화된다. 우리 연구센터가 지향하고 있는 바와 같다. 아쉽게도 지금 여건으로는 불가능하다. 프로그램 개발비와 연구 인력이 턱없이 부족하다. 대한축구협회와 힘을 모아 이런 분석 프로그램을 개발하고 싶은 마음이 굴뚝같은데 쉽지 않다.

지난 1996년 나이키가 한국축구 국가대표팀의 유니폼 스폰서를 맡은 뒤 다섯번째로 바뀐 이번 유니폼의 특징은 '슬림', '타이트', '쾌적', '가벼움'이라는 네 가지 단어로 요약된다. 나이키 측은 27일 파주 국가대표팀 트레이닝센터(NFC)에서 새 유니폼을 발표하면서 '공격축구형 유니폼'이라는 슬로건을 내걸었다.

그렇다면 이번 새 유니폼은 어떤 면에서 '공격축구'에[77] 기여할 수 있을까. 나이키 측에 따르면 이번 유니폼은 기존보다 더 타이트하고 슬림한 실루엣을 적용했다. 한마디로 기존 유니폼보다 몸에 딱 달라붙는 밀착성이 더 강해졌다. 새 유니폼을 지켜본 취재진 사이에서 "배 나온 선수들은 입지 못하겠다"는 농담이 나올 정도였다. 이에 대해 나이키측은 공격수가 상대 수비수와 경합과정에서 방해를 최소화해 보다 자유로워졌다

---

76) 축구도 기록의 스포츠다, SPORTS, 2.0, 2008.7.14, PP18~19, 김덕중 기자
77) 축구 태극전사들 '공격형 유니폼' 변신, 스포츠서울, 2008.1.28.月. 2면

고 설명했다. 실제로 영국 리버풀 대학은 지난 2006년 독일월드컵 8강부터 결승까지 8경기를 분석한 결과 유니폼을 잡아당기는 반칙이 총 32차례 있었다고 보고했다. 이 중 8차례가 득점에 직접적인 영향을 미치는 행위였다. 새 유니폼을 입으면 이런 유형의 반칙을 최소화할 수 있다는 것이었다.

또 하나의 주목할 특징은 신소재를 활용한 기능성이다. 격렬한 운동을 하면 인체에서 가장 먼저, 그리고 가장 높게 체온이 올라 땀이 나는 곳이 등줄기 부분이다. 새 유니폼은 이 등줄기 부분에 인체공학적으로 설계된 신소재인 '엔지니어드 메쉬(Engineered Mesh)'를 별도로 사용했다. 땀을 흡수하고 배출하는 한편, 통풍을 통한 빠른 건조가 가능하도록 고안했다. 상쾌한 기분으로 경기 내내 최상의 컨디션을 유지할 수 있다는 것이 나이키 측의 주장이다.

나이키 측은 또 새 유니폼은 기존의 그것에 비해 무게가 18%나 가벼워졌다고 발표했다. 새 유니폼의 무게는 153g이다. 경기 도중 느낄 수 있는 피로감을 최소화했다. 옷의 주요 이음새 부분은 접착 공법을 이용해 부피도 최소한으로 줄였다.

■ 스포츠 과학을 활용하세요

국내의 축구지도자들은 스포츠과학에 관심을 가지고 있다. 하지만 어디서 어떻게 풀어가야 할지 막막할 때가 많이 있을 것이다. 무슨 일이든 어렵게 생각하면 해결하기가 어려워진다. 쉽게 생각하자. 합리적으로 생각하자. 왜 득점이 나오지 않는가? 슛하지 않기 때문이다. 슛하지 않으면 득점은 없다. 문제 해결의 열쇠는 전문가가 쥐고 있다. 깊이 생각하는 사람이 가지고 있다. 이 경우도 그렇다.

첫째, 스포츠과학 전문 연구기관을 찾아 의논하면 어떨까? 대표적 두 곳이 체육과학연구원과 한국표준과학연구원이다. 참고로 체육과학연구원은 국가대표팀의 경기력 향상을 위한 기술적인 부분을 지원하고 생활체육 등 국가스포츠 전체의 바람직한 발전모델을 제시하는 곳이다.

한국은 지난 80년 스포츠과학연구소를[78] 설립했고, 99년 체육과학연구원으로 확대됐다. 연구인력 29명 등 79명이 근무 중이다. 중국은 각 지방정부마다 체육과학연구소를 운영 중이다. 국책체육과학연구소는 연구원 120명 등 160명 규모로 베이징에서 총괄한다. 일본은 지난 2000년 4000억 원을 투자해 체육과학연구소를 발족했다. 자본과 장비에서 최고를 자랑한다.

한국은 체육 현장과의 유기적 시스템, 일본은 시설과 의학적 접근, 중국은 국가차원의 심도 있는 연구가 돋보인다.

둘째, 주위의 가까운 곳에도 전문가가 있다. 평소 지역의 대학, 개인 전문가, 관련 연구기관 등에 대한 정보를 확보해 두면 필요 시 활용할 수 있다. 언제나 스포츠과학 정

78) 국가스포츠 기술 지원—발전 모델 제시, 스포츠조선, 2005.5.12.木. 10면

보 안테나를 세계와 온갖 미디어에 열어 두고 관련 정보를 흡수하자. 셋째, 수시로 틈틈이 스포츠과학을 공부하면 무엇을 채택해야 할지 정확한 판단을 하는 데 도움이 된다. 넷째, 스크랩북을 만들면 요긴하게 활용할 수 있다. 여기에는 스포츠용품, 식품과 영양, 스포츠생리학, 스포츠물리학, 스포츠역학 등 새로운 정보가 계속 추가된다.

스포츠과학을 모르는 지도자는 계속 과거의 경험대로 팀을 운영할 가능성이 높다. 그러나 한번 스포츠과학의 효능을 경험하면 스스로 활용하려고 시도한다. 이 두 팀의 경기력 차이는 세월 속에서 점점 커져 어느 시점에는 극복할 수 없는 실력 차로 나타날 것이다.

18 상품정보는 경기력 향상의 보물창고

신라 출신으로 당나라에서 활약한 혜초는[79] 중국 광저우에서 출발하여 인도의 불교 유적을 순례하고 카슈미르, 아프가니스탄, 중앙아시아 일대까지 답사했다. 이 인도여행기가 「왕오천축국전」이며, 8세기 인도와 중앙아시아에 관한 것으로 세계에서 유일한 기록이다.

그런데 혜초가 중국 광저우에서 인도에 도착하기까지 걸린 여정이 얼마일까? 지도를 보니 걸어서 최소한 10달 이상 소요되었을 것이라는 생각이 든다. 현재 비행기로 인천에서 인도 뉴델리에 8시간 40분이면 도착한다. 축구에서도 이런 일이 일어나고 있다. 여러 가지 기발한 상품이 끊임없이 출시되고 있으며, 그 중에서 축구경기력 향상에 큰 영향을 주는 상품들이 속속 등장하고 있다. 이걸 활용하느냐, 그렇지 않느냐의 차이는 인도에 걸어서 가느냐, 비행기로 가느냐의 차이만큼이나 극명하게 다르게 나타날 수 있다. 관련 상품을 활용하는 팀이 그렇지 않은 팀에 승리할 개연성이 성큼 높아지는 것이다.

그러나 한국의 감독 코치들 중 이걸 잘 활용하는 지도자들이 많지 않다. 상대팀 정보보다 더 중요한 것이 상품정보다. 물론 상대 전력 분석은 필요하다. 전략 전술상의 취약점을 이용하여 승점을 올릴 수도 있다. 그러나 이와 같은 방법은 대증요법일 뿐 치유책이 아니다. 현격한 기량 차이를 만나면 전략 전술도 무용지물이 된다. 감독 중의 감독, 전설적인 감독 존 우든 감독은 상대 전력 분석보다 선수들의 기량을 비약적으로 향상시켜 상대팀보다 월등한 경기력으로 계속해서 승리를 일구어 내어 경이적인 성적을 기록했다. 그의 지도를 받은 선수들 중 미 프로농구(NBA) '명예의 전당'에 헌액 된 선수들이 끊이지 않고 배출되었다. 크게 생각할수록 크게 이룬다. 생각의 크기가 곧 성공의 크기다.

79) 브리테니커 세계대백과사전, 25권, p.224.

1) 상품정보, 어디서 구할까?

의지가 한결같다면 실행하기 쉬운 일이다. 먼저, 스크랩북을 갖춘다. 상품정보 스크랩북이다. 축구에 활용할 수 있는 온갖 상품정보를 여기에 담는다. 둘째, 신문은 상품정보의 바다다. 관련 정보를 만나면 스크랩북에 즉시 배치하고 필요하다면 전화하여 더욱 자세한 자료를 얻는다. 월간지나 인터넷 등에서도 만날 수 있다. 해당 분야 전문가나 기자를 활용하지 않을 이유가 없다. 정보를 수집하다 기발하고 효과적인 상품에 탄복할 때도 있다.

관련 상품을 채택해서 활용할 때 주의할 점은 광고를 100% 그대로 믿지 말라는 것이다. 광고의 속성은 최고와 유일이다. 언제나 과장될 개연성이 있다. 성능을 확인해 보는 것은 필수이고 이미 사용하고 있는 2~3명(곳)의 사람을 직접 만나 성능을 검증하는 것이 가장 확실한 방법이다. "나의 경험처럼 확실한 것은 없다."(프란시스 베이컨)

2) 유용한 상품정보를 찾아서

축구공 축구화도 품질이 각양각색이다. 러닝화만 해도 그 성능이 천차만별이다. 상품정보의 중요성을 강조하기 위해 몇 가지 구체적인 보기를 들어보기로 하자.

(1) 운동하지 않아도 저절로 운동효과를 낸다

① 10분 운동으로 90분 운동한 효과

네덜란드에서 개발된 제품으로 대부분의 프로축구 구단에서 사용하고 있다. 국내는 거스 히딩크 감독이 지도한 국가 대표팀이 네덜란드 전지훈련 때 사용해 전문가들 사이에서는 이미 제품의 우수성이 알려져 있다. 프로 운동선수의 경우 약 80% 정도의 근육을 사용한다. 하지만 이 기구를 사용하면 97%의 근육이 사용된다.

— 하루 10분 투자로 90분 운동 효과, 스포츠서울, 2005.5.17.火. 6면

② 저절로 운동이 되는 명품 진동 운동기

특별히 운동하지 않아도 운동 효과를 볼 수 있는 기구는 없을까? 이 기구는 어렵고 고된 육체적 노력 없이 프로그램에 따라 자세를 취하고 있으면 저절로 운동 효과를 볼 수 있는 기구다. 근력운동의 경우 전통적인 웨이트 트레이닝보다 약 85%의 시간을 단축하고 20~30% 운동 효과를 향상시킨다. 또한 유산소운동, 근력운동, 스트레칭, 마사지, 체지방 분해, 다이어트 등의 복합운동까지 가능하다.

또한 과학적이고 체계적인 부위별 7단계 자동 프로그램을 갖추고 있어 강화하고 싶은 부분을 집중 관리하면 효과를 빨리 볼 수 있으며, 에러 표시 기능을 적용해 제품의 안정성을 확보했다. 운동을 싫어하는 사람도 즐겁게 운동을 하고 시간이 부족한 사람

들도 적정 운동 강도에서 10분 운동으로도 충분하게 운동 효과를 볼 수 있는 혁신적인 기구다.

— 저절로 운동이 되는 명품 진동운동기, 스포츠서울, 2007.10.19.金 18면

③ 기능성 신발로 10배 이상의 운동 효과

신고 달릴 때 스프링의 반발력으로 점프의 묘미를 느끼면서 재미있게 오랜 시간 운동을 할 수 있도록 개발된 이 기구는 단순히 운동하는 것과 비교해 10배 이상의 운동 효과를 주며 균형감각과 근력 향상 그리고 무엇보다도 청소년 성장에 많은 도움을 주는 것으로 임상실험에서 밝혀졌다.

특히 짧은 시간에 높은 운동 효과를 주는 이 신발은 조깅이나 에어로빅, 스포츠댄스 등 실내외 어니서든 활용할 수 있고 날릴 때 발생하는 관절이나 근육을 흡수하도록 설계돼 무릎 관절이나 뼈가 약한 성인 그리고 몸매를 가꾸고 다이어트를 위해 운동하는 성인 남녀에게 매우 효과적인 상품이다.

— 기능성 신발로 10배 이상의 운동 효과, 일간스포츠, 2008.5.29.木. 33면

④ 복근운동을 스스로 해주는 이 기구

복부운동시간을 따로 내지 않아도 복근운동은 계속된다. 차세대 운동기술 CSI로 복부가 저절로 운동한다. 이 기구의 특허 받은 CSI(신경감응저주파) 기술은 옆구리 쪽에 운동신경 밀집 부위에 전기신호를 보내서, 윗배, 아랫배, 옆구리에 동시에 강하지만 편안한 자극을 전달한다. 이 기구는 1단계부터 무려 99단계까지의 강력한 근 수축을 일으킬 수 있는데, 느낌상으로는 내가 힘을 주려고 하지 않아도 배에 스스로 힘이 들어갔다가 빠졌다가 하는 것을 느낄 수 있다. 이것은 우리가 윗몸 일으키기를 할 때 상체를 들었을 때 복부가 수축되며 힘이 들어가고, 상체를 뉘일 때 복부근육이 이완되면 힘이 서서히 풀리는 형태의 과학적인 운동방법을 이 기구가 자체적으로 구현하는 것이다.

건강한 남녀를 대상으로 8주간(하루 20~40분, 주 5회) 실험한 결과 허리 사이즈 1.4인치 감소, 복근지구력 72% 증가, 복근력 49% 증가한다는 결과가 임상실험을 통해 증명되었다고 이 회사는 발표했다.

계속 그리고 치열하게 찾아보면 이런 기구들이, 이보다 더 뛰어난 기구들이 있고 앞으로 출시될 것이다. 활용하지 않을 이유가 조금도, 하나도 없지 않은가!

(2) 생활하면서 음이온 피톤치드 산소를 호흡하라

음이온의 신비한 효능은 아직 조금 밖에 밝혀지지 않았다. 하지만 그것만으로도 그 효과는 놀라울 뿐이다. 혈액 정화, 세포 재생, 면역력 강화(감마글로블린의 폭발적 증가), 탁월한 피로 회복 등 일일이 열거하기도 어렵다. 울창한 삼림에서 뿜어져 나오는 피톤치드는 어떤가? 이런 음이온 피톤치드 산소를 가정에서, 숙소에서 언제나 흡입한

다면 경기력 향상에 크나큰 도움이 될 것이다. 그런데 너무나 쉽게 이렇게 할 수 있다. 이미 이런 기구나 제품이 상품화되어 시중에 시판되고 있다. 그런데 여러분 팀은 어떠한가?

— 시간이 아깝다, 중앙일보, 2008.1.22.火. E8면

① 산소 마시고 펄펄 난 대한항공

이어폰도 아니고 마이크로 사용하는 것도 아니고. 지난 3일 인천도원체육관에서 열린 2007~2008 V리그 남자부 플레이오프전에 이색 물건이 등장했다. 대한항공 선수들이 작전시간 틈틈이 벤치에 앉아 귀에 걸고 흡입한 물건은 산소발생기. 이것은 이승엽, 박지성 등이 피로 회복과 부상 치료를 위해 '산소캡슐'을 사용했다는 사실이 알려지면서 큰 관심을 모은 산소제품 중 하나다.

산소캡슐은 캡슐 안에 들어가 가만히 누운 채 배출되는 신선한 산소를 마시면서 피로의 원인이 되는 유산을 분해해 치료 기간을 단축하는 효과를 얻는 것으로 알려져 있다. 국내 프로야구 SK도 올 시즌 선수단 버스에 고농도의 산소를 실내에 공급하는 산소발생기를 설치해 장거리 이동을 하는 선수들에게 제공하고 있다. 대한항공 측은 "해외 유명스타들이 이 같은 산소 제품을 많이 사용하는 것으로 알고 있다."면서 "우리도 경기 중 선수들의 피로를 빠르게 풀어주고 운동능력을 향상시키기 위해 처음 시도했다."고 설명했다. 대한항공은 1차전에서 현대캐피탈을 3—0으로 완파하고 포스트시즌 첫 승을 기뒀다.

— 산소 마시고 펄펄 난 대한항공, 스포츠서울, 2008.4.5.土. 10면

② 365일 청정공기를 공급하는 환기시스템

난! 숲 속에 산다. 맑고 신선한 공기로 상쾌한 아침을 맞이하세요. 이 기구는 과학적인 신개념 공기청정기 및 환기 시스템으로 사계절 황사의 위험, 새집 증후군, 실내 밀폐로 인한 생활 유해먼지(실내공기가 실외공기보다 2배 이상 불량) 등으로 건강에 위협을 받고 있으며 실내 유해먼지 제거, 냄새 제거, 공기의 순환으로 곰팡이 억제, 피부질환 예방에 도움은 물론 특히 신생아, 유아, 수험생, 노약자 등에 좋다고 한다.

생활미세 유해먼지는 상부로 뜨기 때문에 부유하는 유해먼지를 위에서 필터링하여 신선한 공기를 공급해 주며, 실내에 있는 사람의 건강을 지켜 주는 신개념 과학적인 365일 공기청정기이다. SK 프로야구단은 선수단 버스에 산소발생기를 설치했다. 산소텐트는 이미 많이 활용되고 있다.

— 365일 청정공기를 공급하는 환기시스템, 스포츠서울, 2008.6.24.火. 2면

③ 100종 이상의 식물에서 추출로 삼림욕 효과를

이 제품은 편백나무 잣나무 소나무 등 100종 이상의 천연식물에서 추출한 천연 피톤

치드를 0.01~0.1 미크론의 초미립자로 분사해 삼림욕 효과를 볼 수 있다. 피톤치드는 피톤(식물)과 치드(살균력)의 합성어로 해충과 병균, 박테리아 등을 없애준다. 이 기구는 각종 전기 전자제품에서 발생하는 양이온과 공기 중에 떠도는 먼지, 각종 유해성분, 악취 등을 분해 제거해 실내의 공기를 자연의 상태와 비슷한 효과를 느낄 수 있다. 또한 봄철을 맞이하여 황사현상이 발생하는데 황사를 제거 혹은 완화시킬 수 있는 대안으로도 떠오르고 있다.

— 삼림욕기로 실내공기를 더 맑게~더 깨끗하게, 스포츠월드, 2006.3.10.金 9면

④ 전구를 켜면 상쾌한 숲속 공기가 집안 가득히

산세베리아의 2,000배 이상의 음이온 발생, 10초면 공기가 말끔하게 정화된다. 공기 중의 각종 오염물질 및 세균 등과 같은 양이온을 형성하는 물질을 음이온이 중화하여 공기를 청정하게 만든다.

—이제, 실내공기 걱정 끝, 스포츠서울, 2005.3.18.金. 16면

⑤ 피톤치드와 음이온 효과를 동시에

실내공기를 맑고 시원한 자연(산림욕 기능) 공기로!

(3) 최고의 숙면을 보장하는 침대 베개 이불을 찾아라

어떤 피로 회복도 수면 없이는 효과적이지 못하다. 수면이 최고의 피로 회복법이다. 하루의 3분의 1이 넘는 8시간 내외의 수면 시 — 축구선수들은 특히 수면 시간이 많다 — 최고의 피로 회복과 건강 증진을 돕는 침대는 무엇인가? 숙면으로 안내하는 최적의 베개는 있는가? 수면 시 코골이를 예방하는 상품이 어디 있는가?

가장 몸에 좋은 침대의 선택은 아래와 같다.

- 자고 나면 피로감이 쉽게 풀어지는지?
- 심신이 편안하게 안락한 잠자리를 제공하는지?
- 4계절 내내 따뜻하고 시원하게 사용할 수 있는지?
- 습도가 자동조절되는지?
- 집진드기, 곰팡이, 각종 해충과 균류의 서식을 방지하는지?
- 허리가 펴지고 자연 배출되어 피부호흡에 도움을 주는지?
- 체내 독소가 자연 배출되어 피부호흡에 도움을 주는지?
- 수맥파 전자파 위험을 완벽하게 처리했는지?
- 한국인의 체질에 맞는 잠자리인지?

① 고객체험행사를 시작합니다.

우리의 조상들이 이용하였던 구들장 생활의 지혜를 그대로 적용하여, 청정지역의 생

황토를 선별 채취하여 게르마늄, 견운모, 맥반석, 전기석 등의 복합광물과 조개껍질 분말을 배합한 뒤 1,000톤의 하중을 가한 가압프레스 상공법으로 만들어낸 천연 전통방식의 생황토 흙구들장 침대

— 고객체험행사를 시작합니다!, 중앙일보, 2008.10.31.金. 11면

② 고객만족 대상 부문 침대

유럽 CE 인증, 러시아 GOST 인증, 미국 FDA 등록, 교번자장 시스템을 적용하여 근육통 완화, 혈액순환 개선에 도움이 되는 것을 인정받아 업계 최초로 식약청으로부터 의료기기 GMP 마크를 획득하였으며 총 300여 가지의 특허 및 실용신안을 보유하고 있는 침대.

— 대한민국 대표 침대, 서울신문, 2008.11.7.金. 20면

③ 산소가 나오는 침대

해초를 고은 풀과 황토를 빚어 만든 이 침대와 산소를 발생하는 특허기술이 만나 탄생한 산소 침대. 자면서 내뿜는 이산화탄소를 산소로 바꿔 마실 수 있는 깨끗한 산소와 온열을 만들어 주는 산소 침대. 미항공우주국(NASA)연구소 기술로 개발한 산소를 발생하는 고체산소기술(한국특허 등록 : 제 0272929)이 만나 탄생한 침대

— 산소가 나오는 침대, 중앙일보, 20084.17.木. 30면

④ 뇌파동조 원리 응용한 베개

최근 기능성(숙면 유도 · 불면 해소) 뇌파 베개가 출시됐다. 뇌파동조원리를 응용한 이 제품은 시중에 판매되고 있는 숙면 베개와 다르다. 기존 숙면 베개는 국화꽃 향기나 메밀 등을 이용해 심리적 안정을 취해 잠을 유도한다면 이 베개는 100% 천연고무 라텍스를 이용 '과학적 원리'로 만들어져 수면을 유도하고 불면을 해소하는 데 뛰어나다.

이 베개는 우리가 스스로 숙면에 방해가 되게 만든 뇌파파에 불면 해소와 숙면에 도움이 되는 뇌파(알파파 · 세타파 · 델타파)를 만들어 소리가 아닌 골 전도를 통해 전달한다. 골 전도란 스피커나 이어폰을 통해 소리를 귀로 듣는 게 아닌 베개를 베고 누웠을 때 머리의 뼈를 통해 음원을 전달받는 기술로 귀를 통해 들었을 때보다 전달 효과와 안정감이 높은 신기술이다. 즉 양쪽 귀를 모두 막아 아무 소리를 듣지 못해도 베개에서 나오는 소리가 들린다.

— '불면증' 과학으로 잠재운다. 일간스포츠, 2009.2.16.月. 18면

⑤ 통증 완화하는 레이저 조사기

의료용 레이저 조사기는 레이저(650mm)를 조합하여 통증 완화에 사용하는 의료기구로서 반도체 레이저를 활용하여 편안한 숙면과학을 집대성한 최첨단 레이저를 사용해 신체의 밸런스를 정상적으로 유지시켜 준다.

제품의 효능 효과는 혈류량을 개선하여 통증 완화에 주목적으로 사용하고 있으며,

무릎 허리 배 어깨 목 발바닥 등 부위마다 쉽게 사용할 수 있도록 고안된 제품이다.

― 통증 완화하는 레이저 조사기, 일간스포츠, 2007.6.28.木. 42면

⑥ 숙면, 불면 해소 유도 베개

숙면과학, 뇌파베개인 이 베개는 말 그대로 숙면을 위한 과학적인 데이터와 근거로 개발된 숙면을 위한 베개이다. 잠을 잘 자기 위해선 수면뇌파라는 파장이 발생한다. 자장가를 듣는다든가 규칙적인 일정한 소리를 들으면 졸립다든가 하는 식이 그 예이다.

이런 자연적인 원리에 숙면 시 발생하는 알파파를 인위적으로 유도하는 무조건 잠을 자게 만들어 주는 방식이 아닌 자연의 법칙에 바이노럴 비트(Binaural beat) 기술을 접목해 짧은 시간에 숙면을 취하기 위한 과학적 방법을 적용해 숙면과 불면증 해소, 집중력 향상에 가장 적합한 알파파, 세타파, 베타파를 발생헤 귀가 아닌 골 전도를 통해 숙면과 쾌면, 불면 해소를 위한 파장을 직접 잠을 자는 사람에게 주입하는 신개념의 숙면과학이 어우러진 베개이다.

⑦ 코골이 해결 베개

다료우슈 바차르가니 독일 로스토크대 교수는 2007년 10월 3일 베를린 건강박람회에서 높낮이를 조절해 소리를 줄일 수 있는 베개를 선보였다고 로이터통신이 보도했다. 또 좁아진 콧속의 기도를 확장시켜 공기의 흡입량을 늘려주므로 코로 편안하게 숨을 쉬도록 도와주는 코에 끼우는 코골이 방지 크립이 나와 주목받고 있다. 여기다 현재 의사가 발명한 마우스피스처럼 입안의 이에 끼우고 수면을 취하면 코골이가 예방되는 제품도 나와 있다.

― 숙면, 불면 해소 유도 베개, 일간스포츠, 2008.11.7.金. 20면

⑧ 불면증 우울증 해결사

귀하의 우울증, 불면증, 불안감, 스트레스 및 두통을 약 없이 신속하게 해결해드리는 미국 FDA, 유럽 CE 0120 인증, 의료기기 3등급 허가. 생체물리학에 대한 기술로 미국 EPI사가 개발한 우울증 개선 의료기, 전 세계적으로 발표된 100여 편의 연구논문과 500건의 임상시험을 통한 효과 입증. 인체에서 자연 발생하는 동일한 형태의 미세전류를 통해 뇌의 활동을 정상화시킴.

― 불면증 우울증 0%에 도전한다. 스포츠서울, 2008.6.17.火. 13면

(4) 최고 최선의 물을 마시자

물은 생명이다. 물을 먹지 않고는 살 수 없다. 물은 체내에서 필요량의 5%만 부족해도 탈수상태가 되고, 12% 이상이 부족하면 사망에 이른다. 이쯤 되면 노화는 다름 아닌 우리 몸에서 물이 말라가는 과정이라 할 수 있다. 우리 몸의 70%가 물이다. 마신

후 30분이면 인체 구석구석에 도달해 영향을 준다. 물이 치료의 핵심이요 만병통치약이다. 그런데 무슨 물을 마셔야 할지, 물이 어떻게 좋은지에 대해서는 깊이 생각하지 않는다. 수돗물을 끓여 마시거나 정수기 물을 마시는 것으로 위안을 삼는다.

좋은 물은 오염 물질이 없어야 하고, 미네랄과 육각수가 풍부해야 하고, 활성산소를 없애고, 산성화한 혈액을 알칼리로 바꿔야 한다. 이외도 좋은 기운을 담고 있어야 한다. 역삼투압 방식의 정수기로 정수한 물은 미네랄이 없다. 상온에서 5분만 지나면 산성화한다.

전기 분해 환원 알칼리수도 주부 습진을 치료하는 등 효과가 있지만 좋은 기운을 담고 있지는 않다. 그러면 최고 최선의 물이 무엇이며 어디에 있는가? 이걸 선수들이 마시도록 해야 한다. 어느 걸 선택해야 하나?

— 어떤 물을 마십니까?, 일간스포츠, 2007.6.20.水. 19면

① 강 알칼리수 약 알칼리수 산성수 3종류 내는 전기분해 정수기
② 미네랄 환원 제조기인 마인큐가 만드는 물
③ 알칼리 이온수기
④ 용존산소량 6배 높인 '자화활성 육각수'
⑤ 천연 심층 암반수 원리를 응용한 태초의 천연 자연수

(5) 그 외의 제품 및 기시

신고 다니면 족저근막염이 치료되는 기능성 신발, 자기 전 발바닥에 붙이면 노폐물을 흡수하여 아침이 가뿐한 목초수액 시트, 착용하고 TV나 독서를 즐기는 동안 저절로 안구운동이 일어나 점점 안경에서 멀어지게 되는 신제품, 관절 통증을 편안하게 해 주는 100% 순수 천연생약, 손끝 발끝 저릿저릿한 혈액순환 장애와 욱신욱신 쑤시고 아픈 근육통을 시원하게 개선해주는 램프, 근육을 유연하게 해 주는 목걸이 팔찌, 피부 속 40mm까지 뚫고 들어가 체온을 골고루 올리고 뭉친 근육을 푸는 데 특효가 있어 운동선수에게 정말 좋은 생광석 전신 온열 가온기, 너무 쉬운 근육 관절 통증을 경감시키는 의료기기, 상처 치료는 물론 2차 감염을 방지하는 습윤 밴드 등 많이 있다. 여기다 최고 효능의 스포츠 식품이 무엇인가? 세계적인 종합비타민제는? 친환경 유기농 식품은 어디서 구하나? 한국 최고의 쌀·콩·된장·양파 등은 어디에 있는가?

이처럼 상품정보를 잘 활용하면 경기력이 성큼성큼 향상된다. 승리는 자연스럽게 따라 온다. 상대팀 전력 분석보다 최적의 상품 활용이 더욱 중요하다. 그런데 필요재정은? 앞의 '적극적으로 선수들에게 장학금을 주자'에서 제안한 그대로 실행하면 많은 부분 해결될 것이다.

19 경기력 향상의 지름길, 교수학습이론

"우리나라의 취약한 과학 분야 연구 기반으로 인해 당분간은 노벨상 수상자가 배출되기는 어려울 것 같습니다"

—백성기 포스텍(포항공과대) 신임 총장, 2007.9.5

스포츠 현장에서 사용하는 여러 분야의 학문은 기초과학이 아니라 응용과학이다. 응용과학은 기초과학을 바탕으로 한다. 스포츠생리학은 생리학을 차용한다. 스포츠물리학은 물리학을, 스포츠심리학은 심리학을, 스포츠 교육학은 교육학을 빌려 쓴다. 그러므로 계속 성장하려는 감독 코치는 여러 분야의 기초과학에 관심을 가질 필요가 있는데 정보를 남보다 빨리 입수하여 변화에 앞서갈 수 있다.

감독 코치가 깊이 있게 알아야 할 분야 중의 하나가 스포츠교육학이다. 코칭이 바로 수업이기 때문이다. 코칭이 교수학습과정이다. 감독 코치가 가르치고(교수) 선수가 배운다(학습). "교육의 질은 교사의 질을 능가할 수 없다."는 교육학의 지적이 교수학습이론의 중요성을 알려주고 있다. 가령 '투 터치 슛 능력 기르기'라는 학습목표를 가지고 가르칠 때 감독 코치의 지도력에 따라 학습효과가 달라진다. 가르치는 능력, 즉 수업의 질이 핵심 관건이다. 좀 더 자세히 알아보자. 아래의 교사를 감독 코치로, 학생을 선수로, 교실을 운동장이나 강의실로 대입해서 읽을 수 있다.

1) 교수·학습이란?

인간에 있어서 가장 흥미롭고 근원적인 특징은 교육이 가능하다는 것이다. 즉 경험을 통하여 자기 자신을 바꾸어 가는 능력이 있다는 것이다. 교육을 흔히 "바람직한 방향으로의 인간 행동의 계획적인 변화"(정범모, 1968)라고 일컬으며, 그 변화는 의도적이고 계획적인 방법과 절차에 의하여 체계적으로 수행됨을 뜻한다.

학교교육에서 가장 중요한 세 가지 구성요소는 교사와 학습자 그리고 교육내용이 된다. 교사와 학습자 간에는 일정한 교육내용을 가지고 상호작용을 하게 되는데, 이를 교수(teaching)와 학습(learning)이라 한다. 교사와 학습자 간의 상호작용은 다양한 방법으로 진행될 수 있다. 이 방법은 학습의 결과를 낳는 데 중요한 영향을 미치게 된다.

교수와 학습이 주로 이루어지는 장(field)인 교실 내의 환경에는 여러 가지 다양한 변인들이 교수·학습에 영향을 미친다. 우선 교사와 학습자가 가지고 있는 배경 특성들은 교수·학습과정에 영향을 미치게 된다. 학습자의 지적인 능력, 선수학습정도, 적성, 학습동기, 학습유형 등의 학습자 특성도 학습의 결과에 중요한 영향을 미치고, 교사의 인성적 특성, 경험, 교과내용에 대한 지식, 다양한 교수방법에 대한 지식, 교수기술(teaching skill) 등의 교사 특성도 학습 결과에 영향을 미치는 중요한 요인이 된다. 교실 내에서 교사와 학생 간의 상호작용, 학생과 학생 간의 상호작용 등의 심리적 환경은 물론 교실 내의 물리적 환경도 중요한 영향을 미친다.

'무엇을, 왜 교육할 것인가' 하는 교육의 목적과 내용의 설정은 교육과정에서 가장 먼저 생각해야 할 과제이다. 그 다음은 이러한 목적을 달성하기 위해서 학습자에게 구체적으로 어떤 학습경험을 어떠한 방법을 선택하여 학습목표에 잘 도달하도록 할 것인가 하는 중요한 단계가 있다. 즉 교수·학습의 과정이다.

'교수'는 '가르쳐 주는 것'을 뜻하는 것으로 교사가 설정된 교육 목표를 달성하기 위해 취하는 행위이며, '학습'은 학습자가 '교수의 결과로 얻어지는 새로운 행동의 변화'라고 할 수 있다. 일반적으로 널리 알려진 교수와 학습의 개념을 보면 다음과 같다.

(1) 교수

개인으로 하여금 특정한 조건에서 또는 특정한 사태에 대한 반응으로서, 특정한 행동을 나타내도록 학습하게 하거나 또는 그 특정 행동에 참여할 수 있도록 개인을 둘러싼 환경을 계획적으로 조작하는 과정이다(Corey. 1971).

(2) 학습

주어진 환경 속에서 계속적인 경험으로 일어나는 행동의 변화를 말한다. 단, 그러한 행동의 변화는 타고난 반응 경향, 성숙 또는 피로나 약물에 의한 일시적 상태의 변화로는 설명될 수 없다(Hilgard & Bower. 1981).

교수는 의도적이고 계획적으로 학습자의 환경을 조작함으로써 학습목표에 이르도록 하고, 그 결과로 특정한 행동, 즉 학습이 이루어진다는 것이다. 여기서 교수는 독립변인이고 학습은 이에 따른 종속변인으로서의 관계를 규정하고 있다.

2) 교수방법과 교수방법의 변화

교수·학습이 이루어지는 과정에는 교과내용, 학습자의 특성, 집단의 크기 등에 따라 어떠한 방법으로 접근하는 것이 설정된 교육목표를 달성하는 데 최상의 접근방법이 될 수 있는지 그 전략(strategy), 즉 교수방법을 결정해야 된다.

교수방법은 "교육목표를 달성하기 위해 취해지는 수단"으로, 현재의 상태에 있는 학습자를 설정된 교수목표의 달성을 위하여 선정된 교수내용을 가지고 학습자에게 효과적으로 전달하기 위한 실행력 있는 과정이다(변영계 외, 1996).

교수방법은 다양할 수 있다. 과거에는 교사의 주도하에 교수목표까지 인도되는 방법이 많았으나, 오늘날에 와서는 교사의 도움 없이도 학습자 스스로 또는 다양한 매개체에 의해서도 교수·학습이 가능하다. 즉 교사에 의해 안내되어 가는 방법, 학습자 스스로 찾아가는 방법, 좀 더 쉽고 편하게 가도록 여러 가지 보조도구를 이용하는 방법, 학습자들의 협동을 통해 목표에 도달하는 방법, 교육 공학적인 교수매체를 통해 가는 방법 등 수많은 방법이 있을 수 있다. 이 여러 가지 방법 중에서 어떠한 방법을 택해 가는 것이 가장 좋은 결과를 얻을 수 있는가는 효과성, 효율성, 매력성 측면의 세 가지 기준에서 평가해 볼 수 있다.

수업의 효과성(instructional effectiveness)은 학습목표에 정확하게 도착할 수 있는가 하는 문제로 오랫동안 기억되고, 잘 전이(transfer)되며, 다른 지식과 기술에도 일반화 시킬 수 있는가가 그 기준이 된다. 수업의 효율성(instructional efficiency)은 학습자가 새로운 지식과 기술을 획득하는 데 걸리는 시간과 비용의 문제로 경제성이 그 기준이 된다. 수업의 매력성(instructional appeal)은 교사나 학생 모두 그 교수방법에 관해 흥미와 매력을 느끼는가 하는 문제로 학습동기가 그 기준이 된다.

전통적인 교육에서는 교육을 훈련이나 정신도야의 차원에서 보았기 때문에 모든 교수·학습과정에서 교사가 중심이 되어 학습을 주체적으로 이끌어 나갔다. 그러나 20세기로 넘어오면서 아동중심의 교육운동, 진보주의 교육철학 등은 교수·학습과정에서 학습자 개인에 대한 관심으로 환기시켰고, 창의적인 인간을 만들기 위해 학습자가 주체가 되어 이끌어 나가는 교수방법이 등장하게 된다. 특히 지식기반의 사회인 21세기가 도래하면서 교수방법에는 새로운 혁신이 일어나고 있다. 오늘날의 교육은 교사중심에서 학습자 중심으로 변화되어 가고 있다.

교사 중심 교수방법은 교사가 중심이 되어 학습자들에게 교수과정과 교수내용을 전달하는 방법으로, 거의가 학습자와 얼굴을 맞대고 진행하는 강의식 수업이다. 이 경우 수업의 전 과정에서 학습자 개개인의 특수한 여건이나 어려움 또는 개인차에 대한 고려가 거의 없는 상태이다.

3) 교수·학습 시 고려해야 할 요소들

Hilgard는 현대의 여러 학습이론을 들추어, 학교학습에 적용될 수 있을 만한 14개항의 진술문을 요약하고 있다.

① 누가 무엇을 학습해야 할 것인가를 결정함에 있어서는, 학습자의 능력을 중요시 해야 한다. 능력이 우수한 사람은 우수하지 못한 사람이 배우지 못하는 것을 배울 수 있다. 일반적으로, 너무 어린 아동보다는 좀 더 자란 어린이가 더 쉽게 배운다. 성인기에 있어 연령이 높아짐에 따라 능력이 쇠퇴하느냐 하지 않느냐 하는 것은, 학습해야 하는 것이 무엇인가에 달려 있다.

② 강한 학습동기를 가진 사람은[80] 그렇지 못한 사람보다 더 쉽게 학습한다. 이런 학습동기는 일반적인 것과 특수한 것을 함께 내포하고 있다. 예컨대, 학습을 하려는 욕구, 성취의 필요(일반적), 특정한 보상을 받으려는 욕망이나, 위협적인 처벌을 회피하려는 생각(특수적)을 들 수 있다.

80) 교수·학습과 교육공학, 박숙희 염명숙 지음, 학지사, 2004.8.10 1판 5쇄, 16,000원, PP.16,17,18,64,81,82.

③ 지나치게 강한 동기(특히, 고통, 공포, 불안)는 정서적인 혼란 상태를 유발한다. 따라서 과도한 동기는 특히 까다로운 변별을 요하는 과제의 학습에서 중간 정도의 동기보다 덜 효율적이다.

④ 학습은 보통 처벌의 통제하에서보다 보상의 통제하에서 이루어지는 것이 바람직하다. 마찬가지로, 성공에 의하여 동기화된 학습은 실패에 의하여 동기화된 학습보다 낫다. 이론적인 논쟁은 아직 해결되지 않았으나, 처벌보다는 보상의 통제하에서 학습할 때 유리한 사회적 부성과가 뒤따른다는 점을 고려에 넣어야 할 것이다.

⑤ 내적 동기하에서 학습하는 것이 외적 동기하에서 학습하는 것보다 낫다.

⑥ 실패를 견디는 힘은 이미 경험한 실패를 보상할 수 있는 충분한 성공의 경험을 줌으로써 가장 잘 길러줄 수 있다.

⑦ 학생들은 자신에게 알맞은 현실적인 목표를 설정하는 연습을 가질 필요가 있다. 이 목표가 너무 낮으면 노력을 유발하지 못하며, 너무 높으면 실패를 자초한다. 현실적인 목표설정은 비현실적인 목표설정보다 만족스러운 개선을 가져온다.

⑧ 개인의 과거의 대인경험, 예컨대, 권위에 대한 반응양식은 특정교사로부터의 학습을 저해할 수도, 촉진할 수도 있다.

⑨ 강의나 영화와 같은 것을 통하여 학습할 때에는, 학습자의 적극적인 참여가 수동적인 섭취보다는 낫다.

⑩ 유의미한 자료와 과제는 무의미한 자료나 학습자가 이해할 수 없는 과제보다 쉽게 학습된다

⑪ 어떤 기능(예컨대, 피아노의 연주)을 초과학습하거나, 서로 관련성을 갖고 있지 않은 사실들을 암기하려고 할 때에는 연습을 반복하는 방법 이외에 다른 도리가 없다.

⑫ 어떤 것이 훌륭한 성취이며, 자기의 오류가 무엇인지, 어떤 것이 성공적인 학습성과인지에 관한 정보나 지식은 학습을 돕는다.

⑬ 학습자 자신이 새로운 과제와 과거의 과제 간의 관계를 발견할 수 있을 때, 그리고 학습자가 학습의 과정에서 다양한 과제에 걸쳐 원리를 적용해 보는 경험을 가질 때, 새로운 과제에 대한 학습의 전이는 잘 일어난다.

⑭ 장기간에 걸쳐 기억해야 할 자료를 학습할 때에는, 분산된 또는 일정한 간격을 둔 재생이 도움이 된다.

4) 교수 설계

교육이 목표로 하는 학습자의 바람직한 행동의 변화는 주로 학교에서의 교수·학습의 과정을 통하여 일어나기 때문에 교수와 학습은 학교교육에서 가장 핵심적인 일이 된다. 교수는 바람직한 행동목표를 달성하기 위해 교수활동을 통해 학습자들의 학습활동을 돕고, 학습은 교수과정을 통해 새로운 지식과 기술을 획득하게 된다. 학교는 이러

한 교수·학습의 과정이 성공적으로 이루어지도록 계획적이고 의도적으로 교육환경을 조성해 주어야 한다.

교수·학습 과정에 대한 교수계획은 이론적인 원칙을 실제에 적용시켜 교수 설계를 하는 과정이다. 교수설계는 교수 전 과정에 대한 체제적인 접근(system approch)에 의해 결정되어야 한다. 체제적인 접근이란 문제해결을 위해 전체를 분석하고 이 전체 속에서 각 부분들의 기능들이 어떻게 역동적이고 상호보완적인 관계에 있는지를 파악하는 접근방법이다. 즉 교수체제를 구성하고 있는 모든 구성요소들이 교육목적을 달성하기 위해 서로 유기적인 관계를 맺으면서 총체적인 접근이 이루어져야 함을 말한다.

교수설계의 모형은 다양하게 설정될 수 있으나 일반적인 교수설계 모형은 분석, 설계, 개발, 실행, 평가의 과정을 포함, 학습자가 교수목표를 달성했는지 학습의 성과를 평가하는 단계이다. 평가에는 형성평가와 총괄평가가 있다. 형성평가(formative evaluation)는 수업이 진행되는 과정에 학습자가 학습의 내용을 얼마나 잘 이해하고 있는지를 평가하는 것으로 이는 학습속도 조절이나 학습의 과정 진단, 교수방법 개선 등에 유용하다. 그동안의 학습 성과를 총괄적으로 평가하는 총괄평가가 이루어져 학생들에게는 최종적인 성적을 내주고, 교사들은 스스로의 수업의 효율성을 최종적으로 확인하는 단계이다. 이러한 학습 성과의 평가는 피드백되어 각 단계의 적정성 여부에 대한 정보를 제공하며, 한편으로 다음 단계의 교수 학습 과정 설계에 대한 중요한 자료를 제공해 준다. 총괄평가(summative evaluation)는 교수·학습이 끝난 후 성취결과를 총괄적으로 평가하는 것으로 이는 학습자의 성적을 결정하고 교수목표의 달성여부를 확인하게 한다. 이러한 평가에는 주로 지필검사가 사용되었다.

그러나 이와 같은 학습 성과의 결과평가에 대한 기준의 평가방법에 대해 문제점과 부작용이 지적되며 제시된 평가방법이 수행평가(performance assessment)이다. 미래 정보화 사회에서는 단편적, 사실적 지식의 암기, 이해 능력보다는 정보의 탐색과 수집, 분석, 비판, 종합 그리고 자기 주도적인 학습능력과 창의력을 요구하고 있다. 그동안 우리나라의 교육에서도 고등정신 능력과 바람직한 품성의 함양을 교육의 목표로 제시해 왔으나 교육방법과 평가는 이러한 능력이나 품성의 함양과는 반대되는 방향으로 진행되어 왔었다. 세계 여러 나라가 교육개혁을 주장하며 이에 따른 평가방법으로 수행평가 방식이 제기되었다.

수행평가란 교사가 학습자들의 과제를 수행하는 과정이나 결과를 다양한 방법으로 직접 관찰하고 그 결과를 통해 학습자의 능력을 전문적으로 판단하는 평가방식이다.

수행평가는 교육개혁의 중요한 방법의 하나로 시행되고 있는데, 이것은 그동안 학습 결과만을 평가하는 전통적인 평가방법인 총괄평가와는 다르게 서술형(주관식) 검사, 논술형 검사, 실기시험, 실험, 실습법, 관찰법, 토론법, 구술시험, 면접법, 자기평가 보고서법, 동료평가 보고서법, 포트폴리오법 등 다양한 평가방법이 있다.

5) 완전학습의 이론

완전학습이라는 것은 그 대립개념인 불완전학습을 전제로 하고 성립되는 말이다. 그리고 완전학습의 개념을 분명히 하기 위해서는 그 대립개념인 불완전학습의 의미를 명확히 하고 들어가야 할 것이다. 오늘날의 우리들의 학교학습은 불완전학습을 전제로 하고, 불완전학습을 수락 지지하고, 불완전학습을 목적으로 하여 진행되고 있다고 하지 않을 수 없다.

(1) Carroll의 학습모형

완전학습의 가능성이 최초로 이론적으로나마 제시된 것은 Carroll의 「학교학습의 한 모형」이란 제목이 붙은 논문이다(Carroll. 1963). 이 논문의 목적은 제목에서도 짐작할 수 있다시피, 학교에서 이루어지는 지적 학습을 결정하는 변인들을 추출하여 이론화하는 데에 있었다.

Carroll의 학습모형에 의하면, 우선 학교에서 학습되는 학습과제는 일련의 하위과제들이 모여서 구성된 복합과제(complex task)로 규정된다. 이런 과제 중에는 몇 분 동안의 학습으로 끝나는 단기과제도 있으며, 몇 달이나 계속되는 장기과제도 있을 것이다. 그리고 이런 과제들의 학습의 정도는 정해진 시간 안에 성취하는 학습량에 의해서 측정될 수 있을 것이다. Carroll은 학습자들의 학습의 정도에 영향을 끼치는 변인으로는 다섯 가지를 들고 있으며, 이런 변인들을 다시 수업변인과 개인차변인의 두 가지로 분류하고 있다. 이 다섯 가지 변인들은 다음과 같다.

① 수업변인

㉠ 수업의 질(과제제시의 적절성)
㉡ 기회(과제의 학습을 위해서 주어진 시간)

② 개인차변인

㉠ 과제학습을 위한 학습자의 적성(학습자가 과제를 일정한 기준까지 학습하는 데에 필요한 시간량으로 측정된다. 이 시간량은 흔히 능력의 측정치와 이 과제의 학습을 시작하기 이전까지의 선행학습 성취도로부터 예측될 수 있다)
㉡ 수업이해를 위한 학습자의 능력(일반지능과 언어능력이 복합된 것)
㉢ 학습자의 '지속력'(학습자가 학습을 위해서 스스로 사용하려는 시간량)

Carroll은 이 다섯 가지 변인을 가지고 학교학습의 여러 관계를 규정해 나간다. 이런 관계 중에서 완전학습의 이론 수립에 직접적으로 관련되는 학습의 정도와 이런 다섯 가지 변인과의 관계는 간단히 다음과 같은 방정식으로 표시된다. 즉, $\text{학습정도} = f\,\frac{(\text{학습에 사용한 시간})}{(\text{학습에 필요한 시간})}$

과 같다. 이 방정식에서 f는 방정식의 양변이 서로 함수관계에 있다는 것을 나타낸다. 이 방정식이 뜻하는 바는 지극히 명료하다. 즉, 학습의 정도를 백분율로 표시한다면, 그것은 학습자가 주어진 과제를 기준점까지 학습하는 데에 필요한 시간에 비해서 실제로 학습에 얼마만큼의 시간을 사용했느냐에 의해서 결정된다는 것이다. 그리고 Carroll에 의하면, 학습에 필요한 시간은 학습자의 적성과 수업이해력과 수업의 질이라는 세 가지 변인에 의해서 결정된다. 이 관계에서, 수업의 질이 낮아질수록 요구되는 수업이해력이 커지며, 그에 따라 학습에 필요한 시간이 늘어날 것이라는 것을 우리는 짐작할 수 있다.

이 Carroll의 방정식이 의미하는 바 가장 중요한 것은, 학습자의 적성은 다만 학습에 필요한 시간을 결정할 뿐이며, 학습의 정도, 즉 성적을 결정하는 데에는 다만 간접적으로만 작용할 뿐이라는 가설이다. 학습자가 실지로 학습을 위해서 보낸 시간량이 상대적으로는 더 중요한 개념으로 나선다.

앞의 방정식이 가리키는 바에 의하면, 10시간이면[81] 학습을 끝낼 수 있는 학생이 실제로 10시간 동안 학습을 한다면, 그의 학습 정도는 100%일 것이다. 반면에, 10시간이 필요한 데에도 5시간만 공부한다면, 그의 학습은 겨우 50%에만 도달될 것이다. 이 경우에, 그 학생은 자기에게 필요한 만큼의 시간을 실제로 학습에 사용하지 않았기 때문이다. 방정식의 分子가 가리키는 시간량이 분모가 가리키는 시간량보다 클 경우 언제나 완전학습이 성립되는 것이다.

그러나, 실제로 모든 학생들이 남김없이 다 완전학습을 이루게 되는 것은 아니다. 완전학습을 막는 여러 가지 방식을 우리는 또한 Carroll의 모형에서 찾아볼 수 있다.

우선 앞에서도 말했지만, 수업의 질이 낮아질수록 학습에 필요한 시간의 길이는 연장된다. 따라서 수업이 난해하거나 졸렬할 경우 학생들은 더 많은 학습시간을 필요로 하게 되고, 그렇게 연장된 시간만큼 실지의 학습에 사용하는 시간을 더 연장해야만 완전한 학습을 할 수 있다. 한편 방정식의 우변의 분자에 놓인 '학습에 사용한 시간'은 학습자의 '지속력'과 '기회'에 의해서 결정된다. 완전한 학습을 하는 데에 10시간이 필요한데, 학생이 실지로 8시간만 학습한 경우, 그의 '지속력'은 8시간이다. 또 10시간이 필요한 과제의 학습에서, 실지로 교사가 5시간의 수업시간밖에 허용하지 않았을 경우에도 완전한 학습이 이루어질 수는 없다. 이 경우의 학습자의 학습의 정도는 50%일 것이다. 결국 分子의 '학습에 사용한 시간'은 지속력과 기회의 두 변인 중에서 적은 쪽의 시간량으로 결정된다는 것을 알 수 있다.

(2) Carroll 모형의 전개

Carroll의 학습모형이 보여 주는 가장 중요한 것은 앞에서도 말한 바와 같이, 학습자

81) 현대교수이론, 김호권, 교육출판사, 1978.9.1, 3,000원, pp.26, 27, 278, 280, 281, 284, 285, 286, 287.

의 학습적성이 완전한 학습을 하는 데에 필요한 시간량을 결정해준다는 생각이다. 이 생각은 우리가 흔히 가지고 있는 적성·성적 인과설과는 현저하게 대조되는 입장을 나타내고 있다. 학습자의 적성이 다만 학습에 필요한 시간을 결정할 뿐이라는 증거는 학습이 이루어지는 여러 장면에서 관찰할 수 있다.

예컨대 표준화 학력검사를 해를 거듭하면서 실시할 경우, 우리들은 학생들의 성적이 해마다 향상되는 것을 볼 수 있다. 이런 현상은 바로 학습에 사용된 시간이 증가할수록 개개인의 학생이 성취하는 학습의 정도가 증가될 수 있다는 것을 가리키는 것이다.

① 수업의 질

Carroll은 수업의 질을 한 특정한 학습자에 대한 '학습과제의 제시, 설명 및 구성이 최적선에 접근된 정도'로 정의한다. 이 정의도 역시 우리가 지금까지 일반적으로 가져왔던 수업의 질에 대한 견해와는 상당히 대조적이다.

학습지도법에 대한 과거 50년간 여러 연구에서 잘 반영되어 있다. 수업의 질을 흔히는 교사의 질과 혼동해 왔으며, 집단 전체의 학습성과를 가지고 학습지도와 교재와 교육과정을 평가하려고 해왔던 것이다. 모든 학습자를 위해서 주입식 학습보다 자발적 학습지도방법이 좋은 것으로 인정되어 왔으며, 모든 학습자를 위해서 언어적 학습보다 시청각적 학습이 효과적인 것으로 주장되어 왔다.

우리는 이런 가정과는 전혀 다른 가정에서 출발할 수도 있을 것이다. 예컨대, 학습자들은 각기 다른 학습양식(learning style)을 가지고 있으며, 같은 내용과 목적을 가진 한 과제가 서로 다른 학습자에 의하여 서로 다른 방법과 교재와 수업의 형태를 통해서 학습될 수 있다는 생각이다. 어떤 학생들은 상당히 딱딱하게 구조화된 조건에서 더 잘 학습할 수도 있을 것이고, 또 다른 학생들은 자유롭고 창의적인 조건에서 훨씬 능률적으로 학습할 수 있을 것이다. 이런 가정 위에서는 수업의 질이란 것이 한 사람 한 사람의 학습자에게 얼마나 효과적인 학습을 가져오게 했느냐에 의해서 학습자 개개인을 단위로 평가되고 고찰되어야 할 것이다.

② 수업이해력

오늘날의 학교학습이 집단수업의 체제 속에서 이루어지며, 이 집단수업은 초·중등학교의 경우 한 사람의 교사가 한 가지의 교과서를 가지고 운영하고 있는 것이 그 특색이다. 그리고 교사의 수업활동은 그 대부분이 언어적 활동이며, 교과서도 주로 인쇄된 文字들로 구성되어 있다.

이런 장면에서의 학습에서, 한 학생이 학습에 관련된 교사의 언어를 잘 이해할 수 있고, 또 주어진 교재 교과서를 잘 다룰 수 있는 능력을 가지고 있다면 그는 학습에 큰 도움을 받을 것이다. 반대로 교사가 사용하는 말이나 교과서를 잘 이해하지 못한다면 그는 학습에 큰 곤란을 겪게 될 것이다. 따라서 수업이해력이란 것은 '학습해야 할 과제의 성질과 학습 절차를 이해하는 학습자의 능력'이라고 정의된다. Carroll에 의한다면 이러한 수업이해력은 학습자의 일반지능과 언어능력으로 대표된다.

이 수업이해력과 적성과의 중요한 차이점은 전자가 일반적인 능력(general ability)인 반면에, 후자가 특수적인 능력(specific ability)이라는 점에 있다. 즉, 한 학습자에게는 모든 종류의 수업을 이해하는 데에 관련되는 한 가지의 수업이해력이 있는 반면에, 여러 가지 종류의 과제마다 그 성질과 구성을 달리하는 여러 가지 종류의 학습적성이 있을 수 있다는 말이다. 수업이해력은 수업과 학습절차와 교재(교과서)의 이해를 위해서, 그리고 적성은 학습과제 자체의 이해를 위해서 필요한 능력이다.

③ 지속력

Carroll은 지속력을 '학습자가 학습에 사용하려고 하는 시간'이라고 정의하여, 학습에 실제로 사용한 시간과 구별하고 있다. 이런 구별에서 볼 수 있는 바와 같이, 지속력은 학습동기나 흥미와 밀접한 관계를 가진 개념이라고 짐작할 수 있다.

그러나 우리는 학습동기나 흥미가 직접적으로 학습의 능률을 향상시키고 학습 성과를 높여 주는 것은 아니라고 생각한다. 한 과제 자체에 흥미를 가졌다고 해서 학습이 더 능률적으로 이루어지지는 않는다. 오히려 한 학습과제에 강한 동기와 흥미를 가진 학생들은 그 과제의 학습을 위해서 더 오랫동안 버티기 때문에, 즉 더 많은 시간을 그 학습을 위해서 사용하려고 하기 때문에 학습 성과가 향상된다고 보는 것이 타당할 것이다.

학습에 대한 지속력이라는 점에서도 학생들은 큰 개인차를 보여 준다. 그리고 같은 학생이라 할지라도 과제가 달라짐에 따라 현저하게 다른 지속력을 나타낸다는 것을 우리는 쉽게 관찰할 수 있다. 예컨대, 일반학과의 학습에서는 쉽게 싫증을 느끼고 포기하는 학생이 기계의 수리라든가 악기의 연습과 같은 학습에서는 굉장히 긴 시간 동안 싫증 없이 몰두하는 사례를 흔히 보게 된다.

우리는 지속력에 영향을 미치는 변인들을 완전히 파악하고 있지 못한다. 그러나 한 가지 분명한 것은 학생들은 자기들의 학습에 대한 노력이 적절하게 보상될 때 강력한 지속력을 나타낸다는 사실이다. 반대로 학습과정에서 계속적으로 좌절감을 맛볼 때 학생들은 학습을 위해서 사용하는 시간을 줄이고 학습에의 노력을 포기할 가능성이 많을 것이다.

학습자들의 학습에 대한 지속력이 이와 같이 학습과제 자체와 밀접한 관련을 갖고 있다는 사실은 완전학습의 계획에 있어서 우리에게 큰 가능성을 제시해 준다. 우리는 한편으로 持續力 자체를 증가시키기 위한 방향과 다른 한편으로 학습과제의 더욱 적절한 구성이나 학습과정에서의 더욱 효과적인 報償을 통해서 한 과제가 요구하는 持續力의 크기를 줄이는 방향의 두 가지 측면에서 양면작전을 펼 수 있기 때문이다.

④ 학습에 허용된 시간(기회)

학습자들이 성취하는 학습 성과를 제한하는 것은 반드시 학습자 자신만이 아니고 외부로부터도 주어진다. 그 중의 한 가지가 바로 학습을 위해서 허용되는 시간량이다.

앞에서도 말한 바 있지만, 현재의 학교학습은 집단수업의 체제를 통해서 이루어지고 있으며, 일정한 학습과제나 학과목의 학습을 위해서 배당된 시간은 모든 학생에 걸쳐 일정하다. 예컨대, 고등학교에서 어떤 과목은 1년 동안에 걸쳐 가르치고, 어떤 과목은 3년에 걸쳐 수업한다. 초등학교의 산수과목에서도 1년 동안에 주어지는 수업시간의 수는 일정하다. 과목당 수업시간 수를 어떻게 배정하더라도 그것이 일부의 학생들을 위해서는 너무 길고, 나머지 일부의 학생들을 위해서는 너무 짧게 되는 것을 피할 도리가 없다.

그러나 Carroll의 학습모형에 의한다면, 학습을 위해서 사용하는 시간은 완전학습을 성취하는 데에 가장 핵심적인 개념이다. 즉, 학습에 대한 적성이 한 사람 한 사람의 학습속도를 결정해 주며, 누구나 자기에게 필요한 만큼의 시간을 실제로 학습을 위해서 사용한다면 완전학습에 도달될 수 있을 것이라는 것이 Carroll의 학습모형의 기본가정이다.

따라서 완전학습을 위해서는 누구나 필요한 만큼의 시간을 실제로 학습을 위해서 사용해야 하며, 또 그만큼의 충분한 학습시간이 실지로 허용되어야 하는 것이다. 이 완전학습의 성취라는 것이 다만 수업 개선의 문제뿐만이 아니라, 더 넓게 학교운영이라는 교육체제 전반에 관련된 문제라는 것을 알 수 있다.

이상으로 교수학습이론과 관련된 몇 가지를 알아보았다. 하지만 위의 내용은 방대하고 깊이 있는 교수학습이론 중 조그마한 한 부분에 지나지 않는다. 하지만 '교수학습이론이 왜 필요하며 공부해야 하는지?'에 대한 생각거리를 주고자 담아 두었다. 감독 코치는 은퇴하기 전까지 매주 5일 정도 선수를 가르친다. 이때 보다 효과적이고 흥미 있게 가르치기 위해서는 교수학습이론의 적용이 반드시 필요하다.

20 감독 코치를 성공으로 안내하는 경영학

> "개인이나 기업이나 국가가 파산하는 가장 큰 이유는 그들이 경영을 모르기 때문이다."
>
> — 피터 드러커

경영학이란 무엇인가? 감독 코치가 경영학을 알아야 하나? 경영학을 축구에 어떻게 적용할 수 있는가?

감독 코치는 반드시 경영학을 알아야 한다. 그것도 밝게 깊이 알수록 더욱 좋다. 경영학을 모르고 팀을 지도하면 이미 실패를 예약한 거나 다름없다. 운 좋게 성공하더라도 그 성공의 크기는 조그마할 뿐 결코 크고 가치 있으며 대담한 성공은 없다. 왜 그런가? 프로구단은 당연하고 아마추어 팀 운영이 바로 경영이기 때문이다. 축구 선진국에서는 오래 전부터 프로구단이 곧 기업이며, 경영의 논리로 조직되어 운영되고 있다. 수익을 내는 것은 혁신과 마케팅, 이 두 가지뿐이며 나머지는 모두 소모되는 비용이다.

영국 일간지 '더 타임스(The Times)'는 2009년 2월 5일(한국시간) '스카이스포츠가 EPL 중계권 확보(2010~2013년까지 계약 연장)를 위해 13억 1,400만 파운드(약 2조 6,228억 원)를 EPL 사무국에 지불했다'고 보도했다. 2007~2008 시즌 세계 프로축구클럽 수입 랭킹 1위는 3억 6,580만 유로(약 6,660억 원)를 벌어들인 레알 마드리드였다. 2위는 3억 2,480만 유로(약 5,860억 원)의 맨체스터 유나이티드였다. 세계에서 가장 가치 있는 구단(2009.1.22, 포브스 1월호)은 18억 달러(약 2조 5,000억 원)의 맨체스터 유나이티드이고, 2위는 16억 달러(약 2조 2,000억 원)의 달라스 카우보이스였다. 맨·유는 지구촌 3억여 명의 팬들을 바탕으로 글로벌 마케팅에 열중하고 있다.

경영을 꾸준히 공부하고 깊이 알면 팀 향상 방안이 샘물 솟듯 떠오른다. 아마추어팀도 선수 감독 팀 운동장 등의 명품 브랜드화는 가능하다. 프로팀의 경우 코칭스텝이 구단 마케팅에 적극 협력해야 한다. 팀보다 영속할 수 있고 팀보다 우위에 있는 사람은 아무도 없다. 글로벌 마케팅에서 크게 성공하고 있는 美 프로야구 MLB에서는 감독 코치는 구단의 한 부분일 뿐 선수단 운영의 독립성을 고집하지 않는다. 그런 시스템이 아니기 때문이다. 감독 코치가 아니라 사무국이 구단 운영의 중심이다. 이와 대조적으로 K리그는 선수 스카웃이나 기용은 거의 감독 고유권한으로 되어 있다. MLB에서는 구단 사무국이 크게 관여한다. 프로구단이 파산하면 감독 코치의 시장은 그만큼 줄어든다.

엄밀히 바라보면 구단에게 있어서 감독 코치는 한때 팀에 머물다 지나가는 나그네요, 잠시 고용한 노동자이며, 쓰임새가 떨어지면 버리는 소모품이다. 켄 레플러 감독은 "감독의 종류는 크게 2종류이다. 하나는 해고된 감독이며, 또 하나는 앞으로 해고될 감독이다."라고 일러주고 있다. 해고된 경험이 있는 감독 코치는 충분히 이해할 것이다. 능력을 보일수록, 충성심이 강할수록 좀 더 오래 일할 수 있지만 언젠가는 계약이 종료된다.

현대는 지식사회다. 지식이 지구 최후의 경쟁무기이며 경쟁수단이다. 지식경영을 하는 팀이 승리한다. 그런데 감독 코치는 선수 시절 경영학을 배울 기회가 없었다. 은퇴 후 지금까지는 있었는가? 경영을 알려면 경영학을 공부할 수 있는 기회를 스스로 만드는 수밖에 없다. 대학이나 사회교육기관에서 배울 수 있을 것이다. 꾸준히 경영학 관련서를 읽는 것도 좋은 방법이다. 신문, 주간지, 월간지 등 경제 전문 정기간행물을 구독할 수도 있다. 이외에도 다양한 방법이 있을 것이다. 기회는 언제나 열려 있다.

경영을 모르는 감독 코치에게 배우는 선수는 불행하다. 선수의 기량 발전이 느리거나 정체될 가능성이 크기 때문이다. 재능 있는 선수를 데려다 놓고 평범한 선수로 주저앉히는 잘못은 더 이상 없어야 한다. 경영학을 쉼 없이 공부하는 감독 코치가 많을수록 한국 축구가 발전한다. 감독 코치가 갖추어야 할 자질 중 첫째가 인격이다. 둘째가 경영학이다. 구체적인 선수 지도 방법은 저 아래에 위치하지만 이걸 거의 전부라고 생각하는 감독 코치는 없는가? 시대에 뒤지는 낡은 사고를 버려야 변화가 일어난다. 이런 면에서 대한축구협회의 지도자강습회 교육과정의 혁신이 시급히 요구된다. AFC, FIFA보다 앞서는 새로운 프로그램이 실행되어야 한다. 구조가 결과를 결정한다. 최고만이 최고를 알아본다. 감독 코치의 경영학 공부? 진정으로 선수와 한국축구를 사랑한다면 지금 시작해야 한다.

21 슛 보오드(shooting board)를 적극 활용하자

1) 슛 보오드의 유익함

골문(7.32×2.44m) 크기의 슛 보오드는[82] 실로 요긴하다. 연습 상대 없이도 언제나 혼자서 개인연습이 가능하다. 24시간 그 자리에서 언제나 있고, 한숨도 자지 않고, 유지비도 사용료도 요구하지 않는 슛 보오드는 걸출한 연습 파트너이다. 슛 보오드는 개인기의 거울이다. 볼을 궤적대로 되돌려 준다. 선수는 볼의 이동 궤적을 통해 스스로의 잘못을 알 수 있고 기술 점검 및 교정과 극복을 도와준다. 슛 보오드의 다양한 구역은 또렷하고 생생한 연습목표가 된다. 볼을 주우러 가는 시간 낭비가 없다. 마음 먹으면 한밤중이든 신새벽이든 언제든지 연습할 수 있다.

2) 슛 보오드 구역 나누기 및 배치

아래는 하나의 보기이며, 팀의 상황에 따라 운동장 사정에 따라 적절하게[83] 운동하면 된다.

슛 보오드는 양면을 활용할 수 있도록 만든다. 슛 보오드 주위는 사용횟수에 제약이 많은 천연잔디보다 인조잔디가 좋다. 아니 반드시 인조잔디여야 한다.

---

82) 킥 오프, 김기호, 삼보출판사, 2005.8.8, p.27.

83) The Soccer Coaching Handbook, Martin Bidzinski, J.W.Arrowsmith Ltd P200

4개 설치 시 가로 79.28m(7.32×4+50)×세로 60m(30+30)이 적합하다. 직사각형의 가장자리에 조명탑을 설치하여 밤에도 연습할 수 있도록 하며, 밝기는 최소 1,400룩스 이상이어야 한다.

▶ 슛 보오드 배치

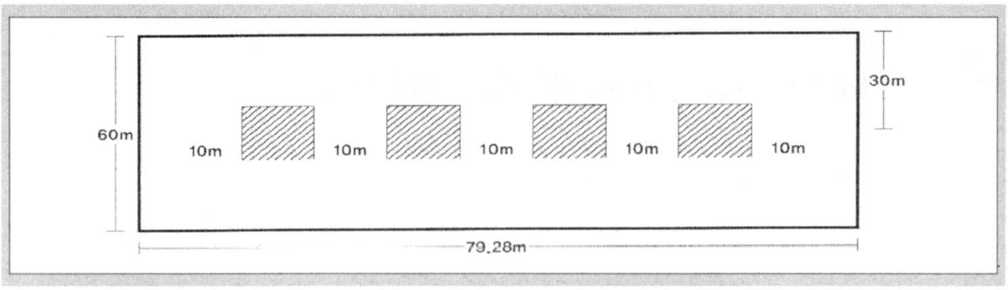

3) 슛 보오드를 활용한 다양한 연습 방법 : 예시

- 선수는 미리 정해둔 그대로 킥한다. 센터링이나 슛(20m)을[84] 하고①, 바운드되어 나오는 볼을 뛰어들면서 인사이드 킥(②), 다시 튀어나오는 공중 볼을 하프 발리 인스텝 킥(슛)한다.
- 이와 같은 응용과 변화는 얼마든지 가능하다.

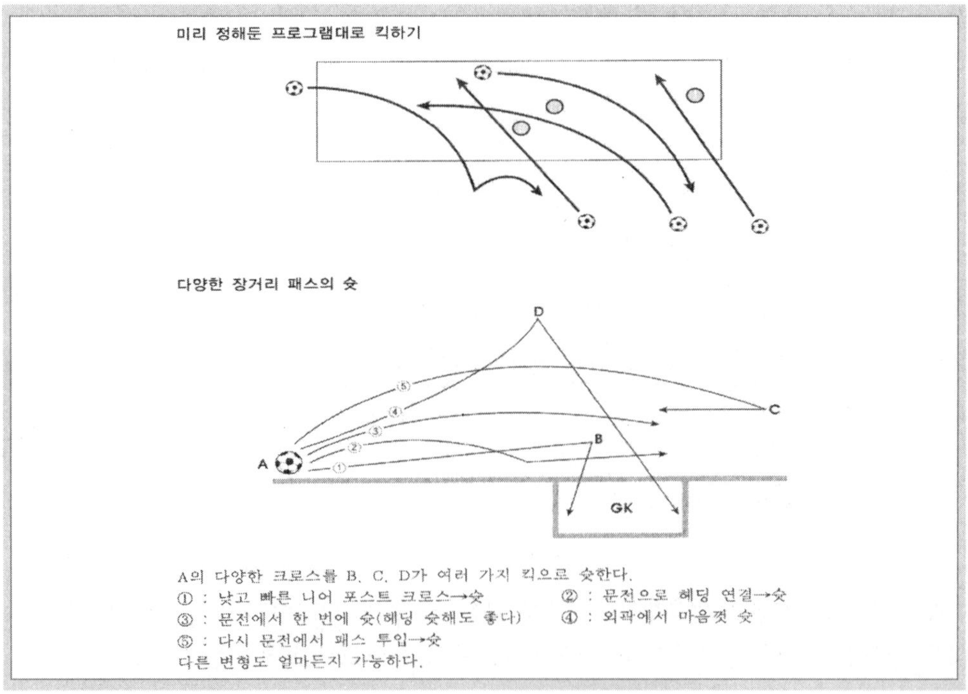

84) 신태용의 축구교실 킥, 김기호, 예림기획, 2003.3.31, p.103, 15,000원

슛 보오드를 활용하여 6분야의 (패스, 킥, 슛, 헤딩, 드리블, 볼 컨트롤) 개인기를 완벽하게 익힐 수 있다. 개인 시간에 혼자서 그리고 꾸준히 연습하면 세월 속에서 선수 여러분은 세계적인 선수가 될 수 있다. 반복연습이 반응시간을 단축한다. 팀의 경기력이 성큼 향상된다.

연습이 없는 날 한 가지 개인기를[85] 선택하여 — 이것저것 연습하지 말고 한 가지만, 킥이든지 슛이든지 볼 컨트롤이든지 — 하루 종일 연습하면 느낌이 온다. 몸의 세포와 신경이 성공 경험을 기억한다. 경기 시 자연스럽게 재현하게 해준다. 경기력이 향상되지 않을래야 않을 수 없다.

그런데 여러분의 팀에는 슛 보오드 시설이 있는가?

없는데도 지금 당장 설치하지 않는다면 지도자의 직무유기요, 게으름의 증거이다.

22 경기 중 중얼중얼 혼잣말 많이 하세요

(1) 장면 1

훈련 중에도 기계적으로[86] 나오는 동작엔 반드시 제동이 걸린다. 지적 당한 선수는 자신이 왜 그런 동작을 했는지 설명하느라 진땀을 흘리기 일쑤다. 선수들은 방향전환이나 패스 동작 하나하나에도 온 신경을 집중해야 하는 만큼 한 시간만 훈련을 해도 녹초가 되고 만다. 이런 훈련을 오전 오후 하루도 거르지 않고 해왔다.

선수들은 히딩크감독의 녹음기가 "고문기로 보인다"고 하소연한다. 미처 지적하지 못한 내용도 히딩크 감독이 훈련 중 주머니 속에 넣고 다니는 녹음기에 담아 주는 바람에 잊어버리고 넘어가는 경우가 절대 없다.

(2) 장면 2

맨유 — 첼시전이 벌어진[87] 2009년 1월 12일(한국시간) 올드 트래포드의 VIP석 주변에는 경기 이전부터 평소보다 곱절은 많은 관중이 플래시를 터뜨렸다. 이 날의 주인공은 조제 무리뉴 인테르 밀란 감독이었다. 무리뉴 감독은 이번 방문을 앞두고 "인테르 밀란 감독으로서 맨유와 유럽축구연맹(UEFA) 챔피언스리그 16강전을 앞두고 전력을 분석하기 위한 것일 뿐 다른 뜻은 없다."고 거듭 밝혔지만, 최근 입지가 불안해진 루이스 스콜라리 첼시 감독의 상황과 묘하게 얽히면서 취재진의 뜨거운 관심을 불러 일으켰다.

85) 신태용의 축구교실 킥, 김기호, 예림기획, 2003.3.31, p.105, 15,000원
86) 히딩크는 저승사자?, 동아일보, 2001.2.9.金, C1
87) 경기 관전 무리뉴는 뜨거운 환호 패장 스콜라리는 내내 심기 불편, 스포츠서울, 2009.1.13.火. 2면, 박태운 통신원

그라운드에서 한시도 눈을 떼지 않던 그는 볼이 터치라인 밖을 벗어나 경기가 잠시 중단될 때만 머리속에 담아둔 생각들을 꼼꼼히 적는 특유의 메모 습관을 보였다. 함께 관전하던 파비오 카펠로 잉글랜드 대표팀 감독과 카를로스 케이로스 포르투갈대표팀 감독은 맨유가 3—0으로 승리를 굳히자 일찌감치 자리를 떴다. 하지만 무리뉴 감독은 종료 휘슬이 울리고 난 뒤 VIP석이 완전히 빌 때까지 자리에 앉아 메모로 자신의 관전 포인트를 정리했다.

경기를 통해 선수의 경기력을 모두 파악할 수 있다. 압박과 경쟁 속에서 체력, 개인기, 전술, 정신력이 고스란히 드러나기 때문이다. 그러므로 선수 기량 점검과 분석에 경기가 최고의 기회이다. 팀의 경기를 보면서 기록하면 좋다. 그러나 기록하는 동안에는 경기 장면을 놓치게 된다. 그래서 녹음하는 것이다. 고성능 녹음기를 입 가까이 고정시켜 놓는다. 그리고 경기 중 주목할 만한 상황이 발생하면 바로 녹음해 두는 것이다. 이후 녹음한 내용을 서면으로 정리하여 스크랩북 「코칭」에 저장해두고 활용하는 것이다. 이 기록과 경기 녹화를 보면서 새로운 아이디어를 얻을 수도 있고, 또 반드시 그러해야 한다.

경기 내용 녹음과 서면 정리 후에 해야 할 일이 또 하나 있다. 경기에 뛴 선수 개인별 지적사항과 과제, 해결 방안 등을 서면으로 작성한 후 1:1 미팅을 갖는 일이다. 미팅 후 서면 기록자료 1부는 선수에게 주어 공부 재료가 되도록 한다. 이런 과정의 축적을 통하여 선수는 자기 자신의 경기력을 객관적으로 알게 된다. 동시에 기량 향상을 위해 무엇을 어떻게 해야 하는지 구체적인 방법을 손에 쥐게 된다.

경기장에 가서 보라, 녹음하고 기록하는 감독이 얼마나 되는가? 그렇지 않은 감독 코치는 히딩크, 무리뉴 감독보다 경험·공부·업적에서 앞서 있어 기록할 필요성을 느끼지 못하고 있는가?

"근면과 열정, 이 두 가지가 모든 것의 출발점이다."라고 일러준 세계 감독들의 태산북두, 감독의 최고봉!

존 우든 감독의 지적은 언제나 올바르다.

㉓ 팀의 감독 코치 모두가 코칭에 적극 참여하라

1) 감독은 어디 갔는가?

A고교에 갔다. 코치 한 명이 38명의 선수를 가르치고 있었다. C초등학교에 갔다. 감독이 막 차를 운전해 교문을 나서고 있었다. 맨땅 운동장에선 1명의 코치가 선수 모두를 지도하고 있었다. S대학에 갔다. 지도자는 아무도 없고 선수들이 노는 듯 연습하는 듯 시간을 낭비하고 있었다. 한 선수에게 물으니 감독이 치료 차 병원에 갔다고 말했

다. 이 대학은 코치가 없고 평소 감독 혼자서 선수를 연습시키고 있다. 현재의 감독이 오기 전 이 대학은 코치 혼자 선수들을 가르쳤다. 감독은 가끔 나타나 연습을 지켜보다 선수들에게 느닷없이 호통을 치곤했다. B중학교에 갔다. 역시나 마찬가지였다. 근무시간 중인데 감독은 도대체 어디서 무얼 하고 있을까? 술집에서 도연하게 취해가고 있는가? 학부모들과 포커, 고스톱 삼매경에 빠져 있는가? 정말이지 감독은 연습 중에 어디서 무얼 하고 있는가?

A프로팀 연습을 보았다. 처음부터 연습 끝까지 감독 혼자 독점해서 지도하고 있었다. 코치들은 구경꾼과 별반 다르지 않았다. 그러면 한국의 각급 대표선수들의 연습은 어떠할까?

2) 기적을 낳는 개별지도

(1) 헬렌 켈러와 설리번 선생님

헬렌 켈러는[88] 생후 19개월 되던 때 심한 병을 앓은 뒤, 보고 듣고 말하는 신체기능을 모두 잃어버렸다. 널리 알려진 것처럼 헬렌은 6세 때부터 애니 설리번(당시 20세)을 선생님으로 맞이하여 헌신적인 교육을 받았다. 설리번은 헬렌 켈러의 손바닥에 수화(手話) 알파벳을 가르쳤으며, 자신의 후두에 손가락을 닿게 하여 떨림을 통해 헬렌은 수화를 익히고, 점자도 읽고 쓸 수 있게 됐다. 스무 살 되던 해 헬렌은 하바드 대학교의 자매학교인 명문 래드크리프 대학교에 입학했으며, 설리번 선생이 손바닥에 적어주는 강의 내용을 '들으며' 공부했고, 마침내 우등으로 졸업할 수 있었다.

헬렌 켈러의 생애는 매우 치열했다. 유년 시절부터 20대 초반까지의 삶이 한 개인으로서의 성장 과정이었다면, 그 후의 삶은 투철한 확신과 목적의식을 지닌, 봉사의 시기였다. 그녀의 청·장년기는 실로 정력적이고 열정적인 것이었다. 그녀는 시각 및 청각 장애인을 위한 봉사를 자신의 소명으로 받아들였다. 한창 때는 강연 원고 준비와 대중 상대 연설 등, 장애인을 돕는 일에 하루 18시간씩이나 바칠 정도였다.

"만일 내가 어떤 기적이라도 일어나서 단 사흘만이라도 볼 수 있는 축복이 주어진다면 가장 먼저 친애하는 설리번[89] 선생님을 찾아가 그 분의 얼굴을 오랫동안 바라보겠습니다. 나를 가르치는 그 힘든 일을 성취한 그녀의 얼굴에서 친절과 인내심의 살아 있는 증거를 찾아내 기억 속에 간직하고 싶습니다." 중증장애를 이겨내고 세계적인 작가 겸 교육가로 활동한 헬렌 켈러(1880~1968)의 고백이다.

(2) 1:1 과외지도

메가스터디 손주은[90] 대표. 그는 1987년 3월 2일 대학 4학년 때 서울 강남의 고급

---

88) 나는 신비주의자입니다. 헬렌 켈러 지음 박상익 옮김, 옛 오늘, 2002.7.5 초판2쇄, pp.7~8.
89) 설리번 선생님이 없었다면 헬렌 켈러도 없었다. 중앙일보, 2009.5.15.金.38면

아파트에 살던 H양(당시 고 2)의 과외교사로 들어갔다. 반에서 20등 정도의 성적을 내던 H양은 학습에 대한 의욕도 없었다. 그런 그가 한 달여 후 치러진 중간고사에서 학급 10등까지 올라가더니, 기말고사에서는 전교 15등을 했다. 수학 점수가 50점도 되지 않았던 학생이 단기간에 달라질 수 있었던 것은 섬세하고 효과적인 1:1 개별지도 덕분이었다. 축구에서도 이와 같다.

▲2008.7.7~7.11. 남아공 이테쿼니시에서 열린 '원 네이션 컵'에 출전한 대전 시티즌 U15 선수들. 세심한 개별지도가 어린 선수들의 실력을 성큼 향상시키는 지름길이다. (사진 : 대전 시티즌)

(3) 바르샤 유소년 시스템

2006년 이후 3년 만에 유럽챔피언스리그 정상에 오른(2009.5.28) FC 바로셀로나의 힘은 탄탄한 유소년[91] 육성 시스템에서 나온다. 챔피언스리그 결승에서 바로셀로나는 메시·사비·이니에스타·피케 등 무려 7명의 유스 출신이 선발 출전했다. 바로셀로나 유소년 축구교실 훈련장에서는 선수 10명당 코치가 하나씩 붙어 가르치고, 골키퍼만 모은 그룹도 2개가 된다.

바로셀로나 유스 시스템은 철저한 통일성에 따라 움직인다. 과르디올라 1군 감독은 매월 한 차례 유스 지도자들을 모아놓고 회의를 주재한다. 이 자리에서 과르디올라는 주별·월별 훈련 프로그램을 내려준다. 여기에는 선수들의 포메이션과 움직임, 패스 방향까지 자세히 기록되어 있다.

90) 공부 개조 프로젝트 공개강연 손주은 대표, 중앙일보, 2009.5.13.
91) 즐겁게 축구하다 메시가 되면 좋고..., 중앙일보, 2009.5.29.金.33면

(4) 박주영과 이니에스타

2003년 박주영 선수(당시 청구고 3년)는 놀라운 기록을 만들어냈다. 고교 4개 대회(대구 MBC·금강대기·대통령금배·추계연맹전)에서 득점왕에 올라 한국 고교 축구 역사상 찾아보기 어려운 — 아마 이런 기록은 박주영 이전에는 없었을 것이다 — 업적을 이루어 낸 것이다. 이 중 금강대기와 대통령금배 대회에서는 3경기만 뛰고도 득점왕이 되었다.

2004년 4월 25일 박성화 대표팀 감독 대행은 박주영(19, 고려대 1년)을[92] 대표팀에 파격적으로 발탁했다. "한국 최초로 스페인 프리메라리가에 입성한 이천수보다 성장 가능성이 높은 선수"라고(박성화 당시 대표팀 감독대행), "10년에 한 번 나올까 말까하는 대형 스트라이커"라고(조민국 당시 고려대 감독) 칭찬이 자자했다. 이미 고려대에 입학하기 전부터 11개 프로구단이 공개적으로 스카우트에 뛰어 들었을 정도였다.

박주영 선수는 2003 FIFA 세계청소년축구대회(20세 이하, 아랍에미리트, 11월 28일~12월 20일)에 고교생으로 유일하게 참가했다. 8강 진출에 실패했고 ,대회기간 내내 박성화 감독은 한 번도 출전 기회를 주지 않았다. 2006 독일월드컵에서는 한국은 본선 조별리그도 통과하지 못했고 박주영 선수도 이렇다 할 활약을 보여주지 못했다. 2008 베이징 올림픽에서 한국은 수준 낮은 경기력으로 16강 진출에 실패했다. 당시 박주영 선수는 팀의 중심 선수였으나 세계의 높은 벽을 넘지 못했다. FC 서울을 거쳐 지금 AS 모나코에서 뛰고 있다.

▲2009년 9월 13일 모나코의 핵심선수 박주영이 파리 생 제르망팀을 상대로 호쾌한 슛을 성공시키고 있다.
(사진 : 로이터 통신)

92) 19세 박주영 A대표, 스포츠조선, 2004.4.26.月.10면

이렇게 박주영의 천재성은 서서히 무디어져 갔다. 현재 World Class는커녕 National Class에도 기량이 미치지 못하고 있다. 제도교육에서의 '영재교육'처럼 박주영 선수에게 그의 재능에 걸맞는 특별한 개인지도가, 개별지도가 필요했다. 그러면 소속팀에서, 대표팀에서, 올림픽팀에서 그렇게 했는가? 한국 축구계는 1백년이 넘는(올해 131년째) 오랜 세월 속에서도 단 한 명의 World Class 선수를 배출해내지 못하고 있다. 박주영 선수의 팬들은 새로운 환경 유럽에서 그의 천재성을 꽃피우기를 기대하고 있다.

안드레 이니에스타. 박주영 선수가 참가했던 2003 FIFA 세계 청소년축구대회에 스페인 대표로 출전했다. 이후 유로 2008 우승의 주역으로 활약했다. 2009 유럽챔피언스리그 준결승 2차전 첼시 전에서 천금의 결승골(1:0 승)로 팀을 결승전 무대에 올려놓았다. 맨유와의 결승전에서도 우승의 일등 공신이었다. 전반 10분 이니에스타의 킬러 패스는 사무엘 에투를 거쳐 선제골이 됐다. 알렉스 퍼거슨 맨유 감독은 "더 나은 팀이 이겼다. 우리는 사비와 이니에스타 때문에 경기를 어렵게 풀어 갔다."고 말했다. 유럽 대부분의 언론도 골을 넣은 메시, 에투보다 사비, 이니에스타에게 더 높은 평점을 줬다.

예전부터 한국 유망주들의 성장 속도는 너무 느렸다. 재능을 맘껏 꽃피우지도 못하고 선수생활을 접는 동안 같은 시기의 유럽 남미 아프리카의 유망주들은 갈수록 펄펄 날았고 세계적인 선수로 성장했다. 이 땅에는 지금도 이런 일이 계속되고 있다. 왜 그럴까?

3) 개별지도 없이 World Class 없다

코치 한 명이 30~40명의 선수를 지도하는 방식으로는 결코 세계적인 선수를 육성할 수 없다. 너무나 당연하지 않을까? 그러나 연습에서는 끈질기게 이렇게 계속되고 있다. 감독 코치가 선수들의 앞날을 진정으로 생각한다면 생각을 바꾸고 행동을 혁신해야 한다.

철저한 개별지도 개인지도가 이루어져야 한다. 감독 코치, GK 코치, 트레이너 등 코칭스텝 모두가 동시에 선수 지도에 나서야 한다. 선수를 코칭스텝 숫자대로 나누고(예, 선수 35명÷코칭스텝 5명=7명), 연습 구역도 코칭스텝 수만큼 나누어 활용하자. GK 코치가 필드 플레이어를 가르칠 수 없는가, 가르치면 안 되는가? 선수는 각 구역으로 이동하면서 지도 받고, 감독 코치는 선수 한 명 한 명 세밀하게 지도하고 처방을 내려줄 수 있다. 가능하다면 연습구장은 2곳 사용하는 게 좋다. 물론 사전에 코칭스텝이 가르칠 내용을 준비·토의·결정하는 것은 필수적인 과정이다. 지속적인 것이 개혁이다. 지속적인 것이 성과를 낸다. 이렇게 될 때 한국 축구의 수준이 비약적으로 향상될 것이다.

24 끊임없이 배우고 성장하자

40년간에 걸쳐 뷔퐁은 아침 9시부터 오후 2시까지 연구하고 저녁 때에는 5시부터 9시까지 책상 앞에 앉는 생활을 계속했다.

산업사회가 가고 지식사회가 왔다. 이제 경쟁 우위를 결정짓는 단 하나의 요소는 지식이다. 지식이 가장 강력한 경쟁수단이며 지구 최후의 경쟁 무기다. 그리고 실리콘 밸리의 2대 화두는 변화와 스피드이다. 지구 곳곳에서 매초 매분 새로운 지식이 쏟아져 나와 지식의 양이 급격하게 증가하고, 지식의 유효수명도 갈수록 짧아지고 있다. 이러하기에 지식인에게 평생교육, 재교육, 재훈련, 자기주도적학습문화가 더욱 크게, 많이 요구되고 있다. 한마디로 치열하게 공부하지 않으면 경쟁에서 바로 낙오되는 시대다. 축구에서도 마찬가지다.

말콤 글래드웰은 저서 「아웃 라이어」[93]에서, "자기 분야에서 최소한 1만 시간 동안 노력한다면 누구나 아웃 라이어가 될 수 있다"고 했다. 1만 시간이 별 것 아닌 것 같지만 매일 하루도 빼놓지 않고 3시간씩 연습한다고 가정했을 때, 10년을 투자해야 하는 엄청난 시간이다. 1만 시간의 노력을 다할 때 비로소 우리 뇌는 최적의 상태가 된다. 글래드웰은 우리가 성공에 대한 잘못된 신화(Myth)에 얽매여 있다고 주장한다. 그것은 바로 가장 똑똑하고 영리한 (The best and brightest) 사람이 정상에 오른다는 신화이다. 그래서 보통 사람들의 범주를 벗어난 성공을 이룬 사람들, 즉 아웃 라이어를 논할 때 그 사람의 지능을 가장 궁금해 한다. 이 신화에 따라 사회는 사람들의 IQ를 측정하고 그에 의거해 사람들을 선발하고 차별한다. 그러나 글래드웰에 따르면 아웃 라이어가 되는 데 필요한 제1요인은 천재적 재능이 아니라 소위 '1만 시간의 법칙'이라고 불리는 쉼 없는 노력이다.

구조가 결과를 결정한다. 학습이 성패를 좌우한다. 대학 교수의[94] 경우 가장 잘 활용할 수 있는 학습 방법은 전문저널에 논문을 발표하는 것이다. 논문을 쓰지 않는 교수가 있다면 그는 학습을 게을리하거나 중지한 사람으로 봐도 크게 무리가 없다. 감독 코치에게 최고의 학습 방법은 관련 전문서를 출판하는 것이다. 이 과정에서 저절로 깊이 있는 공부가 이루어진다.

참고로 2009년 5월 현재 K 리그의 한국인 감독이 쓴 책이 어떤 게 있는지 잠시 살펴보자. 체력·개인기·전술·정신력·구단 경영 등 전문적인 분야를 다룬 책이 극히 드물다. 김호곤 울산현대 감독의 4권의 전술서(김호곤·배명호 공저 배정호 감수 「4 : 4 : 2 시스템」, 「3 : 4 : 3 시스템」, 「4 : 3 : 3 시스템」, 「5 : 3 : 2 시스템」)가 있다. 이 책은

93) 아웃라이어, 말콤 글래드 웰, 김영사, 2009.3.15 1판 16쇄, pp.8~9.
94) 미래 인재의 조건, 공병우, 21세기 북스, 2008.7.10 초판5쇄, pp.140~141.

비매품이며 출판사명·출판년월일·출판사 주소와 전화번호·발행횟수 등 책의 서지정보가 하나도 없어 아쉬움과 궁금증을 자아내고 있다. 「축구선수를 위한 과학적 트레이닝」(신동성, 윤성원, 정동식, 한종우, 이동우, 이용수, 허정무 공저, 국민체육진흥공단 체육과학연구원, 1999.12) 집필에 허정무 현 대표팀 감독이 공동저자로 참여했다. 「황선홍, 그러나 다시」(황선홍, 중앙 M&B, 2002.10.1 초판 1쇄)는 황선홍 부산 아이파크 감독의 자서전 성격이 강하며, 「슈팅 메시지」, 「그라운드 산책」(차범근, 우석, 1997.12.4 초판 1쇄)은 차범근 수원 삼성 감독의 축구 수필집이다. 풍부한 지도 경험과 축구 지식을 갖고 있는 한국축구 최고 수준인 K리그 감독들의 왕성한 집필과 출판을 기대한다.

어떻게 하면 감독 코치가 학습에서 세계적인 경쟁 우위를 차지할 수 있을까? 무엇보다 중요한 것은 '학습의 생활화'다. 배움에 대한 기존의 고정관념, 즉 오랫동안 계속해서 시간을 투자해야 한다거나 대학원처럼 특별한 장소에서 해야 한다는 생각을 과감하게 버려야 한다. 학습은 언제 어디서나 이루어질 수 있다. 따라서 일하는 행위와 학습하는 행위를 굳이 분리할 필요가 없다. 두 가지를 동시에 할 수 있고 어제의 학습결과가 오늘과 내일의 성과로 연결될 수 있다는 사실을 자연스럽게 받아들여야 한다. 굳게 마음먹고, 치밀한 계획을 세워, 바쁜 일을 마치고 경제적·시간적으로 여유가 생긴 다음에 학습을 본격화한다는 생각을 과감히 버려야 한다. 그래야 비로소 학습을 시작할 수 있다. 한 마디로 학습을 생활의 일부분으로 받아들여야 한다.

학습은 뒤로 미뤄서는 안 된다. '언제 어디서나 학습한다'는 것을 생활화해야 한다. 이처럼 관점을 제대로 정립하지 않는다면 제대로 된 학습이 이루어질 수 없다. 예를 들어 직업 세계에서 요구되는 업무의 강도는 점점 세질 수밖에 없기 때문에, 경제적·시간적으로 드디어 학습을 시작할 때가 되었다는 생각을 할 수 있는 순간을 쉽게 잡을 수가 없다.

엄선한 책을 가지고 다니면서 틈만 나면 읽는 것도 좋은 방법이다. 책은 최고의 평생교육 수단이다. 해마다 100권 이상의 책을 읽자. 미래학자[95] 앨빈 토플러가 한국에 왔을 때 한국의 청소년에게 자신을 '독서 기계'라고 소개했다. 그리고 "미래에 대해 상상하기 위해서는 독서가 가장 중요하다."고 하면서 미래를 지배하는 힘은 읽고, 생각하고, 커뮤니케이션하는 능력이라고 말했다. 시대를 아는 만큼 보인다. 다양한 독서를 통하여 시대를 읽고 분석하는 능력이 중요하다.

그리고 학습조직을 만들어 활용하면 매우 효과적이다. 회원들이 각자 주제를 배정받고, 1달에 1~2회 정기적으로 공부해 온 주제를 발표하면 자기 자신의 공부뿐만 아니라 2시간 내외의 시간에 다른 사람의 축약된 발표를 들을 수 있기 때문이다. 이걸 자기 자신의 지식으로 만들 수 있는 것이다. 여기에다 수준 높은 강연을 듣는 것도 아주 훌륭한 공부가 된다.

---

95) 미래인재의 조건, 공병호, 21세기 북스, 2008.7.10 1판5쇄, p.104.

'다 안다, 바쁘다, 다음에 하자, 내가 잘 가르치고 있다'고 생각지 말자. 현재의 자기 자신에게 만족하지 말고 계속 성장시켜 가자. 사람은 神에게 겸손하고, 인간에게는 온유해야 한다.

그리고 가르치는 사람은 배움을 게을리하지 않아야 한다.

㉕ 대증요법을 즉시 폐기하고 근원적인 치유를 하라

감기에 걸려 병원에 가면 대증요법을 처방한다. 열이 높고 기침이 심하면 열 내리는 약과 기침을 완화시키는 약을 처방한다. 콧물이 심하면 콧물이 그치도록 하는 약을 복용하도록 한다. 이와 같은 방법은 일정기간 후 감기를 낫게 할 수는 있지만 건강 증진에는 전혀 도움이 되지 않는다.

대증요법은 결코 근원적인 해결책이 아니다. 온갖 질병에 걸리지 않고, 활기찬 생활을 하려면 운동 영양 휴식 위생이 조화를 이루어 계속 성장하도록 노력해야 한다. 이것이야말로 건강생활을 위한 근본적인 방법이다.

축구에서도 마찬가지다. 감독 코치가 대증요법에 의존하여 경기에서 승리하려는 조그마하고 얕은 정신을 가지고 있으면, 그 팀에서 뛰어난 선수가 배출되기는 어렵다. 상대팀의 약점을 찾기 위해 비디오 분석을 하고, 거기에 맞는 전략전술을 채택하여 경기에서 이기려고 한다. 물론 비디오 분석도 필요하다. 그러나 그 중요성은 7% 이하여야 한다. 경험하지 않았는가! 월드컵, 올림픽 축구에서 상대팀의 약점을 아무리 분석하고 대책을 세워도 한국 대표팀은 목적을 이루지 못했다. 최적의 전략전술 채택도 현격한 실력 차이를 극복할 수 없다.

대부분의 한국 언론이 밤 늦도록 상대팀 경기 비디오 분석에 열중하는 감독을 공부하는 감독으로 높게 평가하는 것은 우스광스러운 일이다. 하루는 24시간, 한정된 시간을 지나치게 상대팀 비디오 분석에 사용하는 것은 멍청한 짓이다. 「장자(莊子)」에 등장하는 '포정의 도(道)', 말을 일별하는 '백락의 경지'를 추구해야 한다. 감독 코치는 무엇을 어떻게 공부해야 하는지 밝게 알아야 한다. 모든 문제는 무지몽매한 사람이 일으킨다. 밝게 아는 사람은 세상을 평온하게 한다.

1) 존 우든 감독에게서 해답을 구하자

여기 소개한 존 우든[96] 감독의 메모는 UCLA가 30승 무패로 NCAA 농구 챔피언십

---

96) 조직을 성공으로 이끄는 우든의 리더십, 존 우든 · 스티브 제이미슨 지음 박기영 옮김, 이지북, 2006.6.20 초판1쇄, pp.330~331.

에서 처음 우승했던 1963~1964 시즌 첫 머리에 했던 기록이다. 메모 형식은 이전 시즌들의 형식과 비슷하며, 내용은 시즌 초마다 검토했던 사실들이다.

▶ 1963~1964년 시즌 NCAA 농구 챔피언십 경기 예측 메모97)

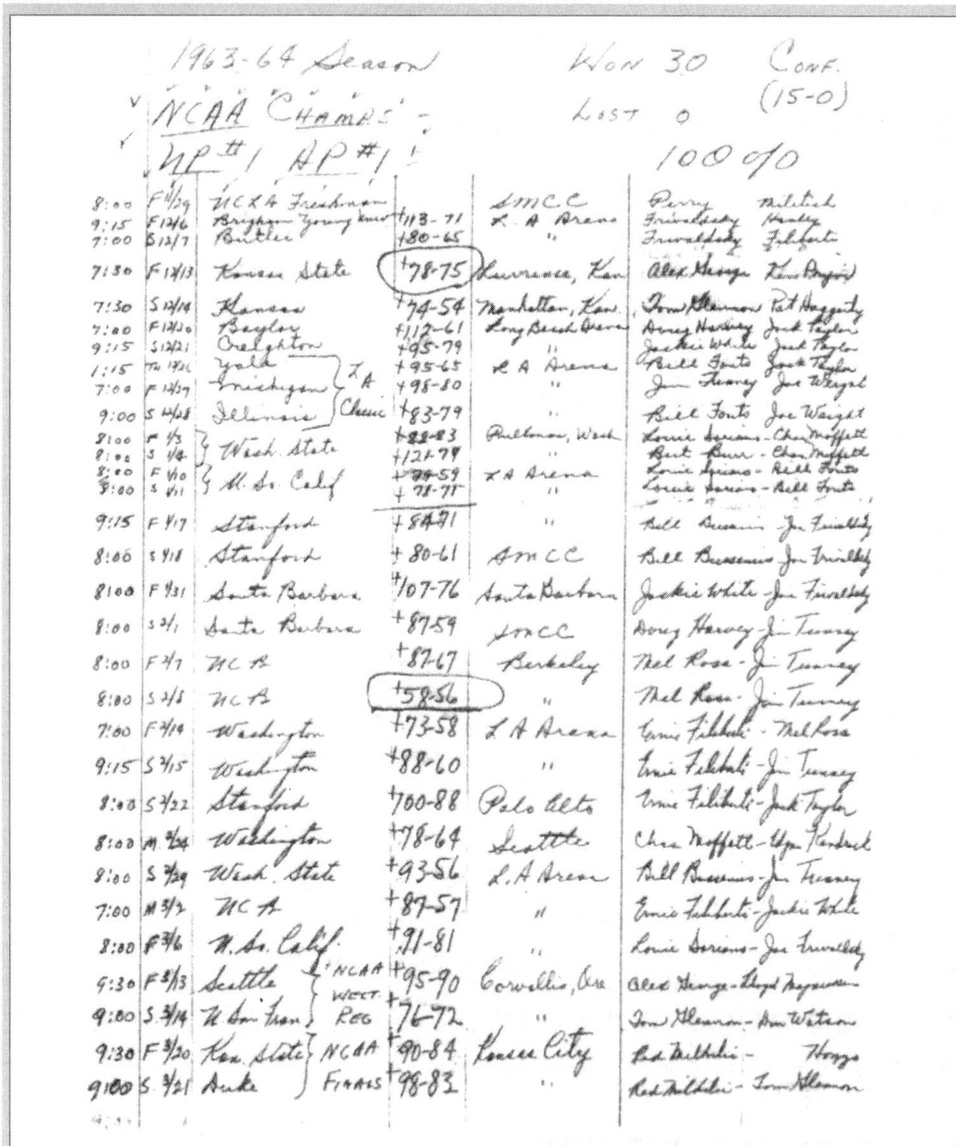
1963-64 Season — Won 30, Lost 0 — Conf. (15-0)
NCAA Champs
UP #1 AP #1
100%

Time	Date	Opponent	Score	Site	Officials
8:00	F 11/29	UCLA Freshman		SMCC	Perry – Miletich
9:15	F 12/6	Brigham Young Univ.	+113-71	L.A. Arena	Frivaldsky – Hanley
7:00	S 12/7	Butler	+80-65	"	Frivaldsky – Fitzgerald
7:30	F 12/13	Kansas State	+78-75	Lawrence, Kan.	Alex George – Ken Boyer
7:30	S 12/14	Kansas	+74-54	Manhattan, Kan.	Tom Glennon – Pat Haggerty
7:00	F 12/20	Baylor	+112-61	Long Beach Arena	Doug Harvey – Jack Taylor
9:15	S 12/21	Creighton	+95-79	"	Jackie White – Jack Taylor
1:15	Th 12/26	Yale (L.A. Classic)	+95-65	L.A. Arena	Bill Fouts – Jack Taylor
7:00	F 12/27	Michigan (L.A. Classic)	+98-80	"	Jim Tunney – Joe Weigel
9:00	S 12/28	Illinois (L.A. Classic)	+83-79	"	Bill Fouts – Joe Weigel
8:00	F 1/3	Wash. State	+88-83	Pullman, Wash.	Lonnie Sorrens – Chan Moffett
8:00	S 1/4	Wash. State	+121-77	"	Burt Burr – Chan Moffett
8:00	F 1/10	U. So. Calif.	+79-59	L.A. Arena	Lonnie Sorrens – Bill Fouts
8:00	S 1/11	U. So. Calif.	+78-71	"	Lonnie Sorrens – Bill Fouts
9:15	F 1/17	Stanford	+84-71	"	Bill Bussenius – Jim Frivaldsky
8:00	S 1/18	Stanford	+80-61	SMCC	Bill Bussenius – Jim Frivaldsky
8:00	F 1/31	Santa Barbara	+107-76	Santa Barbara	Jackie White – Jim Frivaldsky
8:00	S 2/1	Santa Barbara	+87-59	SMCC	Doug Harvey – Jim Tunney
8:00	F 2/7	UCB	+87-67	Berkeley	Mel Rose – Jim Tunney
8:00	S 2/8	UCB	+58-56	"	Mel Rose – Jim Tunney
7:00	F 2/14	Washington	+73-58	L.A. Arena	Ernie Filiberti – Mel Rose
9:15	S 2/15	Washington	+88-60	"	Ernie Filiberti – Jim Tunney
8:00	S 2/22	Stanford	+100-88	Palo Alto	Ernie Filiberti – Jack Taylor
8:00	M 2/24	Washington	+78-64	Seattle	Chan Moffett – Ugo Hardrick
8:00	S 2/29	Wash. State	+93-56	L.A. Arena	Bill Bussenius – Jim Tunney
7:00	M 3/2	UCLA	+87-57	"	Ernie Filiberti – Jackie White
8:00	F 3/6	U. So. Calif.	+91-81	"	Lonnie Sorrens – Jim Frivaldsky
9:30	F 3/13	Seattle (NCAA West. Reg.)	+95-90	Corvallis, Ore.	Alex George – Lloyd Magnusson
9:00	S 3/14	U. San Fran. (NCAA West. Reg.)	+76-72	"	Tom Glennon – Don Watson
9:30	F 3/20	Kan. State (NCAA Finals)	+90-84	Kansas City	Red Mihalik – Honzo
9:00	S 3/21	Duke (NCAA Finals)	+98-83	"	Red Mihalik – Tom Glennon

존 우든 감독의 우승(승리) 전략은 단 한 가지였다. 그것은 최고의 방법이었다. 평소

97) 조직을 성공으로 이끄는 우든의 리더십, 존 우든 · 스티브제이미슨 지음 박기영 옮김, 2006.6.20 초판 1쇄, p.331.

리그의 모든 상대팀보다 월등하게 앞선 경기력을 갖추는 것이었다. 그는 코칭 수준이 높기로, 준비가 철저하기로 유명했다. 매일의 연습 스케줄이 놀라울 정도로 세밀하게 계획되어 있었다.

그는 절대로 상대팀의 전력을 탐색하지 않았다. 그 대신 상대팀이 자기 자신의 팀에 적응하도록 내버려 두는 편이 더 유리하다고 믿었다. 즉 상대가 누구냐에 따라 매번 전술을 바꾸기보다는 팀의 실력을 최고 수준으로 끌어올리는 편이 자기 자신의 팀을 더 강하게 한다고 확신했다. 중요한 NCAA 내셔널 챔피언십 결승전을 앞두고 경기 전략에 대해서는 한 마디도 하지 않았다. 단 한 마디도. 그것은 이미 경기가 시작되기 전 그때까지 선수들에게 가르쳐 주지 않은 것이 있다면 그때는 이미 늦었다고 생각했다. 경기 중에는 일어서서 작전 지시를 하거나 큰 소리로 선수들을 독려하는 행동도 하지 않았다. 그냥 고요히 앉아 경기를 지켜볼 뿐이었다. 경기가 끝나고 승리는 그의 팀의 것이었다.

아래는 존 우든의 '성공' 철학이다.

성 공

코칭이나 경기의 성공은 이기거나 진 경기의 수에 달려 있지 않다. 그것은 개개인의 능력과 운동 장비나 경기장의 상태, 그리고 상대팀의 실력을 고려했을 때 그 개인이 자신의 역량을 어느 정도나 발휘했는가에 달려 있다.

진정한 성공은 자신의 최고 역량을 발휘하기 위해 자신이 할 수 있는 모든 것을 다했다는 사실을 알 때 내면에서 우러나는 자기 만족감에서 비롯된다. 언젠가 조지 모리아티가 말했듯이 '자신이 할 수 있는 모든 일을 하는 것.' 그것이 바로 '성공'이다. 따라서 자신의 성공을 정확히 평가할 수 있는 사람은 자기 자신밖에 없다. 다른 사람들은 속일 수 있을지 몰라도 자기 자신은 속일 수 없다.

완벽을 이루기란 불가능하지만 완벽을 목표로 삼아야 한다. 목표를 달성하기 위해 100퍼센트의 노력을 기울이지 않았다면, 아무리 많은 경기에서 승리를 거두었다 하더라도 그것은 진정한 성공이 아니다.

다른 사람들이 당신보다 더 많은 재능을 가지고 있을 수 있으며, 당신보다 덩치가 더 크고 빠르며, 순발력이 뛰어나고 더 높이 점프할 수 있을지 모른다. 하지만 팀 정신과 충성심, 열정, 협동심, 의지력, 성실, 승부 근성, 인격 면에서는 어느 누구도 당신을 능가하게 해서는 안 된다. 방금 말한 그러한 자질들을 개발하고 유지하기 위해 노력하라, 그러면 성공은 저절로 따라온다.

– UCLA 농구팀·존 우든 감독 –

2) 존 우든, 그는 누구인가?

존 우든(John Wooden)은 1910년 미국 인디애나 주에서 태어나, 미국의 농구 선수와 감독으로 활약하며 경이적인 대기록을 세운 신화적인 인물이다. 존 우든과 그가 이끈 전설적인 UCLA 농구팀은 12년 동안 88연승과 완벽한 4시즌 연속 우승, 10회의 NCAA 내셔널 챔피언십(전미대학농구선수권대회)우승이라는 대기록을 세웠다.

세계 최고 권위를 자랑하는 스포츠 채널 ESPN에[98] 의해 '세기의 감독'이라는 칭호를 얻은 존 우든은 선수와 코치 부문 모두에서 최초로 농구 '명예의 전당'에 올랐다. 최근에는 '대통령 자유의 메달(Presidential Medal of Freedom)'을 받기도 했다. 지금까지 출간된 저서로는 「마이 퍼스널 베스트」, 「인치 앤드 마일스」, 「그들은 나를 코치라고 부른다」, 「민첩하게, 그러나 서둘지는 마」, 「존 우든의 부드러운 것보다 강한 것은 없다」, 「실전 현대농구」 등이 있다.

존 우든은 미국 역사상 가장 뛰어난 감독이었지만, 농구계에 군림하기보다는 선수들에게 최고의 팀이 될 수 있는 방법을 가르치는 데 열정을 쏟았다. 그에게 있어 진정한 성공이란 점수나 결과에 있지 않고 자신의 잠재력을 얼마만큼 최대로 발휘했느냐에 달려 있다.

감독으로 지낸 40여 년 동안 그는 농구와 성공, 삶에 관한 생각을 카드에 적힌 메모를 토대로 한 이 책 「조직을 성공으로 이끄는 우든의 리더십」은 스스로 부과한 한계를 극복하고 기량을 높이기 위해서 활용할 수 있는 실질적이고 강력한 리더십 기술을 소개한 성공학 지침서이다.

98) 조직을 성공으로 이끄는 우든의 리더십, 존 우든·스티브 제이미슨 지음 박기영 옮김, 이지북, 2006.6.20 초판1쇄, 책 앞날개 중에서

제 **3** 부

감독 코치의 경영학

"해야 할 일은 이용할 수 있는 자원보다 넘쳐난다. 기회는 실현을 위한 수단보다 많다. 따라서 우선순위를 결정하지 않으면 아무 것도 이룰 수 없다."

— 피터 드러커

① 경영학과 경영자

축구는 스포츠다. 그러나 프로축구는 기업이다. 감독 코치는 선수단을 운영하는 경영자다. 경영자라는 점에서 초·중·고·대학·실업팀의 축구지도자도 프로팀 지도자와 거의 다를 바 없다. 오늘날 축구지도자도 과거처럼 단순히 선수들의 경기력만을 향상시키는 사람이 아니라 더 큰 역할을 요구받고 있고, 또 해내어야 한다. 즉, 팀 지도 시스템 만들기, 효과적인 선수단 운영, 선수 육성과 이적료 흑자 내기, 지역밀착형 마케팅 실천, 관중 증가, 팀 브랜드 창조 및 심화, 지역사회 봉사활동 등 많이 있다.

▲2009.3.15. 제주 유나이티드 FC 홈 개막전 슛돌이 게임 이벤트에서 여성팬이 4m 거리의 목표물을 맞히는 슛을 하고 있다. 지역밀착형 마케팅을 구체적·효과적·지속적으로 수행하는 일이 구단 흑자 경영의 기초가 된다.
(사진 : 제주 유나이티드)

현재 좋든 싫든 모든 팀은 세계 경쟁에 들어가 있다. 월드컵, 올림픽축구뿐만 아니라 연령별 세계청소년축구대회 등을 통하여 그 성과가 경기 후 즉시 알려진다. 프로팀은 매주 리그 성적이 발표된다. 문제는 상황이 이러한데도 축구팀 운영이 경영이 아니라고, 감독 코치가 경영자가 아니라고 생각하는 축구지도자가 한둘이 아니라는 데 있다. 이처럼 시대에 뒤떨어진 구태의연한 인식으로는 결코 업적을 낼 수 없고 그 폐혜는 고스란히 배우는 선수들에게 돌아간다.

감독 코치가 되기까지를 거슬러보면, 그동안 경영학을 공부할 기회가 없었다. 선수시절 교실에 들어가 공부할 기회가 있었던가? 대학시절도 대동소이했다. 결국 경영학을 알려면 성인이 되었을 때 스스로 공부하는 방법밖에 없다. 그런데 이게 쉽지 않다.

누구나 평소 해보지 않았던 새로운 일을 시도하지 않으려는 속성을 가지고 있다. 그러나 이겨내고 경영학을 공부해야 한다. 밝게 알아야 한다. 그래야 스스로 성장한다. 위대한 선수를 육성할 수 있다. 비로소 한국축구가 세계 경쟁력을 가지게 된다.

1) 경영학(經營學 business administration)이란 무엇인가?

기업의 행동을 연구대상으로 하는 학문 분야이다. 자본주의 경제를 바탕으로 하고 있는 일반적인 기업은 사적(私的) 영리를 목적으로 한 조직체이다. 경영학은 이와 같은 기업의 활동을 조직체의 활동으로 인정하고 그 행동을 분석한다는 데 특징이 있다. 그러나 공기업·공공사업단체·협동조합 등 영리를 목적으로 하지 않는 경제단체도 그들의 활동을 조직체의 활동으로 인정할 때에는 경영학의 연구대상이 된다. 이러한 연구대상과 관련해서 기업행동의 의사결정, 부서 간 및 외부 이해 단체들 간의 상호작용, 합리적 경영을 위한 제반문제의 관찰과 분석 등 다양한 측면의 연구가 필요하다.

[발전] 경영학은 미국을 중심으로 발전했다. 미국경영학의 출발은 프레더릭 W. 테일러의 연구에서 찾을 수 있다. 그는 생산증대를 목적으로 생산 공장 내에서 인간을 과학적으로 관리하는 데에 중점을 두고 연구했다. 1920년부터는 경영학이 주로 공학적(工學的) 접근에 의한 산업분야의 과학적 관리에 편중되었던 것에서 벗어나 마케팅·재무관리·인사관리·회계 등 다양한 분야로 확대되었다. 1930년대에는 노동조합의 영향력 행사의 증가로 인한 빈발한 노동문제를 해결하기 위해 노사관계를 정립하고 인적 자원을 효율적으로 관리해야 할 필요성이 증대되었다. 이에 인간관계·노동관계·산업조직·경영관리[1] 등에 관한 연구가 전개되었고 또한 학문적 체계가 이루어졌다. 제2차 세계대전 중에는 합리적 경영의사결정에 필요한 과학적 기법, 계량분석 등이 발달하여 경영학의 개량화를 촉진시켰다. 계량적 경영기법에는 오퍼레이션 리서치(operation research/OR), 산업공학, 계량경영분석, 경영과학 및 경영정보 시스템 등이 있다. 제2차 세계대전 후 소비자들의 심리상태와 행동을 연구하기 위해 심리학·사회학·인류학·인간생태학 등 행동과학을 경영학에 응용하기 시작했다. 이 결과 '소비자 행동론', 조직운영에 행동과학을 응용한 '조직 행동론'이 성립되었다. 이후 1990년대까지 다양한 이론들이 제기되면서 발전해 왔다. 현재는 경영다각화와 시장다변화를 중심으로 국제경영·리스크관리 등에 관한 연구가 활발하며 정보화시대의 도래에 따라 경영정보 시스템이 주요 관심사로 등장했다.

2) 경영자(經營者 manager)는 누구인가?

기업에서 경영활동을 담당하는 사람을 말한다. '경영자'는 기업의 주체를 기능적 측면에서 보는 개념이다. 독자적인 고유 기능으로서 기업 경영이란 기업의 제요소를 새

1) 브리태니커 세계대백과사전 제1권, pp.478~479.

롭게 결합하고 운영하는 경영관리의 기능을 의미하며 이때 경영자는 이러한 경경관리를 담당하는 사람을 지칭하는 것에 지나지 않는다. 반면 기업가(企業家)라는 개념에는 기업의 제요소를 새롭게 결합하여 운영한다라는 경영자로서의 의미뿐만 아니라 창의와 자신의 위험부담으로, 진취적이고 과감하게 활동한다는 특징을 강하게 내포한다. 경영자는 때로 이 기업가에게 고용되어 중역으로 활동하는 사람을 가리키는 경우도 있다. 이러한 의미에서 경영자는 기업가가 새롭게 결합한 것을 착실히 경영하는 사람일 뿐이며 기업가와 구별된다.

소유와 경영의 분리에 따라 대주주인 기능자본가가 없어지고 그 대신에 기업의 지배·경영을 담당하는 독립된 경영자가 등장했다. 이 단계의 경영자들은 고용된 경영자가 아니라 기업을 지배·운영하는 독립된 경영자이다. 이와 같은 독립된 경영자는 직능적으로 본 기업가이다. 기업을 지배·운영하는 주체로서 생산의 제요소를 새로 결합하고 영업활동을 창의와 책임을 갖고 수행하는 사람이다. 이런 점에서 주어진 방침을 실행하는 경영자와 기업가로서의 경영자는 구별된다. 오늘날 경영자라는 개념은 후자의 의미로 널리 쓰인다.

독립된 경영자는 전문경영자의 성격을 갖는다. 전문 경영자는 경영관리의 전문적 지식과 기술을 기초로 기업을 지배·경영하는 경영관리의 전문직업인이다. 이런 경영자에게는 자신이 기업 그 자체를 지배·운영하는 주체이며 그것을 목적으로 한다는 자각이 필요하다. 왜냐하면 자기 자본을 출자하지 않은 데서 오는 무사안일주의에 빠지기 쉽기 때문이다. 또한 기업을 둘러싸고 자본가·노동사·소비자가 대립하는 이해의 조정자로서 기업 자체를 유지·존속·발전시켜야 할 의무가 있다. 또한 생산 활동·유통 활동을 통해 사회적 수요를 충족시켜야 한다는 사명을 수행해야 한다.

협의의 경영자는 기본적·전반적 관리직능, 부분적 관리직능, 현장관리직능 등 3가지로 분화되어 각각 최고관리자·중간관리자·현장감독의 역할을 한다.

자유경쟁 경제체제(competitive economy)[2] 하에서는 무엇보다도 경영자의 자질과 능력이 그 조직의 성공, 그리고 정말이지 생존 그 자체를 결정한다. 왜냐하면 경영자의 자질과 능력이야 말로 자유경쟁 경제체제의 기업이 보유할 수 있는 유일한 효과우위(effective advantage)이기 때문이다.

2 선수를 만드는 '땀', 메달을 만드는 '경영'

2008 베이징 올림픽의 최대 화제는 야구. 도대체 김경문 야구는 어떻게 일본 드림팀(메이저 리거 제외)과 쿠바·미국을 연파하고 '전승 우승'의 신화를 만들었을까? "김경

2) 경영의 실제, 피터 드러커 지음 이재규 옮김, 한국경제신문, 2006.2.20 1판1쇄, p.15.

문 드라마의 요체는 선수들이 신나서 춤추게 한 신뢰와 위임의 리더십"이라고 글로벌 컨설팅 업체인 올리버 와이먼의 정호석 한국 대표는 진단한다. 일본 호시노 감독과 비교해보자. 호시노는 이번 올림픽에서 좌타자가 나오면 좌투수, 우타자가 나오면 우투수를 기계적으로 등판시키고, 원아웃이라도 주자가 나가면 번트를 대는 극단적 '스몰 야구'를 구사했다. 정 대표는 "이런 리더십 밑에서는 아무리 훌륭한 선수나 직원이라도 '지시만 따르면 되는 부속품'이란 생각이 부지불식간에 들면서 역량도, 근육도 위축되는 경향이 있다"고 지적했다.

1) 리더가 신뢰하고 위임하면 직원은 춤 춘다

김 감독은 달랐다. '좌투수에게 좌타자가 약하다'는 야구 속설보다는 한국의 좌타자를 믿었고, 작전을 많이 쓰지도 않았다. "욕은 내가 혼자 먹는다."며 책임은 전담했지만, 의견은 경청했다. 빈타(貧打)에도 불구하고 뚝심 있게 밀어붙인 '4번 타자 이승엽'은 결국 준결승과 결승에서 승부를 가르는 홈런 2방을 터뜨리며 금메달 진군을 이끌었다. 쿠바와의 결승전 9회말 1사 만루 위기에서는 권한 위임형(임파워먼트·empowerment) 리더십이 빛을 발했다. 최철규 세계경영연구원 부원장은 "결정적 위기에서 김 감독은 윤석민 투수를 등판시키려다 '정대현 공이 좋다'는 진갑용 포수의 조언을 받아들였다."며 "김 감독의 권한 위임형 리더십을 보여준 대표적 순간"이라고 말했다. "위임할수록 조직과 사람이 성장한다"는 이나모리 가즈오 교세라 명예회장의 믿음처럼, 김 감독의 위임과 신뢰와 존중은 선수들 기량에 '플러스 알파'의 날개를 달았고, 선수들을 춤추게 했다.

2) 포기할 것을 잘 골라 과감히 포기하라

전략 경영 분야의 세계 최고봉으로 꼽히는 마이클 포터(Porter)[3] 교수는 "전략의 핵심은 하지 말아야 할 것을 선택하는 데 있다."고 말했다. 이 경구(警句)를, 박태환 선수와 스승 노민상 감독은 극적으로 구현했다. 박태환은 2006 아시안 게임 이후 노 감독과 잠시 헤어져 훈련 공백기를 겪었다. 올해 초 박태환을 다시 맡은 노 감독은 몸 상태, 경쟁 선수 등을 두루 고려해 주 종목인 자유형 1500m를 사실상 포기하고, 자유형 400m에 과감히 '올인'했다. 김종 한양대 스포츠산업학과 교수는 "결국 이 '포기와 집중'이 동양인의 자유형 금메달이란 신화를 썼다."고 평가했다. 이는 노 감독이 박태환을 꿰뚫어보고 있기 때문에 가능했다. 10년 전 박태환을 만난 노 감독은 그동안 손으로 쓴 훈련일지가 수천 장에 달할 정도로 제자를 연구해왔다.

이번 올림픽에서 사상 최고 성적을 올린 영국도 '포기와 집중'의 효과를 톡톡히 봤다. 영국은 사이클에 집중해 이 종목에서만 8개의 금메달을 쓸어갔다. 국가복권기금을

---

3) 베이징 금빛 드라마 속 '올림픽의 경영학', 조선일보 2008.9.6~7.土~日. C 2면

사이클 훈련비로 투입했고, 2004년 올림픽 조정 은메달리스트(레베카 로메로)마저 조정을 포기시키고 사이클 선수로 변신시킬 정도였다. 로메로는 결국 금메달을 땄다.

3) 정글에서 살아남는 비법은 '과학 지식 경영'

'완벽한 여(女) 역사(力士)' 장미란도 3년 전에는 바벨을 들 때 좌우 밸런스가 맞지 않는 단점이 있었다. 이것을 과학이 해결했다. 체육과학연구원(KISS)의 문영진 박사가 근전도 분석과 3차원 영상 관찰을 통해 장미란이 어렸을 때 다친 왼쪽 무릎 때문에 역기를 들어 올릴 때 오른쪽 다리를 뒤로 빼는 습관이 있음을 발견했다. 장미란은 좌우 근육량을 맞췄고, 이번 올림픽에서 세계 신기록을 5번이나 갈아치웠다. 홍콩 시사주간지 아주주간(亞洲週刊)은 최신호에서 "태릉선수촌을 중심으로 한 과학적 훈련이(한국 올림픽 7위의) 비밀 병기"라고 보도했다.

과학은 자메이카에도 선물을 안겼다. 미국의 견고한 아성을 무너뜨린 자메이카 남자 육상의 눈부신 선전(善戰) 뒤에는 '자메이카 공과대학'이 있다. 이 학교는 과학자와 기술자가 아니라 스프린터(단거리 육상 선수)를 육성한다. 1999년 '속도와 파워 극대화 팀'을 만들어, 잠재력을 갖췄지만 전성기에 이르지 못한 선수들을 골라낸 뒤 과학적 훈련을 통해 세계 정상의 선수와 기록을 쏟아냈다.

4) 배려하고 섬기는 서번트 리더십

지난달 23일, 한국과 헝가리의 여자 핸드볼 3~4위전이 끝나기 50여 초 전. 5점이나 앞서 동메달이 확실시되는 상황에서 한국 임영철 감독이 갑자기 작전 타임을 불렀다. "마지막 순간이야. (후배들이) 이해해줘야 돼. 마지막 선배들이야. 정희, 순영이, 영란이…." 고참 선수들을 출전시켜 올림픽의 마지막을 코트에서 맞게 해준 임 감독의 파격적 배려에 선수들과 국민들은 함께 울었다. 이날의 동메달은 금메달을 뛰어넘는 감동으로 또 한 번 '우리 생애 최고의 순간'을 연출해냈다.

이에리사 태릉선수촌장도 눈높이를 선수들에게 맞추었다. 이 촌장은 박태환 선수 등의 식성까지 기억하고는 "왜 오늘 우유만 두 개 먹고 밥 먹는 게 시원찮냐."는 문자 메시지를 보내는 식으로 선수들을 격려했다. 이 촌장은 인터뷰할 때마다 "목표를 달성 못한 선수들에게 박수를 보내 달라."고 부탁하며 그늘 속 선수까지 챙겼다. '전 경기 한판승'을 거둔 유도의 최민호 선수 뒤에도 배려의 리더십이 있었다. 2004년 올림픽에서 동메달에 그친 최민호는 하룻밤에 소주 7병을 마실 정도로 방황하며 슬럼프에 시달렸다. 최 선수를 재도전시킨 리더가 바로 1984년 LA 올림픽 금메달리스트 출신 안병근 감독.

올림픽 취재팀의 한 기자는 "성긴 머리카락 때문에 이제는 세월의 흔적이 역력한 안 감독이 최 선수의 훈련 파트너를 자처하며 매트에서 함께 뒹굴었던 모습이 취재 중 가장 인상에 남는다."고 회고했다. 갑상선암 3기 진단을 받고도 베이징 합류를 강행한 문형철 여자 양궁 감독도 '희생의 리더십'으로 선수들의 에너지를 이끌어냈다.

이광훈 중앙대 경제학과 교수는 "글로벌 시대의 지도력은 '권위의 리더십(Authority Leadership)'에서 '섬김의 리더십(Servant Leadership)'으로 무게중심이 확실히 옮겨오고 있다."며 "스포츠 지도자들이 권위를 벗어 던지고 있다는 점은 경영자에게 시사하는 바가 크다."고 설명했다.

5) 위기가 기회로, 단점이 장점으로

'수영의 아이콘'으로 떠오른 마이클 펠프스와 박태환은, 상식적으로 수영에 어울리지 않는 아이였다. 펠프스는 '집중할 수 없는 아이'(주의력 결핍 과잉행동장애)였고, 박태환은 '숨쉬기 힘든 아이'(천식)였다. 하지만 펠프스는 수영을 집중력 회복의 계기로 삼았고, 11세 이후 1825일 동안 하루도 쉬지 않는 맹훈련 끝에 세계를 딛고 섰다.

박태환도 마찬가지. "노 감독은 박태환의 단점(천식) 극복 과정을 오히려 장점(폐활량과 양쪽 호흡) 획득의 기회로 활용했다."는 게 조영탁 휴넷(경영 교육 회사) 대표의 분석이다. 박태환이 12세가 되기 전에 꾸준한 유산소 운동을 시켜 7000cc의 폐활량을 길러냈고, 3차원 수중 카메라까지 동원해 팔 젓기의 균형을 맞추면서 경쟁 선수 견제에 효과적인 양쪽 호흡을 이뤄냈다는 것이다.

박태환은 또 2004년 올림픽 때 부정 출발로 실격 당하는 '위기'에 굴하지 않고, 훈련을 통해 출발 반응 속도를 경쟁자보다 0.1초쯤 빠르게 발전시키는 '기회'로 삼았다. 펜싱 은메달리스트인 남현희 선수는 '154㎝의 작은 키'라는 선천적 위기를 스피드 증진의 기회로 반전시킨 끝에 '반 박자 빠른 공격'으로 우뚝 선 사례다.

베이징 올림픽에서는 반추(反芻)해 볼만한 실패도 없지 않았다. 특히 레슬링이 그렇다. 한국 레슬링은 대한민국 사상 첫 금메달을 따냈던 1976년 몬트리얼 올림픽(양정모 선수) 이후 2004년 아테네 올림픽까지 한 번도 금메달을 거른 적이 없다. 대회 시작 전, 레슬링 협회는 "금메달 최소 2개"를 자신했다. 하지만 결과는 '동메달 1개'였고, '레슬링의 굴욕'이 회자됐다.

6) 과거의 성공을 버리고 변화해야 살아남는다

'종(種)의 기원'으로 유명한 찰스 다윈(Darwin)은 "결국 변화에 가장 잘 대응하는 종(種)이 살아 남는다"고 결론지었다. 이번 대회에서 규정이 가장 많이 바뀐 종목이 레슬링이다. 3분 2라운드 중 2라운드를 앞서야 이기는, 일종의 '삼판 양승제'가 도입된 것. 그래서 체력적 우위를 앞세워 줄기차게 상대를 밀어붙이다 경기 막판에 결승점을 뽑아내던 한국의 전통적 강점이 먹힐 수 없었다. 하지만 한국 선수들은 6분 내내 체력으로 몰아가는 과거 방식을 고수했다. 라운드별 승패를 영악하게 따지는 게임 운영은 거의 보이지 않았다.

3 숫자로 본 팀·선수·리그 가치

미국에서 스포츠와 영화 산업 가운데 어느 것이 더 클까? 미국의 할리우드 영화가 전 세계를 장악할 만큼 엄청난 규모를 자랑한다는 것은 이미 잘 알려진 사실. 그렇다면 그런 영화 산업과 비교할 때 미국의 스포츠 산업은 어떨까? 스포츠 비즈니스가 영화 비즈니스보다 훨씬 더 크다. 그것도 무려 일곱 배나 된다.

미국에서 스포츠는[4] 이제 더 이상 단순히 놀고 즐기는 대상이 아니다. 스포츠를 이용한 수많은 비즈니스가 성행하고 있다. 그것도 천문학적인 이익이 창출되는 황금알을 낳는 거위다. 스포츠 비즈니스는 미국에서 가장 빠르고 비약적으로 성장하는 사업 중 하나인데, 그 규모 면에서는 미국이 자랑하는 자동차 산업의 두 배가 넘고, 또 할리우드 영화 산업보다 무려 일곱 배가 넘는 규모를 자랑한다. 미국 스포츠 시장이 얼마나 큰지 쉽게 알 수 있는 대목이다.

미국 「비즈니스 스포츠저널」에 따르면 2004년 미국 스포츠 산업의 총 매출 규모는 무려 2,130억 달러(약 213조 원)에 달한다. 여기엔 스포츠 광고, 중계권료, 스포츠 용품, 입장 티켓, 구단 운영비 등이 포함된다. 이제 축구로 걸어가 보자.

1) 세계 프로축구클럽 2007~2008시즌 수입 랭킹

레알 마드리드(스페인)가 2007~2008 시즌 전 세계 프로축구 클럽 중 가장 많은 수입을 올린 것으로 나타났다. 2009년 3월 12일(한국시간) 세계적인 경영컨설팅 업체인 딜로이트가 펴낸 '풋볼 머니리그' 보고서에 따르면 레알 마드리드는 지난 시즌 3억 6580만 유로(약 6600억 원)를 벌어들였다. 레알 마드리드의 최대 수입원은 1억 3850만 유로(약 2504억 원)에 달하는 방송 중계권료. 이 밖에도 스폰서료와 입장 수입 등이 수입원으로 조사됐다. 박지성이 뛰고 있는 맨체스터 유나이티드(잉글랜드)가 3억 2480만 유로(약 5860억 원), FC 바르셀로나(스페인)가 3억 880만 유로(약 5570억 원)로 2, 3위를 차지했다.[5]

2007~08 한 시즌 동안 유럽의 매출 상위 20개[6] 클럽이 벌어들인 총 수입은 39억 유로(7조 4,000억 원)에 달한다. 딜로이트가 유럽축구클럽의 회계를 분석하기 시작한 1996~1997 시즌에 비해서 세 배 이상 폭등했다. 달리 말해 10년 사이에 유럽축구 마케팅 시장의 몸집이 세 배나 불어난 셈이다. 2006~2007 시즌과 비교해도 6%에 해당하는 2억 2000만 유로(4,210억 원)가 증가했다. 1년 사이에 매출액이 4,210억 원 증가했다면 요즘 같은 경제한파에는 손꼽히는 '블루오션'으로 손색이 없다.

---

4) 스포츠를 읽어라, 최성욱 지음, 스포츠 인 코퍼레이션, 2006.6.20 1판1쇄, p.17.
5) 레알 마드리드 지난 시즌 수입 6,600억 원, 중앙일보, 2009.2.13.金.22
6) 유럽 프로축구 클럽들의 돈 버는 방법 SPORTS ON 2008년 4월호 p.86.

▶ **세계 프로축구클럽 2007~2008시즌 수입 랭킹**

단위 : 유로

순 위	구 단	나 라	수입액
1	레알 마드리드	스 페 인	3억 6,580만(약 6,600억 원)
2	맨체스터 유나이티드	일글랜드	3억 2,480만(약 5,860억 원)
3	FC 바로셀로나	스 페 인	3억 880만(약 5,570억 원)
4	바이레른 뮌헨	독 일	2억 9,530만(약 5,228억 원)
5	첼시	잉글랜드	2억 6,890만(약 4,851억 원)
6	아스널	잉글랜드	2억 6,440만(약 4,770억 원)
7	리버플	잉글랜드	2억 1,090만(약 3,805억 원)
8	AC 밀란	이탈리아	2억 950만(약 3,780억 원)
9	AS 로마	이탈리아	1억 7,540만(약 3,164억 원)
10	인테르밀란	이탈리아	1억 7,290만(약 3,119억 원)

레알 마드리드 지난 시즌 수입 6,600억 원

※ 경영 컨설팅 업체 딜로이트 발표. 수입은 광공·스폰서·입장수입 등을 합친 것.

2) 세계에서 가장 가치있는 스포츠 구단 BEST 10(포브스 2009년 1월호)

맨체스터 유나이티드가 세계에서[7] 가장 비싼 축구팀으로 조사됐다. 미국의 경제 전문지 '포브스'는 2009년 4월 9일(한국시간) 자신들의 인터넷판에 보도한 내용에 따르면 맨유의 구단 가치 평가액이 18억 7천만 달러(약 2조 4,889억 원)로 전 세계 축구클럽 가운데 가장 높았다. 스페인의 레알 마드리드가 13억 5,300만 달러(1조 8008억 원)로 그 뒤를 이었다. 3위는 12억 달러(약 1조 5,972억 원)의 아스날(잉글랜드)이었다. 독일 바이에른 뮨헨(약 11억 1,000만 달러·1조 4,774억 원)과 잉글랜드 리버풀(약 10억 100만 달러·1조 3,443억 원)이 4~5위에 올랐다.

▶ **세계에서 가장 가치있는 스포츠구단 BEST 10**

순 위	구 단	매출액
1위	맨체스터 유나이티드(영국/축구)	18억 달러(2조 5,000억)
2위	댈러스 카우보이스(미국/미식축구)	16억 달러(2조 2,000억)
3위	워싱턴 레드스킨스(미국/미식축구)	15억 달러(2조 600억)
4위	뉴잉글랜드 패트리어츠(미국/미식축구)	13억 2천만 달러(1조 8,000억)
5위	뉴욕 양키스(미국/야구)	13억 달러(1조 7,800억)
6위	레알 마드리드(스페인/축구)	12억 9천만 달러(1조 7,700억)
7위	아스날(영국/축구)	12억 달러(1조 6,500억)
8위	뉴욕 자이언츠(미국/미식축구)	11억 8천만 달러(1조 6,000억)
9위	뉴욕 제츠(미국/미식축구)	11억 7천만 달러(1조 6,000억)
9위	휴스턴 텍산스(미국/미식축구)	11억 7천만 달러(1조 6,000억)

7) 세계에서 가장 가치 있는 구단, 중앙일보, 2009.1.22.木.22면

3) 서포터스 숫자로 본 최고 인기 구단은?

■ 3,260만 명 … 브라질 플라멩고 1위

축구팬에게 세계에서 가장 인기 있는 구단이[8] 어디냐고 묻는다면 대답은 천차만별일 것이다. 하지만 서포터스 숫자만으로 판단한다면 브라질의 플라멩고가 최고의 인기 구단이다. 브라질의 잡지 '문도 에스트란호'는 2008년 2월 27일(한국시각) 서포터스 숫자순으로 세계 각국의 축구팀 랭킹을 매겼다. 1위는 서포터스 3,260만 명을 거느린 브라질의 플라멩고가 차지했다.

브라질 리우데자네이루를 연고지로 하는 플라멩고는 연고지 인구 800만 명의 네 배가 넘는 서포터스를 전 세계에 보유하고 있는 셈이다. '시바스'라는 별칭으로 더 많이 불리는 멕시코의 데포르티보 과달라하라가 3,080만 명을 거느려 2위에 올랐고, 보카 주니어스(아르헨티나 · 1,640만 명)가 그 뒤를 이었다.

3위까지를 남미 구단들이 차지한 가운데 유벤투스(이탈리아)가 유럽 팀 중에서는 가장 많은 1,630만 명의 서포터스를 보유해 4위에 올랐다. 아시아에서는 가시마 앤틀러스(일본 · 1,230만 명)가 6위로 유일하게 10위 내에 들었다. 잉글랜드 최고의 명문구단 맨유는 420만 명으로 이 랭킹에선 10위에 겨우 턱걸이하는 데 그쳤다. '문도 에스트란호'는 미국과 남미, 일본 등의 11개 조사기관에 의뢰해 랭킹을 산출했다고 밝혔다.

▶ **세계 클럽팀 서포터스 보유 랭킹 톱 10**

랭킹	팀 (국가)	서포터스 수
1	플라맹고(브라질)	3,260만 명
2	시바스(멕시코)	3,080만 명
3	보카 주니어스(아르헨티나)	1,640만 명
4	유벤투스(이탈리아)	1,630만 명
5	레알 마드리드(스페인)	1,320만 명
6	가시마 앤틀러스(일본)	1,230만 명
7	바이에른 뮌헨(독일)	1,050만 명
8	올림피크 마르세유(프랑스)	1,020만 명
9	아약스(네덜란드)	430만 명
10	맨유(잉글랜드)	420만 명

4) 유럽팬이 좋아하는 축구 클럽 TOP 10

■ "사랑해요 바르셀로나" 유럽 팬 4420만 1위

유럽인들이 가장 좋아하는 축구 클럽은 스페인의 명문 FC 바르셀로나로, 유럽에서만 약 4,420만 명의 팬을 갖고 있으며, 스페인의 라이벌 레알 마드리드가 그 뒤를 따르

8) 서포터스 숫자로 본 최고 인기 구단은?, 스포츠조선, 2008.2.29.金.10

고 있다. 하지만 이 '스페인 듀오'는 급속히 세를 불려나가는 잉글랜드의 맨체스터 유나이티드와 첼시에 팬 층을 잠식당하고 있다. 바르셀로나는[9] 지난해에 비해 610만 명, 레알 마드리드는 490만 명이 줄어든 반면 첼시는 590만 명, 맨유는 480만 명이 늘어났다. 아드보카트 감독과 김동진이 있어 국내 팬에게 친숙한 러시아의 제니트는 무려 860만 명이 늘어 10위에서 5위로 껑충 뛰어올랐다. 이 순위는 독일의 스포츠 마케팅 회사인 '슈포르트 마크트'가 매년 2월에 발표한 자료를 중앙일보가 인용해 보도한 것으로, 영국·독일·스페인·러시아 등 유럽 16개국에서 9,600명을 대상으로 설문 조사한 결과다.

▶ **유럽팬이 좋아하는 축구 클럽 TOP 10**

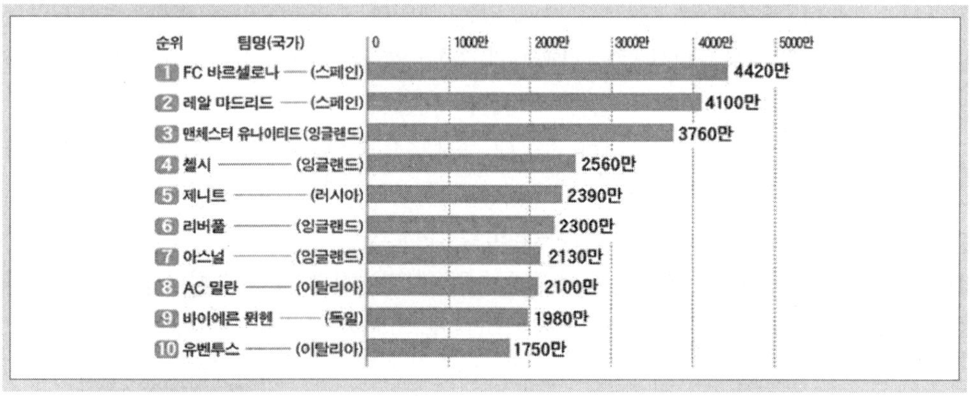

5) EPL 중계권료로 2조6000억원 지불

세계 최고 인기 축구리그로 자리매김한 잉글랜드 프리미어리그(EPL)가 천문학적인 중계권료 계약을 체결했다. 영국 일간지 '더 타임스(The Times)'는 5일(한국시각) '스카이스포츠가 EPL 중계권 확보를 위해 13억 1400만 파운드(약 2조 6228억 원)를 EPL 사무국에 지불했다'고 보도했다. 이미 EPL 한 시즌 동안 생중계가 가능한 138경기 가운데 92경기를 독점 방송할 권한을 보유하고 있던 스카이스포츠는 이번 계약으로 2010년부터 2013년까지 동일한 권한을 유지할 수 있게 됐다.

유럽 방송 규정상 특정 방송사의 스포츠 중계 독점을 막기 위해 한 방송사당 최대 5패키지의 중계권만을 소유할 수 있으며, 영국 내 EPL 중계권은 모두 6패키지로 분할돼 있다. 스카이스포츠는 이중 4패키지를 다시 확보하게 된 것이다.

EPL 사무국은 현재 세탄타 스포츠가 보유하고 있는 남은 2패키지에 대한 공개입찰을 조만간 시행할 예정이며, 1패키지를 추가로 확보하려는 스카이스포츠를 비롯해 세탄타 스포츠, ESPN 등이 중계권 획득에 관심을 가지고 있는 것으로 알려져 치열한 경쟁이 펼쳐질 전망이다.

---

9) 바로셀로나, 유럽 팬 4420만 1위, 중앙일보, 2009.3.16.月.26

이번에 확보한 2010년부터 2013년까지의 EPL 하이라이트 영상을 제공하는 조건으로 영국 공영방송 BBC와 1억 7300만 파운드(약 3453억 원)에 계약을 맺은 스카이스포츠는 '언론 재벌' 루퍼트 머독이 소유하고 있는 글로벌 미디어 그룹 '뉴스 코퍼레이션'이 대주주로 있는 대표적인 영국 위성 방송사다.

6) 호나우두 '역대 가장 비싼 선수' 이적료 1,650억 원

맨유는 '아무 옵션 없이 9,300만 유로(약 1,650억 원)의 이적료에 호나우두의 이적을 허락했다'며 "호나우두의 레알 마드리드 이적 요청을 받아들여 그의 에이전트와 상의한 후 최종적으로 이적을 결정하게 됐다."고 배경을 설명했다. 호나우두의 이적료 9,300만[10] 유로는 역대 최고 금액이다. 2001년 지네딘 지단이 유벤투스(이탈리아)에서 레알 마드리드(스페인)로 이적하며 세웠던 7,600만 유로를 8년 만에 뛰어넘으며 세계 축구 역사의 한 페이지를 장식하게 됐다. 2003년 스포르팅 리스본(포르투갈)에서 맨유로 이적할 당시 1,224만 파운드(약 251억 원)의 이적료를 기록했던 호나우두는 몸값이 6배 넘게 급등했다. 이 금액은 연봉이 1억인 사람이 1,650년 동안 쉬지 않고 벌어야 모을 수 있고, 월드컵축구 8회 연속 우승 상금 총액과 같다. 교촌치킨 11,428,571마리를 사 먹을 수 있는 액수다. 호나우두의 주급은 20만 파운드(약 4억 원)로 알려졌다.

7) 베컴 2008년 598억 최고 수입

이탈리아 세리에A의 AC밀란에서 임대선수로[11] 활약 중인 데이비드 베컴이 지난해 가장 많은 돈을 벌어들인 축구선수로 선정됐다. 프랑스 축구잡지 '프랑스 풋볼'이 지난달 31일(한국시간) 발표한 세계축구선수 수입 랭킹에 따르면 베컴은 2008년 한 해 동안 4,270만 달러(약 598억 원)의 수입을 기록해 1위에 올랐다. 베컴은 지난 한 해 동안 원 소속팀인 미국프로축구(MLS) LA갤럭시로부터 연봉으로 650만 달러(92억 원)를 받았고. 관중 입장료와 유니폼 판매 수입에 대한 일정 부분을 가욋돈으로 챙겼다. 뿐만 아니라 용품스폰서인 아디다스와 광고에 출연중인 질레트, 펩시 등으로부터 수백만 달러의 수입을 올린 것으로 알려졌다. 리오넬 메시(FC바르셀로나·528억 원)가 2위에 올랐고, 3위는 베컴의 팀 동료 호나우지뉴(361억 원)가 차지했다.

8) 프리미어리그에서 배우는 경영 포인트

LG경제연구원은 2009년 3월 24일 '프리미어리그에서 배우는 경영 포인트' 보고서를 발표했다. 맨유·아스널·리버풀 등 프리미어리그 명문 축구클럽 운영 방식에서 일곱

---

10) 호나우두 '역대 가장 비싼 축구선수' 이적료 1,650억원, 스포츠서울 2009.6.12.金. 2면

11) 베컴 지난해 598억 원 최고 수입, 스포츠서울, 2009.4.1.水.2

가지 경영 시사점을 찾을 수 있다는 것이다.

첫째는 경기 지도와 관리의 양수겸장 리더십. 프리미어리그에서는 감독을 코치(coach)가 아니라 매니저(manager)라 부른다. 이들은 경기 운영뿐 아니라 독자적인 선수 선발 등 관리자로서 권한도 함께 가지며 강력한 리더십을 발휘해 팀을 승리로 이끈다. LG경제연구원의 강진구 수석연구원은 "기업에서 리더십은 관리능력이 뒷받침되어야 하고 이는 불황일수록 더욱 중요하다."고 말했다.

둘째는 장수. 퍼거슨은 23년째, 아스널의[12] 뱅거는 13년째 감독을 하고 있다. 글로벌 기업 최고경영자(CEO)의 평균 재임기간도 존슨앤존슨이 약 20년, GE가 13년이다. 감독이나 CEO나 성과를 내기 위해서는 일정한 시간이 필요하다는 것이다. 장수하는 CEO가 많이 나와야 경영의 일관성을 유지할 수 있기 때문이다.

셋째는 두꺼운 선수층. 기업도 인재를 많이 확보해야 경쟁에서 이길 수 있다.

넷째는 인재 육성. 명문팀들은 유소년클럽을 통해 유망주를 조기에 발굴해 프리미어리그에서 뛰게 한다. 기업 역시 잠재력 있는 인재를 발굴·육성해야 발전한다.

다섯째는 다양성과 조화. 프리미어리그는 외국인 선수 숫자에 제한이 없다. 이런 개방성을 통해 세계 최고의 선수들이 몰려들고 다른 선수와의 조화를 통해 경쟁력을 높인다. 강 연구원은 "다양성이 부족한 한국 기업이 배워야 할 점"이라고 말했다.

여섯째는 공격·수비 방식에 있어서의 끊임없는 변화 시도. 성공하는 기업 역시 끊임없이 변화를 추구한다. 마지막으로 '팀보다 큰 선수는 없다'는 조직 우선의 운영 방침이다.

4 혁신과 혁신 사례

1) 피터 드러커는 누구인가? – '지식사회' 도래 예견한 인간중시 사회생태학자

피터 드러커 박사는 경영학의 구루, 현대경영학의 창시자이다. 세계 경영학 대가들이 하나같이 존경하는 세계 석학 중의 석학이었다. 인류가 지구에 살아오면서 경영학 관련 경험과 지식이 피터 드러커에 의해 비로소 체계화되고 정리정돈되고 창조되었다. 걸출한 지식인으로서 그의 삶은 언제나 현장에 있었다. 결코 '이만큼 했으니 은퇴해서 여생을 편히 살겠다'는 그런 의식이 아니었다. 95년 11개월 23일 동안, 세상을 떠날 때까지 그의 공부는 멈추지 않았다. 끊임없이 읽고, 집필하고, 컨설팅하고, 가르치고, 사람을 만나고, 경청했다.

'인류 경영학의 집적, 세계 경영학의 최고봉'이라고 불러도 과언이 아닐 것이다. 다

12) "맨유에서 배워라 … 팀보다 더 큰 선수는 없다", 중앙일보, 2009.3.25.水.E4

음은 2005년 11월 14일(月) 동아일보 A30면에 쓴 이철희 기자의 '피터 드러커' 소개 글이다.

'현대 경영학의 아버지'로 일컬어지는 피터 드러커 교수가 96번째 생일을 불과 8일 남긴 11일 숙환으로 숨졌다. 그를 경영학자로만 부르기엔 적절치 않다. 정치경제학자 미래학자 등 수많은 호칭이 따라 붙는다. 드러커 교수 본인은 만년에 스스로를 '사회생태학자'라고 불렀다. 무엇으로 불리든 그는 무엇보다 엄청난 다작의 문필가였다.

뉴욕대 경영대학원에서 20여 년, 클레어몬트 경영대학원에서 30여 년을 재직하면서 집필 활동을 계속해 온 그는 35권의 저서와 수천 건의 논문을 남겼다. 드러커 교수에게 누군가가 "박사님의 저서들 가운데 어느 것이 대표작입니까"라고 물었더니 그가 "이 다음에 나올 책"이라고 대답했다는 에파소드가 있을 정도다.

평범하지만 단순명료한 표현으로 20세기 사회를 설명한 그는 90세 생일에 "나는 기계나 건물이 아닌 사람을 주목했다."고 자신의 성과를 표현했다. 어떤 특정 경제이론이나 경영기법을 만들어내기보다는 현장의 작업을 역사적인 맥락에 대비시키면서 새롭고 자유로운 형태의 경영학을 찾아낸 업적을 이처럼 표현한 것이다. 현장과 인간을 중시하는 그의 접근법은 수많은 세계적 대기업의 컨설턴트로 활약한 오랜 경력에 바탕을 둔 것이었다. 그는 일찍이 GM에서 2년 동안 컨설턴트로 일하며 '다양한 기술과 지식을 가진 이들이 함께 어울려 일하는 곳이 주식회사'라는 사실을 간파하고 '주식회사의 개념(Concept of the Corporation·1946년)'이란 책을 냈다.

기업을 협력체로 파악한 그의 접근법은 피라미드 조직에서 명령과 통제를 강조하던 전통적 경영과는 전혀 다른 것이었다. 그는 경영학을 조직사회의 필수과목이라고 생각했다. 기업뿐 아니라 병원 교회 노동조합 청년조직에 이르기까지. 그는 정부의 기능을 사기업체에 넘겨야 한다고 주장했고 지식근로자 계급의 대두를 역설하기도 했다.

비영리조직의 경영에도 깊은 관심을 보인 그는 걸스카우트 같은 조직도 기업체처럼 사고해야 한다고 강조했다. 후원자들은 조직의 목적보다는 결과를 보고 판단한다는 게 그의 주장이었다.

1909년 11월 오스트리아 빈에서 시청 공무원의 아들로 태어난 고인은 독일 함부르크와 프랑크푸르트에서 대학을 다녔고 1931년 국제법 박사학위를 땄지만 '박사' 타이틀을 사용하지 않았다. 그 대신 1930년대 초반 나치가 권력을 잡기 전까지 기자로 일하며 언론인으로 평가받기를 원했다.

나치의 감시를 피해 1933년 런던으로 건너가 은행에서 잠시 일했던 그는 케임브리지대에서 케인스의 강의를 듣기도 했다. 1937년 도리스 슈미츠와 결혼한 뒤 미국으로 간 그는 1939년 대학 강사로 활동하며 파시즘에 대항하는 자유세계의 의지를 설파한 첫 저서 '경제인의 종말(The End of Economic Man)'을 출간했다.

2) 혁신이란 무엇인가?

"기업의 유일한 이윤센터는 고객이다. 기업이 이윤을 내기 위해서는 혁신과 마케팅만 하면 된다."

— 피터 드러커

어떻게 하면 지금보다 더 잘할 것인가? 지금 당장 무엇을 혁신하고 무엇을 폐기해야 하나? 혁신이란 무엇인가? 혁신의 실행도구는 어디에 있는가? 혁신능력을 확보하기 위해 어떻게 해야 하는가? 혁신에 따르는 저항과 그 극복방법이 무엇인가?

혁신은 쉽지 않다. 혁신은 달콤한 사탕이 아니라 고통스러운 수술이다. 혁신에는 필연적으로 혁신에 저항하는 세력이 등장한다. 저항은 회의, 불안, 볼확실성, 의심 등 다양한 형태를 띈다. 냉소주의, 수동적—공격적 저항, 뒷담화, 고자질 등도 있다. 기하급수 경제에서 혁신의 속도는 성공의 핵심적인 요소이다. 그러나 이들은 온갖 이유로 혁신을 방해하고 가로 막고 지연시킨다.

하지만 회의론이나 의심과 저항을 일종의 선물로 보는 시각은 혁신가에게 큰 도움이 된다. 정확하게 재해석만 할 수 있다면 회의론과 불안, 불확실성, 의심은 성공을 거두기 위하여 반드시 알아야 할 정보를 간접적으로 알려 준다. 우려의 이면에는 대개 파악하고 대응해야 할 진실의 핵심이 숨어 있다. 이 진실의 핵심은 잘못된 것일 수도 있지만 때로 가치 있는 것이기도 하다. 혁신가는[13] 팀원들의 불평을 성공에 필요한 역동성의 자연적인 일부이자 잠재적으로 도움이 되는 의사표시로 받아들일 줄 알아야 한다. 불평의 이면을 잘 들여다보면 그 속에 감추어진 유익한 메시지를 읽을 수 있다. 그러기 위해서는 먼저 불평 불만에 귀를 귀울이고 재해석하는 법을 익힐 필요가 있다. 능력있는 혁신가는 불만 뒤에 감추어진 두려움의 메시지를 듣는 특별한 귀를 갖고 있다. 혁신가가 갖추어야 할 첫 번째 핵심적 기술은 불만을 잘 듣고 이를 재해석하는 능력이다.

혁신은 한 번으로 마무리되는 것이 아니다. 혁신은 지속적인 작업이다. 성공은 언제나 지금까지 생각하지 못한 새로운 문제를 낳는다. 글로벌 경제에서 경쟁의 강도와 스피드가 점점 더 강해지고 빨라지고 있다. 혁신은 모든 분야에서 실행되어야 한다. 혁신에는 필요한 충분한 에너지와 자원이 투입되어야 한다. 혁신을 실천에 옮기기 위한 구체적인 대안으로 '혁신의 다섯 가지 실행도구'가 필요하다. 시장의 핵심 욕구 파악, 차별화를 넘어선 개별화된 가치 창조, 혁신을 성공으로 이끌 혁신 챔피언, 신뢰와 존경이 넘치는 혁신팀 구성, 전사적 혁신 전파가 그것이다.

혁신만 제대로 하면 기회는 계속 생겨난다. 당장 성과를 올리는 일뿐 아니라 미래 역량을 강화하는 일도 혁신 능력에 따라 좌우된다. 혁신의 궁극적인 지향점은 고객이 원하는 니즈와 욕구에 맞춰 자신의 능력을 총체적으로 업그레이드해 나가는 것을 말한다.[14]

13) 혁신이란 무엇인가, 커티스 칼슨 · 윌리엄 윌못 지음, 김영사, 2008.3.15 1판1쇄 발행, pp.298,309,310

다른 의견을 제시하는 사람도 있겠지만 수량지표로 표현하면 시간당 임금 혹은 시간당 생산성을 높이기 위해 구체적으로 자신이 가진 능력을 계속 변화시켜 나가는 것을 혁신 능력이라고 부를 수 있다. 혁신 능력은 자기중심적 사고로 바라봐선 만들 수 없다. 시장 중심적이고 고객중심적인 사고가 필요하다. 고객이 원하는 방향으로 자신을 변화시켜 나가야 한다. 고객이 원하는 것을 알아차렸다고 해도 그냥 기다리는 것만으로 가질 수 없는 것이 혁신 능력이다. 어제보다 오늘, 오늘보다 내일, 한 시간 전보다 현재가 더 나은 상태가 되도록 계속 바꿔 가는 능력이 바로 혁신 능력이다.

혁신능력을 혁신이 가진 고유한 두 가지 의미와 연결해 해석하는 것도 도움이 된다. 첫째는 이미 갖고 있는 것을 바꾸는 것이다. 이는 자신이 가진 지식을 더 높은 가치 창조가 가능하도록 업그레이드해 나가는 것을 말한다. 그러나 이것으로 끝나지 않는다. 새로운 것을 만들어 내는 일종의 창조 역시 혁신과 관련해 '파괴적 혁신'이라고 표현하는 전문가도 있다. 없는 것을 만들어 내는 것 역시 혁신 능력의 한 축을 차지한다.

혁신 능력은 어느 날 갑자기 주어지는 것이 아니다. 그리고 특별한 사람에게 주어진 특별한 것도 아니다. 혁신은 지속적으로 생활의 한 부분처럼 자연스럽게 이루어진다. 그렇다면 혁신은 습관의 산물이라 일종의 시스템의 산물이라고 말할 수 있다. 미래 인재는 혁신을 위해 무엇을 어떻게 하는가? 우선 혁신의 대상을 명료하게 정리하고 생활할 필요가 있다. 평소 자신의 행동과 지식을 유심히 살펴보면 거의 모든 것을 구체적인 혁신 대상으로 삼을 수 있다. 자신의 삶에서 기상시간부터 취침까지를 하나의 거대한 프로세스로 보고 다시 이를 세분화된 프로세스의 소합으로 보는 일도 필요하다. 동시에 전문인으로서의 능력을 하나하나의 구체적인 프로세스로 보고, 이것을 조합할 수 있어야 한다.

다음으로 자신에게 집요하게 혹은 반복적으로 "어떻게 해야 더 잘할 수 있을까?"라는 질문을 던져야 한다. 질문은 답을 준다. 그것도 집요하고 반복적으로 이루어지는 질문에는 반드시 답을 준다. 자신에게 "어떻게 하면 더 잘살 수 있을까?" 하는 질문을 집요하게 던져야 한다. 그렇게 하다보면 자신이 혁신 대상으로 삼는 것 중에서 많은 부분을 하나의 시스템으로 이해하게 된다.

한 설문조사에 의하면, 한국의 감독 코치들 대부분이 '자기 자신이 잘 가르치고 있다'고 생각하고 있다고 한다. 객관적인 현실은 어떠한가? 올해 2012년이 한국 축구 131년째 되는 해지만 World Class 선수는 한 명도 배출하지 못하고 있다. "한국의 대학팀들은 1주일에 5일 이상, 하루 2시간 이상 연습하고 있다. 그러나 그 결과로 배출된 세계적인 선수는 한 명도 없다. 그 이유는 지도자들의 수준이 구석기시대이기 때문이다."라고 한, 축구 지도의 교과서로 불린 디트마르 크라머 감독의 지적이 어느 정도의 신뢰도와 타당도를 가지고 있을까? 혁신하지 않는 지도자는 결코 성공하지 못한다. 소속 선

14) 미래인재의 조건, 공병호 지음, 21세기 북스, 2008.7.10 1판 5쇄, pp.151~153.

수들은 세계적인 선수로 성장하는 데 결정적인 어려움을 겪게 된다. 이러하기에 “어리석은 지도자는 적보다도 더 위험하다.”고 평가하는 것이다.

개인의 수명이 기업의 수명보다 긴 시대가 왔다. 한국축구계는 축구팀의 증가는 거의 없지만 자격증 소지자는 빠르게 증가하고 있다. 앞으로 감독 코치 자리를 차지하기 위한 경쟁이 더욱 치열해질 것이다. 동시에 축구지도자들에게 지금보다 훨씬 더 높은 수준의 능력을 요구하게 된다. 선수, 학부모, 서포터스, 축구담당기자, 구단 팀 관리자들로부터 수시로 그리고 정기적으로 평가받고, 그 평가를 근거로 계약 연장, 도중하차, 취업하는 시대가 빠르게 도래할 것이다. 감독 코치의 국제 교류가 더욱 빈번해지는 만큼 한국에서뿐만 아니라 국제경쟁이 더욱 심화될 것이다. “번식하라, 변화하라, 강자는 살고 약자는 죽게 하라”(찰스 다윈의 「종의 기원」 중에서)는 현상이 등장할 것이다. 오직 지속적인 혁신을 계속하는 감독 코치만이 성과를 내고, 오래 그 직을 수행할 수 있을 것이다. 아래는 다양한 혁신 사례들이다. 혁신 영감을 얻고, 혁신 의지를 새롭게 불러일으키기를 기대한다.

3) 혁신 사례들

2002년 11월 26일 보스턴 레드삭스가 미국 메이저 리그 사상 최연소 단장을 탄생시켰다. 28세의 테오 엡스테인이 그 주인공이다. 씨티그룹 한국 현지 법인인 씨티 파이낸셜(대표 김홍식)은 일주일 내 돈을 갚으면 이자를 한 푼도 받지 않는 경영을 해오고 있다. 올해 16세의 중학교 중퇴 학력인 김지혁군이 국무총리 청소년보호위원회 자문위원으로 활동하고 있다.

성균관대는 2002년 12월 26일 2003학년도 1학기부터 강의를 진행할 전임교수로 윤석호(26)씨를 신규 임용했다. 국내 대학 임용 교수 중 최연소다. 2003년 4월, 28년째 배구 경기 기록을 해 오고 있는 정민곤씨는 배구 경기 1만 번 기록에 기록한 장부는 700여 권에 이른다. 뉴욕의 교사들은 스스로 교과서를 만들어 학생들을 가르친다.

4번째 대륙 최고봉에 오른 시각 장애인인 에릭 웨이언 메이어(32A 미국)가 2001년 5월 25일 오전 10시 해발 8,848m 에베레스트 정상에 올랐다. 2000년 2월 15일 오후 1시 서울 논현동 (주)한국소포트 회의실에서 두 달 전에 입사한 N세대 서린택씨가 임원들에게 인터넷 멀티미디어 콘텐츠 등을 가르치고 있었다. 2002년 1월 22일 한국야구위원회(KBO)가 서울 신라호텔에서 삼성증권과 국내 프로 스포츠 사상 최대인 3년간 115억 규모의 스폰서 계약을 체결했다. 2002년 4월 15일부터 20년간 국내외에서 축구자료를 수집한 ‘베스트 일레븐’의 이재형 기획부장이 서울 명동 서울은행 본점 1층에서 ‘역대 한국 축구 국가 대표팀 사료 전시회‘를 열어 큰 인기를 끌었다.

세브란스 병원은 2000년부터 환자가 퇴원 후에도 ‘고객을 위한 토털 서비스’를 시행하고 있다. 2000년 1월 경북 봉화경찰서(당시 서장 전광정)는 음주자가 경찰서에 전화를 하면 경찰이 집까지 대리 운전을 해주는 대민 서비스를 시행하였다. 해외 유학 경험이 전혀 없는 토종 박사 군장대학(군산) 서동만 교수는 최근 영국의 구제인명센터(IBC)에서 선정한 '21세기 가장 뛰어난 지식인 2,000명'에 포함됐다. 미국 케이스 웨스터 리저브대학 의과대학의 아마르 소아스 박사는 정신적 육체적 운동이 뇌를 도와 노화로부터 보호할 수 있는 가장 효과적인 방법이라면서 그 중에서도 가장 중요한 것은 읽고 또 읽는 것이라고 강조했다.

2008년 J리그 우승을 차지한 가시마 앤틀러스의 연고지인 가시마는 인구 5만 명에 불과한 작은 도시다. 인천 유나이티드가 K리그 스폰서십에 새로운 길을 열었다. 사상 최초로 연고지역의 명물을 스폰서로 끌어들이는 데 성공했다. '인천대교'와 20억 원 스폰서를 체결했다. 1998년 브라질 상파울로 클럽은 데니우손(당시 22세)을 스페인 레알 베티스에 이적시켰다. 이적료 3,500만 달러(약 455억 원)는 당시 세계 최고액이었다. 데니우손이 상파울로클럽에 발탁될 때 연봉은 고작 50달러였다.

2008시즌 프로야구 롯데자이언트팀은 61차례의 홈경기 중 무려 20번의 만원 사례를 이뤄 한 시즌 팀 최다 관중 신기록(132만 6,213명)을 세우며 한 시즌 130만 관중시대를 열어 제쳤다. 롯데 열성팬들은 가을잔치 표를 구하려고 텐트치고 밤샘을 각오하고 경기 하루 전부터 줄을 서기 시작했다. 고교 때까지 축구선수로 뛰다가 1989년에 헤딩 오래하기 세계신기록(5시간 6분 30초, 38만 9,694회)을 세워 기네스북에 올랐다(「ART 축구의 황제 우희용」, 명상출판사). 롯데 자이언트는 2008년 12월 2일 한국프로야구 최초로 영국 프리미어리그 마케팅 기법을 배우기 위해 손성욱 마케팅 팀장 등 4명의 직원을 8일부터 16일까지 9일간 일정으로 영국에 보내기로 했다고 밝혔다.

2007~2008시즌 아스날의 아르센 웽거감독은 선수 이적료 317억 원의 흑자를 기록했다. K리그에서 FC 서울만이 정확한 관중 집계를 내고 있다. 티켓 예매와 현장 판매분을 컴퓨터로 실시간 집계하고 연간 회원권 소지자도 회원카드를 출입문 인식기에 통과시키기 때문에 정확한 숫자를 파악할 수 있다. 2008년 10월 17일 고려대학교는 입시규정까지 바꿔 캐나다 토론토에 있는 '피겨 요정' 김연아(18, 군포 수리고)를 입학시키기 위해 화상면접을 보았다. 홍명보 장학재단(이사장 홍명보)은 가정 형편은 어렵지만 축구에 재능이 있는 선수들을 선발해 1인당 100만원씩 지원하고 있다. 이번에 뽑힌 장학생들은 초·중·고 각 8명으로 모두 24명이다. 행정안전부는 2008년 10월 23일부터 한 달 동안 '생활공감정책 국민아이디어'를 공모한 결과 모두 7,298건이 접수됐다고 밝혔다. 신세계 백화점은 점포 전사원의 지속적 매장 순회를 통해 고객의 불편사항과 근무자의 애로사항, 상품 동향 등을 사전 파악해 즉각적인 조치가 이루어지도록 해 최상의 고객 서비스력을 유지하는 데 큰 역할을 하고 있다.

2009년부터 최초로 프로 및 아마추어 기사가 모두 참가할 수 있는 전면적 오픈제를 도입해 화제가 되고 있는 '비씨카드배 월드바둑 챔피언십', 우승 상금은 3억 원이다. 대학생들의 광고에 대한 열정과 창의력 고취를 목적으로 1999년 첫 발을 내디딘 금호타

이어 대학생 광고 공모전이 올해로 10주년을 맞는다. 연극보다 상대적으로 빈도가 낮고 입장권 가격이 만만치 않은 국악과 클래식음악회가 변화를 시도했다. 1만~2만 원의 비교적 저렴한 가격으로 음악 이야기와 작품에 대한 이해, 공연을 동시에 해결할 수 있는 프로그램이다. 몇몇 공연장에서 2007년 하반기에 조심스럽게 시도한 '해설이 있는 음악회'는 2008년 본격적으로 자리를 잡으면서 매회 예매율 90% 이상을 달성하는 성과를 보였다. 네델란드 도시 곳곳에서 손쉽게 접할 수 있는 광경 중 하나가 바로 도로 위에 지어진 건물이다. '땅 부족' 해결을 위한 시도였다. 미국은 나라 안 도로 전체를 태양광 에너지 집광판화하는 획기적인 연구를 진행 중이다.

2008년 12월 1일부터 전국 초·중·고 및 대학교의 주요 정보가 학교 홈페이지 등을 통해 공개되어 학교별 주요 자료와 현황은 물론 살림살이도 자세히 알아볼 수 있게 되었다. 다른 학교와의 비교 검색도 가능하다. 2008년 12월 2일 중화권 최고의 쿵푸 배우인 청룽(成龍, 54)이 평생 모은 전 재산 4,000억 원을 사회에 기부하겠다고 발표했다. PTS 박창태 대표는 세계 최대 악기 대여업체 사장이다. 6,000여 종 3만 여 점. 단일보유로는 클래식의 본고장인 유럽은 물론 다양한 음악 수요로 세계 음악시장을 좌지우지하는 미국이나 일본 등과 비교해도 질과 양 모든 면에서 단연 압권이다. 중 3 때 소풍가서 도시락을 까먹은 뒤 두드리는 것을 보고 친구들이 "잘 한다"는 소리를 한 마디한 게 계기가 됐다. 2008년 12월 예본안과네트워크 병원(대표원장 조정곤, 41)이 고객만족 경영대상 2연속 최우수상 영예를 차지했다. 고객이 병원에 들어와 나갈 때까지 전담직원이 안내하며, 단순한 '친절' 수준을 넘어 '의료의 질'까지 고려한 신개념의 서비스를 실천하고 있다.

송광섭씨는 국내 유일 돌다리연구가이다. 돌다리 매력에 푹~빠져 15년째 방방곡곡을 누비고 있다. 군 장성도 근무가 불성실하면 퇴출된다. 국방부는 2008년 12월 16일 "진급 적정 시기가 지난 장교들을 2년마다 심사해 부적격자를 퇴출시키는 '정년보장 심사제도' 신설을 검토하고 있다"고 밝혔다. 충북 진천에 사는 최진만(60)씨는 '손발 자전거' 발명가다. 말 그대로 손과 발로 저어 바퀴를 굴리는 자전거다. 다리가 불편한 장애인도 자전거를 이용할 수 있게 해주려고 발명했다. 비장애인에겐 운동도구이자 교통수단이 된다. 전남 신안군 도초도 최신일(신일염전, 36)씨는 세계 최초로 천일염 ISO 국제인정을 받아 일반소금보다 9배 비싼 명품소금을 판매하고 있다. 2009년 1월, 울산대학교가 학부장 3명을 공개 채용한다. 학위 없어도 되고 임기와 정년을 보장한다. 국내 대학들이 총장이나 학장을 다른 대학이나 외부에서 영입한 적은 있다. 하지만 학부장을 공개 채용키로 한 것은 울산대가 처음이다. 학부장은 학부의 학생교육과 연구 활동을 책임지고 운영을 맡는 리더다. 일반 학과의 학과장과 비슷하다.

거제 수협은 1994년부터 대구알 2,562만 개를 처음으로 풀어 방류사업을 시작했다. 이후 한 해도 빠지지 않고 외포항 앞바다에서 대구 인공수정란을 뿌렸다. 한 해 수십 마리씩 잡히던 대구는 2000년 들어 수만 마리까지 불어났다. 2009년 1월 20일 전남 완도항에 노래하는 등대가 국내 처음으로 등장했다. 이 등대는 컴퓨터가 작동되어 음악이 흘러나오고 이 박자에 맞춰 발광 다이오드(LED)가 자동으로 켜진다. 평생 빈민 돌본 선우경식원장 이은 '2대 슈바이처' 최영아씨가 영등포 슈바이처 기적 잇는다. 서울 요셉병원 최영아원장(39)은 "평생 의료봉사를 하고 살겠다."고 다짐했다. 대학 시절 의료봉사를 나갔다가 약 한 번 먹지 못하고 죽어가는 사람들을 봤던 기억 때문이었다. 최원장의 월급은 100만 원이다.

프랑스 카다라슈. 이 마을이 인류 미래를 짊어질 국제 핵융합사업인 'ITER 프로젝트'의 중심지다. 2016년부터 이곳에선 영원히 쓸 '인공태양'으로 불리는 핵융합로가 실험가동을 시작한다. ITER는 인류역사 이래 최대 규모의 국제 공동 프로젝트다. 스페인 바로셀로나는 세계 최초로 도시 내 모든 신축·개보수 건물에 태양전지 패널을 설치, 온수공급량의 60% 이상을 태양 에너지로 충당토록 하는 '태양열 조례'를 2000년부터 운영하고 있다. 덴마크의 작고 한적한 시골 마을 링쾨빙의 베스타스사는 세계 풍력발전기 시장 점유율 30% 이상을 기록하고 있다. 네덜란드 소우다스시는 호수 바닥의 차가운 물(섭씨 4~5도)로 여름 더위를 식힌다. 20개 대기업 제품에 CO_2 배출량을 표시하는 '카본 풋프린팅'제도는 기후 변화 위기에 대응하기 위한 영국의 첫 번째 소비자 참여 프로그램이다. 불황·위기 모르는 세계 1위 태양전지 기업 큐셀은 2009년 세계 경제가 사상 초유의 마이너스 성장을 기록할 것으로 전망되는 상황에서도 안톤 말러 최고경영자는 "큐셀은 최소한 40% 이상 성장할 것"이라고 말했다. 일본 홋카이도 중서부에 있는 누마타도, 이곳에서는 겨울철 저장한 눈으로 여름 냉방장치를 가동한다. 쌀을 저온 보관해 값을 2배 이상 받는 데 활용하는 등 전기료를 80% 절약하고 있다.

삼성전자와 LG전자는 태양광을 이용해 배터리를 충전할 수 있는 휴대전화 신제품을 2009년 2월 16일부터 스페인에서 열리는 '모바일 월드콩그레스(MWC) 2009'에서 공개했다. 캔 클라센 캐나다 주택청 자문관은 "캐나다에서는 2030년부터 새로 짓는 모든 주택이 사용하는 에너지만큼 집에서 재생 에너지를 생산하는 '에너지 제로'가 실현됩니다"라고 발표했다. 이마트는 앞으로 유리온실서 친환경 야채를 직접 길러 팔기로 했다. 국방부가 2009년부터 최상의 등급자와 최하위 등급자간에 최고 50배가 차이 나는 '차등 성과급제도'를 도입한다.

섬 주민들이 TV 마케팅에 눈을 떴다. 2008년 추석(9월 13~15일)을 앞두고 전복 특산지인 전남 완도군 노화도에서는 전복이 동이 난 일이 있었다. 빗발치는 전화 주문에도 없어서 못 팔 지경이었다. 당시 전복 1Kg을 기준으로 최상품인 6개짜리는 7만 원, 가장 많이 찾은 10~12개짜리는 4만 원, 구이용은 2만 7,000원에 팔렸다. 전복이 대박을 터뜨린 것은 추석을 앞두고 인기리에 방영을 마친(2008.9.9) 방송 드라마 식객이 톡톡히 효자 노릇을 한 덕분이다. TV드라마의 위력을 체험한 주민들은 2008년 10월 20일 '노화읍 드라마 유치추진위원회'를 꾸렸다. 어민대표, 이장단장, 청년회장이 공동대표로 나서고 지역단체 22개가 추진위원으로 힘을 보탰다. 어민들도 앞을 다퉈 팔을 걷어 붙였다. 2008시즌 미국 PGA투어 및 LPGA투어, 일본 PGA투어 및 LPGA 투어에서 한국선수들은 총 514억 3,096만 원을 획득한 것으로 조사됐다. 2007년 227억 원과 비교하면 2배 이상 늘어난 금액이다. 이는 해외에서 활약하는 선수들도 늘어났고 환율이 급등했기 때문이기도 하다. 미국 NBC방송은 수퍼볼 TV 중계 광고 69개 중 미판매분 6개를 최근 모두 팔면서 총 광고 수입으로 2억 600만 달러(약 2,842억 원)를 확보해 사상 최고액을 기록했다고 2009년 2월 1일 밝혔다. 미국 시청률 조사기관인 TNS 미디어의 발표에 따르면 제43회 수퍼볼 중계 도중 방영될 30초짜리 스팟 광고비용은 평균 300만 달러(41억 4,000만 원)로 책정되었다. 2008년 270만 달러(37억 2,000만 원)보다 30만 달러(4억 2,000만 원) 정도 인상된 금액이다. 광고 단가만 따지면 1초당 10만 달러(1억 3,800만 원)에 이르는 엄청난 금액이다.

2008년 12월 현재 송호원(22)씨는 연세대 의대 본과 2학년 학생이다. 심장내과 전문의가 꿈인 그는 입학 후 7학기 동안 성적 상위 1%에게 주는 최우등상을 세 번이나 탔다. 공부에만 전념했던 그가 이번 학기엔 '사업 구상'에 몰두했다. 친구들과 함께 저소득층 환자에게 무료 진료를 하는 사회적 기업 모델을 만든 것이다. 송씨의 사업계획은 2008년 12월 6일 희망제작소가 주최한 '대학생 사회적 벤처 경연'에서 우승을 차지했다. 사업 밑천이 될 상금 500만 원도 받았다. 캐나다 몬트리올에서 탄생한 '태양의 서커스'는 라스베이거스, 도쿄 등에 상설 공연장을 두고 전 세계 순회공연을 하며 연간 1조 원의 수입을 거둬들인다. 후진국의 오락거리로 전락했던 서커스가 금세기 최고의 공연문화로 되살아난 것이다. 반면 중국은 세계에서 가장 많은 곡예사 인구와 가장 뛰어난 서커스 기술력을 보유했지만, 중국의 서커스단은 저가 여행상품에서 벗어나지 못하고 있다. 제작진은 '태양의 서커스'가 중국과 달리 죽어가는 산업을 되살릴 수 있었던 비결은 세계화와 인재 채용이라며 "랄리베르테를 비롯한 6명의 창업 멤버들은 서커스의 판타지를 구현할 수 있는 인재를 구하기 위해 국경을 넘어섰고, 체조에서부터 발레 뮤지컬에 이르기까지 모든 장르를 섭렵했다"고 설명한다.

독일 하노버시는 빗물에도 세금을 물린다. 내리는 비를 저장하지 않고 하수구로 흘려보내는 지역의 주민들에게 물린다. 크론스버그에는 도랑 말고도 공원과 도로 주변 곳곳에 움푹 파인 공간이 많다. 역시 빗물을 오랫동안 머금기 위해 만든 것이다.

경남 진주남중학교 3학년 김모군(16)은 지난 주말 학교에서 장학금 10만 원을 받았다. 이날 김군과 함께 장학금을 받은 10명은 모두 가정형편이 어려운 학생들이었다. 이 장학금은 진주남중 1~3학년 전교생 1,199명과 교사 49명이 2008년 12월 6일 하루 학교까지 걸어오면서 아낀 교통비를 모금한 104만 700원이 재원이었다. 이 학교는 매달 첫 주 토요일이면 전교생이 걷는 '남강 한마음 걷기 운동'을 벌이고 있다. 이 날만은 학교 앞 버스정류소에 내리는 학생들을 찾아볼 수 없다. 학부모들이 자가용으로 자녀들을 실어주는 모습도 자취를 감췄다.

농촌 지식경영의 효시로 평가 받고 있는 '21세기 장성 아카데미'가 600회를 맞는다. 전남 장성군은 2008년 12월 26일 오후 군청 4층 아카데미홀에서 이청군수와 주민 등 500여 명이 참석한 가운데 이만의 환경부장관을 초청해 600회 기념 특강을 연다. 미국 시카고 교육당국은 학생 성적에 따라 교사 연봉 수준을 정하는 성과급제를 채택했다. 또 성적이 나쁜 학교는 폐쇄한 뒤 유능한 교사를 보강해 다시 문을 열게 했다. 외국계 컨설팅 회사에서 컨설턴트로 일하는 고영(33)씨는 마이너스 통장(잔액을 다 쓰면 자동 대출되는 통장)에서 돈을 빌려 쓰고 있다. 연봉이 비교적 괜찮아 인기 직종으로 통하는 컨설팅사에 다니는 그가 왜 마이너스통장을 쓰는 것일까. 게다가 그는 이 사실을 부끄러워 하기는 커녕, 자랑스럽게 생각한다. 거기에는 이유가 있었다. 그는 "2007년부터 연봉의 80%를 털어 어려운 곳에 기부하고 있다"며 "마이너스통장을 쓰는 것은 필요할 경우 대출을 받아 남을 돕기 위해서"라고 했다. 러시아 회원인 그는 2008년 2월 설날 때 4박 5일 일정으로 현지를 방문했다가 종자를 살 돈이 부족해 제대로 농사를 짓지 못하는 고려인들을 보고 마이너스통장 대출까지 받아가며 2,500만 원을 지원했다. 또 리더십 학교에서 알게 된 이은하씨(27, 대학원생)의 아버지가 백혈병을 앓고 있다는 이야기를 듣고는 새로 늘려 이사 갈 자췻집의 전세금인 1,000만 원을 내놨다. 자신은 작은 자췻집에 그대로 남았다.

차세대 에너지로 수소 에너지와 태양 에너지를 '제4의 에너지'라고 강조했다. 컨설팅 업체인 매킨지는 '에너지 효율성을 높이고 절약하는 노력이 세계적으로 전개된다면 2020년까지 세계 에너지 수요의 20% 이상을 줄일 수 있다.'고 분석했다. 타임은 "일반인도 일상에서 쉽게 에너지를 절약할 수 있다."며 생활형 절약 아이디어를 제안했다. 승용차 함께 타기, 재활용, 스웨터 입기, 자동온도조절장치 활용 등이다. 전 국토를 자전거 길로 잇는 사업이 추진된다. 정부의 한 고위 관계자는 2009년 1월 5일 "저 CO_2 녹색성장을 위한 주요 사업으로 자전거 타기를 활성화하기로 방침을 정했다"며 "이를 위해 최북단 비무장지대(DMZ)를 따라 동서로 가로지른 뒤 동해안~남해안~서해안을 이어 국토를 일주하는 자전거 전용도로를 건설하기로 했다"고 말했다. 정부는 이 사업에 10년간 1조 3,000억 원을 투자하기로 했다.

공무원이 금품수수·공금유용·횡령 등의 비리를 저지르면 강등될 수 있다. 예를 들어 6급 공무원이 7급으로 한 계급 떨어지고, 정직 3개월의 징계를 받게 된다. 해임과 정직 사이에 '강등' 제도가 생겨나는 것이다. 행정안전부는 2009년 1월 7일 이같은 내용을 포함한 국가공무원법·지방공무원법을 4월 시행한다고 밝혔다. 나주시는 시내버스가 닿지 않는 14개 읍·면·동 오지 마을 62곳에 15일부터 택시를 투입하기로 했다. 마을에 시내버스 대신 택시를 운행시키는 것은 전국에서 처음이다. 마을 택시 해택을 보는 주민은 모두 1,800여 가구 3,000여 명이다. 원로 한의학자 류근철(83)박사가 3월께 KAIST 내 행정분동관 2층에 '류근철연구소·한의원'을 열고 의료 봉사에 나선다. 류 박사는 2008년 8월 KAIST에 578억 원 상당의 재산을 쾌척해 화제가 됐다. 류박사는 "평생 갈고 닦은 의술을 학문 연마에 지친 후학들에게 베풀고 싶다"고 말했다.

1984년 5월 29일 이후 25년 동안 그의 몸에서 빠져 나간 피는 25만cc가 넘는다. 몸무게 60Kg의 성인 50명의 혈액 총량을 합한 것과 맞먹는 양이다. 2008년 4월 500회 헌혈기록을 세운 손홍식씨(59). 그는 요즘도 2주에 한 번 규칙적으로 성분헌혈(적혈구, 혈소판, 혈장 또는 백혈구 성분만을 선택적으로 채혈하고 나머지 혈액성분은 다시 헌혈자에게 돌려주는 것)을 한다. 지난 2009년 1월 6일엔 545번째 헌혈을 했다. 국내 최다 헌혈기록이다. 광주 광산구 의회는 아파트 단지를 돌며 잔가지를 처리할 수 있는 이동식 톱밥 제조기 구입비 1,900만 원을 2009년 예산에 반영했다. 아파트 별로 조경목 가지치기 과정에서 나온 잔가지를 톱밥으로 만든 뒤 퇴비나 난방용 연료인 '펠릿'으로 활용하기 위해서다.

"노숙할 때는 술, 여자밖에 할 얘기가 없었어요. 그런데 여기서는 공부, 책, 이런 주제가 있어요. 새로운 게 보여요. 밉던 사람도 좋아지고 안 보이던 걸 알 수 있게 돼요." 2008년 성 프란시스 대학에서 노숙자들을 위해 마련한 시민인문강좌를 수강한 한 노숙자의 소감이다. 올해로 3년째를 맞고 있는 시민 인문강좌 지원 사업이 제자리를 잡아가고 있다. 서울시는 2009년 1월 21일 지역경제 활성화와 일자리 창출을 독려하기 위해 재정을 서둘러 발주하고, 집행하는 자치구에 인센티브를 주기로 했다고 밝혔다. 자치구 입장에서는 어차피 올해 안에 진행하기 위해 잡아둔 사업예산을 하루라도 빨리 풀면 지역 주민에게 도움이 되고 또 서울시의 방침에 적극 협조한 점을 인정받아 포상금을 받는 것이다. 25개 자치구 가운데 최우수구로 선정되면 무려 10억 원을 받는다. 충청남도가 저이산화탄소(CO_2) 녹색성장 실현을 위해 '나무 10억 그루' 육성에 나선다. 2017년까지 6,410억 원을 들여 나무 7,000만 그루를 심고, 기존의 9억 3,000만 그루(44만 hr)를 집중 관리한다는 것이다. 충청남도 이성호 농림수산국장은 2009년 1월 22일 "교토 기후변화 협약에 따라 우리나라가 2013년 탄소 감축 의무국이 될 가능성이 크다."며 "이에 대비해 탄소를 흡수하는 나무를 육성키로 했다"고 말했다. 전북 군산시 대야면 복교리 농협PRC(미곡처리장)직원들은 2009년 1월 23일 쉴새 없이 울려대는 전화벨 소리에 즐거운 비명을 질렀다. 평소 하루 100~200포씩 들어오던 쌀(10, 20Kg 포장) 주문이 설을 2주일 앞두고서부터 800~900포로 크게 늘었기 때문이다. 이 쌀은 대야지역 농민들과 농협과 계약재배로 생산한 '큰들의 꿈'. 최근 농림수산식품부와 한국소비자단체협의회가 공동주최한 '고품질 브랜드 쌀 종합평가회'에서 최우수상을 받은 브랜드다.

1인당 국내총생산(GDP) 7만 달러로 세계 최고 부국 가운데 하나로 꼽히는 노르웨이의 오슬로 정부 청사. 눈을 씻고 둘러봐도 자가용은 보이지 않고 수백 대의 자전거들만 청사 앞 광장을 가득 메우고 있다. 노르웨이는 2030년 'CO_2 제로'도전에 들어가 있다.

일본 정부는 2006년 7월 29일 '저탄소사회를 위한 행동계획'을 결정했다. 2050년까지 이산화탄소 배출량을 60~80%까지 줄이기 위한 장기 혁신전략이다. 태양광발전과 전기자동차, 에너지 절약형 TV 및 에어컨을 보급하고 2020년까지 이산화탄소를 모아 지하 등에 파묻는 'CCS'기술을 실용화하겠다는 계획이 담겨 있다. 이산화탄소 감축을 위해서는 한 가지 방법만으로는 불가능하기 때문이다. 트랙터, 굴삭기 등 수천만 원짜리 값비싼 농기계를 농사철에 빌려주는 농기계 임대사업이 농업인들에게 날로 인기를 더하고 있다. 농민들이 농기계를 사는 데 드는 목돈과 유지 관리비를 아낄 수 있기 때문이다. 전남 해남군은 2009년 2월 3일 "2005년부터 시작한 농기계 임대사업 활성화를 위해 해남읍 농업기술센터 이외에도 다른 곳에 농기계 임대사업장을 연다"고 밝혔다.

세계자연유산지구인 한라산 백록담의 사계절을 인터넷을 통해 실시간으로 볼 수 있게 된다. 제주도 세계자연 유산관리본부는 한라산의 변화무쌍한 기상상태를 미리 관측해 예기치 못한 재난상황에 대비하고, 한라산의 사계절 비경을 실시간으로 감상할 수 있도록 올 상반기에 백록담 정상부와 왕관릉에 웹 카메라를 설치하겠다고 2009년 2월 2일 밝혔다. 도봉구가 학생 안전을 위한 휴대전화 문자서비스 지원에 나서 주목을 받고 있다. 이번 안심서비스는 학생의 가방에 전자칩을 부착한 뒤 학생이 교문을 통과하면 교문에 설치된 전자인식기를 통해 학부모 휴대전화에는 '00가 학교에 등교하였습니다', '아이가 학교에서 하교하였습니다' 등을 알려준다. 이뿐만 아니라 학교의 각종 공지사항과 가정통신문 등 다양한 정보를 알려주는 시스템이다. 구글이 납치되거나 길 잃은 아이의 위치를 실시간으로 추적할 수 있는 서비스인 '래티튜드(Latitude)'를 미국에서 선보였다고 AP통신이 2009년 2월 5일 보도했다.

2012년부터는 외국에 출장갈 때 별도로 휴대전화 충전기를 챙기지 않아도 된다. 삼성전자·LG전자·노키아·모토롤라 등이 모든 휴대전화에 사용할 수 있는 범용 충전기 개발에 합의했기 때문이다. 국내 연구진이 파장이 수 mm인 테라헤르츠파 영역의 빛을 폭이 수십 나노미터(mm=10억 분의 1m)인 금속 나노 구멍(slit)을 통해 통과시켜 빛의 세기는 1억 배 증폭시키는 데 성공했다. 서울대 물리천문학부 김대식 교수와 교육과학기술부 자원 우수연구센터인 파장한계광학연구센터 연구진은 2009년 2월 24일 파장이 1.5mm인 테라헤르츠파를 실험에 처음으로 성공했다고 밝혔다. 올 하반기 자전거를 타고 백화점을 가면 구입한 물건 값에 따라 일정 금액을 교통카드에 충전 받게 된다. 서울시가 백화점 등 대형 건물에 징수하는 교통유발부담금을 깎아주고, 백화점은 친환경 교통수단을 이용하는 고객에게 인센티브를 지급하는 방식이다.

"2020년 이후에는 석유를 쓰지 않겠다"고 선언한 스웨덴에서는 왕립기술대학이 신·재생에너지 교육의 선봉에 서 있다. 최근 교통연구원이 "고속철도를 제주까지 연결할 경우 새로운 국가성장축이 조성될 수 있다."는 연구결과를 발표하면서 제주와 전남 완도를 잇는 해저터널 가능성에 대한 논의가 시작되었다. 현대자동차 울산공장에 근무하는 유복근씨(48)씨가 2009년 3월 1일 열린 '제10회 울산 마라톤대회'에서 100번째 풀코스 완주기록을 세웠다. 유씨는 매일 집에서 회사까지 왕복 20Km를 뛰어서 출퇴근한다. STX조선은 WHRS(Waste Heat Recovery System)란 폐가스 재활용 시스템을 2008년 초 개발해 환경보호와 에너지 효율 증대라는 두 마리 토끼를 한 번에 잡았다. WHRS는 선박 운행 시 엔진에서 대량 발생하는 뜨거운 폐가스로 증기터빈을 돌려 전력을 생산하고, 이를 선박에 재공급하는 시스템이다. 정박 중에는 보일러에서 나오는 폐열을 이용해 전력을 생산하기 때문에 엔진을 가동하지 않아도 된다. 가동이 줄어든 만큼 엔진 수명도 늘어난다.

바닷물의 온도 차이를 이용해 냉·난방을 하는 설비가 국내 처음으로 한국해양대학교 캠퍼스에 설치된다. 나무 한 그루에서 아열대성 과일을 1년에 두 차례 수확하는 획기적인 재배법이 선보였다. 2009년 3월 3일 무화과 특산지인 영암군 삼호읍 서창리 이진성(44)씨는 비닐하우스에서 딴 무화과 1Kg짜리 1상자(10개)를 4만 8,000원에 인터넷 주문자에게 팔았다. 비닐하우스가 아닌 노지에서 보통 8월 중순부터 수확하는 무화과보다 5배나 비싼 값이다. "노동조합이 품질을 보증하고 납품기일을 지키겠습니다." 코오롱 구미공장의 김홍열(48) 노조위원장이 2009년 3월 3일 일본 니가타현 조에쓰시에 있는 호시노사를 방문해 모토야마상무에게 전달한 편지 내용이다. 2009년 2월 26일 헌법재판소는 조합보험 가입 운전자의 경우 교통사고를 내도 형사처벌을 면제토록 한 교통사고처리특례법 4조 1항에 대해 위헌 결정을 내렸다. 이런 결정이 나오도록 헌법소원을 낸 주인공은 서울대 행정대학원에서 박사과정을 밟고 있는 교통사고 중상해 피해자 조홍주(33)씨다.

인구 1,000명이 조금 넘는 제주의 조그마한 산촌마을이 '돈 폭탄'을 맞게 됐다. 제주 서귀포시 표선면 자시리는 최근 정부와 자치단체가 공모한 3건의 대규모 프로젝트 유치에 성공, 매년 26억 원 이상씩 지원받는 대박을 터뜨렸다. 한국생산성 본부는 52년 역사의 교육·컨설팅 전문기관이다. 앞으로 기업이나 정부기관 등에서 채용 공고를 할 때 나이를 이유로 차별 대우를 하면 3,000만 원 이하의 과태료가 부과된다. CJ그룹은 2009년 3월 17일 서울 필동 CJ 인재원에서 손경식 CJ회장과 10개 계열사 대표, 80개 협력 중소기업 대표들이 참석한 가운데 '상생 협약 및 공정거래 선포식'을 열고 중소 협력사 지원방안을 발표했다.

CJ는 중소 협력사들을 위해 금융기관과 연계해 580억 원의 네트워크론을 도입하기로 했다. 계열사별로 협력회사 지원을 위한 상생협력기금으로 100억 원을 조성해 우수 업체에 자금을 빌려주는 것이다. 기존의 하도급 대금을 전액 현금성 대금으로 결재하는 방식도 유지하기로 했다. 제주도가 도 전역의 해안도로를 따라 자전거 전용도로 구축사업을 벌인다. 1조 2,456억 원이 투입되며 자전거도로 길이는 3,114Km이다.

학업을 중도에 그만둔 중고생의 재기를 돕는 대안학교가 국내에서 처음으로 선보인다. 충청남도는 중·고교 중퇴생과 퇴학생이 다니는 '청소년 대안교육센터(가칭)'를 2010년 3월 충남 아산에 설립하기로 했다. 일본 정부가 세계 태양광발전 시장 석권을 위한 프로젝트를 마련했다고 니혼게이자이신문 등 일본 언론이 2009년 3월 18일 보도했다. 2020년까지 세계태양광 시장에서 일본 기업의 비중을 35%로 높이는 것이 골자다. 일본 기업들은 세계에서 가장 먼저 태양 전지 사업을 시작했다. 그래서 세계 시장에서 일본이 차지하는 비율은 42.6%로 가장 높다. 경기도 고양시 덕양구 원당동의 고성광(48)씨는 1996년부터 옹기 수집을 시작해 자신의 가게 옥상과 앞마당에 1만 점이 넘는 옹기를 모아 놓았다. 그는 옹기만 찾아 전국 어디든 떠났다. 제주의 대표적인 산나물인 고사리가 한라산에서 단지로 재배된다. 국립산림과학원은 서귀포시 소재 난대산림연구소 시험림에서 고사리 산지 재배 시험에 착수했다고 2009년 3월 19일 밝혔다. 고사리 가격은 국내산이 600g당 2만 5,000~3만 원 선이며 수입산도 5,000~7,000원 정도에 거래되고 있다. 안산시가 모범적으로 사회활동 하는 외국인 근로자를 전국에서 선정, 오는 2009년 5월 17일 '안산시 외국인 대상'을 수여한다. 대상은 대한민국 발전과 사회통합에 이바지한 외국인이다. 2009년 4월 20일까지 전국 시장·군수 추천을 받아 수상자를 결정한다. 수상자는 본국 가족을 초청할 수 있는 여행권을 부상으로 받는다.

오전 7시. 올해(2009년) 100세인 마콰이춘(馬桂珍) 할머니는 잠에서 깬다. 옆방에 있는 동거노인 라이삼키우(78) 할머니를 깨워 화장실에 데려가기 위해서다. 딸 같기도 하고 막내 동생 같기도 한 라이할머니는 척추가 좋지 않아 아침마다 할머니의 도움을 받는나. 78세 라이 할머니를 놀보는 100세 할머니 마콰이춘(?)은 "봉사가 장수 묘약"이라고 말한다. 진짜 물고기를 빼닮은 로봇 물고기들이 2010년 스페인 근해에 방류돼 해양오염 감시 활동을 벌인다고 파이낸셜 타임스(FT)가 2009년 3월 20일 보도했다. 잉어를 본떠 만든 이 로봇 물고기에는 수질 오염을 탐지할 수 있는 전자감지 장치가 탑재돼 있다. 영국의 에섹스대와 공학로봇 업체인 BMT가 공동 개발한 이 로봇은 길이 1.5m로 초속 1m의 속도로 헤엄칠 수 있다. 원격 조종은 물론 자동 제어 기능을 갖춰 독자적으로 활동할 수 있는 것이 특징이다.

전남 장흥군이 치밀한 준비와 실행으로 시골장터를 중흥시켰다. 2009년 3월 마지막 토요일이던 28일 전남 장흥군 장흥읍내에 마련된 토요 장터, 1만 4,568㎡ 크기의 장터에는 수천 명의 손님이 몰려 100여 개의 점포에서 300여 명의 상인들과 흥정을 벌여 활기가 넘쳤다. 영원한 산악인 엄홍길(49). 20년 산악인의 인생을 회고하면서 환경파괴와 기후 변화의 심각성을 알리기 위해 '기후변화 현장 탐험가'로 새로운 인생을 시작한다고 천명했다. 이런 취지에서 2008년 '엄홍길 휴먼재단'(이사장 김앤장 대표변호사 이재후)이 설립됐다. 그 첫 번째 프로젝트가 바로 네팔 어린이들을 위한 학교를 짓는 것. 자전거를 기차에 싣게 해주고 출퇴근용 전천후 자전거 도로를 만들어야 한다는 의견이 나왔다. 4만 1,000여 명의 강진군민 중 1만여 명이 참여해 100억 원의 장학금을 모았다. 유케어 서비스가 6개월 동안 23명의 노인 목숨을 구했다. 복지부는 성남 부여 순창 지역의 65세 이상 독거노인 5,550명을 대상으로 시범 서비스를 제공하고 있다. 2009년 4월 6이 오전 9시 58분. 경기도 성남시 수정구 태평4동 단칸방에서 혼자 사는 강모(81) 할머니가 배를 움켜쥐고 쓰러졌다. 전날 갔던 지역 축제에서 먹은 주꾸미가 탈이 난 것이다. 할머니는 몸에 지니고 있던 휴대용 무선 응급호출기 버튼을 눌렀다. 전화기를 들 필요도 없이 곧바로 안방에 있던 전화의 스피커폰이 켜졌다. 성남소방서였다. "할머니, 어디 편찮으세요."라는 소방관의 목소리가 스피커폰을 타고 들려 왔다. 강 할머니는 "배가 아파."라는 말만 되풀이했다. 상황이 급박하다고 판단한 성남소방서는 응급차를 보내 강 할머니를 근처 병원으로 이송했다.

서울시는 2009년 4월 8일 시 공무원이 단 한 차례라도 비위를 저지르면 지위 고하를 막론하고 해임 이상의 징계를 내려 곧바로 퇴출시키는 '원 스트라이크 아웃 제도'를 시행한다고 밝혔다. "자전거가 대중교통수단의 5~10%만 맡아 준다면 서울은 교통지옥에서 벗어날 수 있을 것이다." 김형국 대통령 직속 녹색성장위원회 위원장은 2009년 4월 10일 중앙일보종합연구원(원장 곽재원)이 주최한 '제6회 동북아 에너지 포럼'의 발제자로 초청돼 이같이 말했다. 한국은 석유 한 방울 나지 않는 비산유국이다. 그럼에도 석유제품 수출 강국으로 통한다. 원유를 전량 수입하고 있지만 정제기술을 발전시켜 휘발유, 경유, 등유 등 값이 더 나가는 제품으로 재가공해 수출하기 때문이다. 한국의 석유 정제능력은 세계 6위로 2007년 기준 하루 263만 배럴이다. 2008년에는 수출로 376억 달러를 벌어 들였다. 사하라사막에 가로 세로 700Km의 태양광 집열판을 설치하면 현재 인류가 1년간 쓰는 에너지를 다 생산해낼 수 있다. 명품인생을 위한 자기경영 프로그램인 공병호의 초중고교생·일반인 '자기경영' 아카데미가 큰 호응을 얻고 있다. 40대 농사꾼이 10년 동안 정성들여 준비한 산나물 축제가 2009년 5월 1~5일 전남 화순군 북면 백아산(해발 810m)에서 열린다. 영농조합법인 산채원 대표 김규환(43)씨가 그 주인공이다. 2006년 9월, 봇짐을 싸서 고향으로 돌아온 그는 새벽 3시면 일어나 손이 부르트도록 괭이질과 낫질을 해가며 산나물 밭을 만들었다. 강원도와 민가 이곳저곳 산을 훑으며 산나물 씨앗을 구해다가 산에 뿌렸다. 지금 백아산 자락 5부 능선에서 정상 부근까지 100hr(30만 평)가 산나물 재배단지로 변했다. 농약은 한 방울도 치지 않았다.

김상곤 경기도 교육감 당선인은 2009년 4월 28일 "내년 말까지 경기도의 초등학생 전체와 저소득층, 섬과 외딴 지역, 농산어촌의 중고교생 등 모두 101만 명에게 무료로 급식을 제공할 것"이라고 밝혔다. 박막 태양전지 분야에서 미국의 퍼스트 솔라가 독보적인 존재다. 독일의 큐셀은 세계 1위 태양전지 생산업체다. 세계 각 지역과 국가에서는 대규모 태양광 프로젝트들이 진행되고 있다. 아예 태양광 패널을 우주로 가져가는 프로젝트도 추진되고 있다. 우주로 가면 밤과 낮이 없이 24시간 태양빛을 받을 수 있는데다, 태양 에너지도 2배 이상 강하기 때문이다. 아이슬란드는 21세기형 에너지 대국이다. 국가 전체 에너지 사용량의 81%를 신·재생 에너지로 충당한다. 전 세계에서 가장 비율이 높다. 아이슬란드의 주요 에너지원은 지열로 66%를 차지한다. 난방의 88%, 전기 생산의 30%를 지열이 담당한다. 나머지 난방과 전기는 대부분 수력발전에서 나온다. 지열 발전으로 난방부터 양어장 운영·제설까지 한다. 세계 최대 해상풍력단지 덴마크 호른스레우. 이곳은 전 세계에서 쏟아져 들어오는 취재 요청만 하루 100여 건에 달할 만큼 해상풍력단지의 '메카'로 관심이 모아지는 곳이다. 2MW 풍력발전기 80대가 좌우 560m 간격으로 20㎢ 면적에 나열된 호른스레우의 장대한 경관. 현재 덴마크 내 15만 가구 정도가 쓸 수 있는 연간 600Gwh의 전력을 생산하고 있다. 2010년 완공 예정인 호른스레우 2가 가동을 시작하면 400MW 규모로 커져 덴마크 전체 전력 수요의 2%를 담당하게 된다. 2020년까지 석유 사용량을 '제로(0)'로 만들겠다고 선언한 스웨덴. 이미 음식물 쓰레기로 차량용 연료를 만드는 이른바 '액화바이오가스'시스템을 상용화하고 있다. 스웨덴은 1990년대 초부터 바이오가스 사용량이 천연가스를 앞서기 시작했고, 바이오가스의 대량생산으로 가격을 낮출 수 있는 '규모의 경제'도 세계 최초로 달성했다.

"지난 40년 동안 바다가 제공하는 에너지를 이용해 이산화탄소 배출 없이 전기를 생산해 왔습니다." 프랑스 전력공사(EDF) 관계자는 세계 최대의 조력발전소인 랑스조력발전소에 대해 갖고 있는 자부심을 이같이 표현했다. 랑스조력발전소는 CO_2 발생 제로의 방법으로 인구 23만 명의 도시인이 소비하는 전력량과 맞먹는 전력을 생산하고 있다. 세계 각국이 '인공태양'으로 불리는 핵융합발전 성공을 위해 노력하고 있다. 2009년 1월 말 정부는 향후 10년간 한국을 먹여 살릴 '신성장 동력'을 발표했다. 발표자로 나선 조원동 국무총리실장의 입에서 낯선 용어가 튀어나왔다. 아산화탄소 포집 및 저장 기술(CCS·Carbon capture and storage). CCS는 말 그대로 기후온난화의 주원인으로 지목되는 이산화탄소를 공기 중에서 직접 모으거나 땅 또는 물 밑에 저장하는 기술이다. 2009년 3월 26일 오전 11시, 미국의 대표적인 전기자동차 업체인 테슬러 모터스(Tesla Mators)의 세단형 전기차인 '모델 S' 발표 행사가 열렸다. 모델 S는 45분 급속충전을 통해 무려 480Km를 달린다. 시동을 걸고 출발 후 5.6초 만에 시속 96Km에 도달할 수 있다. 리튬이온 배터리 팩으로 가동되는 100% 전기차다. "CT&T는 이미 단거리 저속 전기차(NEV) 분야에서는 세계 1위입니다. 우리는 이 분야에만 집중할 계획입니다. 최고급 전기차는 테슬러 같은 회사에, 장거리 고속 전기차(FSEV)는 대기업에 맡기겠습니다." 우리나라의 유일한 전기차 양산업체인 CT & T의 김호성 상무는 회사의 경영전략을 간단하고 명확하게 밝혔다. "한 달에 1만 원이라는 저렴한 운영비가 근거리 운전가들을 계속 전기차 시장으로 끌어들이는 요인이 될 것"이라고 말했다. 지금은 전기를 충전해 사용하는 2차 전지의 시대다. 전기는 저장할 수 없다는 말은 이제 옛말이 됐다. 전기기술도 발달, 활용도 한층 다양해졌다. 이미 녹색성장에서 빼놓을 수 없는 존재로 자리 잡았다. 일본을 대표하는 산요전기는 중·소형 2차 전지를, 일본 가이시(NGK)는 엄청난 양의 전력을 저장할 수 있는 대형 2차 전지를 양산, '그린 정책'에 한 발 앞서나가고 있다.

4) 감독 코치에게 추천하는 경영학 서적 21선

순번	책 이 름	저 자	출 판 사	출 판 일	추천여부
1	경영의 실제	피터 드러커	한국경제신문	06. 2.20	강추
2	프로페셔널의 조건	〃	청림출판	01. 5.20	〃
3	변화 리더의 조건	〃	〃	02. 8.20	〃
4	이노베이터의 조건	〃	〃	02. 7.20	〃
5	드러커 100년의 철학	〃	〃	04.10.15	〃
6	성공하는 기업들의 8가지 습관	짐 콜린스 외	김영사	02.11.29	〃
7	혁신이란 무엇인가	커티스 칼슨 외	"	08. 3.15	〃
8	마케팅 불변의 법칙	알 리스 외	십일월출판사	06. 1.10	〃
9	존 솔의 고품질 서비스	존 솔	김영사	01. 4. 3	〃
10	기업혁신의 법칙	도널드 N 설	웅진닷컴	03. 8.21	〃
11	실행에 집중하라	래리 보시디	21세기 북스	04. 9.10	〃
12	좋은 기업을 넘어 위대한 기업으로	짐 콜린스	김영사	04. 1.20	〃
13	미래기업의 조건	크리스텐슨 외	비즈니스 북	05. 6.10	〃
14	노하우로 승리하라	램 차란	김영사	07. 4.10	〃
15	짐 콜린스의 경영전략	짐 콜린스 외	위즈덤하우스	04.12.13	〃
16	신화가 된 기업가들	우베장 호이저	지식의 숲	05.10.10	〃
17	원칙중심의 리더십	스티븐 코비	김영사	02. 6.25	〃
18	미래 인재의 조건	공병호	21세기 북스	08. 7.10	〃
19	전설적인 조직 뉴욕 양키스의 경영방식	랜스 A 버거 외	예솜출판	05.10.10	〃
20	스포츠를 읽어라	최성욱	스포츠인 코퍼레이션	06. 6.20	〃
21	스포츠팬을 잡아라	필립 코틀러 외	지식의 날개	09. 3.16	〃

5 흑자 경영을 위한 제안서 예

1) 대구 FC 흑자 경영을 위한 외주 제안서

(1) 목적

① 지속적으로 흑자를 낼 수 있는 앞서 있는 구단 경영 시스템 가지기
② 수준 높은 경기력으로 매 경기 만원 관중 및 입장 수입 확보
③ 대구 시민들의 생활축구 활성화를 위한 축구 인프라 확충을 크게 지원함

(2) 대구 FC의 현재 상황

① 창단 후 4시즌을 지난 2006년 12월 현재 적자 누적으로 창단 자본금 163억 원 중 60억 원만 남아 있음

② 2007 시즌에도 재정 자립(흑자)을 이루지 못하고 자본금 잠식이 계속되면 팀의 존립이 위태롭게 됨

③ 지금까지 적자를 최소화하고, 나아가 흑자로 전환하기 위해 구단 임직원들이 나름대로 최선의 노력을 기울였으나 결과는 매 시즌 적자 행진을 계속해옴

④ 현재의 대구 FC 임직원들의 역량으로는 흑자 경영이 불가능하다고 판단되며, 이 분야에서 탁월한 개인이나 조직에 외주를 주어 근원적인 해결책을 마련해야 할 시점임

(3) 제안자의 현재 상황

① 대구 FC의 흑자 경영을 달성할 수 있는 종합적인 방안을 가지고 있음

② 제안자는 선수 지도, 구단 경영, 축구 행정 등등에서 이미 한국을 넘어 세계 경쟁에 들어가 있음

(4) 분야

① 대구 FC 구단 경영을 종합적이고 심층적으로 분석하고 처방하여 흑자를 낼 수 있는 시스템을 제시

② 그게 마케팅, 혁신, 경기력, 대구시민들의 생활축구 활성화, 사무국 능력 등 5분야로 이루어짐

▲대구FC가 2009.8.31(日) 오전 10시 아르헨티나 4부 리그 축구클럽인 데포르티보 꼬레아노팀(CDC)과 Win-Win 계약을 체결했다. 이 계약을 통해 대구FC는 무엇을 할 수 있을까? (사진 : 대구 FC)

(5) 완성한 외주 결과물 제출일 : 외주 용역 계약 후 60일 이전

(6) 외주 용역비 : 대구 FC와 제안자가 의논하여 결정

(7) 주문

① 이 제안서는 빠르고 정확한 정보 공유를 위해 5인(대표이사 겸 단장, 사무국장, 운영팀장, 총무마케팅팀장, 임민호 팀장)에게 전달함
② 공개 프리젠테이션 제안 : 06. 12. 5 (화) 14 : 00 ~ 14 : 30, 구단 사무국
③ 이 제안서를 검토한 후 06. 12. 8 이전까지 회신해주기 바람

(8) 제안자 소개

① 성명 : 김 기 호

- 경북 경산시 용성면 육동로 17 (우) 712 ~ 871
- HP : 010 — 7316 — 3814
- 이메일 : aw78kkh@hanmail.net

② 저서 : 3종 4권

㉠ 킥 오프, 삼보출판사, 2005. 8. 18, 1만 원
마케팅과 혁신의 관점에서 한국축구가 나아가야 할 길을 제시하고 있는 축구경영서
㉡ 신태용의 축구교실 Kick, 예림기획, 2003.3.31, 1만 5,000원. 한국 최초 유일의 킥 전문서, 킥 지도서, 책 속의 연속 킥 동작 사진 모델(당시 신태용 성남일화 주장)
㉢ 축구 기초기술지도 상·하 , 금광, 1992.3.15, 각 권 6,500원. 사진 그림과 해설로 10개의 개인기를 분석 정리한 축구 지도서

③ 축구 칼럼 기고

㉠ 김기호의 축구 이야기 : 영남스포츠신문, 2003. 4 .23 ~ 2004. 10. 18 , 주 1회
㉡ 한국축구, 지식경영을 실행하자 : 풋볼 위클리, 2006년 12월 현재 연재 중 및 그 외 다수

④ 제안자가 축구에서 이루려고 하는 2대 목표

㉠ 세계 축구의 표준을 한 단계 이상 발전시키는 일
㉡ 감독으로서 월드컵 축구에서 우승하는 일

⑤ 제안자는 어떤 사람은?

㉠ 축구학자 축구전문가 축구역사학자이다.
㉡ 선수 지도, 구단 경영, 축구 행정 등에도 출중한 능력을 가지고 있다.

㉢ 제안자는 1998년 12월 7일 교직을 사직한 후 현재까지 취업을 하지 않고 있다. 그 이유는 제안자의 시간과 노력을 회사에 주지 않고 필생의 과업인 축구에 전력투구하기 위해서이다. 축구지식인으로서 평생 동안 축구계에서 은퇴는 없으며 경영학의 창시자 피터 드러커 박사가 그러했듯이 스스로 계획하고 공부하는 자기주도적 학습문화를 가지고 있다.

㉣ 축구 세계에서 이루고자 하는 크고 가치 있으며 대담한 2대 목표를 성취하기 위해 한결같이 노력하고 있다.

㉤ 방대한 독서량을 보여 주고 있다. 해마다 엄선한 책을 100권 이상(주 2권) 읽으며, 매달 5종의 축구 전문 월간지를 읽고 , 7종의 스포츠신문과 일간지를 읽고 있다. 수시로 축구 관련 site에 들어가 정보를 얻고 필요한 자료를 출력하여 해당 스크랩북에 저장하고 있다. 축구 관련 신문 스크랩 기사를 41분야로 분류하여 저장, 활용하고 있다. 이 자료는 자연스럽게 한국과 세계 축구의 역사 기록이 되고 있다.

㉥ 6개월 안에 선수의 경기력을 100% 이상 향상시킬 수 있으며 선수의 기량 향상에도 탁월한 능력을 가지고 있다. 제안자의 저서 「킥 오프」 P.237에 있는 그대로 제안자는 어떤 팀에 있어도 K– 리그 우승은 쉬운 일이며 , 다른 팀에는 우승의 기회가 없을 것이다.

이러하기에 선수 지도 분야뿐만 아니라 구단 경영, 축구 행정 등에서도 한국을 넘어 세계 최고 수준의 전문가들과 경쟁에 들어가 있으며 세월 속에서 이들을 능가할 것이다. 앞서 있는 지식 경영 , 우수한 제품과 서비스를 계속 생산해내는 구단 경영 시스템 확보, 여기에 대구 FC의 사활이 달려 있다. 제안자는 이 둘을 모두 잘 해낼 수 있으며, 제안자의 주문을 실행하면 대구 FC는 이후 흑자 행진을 계속할 것이다.

(8) 대구 FC 흑자 경영을 위한 외주 제안에 대한 프리젠테이션

때 : 2007. 1. 8 (월) 11 : 00
곳 : 대구 FC 사무국
제안자 : 김기호
참 석 : 김용하 사무국장 외

Ⅰ 대구 FC의 현재 상황

Ⅱ 2대 부문

1. 경영 부문 : 경영 이념 + 마케팅, 혁신, 고품질 서비스
2. 조직 부문 : 대구 FC 사무국 임직원

Ⅲ 사 례

1. J 리그

(1) 니가타 알비렉스

1) 평균 관중 : 3만 9,168명 (06. 10. 13 현재) 4,211명 (1999년)

2) 관중 제일주의와 지역밀착형 마케팅

· 축구를 통한 니가타 활성화

· 1171개 협력업체, 1160개 팬 자치회

· 니가타현 : 매년 구단 운영 보조금 지급 + 주차료 구단 징수 등

3) "비가 내리는데도 아이를 업은 아주머니와 할아버지, 어린이팬들이 꼼짝도 않고 응원하는 모습이 충격적이었다." — 리호승 수원 삼성 구단 차장

(2) 우라와 레즈

1) 06 J리그 우승, 일왕컵 우승

2) 수입 : 550억 원

입장료 : 273억 원(평균 관중 수 4만 5573명)

3) "선수들의 월급과 구단 운영비는 우리가 낸다. 공짜표는 거부한다." : 우라와 레즈 서포터의 모토

(3) 인천 유나이티드 FC

1) K 리그 사상 첫 흑자 : 5억 4,998만 1,616원

2) 수입 지출 명세서

수입		지출	
광고 수입	80억 1,645만 952원	선수단 운영비(급여 포함)	78억 488만 3,046원
이적료 수입	21억원	사무국 운영비	31억 9,060만 6,416원
상품 매출	9억 4,949만 6,909원	유소년 클럽 운영비	8,574만 1,762원
입장권 수입	9076만 633원	중학교 리그 운영비	1,967만 1,630원
수수료(선수 임대)	4,200만 8,330원		
회원비(멤버십)	7,283만 6,430원		
기타 수입	3억 7,933만 1,216원		
합계	116억 5,088만 4,470원	합계	111억 90만 2,854원

3) 흑자의 비결

인천시의 적극적인 지원, 축구 전문 경영의 노하우, 선수단 투혼 등

4) 자세히 보기

· 유망주 육성 , 이적

· 미들스타 리그

· 구민의 날 운영

· 자체 샐러리캡(총 연봉 상한제)

· THE UNITED 발간 배포

· 축구전용경기장 추진 중

· 코스닥 상장 준비 중

5) 문제점

· 적은 관중 수 : 18만(평균 관중 수, 입장 수입)

· 인천시에 많이 의존하고 있는 기업 스폰서(GM 대우, 대우건설 등)

· 인천시의 축구 저변 확대 미흡

· 기타

(4) 2대 분야 자세히 보기

경영 부문 : 경영이념 + 마케팅, 혁신, 고품질 서비스

"개인이나 기업, 국가가 파산하는 가장 큰 이유는 그들이 경영을 모르기 때문이다."

— 피터 드러커

2. 경영이념

(1) 경영이념이란 ?

1) 사업체의 영원히 변하지 않는 핵심가치

2) 사업체의 정체성이며 사업체의 영속적인 성격을 규정

3) 경영이념은 제품/시장의 라이프 사이클과 기술적인 혁신, 경영기법상의 유행, 개개인의 리더십 스타일을 초월한다.

(2) 보기 : 메르크(세계 최고 최대의 제약회사)의 경영이념

인류의 생명을 지키고 삶의 질을 향상시키는 것이 우리의 사명이다. 우리 사업의 성패는 이 사명을 얼마나 달성했느냐에 달려 있다.

(3) 대구 FC, 경영이념이 있는가?

경영이념 가지기

3. 마케팅

(1) 마케팅이란?

더 많은 사람에게 더 많은 상품을 구매하도록 욕구를 충족시키는 활동

(2) 마케팅에 대한 이해

1) 사업의 성패는 마케팅에서 결정 난다.

2) 어떠한 형태로든 판매는 필요하다. 그러나 마케팅은 판매를 필요 없는 것으로 만드는 것이 목적이다. 고객을 이해하고 제품과 서비스를 고객에 맞추어서 저절로 팔리도록 하는 것이다.

3) 마케팅은 고객을 창출하고 서비스는 그들을 유지시킨다.

4) "비즈니스의 목적은 고객을 창출하고 유지하는 것이다." —피터 드러커

(3) 구단의 수익 발생처

· 기업 스폰서

· 선수 이적료

· 입장 수입

· 프로연맹 배당금 (방송중계권료, 유소년육성지원금 등)

· 광고 수입

· 우승 상금

· 상품 판매

- 지자체 지원금
- 수익 사업
- 업무 제휴 수입
- 시설 임대 수입
- 그 외

(4) 마케팅 관련 중요 질문들

- 언제나 비고객이 시장을 움직인다. 비고객은 왜 우리의 상품을 구매하지 않는가?
- 대구 FC는 앞서 있는 마케팅 시스템을 가지고 있는가?
- 구단의 수익 발생을 극대화하려면 구체적으로 무엇을 어떻게 해야 할까?
- 우리의 경쟁 상품은 무엇인가?
- 우리의 상품은 경쟁사의 상품보다 경쟁력이 뛰어난가?
- 구 FC 팬들의 해외 선진리그 시청이 대구 FC에 어떤 영향을 주고 있는가?
- 마케팅의 핵심 분야는 무엇인가?
- 집중 홍보 대상은 누구인가?
- 대구시의 생활축구 활성화(저변 확대)를 위해 무엇을 해야 하는가?
- 미디어 노출 횟수를 높이려면 어떻게 해야 할까?
- 대구 FC 스포터스, 문화 스포터스와 최고로 윈-윈 할 수 있는 방안과 그 구체적 내용은 무엇인가 ?
- 대구와 대구 인근 지역의 축구 인재 DB를 가지고 있는가?
- 대구 FC가 도움을 받아야 하는 사람들은 누구인가?
- 마케팅 극대화를 위해 선수와 코칭스텝이 해야 할 일들이 무엇인가?
- 대구 FC가 대구 시민과 인근 지자체에 줄 수 있는 것은 무엇인가?
- 제휴 협력업체 최고 활용 방법은?
- 대구 FC의 경기력은 팬들에게 영감을 주고 있는가? 경기력 수준은 어느 정도인가?
- 경기력을 비약적으로 발전시키려면 무엇을 어떻게 해야 하는가?
- 연중 아이디어 획득 통로가 열려 있는가?
- 외국, 국내의 모범사례를 얼마나 빨리 그리고 올바르게 채택하고 있는가?
- 르네상스 플랜은 언제 나오는가?
- 스포츠산업진흥법은 어떤 영향을 줄 것인가?
- 선수 육성 프로그램이 있는가?
- 오장은 선수에 대한 가장 지혜로운 선택은 무엇인가?
- 스쿼드는 적정한가?
- 탁월한 팬서비스 시스템을 가지고 있는가 ?
- 유소년 및 초중고 선수 육성 프로그램이 있는가?
- 경기당 목표 유료 관중 수(입장 수입)는 얼마인가 ?
- 전광판을 효과적으로 활용하고 있는가?
- 선수들과 코칭스텝은 사회공헌 활동을 활발하게 하고 있는가?
- 선수들에게 평생교육의 기회가 계속 주어지고 있는가?

· 왜 피지컬 트레이너가 없는가?
· 구단 역사가 제대로 기록, 보존되고 있는가?
· 고객은 어떤 서비스를 원하고 있는가?
· 인적, 예산 부족을 이유로 꼭 추진해야 할 업무를 미루어 두고 있지 않는가
· 2006년, 내가 그리고 우리 구단이 이룬 성과는 무엇인가? 그 성과는 목표를 달성한 훌륭한 것인가?

4. 혁 신

(1) 혁신이란?

· 새로운 가치와 고객 만족을 창조하는 것
· 혁신의 전략에서는 기존의 것은 모두 진부화한다고 가정한다.
· 기업에는 3종류의 혁신이 있다. 제품과 서비스의 혁신, 시장과 소비자의 행동 및 가치관의 혁신, 제품을 만들어 시장에 가져갈 때까지 필요한 모든 종류의 기술과 관련된 혁신
· 혁신을 이루려면 일단 한정된 시장을 대상으로 하는 작은 사업으로 시작해야 한다.
· 혁신에 성공하기 위해서는 처음부터 그 분야의 정상의 자리를 목표로 하지 않으면 안 된다.
· 혁신은 항상 시장 가까이에 있으므로 그곳에 집중하여 시장을 진원지로 삼지 않으면 안 된다.
· 변화를 활용하는 사람은 심한 경쟁에 직면할 일이 거의 없다. 다른 사람들이 어제의 현실에 바탕을 두고 일하기 때문이다.
· 혁신은 시장에 초점을 맞춘 것이어야 한다. 제품 기술에 초점을 맞춘 혁신은 기발한 기술을 낳을지는 모르지만 그 성과는 실망스럽다.

(2) 혁신 관련 중요 질문들

· 어떻게 하면 어제 보다 오늘 더 잘 할 수 있을까?
· 지금 당장 무엇을 폐기하고 무엇을 혁신해야 하는가?
· 불만족제도의 기업 문화화
· 미국을 움직이는 힘의 원천인 실리콘 밸리의 2대 핵심은 변화와 스피드이다.
· 나는 자기 주도적 학습문화를 가지고 있는가?
· 사무국 내 의사소통은 수평적이고 자유로운가?
· 카리스마의 악령을 폐기하고 시스템으로 가고 있는가?
· 조직의 신진대사인 회의를 효과적으로 하고 있는가?
· 소중한(중요한 일)을 먼저 하고 있는가?
· 하루, 1주, 1달, 1년 후의 나의 업적은 무엇인가?
· 나의 업무 능력은 경쟁사의 직원보다 앞서 있는가?
· 최고만이 최고를 알아본다!
· 사무국 직원 채용 방법은 합리적이고 과학적인가?
· 끊임없이 계획을 준비하고 있는가?
· 선수, 코칭스텝, 사무국 직원에 대한 합리적인 업무 능력 평가 기준을 가지고 있는가?

· 나의 지적 호기심은 어느 정도인가?

5. 고품질 서비스

(1) 서비스란?

· 고객이 서비스라고 생각하는 모든 것이 서비스이다.

(2) 서비스에 대한 이해

· 고객이 필요로 하는 것, 기대하는 것 이상의 것을 제공하는 것이 가장 높은 수준의 서비스이다.

· 고객 서비스의 가장 큰 문제점은? 경영자들이 서비스를 중요한 전략으로 여기지 않는다는 점이다.

· 불량한 서비스는 광고를 무용지물로 만든다.

· 서비스의 품질은 제품의 질보다 기업의 성공에 훨씬 더 중요하게 작용한다.

· 서비스는 가장 강력한 마케팅 방법의 하나이다.

· 고객들은 가격에 대한 관심사나 제품의 질 보다는 서비스에 문제가 있다는 인식 때문에 거래 회사를 바꿀 가능성이 다섯 배나 더 많다.

· 기업의 평판을 결정하는 요소 중 95%가 일선에서 고객들을 상대하는 사원들의 손에 달려 있다.

(3) 몇 가지 질문들

· 현재 대구 FC가 실행하고 있는 팬서비스는 구체적으로 무엇인가?

· 앞서 있는 팬서비스 시스템을 가지고 있는가?

· 사무국, 선수, 코칭스텝은 정기적으로 팬서비스에 대한 교육 (연수) 을 받고 있는가?

· 팬서비스 관련 책, DVD ,CD, 비디오, 신문 스크랩 등을 가지고 있는가? 얼마나 읽고 시청하는가?

· 한국 최고의 서비스 교육기관은 어디인가?

· 관중들은 제대로 된 서비스를 받고 있다고 느끼고 있는가?

· 자원봉사자 조직은 어떠한가?

· 현재의 경품 지급 방법이 최선의 방법인가?

· 각 사업의 완성 시기가 정확하게 지켜지는가

· 사업의 실무 책임 단위가 명쾌한가?

V. 결론

1. 성큼 앞서 있는 지식경영을 실행해야 한다.
2. 뛰어난 제품과 서비스를 계속 만들어 내는 탁월한 구단 경영 시스템이 요구된다.
3. 승률극대화(winnning maximization)을 즉시 폐기하고 수익극대화(profit maximization) 모델을 채택해야 한다.
4. 경기력을 크게 배가시켜야 한다. 현재의 경기력은 팬들에게 영감과 감동을 주기에는 많이 부족하다.
5. 세밀하고 지속적인 지역밀착형 마케팅을 적극 추진해야 한다.

2) 용성면 중장기 발전 방안 외주 제안서 – 전국에서 삶의 질이 가장 높은 용성면을 만들기 위한

(1) 목적

① 전국의 면 지역 중 가장 삶의 질이 높고 , 최고의 소득을 올리는 용성면을 만들어 그 성과를 면민들이 누리게 함

② 용성면이 면 단위 지역이 성취해야 할 준거모델을 완성, 1차로 경산시 5개면 지역에 이후 전국의 면 지역에 전파하여 전국 면민들의 생활수준을 획기적으로 향상시킴

㉠ 면 단위 지역의 제 2의 새마을 운동

㉡ 추후 이 운동을 전 세계에 전파함

(2) 용성면의 현재 상황

① 면민 개인 각자는 생업에 성실하나 면 전체의 발전을 추진하려는 단체나 개인의 시도가 거의 없기에 해가 바뀌고 세월이 지나도 변화가 너무나 적음

② 경산시에서 7개 동, 2개 읍, 6개 면의 중장기 발전 방안을 수립, 시행하고 있으나 지역의 방대함과 재정난 그리고 담당자의 업무 역량의 한계로 성과는 느리고 미미함

③ 용성면은 크게 성장할 수 있는 잠재력을 충분히 가지고 있음. 이러하기에 이제는 더 이상 미루어 두지 말고 최적의 용성면 중장기 발전 방안을 수립 후 적극 추진하여 달성하여야할 시점임

(3) 제안자는 무엇을 할 수 있는 사람인가?

붙임의 제안자 소개 참고 바람

(4) 분야 : 생활 전 영역

① 당면 현안 과제도 해결하지만, 그 보다 삶의 질을 지속적으로 향상시키며 뛰어난 제품과 서비스를 계속 생산해내는 시스템을 갖추는 데 전력투구함

② 특히 농업, 평생교육, 생활체육, 인재육성, 문화, 사회복지, 환경 등에 집중함

(5) 외주 결과물 제출 일시 : 경산시와 의논하여 결정

(6) 외주 용역비 : 경산시와 협력하여 결정

(7) 공개 설명회 제안 : 2007. 8. 1

① 경산시청 내, 소요시간 15분

② 참석 : 경산시장 기획담당관 용성면장 그 외 관련 공무원

(8) 주문

경산시 역사 이래 처음 있는 크고 가치 있는 이 제안을 검토한 후 경산시장은 시장

직권으로(이 절호의 기회를 제안자와 경산시가 무산시키지 않기 위해)

2007년 8월 5일 이전에 회신해 주기바람 (끝)

3) 강진군 스포츠 마케팅 외주 제 안 서

(1) 현재 상황

① 강진군은 국내 지자체 중 스포츠 마케팅에서 선두주자임. 그러나 남해군에 뒤지고 있으며 해남 함안 서귀포 태백 등에 비해서도 경쟁 우위를 가지고 있지 못하며 세계적인 전훈지·대회 개최지로는 여러 가지 많이 부족함.

② 상대적으로 지역주민의 생활체육은 아직 활발하지 못한 실정임.

③ 향후 시급하게 국내 최고 및 세계적인 스포츠 전훈지·대회 개최지로 성장시켜야 하는 과제가 주어져 있음.

(2) 제안자가 성취하고자 하는 목표

① 국내 스포츠마케팅에서 확고부동한 시장 지배(1위)

② 세계적인 전지 훈련지·대회 개최지로 자리함

③ 지역 경제 활성화

④ 지역주민의 생활체육 활성화 및 전국 전파 공유

- 스포츠에 1% 투자하면 환자가 3.4% 줄어든다.

⑤ 지자체의 스포츠 마케팅 시스템 창출 및 전국으로 확산 공유

(3) 제안자의 현재 상황

위의 목표를 달성할 수 있는 구체적이고 실천 가능한 방안을 가지고 있음.

(4) 외주 용역비 : 쌍방 의논하여 결정하기로 제안함.

(5) 외주 용역보고서 제출일 : 계약일로부터 90일 이내

(6) 실행

① 제안서를 검토한 후 2008. 7. 21(월) 이전까지 가부를 알려주기 바람.

② 이 제안은 강진군이 처음임. 거부 시 다른 곳 찾을 계획임. (끝)

(7) 강진군을 세계의 스포츠 전훈지·대회 개최지로!

① 발신 : 김 기 호

- 광주광역시 북구 중흥동
- H.P : 010－7316－3814

• 이력서 및 붙임자료 참고 바람

② 수신 : 강진 군수

참조 : 스포츠마케팅 팀장

③ 일시 : 2008. 7. 1(화) 14:00~15:20

④ 제목 : 강진군의 획기적인 스포츠마케팅 시스템 확립을 위한 외주 용역 제안

㉠ 스포츠마케팅에서 앞서 있는 강진군 관계자 여러분에게 큰 박수를 보냅니다.

㉡ 현재의 성과를 바탕으로 지방자치단체 중 스포츠마케팅 분야에서 국내 1위 및 세계적인 스포츠 전지훈련지·대회 개최지로 성장해야 하는 과제를 가지고 있는 강진군에 이 과제를 달성할 수 있는 구체적인 방안(시스템)을 제공하는 외주 용역을 붙임과 같이 제안합니다.

붙임 1. 외주제안서 1부
2. 이력서
3. 제안자의 저서「킥 오프」1권
4. 광주 FC(가칭) 창단 계획서 1부 및 참고자료
5. 대구 FC 흑자 경영을 위한 외주 제안서 1부, 프리젠테이션 1부
6. 한국축구, 지식경영을 실행하자 1부 (끝)

(8) 지금 여기서 무엇을 어떻게 할 것인가?

• 주 제 : 강진군을 세계의 스포츠 전훈지 · 대회 개최지로!
• 일 시 : 2008. 7. 1 (火) 14:00~15:20
• 장 소 : 강진군 종합운동잘 수영장 2층
• 참 석 : 임경태 스포츠마케팅팀장 외 10명
• 발표자 : 김기호(H.P 010. 7316. 3814)

① 경영이념이 필요한가?

• 강진군이 스포츠 마케팅에서 추구하는 궁극적인 목표는 무엇인가?
• 강진군이 스포츠 마케팅팀 소속인 나는 왜 이 일을 하는가?
• 이 사업에서 무엇을 폐기하고, 무엇을 혁신해야 하는가?

② 시장이 있는가?

• 국내시장 점유율은 어느 정도인가?
• 외국과 비교해 경쟁 우위가 있는가?

• 새로운 시장을 창출할 수 있는가?

③ 내부 고객(지역 주민)을 만족시키고 감동시키고 있는가?

• 지역주민의 생활체육 활성화는 어느 정도인가?

※ 스포츠에 1% 투자하면 환자가 3.4% 줄어든다.

④ 현재 조직구성원으로 충분한가?

⑤ 새로운 아이디어가 계속 나오고 있는가? 그 출처는?

⑥ 현재 시스템이 있는가?

카리스마에서 시스템으로, 현안보다 시스템을!

⑦ 지금 여기서 무엇을 어떻게 할 것인가?

⑧ 재정 확보는 가능한가?

6 프로축구단 창단계획서

광주 FC(가칭) 창단 계획서

- 작 성 자 : 김 기 호(H.P 016—9316—3814)
- 발표일시 : 2008. 4. 24 (木) 14 : 30
- 발표장소 : 광주상무프로축구단 사무국
- 참 석 : 장재현 부단장 외 9명

(1) 광주 FC(가칭) 창단 계획서 작성 목적

① 프로구단 창단에 필요한 구체적인 창단 방안제공

② 프로구단 창단 준비 과정에서 해결해야 할 과제 제시

(2) 창단 절차

붙임 2 : 신생구단 창단 절차

(3) 구단 형태 선택

구단 형태에 따라 창단 방법・과정 등이 달라지므로 먼저 구단 형태를 결정하고 난 다음 창단 작업에 들어가는 게 순서임.

① 대표적인 2가지 구단 형태 : 시민구단, 기업구단

② 시민구단과 기업구단의 장 · 단점

구단형태 / 분야	시 민 구 단	기 업 구 단
현재 상황 (창단 주체)	· 있음 : 광주광역시 — 6대 도시 중 프로구단이 없는 곳은 광주광역시뿐이며 시민, 광주광역시, 시의회 등 이 창단을 찬성하고 있음	· 없음 — 적자누적 — 노동조합 사외이사, 외국인 대주주 등 기업환경 변화
지역밀착형 마케팅	· 시민, 시, 시의회 등의 지원으로 강력한 지역 밀착형 마케팅 가능 — 광주광역시금고 스폰서 — 경기장 명칭 판매 — 광주광역시 생활축구 활성화	
창단 재정확보	· 과학적인 창단 계획 수립 및 실행 여부에 따라 달라짐 — 이 과정을 통해 시민들에게 "우리구단"이라는 일체감을 심을 수 있는 좋은 기회임 · 기존 4개 시민구단 사례	· 재개 순위에 따라 차이가 있으나 비교적 용이
안정적인 운영재정 확보	· 구단 경영 능력에 따라 달라짐 · 인천은 2년 연속 흑자, 대구 대전 경남은 계속 적자 · J—리그 사례	· 기업환경의 변화로 모기업의 재정지원이 줄어 들고 있는 상황임 · 기업구단 해체사례 — 현대 유니콘스 — 대우 로얄즈

※ 프로축구단 창단에는 4가지 핵심 분야가 있는데, 여기서는 한 분야만 보여 주고 있다. 나머지 3분야는 광주광역시 프로축구단 창단준비위원회에 참여했을 때 적용하기 위해 남겨 두었으나 창준위의 배타적 인선으로 활용할 기회를 갖지 못했다.

붙임 3　금호그룹 광주연고 프로축구단 창단 추진
　　　　대구 FC 창단시 주식공모
붙임 4　2006 시즌 인천유나이티드 FC 수입 지출 명세서
붙임 5　대전시티즌 '75억' 매각 초읽기
붙임 6　지역밀착형 마케팅 사례

③ 질문

㉠ 1997년 대전 시티즌 구단 창단 후 기업구단 창단이 전무한 원인이 무엇인가?
㉡ 기업이 프로구단을 통해 얻는 홍보 효과가 어느 정도라고 평가하고 있는가?

(4) 구체적인 창단 방안

시민구단 창단을 전제로 세운 계획임.

① 구단 경영이념 가지기

㉠ 전국과 세계에 앞서 있는 광주광역시민들의 생활축구 활성화를 이루어, 언제 어디서나 누구나 축구를 통하여 건강을 증진하고 활기차고 행복한 삶을 영위하도록 최선의 노력을 기울인다.

㉡ 수준 높고 영감이 넘치는 축구경기를 시민들에게 제공하며, 매년 흑자경영을 이루어 선진구단 경영 시스템을 정립하고 전파한다.

㉢ 지역사회에서 다양한 사회공헌 활동 및 적극적인 문화예술 체육계와 교류를 통하여 시민들의 공동체의식 고양에 이바지한다.

▶ 경영이념이란?

- 사업체(기업)의 영원히 변하지 않는 핵심가치
- 개인 : 나는 무엇을 위해 사는가?

■ 비전기업의 경영이념 : 사례

- 메르크(Merck 세계 최고 최대의 제약회사)
  "인류의 생명을 지키고 삶의 질을 향상시키는 것이 우리의 사명이다. 우리사업의 성패는 이 사명을 얼마나 달성했느냐에 달려있다."
- 월마트(Wallmart 세계 최고의 매출액 회사)
  "이제껏 나는 최고의 유통회사를 만드는 일에만 주력해 왔다. 개인적인 부를 축적하는 것은 내 관심 밖의 일이었다."

— 샘 월턴, 월마트의 창업자 —

② 경영 목표

㉠ 광주광역시 생활축구 생활화를 통한 시민건강 증진

㉡ 수준 높은 축구 경기력 제공 및 지역사회 공헌 활동 실행

㉢ 흑자 경영 지속

③ 구단 및 선수단 조직도

㉠ 사무국

㉡ 코칭 스텝 : 5~6명

가. 구성 : 감독, 수석코치, 코치 겸 스카우터, 피지컬 트레이너, 팀 닥터·GK 코치
나. 감독의 중요성
감독은 구단 마케팅(경기력, 선수 선발 및 이적, 팬 서비스 등) 성패에 결정적인 역할을 한다.
a. 감독의 자질
① 높은 의식수준
② 해박한 경영학
③ 자기주도적 학습문화
④ 교육학(특히 교수학습이론)
⑤ 선수 지도 능력
붙임 7 대전 감독 공모에 22명 몰렸다.

b. 감독의 역할
① 영감을 주는 경기력 보여주기
② 구단 마케팅에 적극적으로 협력하기
③ 탁월한 선수 육성 및 매년 20억 이상의 이적료 수익 창출하기
④ 성공적인 팜 시스템(유소년 육성 시스템) 및 선수 스카웃
⑤ 앞서 있는 선수단 운영 시스템 만들기
⑥ 인재 중심의 코칭스텝 구성(패거리 문화 배격)
⑦ 그 외
붙임 8 J 리그 진출, 그 빛과 그림자

c. 감독 선발 방법 : 공개 채용
① 조직 : 감독선발위원회 구성
② 국내감독이냐, 외국인 감독이냐?
③ 사전 준비작업
· DB 만들기 : 프로팀 감독 자격증 보유자
· 기초조사 : 축구인, 축구 담당기자, 구단 관계자 등을 통해
· 사례수집 : 타 구단 감독 선발 사례

㉢ 선수단

a) 포지셔닝
- 평범한 선수 선발 →탁월한 경기력 보유 →이적료 발생
- 매년 최소 20억 이상의 이적료 창출하기

b) 2군 리그에 참여할 것인가?

c) 외국인 선수(2~3명) 스카웃 미리 준비하기

(5) 확보 목표 금액 : 500억 원 이상

(6) 재정 소요 명세서(추정)

① 창단시 필요한 총 소요금액 : 창단 가입금 10억 원과 발전기금 30억원 은 이미 납부함.

② 창단 소요 금액 자세히 보기

㉠ 신생 구단 창단 가입금 : 10억 원(이미 납부함)

㉡ 프로축구 발전기금 : 30억 원(이미 납부함)

㉢ 초·중·고팀 육성 지원금 : 3~5억 원(예상), 프로 축구 연맹 배당금으로 지원 붙임 9 토토 수익금 352억 원, 축구 등 7개 경기단체 전달

㉣ 구단 사무실 : 기존 사무실 사용 가능

㉤ 선수단 숙소 건립비

- 위치 : 광주월드컵 경기장에서 구단 버스로 30~50분 거리
- 지형 : 산 기슭
- 구성 : 사무실(관리실) 숙소 식당 웨이트트레이닝실, 물리치료실, 시청각자료실, 회의실, 휴게실, 접견실, 사우나실 등

㉥ 연습 구장 만들기

- 위치 : 선수단 숙소와 같은 곳에 위치
- 면수 : 2면 (천연잔디구장, 인조잔디구장 각 1면)
  - 재정관계로 1면만 만들때는 인조잔디구장 먼저 만들기
  - 나머지 1면은 부지 확보 후 추후 건설
- 부대시설
  - 트랙(인조잔디구장 주위) 및 조명시설(2면 모두)
  - 슛 보오드 3조(바닥은 인조잔디)
  - 펜듈럼볼 기구 5조(바닥은 인조잔디)
- 이외 부지확보 :　　평
  - 추후 테니스장, 풋살구장, 배드민턴, 농구, 족구, 배구장 건설

㉦ 코칭스텝 운영비

- 구성 : 4명 (감독, 수석코치, 코치겸 스카우터, 피지컬트레이너)
- 계약금 총액 :
- 각종 수당 총액 :
- 그 외 :

㉧ 선수단 조직 및 운영비

- 인원 : 35명 내외

- 구분 : 1군 18명 내외, 2군 17명 내외
  - 외국인 선수 : 3명(이적료가 없는 선수 중심으로)
  - 국내 선수 스카웃 : 5~7명(이적료가 없는 선수 중심으로)
  - 드래프트 : 16명 내외
  - 연습생 : 10명 내외
- 이적료 총액 :
- 계약금 총액 :
- 각종 수당 총액 :
- 그 외 :

ⓩ 사무국 운영비 :

ⓩ 인건비

운전기사 2명, 주치의, 영양사, 보조요원 등

ⓚ 창단 준비 활동비

광고 홍보비, 상근자 급여, 자료수집비, 통신비, 인건비, 회의비, 출장비, 세미나 공청회 등 여론수집비, 외주용역비 등

ⓣ 구단 1년 운영비 :

ⓟ 그 외

- 구단버스 구입비(2대) :
- 각종 집기, 사무용품 구입비 :

  붙임 10 이동영상 공고차량
- 기타 :

ⓗ 자생력을 확보하는 시기까지의 구단 운영비

(7) 창단 재정확보 방안

① 확보 목표 금액 : 500억 원 이상

② 목표 금액 확보 방안

㉠ 경기장 명칭 판매

붙임 11 인천 FC의 전용경기장 건립 계획

- 판매금액 : 5년 250억~300억 원(년 50~60억 원)
- 특징 : 한국 최초 유일(TJ— 2013 대회를 유치하면!)
- 판매가능 대상

붙임 12 세계 및 한국의 기업

붙임 13 현대 — 기아자동차 스포츠 마케팅

- 행정사항 : 시의회 의결(?), 시민 동의(?)

㉡ 유니폼 스폰서
- 메인 스폰서(상의 앞면)
- 서브 스폰서
  - 상의 뒷면(저지 넘버 아래) :
  - 왼쪽 어깨 :
  - 오른쪽 어깨 :

㉢ 시민주 공모 : 400억 이상
- 지자체, 국영기업체
  - 광주광역시 : 40억 원 이상(2008 상무프로구단 운영비의 150%)
  - 광주 · 전남 소재 국영기업체 : 30억 원이상
- 광주은행(광주광역시 금고) : 30~40억 원
- 대기업 : 70억 이상(광주 · 전남 소재 해외기업 포함)
- 중소기업 · 자영업자 : 30억 원 이상
- 각종 기관 단체 : 정치, 경제, 사회, 문화, 종교단체, 체육계, 학계, 법조계, 시민단체, 금융기관 등
- 개인 : 10~20억 원 이상
  - 지역 : 광주광역시 출향인사 전국 등
  - 범시민 1인 10주 이상 갖기 운동 전개
- 전국의 축구인
- 전국의 유력 재력가
- 정치인
  - 국회의원
  - 광주광역시 선출직 출마 경력자 모두(시장, 국회의원, 시의원, 구의원, 그 외)
- 인조잔디 포설회사
- 아파트 건설회사
- 스포츠 용품제조 판매회사

㉣ A보드 광고
- 현재 상황은 어떠한가?
- 광고판 설치가능 개수 및 대상기업

㉤ 프로연맹 유소년축구 육성지원금 : 3~5억 원

㉥ 프로연맹의 지원금 배당금

㉦ 스폰서용품회사 스폰서 : 물품 후원+현금 1~3억 원

㉧ 그 외

(8) 창단 추진력을 높이기 위한 몇 가지 제안

① 상근간사 · 자원봉사자 조직 및 활용

㉠ 상근간사

- 인원 : 2~3명
- 업무내용 : 회의준비 · 기록, 자료수집 · 관리, 서류작성 · 발송 · 등재 · 관리, 업무연락, 행사준비 등
- 근무조건
  - 근무기간 : 08. 5. 1 ~ 08. 12. 31(또는 창단시까지)
  - 근무시간
  - 월~금(09:00~18:00), 토(격주 휴무, 근무시는 09:00~13:00)
    - · 급여 : 월 150~180만 원
    - · 사무실 집기 비품 등은 시청 소유를 사용하고 종료 후 되돌려 줌

㉡ 자원봉사자

- 인원 : 1차 30명, 추후 필요시 증원
- 모집 방법
  - 광주 상무 프로구단 서포터스 중 자원자
  - 공개 홍보 후 자원자
- 활동 내용
  - 창단에 필요한 제반 활동 지원
- 예우 : 통상적인 자원봉사자 대우

② 지속적인 붐 조성을 위한 미디어 활용방안

㉠ 홍보매체

- 영상매체
  - TV : 3대 지상파 TV(스포츠뉴스 시간), 지역TV

  ※ 지역 TV에서는 시민주 모금 상황 등을 수재의연금 모금 보도처럼 매일 알리도록 협조받아야 함.
  - 인터넷 축구 사이트
    - · "I love soccer" site의 경우 회원수가 90만명 이상임.
  - 휴대폰
- 음성매체 : 레디오
- 활자매체
  - 주요 일간스포츠지 : 스포츠 서울, 일간스포츠, 스포츠조선 등
  - 4대 주요 일간지 : 중앙, 조선, 한겨레, 동아일보

— 축구관련 정보지
· 베스트일레븐, 프리킥, 사카지, 축구가족 등
— 주간 종합스포츠지 : sports 2.0
— 지역신문 : 광주광역시, 전남
• 이동 광고 홍보차량

㉡ 사전 섭외를 통해 미디어 담당자의 적극적인 협조 만들어내기
㉢ 보도자료 : 지속적 · 정기적 제공
㉣ 재정 : 적정한 광고비 책정 · 활용
㉤ 홍보현수막 게시
• 수량 : 10~15곳
• 제작비 및 게시 허가비 부담
— 지역 아파트 건설회사, 병원, 대형유통마트 등

③ 홍보 도우미 선정 · 활용

㉠ 광주광역시 출신 인기 연예인 1명
㉡ 광주광역시 출신 메이저 K-리거(현재 선수) 1명

④ 시민 참여 및 여론조성을 위한 공청회, 세미나 개최, 미디어 활용 극대화

⑤ 문화공연단체 활용

㉠ 광주 소재 문화공연단체 + 외부 초청
㉡ 추후 계약을 통한 긴밀한 협력활동 전개
붙임 14 광주시 야외 음악당 상설 공연 일정

⑥ 광범위한 창단추진위원회 조직 및 가동하기

㉠ 구성
• 추진위원장
• 부위원장
• 사무국장
• TF 팀
• 상근간사
• 홍보도우미
• 자문위원

• 분야별 팀장
— 정치
— 경제
— 체육
— 문화
— 종교
— 학계
— 시민단체
— 공무원
— 법조계 등

㉡ 활동
- 직위별, 분야별 추진계획 수립 · 조정 · 확정
- 위의 내용 공유
- 실행 → 점검 → 재추진 등
- 실적 기록 · 관리 → 업무추진에 반영

㉢ 정기적인 모임 가지기
㉣ 그 외

(6) 구체적인 구단운영 계획서 — 추후 제출 가능함

(7) 광주 FC(가칭)가 나아가야할 길

① 경영이념의 실천
② 지역밀착형 마케팅
③ 감독의 탁월한 지도력, 수준 높은 경기력
④ 흑자 경영 지속
⑤ 세계에 앞서 있는 축구 시스템을 만들기 위한 토대 만들기 시작 및 성취

붙임 15 축구는 브라질의 수출산업 1위 (끝)

다음은 2008년 10월 11일 광주일보에 기고한 저자의 원고 전문이다.

광주 프로축구단, 창단 가능하다

프로축구단 창단을 염원하는 시민들의 기대와는 달리 광주광역시(이하 광주시)는 아직 이렇다 할 발표가 없다. 오늘이 2008년 10월 13일, 올해 창단이 불가능할 것이라는 시민들의 견해가 지배적이다. 그런데 최근 하나의 변수가 등장했다. 울산 현대 미포조선이 광주시에 창단 제안서를 제출한 것이다. 시민들과 축구팬들이 진행 상황을 주시하고 있다. 광주시는 올해 프로구단을 창단할 수 있을 것인가?

현재 상황

2002년 6월 22일 오후 3시 30분 광주월드컵경기장, 월드컵 8강전 대 스페인전에서 한국대표팀이 승부차기에서 이기고 4강에 올랐다. 그때의 감동과 명승부가 '광주 프로구단 창단' 열망에 박차를 가하게 만들었다. 그리고 2004년 군인 신분의 선수로 구성된 광주상무프로축구단이 K-리그에 동참했다. 당시 광주시가 가입금을 10억 원과 축구발전기금 30억 원을 프로연맹에 내고 '5년 안에 프로팀을 창단한다'는 약속(계약)을 했다.

그로부터 5년째인 올해 3월 4일 프로축구창단추진위원회(이하 TF팀, 태스크 포스팀, 임시 업무조직, 시청공무원 3명, 광주상무구단 관계자 2명, 호남대 교수 1명, 광주시축구협회 등으로 조직)를 구성하고 본격적인 활동에 들어갔다. 처음부터 '기업구단'에 초점을

맞춘 TF팀은 지역과 연고가 있는 금호아시아나그룹과 한국전력에 협의했으나 뜻을 이루지 못했다. 대우건설(2006)을 6조 4,000억 원, 올 초 대한통운을 4조 원에 각각 사들인 금호아시아나그룹은 내년 상반기까지 각 사업부문의 핵심 계열사별로 자산 매각을 통해 자금을 확보하겠다는 계획을 밝힌 바 있다. 9월에는 금호생명여자프로농구팀을 매각하는 방안을 모색하고 있다는 보도도 있었다. 한국전력은 국영기업체라는 특수성이 있다.

이렇게 되자 TF팀은 7월까지 기업구단 창단을 추진하되 여의치 않을 경우 시민구단 창단을 모색한다는 계획을 세웠다. TF팀의 한 관계자는 7월 6일 "창단에 어려운 점은 있다. 하지만 조만간 어떤 식으로든 구체적인 창단 계획을 발표할 예정이다. 무리한 계획보다는 안정적인 수익구조 확보에 주안점을 두고 있다"고 말했다. 한편 이 날 광주와 대전의 경기가 벌어진 광주월드컵경기장에는 경기 내내 "시민구단 창단"이라는 함성이 그치지 않았다.

그러나 가시적인 성과는 없었다. 급기야 광주상무 서포터스그룹 중 하나인 '벨라토르'는 7월 11일 스포츠서울에 보낸 이메일을 통해 "최근 언론보도를 통해 기업구단 창단은 물론 광주시의 자금난으로 인해 시민구단 창단도 어렵다는 기사를 접했다. 6년 동안 진정한 프로팀을 열망해온 우리들은 홈경기 응원을 중단하고 프로팀 창단에 힘을 모을 것을 결의하고 있다"고 밝혔다. 프로축구연맹 김원동 사무총장도 "광주가 팀을 창단하지 못하면 이미 낸 40억 원을 연맹에 귀속하겠다. 광주에서 상무도 철수하겠다."고 거듭 말했다. 창단이 없으면 광주는 연고권을 잃어버리며 40억 원도 돌려받지 못한다. 이후 창단 작업은 크게 어려워질 것이다. 이 경우 책임 소재는 누구에게 있는가?

TF팀의 한 관계자는 "구체적인 창단계획을 갖고 프로축구연맹을 설득하면 충분히 이해시킬 수 있다. 대책 없는 창단보다는 책임 있는 창단이 중요하다."고 말해 1년 연장이 가능하다고 예상하고 있다. 프로연맹의 선택과 충돌되는 예상이다. 창단 작업이 지지부진한 상황에서 9월 실업리그 최강 울산 현대미포조선이 광주시에 창단제안서를 제출했다. 제안서에는 30여억 원을 지원하겠다는 내용도 들어있다고 한다. 미포조선은 광주시가 시민구단으로 운영하기를 바라고 있고, 광주시는 미포조선이 독립적인 기업구단을 창단해주기를 원하고 있다. TF팀의 한 관계자는 "미포조선이 기업구단 창단을 하지 않는 이상 실현 가능성은 크지 않다"고 말한 바 있다. 조만간 어떤 선택이든지 광주시의 발표가 있을 것이다.

한편 강원FC의 신속한 창단 추진은 광주시와 선명하게 대비된다. 9월 22일부터 한 달 동안 주식 공모에 들어갔으며, 이에 앞서 사무국장 총무팀장 홍보마케팅팀장을 선임했다. 10월 중으로 감독을 채용하겠다고 발표했다. 내년 강원FC의 K-리그 참여를 의심하는 사람은 없을 것이다. 객관적인 조건에서 강원FC는 광주시보다 여러 가지로 열악하다. 가장 큰 도시인 원주시 강릉시 춘천시는 인구가 30만 명 내외이고, 지붕 있는 3만 5,000석 이상 규모의 운동장도 없다. 이 3도시를 순회하면서 경기하며 지역이 넓어 농어촌 사람들의 경기관람도 불편하다. 이처럼 마케팅할 수 있는 시장에 제약이 많다. 그러나 창단하겠다는 의지로 잘 해내고 있다. 전국 6대 도시 중 온전한 프로축구단이 없는 도시는 광주시뿐이다.

TF팀의 노력과 그 한계

마감 시한인 5년째에 출범한 TF팀은 올해 프로구단을 만들어야 한다는 책임감을 가지고 수시로 회의를 통해 지혜를 모았고, 가능성이 있다고 여겨지는 대기업 관계자를 만나 기업구단 창단을 권유했다. 이 과정에서 시민구단 창단 시도는 철저히 배제했다. 이 선택은 결정적으로 잘못된 것이다. 1997년 대전 시티즌 창단 이후 만들어진 프로구단은 모두 시민구단(대구FC, 인천FC)이거나 도민구단(경남FC)이었다. 올해 등장하는 강원FC 역시 도민구단이다. 프로구단을 통해 얻는 기업 홍보효과를 활용하기 위해 입만 벌리는 어린 새와 같이 해마다 수십, 수백억 원의 적자를 내는 기업구단을 창단할 기업이 없다고 봐야 한다. 그동안 K-리그에서 흑자를 낸 기업구단은 없었다. 떡 줄 사람은 생각도 안하는데 김칫국부터 마신 격이 되고 말았다.

TF팀은 시민의 힘을 결집하는 데 실패했다. 아니 시도조차 하지 않았다. 그 흔한 공청회, 토론회, 세미나 등은 한 번도 없었다. 모든 일이 처음부터 끝까지 TF팀 안에서만 논의되고 결정되었다. 관심 있는 시민들, 서포터스, 언론관계자들은 한결같이 광주시의 프로구단 창단 의지가 부족하다고 말한다.

TF팀의 몇몇 관계자들은 약속이나 한듯 같은 논리를 주장한다. 다음이 그것이다. "광주는 다른 지역과 달리 대기업이 거의 없어 재정마련이 어렵다. 창단이 급한 게 아니라 안정적인 운영 재정을 확보해야 한다. 해마다 100억 정도의 운영자금이 들어갈 것이다. 올해 못하면 내년이나 2년 안에 창단할 수 있을 것이다. 시민구단보다 기업구단으로 가야 한다. 시민구단으로 할 경우 적자를 내면 광주시민들에게 부담을 주게 된다." 얼핏 들으면 그럴듯한 논리이고 신중한 자세 같지만 지나치게 소극적인 태도이다. 이와 같은 기세로 일을 성취할 수 있을까? 인천FC는 2006년, 2007년 2년 연속 흑자를 내었고, 2006년 창단한 경남FC도 2007년 흑자를 기록했다. 강원FC는 1년 운영비로 75억 원을 책정했다. 60~65억 원 또 그 이하로도 1년 운영이 충분히 가능하다. 한국 스포츠 역사 이래 한 번도 없었던 경기장 명칭 판매 마케팅을 성사시키면 매년 수십억 원의 광고비를 확보할 수 있다. 불가능한 일이 아니다. 이외에도 많이 있다. 축구 마니아 B씨의 말, "진정으로 하고자 하는 사람은 방법을 찾고 그렇지 못한 사람은 변명거리를 찾는다"는 지적은 듣는 이에게 긴 한숨을 쉬게 한다.

TF팀에게는 처음부터 창단 재정 확보가 핵심 과제였다. 기업구단을 선호한 것 역시 이 문제가 일거에 해결되기 때문이었다. 그러나 재정 확보보다 더 중요한, 가장 중요한 것은 '경영이념'의 수립이다. 경영이념이란 사업체(기업·기관·단체·조직)의 영원히 변하지 않는 핵심가치이며 정체성이다. 한마디로 기업의 존재 이유이다. 개인에게는 '나는 무엇을 위해 사는가?'에 대한 답이다. 3M·보잉·디즈니랜드·메르크·GE·P&G·월 마트·휴렛패커드 등 동종업계 세계 1위의 초일류 비전기업들은 한결같이 크고 가치 있으며 대담한 경영이념을 가지고 있다. 경영이념이란 개인에게 '정신·혼·얼'이다. 여기에서 진정한 힘이 나온다. 사명감과 공헌에의 의지로 충만한 사람은 멈추지 않는다. 지속적인 것이 혁신을 낳는다. TF팀이 창단 재정 확보 이전에 '우리는 왜 프로구단을 창단하려고 하는가?'에 대한 절절한 자기 점검이 있었는지 궁금하다. 윤은기 변화전문가는 "무릇 일을 할 때 가슴에 사무치는 게 있어야 한다"고 했다. 일찍이 헤겔은 "세상의 위대한 일치고 열정 없이 이루어진 것은 하나도 없다"고 말했다.

또 한 가지, 개인적으로 TF팀의 프로구단 창단 역량에 의구심이 들 때가 종종 있었다. 오늘날 프로구단은 기업 그 자체이다. 이러하기에 프로구단 창단도 철저히 경영이 논리로 조직되고 추진되어야 한다. 그리고 경쟁 우위를 결정짓는 단 하나의 요소는 지식이다.

지식이 가장 강력한 경쟁수단이며 지구 최후의 경쟁 무기이다.

각계각층 전문가의 노하우를 활용해야 함은 상식이다. 올해 2008년 4월 24일(木) 14:30 광주상무프로구단 사무국에서 A씨가 '광주FC(가칭) 창단 계획서'를 발표했다. A씨는 1월부터 TF팀 관계자를 수차례 찾아가 대화하고 "같이 힘을 모아 프로구단을 창단하자"고 제안했다. A씨는 선수 지도·구단 경영·축구행정 등에서 이미 세계경쟁에 들어가 있는 탁월한 축구 석학이다. 흑자경영계획도 발표하겠다고 했다. 그러나 TF팀은 끝내 A씨를 참여시키지 않았고, 그의 창단 노하우를 활용하지 못했다. 그 이유가 무엇일까? 세상에는 범인들로 가득하고 드물게 일당천이 있고, 그 위에 만인적이 있고, 다시 그 위에 영속하는 시스템 창조자가 있다. 일례로 '전기'라는 시스템을 창조한 페러데이는 매초마다, 언제나 인류에게 말로 표현할 수 없는 혜택을 주고 있지 않는가!

지금도 창단할 수 있다

늦지 않았다. 지금도 창단할 수 있다. 30여억 원을 지원하겠다는 미포조선의 제안은 창단에 날개를 달아주는 것과 같다. 올해를 넘겨 40억 원 손실을 볼 이유도 없다. 그럼 지금 여기서 무엇을 해야할까?

먼저, 새로운 창단준비위원회(이하 새창위)가 구성되어야 한다. 기존의 TF팀은 스스로 해산하는 용기와 결단을 보여야 할 것이다. 그리하면 부담에서도 자유로워진다. 개인적으로 새창위에는 필자도 참여할 생각이 가득하다. 몇몇 적임자도 유심히 보아두고 있다. 새창위에는 명망가가 아닌 진정으로 일할 수 있는 실무자 중심으로 구성되어야 한다. 여기서 창단계획서와 흑자경영계획서가 나온다.

둘째, 구단 창단 시점은 09년 1월 31일 이전이어야 한다. 6년 동안 못한 일을 3개월에 해야 하는 강행군이 되겠지만 충분히 할 수 있다. 3개월간 한시적인 3~4명의 유급 상근 인력과 간사 배치는 꼭 필요하다. 올해 11월의 K-리그 드래프트에는 참여하지 못할 것이다. 그러나 선수 확보에는 어려움이 없을 것이다. 프로축구연맹과 15개 구단은 창단을 기다리고 있으며, 도와줄 준비를 하고 있다.

넷째, 시민들의 참여와 지지를 극대화해야 한다. 이러면 창단이 어렵지 않다. 마케팅의 진정한 힘이 시민의 참여에서 나온다. 결코 광주시의 주인인 시민을 들러리로 세워서는 안 된다. 창단되는 구단에서도 시민들이 언제, 어디서나, 누구나 손쉽게 축구를 즐길 수 있는 생활축구 활성화로 보답해야 할 것이며, 개인적으로 그 방안을 이미 가지고 있다.

다섯째, 새창위가 해야 할 일이 또 있다. 가치 있는 확고한 경영이념 실천, 흑자 경영, 수준 높은 경기력 —— 이 3가지가 모든 프로축구단이 성취해야 할 핵심요소다. 새창위에서는 이걸 달성할 수 있도록 크고 대담한 설계도를 그려야 한다. 단순히 하나의 프로구단을 창단한다는 데 그치지 않고 모범사례를 만들어 세계축구계에, 한국축구계에 전해주겠다는 마음으로 이루어 내어야 한다.

너 나 없이 사람은 누구나 부족하고 연약하다. 모두가 인식과 그 능력에는 한계가 있다. 한 시기에 할 수 있는 일도 있고 불가능한 일도 있다. 내년 1월 31일 이전 창단? 많은 사람들이 할 수 없을 것이라고 말할 것이다. 그러나 이 일은 가능하다. 이루어진다. 현재의 TF팀이 열린 마음으로 물러나고 새로운 창단준비위원회가 조직되어야 한다. 그리고 반드시 해내어야 한다. 여러분은 이 일을 할 것인가? 지금은 광주광역시 시민들의 관심과 지지와 참여가 절실하게 필요한 때다. (끝)

7 경영계획서 예 — 대구 FC 경영계획서

1) 운영 계획

(1) 구단 경영이념 가지기

① 전국과 세계에 앞서 있는 대구광역시민들의 생활축구 활성화를 이루어, 언제 어디서나 누구나 축구를 통하여 건강을 증진하며 활기차고 행복한 삶을 영위하도록 최선의 노력을 기울인다.

② 수준 높고 영감이 넘치는 축구경기를 시민들에게 제공하며, 매년 흑자경영을 이루어 선진구단 경영 시스템을 정립하고 전파한다.

③ 지역사회에서 다양한 사회공헌 활동 및 적극적인 문화예술체육계와 교류를 통하여 시민들의 공동체의식 고양에 이바지한다.

(2) 경영 목표

① 대구광역시 생활축구 생활화를 통한 시민건강 증진

② 수준 높은 축구 경기력 제공 및 지역사회 공헌 활동 실행

③ 흑자 경영 지속

(3) 앞서 있는 구단 경영시스템 만들기

① 분야 : 혁신, 마케팅, 경기력 등

"마케팅과 혁신만이 수익을 창출하고 나머지는 모두 소모되는 비용이다."

— 피터 드러커

② 지속적인 혁신을 위한 시도

㉠ 혁신 보상제도 : 사무국, 선수단

㉡ 선진리그 벤치마킹

㉢ 연중 아이디어 공모 : 연 4회

㉣ 필요 분야 외주 주기

㉤ 세계의 비전기업에서 배우기

㉥ 뛰어난 강연의 정례화 : 사무국, 선수단

㉦ 모니터 제도, 자문위원단 조직 활용

㉧ 매 경기 관중들의 의견청취, 반영

㉨ 서포터스와의 만남 정례화

㉩ 미디어 종사자 초청, 대화 수시 진행 등

③ 구단 경영시스템 만들기 및 시스템에 의한 경영

(4) 구단 발전 방향 설정

프로축구단 ——→ 스포츠클럽

(5) 운영 전략

① 시스템에 의한 지식경영
② 지역밀착형 맞춤 마케팅
③ 흑자경영 지속 : 수익 극대화 모델 채택
④ 저비용 고효율 추구
⑤ 수준 높은 경기력

2) 흑자 경영계획서

(1) 2008년도 현황

① 1억 9,600만 원 흑자(수입 : 82억 4,400만 원, 지출 : 80억 4,800만 원)
② 창단 후 첫 경영흑자이며 사무국과 선수단의 노고에 박수를 보냄
③ 과제 : 매년 최소 30억 원 이상의 흑자가 요구됨

(2) 프로구단의 수익 발생처

- 기업 스폰서
- 이적료
- 입장료
- 상품 판매
- 후원자 후원
- 경기장 광고 수입
- 프로연맹 배당금
- 자체 수익사업
- 시설 임대사업
- 업무제휴 수입
- 지자체 지원금
- 그 외

※ 과제 : 기존 수익 확장 + 보다 크고 새로운 수익 창출하기

(3) 6대 핵심 수익 분야 선정 및 실행

경기장 명칭 판매·기업 스폰서·입장료·이적료
대구시 생활축구 활성화·스포츠산업진흥법 개정

※ 밑줄 친 분야는 새로운 수익 창조 시장임.

① 경기장 명칭 판매 : 한국 최초 유일

㉠ 판매 대상 : 국내외 기업
예) 대구경기장 → 대구 KTF 경기장
㉡ 판매 금액 : 최소 연 30억 이상, 다년 계약
㉢ 지원 : 대구시·대구시의회·언론사·서포터스 등

② 기업 스폰서

경기당 관중 수, 미디어 노출 횟수와 깊은 관계가 있음.

③ 입장료

프로축구는 다른 스포츠, 여러 분야의 서비스와 치열한 시장점유율 경쟁을 벌이고 있다.

> — 관중들의 내면 깊은 곳에서부터 호연지기와 진취적 기상이 끓어오르게 하며, 대뇌의 신경회로에 번뜩이는 영감을 주는 경기를 펼쳐야 한다.
> — 감독의 설계도를 수행하는 인체의 놀라운 능력에 절로 감탄이 나오도록 해야 한다.
> — 절망한 이의 가슴에 희망의 촛불을 켜주는 경기를 보여 주어야 한다.
>
> ※ 그런데 지금 대구 FC의 경기력은 어떠한가?
> 세계 축구는 K리그를 A B C D등급 중 D등급으로 분류하고 있다.

아직 지역연고제가 확고하게 뿌리내리지 못한 K리그에서 경기당 관중 수는 팀 성적에 영향을 크게 받는다. 그러므로 선수들의 경기력 및 감독·코치의 지도력이 주요 변수로 작용한다. 이 점은 아래의 선수 이적료와 연결지어 살펴보기로 하자. 2010년 이후 매 경기 최소 3만 이상의 유료관중을 달성해야 한다.

④ 선수 이적료

㉠ 대구 FC 선수단 급여 및 운영비

- 2008년도 : 66억 원
- 2010년 이후 : 55억~60억 원 이하

㉡ 코칭스텝과 팀 마케팅과의 관계

- 감독 코치는 구단 마케팅(경기력·선수 이적·팬 서비스·입장 관중수 등) 성패에 결정적인 역할을 한다.
- 그러므로 코칭스텝이 경영과 마케팅을 밝게 알고 있어야 한다.
- 구단의 경영 방침과 마케팅에 적극 협력해야 한다.
- 가장 중요한 2가지 역할 : 탁월한 경기력+흑자 이적료
- 코칭능력의 지속적인 혁신만이 이 2가지를 달성할 수 있다.
- 매년 최적의 선수 스카웃(드래프트)을 하려면 어떻게 해야 할까?
- 6개월마다 경기력을 100% 향상시키겠다는 목표를 세우고 이를 달성하기 위해 최선을 다해야 한다.
- 체계적이고 과학적인 유소년축구 시스템을 갖춰야 한다.
- 그러므로 프로팀과 유소년축구팀에 최적의 감독 코치를 선정하는 일이 실로 중요하다. 여기서 성패가 결정된다.

㉢ 매년 목표 이적료 수입 : 최소 20억 이상
- 데니우손 : 1998년, 이적료 3,500만 달러(약 420억 원) – 상파울로 → 레알 베티스
- 호날두 : 2009년, 이적료 7,500만 파운드(약 1,476억 원) 거론 –맨유 → 레알 마드리드

※ 충분히 실현 가능함

⑤ 대구시 생활축구 활성화

㉠ 지금까지 전 세계에서 한번도 시도되지 않은, 독일의 골든 플랜을 능가하는 생활축구 활성화 방안 실행
- 시민들에게 요구하는 것보다 더 많은 혜택을 주는 대구 FC
- 인조잔디축구장 부족 완전 해소, 축구장마다 유급 상근지도자 배치, 심판 양성 등
- 연중 리그 실시 : 초·중·고·대학·조기회·직장·어머니팀·여성팀 등

㉡ 대구시민의 건강과 행복 증진

㉢ 이들이 대구 FC의 서포터스, 열혈팬이 되어 경기마다 구름관중 실현

㉣ 대구가 바로셀로나 같은 세계적인 축구도시로 지구촌에 홍보됨

㉤ 최고의 지역밀착형 마케팅임

⑥ 스포츠산업진흥법 개정

㉠ 스포츠산업진흥법 개정안 작성 → 국회의원 전달 → 개정

㉡ 한국의 모든 프로구단이 크게 혜택을 봄

(4) 그 외 수익사업

① DVD 및 비디오 판매사업

㉠ 지역·대상 : 국내 외, 축구매니아

㉡ 내용 : 개인기 연습 방법, 준비운동 정리운동, 코디네이션 등

㉢ 동영상 모델 : 대구 FC 인기 선수

② 후원사 확대

③ 상품 판매

④ 지자체 지원금

⑤ 경기장 광고(A보드, 전광판 등)

⑥ 업무 제휴 수입

⑦ 구단 자체 수익사업

⑧ 그 외 다양한 수익사업 개발

(5) '대구 FC 발전기금' 조성·활용

① 매년 흑자 규모 : 최초 30억 원 이상

② 매년 발전기금 조성 규모 : 최소 20억 원 이상

③ 과정

㉠ 1차 목표액 : 500억 원(2020 이전 달성)
매년 20억 원 이상 적립 + 적립금이 또 다른 수익 발생

㉡ 2차 목표액 : 2,000억 원(2035 이전 달성)
흑자경영의 토대가 확실해짐

(6) 선수단의 지역봉사활동 참여

① 지역밀착형 마케팅의 한 내용임

② 감독·코치·선수와 계약 시 지역봉사활동 조항 넣기

③ 데라크루즈 선수는 무엇을 하였는가?

④ 다양한 봉사활동 가능

(7) 결론

① 흑자경영 지속
승률극대화 모델을 폐기하고 수익극대화 모델을 채택해야 한다.

② 세밀하고 혁신적인 지역밀착형 마케팅
마케팅은 고객을 창출하고, 서비스는 고객을 유지시킨다.

③ 앞서 있는 구단경영시스템 창조
구단경영이 카리스마나 경험이 아닌, 시스템에 의해 이루어져야 한다.

④ 장기적으로 프로축구단에서 스포츠클럽으로 전환되어야 한다.
이래야 자생력이 성큼 확보된다. 클럽하우스 건립은 시급한 현안이며, 스포츠클럽으로 성장하기 위한 기초를 마련하기 위한 부지 확보도 요구된다.

⑤ 경기력을 지금보다 2배 이상 향상시켜야 한다.
이렇게 될 때 구름관중을 달성하고, 고액의 스폰서 계약이 줄을 서게 된다.

⑥ 과학적인 유소년클럽 운영으로 유망선수를 조기 발굴·육성해야 한다.
선수 이적료 흑자를 매년 최소 20억 원 이상을 창출해야 한다.

(끝)

이 내용은 2009년 4월 저자가 제출한 '대구 FC 단장 지원서' 서류 중 일부임.

8 지금 한국축구에서 희망 만들기[15)]

세계 축구계에서 한국축구의 위치는 어디일까? 2009년 6월 18일 현재 FIFA 회원국 208개 국 중 46위다. 40~50위 오가고 있다. 언제쯤 10위권 안에 진입하여 축구선진국이 될 수 있을까? 아니면 앞으로도 계속 세계 축구의 변방에 있어야 하나?

2009년 6월 7일 한국축구 대표팀이 아랍에미리트연합을 2:0으로 이겨 2010 남아프리카공화국 월드컵 본선 티켓을 확보했다. 1986년 멕시코 대회 이후 7회 연속 월드컵 본선 진출이다. 이제는 '본선 16강'을 달성할 수 있을 것인가에 관심이 쏠려 있다. 지금까지 대표팀은 원정 월드컵에서 한번도 조별 리그를 통과하지 못했다. 2006년 독일 월드컵의 경우, 2002 한일 월드컵 4강 신화를 기억하고 있는 대부분의 국민들이 16강 이상의 성적을 거둘 것으로 전망했다. 여론조사 전문기관 '폴 앤 폴'의 설문조사(2006. 4. 20)에서 응답자의 89.6%가, GSM 21 스포츠 리서치의 설문조사(2006. 5. 31)에서 88.3%가 16강 이상의 성적을 예상했다. 결과는 1승 1무 1패로 16강 진출이 좌절되었다.

여기서 주의 깊게 응시해야 할 사실이 있다. 2010 월드컵에서 대표팀이 어떠한 성적을 내어도, 그럴 리는 없지만 우승을 해도, 한국축구 혁신에 별다른 영향을 주지 못한다는 점이다. 지금까지 그래 왔다. 2002년에도 성공 경험을 고스란히 담아 숙성·발전시킬 수 있는 제대로 된 시스템이 없었다.

올해는 한국축구가 131년(1882~2012)이 되는 해다. 대한축구협회 창립 79주년이 되는 해다. 하지만 놀랍게도 이 오랜 기간 동안 한국축구 발전을 위한 크고 대담하며 가치 있는, 지속적인 시도가 한 번도 없었다. 관련 단체 팀 그리고 축구인들이 나름대로 열심히 했다고 하지만 그 성과는 미미하다. 계속 인식과 그 한계를 드러내고 있다. 그 결과 유럽 남미와의 격차는 좁혀지지 않고 제자리걸음을 하고 있다. 오늘 한국축구계는 희망을 만들 수 있을 것인가?

1) 그런 이야기들

현실은 과거의 행적을 반영하고 있다. 아래의 상황이 현 단계 한국축구계의 핵심적인 현실을 보여주고 있다.

(1) 장면 1

K리그 28라운드 중 11라운드를 소화한 2009년 6월 15일 현재 프로연맹이 타이틀 스폰서를 구하지 못한 채 리그를 치르고 있다.

---

15) 이 글은 cultura 2009년 가을호에 실린 저자의 글을 재인용한 것임

(2) 장면 2

광주월드컵경기장에서 본 피스컵 코리아 조별리그 광주 상무 VS 경남 FC 경기(2009. 5. 27) 관중 수는 250명 정도였다. 그런데 다음날 스포츠서울에는 2,389명으로 보도되었다. 10배 가량 부풀린 숫자다. K리그 구단의 관중수 뻥튀기는 어제 오늘의 일이 아니다. 관중 자동집계시설은 FC서울의 홈구장인 상암월드컵경기장에만 설치되어 있다. 올해 유료 관중석 점유율 50% 이상을 달성한 프로팀은 하나도 없다.

(3) 장면 3

지난 2008년 J리그 우승을 차지한 가시마 앤틸러스의 연고지인 가시마는 인구 5만명에 불과한 작은 도시이다.

(4) 장면 4

"한국 대표선수들은 볼 컨트롤이 잘 안 되는 것 같다."

— 평가전 후 터키 선수들, 2004. 6. 2

"한국의 대학팀들은 일주일에 적어도 5일 이상, 매일 2시간 이상 연습한다. 그러나 그 결과 배출된 선수는 세계적인 선수가 하나도 없다. 그 이유는 지도자들의 수준이 구석기 시대이기 때문이다."

— 디트마르 크라머 감독

한국축구는 131년의 축구 역사 속에서 World Class선수를 한 명도 배출하지 못하고 있다.

(5) 장면 5

2008 베이징올림픽 축구에서 한국은 힘 한 번 써 보지 못하고 이탈리아에 0-3으로 크게 졌다. 그리고 조별 리그에서 탈락했다. 한국선수들은 트래핑 미숙, 부정확한 패스 등 심각한 개인기 부족을 드러냈다. 김진규는 귀국 후 인터뷰에서 "유럽 선수들과 실력 차가 크다는 걸 뼈저리게 느꼈다."고 털어놨다. 조영철도 "카메룬, 이탈리아 모두 선수들의 기량이 우리보다 몇 수 위였다. 슈팅, 패스, 드리블 등 모든 게 우리보다 뛰어났다."고 말했다.

— SPORTS 2·0 2008·0901, PP44~45

(6) 장면 6

초·중·고 축구선수들의 학부모는 온갖 명목의 돈을 부담하고 있다. 월회비(식대 포함)·전지훈련비·장비비·부정기납부액·대회참가비·운동능력향상비·의료비·경기관전비·우수성적사례비 등이 그것이다. 심지어 심판로비비를 학부모로부터 거출하는 감독이 한둘이 아니다. 학부모는 이 돈이 어떻게 얼마나 흘러가는지 아무도 모른다. 그리고 이런 비용을 마련하느라 허리가 휜 학부모들이 부지기수다.

(7) 장면 7

2008. 12. 23(火). 15:00 대한축구협회 로비. 수십명의 고교 감독들이 '2009 주말리그(주중 모든 수업 후 연습, 주말 경기)' 시행에 대한 2년 유예와 리그제 입안 책임자에 대해 엄중 문책을 요구하는 시위를 벌이고 있었다.

초·중·고 주말리그는 2009년 4월부터 시행되고 있다. 협회는 수십 년 전부터 '공부하는 학생선수'로 육성하겠다고 약속했지만 올해 들어서야 첫 걸음을 뗐다. 그런데 주말리그제는 그동안 기다리다 못한 교육과학기술부의 강력한 추진 의지가 결정적인 역할을 했다. 주말리그 시행 후 선수들의 학습권이 온전히 보장되고 있는가? 현재 전국 초·중·고 축구팀의 실상을 알고 있는가?

(8) 장면 8

초등학교 선수가 K리그에서 뛸 수 있는 확률은 2%도 되지 않는다. 그 나머지는?

(9) 장면 9

서울북부지검 형사 6부는 2007년 8월 20일 재학 중인 선수들의 프로구단 이적을 동의해 주는 댓가로 학부모들로부터 1억 2,700여 만 원을 받아 챙긴 혐의(업무상 배임) 등으로 K대 축구부 김모씨를 구속했다. 경찰청 특수수사과는 2004년 10월 27일 서울의 Y대 전 감독 김모씨 등 전·현직 4개 대학 축구감독이 2001년부터 올해까지 선수 한 명당 500만~3,000만 원씩 받고 특기생으로 입학(알선수재)시킨 혐의를 잡고 수사 중이라고 밝혔다. 1998년에는 지방 D대 이모 감독 등 대학 고교 축구감독 10여 명이 같은 혐의로 적발돼 6명이 구속된 바 있다.

2) 지금 무엇을 해야 하나?

자연계와는 달리 인간사회는 노력하는 만큼 이루어진다. 한국축구의 미래를 짊어진 3곳이 있으니 대한축구협회·프로축구연맹·15개 프로구단이다. 이 3곳이 공통의 목표를 세우고 긴밀하게 협력하면 한구축구가 획기적으로 달라질 것이다. 아직 이러한 시도는 없었다. 협회가 중심이 되어 하루 속히 추진해야 할 과제다. 그리하여 세계에 앞서 있는 축구시스템을 창조·보급·침투시켜야 한다. 그러면 한국축구의 선진화를 위해 지금 한국축구계는 무엇을 해야 할까? 많이 있지만 중요도가 높은 순으로 8가지를 제시한다.

(1) 경영이념 가지기

이게 가장 중요하다. 기업에게 경영이념이란 사업체의 영원히 변하지 않는 핵심가치이며 사업체의 영속적인 성격을 규정한다. 1인기업으로서의 개인에게는 '나는 무엇을 위해 존재하는가?'에 대한 답이다. 경영이념이 없으면 위기에 우왕좌왕하고 평상시에도 열정을 지속하기 어렵다. 사도 바울은 하나님의 마음을 세상 사람들에게 전하기 위해 혼신의 노력을 기울였다. '인류의 생명을 지키고 삶의 질을 향상시키는 것이 우리의 사명이다. 우리 사업의 성패는 이 사명을 얼마나 달성했느냐에 달려 있다' 세계 최고의 제약회사 메르크의 경영이념이다. 협회, 프로연맹, 15개 프로구단, 각급 팀 그리고 지도자들은 경영이념을 가지고 있는지 스스로 점검해 볼 일이다.

(2) 세계에 앞서 있는 축구시스템 만들기

시스템의 힘은 상상하기 어려울 정도로 크고 지속적이다. 무슨 일이든 앞서 있는 시스템을 만든 쪽이 승리한다. 건국 초기 양치기 무리에 불과하던 로마인들이 서방세계 전역을 지배한 원동력은 체계적 '메뉴얼(manual·교범)'이었다. 강력한 주변 민족들 틈바구니에서 살아남기 위해선 조직력이 최우선이었다. 로마는 각종 전투 시나리오별 메뉴얼과 시스템으로 체계적 군사력을 구축, 영토를 확장해 나갔다. 전쟁에서 패하는 건 용서해도 메뉴얼을 안 지키는 것은 용납하지 않았다(김현기, 중앙일보 07.11.5). 메뉴얼은 시스템의 하위개념으로 시스템에 포함된다. 메뉴얼은 이해당사자들이 경험과 지혜를 농축하여 만든 업무처리 표준이다.

또 하나. 전기 없이 지구인의 생활이 가능할까? 마이클 페러데이가 수많은 끈질긴 실험으로 에너지의 원천을 밝혀내지 않았다면 오늘날 우리는 단 1초도 살아갈 수 없다. 페러데이는 전자기 이론으로 증기의 시대를 종식시키고 전기의 시대를 열었다. 이처럼 인류에게 영속하며 대대손손 혜택을 주는 시스템 창조자가 진실로 인류를 사랑하는 사람이다. 여기에서 중요한 사실은 "여러분도 시스템을 만들 수 있다."는 점이다.

(3) 한국축구시스템연구소(가칭) 설립

이곳에서 '앞서 있는 축구시스템'을 창조하는 것이다. 한국축구 131년, 왜 아직 이 일을 못했는가? 이제 이걸 해내야 한다. 한국축구의 거의 모든 것을 틀어쥐고 있는 협회만이 이 기구를 만들고 운영할 수 있는 물적 토대를 가지고 있다. 우수한 인재를 조직하여 일할 수 있는 환경을 만들어주면 계속해서 성과가 나온다. 협회에는 '제도개선위원회'라는 기구가 있는데, 그 역할은 거의 유명무실하다. 2008년 한 해 동안 이 기구에서, 그리고 협회가 한 일이 도대체 무엇인가?

(4) 생활축구활성화와 축구 인프라 완비

'골든플랜 Golden Plan'을 완성한 독일은 사회체육의 천국이다. 그러나 축구에서 만큼은 독일을 능가하는 세계 최고의 축구 인프라를 갖추고, 생활축구의 낙원을 만들 수 있다. 어려운 일이 아니다. 재정 확보 방안도 이미 나와 있다. 곳곳에 트랙과 조명시설이 갖춘 천연 및 인조구장을 만들어 운동장 부족을 해소한다. 각 구장마다 유급 상근 생활축구지도자가 있어 누구라도 축구를 배울 수 있다. 지역마다 유치원, 초, 중, 고, 일반, 여성, 직장 등의 연중 리그가 이루어진다면 자연스럽게 축구 인구의 저변확대가 달성되고 우수선수가 계속 발굴된다. K리그 관중도 폭발적으로 증가한다. 이외에도 시너지 효과는 엄청나게 많다.

(5) 축구지도자 능력 배가

줄탁이 요구된다. 먼저, 협회가 관련 프로그램을 정비하고 혁신해야 한다. 지도자강습회의 교육과정도 개혁이 필요하다. 소정의 과정을 이수하고 통과한 수강생에게 해당 지도자 자격증을 부여하는 데서 성큼성큼 나아가 평생 자기주도적 학습을 할 수 있도록 동기를 부여하고 구체적 방법을 손에 쥐어 주어야 한다. 자연스럽게 강사진도 축구관계자는 가능한 줄이고 외부의 여러 석학들을 활용해야 한다. 협회가 지금처럼 지도자 양성제도를 독점하지 않고 타 기관단체에도 허용해야 한다. 축구선진국에서는 이렇게 하고 있다. 경쟁을 통해 교육과정을 보다 수준 높게 하고, 더 훌륭한 지도자를 육성하기 위해서다. 지금처럼 3년 안에 1박 2일의 재교육만 받으면 되는 보수교육제도도 대대적으로 손질이 필요하다. 권역별로 정기적으로 지도자들에게 재교육 기회를 제공하는 게 어려운가? 아울러 다양하고 수준 높은 축구 교재가 계속 나와야 한다. 이외에도 많이 있다.

이 세상에서 자기 자신보다 더 훌륭한 스승은 없다. 지도자들 스스로 평생교육, 자기주도적 학습문화를 꽃 워야 한다. 축구기술서, 축구전문서가 출판되어 2~3년이 지나도 초판 1쇄 1,000권도 판매되지 않는 현실을 지도자 스스로 극복해야 한다. 배우기를 그만두면 성장도 멈춘다. 선수가 지닌 천재의 재능을 박제로 만들어서는 안 된다.

(6) 스포츠산업진흥법 개정하기

2006년 12월 14일 스포츠산업진흥법 제정을 앞두고 스포츠계는 기대가 많았지만 알맹이가 빠진 채 통과되었다. 당시 해당 법안 작성에 깊이 있게 참여한 체육인이나 스포츠 단체가 있었던가? 이제 체육계의 요구를 온전히 수용하는 스포츠산업진흥법을 개정해야 한다. 할 일 많은 국회의원의 노고를 들어주기 위해서라도 축구계가 관련 법안을 만들어 해당 소위의 국회의원들 손에 쥐어 주고, 설명하고 설득해야 한다.

(7) K리그 활성화

한국 1위의 스포츠는 프로야구다. 미디어 노출 빈도에서도 K리그는 프로야구에 경쟁이 안 될 정도로 밀리고 있다. 관중들도 떠나고 있다. 지난 해보다 22% 줄었다. 프로연맹은 타이틀 스폰서를 구하지 못한 채 리그를 진행하고 있다. 경기 수준도 보는 이들을 갑갑하게 만든다. 여기다 K리그보다 우월한 경쟁상품들이 계속 등장하고 있다. 한마디로 위기다.

관계자들은 경기력 향상, 지역밀착형 마케팅, 수익극대화 모델 개발, 유소년 육성, 리그 승강제, 적극적인 미디어 노출 등 총론을 반복할 뿐 구체적인 각론을 내놓지 못하고 있다. 프로연맹과 15개 구단의 마케팅과 혁신도 조그마하다. 이런 상황에서 FC서울이 일본 후쿠호도사에 외주를 주고, '2035 비전 프로젝트'를 마련한 것은 용기 있는 일이었다.

27세(1983~2009)의 성인이 된 K리그는 신생아같이 아직도 일어서지 못하고 있다. K리그 활성화, 이게 어려운가? K리그에 실력자가 이다지도 없단 말인가? 모르는 사람은 여전히 모르고 있고 아는 사람은 이미 그 답을 가지고 있다. 사실 K리그가 경쟁력을 가지는 것은 그다지 어렵지 않다. 쉬운 일이다. 단지 필생의 과업으로 이 일을 반드시 성취하겠다는 사람이 아직 나타나지 않았을 뿐이다. 어떤 경우든지 사람만이 희망이다.

(8) 축구발전기금 조성

10년 안에 3,000억 원의 축구발전기금을 조성하자. 그리고 지금부터 20년 내에 1조 원 이상을 돌파하는 것이다. 가능하다고 확신한다. 이 기금을 효과적으로 활용하면 축구선진국 진입이 자연스럽게 이루어질 것이다.

이 외에도 협회 행정력 배가, 축구 인재 DB 만들기, 병역 문제 해결, 주말리그 정착, 심판 자질 향상, 연중 아이디어 모집 및 혁신 보상제도, 축구지도자들의 해외 파견과 교류, 축구용품 시설의 초일류화 등 많이 있다.

3) 한국축구 희망 만들기, 3명 2년이면 가능하다!

국내외에 한국축구를 대표하는 협회는 80여 명의 유급 상근자들이 일하고, 2009년 예산이 762억 원으로 대한체육회 가맹단체 중 단연 1위다. 그러나 지금까지 협회는 1년 계획을 수립하고, 추진하는 데 급급해 왔기에 협회 창립 75주년이 지난 오늘에도 여전히 제대로 된 시스템이 없다. 당면한 중요 현안 해결은 지지부진하다. '2010 프로젝트' 추진에서도 실무 책임 단위, 완료 시기, 권한과 책임, 가용자원 등 일처리가 명확하지 못한 점이 곳곳에 있었다.

지금 정도의 노력으로는 세계와의 경쟁에서 이길 수 없다. 협회 직원은 주어진 업무 처리만으로도 바쁘다. 거듭 강조한다. 협회는 '앞서 있는 축구시스템'을 창조하는 전담

기구를 하루 속히 만들어야 한다. 지금 한국축구의 희망 만들기? 3명이 2년이면 충분하다. 이걸 해낼 수 있는 능력과 사명감을 가진 인재를 발굴하여 일할 수 있는 환경을 갖추어 주면 된다. 이 사람이 알아서 해낼 것이다. 문제는 이런 인재가 한국에 있느냐 하는 것이다. 나머지 2명은 공개 채용하거나 협회 직원 중 2명을 차출하면 된다.

재정은 25억 원 정도가 예상된다. 이 계획이 성공했을 때 혜택을 보는 정부 부서, 기관 단체, 기업 등의 지원을 받아 마련한다. 협회, 프로연맹, 15개 프로구단, 교육과학기술부, 문화체육관광부, 건강보험공단, 손해보험연합회, 스포츠용품회사, 기업체 등이다. 건강보험공단은 2007년 2조 7809억 원의 적자를 내었다. 해마다 막대한 적자를 기록하고 있다. 2008년 상반기 암 치료에 사용된 비용이 14조 원을 넘어 섰다. 스포츠에 1% 투자하면 환자가 3.4% 줄어든다.

사무실은 협회 내에 두고 근무형태는 유급 상근이 되어야 한다. 한국축구연구소(이사장 허승표)가 일정 부분 성과를 내고 있지만 비상근 연구위원들로 구성되어 있어 추진력에 미흡한 점이 있다. 상근 체제로 운영된다면 계속 큰 성과를 내었을 것이다. KBO가 추진하는 야구발전실행위원회도 비상근으로 운영된다고 한다. 비상근이라는 느슨한 근무로 신속하게 목표로 한 성과를 내기가 가능할까?

지금 한국축구에서 희망 찾기? 희망 만들기? 3명이 2년에 가능하다. 꿈같은 이야기를 하는 사람이 꿈같은 일을 이룬다. 대의원 총회(09.1.22)에서 제51대 대한축구협회장에 당선된 조중연 회장이 "한국축구 발전을 위해 흑묘와 백묘를 가리지 않겠다"고 당선 소감을 말했다. 조중연 회장의 용기있는 선택이 절실한 시점이다.

– 이 글은 cultura 2009년 가을호에 실린 저자의 글을 재인용한 것임

제 4 부

축구경기의 4가지 구성 요소

"그대 곁에 있는 사람은 신이 내린 축복입니다. 수십억 수백 년의 우주시간 속에 바로 지금, 그리고 무한한 우주 속의 같은 은하계, 같은 태양계, 같은 행성, 같은 나라 그리고 같은 장소에서 당신을 만난 것은 1조에 1조 배를 곱하고 다시 10억을 곱한 확률보다 작은 우연이기 때문입니다."

— 칼 세이건의 「코스모스」중에서

01 체 력

① 체력의 의미

체력이란 무엇인가? 학자 간에 약간의 견해차가 있다. 몇 가지를 살펴보면,

① Hettinger : "체력은 근력·지구력·민첩성의 3가지 요소를 종합한다."

② Ishik : "운동을 수행하는 능력, 운동을 오래 계속하는 능력, 운동을 적절하게 조절하는 능력이다."

③ 캐나다 국가코치자격 심의회 : "체력이란 능률적으로 최대의 기능을 발휘할 수 있는 근력과 유기력(에너지 연료를 근육의 수축활동에 제공해 주는 힘)의 발달상태를 일컫는 말이다."

④ 후쿠다(福田) : "체력이란 인간의 생존과 활동의 기초를 이루는 신체적·정신적 능력이다."

② 체력의 분류

1) 체력 = 행동체력+방위체력

(1) 행동체력

행동체력이란 적극적으로 행동하며 다닐 수 있는 능력으로 달리기, 뛰기, 던지기, 때리기 등의 운동을 할 수 있는 능력이다. 즉, 다른 사람보다 월등하게 행동할 수 있는 활동력, 지구력 등 바깥을 향해 적극적으로 작용할 수 있는 능력, 즉 '행동력'을 의미한다.

(2) 방위체력

방위체력이란 외부 세계의 변화에 적응하는[1] 능력을 의미하며, 건강을 방해하는

1) 뉴 마인드 코칭론 嶋田出雲 저 김성복 역, 대경북스, 2005.3.15 초판발행, 13,000원 p.104.

신체적 스트레스에 대해 인체가 올바르게 대처하고 생명을 유지하고 발전시키는 능력이다.

▶ 목표 달성에 실패한 이유는 무엇이라고 생각하는가 (오명철 중앙일보기자)

박성화 올림픽대표팀 감독 : 선수 기량이 유럽 선수에 비해 떨어지는 것은 사실이다. 기술적인 면에서는 어느 정도 수준에 올라섰지만 유럽 선수에 비해 체력에서 뒤떨어진다. 보통 한국 선수들은 다른 나라에 비해 체력은 뛰어나다고 생각하는데 나는 그렇게 생각하지 않는다. 체력은 단순히 정신력을 바탕으로 무조건 열심히 뛰는 것을 의미하지 않는다. 미드필드 싸움에서 밀리자 자신이 가진 기량을 제대로 발휘하지 못한 것도 주요한 패인이다. 파워·스피드 등이 밀리는 것도 결국은 체력 문제로 귀결된다. 전술과 경기 운영을 지적하시는 분들도 있다. 몇몇 실책이 있었음을 인정하지만 전술로 극복하는 데는 한계가 있다.

— 중앙일보 2008.8.27.水. 27면

김두현은 2008년 8월 16일(한국시간) 런던의 에미리트 스타디움에서 열린 2008~2009 시즌 프리미어리그 개막전 아스날과의 경기에 선발로 나서 교체 없이 전·후반 90분을 모두 뛰었다. 아스날 전이 끝난 뒤 영국 언론의 찬사가 쏟아졌다. 프리미어리그 주관 방송사 <스카이스포츠>는 김두현에게 팀 내 최고인 평점 8을 매겼고 지역신문 <버밍엄포스트>는 첼시의 역대 최고 외국인 선수로 꼽히는 이탈리아 출신 지안프랑코 졸라와 비교했다.
한편 이 경기를 지켜본 김두현의 에이전트 (주)하우스포츠의 신지훈 대표는 "두현이는 아스날 전에서 후반 30분 이후 체력이 급격하게 떨어졌다. 하체 근력도 강화해야 하지만 상체 근력도 떨어지는 편이다. 체격 조건이 뛰어난 프리미어리그 수비수들과 몸싸움에서 몇 차례 밀렸다."고 말했다.

— SPORTS 2.0 · 2008·0825 P86~87

2) 체력 = 에너지를 주요소로 하는 체력 + 신경계의 지배를 받는 체력

행동체력을 세분화한 것이다.

- 에너지를 주 요소로 사용하는 체력
  전신지구력, 근지구력, 근력, 민첩성, 도약력, 순발력, 유연성, 교치성 등
- 신경계의 지배를 받는 체력 : 평형성, 협응성

3) 체력 = 기초체력 + 전문체력

트레이닝의 관점에서 체력을 바라본 것이다.

(1) 기초체력

기초체력이란 각종 스포츠 면에서 행동체력과 방위체력을 종합해서 기초 또는 전면(全面)체력이라고 한다. 기초체력 즉, 기초 운동능력이 중요한 것은 체력의 수치와 경

기기술의 수준과 비례하기 때문이다. 대개 기술의 능력이 탁월하다고 해도 체력이 뒷받침되지 못하면 기량을 제대로 펼쳐 보일 수가 없다.

따라서 근력·지구력·순발력 등의 기초 체력을 향상시켜 나감으로써 경기력을 향상시킬 수 있다.

기초운동 능력을 Cureton의 운동 적성(motor fitness)에 따르면 근력(strength), 평형성(balance), 민첩성(agility), 유연성(flexibilty), 순발력(power), 지구성(endurance)의 6가지 요인으로 구분하고 있다.

(2) 전문체력

전문체력이란 각 운동종목마다[2] 특별히 요구되는 체력적 요소를 뜻하는 것으로서 이를테면 역도나 투포환에서 강한 근력, 유도나 레슬링에서 근력·근지구력·순발력·지구성 및 유연성, 권투에서 순발력·민첩성 등으로 각 종목의 성격특성에 따라 체력의 요소 중 특히 요구되는 부위의 체력의 요소가 다르기 때문에 운동종목에 필요로 하는 체력을 전문 체력이라 한다. 하나, 기초체력과 전문체력은 완전히 분리되어 있는 것이 아니라 다만 기초 체력의 모든 요소 가운데 어떤 요소가 가장 중요시되는가에 따라 전문체력이 결정짓게 되는 것이다.

3) 이카이(猪飼道末)의 분류

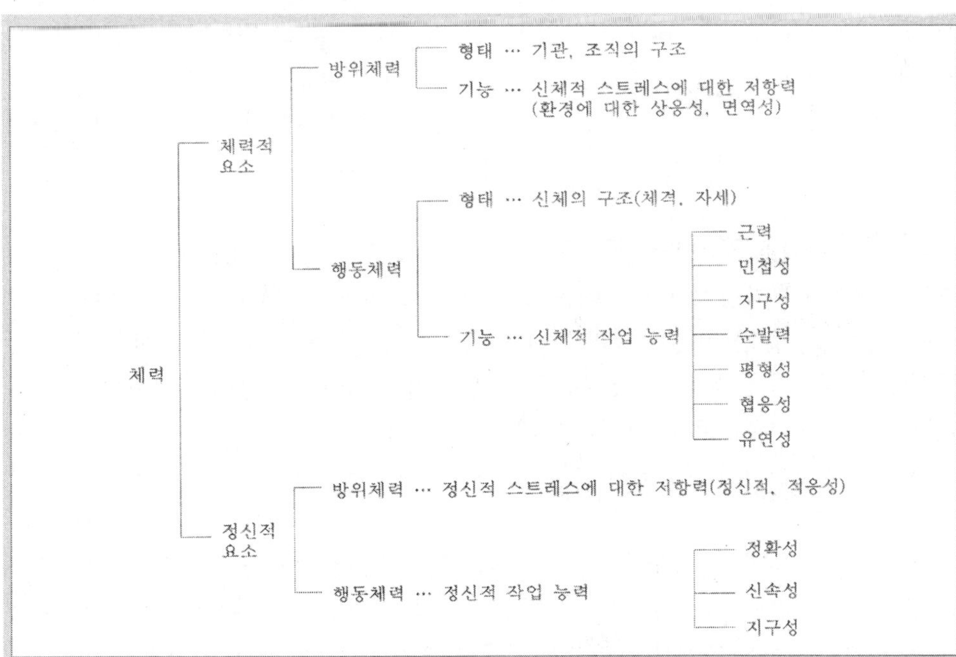

2) 스포츠 지도론, 윤익선 지음, 태근, 1996.3.20 초판1쇄 13,000원, p.268~269.

행동 체력의 분류

운 동 목 적	체 력 요 소	기본이 되는 기관
운동의 발현	근 력 순 발 력	근육 근육·신경
운동의 지속	지 구 력	심장·폐
운동의 조정	민 첩 성 평 형 성 교 치 성	신경
	유 연 성	관절·신경

3 행동체력 구성 요소의 정의

1) 근력(muscular strength)

근력이란 근육이 한 번의 노력으로 발생시킬 수 있는 힘의 최대값이다. 근육이 수축하거나 신장하면서 장력을 발휘하는 것을 말한다. 근력은 모든 스포츠에서 중요하다. 코치가 스포츠에서 얼마나 필요한지 결정하여야만 한다. 달리기나 수영 같은 스포츠는 레슬링이나 축구 같은 스포츠에서보다 분명 더 적은 근력이 필요하다. 축구선수에게 근력은 다양한 기능 특히 슈팅 능력을 좌우한다. 허리 근육을 담당하는 근육들과(특히 대요근) 대퇴사두근(넙다리네갈래근, 앞쪽 허벅지 근육) 그리고 대퇴이두근(넙다리두갈래근, 뒤쪽 허벅지근)의 근육이 슈팅의 강도를 결정하기 때문이다. 근력은 근육의 크기와도 관계있다. 근육 덩어리가 클수록 근력은 강하기 마련이다. 근육훈련을 잘 소화해 낸 선수들은 근육이 커지며, 근육이 커지면 근력이 증대된다.

2) 근지구력(muscular enduranec)

근지구력이란 최대근력보다는 적은 양을 필요로[3] 하여 지속적인 수축상태를 유지 또는 수축을 반복하기 위한 근육의 능력을 말한다. 일반적으로 운동은 수행할 수 있는 반복수로 근지구력을 측정하거나(예, 푸쉬 업) 표시된 힘의 수축상태를 유지할 수 있는 시간으로 측정한다(예, 푸쉬 업 시 다운된 상태의 유지).

축구에서 미드필더의 지속적인 고강도 달리기, GK의 반복적인 점프 등이 근지구력에 속한다. 축구선수는 경기가 끝나는 순간까지 최대한의 육체적 능력을 유지해야 하기 때문에 근지구력은 중요하다. 근지구력이 약한 선수는 경기가 진행되는 동안 점차적으로 기능이 떨어지기 때문이다. 상대방에 비해 근지구력을 우수하게 유지할 수만 있다면 시간이 갈수록 경기를 유리하게 이끌 수 있을 것이다. 한편, 전신지구력이란 호

3) 코칭과학, Rainer Martens 지음 김병준 외 옮김, 대한미디어, 2007.9.3 초판1쇄, 28,000원, pp.276~277.

흡·순환계 계통으로 신체의 전신적인 지구력을 뜻한다. 즉, 신체의 전신적인 운동을 얼마만큼 오랫동안 지속할 수 있는가의 능력을 뜻한다.

3) 근 파워(muscular power)

근 파워는 근력을 빠르게 발휘할 수 있는 능력이다[4]. 이것은 힘과 스피드의 결합이다. 파워는 높이뛰기, 야구의 타자, 100m 달리기 선수, 테니스 서비스 같은 예로 알 수 있듯이 많은 스포츠에서 필수적이다. 훈련프로그램에서 힘이나 스피드를 증가하였을 때, 선수들의 파워는 증가한다.

4) 유연성(flexibility)

유연성은 움직일 수 있는 신체 관절을 통한 동작의 범위를 말한다. 유연성은 근육, 인대(뼈와 뼈를 연결함), 건(뼈와 근육을 연결함)의 탄력과 유연성의 결합으로 결정된다. 근육을 무리하게 사용했을 때 근육, 인대, 건은 유연성을 급격히 손실하고, 근육이 당겨지고 긴장하는 경향이 있게 된다(스트레인 strain:근육 인대 건이 과도하게 신전되어 끊어지거나 찢어지는 현상). 그러므로 운동 전에는 주의 깊게 근육을 워밍업(warming up)시키고, 연습이나 경기 후에는 스트레칭(stretching)을 한다. 유연성을 개선시키고 유지시키기 위해서는 선수들이 1년 내내 훈련해야 하는 느린 과정이다. 가동범위가 클수록 더 큰 동작을 수행할 수 있다.

순발력과 스피드는 유연성에서 나온다. 한국축구선수들이 국제경기에서 이렇다 할 성적을 내지 못하는 결정적인 원인 중의 하나가 유연성 부족이다. 여기에다 압박이 있는 상황에서 기초적인 볼 컨트롤이 제대로 안 되고 있다. 상대적으로 브라질이나 아르헨티나 등은 이 둘을 가지고 있기에 언제나 평균 이상 또는 탁월한 성적을 올리고 있다. 유연성이 출중하지 못하면 결코 세계적인 선수가 될 수 없다. 지금부터라도 매일 일정시간 요가나 스트레칭을 할 것을 권장한다.

유연성은 어떻게 개발할 수 있는가?

1 개관

유연성은 일반적으로 관절의 가동범위(可動範圍)로 정의되며 각 관절마다 그 가동범위는 차이가 있다. 유연성 훈련은 선수가 과도하게 뻗치는 형태의 운동으로부터 발생하기 쉬운 상해의 위험성을 줄이고, 순발력을 생성할 수 있는 잠재력을 증가시키며 신체의 가동범위를 증가시키기 위한 것이다. 유연성은 다음과 같은 세 가지 형태로 구분할 수 있다.

4) 축구트레이닝 · 코칭, 이대택 외, 대한미디어 · (사)대한축구협회, PP245~247

① 동적 유연성(dynamic active flexibility)[5], 허들선수의 히프 굴절(flixion)이나 수영선수의 어깨 신전(extension) 동작에서 볼 수 있는 바와 같이 강하고 빠른 근수축 시 동작의 가동범위
② 정적 유연성(static active flexibility), 체조선수의 등 뒤로 굽히기(back walk−over)와 같은 동작에서 볼 수 있는 바와 같이 느리고 조절된 근 활동 시 동작의 가동범위
③ 수동적 유연성(passive flexibility), 레슬링선수가 연습 혹은 경기상황에서 상대선수로부터 가해진 힘(external force)에 의해 나타나는 동작의 가동범위

유연성을 증가시키기 위한 훈련에서 고려해야 할 두 가지 기본원칙은 다음과 같다.
① 근육의 긴장을 줄이거나 운동범위를 증가시키기 위해 힘(force)을 사용함으로써 유연성은 증가된다.
② 유연성은 결체조직(結體組織)의 길이를 늘려줌으로써 증가된다.

② 유연성 훈련방법

유연성을 증가시키기 위한 훈련의 두 가지 목표는 다음과 같다.
① 근육의 긴장을 줄임으로써 근 조직내 저항(resistance)을 감소시킨다.
② 결체조직을 뻗치고 확장시켜 줌으로써 관절 주위에 있는 결체조직 내의 저항을 감소시킨다.

그동안 유연성을 향상시키기 위한 여러 가지 방법이 제안되어 왔음에도 불구하고 이 방법들의 생리적 효과(生理的 效果)는 아직 규명되지 않고 있다. 따라서 유연성 훈련은 과학적 연구를 통해서 가장 좋은 방법이 개발될 때까지 코치는 스스로의 노력을 통하여 해당 종목에 적절한 방법을 사용할 수 밖에 없다.

그럼에도 불구하고 스트레칭에 대한 근육의 반사반응(反射反應)에 관한 지식을 통해서 우리는 여러 가지 유연성 훈련기법의 생리학적인 특성을 이해할 수 있다. 즉, 근육을 스트레칭시키면 근육 내에서는 스트레칭된 근육을 수축시키려 하는 신경 수용기(神經 受容器 : nerve receptors)가 활성화된다. 스트레칭의 속도가 빠르고 강할수록 근육을 수축시키려고 하는 반사자극도 강해진다. 이것을 신전반사 혹은 스트레칭 반사라 한다. 이러한 사실을 이용하여 근육을 천천히 스트레칭 시켜 마지막 지점에서 정지된 상태를 유지하고 있다면 이렇게 스트레칭된 자세를 유지하고 있는 동안에 반사는 극히 미약하게 활성화될 것이다. 따라서 근육과 결체조직은 스트레칭에 저항하는 근육의 긴장이 크게 증가하지 않으면서 스트레칭된 자세를 유지할 수 있을 것이다.

- 유연성 훈련기법 중의 하나는 사지(四肢)를 천천히 끝까지 스트레칭 시켜 그 자세를 15~20초간 유지하며 이를 몇 번 반복하는 것이다.
- 운동범위의 끝 지점까지 동료의 도움을 받아 수동적(受動的)으로 스트레칭한 후 5초 동안 등척성(等尺性) 수축을 시켜 그 자세를 유지한다. 이를 10회 반복한다.

③ 유연성 훈련에서 고려해야할 수칙

다음은 과학적 근거는 없지만 유연성 훈련(柔軟性 訓練)과 관련하여 일반적으로 고려해야 할 사항이다.

① 몸 전체를 푼 다음 특수 신체부위로 진행해야 한다. 준비운동을 마친 후 선수들은 해당 스포츠에서 요구되는 특정한 스트레칭(sport–specific stretching)을 하기 전에 반드시 일반적인 스트레칭(general–stretching)을 해야 한다. 스트레칭은 중요한 관절에서부터 시작하여 각 경기종목에서 주로 사용되고 있는 관절의 순서로 진행하여야 한다.

② 선수들로 하여금 자신이 가동시킬 수 있는 범위까지 스트레칭을 하도록 한 후, 부가적인 힘을 이용하여 좀 더 강한 스트레칭을 하도록 한다.

③ 선수들로 하여금 연습의 중요성을 인식하도록 하기 위해 유연성 훈련이 상해방지(傷害防止)에 필요하다는 점을 강조한다. 가장 일반적으로 나타나는 스포츠 상해로는 관절이나 근육을 과도하게 뻗쳤을 경우이다.

④ 유연성을 보다 안전하게 증강시키기 위해서는 천천히 그리고 정적(靜的 : static)인 스트레칭을 해야 한다. 다리와 무릎에 갑작스럽게 자극을 준다면(bouncing) 상해를 입을 가능성이 크다.
상해를 입기 쉬운 뻗쳐진 자세에서 근력(筋力)을 증강시키기 위해서는 3~5초 동안 등척성 운동(等尺性 運動 : isometric)을 해야 한다. 이때 파트너는 뻗친 자세를 유지할 수 있도록 붙잡아 줄 수 있다.

⑤ 12주간의 유연성 훈련으로 유연성이 현저하게 증가하며 훈련을 중지하더라도 오랫동안 유지된다.

⑥ 정적 스트레칭을 통해서 유연성이 향상되었을 때는 동적 스트레칭을 실시하여야 한다. 동적 스트레칭은 전신 혹은 신체의 부위가 움직이고 있는 상태에서 스트레칭을 하는 것이다. 예를 든다면 관절(關節)의 가동범위를 충분히 활용하여 팔을 흔드는 것과 같은 동작이다. 이러한 유연성 훈련을 정적(靜的)인 유연성 훈련에 접속시킬 때 중요한 의미를 갖는다.

10개의 스트레칭 권장사항

① 스트레칭을 하기 전에 근육을 따뜻하게 하기 위한 유산소성 준비운동을 하라.
② 모든 훈련 전에 스트레칭을 하라.
③ 매일 스트레칭을 하고, 특히 뻣뻣한 사람은 하루에 2번 스트레칭을 하라.
④ 모든 훈련을 마치고 10분 이내의 스트레칭을 하라.
⑤ 근육의 불편한 곳을 스트레칭 하라. 그러나 통증이 있으면 안 된다.
⑥ 스트레칭할 때 정상적인 호흡을 하라.
⑦ 각 스트레칭은 천천히 움직이고 30초 동안 멈춰서 유지한 후 처음 자세로 천천히 되돌아온다.
⑧ 각 스트레칭을 3번 반복하라.
⑨ 스트레칭은 양쪽 모두 한쪽으로 완전히 스트레칭 되도록 한다.

5) 코치론, 강상조 외 지음, 대한미디어, 2007.3.15 초판, 20,000원 pp.411~414.

⑩ 가동 범위를 증진시키기 위해 탄력을 이용하지 마라. 이것을 동적(ballistic) 스트레칭이라고 하는데 안전하지 못하다.

5) 순발력(agility)

순발력은 정확하게 방향이나 스피드를 바꾸고, 출발하고 정지하는 능력을 말한다. 순발력 있는 선수가 되기 위해서는 근력, 유연성, 스피드, 평형성 그리고 동작기술이 필요하다.

힘찬 순발력은 허리에서 나온다

순발력이 뛰어나면 헤딩은 물론 슈팅에서도 좋은 결과를 얻을 수 있다. 운동선수에게 공통적으로 요구되는 신체적 기능 중의 하나는 순발력이다. 순발력이란 「근육 안에서, 특히 근섬유(살올실)의 순간적인 수축에 의하여 나타나는 최대의 근육의 힘」이라고 할 수 있다. 이같은 순발력을 측정하기 위해서 흔히 쓰이는 방법은 높이뛰기와 넓이뛰기가 있다. 다시 말해서 순간적인 근육의 힘에 의한 탄력을 시험하는 것이다.

높이뛰기나 넓이 뛰기는 한순간에 모아진 힘을 필요로 한다. 즉 근육을 움츠러들였다가 일시에 펴는 동작을 통해 뿜어 나오는 탄력이 곧 순발력인 셈이다. 100m 경주에서 스타트를 하는 순간의 힘도 다름 아닌 순발력이다. 순발력은 모든 경기에서 필요로 한다.

축구의 경우에도 순발력 향상은 개인 체력운동의 필수적인 과제이다. 어찌 보면 축구경기는 90분간을 뛰기 때문에 일시적인 힘을 그렇게 많이 필요하지 않는 것처럼 생각할 수 있다. 하지만 축구경기에서처럼 많은 순발력을 필요로 하는 경기도 드물다. 경기시간이 길기 때문에 그만큼 순발력을 필요로 하는 횟수가 많아지는 것이다. 가령 볼을 잡았을 때 상대가 볼을 뺏으려 달려들면 동료에게 패스를 하든가, 정면 돌파를 해야 하는데 이때 정면 돌파를 하기 위해서는 순간적인 페인팅이 필요하다. 왼쪽으로 방향을 트는가 했다가 순간적으로 바른 쪽으로 몸을 돌려 치고 나감으로써 상대를 제치고 앞으로 나갈 수 있게 되는 것이다. 이때의 순간적인 방향전환은 순발력에 의한 동작인 것이다.

마찬가지로 볼이 상대편 선수와 비슷한 거리에 있을 때 순간적으로 튀어나가 상대에 앞서 볼을 나꿔채는 힘도 다름 아닌 순발력이다. 운동선수에게 필요한 이 순발력은 바로 허리에서 비롯된다. 어떻게 생각하면 순간적으로 뛰는 힘은 다리근육에서 나온다고 할 수 있을지 모른다. 물론 다리근육의 힘에 의해 뛰는 것은 사실이다. 하지만 모든 신체기능은 허리를 축으로 하여 전개된다는 점을 주의하면 새삼 허리의 중요성을 깨닫게 될 것이다. 몸을 지탱하는 것은 다리의 작용이고 다리의 힘 때문이기는 하다. 그런데 허리가 그 중심을 잡아주지 않으면 다리 스스로의 힘만으로는 신체의 균형을 유지할 수가 없다.

따라서 높이뛰기라든가 넓이 뛰기에서 다리 힘만으로 뛰는 것 같지만 다리와 마찬가지로 허리를 굽혔다가 힘껏 펴면서 튕겨 오르고 뛰어나간다는 사실을 주의 깊게 살펴볼 필요가 있다.

축구경기에서 페인팅으로 상대를 제치는 것도 유연한 허리동작으로부터 비롯된다. 허리가 유연하지 않으면 순식간의 방향전환은 몸을 어느 한쪽으로 쏠리게 함으로써 넘어지게 된다. 신체의 축인 허리가 먼저 이동해야만 그 다음의 다른 신체적 기능이 뒤따르게 되는 것이다.

따라서 축구선수는[6] 허리의 유연성을 기르는 훈련이 필요하다. 10m, 20m 등 단거리 왕복달리기도 순발력을 기르는 데 필요한 훈련방법의 하나이다. 단거리 왕복 달리기는 몸을 180° 회전시킴으로써 허리의 유연성을 기르는 데 알맞다.

이때 선수들은 습관적으로 어느 한쪽 방향으로만 돌게 되는 게, 지도자는 이같은 점을 감안하여 방향을 수시로 바꿔 지시함으로써 나쁜 허리의 유연성뿐만 아니라 다리 근육을 키우는 데도 좋은 훈련방법이다. 힘껏 달리다가 갑자기 멈추고, 순식간에 방향을 전환하여, 다시 땅을 박차고 뛰어나가는 행동의 연속은 다리 근육의 탄력을 키워주게 되는 것이다. 이같은 훈련방법은 단순하고 짧은 시간을 필요로 할 뿐이지만 훈련효과는 상당히 높다. 많은 체력 소모를 필요로 하는 운동이기도 하다.

순발력이 뛰어나면 헤딩은 물론 슛팅에서도 좋은 결과를 얻을 수 있다. 헤딩은 순간적인 점프력을 필요로 하고, 슈팅 역시 순간적인 다리의 힘을 필요로 한다. 특히 슛팅을 허리와 다리 근육의 합작품이라고 할 수 있는데 마치 빨래줄처럼 곧고 힘찬 슈팅은 바로 순발력의 결과인 것이다.

6) 스피드(speed)

스피드는 신체를 매우 빨리 움직이는 능력을 말하며, 움직인 거리를 시간으로 나눈 것이 스피드이다. 스피드는 반응시간과 동작시간의 결합을 말한다. 반응시간(reaction time)은 자극이 감지되었을 때로부터(예, 투수가 타자에게 볼을 던지는) 움직임이 시작하기까지 기간(예, 타자가 스윙을 시작하는)을 말한다. 활동시간(movement time)은 움직임을 시작해서 움직임이 끝날 때까지를 말한다. 민첩성은 종종 동작에서 반응시간을 말하고, 스피드는 동작시간으로 사용되어진다.

스피드는 기술에 위력을 더해 주고, 기술을[7] 효율적으로 발휘시키는 것이다. '물체가 그 위치를 바꿀 때의 속도', '동작의 속도', '일을 완료하는 속도', '생각의 속도' 등 스피드에도 넓은 의미가 있다. 스포츠에서도 질주속도만이 스피드가 아니다. 얼마나 빠르게 나아가는가가 아니라 얼마나 빨리 도달하는가가 목적을 달성하는 데 중요하다. 스피드는 여러 가지 기능이 복합된 하나의 행동을 가리키는 말이다. 스포츠에서는 일반적으로 ①보는 속도, ②동작의 속도, ③움직임의 속도 등 '기술의 민첩함'이 요구된다.

---

6) 실전축구, 박경화 지음, 문향, 1989.3.25, pp.198~200.
7) 뉴 마인드 코칭론, 嶋田出雲 저 김성복 옮김, 대경북스, 2005.3.25, p.85.

7) 평형성(balance)

평형성은 확실한 자세를 유지하거나 일정한 움직임을 유지하는 능력이다. 정적 평형(static balance)은 움직이지 않는 위치에서 평형상태를 유지하는 것이고 동적 평형(dynamic balance)은 움직이는 상태에서의 평형 상태를 유지하는 것으로 구분된다. 스포츠에서 절대적으로 필요하며, 체조 다이빙 피겨스케이팅 같은 스포츠에서 훌륭하게 나타난다.

우리 몸에는 평형[8] 유지 시스템을 이루는 네 가지 구성 요소가 있다. 전정기관(귀 속에서 몸의 운동이나 위치감각을 감지하여 뇌에 전달해 주는 기관), 시각, 고유감각, 소뇌이다. 전정기관(반고리관과 타원낭으로 이루어짐)의 반고리관은 회전운동 시 공간 안에서 당신이 어떤 위치에 있는지 뇌에 정보를 전달한다. 타원낭은 중력에 대한 위치 정보를 뇌에 전달한다. 시각은 평형 문제를 바로잡는 데 도움이 되고, 고유 감각은 당신 몸의 부분들이 공간 내에 어디에 있는지 인식하도록 돕는다. 소뇌는 평형을 유지하기 위해 이 모든 부분들을 통합한다.

몸의 평형을 유지하는 데 무슨 이렇게 거창한 작용을 하겠느냐고 할지 모르지만, 네 기관 가운데 두 가지만 작동하지 않아도 포도주 세 병을 단숨에 마셔 버린 사람처럼 비틀거리면서 어지럼증을 느끼게 된다. 생활 속에서 의도적인 노력으로 평형 기능을 향상시킬 수 있는데, 일례로 웨이트 트레이닝 때 기계 대신 덤벨을 사용하면 스스로 무게의 균형을 잡아야 하므로 평형과 관련된 운동 기술을 단련할 수 있다.

8) 조정력(coodination)

조정력이란 운동생리학적 측면에서 생각할 때 어떤 동작에 따른 근육과 신경의 조화를 이루는 능력을 뜻한다. 일반적으로 운동신경이 우수하다든가 또는 둔하다든가 하는 말을 흔히 사용하고 있는데 이는 운동의 조정능력이 신경지배에 좌우되고 있다는 단적인 설명이다. 또한 운동신경이 우수하다고 하는 것은 어떤 동작을 훌륭하게 해낼 수 있다든지 또는 동작의 숙련을 매우 빠르게 한다든지 하는 능력을 뒷받침하고 있다. 체력적인 측면에서 조정력을 민첩성·평형성·교치성·유연성으로 구분하고 있다.

9) 민첩성

민첩성이란 우리 몸의 일부 또는 전신을 재빨리 움직이든지 또는 방향을 바꾼다든지 하는 능력을 뜻하는 것으로 민첩성 동작을 운동성취면에서 볼 때 운동에 대한 스피드로서 단순반응시간의 운동과 복잡한 반응시간의 운동으로 나누어 생각할 수 있다. 단

---

8) 내 몸 사용설명서, 마이클 로이젠·메멧오즈 지음 유태우 옮김, 김영사, 2008.3.29 1판 678쇄, 13,000원 p.256, 271.

순반응시간에 대한 민첩성 트레이닝은 재빨리 방향을 변화시키는 운동을 반복적으로 실행하면 이루어질 수 있고 복잡한 반응의 민첩성 트레이닝은 각종 구기운동(ball game)의 장면과 신호에 따라 여러 형태의 방향으로 민첩하게 질주하는 트레이닝을 시킴으로써 성과를 높일 수 있다.

민첩성은 많은 요인에 의해 결정되지만 특히 근육의 성질(속근이나 서근)이나 신경계에 크게 영향을 받는다. 스포츠 생리학자들의 최근 시각은 한 사람의 근섬유조합은 대부분 유전적으로 결정되지만, 광범위한 훈련을 통해서 약 5~15% 정도의 제한적 범위 안에서 바뀔 수도 있다고 보고 있다. 축구선수의 경우 빠른 발을 가진 선수가 느린 선수에 비해 유리한 것은 자명하다.

10) 교치성(skills)

체력 요소 중 교치성은 애매한 개념을 가지고 있다. Knapp는 교치성이란 최고의 정확도로, 그리고 최소의 시간과 에너지로 또는 이들 양자의 복합에 의해서 운동성취의 결과가 빈번히 나타날 수 있는 학습능력이라고 하였다.

또 Fitts는 교치성이란 수용기와 효과기의 피드백 과정이 공간적으로, 시간적으로 매우 효율적으로 조직화되어 있는 상태라고 한다. 이와 같은 정의들은 교치성이 바로 운동학습에 의해 어떻게 조직화되고 패턴화되는지에 대한 신경과 근의 협응에 따르는 조작적 견지에서의 진술이다. 스포츠 장면에서 우수한 선수를 평가할 때 참 빠르다든지, 참 잘 한다든지 하는 평들은 그 근거가 곧 교치성에서 연유하고 있다고 보아야 한다.

4 체력강화의 원칙과 조건

1) 체력트레이닝의 의미

체력트레이닝이란, 인간이 갖고 있는 적응성, 항상성, 자연의 섭리를 활용하는 것으로 '운동자극에 대한 인체의 적응능력을 이용하여 인체의 작업능력을 최대로 발달시키는 과정'이라고 정의할 수 있다. 인간은 어떤 어려움에도 적응을 잘 하는 존재이다. 인간에게는 적응성이 있어서 운동자극의 강도에 따라 체력을 변화시킬 수 있다.

근력트레이닝의 생리학적인[9] 의미를 살펴본다. 세포는 자극을 주면 활동하고 에너지를 발생시킨다. 그것을 도로 되돌리는 데에는 소실된 만큼의 에너지원을 보충해야 한다. 이러한 회복과정은 어느 정도의 의미를 갖고 행해진다. 즉, 잃어버린 에너지보다 조금 더 많은 에너지원이 운반되는 것이다. 이것이 트레이닝 효과가 된다.

---

9) 뉴마인드 코칭론, 嶋田出雲 지음 김성복 옮김, 대경북스, 2005.3.25 초판, pp.107~113.

예를 들면, 근세포는 신경자극을 받아들여 수축하고, 힘이라는 에너지를 발생한다. 그리고 이것이 원래의 상태로 돌아가기 위해서 글리코겐이 보충되어야 한다. 이때, 에너지 정도의 예비를 갖고 보충되어, 근육 중에 글리코겐과 APT의 축적이 조금씩 많아지게 된다. 즉 단백질의 양이 증대하고 근섬유를 굵어지게 한다. 이것이 근력증대의 메커니즘이다.

▶ 근육증대의 메카니즘

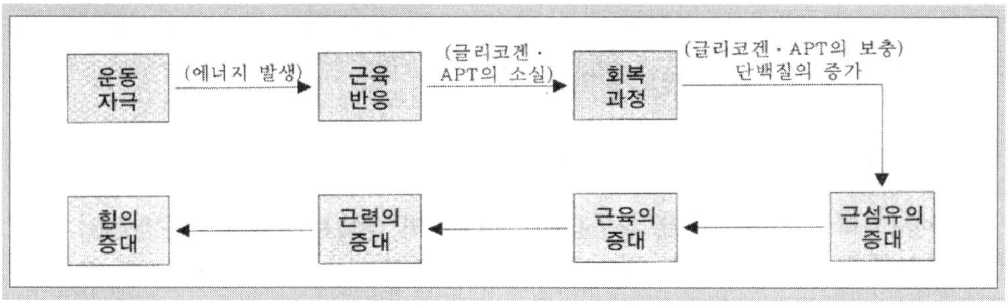

2) 체력트레이닝의 기본적 원칙

트레이닝을 실시할 때, 그것을 효과적으로 진행시켜가기 위해서는 트레이닝의 기본적 원칙을 충분히 파악해 둘 필요가 있다.

오좀린(Ozlin. N. G.)은 트레이닝의 원칙으로서 전면성, 자각성, 반복성, 점진성, 시각성, 개별성의 6가지를 들고 있다. 이를 참고하여 트레이닝의 원칙을 총괄하여 정리한 것은 다음과 같다.

① 과부하의 원칙 : 오버로드의 원칙이라고도 하며, 일정 수준 이상의 부하가 필요하다는 것을 나타낸다.
② 전면성의 원칙 : 전신의 기능을 균형 있게 단련시킨다.
③ 전문성의 원칙 : 자신의 목적에 필요한 체력요소를 중점적으로 높인다.
④ 의식성의 원칙 : 자신의 트레이닝의 목표·의미를 안다.
⑤ 반복성의 원칙 : 몇 번이나 반복하여 몸에 익숙해질 때까지 끈기 있게 행한다.
⑥ 계속성의 원칙 : 해이해지지 말고 트레이닝을 계속하여야 한다.
⑦ 개별성의 원칙 : 자신의 능력에 맞는 부하로 실시할 필요가 있다.
⑧ 점진성의 원칙 : 트레이닝의 부하강도는 조금씩 무리하지 않고 높인다.
⑨ 시각성의 원칙 : 자신의 눈으로 확인하면서 실시할 필요가 있다.
⑩ 단속성의 원칙 : 트레이닝에서 중요한 것은 휴양·휴식을 취하는 방법이다.
⑪ 안전성의 원칙 : 트레이닝은 안전에 신경을 쓰는 것이 중요하다.
⑫ 계획성의 원칙 : 트레이닝은 쓸데없는 운동을 될 수 있는 한 피해야 한다.

⑬ 생활습관의 원칙 : 일상생활 중에서도 트레이닝을 도입하는 것이 중요하다.

⑭ 영양의 원칙 : 운동과 영양의 균형이 필요하다.

⑮ 체력 체크의 원칙 : 트레이닝 노트를 작성하여 1~3개월에 한 번은 체력진단 테스트, 메디컬 체크를 할 필요가 있다.

3) 체력강화를 위한 기본조건

트레이닝 자극이 생체가 갖는 활동능력보다 크다면 생체는 플러스 적응반응을 보이며, 그 활동능력을 높이는 응답을 한다. 체력향상을 위해서는 일정 수준 이상의 부하(운동의 강도, 지속시간)가 필요하다. 이것을 '오버로드의 원칙(overload principle)' 혹은 '과부하의 원칙'이라고 부른다. 그 내용은 트레이닝에 따라 질적·양적으로 다르다. 즉, 오버로드 조건의 배합과 컨트롤이 바람직한 트레이닝 성과를 얻는 기본이 된다.

(1) 오버로드 질적 조건(운동 강도)

① 근력향상의 경우

헤팅거(Hettinger)는 근력 트레이닝의 최저 부하조건을 최대근력의 40% 이상으로 보았지만, 최대근력의 % 수준에 의해 그 트레이닝 효과는 달라진다.

㉠ 부하가 최대근력의 30% 이상인 경우 : 트레이닝 효과는 없다. 이것은 '폐용성 위축'이라고 부른다. 즉, 사용하지 않으면 근육은 위축된다.

㉡ 부하가 최대근력의 60%인 경우 : 근력을 효과적으로 높일 수 있고, '작업성 비대'가 일어난다. 트레이닝 효과와의 관계는 그림과 같다.

▶ 부하중량과 반복횟수(프레스를 할 때)(미우라(三浦), 마쯔이(松井))

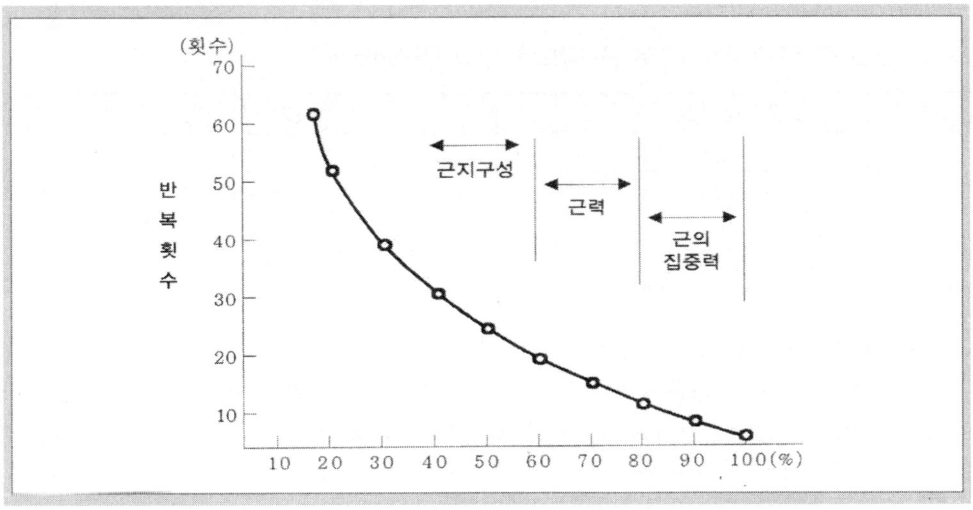

② 전신지구력 향상의 경우

전신지구력의 강도는 최대산소섭취량의 몇 % 정도의 산소섭취량을 필요로 하는 운동을 하는가로 결정되지만, 실제 트레이닝에서 최대산소섭취량을 축적하는 것은 곤란하므로, 일반적으로 운동 시의 최대심박수를 지표로 한다. 즉, 심박수는 운동 강도에서 거의 비례하므로 이것으로 운동 강도를 나타낼 수 있다. 일반적으로 심박수가 130박/분일 때의 운동 강도는 50%VO_2max에 해당한다.

- 일 반 인　　　　　　　　　최대심박수=220—나이
- 운동을 하고 있는 사람　　　최대심박수=210—0.8×나이

전신성 지구력을 높이기 위해서는 '유산소 운동'과 '유산소 운동+무산소 운동'을 빠른 템포로 일정 시간 이상 계속해 나가야 한다. 일반적으로는 최대심박수의 60~70%의 운동을 계속하여 5분 이상 하여야 한다. 즉, 최저심박수가 140~150/분이 되는 운동을 4~5분간 이상 계속해야 하는 것이다. 180/분의 경우는 1~2분간도 괜찮다. 영양학적으로는 일반적으로 R.M.R.(Relative Metabolic Rate, 에너지 대사율) 4.0 이상의 운동 강도로 운동을 일정 시간 이상해야 한다.

(2) 오버로드의 양적 조건(운동부하의 지속시간)

운동의 양은 일반적으로 운동강도와 운동시간의 곱으로 나타낸다. 즉, 트레이닝효과의 획득은 질적 조건과 트레이닝의 양에 의해 결정되는 것이다. 운동부하의 양은 '지속시간', '반복회수', '세트 수', '부하되는 운동의 종류와 내용'에 따라 다르다.

① 근력향상을 할 때의 운동부하의 지속시간(운동량)

㉠ 정적 근력트레이닝의 경우

▶ 아이소메트릭 트레이닝에 필요한 근력강도와 지속시간(Hettinger)

트레이닝 강도	수축지속시간(초)
40~50%	45~60
60~70%	18~30
80~90%	12~18
100	6~10

㉡ 동적 근력트레이닝의 경우

운동 강도가 최대한에 가까우면 그 시간은 짧고 반복횟수도 적어진다. 강도의 조건이 최대한보다 %가 낮아질수록 시간조건은 길고 반복횟수는 많아진다.

② 근지구력 향상을 할 때의 운동부하의 지속시간

근지구력의 강화는 초 단위가 아니라 분 단위가 된다. 운동부하는 최대근력의 40~50%의 운동부하로 운동을 지칠 때까지 계속하는 시간이다.

③ 전신지구력 향상을 할 때의 운동부하의 지속시간

㉠ 일반인이 자신의 체력을 유지해가기 위에서는 1일 최저 500Kcal 이상의 운동량이 필요하다. 이 운동량은 보통의 가벼운 작업을 하는 사람의 1일 운동량에 해당한다. 그러나 사무실에서 가벼운 작업을 하는 사람·주부·학생의 운동량은 일반적으로 200~300Kcal 정도밖에 되지 않으므로, 100~200Kcal 이상의 운동량이 부족하다. 따라서 무언가 다른 운동이나 스포츠를 통해서 그 부족분을 보충할 필요가 있다.

㉡ 생활스포츠를 즐기는 사람에게 필요한 운동량

경기스포츠를 하는 선수는 원칙적으로 게임에서 사용되는 운동량의 약 2~3배의 운동량이 하루 동안 필요하다. 즉, 하루에 1200~1800Kcal의 운동량이 요구되는 것이다.

(3) 오버로드의 빈도 조건(어느 정도로 빈번하게 행하는가)

빈도란 운동부하를 어느 정도의 간격으로 실시하는가 하는 것이다. 생체의 기능은 자극간격을 받아들이는 빈도에 따라 트레이닝효과에 영향을 준다. 원칙직으로는 매일 트레이닝을 하는 것이 높은 트레이닝 효과를 얻는다고 할 수 있다.

① 근력트레이닝의 경우

근력트레이닝은 매일 하는 것과 하루 걸러서 하는 것은 그 효과에서 눈에 띄는 차이가 없지만, 그 이상의 간격을 둔 운동부하는 직선적으로 효과가 감소한다. 헤팅거(Hettinger), 뮐러(Müller)의 연구에 의하면 최대근력을 이용하는 경우, 하루에 한 번일 때 효과가 크다. 이틀에 한 번 이상의 경우, 효과는 적어지지만 그 차이는 미미하다. 3일에 한 번이 되면 효과는 급격히 떨어져서 70% 정도가 된다. 5일에 한 번인 경우, 효과는 50%가 된다. 7일에 한 번인 경우, 효과는 20% 정도가 된다. 14일에 한 번인 경우, 효과는 0%가 된다. 그러므로 간격은 1~2일이 비교적 좋다고 할 수 있다.

② 근지구력 트레이닝의 경우

이누카이(猪飼), 나카무라(中村)의 연구에 의하면, 주 6일간 계속하여 실시하는 경우와 주 3회 행하는 경우는 그 효과에서 2배 가까운 차이가 보인다. 즉, 근지구력 트레이닝은 매일 행하는 것이 가장 효과적이다.

▶ 트레이닝 간격에 따른 근력증가율의 차이와 트레이닝 중지 후의 근력 저하의 관계

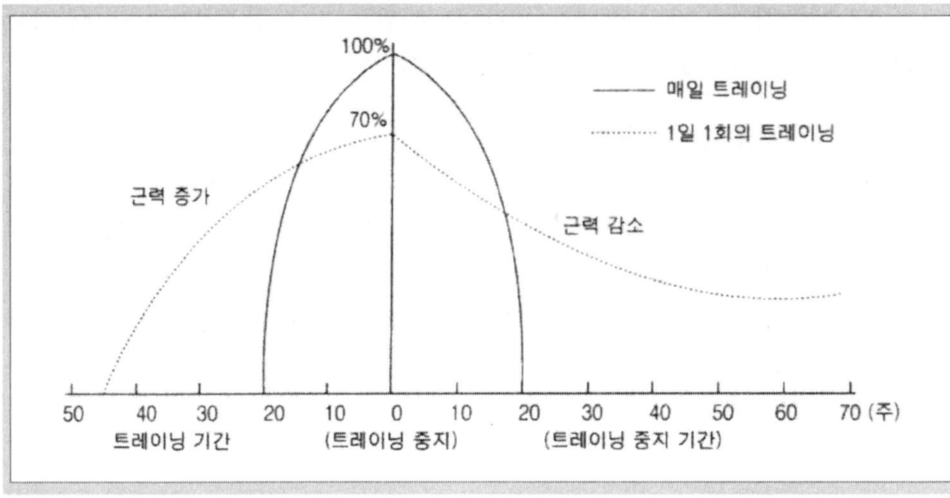

▶ 트레이닝 간격과 트레이닝 효과

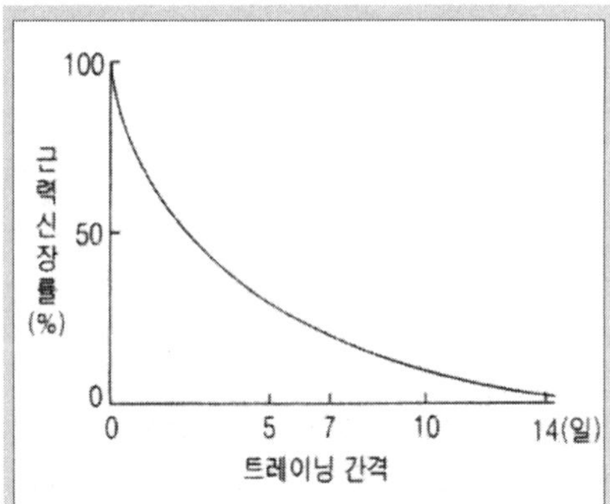

▶ 주 6회와 주 3회의 트레이닝 효과 비교

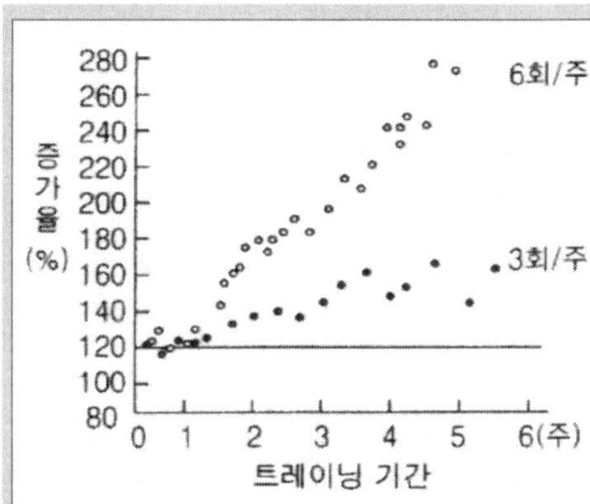

근력트레이닝에 의해 증가한 근력은 트레이닝을 중지하면 그림 '트레이닝 간격에 따른 근력증가율의 차이와 트레이닝 중지 후의 근력 저하의 관계'에서 보는 바와 같이 상승곡선과 반대의 경과를 보이며 저하해간다. 매일 1회의 트레이닝을 하는 경우에는 근력증가율은 매우 높지만, 트레이닝을 중지했을 때에는 현저한 근력의 감소를 보인다.

한편, 주 1회 트레이닝을 할 경우에는 근력의 증가율이 낮고, 장시간에 걸쳐 증가하게 되지만 트레이닝을 중지한 후의 근력의 감소 또한 느리다. 긴 기간에 걸쳐 얻은 효과는 오래 지닐 수 있지만, 단기간에 얻은 효과는 오래 지닐 수 없게 되는 것이다.

(4) 휴식의 조건(피로 회복시간)

트레이닝의 효과는 운동부하의 질적 조건과 양적 조건만으로는 완전하지 않다. 생체 에너지 특성, 그 보급과 회복을 무시하면 트레이닝을 지속할 수 없다. 그 보급과 회복을 위한 기능이 휴식이다.

휴식은 운동부하의 양과 질에 따라 다르다. 원칙적으로, 단기간의 격한 운동을 했을 때는 단기간의 휴식으로도 충분하다. 장시간의 격한 운동을 했을 때는 장시간의 휴식이 필요하다. 근력트레이닝의 경우는 일반적으로 1~2분간의 휴식이 필요하다. 전신지구력 트레이닝의 경우는 심박수가 180까지 올라갔으면 120으로 내려갈 때까지 휴식한다(60~90초간). 스포츠 트레이닝을 실시할 때는 이러한 몇 개의 부하와 휴식(완전휴식과 불완전휴식)의 능숙한 조합이 그 성과를 좌우한다.

02 개인기

1 한국 축구선수들의 개인기 수준은?

> "한국 대표선수들은 볼 컨트롤이 잘 안 되는 것 같다."
>
> — 2004.6.2, 평가전 후 터키 선수들

"체력은 개인기에 우선하고, 개인기는 전술에 우선한다." 알란 웨이드 前 잉글랜드 축구협회 기술이사의 말이다. 하지만 세계 축구계가 보는 한국의 축구 수준은 어떠할까? 차범근에서 오늘에 이르기까지 선수들의 유럽 진출사를 돌이켜 보면 아쉬운 점이 도처에 있다. 알고 있는 그대로 차범근은 크게 성공했다. 프랑크푸르트와 레버쿠젠 소속으로 308경기에 출장해 98골을 (당시 분데스리가 외국인 득점 및 횟수 신기록) 터뜨리고 UEFA컵 2회 우승을 달성한 아시아의 진주로 찬연하게 빛났다.

그러나 이후 분데스리가에 문을 두드린 김진국(다름슈타트·2부), 박상민(뒤스부르크), 박종원(카이저스라오테른), 황선홍(부퍼탈·2부), 김주성(보쿰·1부→2부)은 줄줄이 좌절을 맛보았다. 이들이 성공했다면 한국 축구에 대한 유럽의 평가는 크게 달라졌을 것이다.

2003년 7월 국민들의 기대를 한껏 업고 스페인 레알 소시에다드팀에 진출했던 이천수는 한 골도 넣지 못하고 누만시아에 임대되었다가 2005년 7월 피스컵 대회가 끝난 후 곧바로 울산 유니폼으로 갈아입었다. 지금 프리미어리그에서 뛰고 있는 4명의 선수는 한국에서는 단연 그 포지션에서 최고의 선수이다. 그러나 프리미어리그의 소속팀에서는 주전선수가 아니다. 박지성은 중요한 경기에서 뛰지 못하는 경우가 많았으며 풀타임을 소화한 경기도 많지 않다. 경쟁 포지션의 호날두나 긱스 등에게 체력 안배를 위해 휴식을 줄때나, 리그컵, FA컵등 상대적으로 덜 중요한 경기나 약팀과의 경기 때 더 많이 출장했다.

자세히 보자. 잉글랜드 프리미어리그(EPL)의 한국 선수들[10] 랭킹은 어디쯤일까.

2007년 9월 스포츠조선이 EPL 공식 선수 랭킹 '액팀 인덱스'를 집계하는 영국 PA

---

10) 스포츠 조선2007.9.8 土, 8면 EPL 공식랭킹 '액팀 인덱스' 집계

스포트의 한국 측 파트너 아이웨이코프를 통해 확인한 결과, 박지성, 이영표, 설기현, 이동국 모두 100위권 밖이었다. 그 중에서 이영표가 166위로 가장 랭킹이 높았다. 설기현 219위, 이동국이 352였다.

그러나 한국의 언론은 박지성 관련 뉴스를 지나치게 뻥튀기하여 독자들에게 내놓는다. 박지성을 확대 부각시켜 흥미를 유발하려는 의도를 이해 못하는 바 아니나 터무니없는 아전인수격 기사는 결국 언론의 신뢰를 떨어뜨릴 뿐이다. 프리미어리그에는 박지성보다 이적료, 연봉, 경기력 등에서 앞서는 선수들이 즐비하다. 그들은 박지성을 유능한 선수이나 많지 않는 동양인 선수 중 한 명으로 보고 있을 뿐이다.

아래는 박지성에 관한 한국 언론의 현 주소를 가늠하게 해 주고 있다. 영국에서 가장 인기 있는 축구잡지는 맨체스터 유나이티드의 공식 소식지 '인사이드 유나이티드'다. 매달 100페이지 가량의 구단 내 소식이 컬러로 편집돼 3.5파운드(약 6,300원)에 팔린다. 이 잡지와 인터넷 홈페이지는 한국 언론의 주요 취재원이다. 여기에 실린 맨유소속의 선수나 코칭 스텝의 한 마디가 기사 내용을 뒷받침할 근거로 사용된다. 기사 하나가 번역되어 그대로 한국산 기사가 되는 일도 부지기수다. '맨체스터 유나이티 등의 공식 매거진「인사이드 유나이티드」에 따르면…' 같은 구절이 들어가는 기사들이 여기에 속한다. 한국 언론에서 이를 인용할 때에는 모든 기사의 중심에 박지성을 둔다. 커버스토리로 재미있는 이야기가 나왔는데 박지성에 대한 이야기가 없다면 커버스토리 등장인물이 과거 박지성에 관해 한 마디 했던 것을 합쳐서 한국산 기사를 만든다. 박지성에 관한 소식은 아무리 작게 나와도 특집 기사로 만들어 낸다.

필자도 박지성의 팬이지만 가끔은 너무하다는[11] 생각이 든다. 최근 호 '인사이드 유나이티드'의 커버스토리는 '알렉스 퍼거슨 감독의 부임 20주년 축하'다. 이를 인용한 한국 신문들은 퍼거슨 감독의 20주년을 소개하며 PSV에인트호벤에 있던 박지성을 영입한 것을 대단히 큰 업적으로 표현했다. 본지에는 박지성에 대한 언급이 한 번도 없었지만 말이다.

지난달 28일 맨유 홈페이지에 박지성이 올레 군나르 소샤에르와 함께 훈련에 복귀한다는 기사가 실리자 한국 언론은 일제히 이를 인용한 기사를 냈다. 퍼거슨 감독의 박지성에 대한 평가를 알 수 있는 부분은 본 기사에서 "지성과 올레가 이번 주에 훈련에 복귀하고 이는 우리에게 훌륭한 소식이다."라는 문장 하나에 불과했다. 그러나 한국 언론은 그 동안 퍼거슨이 했던 모든 말을 종합해 '박지성의 복귀=맨유 전력의 완벽한 마무리'라는 공식을 만들어 놨다.

현실은 이러하다. 한국의 축구 선수 중 수준 높은 국제경기를 소화해낼 수 있는 선수는 극히 드물다. 초·중·고·대학 시절 계속 기숙사에서 합숙하면서 그렇게 연습했는데 왜 이럴까? 원인은 여러 가지지만 무엇보다도 감독 코치의 지도력이다. 올드팬

11) 매일신문, 2006.12.20.水, 27면. 한국언론 박지성 뉴스의 출발점

들은 독일의 디트마르 크라머 감독을 기억하고 있다. 바이에른 뮌헨의 감독으로 자랑스러운 업적을 남겼고, 일본 대표팀을 맡아 1968년 맥시코 올림픽 3위(아시아 최고 기록)의 성적을 내기도 한 그는 축구 지도의 교과서로 불렸다. 1991년 1월 입국하여 1년 4개월 간 한국 대표팀을 지도했던 그는 이렇게 말했다. "한국의 대학팀들은 일주일에 5일 이상, 하루 두 시간 이상 연습한다. 그러나 그 결과로 배출된 선수는 세계적인 선수가 하나도 없다. 그 이유는 축구 지도자의 수준이 거의 구석기 시대 수준이기 때문이다." 그 후 18여 년이 지난 오늘 한국 축구지도자들의 역량은 세계 수준과 어떤 격차를 보이고 있을까?

지금의 대한축구협회의 지도자 양성제도와 재교육 방법이 너무나 잘못되어 있다. 교육과정이 특히 근시안적이고 졸렬하다. 축구선수 출신들로만 구성된 26명의 강사진 구성부터 문제가 많다. 각계 각층의 석학들을 될수록 많이 활용해야 한다. 축구이론과 실기, 스포츠의학·식품영양학, 경기분석, 트레이닝 방법 등 현장에서 일차적으로 쓰이는 것을 집중적으로 교육한다. 협회가 지도자 강습회에서 얻고자 하는 것이 무엇인가? 지도자 강습회의 목적이 달라져야 한다. 이수하고 통과한 사람에게 단순히 지도자 자격을 주거나 승급하게 하는 데 그쳐서는 안 된다. 지도자 강습회의 목표가 혁신되어야 한다. 축구지도자에게 평생교육(생애교육 Lifelong Education)에 충실한 자기 주도적 학습문화 심기, 축구 지도 그 자체가 가르치고 배우는 수업이기에 교수학습이론에 대한 계속적인 연구, 팀이라는 조직을 훌륭하게 성장시킬 수 있는 경영 능력 배가 등 이런 것이 지도자 강습회의 목표가 되어야 하고, 이 목표를 달성할 수 있도록 교육과정과 강사진이 조직되어야 한다. 프랑스의 클레르 퐁텐을 능가하는, 세계에 앞서 있는 지도자 양성제도를 만들고 실행하는 일이 어렵지 않다. 그러나 한국 축구계에서 내로라 하는 80여 명의 유급 상근 직원과 762억 이상의(대한체육회 가맹단체 중 가장 많은) 예산을 사용하는 협회는 아직도 이 일을 못하고 있다. 인식과 그 한계로 인해 모르는 사람은 계속 모르고 있고 아는 사람은 이미 알고 있다. 거듭 말하지만 세상에는 일당천이 있고, 그 위에 만인적이 있고, 다시 그 위에 인류에게 대대로 영속하는 시스템 창조자가 있다.

재교육 기회에서도 한국의 코치 감독은 철저하게 고립되어 있다. 지도자 재교육 부문은 파주 NFC가 담당하고 있는 데, 현장의 축구지도자들은 3년 안에 2일 '보수교육'을 받으면 된다. 이것뿐이다. 없는 거나 다름없다. 각자 알아서 공부하든지 말든지 하라는 협회의 배려인가? 여기에다 한국축구는 축구코칭론, 감독학, 축구경영학 등의 학문도 체계적으로 정립되어 있지 않다. 지도자들의 공부 교재가 되는 축구 서적, 관련 CD, 비디오, 논문 등도 극히 빈곤하다. 일례로, 한국축구계에는 한국축구인이 쓴 「패스」 전문서가 한 권도 없다. 「연간 코칭 지도서」, 「헤딩」 전문서? 물론 없다. 「준비운동 정리운동」 전문서? 아무도 찾지 못한다. 이게 현실이다.

2 2007년 전국체전 그리고 그들의 경기력

2007년 전국체전(07.10.8~14)이 광주광역시 일원에서 개최되었다. 다른 종목은 관전하지 않고 축구만 보았다. 남대부 4경기, 남고부 11경기를 보았다. '8~13년 동안 연습하고도 저렇게밖에 하지 못하나'하는 생각이 들어 마음이 편치 않았다. 몇 가지만 살펴보기로 하자.

먼저, 상대의 방해를 받은 상황에서 인스텝킥을 제대로 하는 선수가 드물었다. 정확하게 볼의 무게 중심을 보고 볼의 어느 부위를 킥해야 할지 결정해야 하건만 습관적으로 대충대충 킥하고 있다. 한마디로 번지수를 못 찾아 헤매고 있는 형국이다. 크로스바를 넘어 가는 슛이 너무나 많다. 볼을 본다는 건 볼의 무게중심을 본다는 의미이다. 정지된 볼이든, 굴러오는 볼이든, 공중 볼이든 볼의 무게중심을 찾지 않고 보지 않으면 정확한 킥은 불가능하다. 언제나 무게중심을 보면서 킥하는 선수가 한 명이나 있는지 궁금했다. 감독 코치는 아직도 이걸 가르치지 않았단 말인가? 아니면 스스로 모르고 있는가?

둘째, 투 터치 슛 성공은 단 한 번 있었다. 문전에서 수비의 거친 밀착 수비를 등지고 한 번에 슛할 수 있는 기회는 극히 드물다. 이때 투 터치 슛이 득점하는 데 더없이 효과적이다. 논스톱 슛이 불가능할 때 첫 터치로 슛할 수 있는 상황을 만들어 놓고 바로 슛하는 것이다. 압박과 스피드가 화두인 현대축구에서 투 터치 슛에 무지하니 그저 놀랍고 놀라울 뿐이다. 이 분야에는 에릭 바티의 「현대축구 지도법」이 좋은 교재이다. 이걸 참고하고, 나아가 다양한 투 터치 슛 개발이 시급한 현실이다.

셋째, 패스 타이밍이 너무 늦다. 하여 경기 속도가 느리다. 패스 받는 동료선수가 오프사이드를 범하게 만들고 있다. 주변인지시력이 낮고 판단의 스피드가 늦어 논스톱 패스가 거의 나오지 않고 있다. 정확하고 빠른 패스로 경기를 풀어나가야 하건만 쓸데없는 드리블링이 너무 많다. 전술안이나 경기 판독력도 평범하다.

넷째, 창조적인 플레이가 희귀하다. 특히 문전에서 다양한 슛 기회를 만드는 능력이 부족하다.

다섯째, 지나치게 슛하는 걸 아끼고 있다. 전설적인 슈터로 1,000골 이상 득점한 아르헨티나의 루이스 아르티메는 "슛하지 않으면 득점은 없다."고 하였다. 지극히 합리적인 지적이다. 그러나 전국체전에서 만난 선수들은 완벽한 기회를 만들려다 오히려 가능한 슛 기회마저 날려버리곤 했다. 슛 각도가 있고 거리가 맞으면 바로 슛해야 하는 것이다. 슛은 습관이다. 강력한 슛을 하려면 무릎 아래를 휘두르게 하는 대퇴사두근, 대요근 등의 근력을 강화하면 된다. 근수축속도의 향상에 의해 전신반응시간의 단축효과가 나타난다.

여섯째, 선수들이 최근의 축구 규칙 중 모르고 있는 게 더러 있다. 2005년 7월 1일부터 반칙 선언 후 볼을 건드리면 바로 경고가 주어진다. 선수들이 이걸 모르고 있다. 반칙 선언 후 생각없이 볼을 건드리는 선수들이 거의 대부분이다. '감독이 가르치지 않았나?'하는 느낌을 금할 수 없었다.

오프사이드(규칙 제11조)판정이 부심마다 조금씩 달랐다. FIFA는 2006년 3월 8일 "오프사이드 위치에 있는 선수가 공격에 직접 관여를 했더라도 볼만 건드리지 않으면 오프사이드 반칙이 아니다."고 발표했다. 이걸 지키는 부심이 매우 드물었다. 이러하기에 오프사이드는 볼이 외주(68~70cm)만큼 움직이기 전에 오프사이드 지역에 침입하여 볼을 받는 경우와 오프사이드 위치에서 골키퍼와 수비의 시야를 가리는 행위 외에는 없다. 지금처럼 경기하다 국제경기를 하게 되면 축구규칙을 몰라 필요 없는 경고를 받게 되기 십상이다. 실지로 세계청소년축구대회에서도 이런 상황이 나왔다.

지금의 선수 지도 패러다임으로는 World Class의 선수를 배출할 수 없다. 한국축구는 해결해야 할 많은 당면 현안을 가지고 있다. 그러나 눈앞의 문제 해결에 급급할 뿐 근원적인 문제 해결책인 시스템 창조에는 소홀하다.

3 개인기란?

기자 : 한국축구는 기술이[12] 부족하다는 평가가 많은데.

베베토 : 한국 지인들의 말을 통해서 한국축구의 구조적 문제를 많이 알게 되었다. 기술 부족의 문제는 간단히 말해서 유소년 시절부터 반복적으로 볼과 함께 하는 훈련이 없었다는 얘기다. 체력과 정신력으로 당장은 유소년 시절에 일시적으로 좋은 결과를 낼 수 있지만 이것은 넌센스다. 브라질에서는 기술 없는 선수는 선수로 인정하지 않는다. 한국축구도 순서에 맞게 유소년 시절부터 기술을 배워 성인이 되었을 때에는 기술과 체력이 함께 하는 축구를 해야 한다. 한국 대표 경기를 보면 조금 힘들게 경기를 풀어 나가는 것을 느낄 수 있다.

개인기란 볼을 다루는 선수의 기초 기술을 말한다. 축구의 전술은 크게 개인전술, 부분전술, 팀전술로 분류한다. 경기를 수행하기 위해 개인이 갖춰야 할 기술적 요인들이 개인전술이며, 패스 드리블 킥 헤딩 슈팅 볼트래핑 등이 개인전술에 속한다. "체력은 개인기에 우선하고 개인기는 전술에 우선한다."는 알란 웨이드의 지적 그대로 개인기가 떨어지는 선수는 감독이 주문하는 전술을 수행해 내지 못한다.

12) 스포츠 조선, 2006.10.25.水.13면, 체력, 정신력은 한계 기술 없이 일류 못돼

요즘 한국에서 연예인으로 성공하려면 '개인기' 하나쯤은 필수다. 성대모사는 기본이고, 댄스, 우스개 등등 뭘 하든 다른 사람들을 재미있게 해 줄 수 있어야 유명세를 탄다. 물론 개인기 있는 연예인은 각종 쇼프로그램에 단골손님으로 초대된다. 수입도 짭짤하다.

그 개인기가 축구에서도 비슷하게 대접 받는다. 축구에서 개인기는 선수 개개인의 기량을 말한다. 현란하고 빠른 발재간, 드리블 돌파 등으로 1대1 대결에서 뚫고 나가는 능력이다. 쉽게 말하면 자기 앞을 가로막는 선수 한두 명을 따돌리는 여부를 놓고 개인기 유무를 따진다. 이 개인기가 한국 선수들에게는 턱없이 부족하다. 한국은 2002년 한일 월드컵에서 4강의 기적을 낳았다. 4년이 지난 지금 유럽축구 선진국의 미디어들은 독일월드컵에서 한국이 내세울 것은 '팀워크와 정신력'뿐이라고 똑같은 얘기를 쏟아냈다.

아직도 잊혀지지 않는 지난 2006년 6월 4일 한국[13] 가나전에서도 한국은 개인기에서 가나에 가장 많이 달렸다. 가나의 에시앙, 아피아, 문타리 등 스타 플레이어들은 유연한 몸놀림 한 번으로 한국 선수들을 어렵지 않게 뚫었다. 반면 한국의 공격수 안정환 이천수, 박주영 등은 가나 수비수 한 명을 시원스럽게 제치지 못했다.

4강 달성 이후 4년이 지났고 다시 독일월드컵을 맞았지만 한국 축구의 개인기는 냉정하게 말해 제자리걸음이다. 축구에서 개인기의 중요성은 정말 크다. 한국 축구는 개인기를 키우지 않은 채 조직력과 정신력만으로 성장하기에 한계를 가질 수밖에 없다. 아프리카 선수들은 타고난 유연함에다 유럽 선진 지도자들이 팀을 맡으면서 팀워크와 정신력까지 성장하고 있다. 그 과정에서 아프리카 축구는 대회를 거듭할수록 상위권을 향해 나가고 있다. 개인기에다 조직력과 정신력으로 무장하는 팀을 개인기가 없는 한국이 제압하기는 벅찰 수밖에 없다. 한국 축구가 왜 늘 아슬아슬하고 답답한지 오래 생각할 필요가 없다.

축구는 단순한 운동이다. 단순한 경기 구성 요소를 실수 없이 완벽하게 해내는 선수가 뛰어난 선수다. 펠레 마라도나 호나우지뉴, 앙리, 카카, 이런 선수들이 상대의 거친 압박에도 마음먹은 대로 경기를 만들어 갈 수 있는 것은 자신의 선택을 실행할 수 있는 개인기를 가지고 있기 때문이다. K—리그와 프리미어리그는 왜 그런 수준 차이가 나는가?

---

13) 스포츠 조선, 2006.6.10.土. 4면, 개인기가 뭐길래

4 프로선수, 대표선수에게 개인기를 가르칠 필요가 있는가?

1) 가르칠 필요가 없다는 입장

"대표선수에게 체력과 개인기를[14] 새삼스럽게 가르친다는 것은 시간 낭비다. 선수들 스스로가 자신의 체력을 유지하고 팀전술에 필요한 개인기술을 개발하지 않으면 안 된다."

—박종환 감독

"프로선수가 새삼스럽게 캐치볼을[15] 하고 숨이 턱에 차오를 만큼 노크볼을 받는다고 해서 기량이 향상된다는 것은 넌센스다. 입단계약서에 도장을 찍는 순간 그 선수는 이미 프로무대에 설 수 있는 기량을 갖췄다고 봐야 한다. 야구를 밥줄로 택한 이상 자기 몫의 훈련은 알아서 할 줄 알아야 한다."

—김응룡 감독

2) 반드시 필요하다는 입장

지금은 잉글랜드, 이탈리아, 스페인 순으로 축구 시장 규모가 큰 빅3이지만 7,80년대는 세계 프로축구 리그의 중심이 서독(당시는 동·서독 통일 이전)의 분데스리가였다. 그 중에서도 프란츠 베켄바우어, 게르트 뮐러, 울리히 헤네스, 슈바르첸벡, 칼 하인츠 루메니게, 폴 브라이트너 등이 활약했던 바이에른 뮌헨팀이 분데스리가의 상징적인 팀이었다. 그런데 이 팀의 칼 하인츠 루메니게는 모든 면에서 뛰어났으나 헤딩에는 자신 없어 했다. 헤딩 경쟁을 꺼리고 피하는 루메니게를 코치가 설득하여 차근차근 지도한 결과 헤딩에서도 발군의 실력을 보여 주었다. 루메니게는 예사로운 선수가 아니었다. 분데스리가 득점왕 3회(1980, 1981, 1984) '유럽 올해의 선수'상 2회(1980, 1981)에 빛났고 A매치 95경기에서 45골을 기록했으며 월드컵에 3연속(1978, 1982, 1986)출전해서 9득점을 올린 탁월한 공격수였다.

2000년 K리그 전반기 경기가 진행 중일 때 국내 프로구단 감독과 나눈 이야기다. "골이 잘 안 들어가서 미치겠다."고 푸념하던 그는 "해결 방법이 없느냐"고 질문하자 이렇게 답했다. "공격은 선수가 해결해야 돼. 감독이 어떻게 하나. 공격수가 골을 넣지 못하는데."

그때 아리송하다는 생각이 들었다. "축구란 골을 넣는 게임인데, 감독이 할 일이 없다면 뭐하러 감독이라는 자리가 있는 거지?" 국가대표 팀이라면 이런 대응은 하지 않았을 것이다. 이번 월드컵 대표팀 공격수 A의 경우를 보자. 경기감각을 되찾지 못해 쩔

---

14) 스포츠서울, 1985.8.8.木. 1면

15) 스포츠서울 1987.1.16.金. 2면, 프로야구 손자병법

쩔매던 A선수에게 대표팀은 슈팅을 전제로 한 3:3, 4:4 미니게임을 시켜 감각을 닦도록 했다. 또 끊임없이 압박당하는 상황을 만든 뒤 이를 물리치고 타이밍을 잡도록 했다. 자동차로 치자면 '튜닝'작업을 마친 이 선수. 슈팅 각도가 날카로워지고 위로 둥둥 뜨던 공이 신기할 정도로 낮게 깔리기 시작했다. 결국 그는 기자들의 예상대로 선발 출전권을 얻을 수 있었다. 대표팀의 훈련 시스템이 역시 한 수 위라는 생각이 든 것도 그때였다.

지난 5월 14일 소집돼 6월 25일 해산할 때까지 43일 동안 무려 70~80명의 기자들이 대표팀 훈련과정을 고정적으로 취재했다. 대표팀이 어떻게 팀내 경쟁을 유발하고, 결정력을 키우기 위해 어떤 훈련을 시키는지, 이에 대해 각 선수가 어떻게 대응하고 어떻게 행동한 선수가 낙점을 받는지도 똑똑히 지켜봤다. 그러나 선수를 가르치는 것이 본업인 14개 프로축구팀 중 이 과정을 분석하기 위해 달려든 곳은 유감스럽게 한 곳도 없었다.

단 한 명의 감독이나 코치도 현장에 나와 이를[16] 배워두려(혹은 참고하려) 하지 않았다. 아직도 일부 팀의 프로 선수들은 훈련방식에 좌절감을 표한다.

"우리 구단 훈련요? 하나뿐이에요. 처음부터 끝까지 롱패스만 하다 끝나요."(A 외국선수) "글세, 아직도 운동장만 10바퀴씩 죽어라고 돈다니까요."(B 국내선수)

10년 전 이야기가 아니라 올해 초 선수들로부터 들은 얘기다. 아직도 뺑뺑이 돌던 옛날 방식 훈련을 고집하는 곳이 많다는 얘기다.

히딩크가 과학적 심폐기능 측정을 통한 새로운 대표팀 훈련법을 도입한 것이 4년 전이다. 2006년 아드보카트의 훈련법도 그때와 별로 다르지 않았다. 그러나 놀랍게도 많은 한국선수들이 4년 만에 다시 등장한 이 '새로운 훈련법'에 적응하느라 애를 먹고 있었다. 대표팀 훈련방식은 프로의 자존심을 접고라도 한 수 배워둘 가치가 있을 것이다. 그러나 한국에는 이 정도의 의욕을 가진 프로팀이 없다. 아드보카트 감독은 "4년간 전혀 발전이 없는 선수들이 있어 놀랐다"고 말한 일이 있는데, 이대로라면 한국 축구가 다음 월드컵까지 4년을 허송세월하는 것은 아주 간단한 일이라는 느낌이 들었다.

■ 독일 승부차기에 왜 강할까, 잉글랜드 승부차기에 왜 약할까

2006 독일 월드컵 8강전 4경기 중 절반은 '승부차기'에서 승부가 결정됐고 독일과 잉글랜드의 희비도 승부차기에서 엇갈렸다. 독일은 1일 아르헨티나와의 8강전에서 키커 4명이 승부차기를 연달아 성공하고 옌스 레만 골키퍼의 선방으로 4—2로 이겼다. 독일은 승부차기가 월드컵에 도입된 1982년 이후 승부차기에서 단 한 번도 져 본 적이 없다. 1982년 대회 당시 서독은 준결승에서 프랑스와 승부차기 끝에 5—4로 승리했다. 1986년 멕시코 대회 8강전에선 멕시코를 승부차기에서 4—1로 가볍게 눌렀고 1990년 이탈리아 대회 준결승에서 만난 잉글랜드도 승부 차기로 꺾었다. 독일은 역대 월드컵 통산 14명의 승부차기 키커 중 단 1명만이 실패했을 정도. 이는 독일인 특유의 침착성

16) 조선일보, 2006.7.7.金. A21면, 또 4년을 그냥 보낼 건가

에다 축구를 시작할 때부터 슈팅에 중점을 두기 때문이라는 분석이 유력하다.

반면 잉글랜드에 '승부차기'는[17] 저주와 같다. 잉글랜드는 1990년 프랑스 월드컵 등에서 연이어 승부차기 실패로 고배를 마셔왔다. 데이비드 베컴은 "혹시 모를 승부차기에 대비해 만반의 준비를 했다."고 말했고 오언 하그리브스는 "우리는 베컴, 제라드, 램퍼드 등 세계 최고의 키커들이 있다."고 자신감을 보였다. 하지만 2006년 7월 2일 포르투갈과의 8강전에서 베컴은 부상 때문에 교체됐고 그토록 믿었던 램퍼드와 제라드는 승부차기에서 나란히 실축했다. 잉글랜드 축구는 전통적으로 '킥 앤드 러시', 정확한 슈팅보다는 크로스와 중거리 슛 등 장축에 의존을 많이 하기 때문에 승부차기에 약할 수 밖에 없다는 해석도 있다. 잉글랜드는 언제쯤이나 승부차기 징크스를 깰 수 있을까.

3) 여러분의 입장은?

축구경기를 자세히 미분해보면 간단하고 단순한 연습의 총합이라는 걸 알게 된다. 세계 초일류의 선수들도 매일 기초적인 패스 연습을 한다. 슛 연습, 헤딩 연습도 한다. 이와 같은 매일매일의 반복 연습이 반응 시간을 단축하고, 의도한 대로 성공률이 높아질수록 선수의 자신감이 커져가는 것이다. 스포츠에서 연습을 정의하면 일반적으로 '선행 경험에 의해 생기는 심적 과정, 분화, 행동의 변용과정을 학습하는 과정'이라고 할 수 있다. 다시 말해서, 한 번 학습된 것은 시간의 경과와 함께 망각되어가지만, 망각되기 전에 같은 학습이 반복된다면 그 망각을 막을 수 있다.

한 번 학습한 후 바로 유사한 새로운 학습이 행해진다면 이전의 경험이 그 뒤의 학습에 좋은 영향을 주어 학습의 난이도가 증가하고 능률화되며, 결과의 정확성, 학습량의 증가, 영속적인 좋은 효과가 나타나게 된다. 이러한 유사학습의 반복과정이 학습이다. 볼을 몇 번이나 킥하고 헤딩하고 패스하는 신체활동은 연습에 의해 고도화되고 적응할 수 있게 된다. 즉 스포츠의 연습은 목적적 행동에 대한 적응과정이라고 할 수 있다. 축구지도자는 연습하면 할수록 상황과 반응의 결합이 강해진다는 사용의 법칙(law of use)과 연습하지 않으면 결합이 약해지고 망각이 일어난다는 불사용의 법칙(law of disuse)을 언제나 기억하고 있어야 한다.

지구의 중력, 스포츠 물리학의 법칙, 한계를 가진 인간의 신체 능력, 수시로 올바르지 못한 명령을 내리는 두뇌의 판단 등으로 인간의 경기력은 완벽할 수 없다. 아무리 뛰어난 선수라도 경기 중 실수를 저지르며, 선수가 탁월한 경기력을 가지고 있더라도 효과적이고 적확한 지도로 계속 경기력을 향상시킬 수 있다.

특히 세계의 축구 강국과 경기에서 수준 높은 경기력을 보여 주는 선수가 극히 드문 한국의 프로선수들과 대표선수들에게 개인기 지도는 필수적이다. 선수 개인별 처방이

---

17) 동아일보, 2006.7.3.日. A23면, 독일 승부차기에 왜 강할까, 잉글랜드 승부차기에 왜 약할까.

나올수록 더 좋다. 프로선수와 대표선수들 중 그들이 보여주는 개인기의 결함을 지적할 때 받아들이지 않는 선수가 더러 있는데, 이때 그 선수의 부족한 점을 생생하게 담고 있는 비디오 녹화를 보여 주면 수긍하게 된다. 그리고 연습을 할 때 좋은 플레이를 하면 즉시 칭찬하고, 미스플레이를 하면 그 자리에서 연습을 멈추고 그 상황을[18] 재현하여 틀린 부분을 개선시키도록 한다(즉시 확인의 원리). 연습이 끝난 후 지적하면 그다지 효과가 없다.

5 개인기의 분류

축구 경기는 체력 개인기 전술 정신력으로 구성되어 있다. 이 중 축구의 개인기를 크게 아래와 같이 분류할 수 있다.

① 킥(kick)
② 패스(pass)
③ 드리블(dribble)
④ 볼 컨트롤(ball control)
⑤ 볼 리프팅(ball lifting)
⑥ 헤딩(heading)
⑦ 태클(tackle)
⑧ 드로우 인(throw in)
⑨ 슈팅(shooting)
⑩ 골 키핑(goal keeping)

이 중 어느 개인기가 더 중요할까? 지도자마다 우선순위를 달리할 것이다. 축구는 득점으로 승부를 가리는 경기이다. 경기 중 선수들의 모든 행위는 득점을 목적으로 한다. 킥과 헤딩으로 득점하기에 이 둘이 가장 중요한 개인기다. 한국 축구는 감독 코치들의 잘못된 지도로 골 경쟁력 빈곤에서 끈질기게 헤어나지 못하고 있다. 2006년 독일 월드컵에서도, 2007년 아시안컵에서도 빈약한 득점으로 목표를 이루지 못했다. 두 번째로 볼컨트롤이 중요하다. 볼컨트롤을 지배하면 축구가 그렇게 쉬울 수가 없다. 반대로 볼컨트롤이 미숙하면 수준 높은 경기에서 5분도 버텨내기 어렵다. 세 번째가 패스다. 10개의 개인기 중에서 필드 필레이어에게 특히 요구되는 개인기는 6가지이다. 슛 킥 헤딩 볼컨트롤 패스 드리블이다.

18) 뉴 마인드 코칭론 嶋田出雲 지음, 김성복 역, 대경북스, 2005.3.25. 13,000원, p.154, 155.

6 델파이 방법에 따른 개인기 수렴도와 합의도 해석

다음은 김학범 전 성남일화 감독의 박사학위 논문 중 개인기 관련 내용 일부이다. 깊이 있게 읽어 새로운 영감을 얻기를 기대한다.

1) 델파이 방법에 따른 수렴도와 합의도[19)]

대분류	중분류	세부항목	2차		3차		4차	
			수렴도	합의도	수렴도	합의도	수렴도	합의도
기술	패스	런닝패스	0.89	0.64	0.73	0.72	0.4	0.85
		2:1, 3:1 패스	0.65	0.78	0.34	0.89	0.23	0.92
		공간패스	0.52	0.83	0.62	0.8	0.43	0.86
		월패스	0.69	0.76	0.48	0.84	0.34	0.9
		리턴패스	0.79	0.68	0.49	0.82	0.39	0.86
	드리블	1:1, 1:2 드리블	0.64	0.77	0.22	0.92	0.18	0.94
		페인트 병행 드리블	0.80	0.67	0.62	0.77	0.39	0.86
		방향전환 드리블	0.49	0.83	0.22	0.92	0.09	0.97
		빠른 드리블	0.59	0.80	0.36	0.88	0.25	0.91
		지그재그 드리블	0.84	0.68	0.72	0.75	0.27	0.91
		인·아웃사이드 드리블	0.79	0.69	0.59	0.78	0.4	0.85
		원·투터치 드리블	0.76	0.72	0.41	0.86	0.28	0.91
	슈팅	크로스 슈팅	0.55	0.82	0.55	0.82	0.42	0.87
		드리블 슈팅	0.58	0.79	0.19	0.93	0.04	0.99
		논스톱 슈팅	0.68	0.77	0.32	0.89	0.28	0.91
		드롭 슈팅	0.69	0.72	0.41	0.84	0.37	0.85
		터닝 슈팅	0.82	0.69	0.61	0.79	0.41	0.86
		바운드 슈팅	0.85	0.65	0.51	0.8	0.39	0.85
		인·아웃스텝 슈팅	0.66	0.75	0.4	0.86	0.33	0.89
		헤딩 슈팅	0.55	0.82	0.47	0.85	0.32	0.9
	헤딩	런닝점프 헤딩	0.56	0.82	0.63	0.8	0.4	0.88
		팬딩볼 헤딩	0.81	0.70	0.57	0.81	0.27	0.91
		점프(한발, 두발) 헤딩	0.74	0.74	0.12	0.96	0.08	0.97
		콤비 저글링	1.04	0.54	0.28	0.89	0.23	0.91
		헤딩클리어	0.71	0.73	0.25	0.91	0.24	0.92
		스탠딩 헤딩	1.20	0.49	0.33	0.87	0.28	0.89
		크로스 헤딩훈련	0.55	0.82	0.43	0.86	0.38	0.88
	몸싸움	등지는 기술훈련	0.61	0.79	0.21	0.93	0.17	0.94
		몸싸움 돌파	0.62	0.78	0.12	0.96	0.08	0.97
		스크린 플레이	0.70	0.76	0.25	0.92	0.21	0.93
		2인1조 점프 후 어깨밀기	0.88	0.64	0.51	0.8	0.41	0.85
		5m앞 볼 둘이서 경쟁	0.82	0.70	0.52	0.82	0.25	0.92

19) Delphi 방법을 활용한 축구 훈련방법에 관한 내용분석, 김학범, 2005학년도 이학박사 학위 논문, p.79, 91~97, 111~113.

		헤딩볼 몸싸움	0.66	0.76	0.09	0.97	0.05	0.98
	볼키핑/트레핑	상황별(7:3훈련등)트레핑	0.81	0.73	0.32	0.89	0.28	0.91
		부위(무릎,가슴등)별 트레핑	0.87	0.64	0.49	0.8	0.39	0.85
		이동 트레핑	0.55	0.81	0.27	0.91	0.22	0.93
		바운드 트레핑	0.61	0.77	0.25	0.92	0.22	0.93
	GK	캐칭 훈련	0.51	0.83	0.48	0.85	0.43	0.87
		다이빙(측면,전방)훈련	0.55	0.83	0.46	0.86	0.44	0.87
		골킥 연습	0.64	0.75	0.64	0.76	0.41	0.85
		볼 키핑	0.90	0.66	0.46	0.84	0.31	0.89
		펀칭	0.45	0.84	0.07	0.98	0.02	0.99
		각 좁히기	0.63	0.78	0.29	0.9	0.26	0.91
		위치선점	0.57	0.81	0.54	0.83	0.35	0.89
		수비수와 의사전달 훈련	0.68	0.75	0.22	0.92	0.08	0.97
		세트피스 상황 훈련	0.54	0.80	0.18	0.94	0.11	0.96

2) 개인기별 중요도 분석

(1) 패스 기술에 하위 항목별 중요도

패스 기술의 하위영역 5개의 중요도에는 <표 A>와 같이 통계적으로 유의한 차이(F=25.833, p=0.000)가 있는 것으로 나타났다. 이 결과를 토대로 사후 검증을 한 결과 5개의 하위항목은 <표 B>과 같이 동일 집단군으로 분류할 수 있었다. 패스 기술요인은 제1집단(2:1 또는 3:1 패스, 월패스, 공간패스)이 제2집단(러닝패스, 리턴패스)보다 중요도가 높은 것으로 규명되었다.

▶ A. 패스 기술에 따른 하위항목의 중요도 차이 분석

	제곱합	자유도	평균제곱	F	유의확률
집단—간	44.816	4	11.204	25.833	.000
집단—간	95.415	220	.434		
합계	140.231	224			

▶ B. 패스 기술에 따른 하위항목의 동일집단군

	패스	N	유의수준=.05에 대한 부집단	
			1	2
Tuckey HSD(a)	런닝패스	45	5.3711	
	리턴패스	45	5.4311	
	2:1, 3:1패스	45		6.1778
	월패스	45		6.2800
	공간패스	45		6.4311
	유의확률		.993	.362

(2) 드리블 기술에 하위 항목별 중요도

드리블 기술의 하위영역 7개의 중요도에는 <표 C>와 같이 통계적으로 유의한 차이 (F=7.298, p=0.000)가 있는 것으로 나타났다. 이 결과를 토대로 사후·검증을 한 결과 8개의 하위항목은 <표 D>와 같이 동일 집단군으로 분류할 수 있었다.

드리블 요인은 제1집단(원투터치 드리블, 1,2:1드리블, 방향전환 드리블, 빠른 드리블), 제2집단(페인트 병행, 지그재그 드리블, 원투터치 드리블, 1,2:1드리블), 제 3집단(인·아웃사이드 드리블, 페인트 병행, 지그재그 드리블, 원투터치 드리블)순으로 중요도가 높은 것으로 나타났다.

C 드리블 기술에 따른 하위항목의 중요도 차이 분석

	제곱합	자유도	평균제곱	F	유의확률
집단—간	18.755	6	3.126	7.298	.000
집단—간	131.921	308	.428		
합계	150.676	314			

D. 드리블 기술에 따른 하위항목의 동일집단군

	드리블	N	유의수준=.05에 대한 부집단		
			1	2	3
Tuckey HSD(a)	인, 아웃사이드 드리블	45	5.4356		
	페인트병행드리블	45	5.6267	5.6267	
	지그재그드리블	45	5.6400	5.6400	
	원,투터치드리블	45	5.7556	5.7556	5.7556
	1:1, 1:2 드리블	45		5.9689	5.9689
	방향전환드리블	45			6.0556
	빠른드리블	45			6.1644
	유의확률		.238	.170	.051

(3) 슈팅 기술에 하위 항목별 중요도

슈팅 기술의 하위영역 8개의 중요도에는 <표 E>과 같이 통계적으로 유의한 차이 (F=20.977, p=0.000)가 있는 것으로 나타났다. 이 결과를 토대로 사후·검증을 한 결과 8개의 하위항목은 <표 F>와 같이 동일 집단군으로 분류할 수 있었다.

슈팅 요인은 제1집단(논스톱 슈팅, 크로스 슈팅, 헤딩 슈팅), 제2집단(드리블 슈팅, 논스톱 슈팅), 제3집단(바운드 슈팅, 터닝 슈팅, 인/아웃스텝 슈팅, 드리블 슈팅), 제4집단(드롭 슈팅, 바운드 슈팅, 터닝 슈팅)순으로 중요도가 높은 집단군으로 분류되었다.

▶ E. 슈팅 기술에 따른 하위항목의 중요도 차이 분석

	재곱합	자유도	평균제곱	F	유의확률
집단—간	59.238	7	8.463	20.977	.000
집단—간	142.006	352	.403		
합계	201.244	359			

▶ F. 슈팅 기술에 따른 하위항목의 동일집단군

	슈팅	N	유의수준=.05에 대한 부집단		
			1	2	3
Tuckey HSD(a)	드롭 슈팅	45	5.2467		
	바운드 슈팅	45	5.4400	5.4400	
	터닝 슈팅	45	5.6444	5.6444	
	인.아웃스텝 슈팅	45		5.7333	
	드리블 슈팅	45		5.8222	
	논스톱 슈팅	45			6.1422
	크로스 슈팅	45			6.3400
	헤딩 슈팅	45			6.4844
	유의확률		.062	.250	.176

(4) 헤딩 기술에 하위 항목별 중요도

헤딩 기술의 하위영역 7개의 중요도에는 <표 G>와 같이 통계적으로 유의한 차이(F=22.792, p=0.000)가 있는 것으로 나타났다. 이 결과를 토대로 사후·검증을 한 결과 8개의 하위항목은 <표 H>와 같이 동일 집단군으로 분류할 수 있었다.

헤딩 기술훈련·요인은 제1집단(점프 헤딩, 크로스 헤딩, 러닝점프 헤딩), 제2집단(펜딩볼, 헤딩클리어, 점프 헤딩), 제3집단(스텐딩 헤딩, 콤비저글링)순으로 중요도가 높은 집단군으로 분류되었다.

▶ G. 헤딩 기술에 따른 하위항목의 중요도 차이 분석

	재곱합	자유도	평균제곱	F	유의확률
집단—간	64.995	6	10.833	22.729	.000
집단—간	146.788	308	.477		
합계	211.783	314			

H. 슈팅 기술에 따른 하위항목의 동일집단군

	헤딩	N	유의수준=.05에 대한 부집단		
			1	2	3
Tuckey HSD(a)	스텐딩 헤딩	45	5.1689		
	콤비저글링	45	5.2533		
	펜딩볼	45	5.2533	5.7022	
	헤딩클리어	45		5.8956	
	점프(한발, 두발) 헤딩	45		6.0200	6.0200
	크로스 헤딩	45			6.3667
	런닝점프 헤딩	45			6.4044
	유의확률		.997	.308	.117

(5) 몸싸움 기술에 하위 항목별 중요도

몸싸움 기술의 하위영역 6개의 중요도에는 <표 I>과 같이 통계적으로 유의한 차이(F=7.090, p=0.000)가 있는 것으로 나타났다. 이 결과를 토대로 사후·검증을 한 결과 6개의 하위항목은 <표 J>와 같이 동일 집단군으로 분류할 수 있었다.

몸싸움 기술 요인은 제1집단(5m 앞 볼 경쟁, 헤딩볼 몸싸움, 등지기 기술, 몸싸움, 스크린)이 제2집단(2인조 점프 후 어깨밀기, 5m 앞 볼 경쟁)보다 중요도가 높은 것으로 규명되었다.

I. 몸싸움 기술에 따른 하위항목의 중요도 차이 분석

	제곱합	자유도	평균제곱	F	유의확률
집단-간	14.410	5	2.882	7.090	.000
집단-간	107.310	264	.406		
합계	121.720	269			

J. 몸싸움 기술에 따른 하위항목의 동일집단군

	몸싸움	N	유의수준=.05에 대한 부집단	
			1	2
Tuckey HSD(a)	2인1조 점프 후 어깨밀기	45	5.5222	
	5m 앞 볼 경쟁	45	5.7956	5.7956
	헤딩볼 몸싸움	45		6.0044
	등지는 기술	45		6.1222
	몸싸움	45		6.1267
	스크린	45		6.1733
	유의확률		.326	.059

(6) 볼키핑/트레핑 기술에 하위 항목별 중요도

볼키핑/트레핑 기술의 하위영역 4개의 중요도에는 <표 K>과 같이 통계적으로 유의한 차이(F=14.544, p=0.000)가 있는 것으로 나타났다. 이 결과를 토대로 사후·검증을 한 결과 4개의 하위항목은 <표 L>와 같이 동일 집단군으로 분류할 수 있었다.

볼키핑/트레핑 기술 요인은 제1집단(상황별 트레핑, 이동 트레핑)이 제2집단(부위별 트레핑, 바운드 트레핑)보다 중요도가 높은 집단군으로 분류되었다.

▶ K. 볼키핑/트레핑 기술에 따른 하위항목의 중요도 차이 분석

	제곱합	자유도	평균제곱	F	유의확률
집단-간	15.256	3	5.85	14.544	.000
집단-간	61.538	176	.350		
합계	76.794	179			

▶ L. 볼키핑/트레핑 기술에 따른 하위항목의 동일집단군

	볼키핑/트레핑	N	유의수준=.05에 대한 부집단	
			1	2
Tuckey HSD(a)	부위별 트레핑	45	5.5089	
	바운드 트레핑	45	5.7556	
	상황별 트레핑	45		6.1622
	이동 트레핑	45		6.2111
	유의확률		.200	.979

(7) GK 기술의 하위 항목별 중요도

GK 기술의 하위영역 9개의 중요도에는 <표 M>과 같이 통계적으로 유의한 차이(F=15.076, p=0.000)가 있는 것으로 나타났다. 이 결과를 토대로 사후·검증을 한 결과 9개의 하위항목은 <표 N>와 같이 동일 집단군으로 분류할 수 있었다.

GK 기술 요인은 제1집단(위치선점, 각 좁히기, 캐칭, 다이빙), 제2집단(펀칭, 볼 키핑, 수비수와 의사전달, 세트피스상황, 위치선점), 제3집단(골킥, 펀칭, 볼 키핑)의 3개 동일집단군으로 분류되었다.

▶ M. GK 기술에 따른 하위항목의 중요도 차이 분석

	제곱합	자유도	평균제곱	F	유의확률
집단-간	46.188	8	5.773	15.076	.000
집단-간	151.651	396	.383		
합계	197.839	404			

N. GK 기술에 따른 하위항목의 동일집단군

	GK	N	유의수준=.05에 대한 부집단		
			1	2	3
Tuckey HSD(a)	골킥	45	5.5089		
	펀칭	45	5.8622	5.8622	
	볼 키핑	45	5.8711	5.8711	
	수비수와 의사전달	45		5.9400	
	세트피스상황	45		5.9489	
	위치선점	45		6.1889	61889
	각좁히기	45			6.4556
	캐칭	45			6.5267
	다이빙	45			6.5511
	유의확률			.233	.126

(3) 기술 관련 요인

현대 축구의 흐름이 공간을 활용한 패스 및 우리 선수를 이용해 상대를 쉽게 돌파할 수 있는 패스를 택함으로써 빠르게 공간을 점령하여 득점 기회를 만드는 것이다. 따라서 본 연구에서 나타난 것과 같이 월패스나 공간패스에 대한 훈련이 중요하다. 이것은 타이밍을 중요하게 강조하면서 공간으로 침투하는 훈련 및 패스 훈련을 동시에 가미시킨 훈련방법을 개발하는 데 기초 자료로 활용될 것이다.

그리고 드리블 터치 수를 줄이면서 수비수를 단시간 내에 돌파하기 위한 방법이 매우 중요하다. 시간을 끌어 경기의 흐름을 끊는 드리블보다는 순간적으로 방향 전환을 한다든지 문전으로 빠른 속도로 전진해가는 형태의 드리블이 스피드로 대변되는 현대 축구에서 부각되고 있다. 따라서 방향전환 드리블과 빠른 드리블이 다른 드리블 훈련방법에 비해 중요도가 높게 나타난 이유라 생각된다.

현장에서 실시하는 훈련 방법으로 수비수를 두고 빠른 속도로 수비수를 제치고 들어가는 훈련방법과 상대를 돌파했을 때 일직선보다는 대각선 이동을 함으로써 수비가 2차적으로 수비에 가담하지 못하게 하는 훈련을 병행하여 두 가지 드리블을 훈련을 시키는 것이 바람직할 것으로 생각된다.

골키퍼가 예측할 수 없는 슈팅은 득점 가능성이 높다. 논스톱 슈팅이나 헤딩 슛팅은 골키퍼가 예측할 수 없는 방향으로 전개되기 때문에 다른 항목의 슛팅 훈련보다 중요도가 높게 나타난 것으로 판단된다. 드롭 슈팅이나 바운드 슈팅도 득점 가능성이 높으나 중요도가 떨어지는 이유는 경기 중에 발생 빈도가 적고 슈팅 상황이 어렵기 때문에 회피하는 것으로 보인다. 즉, 슈팅훈련에 있어 중요한 요소는 득점 가능성과 행위가 쉬운 기술에 대한 것을 선호하는 경향을 보이는 것이다. 따라서 외각에서 올라오는 볼에 대한 슈팅 훈련과 공중으로 날아오는 볼에 대한 정확한 임팩트 훈련이 필요하리라 생각된다.

축구 경기는 정지된 상태에서 이벤트가 발생하기보다 이동적인 상황에서 이벤트가 발생하는 경향이 있다. 또한 헤딩 경합은 상대보다 항시 높은 상황에서 볼을 쟁취하여야 하는 특수 상황이기 때문에 동작 중에 할 수 있는 헤딩이 중요하게 여겨지는 것이다. 본 연구에서 상대적으로 중요도가 높게 나타난 것으로 점프헤딩, 크로스헤딩, 런닝점프 헤딩이 나타난 것도 이와 같은 이유 때문일 것이다. 따라서 헤딩에 대한 훈련은 정지된 상황에 대한 연습보다 동작 중 일어날 수 있는 헤딩 훈련을 반복 훈련하는 것이 필요할 것으로 생각된다.

상황별 트래핑이나 이동 트래핑은 경기 중 접목이 가능한 반면 부위별 트래핑이나 바운드 트래핑의 경우 기초기술에 해당한다. 따라서 경기 중 발생 빈도가 높고 접목 가능한 상황별 트래핑이나 이동 트래핑이 중요도가 높게 나타난 것이다. 빠른 속도의 이동상황이나, 빠른 패스의 연결과정에서 빠질 수 없는 동작이 트래핑이다. 이 속도가 빨라야 전체적인 경기 속도나 연결속도가 빨라지는 것이다. 따라서 이동 트래핑은 전체적인 경기 속도를 빠르게 가져가는 데 매우 중요한 요인으로 나타난 것으로 볼 수 있다.

트래핑을 위한 훈련 방법으로서는 항시 이동해서 볼을 잡아놓는 방법을 선수들이 습득하게 하여 어떠한 상황에서도 절대로 볼을 발밑에 정지하지 못하게 하는 미니 게임을 활용하는 것이 필요할 것이다. 습관적으로 이동 동작에서의 볼 트래핑을 할 수 있게 반복적인 훈련을 하는 것이 필요하리라 생각된다.

GK의 경우 중요도가 상대적으로 높게 나타난 항목은 다이빙과 캐칭이다. 골키퍼의 기본 기술이라 할 수 있는 다이빙은 걸어서 도달할 수 없는 곳에 볼이 있을 경우에 사용하는 기술이다. 캐칭 또한 키퍼의 기본 기술로 볼을 놓치면 바로 실점으로 연결될 수 있으므로 주요한 요인이라 할 수 있다. 문전에서 상대로부터 볼을 빠른 시간 내에 놓치지 않고 잡는 것이 GK에게 있어서는 필수 항목인 것이다. 따라서 빠른 다이빙과 한번 잡은 공은 놓치지 않는 캐칭 연습을 반복적으로 실시해야 할 것으로 생각된다. 경기 중에는 볼의 세기가 일정하지 않고 빠르고 강하게 날아오는 경우도 많이 있으므로 점프를 이용한 다이빙 훈련과 앞에서 강하게 하는 슈팅을 잡는 훈련을 병행하여 시킴으로써 경기 중에 실수를 줄이게 하는 훈련 방법을 적용하는 것도 중요하리라 여겨진다.

03 전 술

① 전략전술 살펴보기

1) 전술이란?

① 한 마디로 약속된 플레이다. 감독의 지시를 이행하려는 의지와 선수 상호 간의 약속 이행이 전술이다 : 신문선

② 팀 시스템 가운데서 어떻게 플레이를 변용 또는 적용시켜 나갈 것인가 하는 것이며 다음과 같은 점을 고려하여 결정된다 : 알란 웨이드

㉠ 팀을 구성하는 각 선수의 기술

㉡ 팀을 구성하는 각 선수의 개인기에 나타나는 결점

㉢ 상대 선수의 개인기

㉣ 상대 선수의 개인기의 결점

㉤ 그라운드나 일기 상태

㉥ 자기팀 및 상대팀 선수의 부상

㉦ 팀 속에서의 이해 정도(반복연습에 의해서 습득하고 있는 동작. 특히 드로인, 프리킥, 코너킥할 때의 동작)

㉧ 게임의 상태

③ 축구경기는 시간과 공간과의 싸움이다. 전술이란 이 두 요소를 상대팀보다 더 효과적으로 활용하기 위해 사전에 연습하여 준비한 플레이를 말한다. 반복 연습은 반응시간을 단축시키며 성공률을 높인다. 전술은 이론적인 이해와 경기에서의 수행 능력을 포함하는데, 이 두 가지 중 하나라도 부족하면 수준 높은 경기를 할 수 없다. 특히 연습 현장에는 거의 대부분이 대화가 거의 없고 지도자의 지시대로 움직이기에 한국 축구선수들의 경기판독력(무엇이 일어나는가를 이해하고 그 결과로 직접 또는 앞으로 전개될 상황을 예상할 수 있는 능력)이 부족하다. 선수가 경기를 판독할 수 없으면 경기 과정을 지시하는 감독이 신뢰할 수 있는 수준 높은 경기를 치를 수가 없다 : 김기호

④ 포메이션(formation)이란 선수 11명이 장점을 최대한 발휘할 수 있도록 감독이 적재적소에 배치 운용하는 것을 말한다. 개인기량, 전술 이해력, 체력, 상대팀 전력 등 4가지가 기본 요소다. 일단 정해진 포메이션도 상대팀에 따라 조정과 변동이 불가피해 어떤 포메이션이 공격적이라거나 수비 위주라고 단정할 수는 없다 : 이용수

⑤ 축구에서의 시스템은[20] 공격과 수비를 효율적으로 운용하기 위해서 계획한 선수의 배치 형태 또는 맨투맨이니 지역방어니 하는 플레이 방식을 말한다. 흔히 듣게 되는 원톱의 4—3—3이니 하는 시스템이 선수들의 배치형태를 나타내는 것이며, 스위퍼 시스템의 스리백이니 존 디펜스 시스템의 포백이니 하는 시스템이 플레이 방식을 나타내는 말로, 맨투맨식 수비 방식을 스위퍼 시스템, 지역 수비 방식을 존 디펜스 시스템이라고도 한다 : 박종환

우리팀		상대팀		추천시스템
공격	수비	공격	수비	
강	강	약	약	공격형(강공)
약	약	강	강	수비형(기습)
강	약	약	강	공격형(강공)
약	강	강	약	정상플레이

시스템의 결정

- 자기 팀과 상대 팀 선수 개개인의 특성과 능력
- 자기 팀과 상대 팀의 조직력
- 특출한 실력을 가진 선수의 유무
- 상대 팀의 채택 시스템
- 대회의 편성된 조의 상황
- 기타 상황(대회 중 해당 경기의 중요성, 상대적인 결과 등)을 고려해야 하며, 위의 상황들에 따라 임기응변적이어야 한다.

2) 전술의 분류

(1) 경기장의 구역을 기준으로

① 수비 전술
② 중반 전술
③ 공격 전술

20) 승부사 박종환의 특별한 축구강의, 박종환 김홍삼 지음, 시대의 창, 2002.6.3. 15,000원, p.54.

(2) 경기에 참여하는 경기자의 수를 기준으로

① 개인 전술

㉠ 경기를 수행하기 위해[21] 개인이 갖춰야 할 기술적 요인들
㉡ 드리블, 킥, 헤딩, 패스, 슛, 볼컨트롤 등

② 부분 전술

㉠ 선수 2인 이상이 조직을 갖춰 경기를 운영하는 능력
㉡ 수비 시스템, 공격전술, 미드필드 전술과 프리킥, 코너킥, 드로인 전술 등

③ 팀 전술

㉠ 개인전술과 부분전술을 모두 포함하여 11명이 조직화된 팀플레이
㉡ 포메이션(Team Formation), 11명의 배열과 수비, 공격, 허리 등에 포인트를 두며 팀 특유의 시스템과 부분전술로 경기를 운용하는 것

3) 옌스 방스보(Jens Bangsbo 前 유벤투스 수석 부감독)가 들려주는 전술에 대한 이해

(1) 일류 선수의[22] 전술적 필요조건

① 개인전술 소화 능력
② 상황 지각능력
③ 팀 전술에 대한 이해도
④ 경험

(2) 전술적 요인 분석

공격전술		수비전술		팀 전체적 전술
개인전술	팀전술	개인전술	팀전술	
•공간 창출 •월 패스 •오버레핑 •볼 이어받기 •교차 플레이 •수비수 유인 •challenging •split runs	•볼 점유 훈련 •골키퍼 볼 배급 •공격 전개 시 좌우 폭과 앞뒤 간격 조절 •템포 조절 •역습 •침투와 결정력 •팀전술 •Build — up	•개인전술 •커버와 마크 •지원과 복귀 •상대선수의 공격 방향 유도	•커버 조직의 구성 - 대인방어 - 지역방어 - 복합수비 •팀 수비의 깊이 •수비라인 간의 응집력 •압박 •오프사이드 트랩	•팀 플레이 체계 •플레이 스타일 •팀 전술 •세트 플레이

21) 완전정복 4.4.2, 신문선, 한국축구연구소, 북젠, 2006.11.21, p.16.
22) '2007 U—17 월드컵 한국 대표팀 전술분석과 청소년 축구 육성방안' 세미나 자료, 한국축구연구소, 07.11.27.火.14:00, pp.28～33.

(3) 유소년 선수의 전술 훈련 : 예

연령대	공격 전술	수비 전술
8~9	공간 창출/볼 이어받기	커버
10~11	월패스	지원
12~13	오버레핑	커버조직의 구성:팀
14~15	교차플레이/팀 체계훈련	수비라인 간의 응집력
16~17	팀전술	팀전술

2 세계축구의 전략전술 변천사

한 팀이 창조하거나 채택하여 운용하는 팀 전술은 선수 개개인의 경기력, 축구의 경기규칙(공격수에게 유리한가? 수비수에게 유리한 경기규칙인가?), 당시의 유행, 감독의 선수생활 경험과 신념 등에 크게 영향을 받는다. 그리고 "체력은 개인기에 우선하고, 개인기는 전술에 우선한다."고 한 알란 웨이드의 지적은 거의 언제나 어디서나 올바르다.

한국축구 131년 역사 이래 처음으로 세계 축구의 전략전술 변천사인 「한눈에 축구의 전략을 읽는다」를 쓴 이수열씨(2006.5.12, 당시 인하대 1년)는 축구 전략전술의 흐름이 크게 세 가지 중요한 사건에 의해 변하였다고 한다.

① 첫 번째 : 오프사이드 룰의 개정

1925년에 개정된 이 룰은 최초로 일자 수비라인이 등장하는데 일조했고, 이것이 결국 수비전술을 비롯, 공–수 운영의 전반적인 틀이 다져지는 출발점이 되었다. 대체적으로 WM과 더블 M이라는 두 가지 전술이 세계 축구 무대를 꽉 휘어잡고 있었는데, 약 30년 간 이어졌다.

② 두 번째

50년대 후반, 헝가리와 브라질에 의해 탄생한 4–2–4 시스템은 최초의 4Back 지역방어 시스템이다. 이 시스템을 근간으로 60년대에는 WM과 더블 M을 대체할 시스템으로 4–2–4, 4–3–3, 4–4–2, 카데나치오, 토탈사커 등 다양한 시스템이 차례로 등장했다. 이 시기를 '전술 혁명의 시기'라 한다. 주목해볼 것은 점차 전술 흐름의 추가 '수비 강화'에 초점을 두어 진행되었다는 사실이다.

③ 세 번째 : 사키 감독의 등장

공격축구 부활을 위한 FIFA의 대대적인 룰의 개정과 '실용적인 토털사커'에 입각한 사키의 구상이 다시 한 번 세계 축구 전술의 흐름을 바꾸어 놓았다.

시기별로 관통해 온 전략전술의 흐름을 요약하여 살펴보기로 하자

1) 길거리와 들판에서의 축구 ; 축구 이전의 축구

모리스는 「축구인간학」에서 이렇게 쓰고 있다.

"이 곳에서는 1년에 두 차례, 참회 화요일과 재의 수요일에 경기가 개최되었는데, 수백 명이 게임에 참가하여 예로부터 전해 오는 대로 몇 킬로미터 간격으로 설치된 두 개의 골 중에서 어느 한 쪽을 목표로 들판을 달리고 강을 건너고 마을을 통과하여 골에 공을 넣기 위해 경쟁을 벌였다."

매컴슨도 「1700~1850년 사이의 영국 사회의 대중적 레크리에이션들」이라는 논문에서 이렇게 쓰고 있다.

오전 중에 일을 끝내고 오후 2시에 시장에서 경기가 시작되었는데, 각 팀의 인원은 19세기 초에 500명에서 1,000명 정도였다. 세인트 피터스의 골은 런던 쪽으로 1마일(약 1.6킬로미터) 정도 떨어진 곳에 있는 묘목밭(nursery ground) 입구의 문이고, 올 세인츠의 골은 서쪽으로 1마일쯤 떨어진 곳에 있는 정미소의 물레방아였다.

시합이 벌어지면 세인트 피터스 쪽에서는 공을 다웬트 강에 던져 넣고 강물 속을 걸어 운반하는 전법을 구사했다. 골로는 약간 돌아가는 길이었지만 전술적으로는 매우 좋은 방법이었기 때문이다. 적어도 세인트 피터스 쪽이 물속에서 우세한 한, 그대로 골 근처까지 공을 운반한 뒤에 지상으로 옮겨 마지막 일전을 시도하는 것이 상책으로 여겨지고 있었다. 만약 올 세인츠 쪽이 우세한 경우에는, 날이 어두워질 때까지 공을 어딘가에 감추어 두었다가 저녁에 코르크를 깎아 태운 검은 재를 얼굴에 바르거나 누군가를 여자로 꾸며 부인용 옷 안에 공을 감추어 운반하는 경우도 있었다. 새로운 전법을 생각해 낸 사람은 동료들에게 큰 환영을 받았는데, 언젠가는 마을의 하수도를 통해 지하로 공을 운반하는 방법을 제안한 사람까지 있었다. 마지막으로 공을 골대로 가져간 사람은 의자에 올라앉아 동료들이 그 의자를 어깨에 메고 거리를 돌아다녔으며, 이듬해에 게임이 시작될 때 공을 던져 올리는 영예를 가질 수 있었다.

기록에 의하면, 더비 市에서 1.000명이 풋볼경기에[23] 참여했다. 그때 더비 市의 인구는 5,000명 정도였을 것으로 추정하고 있다. 또 당시의 경기가 무득점 상태에서 5일간 혹은 3일간 계속해서 벌어지는 일이 있었다. 아니 그렇게 벌어지는 게 보통이었다는 얘기다. 그렇다면 그들은 왜 이런 규칙을 가지고 경기를 했는지를 알아볼 필요가 있다. 이 규칙에는 승패를 다투는 것보다 '오래 즐기기'를 중시한다는 그들의 사고방식, 경기관(觀)이 깃들어 있다. 1점으로 승부가 결정되었다. 1점이 나면 경기도 축제도 그것으로 끝났다. 이기는 게 목적이 아니라 오래 즐기는 게 목적이었기에 오프사이드도

---

23) 오프사이드는 왜 반칙인가?, 나카무라 도시오 지음 이정환옮김, 뿌리와 이파리, p.63, 148~149.

득점을 어렵게 해 경기시간을 연장하기 위한 장치였다.

2) 축구와 럭비의 분리

이 책의 '축구 규칙' 부문에서 알 수 있듯이 1863년 10월 26일(月) 런던의 링컨스 인 필즈에 있는 술집 '프리메이슨스 태번'에 모여 FA(The Football Association)를 결성했다. 반면 회합에 참여했던 럭비 사립학교 대표는 그러한 결정에 따르지 않았고 손을 사용하는 경기를 계속하고자 했다. 1897년, 이러한 경기 방식을 옹호하는 이들이 모임을 가졌고, 럭비풋볼 연합(Rugby Football Union)을 창설했다. 이렇게 하여 축구와 럭비는 결정적으로 분리되었다.

3) 1—2—7 포메이션 : 1863년 10월 이전

이때에는 축구와 럭비 모두 전방패스를 금지했다. 볼을 앞으로 보내기 위한 유일한 방법은 드리블뿐이었다. 그래서 이때의 풋볼은 드리블링 게임이라고도 했는데, 이때 드리블이라는 기술을 바탕으로 한 선수 배치법이 포메이션으로 등장하였다.

잉글랜드의 원더러스 FC의 앨콕 〈C. Alocock〉 감독은[24] 럭비와 다른 순수한 축구경기를 강력히 주장한 사람이다. 그는 드리블에 능한 7~8명의 공격수를 주축으로 1~2명의 공격수를 뒷받침하는 하프백, 그리고 드리블을 잘하는 상대선수를 막기 위한 1명의 풀백을 두는 선수 배치법을 창안했다. 골키퍼 앞에 1명의 수비(풀백), 그 앞의 2명의 하프백, 그리고 전방에 7명의 공격수를 포진시키는 것이 그 전형이었다. 1—2—7 포메이션이었다.

4) 2—2—6 포메이션 : 1863년 10월 이후

이때부터 축구에서 전진패스를 허용했다. 이것은 축구의 비약적인 변화를 의미하는 일대 사건이었다. 이 변화로 인해 1870년대 패싱 게임(Passing Game)이라는 새로운 개념이 축구에 도입된 것이다. 이 패싱 게임의 특징은 공격 일변도의 드리블 작전이 체력소모가 많고 공격 속도가 떨어지는 비효율적인 전술이라는 비판을 정면 돌파하는 일대 개혁이었다.

그리고 이때 등장한 것이 2—2—6 포메이션이었다. 패싱게임을 개발한 스코틀랜드에서 유행했는데, 1880년대에는 잉글랜드까지 퍼져 일반화되었다. 드리블링 게임보다 수비가 늘어 득점력이 조금 줄어들기는 했지만 경기의 속도가 빨라졌으며 특히 문전으로 길게 차고 대시하는 킥 앤드 러시의 전술은 팬들을 흥분시키기에 충분했다. 패싱 게임의 도입은 현대축구 전술에 기여해 온 포메이션 변화에 밑거름이 된 중요한 사건이었다.

---

24) 완전정복 4.4.2, 신문선, 한국축구연구소, 06.12.21, pp.17~50.

5) 2—3—5 포메이션

축구 역사의 초창기에는 '축구는 골을 많이 넣는 팀이 이기는 종목'이었다. 하지만 이 생각은 오래 가지 않아 바뀌기 시작한다. '축구는 골 넣는 것 이상으로 실점을 줄여야 승리할 수 있다'는 인식은 급격히 잉글랜드 축구에 퍼져 나갔다. 이를 바탕으로 탄생한 것이 3명의 하프백을 두는 시스템이다. 1870년대 후반부터 이 시스템이 인기를 끌었고 1884년 잉글랜드 대표팀이 사용한 후 전 세계에 널리 보급되었다.

이 시스템을 사용했던 프레스톤 노드 엔드팀은 1889~1890년 잉글랜드 축구 선수권 대회에서 2년 연속 우승하였다. 이 시스템은 축구의 고전적 포메이션으로 2차 대전 후까지도 널리 쓰였다. 특히 이 시스템은 축구 전술의 바탕을 이룬 것으로 높이 평가받는다. 이 포메이션과 더불어 축구의 포메이션상의 선수 위치에 대한 명칭과 번호가 정해졌기 때문이다.

6) 오프사이드 룰의 개정과 허버트 채프먼의 WM시스템

1925년에 FIFA는 잉글랜드의 주장을 받아들여 오프사이드룰을 개정했는데, 새로운 룰은 골과 플레이어 사이에 상대방[25] 선수가 2명 있으면 오프사이드로 인정하는 것으로 이전에는 3명까지 오프사이드로 인정하던 것을 개정한 것이다.

잉글랜드에서는 새로운 오프사이드룰로 인해 보다 수비에 치중하는 포메이션이[26] 등장했다. 센터하프는 원래 위치인 미드필드에서 뒤로 처져 제3의 풀백인 스토퍼가 되었다. 이 새로운 '선수(pivot)'는 확실하게 공격을 차단했고, 수비와 공격 사이의 거리를 더욱 멀어지게 만들었다. 각 팀들은 공격수 5명과 하프백 3명이 대세를 이루면서 더 이상 공격수의 숫자를 줄이기 위해 노력할 필요가 없어졌다. 대신 공격수가 상대 진영에 있을 때에도 풀백은 자기 진영을 굳세게 지키게 된 것이다.

진정한 첫 번째 초기 현대적 형식은 1920년대와 1930년대에 아스날의 감독으로 리그 우승 5차례와 FA컵을 2차례 차지한 허버트 채프먼(Herbert Chapman)에 의해 선보였다. 채프먼은 WM 포메이션을 만들어 냈다. 이 포메이션은 공격수 3명과 공격형 하프백 2명이 수비형 하프백 2명과 '스토퍼'를 둔 축구계의 주요 포디스트(Fordist)였으며 최초의 현대적 감독이었다. 그의 견해에 따르면 산업주의자들이 보다 빠른 상품 생산을 위해 사용한 장치들을 골의 생산을 위해 축구에서 똑같이 사용될 수 있다(Davies 1992:30). 채프먼은 클럽에서 상당한 재량권을 확립했고 이적 시장에서 많은 돈을 사용했으며, 새로운 규칙을 이용하기 위해 자신의 팀을 변모시켰다. 그는 인기 매체가 할 수 있는 홍보를 최대한 이용했고, 클럽과 선수들에 대한 훌륭한 마케팅 솜씨를 보여 주

25) 축구의 사회학, 리처드 줄리아노티 지음 복진선옮김, 현실문화연구, 2004.8.16, pp.252~253.
26) 축구의 전략을 한눈에 읽는다. 이수열, 책이 있는 마을, pp.62~63.

었다(Holt 1989: 311). 아스날의 강점은 언제든지 역공으로 상대방을 유린할 수 있다는 자신감을 보여 주는 수비의 안정성에 있다. 채프먼은 이 전술에서 용감하지만 무모하게 과거의 스티일로 공격을 해야만 한다고 느끼던 상대팀의 미숙함에 많이 의존했다.

2—3—5에서 WM으로 변화과정

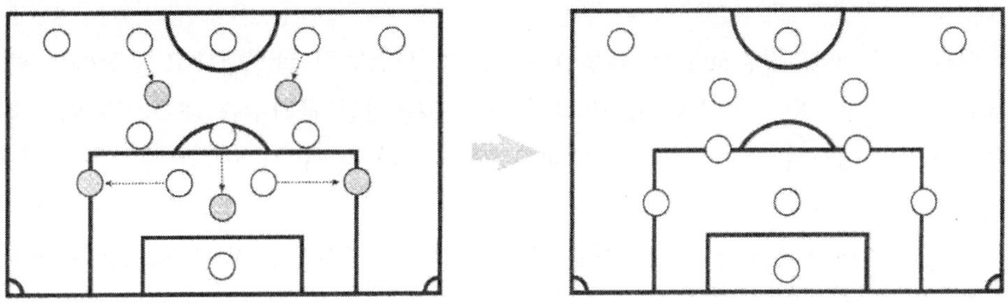

위의 그림에서 알 수 있듯이 피라미드 시스템과 비교했을 때 WM 시스템은 공수에 있어 상당히 균형감이 있어 보인다. 선수들을 균형 있게 배치시킴으로써 공수의 안정된 경기력을 이끌어낼 수 있었다. 대인방어의 시초로 알려진 하버트 채프먼의 WM 시스템에서 최후방 수비수 세 명은 상대 공격수를 철저하게 대인방어 해냈다. 그리고 수비형 미드필더들도 최후방 수비를 도와 막강한 수비벽을 형성했다. 당시 축구전술이 공격 일변도였다는 사실로 미루어 볼 때 WM 시스템은 한층 더 고차원적인 전술이었다고 볼 수 있다. 하버트 채프먼이 이끌었던 아스날팀은 강력한 대인방어로 상대 공격을 차단한 후, 공격적인 다섯 명의 선수들을 중심으로 역공을 펼치는 데 능했다.

공격과 수비의 능력을 균등하게 이룬 WM 시스템은 1954 스위스 월드컵에서 서독이 정상에 오를 때까지 더블 M 시스템과 함께 세계 축구계를 지배했다. 아래는 WM 시스템의 몇 가지 변형들이다.

(1) 이아쿠신(Iakushin)의 WM 시스템

하버트 채프먼의 WM 시스템은 훗날 여러 형태로 발전했다. 특히 1940년대 후반 러시아의 프로팀, 디나모의 코치였던 이아쿠신에 의해 완성된 WM 시스템은 현대 축구 발전에 지대한 영향을 끼쳤다. 이아쿠신의 WM 시스템은 하버트 채프먼의 WM 시스템과 형태가 유사하지만 하나 틀린 점이 있다면 이아쿠신의 WM 시스템 체제에서는 공격을 담당하는 다섯 명의 선수가 90분 내내 잦은 포지션 변화로 상대를 유린한다는 것이었다. 이는 현대 축구계에서 볼 수 있는 멀티 플레이어의 기능을 수행한 것이다. 자신의 위치를 지키는 것이 주된 임무였던 당시 축구계에서 이아쿠신의 전술은 가히 혁명과도 같았다. 당시 디나모는 혁명적 WM 시스템의 활용으로 상대팀을 아주 쉽게 요리했다.

많은 축구 전문인들은 이아쿠신이 고안한 이러한 전술적 움직임이 50년대 그토록 강한 전력을 뽐냈던 헝가리와 브라질의 4—2—4 시스템으로 발전했다고 말한다. 그리고 70년대에 유행한 토털 사커의 시조라고도 말한다.

(2) 헝가리의 4—2—4 시스템

WM 시스템에 의해 50년대 유행한 4—2—4 시스템이 탄생했다고 주장하는 축구전문가들이 많다. 위에서 설명했듯이 다섯 명의 유동적인 공격수를 배치시킨 이아쿠신의 WM 시스템에서 좀 더 공격적이고 체계를 갖춘 4—2—4 시스템의 출현을 예상할 수 있었다.

실제로 50년대 초반에 센세이션을 일으킨 헝가리 대표팀은 WM 시스템을 변형한 4—2—4 시스템을 활용했다. 다섯 명의 공격수 중 히데구티가 미드필더로 배치되고, 수비형 미드필더였던 자카라이스가 최종 수비라인으로 포진한 전형이 등장한 것이다. 수비 목표를 유지했고, 미드필드를 장악한 두 명의 스펙터클한 플레이 메이커가 눈에 띈다. 공격과 수비로 양분화되던 당시로서는 대단히 현대적인 발상의 전형이라 할 수 있다.

(3) 스위스 볼트(Swiss Bolt) 시스템

스위스 대표팀은 카를 라판(Karl Rappan)의 지도를 통해 1950년대에 수비에 더 치중하는 WM의 변형을 보여준다. 이 결과 등장한 스위스볼트 시스템은 스위퍼 1명을 포함한 중앙수비수 2명이 공격형 풀백 2명에 의해 지원을 받으며, 미드필더 2명은 공격수 2명이 윙플레이어의 도움을 받는 동안 센터를 조종하게 되는 것이다. 선수들은 결코 3개 경기라인에 정적으로 배치되는 것이 아니라, 경기의 흐름에 따라 전진하거나 뒤로 물러서게 되고 따라서 높은 수준의 전술적 이해를 필요로 하는 것이다.

WM 포메이션에서 3명의 풀백 가운데 중앙 수비수(Centre Back)을 골키퍼 쪽으로 처지게 해, 수비에 깊이를 두는 것이 이 전술의 핵심이다. 이를 딥 센터 백(Deep Centre Back)이라고 한다. 또한 수비수가 전후 좌우에서 수비벽이 뚫리거나 패스가 문전으로 투입되었을 때 볼이나 상대공격수를 마크한다. 스위스 볼트 시스템의 전술적 영향을 이후 카테나치오(Catenaccio) 시스템에 의해 한층 발전된 '스위퍼'의 창조다. 독일에서는 딥 센터 백이 리베로(Libero)로 발전하게 됐다.[27]

7) 4·2·4 시스템

오랫동안 세계 축구의 중심으로 여겨졌던 피라미드 시스템과 WM 시스템이 1950년대부터 축구계에서 그 입지가 좁아졌다. 그리고 미드필드를 강화한 4—2—4 시스템이

27) 완전정복 4.4.2, 신문선, 한국축구연구소, p.24.

유행하기 시작했다. 4—2—4 시스템은 헝가리 대표팀이 처음으로 유행시켰고, 이후 브라질 등 세계적인 팀들이 꾸준히 발전시켰다.

'매직 마자르' 헝가리는 공격과 수비의 균형을 동등히 유지하는 4—2—4 시스템을 50년대 초기에 선보였다. 4명의 포워드를 앞세워 여전히 공격적인 색깔을 유지했지만, 4명의 수비를 일자로 늘어뜨려 각각의 지역을 분할하여 방어토록 한 점은 주목해 볼만하다. 나아가 헝가리는 공격 4—수비 4의 중심에서 2명의 '지휘자'를 활용, 미드필드를 중심으로 한 공—수 연결의 중요성을 일깨웠다.

(1) 헝가리의 4—2—4 시스템

헝가리 축구를 통해 이때부터 세계 축구는 미드필드의 중요성을 인정하고 깨닫게 됐다. 또한 개인기 위주의 축구의 한계를 느끼고 조직에 대한 중요성을 더욱 부각시킨 변화는 헝가리 축구 덕분이었다.

헝가리 4—2—4 시스템

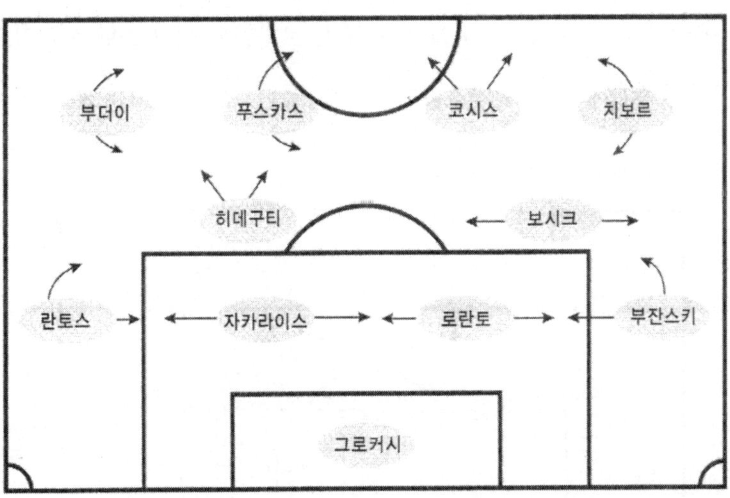

1950년대 헝가리팀은 혁혁한 기록을 남겼다. 1952년 올림픽에서 우승했다. 1953년 11월 25일 엠파이어 웸블리경기장에서 잉글랜드는 헝가리에 6:3으로 졌다. 잉글랜드가 홈에서 최초로 패배한 날이다. 이어 벌어진 부다페스트에서의 평가전에서도 잉글랜드를 7:1로 완파했다.

1954년 스위스 월드컵 결승전에서 서독에 패배하기 이전까지 4년간 국제대회에서 32전 무패를 기록했다. 헝가리는 스위스 월드컵에서 27골을 터뜨렸는데, 이는 월드컵 축구 역사에서 아직도 깨어지지 않은 기록으로 남아 있다. 당시 항가리의 공격력이 얼마나 출중했는지 미루어 짐작할 수 있겠다.

(2) 브라질의 4—2—4 시스템

58 스웨덴 월드컵의 페오라(Feora) 체제의 브라질은 4—2—4 시스템을 본격적으로 유행시키는 데 일조했다. 그들의 4—2—4는 매우 자유로웠고, 공격적이었다. 4인의 눈부신 포워드, 자갈로—바바—펠레—가린샤는 갖가지 개인기로 골을 창조했으며, 디디는 '스핀 킥'이라는 놀라운 기술을 선보이기도 했다. 하지만, 그들의 자유분방함과 개인기의 내면에는 공—수의 균형, 2명의 미드필더가 공—수를 탄탄하게 받치는 조직적 운영이 근본이 되어 있었다.

당시 브라질의 전형과 60년대로 접어들면서 브라질 내 최고 명성을 얻게 되는 산토스의 4—2—4 시스템에서 주목해 볼 만한 사실은 좌측 윙 포워드로 기용된 자갈로, 페페가 완연히 공격적 성향을 갖춘 선수라기 보다는 공격 지원 및 수비시 미드필드 경기 운영 지원에서 능력을 발휘하는 선수들이었다는 사실이다. 이들의 역할 범위에 따라 브라질과 산토스의 경기 운영은 4—2—4에서 종종 4—3—3으로 변화하기도 했다. 62 칠레 월드컵에서 결국 브라질은 수비 강화 및 중원 강화가 안정적인 승리를 보장한다는 당시 축구 전술 흐름의 순리에 따라 자갈로를 좌측 미드필더로 포진시키는 4—3—3 시스템을 고안해내게 된다. 4—2—4와 4—3—3, 브라질은 이 시스템을 근간으로 월드컵 연속 우승의 위업을 달성하게 되고, 이들의 시스템은 60년대 세계 축구계를 사로잡았다.

▶ 브라질 4—2—4 시스템

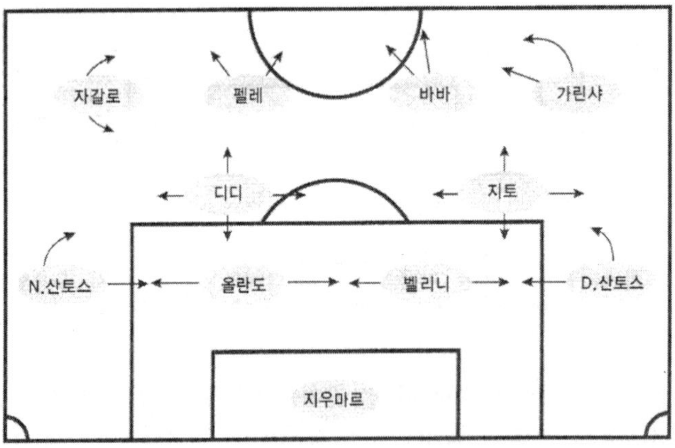

8) 4·3·3 시스템

(1) 잉글랜드의 4·3·3 : 66런던 월드컵

1966년 월드컵에서 알프 렘지(Alf Ramsey) 감독이 '윙이 없는 놀라운 스타일'(Wingless Wonders)인 4·3·3 전략으로 잉글랜드 최초의 월드컵 우승을 이루어 내었다.

문전에서 공중볼 경합이 우수한 조프 허스트와 헌트를 최전방에 배치시키고, 보비 찰튼을 이들의 후위에 바짝 다가서게 한 3인 포워드 체제를 완성했다. 미드필더 피터스—스타일스—볼은 왕성한 체력과 투지로 중원을 수놓았고, 4명의 수비는 지역방어를 선택했으나 위험 상황시, 잭 찰튼이 후위로 빠져 청소부 역할을 이행했다.

▶ 잉글랜드 월드컵 당시 잉글랜드팀 전형

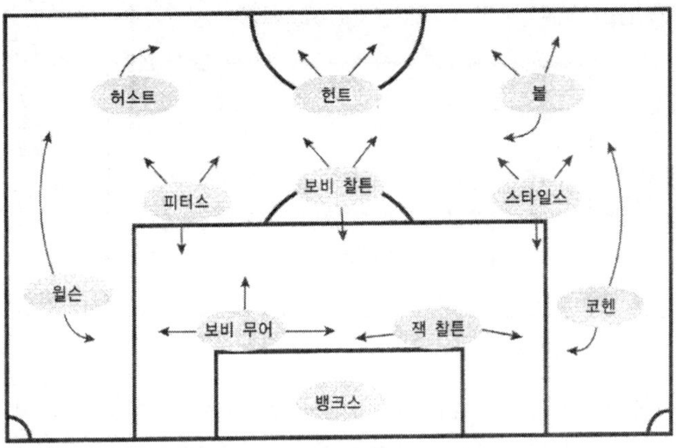

그런데, 당시 잉글랜드 대표팀의 시스템은 엄밀히 따져 4—4—2 시스템으로 볼 수 있다. 당시로선 4—4—2라는 선수 배치에 대해 인색했기 때문에 공격력이 출중한 보비 찰튼을 허스드—헌드와 묶어 3인 포워드 체제로 해석한 것이다. 하지만, 보비 찰튼의 움직임은 현대 축구의 공격형 미드필더와 같다.

따라서 2인 포워드 체제에 기반을 둔 4—4—2 시스템으로 해석할 수 있는 것이다. 현대의 축구 전문가들은 당시 잉글랜드로부터 4—3—3에 대항하는 또 다른 수비형 시스템으로서 4—4—2가 득세했다고 본다.[28]

(2) 브라질의 4·3·3 : 70년 멕시코 월드컵

많은 축구전문가들로부터 축구 역사상 최고의 팀으로 평가받고 있는 당시의 브라질 대표팀은 "개인기가 전술에 우선한다."는 사실을 극명하게 보여주었다. 더 이상 설명이 필요없는 펠레, 월드컵 역사상 매 경기 1득점이라는 기록을 갖고 있는 화려한 발의 마술 브라질의 젊은 스타 자일징요, 푸른 수염의 프리킥 스페셜리스트 리벨리노, 현대축구에서 적극적으로 시도되고 있는 공격하는 윙백의 모델을 제시한 카를로스 알베르토 등등 브라질의 라인업은 결승전 상대 이탈리아 선수들의 기량을 압도하고 있었다. 여기에다 평지보다 상대적으로 산소의 밀도가 희박한 해발 2,240m의 아즈텍 경기장에서의 결승전은 이탈리아 선수들에게 체력적인 부담으로 작용했다.

28) 축구 아는 만큼 보인다. 발다노 외, 아이세움, p.135.

▶ 브라질의 화려한 4—3—3 시스템

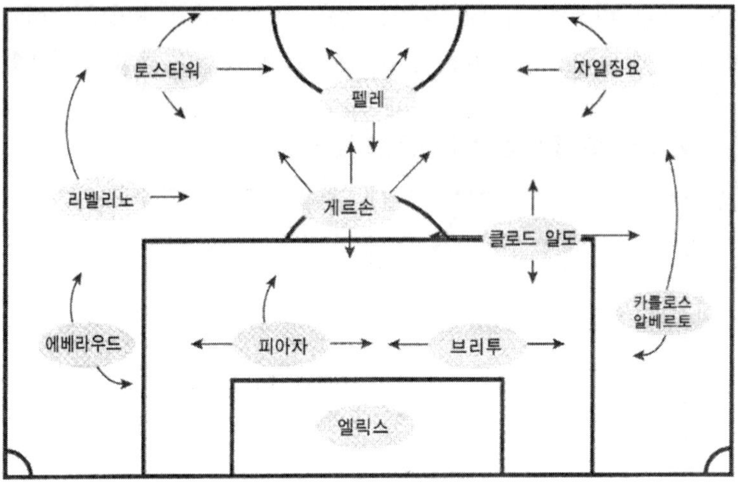

이후 세계 축구계는 브라질을 이길 수 있는 전술 개발에 열중하게 된다. 그리하여 등장한 대표적인 2가지 전술이 리누스 미헬스의 '토털사카'(Total Soccer)와 엘레니오 엘레라의 '카데나치오'(Catenaccio)였다.

9) 카데나치오(Catenaccio)

1930년대 말, 오스트리아 출신의 카를라판이 스위스 대표팀의 감독으로 있을 때 고안한 '스위스 볼트' 시스템, 이 시스템은 먼저 수비를 하고 공격을 전개한다는 원리를 적용한 시스템으로 카데나치오의 시초라 할 수 있다.

엘레니오 엘레라, 그는 1950~60년대에는[29] 세계 최고의 감독으로 명성을 날렸다. 바로셀로나에 있던 3년 동안 그는 페어스컵(Fairs Cup)을 두 차례, 스페인 선수권을 두 차례나 차지했다. 인터밀란에서도 그는 유럽클럽챔피언컵을 두 차례, 인터콘티넨털컵(도요타컵) 2연속 우승, 리그 선수권을 세 차례나 차지하는 기염을 토했다. 그는 또 스페인, 프랑스, 이탈리아 대표팀을 지도했다. 에레라는 카데나치오를 다듬고 확대하여 이를 무기로 유럽컵을 거머쥐었고 그리하여 전세계에 퍼뜨렸다.[30]

1970년 멕시코 월드컵 때 이탈리아는 이미 자국 리그에 팽배해져 있는 카데나치오를 활용했다. 그리고 준결승에서 서독에 2골을 허용하고 결승전에서는 브라질에 4골을 내주었다. 이탈리아어로 '맹꽁이 자물쇠'라는 의미를 갖고 있는 카데나치오가 허점을 드러낸 원인이 무엇일까?

---

29) 축구 전쟁의 역사, 사이먼 쿠퍼, 이지북, p.132.
30) 축구의 전략을 한 눈에 읽는다. 이수열, 책이 있는 마을, pp.95~96.

이탈리아 인터밀란팀의 카테나치오 전형

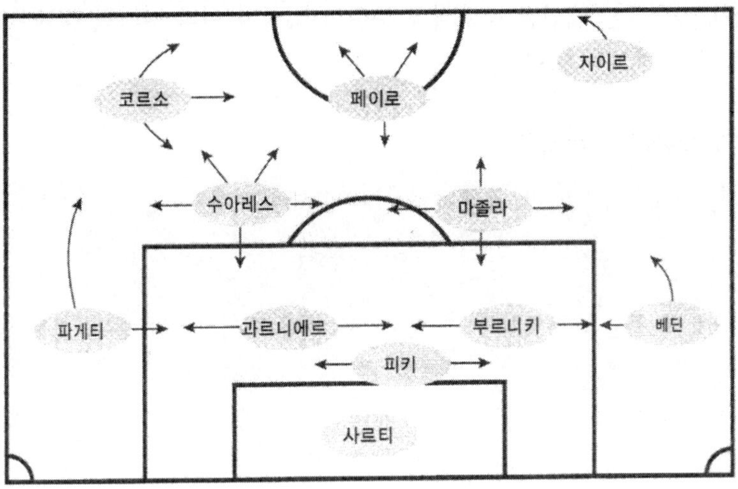

먼저, 대인방어를 주된 수비전술로 활용하는 팀의 수비자가 상대 공격자와의 일대일 싸움에서 주도권을 허용하면, 그 순간 수비조직이 엉망이 된다. 서독전과 브라질전에서 특히 후반 중반에 이르러서부터 이탈리아의 수비가 급격히 허물어지는 것을 알 수 있었는데, 이것 역시 이러한 원인 때문이었다. 일대일 싸움에서 주도권을 잡은 상대 공격자들은 활발한 활동을 펼쳤고, 결국, 미드필드—수비 사이의 조직력이 내부에서 흔들리는 결과를 초래한 것이다.

특히, 브라질전에서는 대인방어의 한계를 드러내 보였다. 이탈리아의 수비수들은 브라질 공격 3인방 및 리벨리노에 집중적인 대인방어를 가했는데, 이 틈에 아무런 방해도 받지 않고 있던 카를로스 알베르토가 저 멀리 수비진에서부터 단숨에 넘어와 이탈리아 수비의 빈 공간을 헤집은 것이다.

두 번째 이유는 이탈리아의 미드필드를 구성한 마졸라 — 데 시스티 — 도멩기니는 미드필드에서의 적극적인 압박보다는 자기진영으로 후진하여 중원의 공간을 내주었다. 이로 인해 활동력, 돌파력, 패싱력을 자랑하는 서독과 브라질의 미드필더들은 자유롭게 전방으로 볼을 투입했다.

10) 네달란드의 토털사커

흔히 '총력축구', '올 라운드 플레이 all round play', '전원공격 전원수비 시스템'이라고도 불리는 토털사커는 축구 역사상 기존의 전술에서는 한번도 시도되지 못했던 획기적인 경기 방법이었다. 혹자는 현대축구의 전술이 — 4·4·2든, 3·5·2든, 4·3·3이든, 4·3·1·2든, 그 무엇이든 — 토털사커를 바탕으로 하여 파생된, 토털사커의 변종이라고 주장하기도 할 정도로 파급효과가 크다. 당시 언론등이 "오렌지군단의 축구는 시스템의 진화가 아닌, 기본 개념을 송두리째 무너뜨린 혁명"이라 평가한 것에서 새 전술에 대한 놀라움과 경외심이 읽힌다.

▶ **아약스 토털 사커**

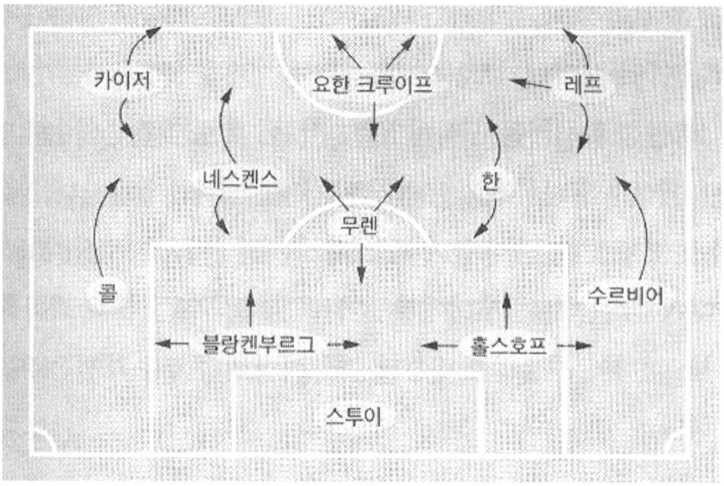

네덜란드의 아약스 암스텔담이 처음 시도하여 유럽챔피언스컵 3회(71~73)와 인터콘티넨탈컵(도요타컵) 1회 우승을 이루어 내었다. 당시 아약스는 세계 최강의 팀이었다. 이 시스템의 창시자 리누스 미헬스 감독은 아약스의 선수 전원이 수비수가 되는 전체적인 압박축구를 전개했다. 볼을 가진 상대 공격자와 가장 가까운 곳에 있는 아약스의 선수가 즉시 압박을 가하고, 주의의 동료선수들이 재빠르게 협력수비를 펼친다.

토털사커를 성공적으로 실행하기 위해서는 아래의 조건이 충족되어야 한다. 먼저, 압박 및 공간을 찾아 끊임없이 움직이기 위해서는 근본적으로 체력적 능력이 바탕이 되어야 한다. 둘째, 그때그때 상황에 따라 수시로 포지션을 소화해내는 멀티플레이어의 역량을 가지고 있어야 한다.

셋째, 수비 — 중반 — 공격에서의 유기적인 팀플레이를 지속해야 하기에 높은 수준의 경기판독력과 전술적인 이해가 요구된다. 그때에 전 세계의 축구팀들이 아약스의 토털사커를 격찬했지만, 이 시스템을 온전하게 활용한 팀을 거의 찾아보기 어려운 것은 위의 조건들을 갖추지 못한 것이 중요 원인이었다.

2007년 9월 영국의 타임스(The Time)지는[31] '역대 세계축구 명장 50인'을 선정, 발표했다. 유럽 각국 지도자와 축구전문가들의 투표를 통해 순위를 정했는데, 네덜란드 출신의 리누스 미헬스 전 아약스 감독이 영예의 1위를 차지했다. 1위로 선정한 이유에

31) 토털사커의 위대한 완성자 리누스 미헬스, 베스트일레븐 2008.4월호 p.180.

대해 "아약스와 바로셀로나를 거치며 수 차례 우승을 이끌었을 뿐 아니라 토털사커의 개념을 완성해 세계축구의 흐름을 바꿔 놓았다."고 설명했다. 미헬스 감독에겐 1999년 FIFA선정 '20세기 가장 위대한 지도자'로 뽑힌 데 이어 사후(2005년 사망)에 지도 역량을 재차 인정받은 경사였다.

토털사커를 최초로 고안한 이는 야크 레이놀스 전 아약스 감독이지만 제자인 미헬스 감독이 적극적으로 다듬고 보완해 매력적인 전술로 집대성했다. 창안자인 스승을 대신해 미헬스 감독이 '토털사커의 아버지'로 추앙받는 이유다. 미헬스 감독은 1988 유럽선수권에서 감독으로서 조국의 우승을 이끌며 화룡점정을 성취했다.

11) 4—4—2 시스템

과거 많은 지도자들은 수비 숫자를 신속히 8명까지 가담시킬 수 있고, 미드필드—수비가 2중의 방어벽을 형성하여 그라운드 전체 공간을 장악하는 데 유리하며, 윙을 활용해 공격 속도를 높일 수 있다는 점에서 4—4—2 시스템을 주목했다(옆의 시스템). 즉, '선수비 후역습'에 안성맞춤형 시스템으로 인식하는 예가 많았다는 것이다. 그런데, 현대 축구에서는 같은 4—4—2 시스템이지만 팀이 지향하는 전술 방향에 따라 매우 다양한 배치 형태와 활용 방안이 등장하는 추세다. 4—4—2 시스템의 변형 형태로서 4—3—1—2 시스템과 4—2—2—2 시스템이 대표적이다.

▶ 4-4-2 시스템

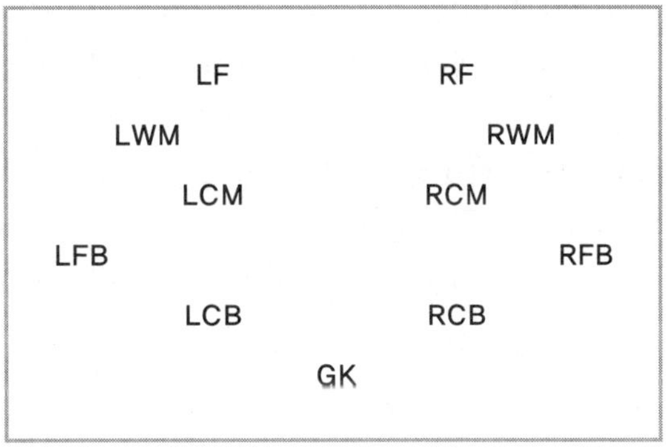

12) 4—3—1—2 시스템

4—3—1—2 시스템에 대해 알아보자면, 이 시스템은 1의 공격 능력을 활용하기 위한 시스템이라고 볼 수 있다. 즉, 상대 최종 수비가 2스트라이커의 움직임에 집중되어 있을 때, 1이 상대 미드필드—수비 사이의 공간을 빠르게 장악하면서 팀 공격을 주도한다는 것이다. 3은 1의 수비 부담을 최소화하기 위해 많은 활동력을

▶ 4-3-1-2 시스템

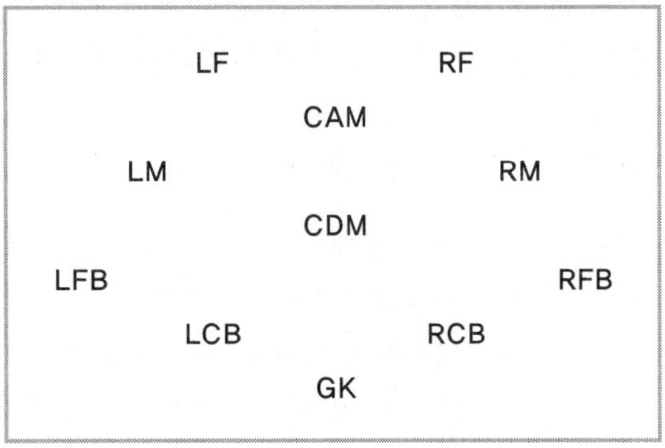

토대로 압박과 공격 지원을 병행한다. 때문에 윙을 두지 않는다. 대신, 측면 미드필더의 수비 지원이 많은 만큼, 풀 백의 공격 가담이 비교적 자유롭다. 따라서 윙의 부재로 나타날 수 있는 측면 공격의 미비함은 풀 백의 공격을 활성화시켜 메우게 된다(옆의 시스템).

역삼각형으로 배치한 공격 3인방이 바이탈 지역을 다양한 패턴으로 분쇄하는 데 효과가 있고, 상대 마크로부터 비교적 자유로운 수비수(풀 백)의 공격 가담을 활성화시킬 수 있다는 점에서 강점을 지닌다. 반면, 높은 지점에서의 측면 수비가 어려워 상대 풀 백의 공격력을 견재하기 힘들다는 점, 1이 고립될 경우 최전방으로 나아가는 '연결고리'가 봉쇄될 수 있다는 점은 이 시스템이 가지는 명백한 약점이다. 때문에 1의 고립을 방지하고, 공격 패턴 변화의 유동성을 배가하기 위해 측면 미드필더 중 한 명은 공격 성향의 선수로 두는 것이 일반적이다. 이 선수는 미드필드 후위에서 1선까지 폭넓게 넘나들어야 하므로 체력적으로 강해야 한다. 2000년대 AC 밀란이 이 시스템의 가장 대표적인 팀이다.

그런데, 현대 축구에서는 오히려 4—3—1—2 시스템을 활용함에 있어 1의 수비적 역량에 주목하는 팀들이 많아졌다. 왜냐하면, 미드필드 후위에서 공격 방향을 선택하고 조율하는 플레이메이커가 자주 등장하고 있기 때문이다. 즉, 이를 저지하는 데 있어 1이 위치적으로 적합하다는 의미다. 이 시스템에서 1은 기존의 공격형 플레이메이커로서의 역할을 이행하지만, 수비도 소홀히 하면 안된다. 1의 수비 가담이 적극적으로 나타나는 만큼, 1이 가진 공격력을 극대화시키는 데는 어려움이 있다. 대신, 1이 수비 균형을 맞춰줌에 따라 측면 미드필더의 공격 가담이 그만큼 자유로워질 수 있다는 장점이 있다(옆의 그림). 2008—2009 시즌 세리아 A 챔피언에 등극한 인터 밀란이 스탄코비치를 앞세워 이 시스템을 활용했다. 당시 인터 밀란의 감독 호세 무리뉴는 4—3—1—2 시스템의 수비적 강점을 강하게 주장하는 지도자 중 한 명이다.

▶ 4-3-1-2 시스템

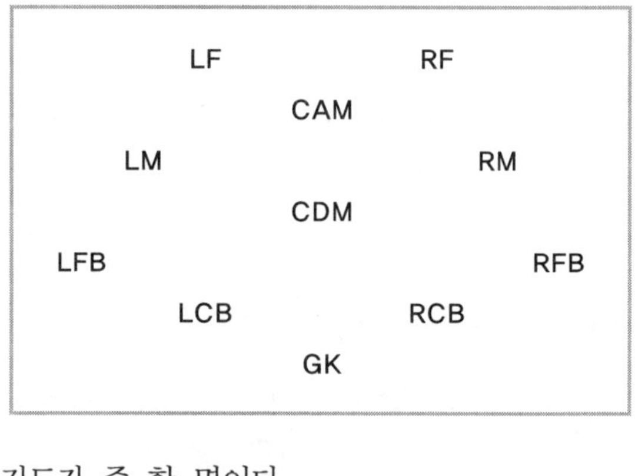

13) 4—2—2—2 시스템

미드필드를 박스 형태로 둔 4—4—2 시스템은 중앙 공격을 지향한다. 2명의 중앙 공격형 미드필더는 2스트라이커와 4인 공격 체제를 이루어 짧게 주고 받는 세밀한 패스—위치 변화 등을 통해 공격을 창조한다. 일부 전문가들은 이 시스템을 두고 '현대화된 4—2—4 시스템'이라 일컫기도 한다. 대개 기술 축구를 앞세우며 중앙 공격을 강조하는 남미에서 자주 찾아볼 수 있는 포메이션이다. 브라질이 82 스페인 월드컵을 통해 이 시스템을 처음 선보였으며, 그 이후로 브라질 공격 축구를 상징하는 전술적 뼈대가 되었다. 윙을 두지 않음으로 인해 발생하는 측면 공격의 부재는 풀 백이 적극적으로 공격에 가담하여 메우게 된다(옆의 그림). 하지만, 미드필드 측면 지역에서의 수비 부재, 풀 백의 잦은 공격 가담으로 2명의 수비형 미드필더가 받는 역할 부담이 상당하다는 단점이 있다. 때문에 이 시스템을 완벽하게 적용시키기 위해서는 세계적 수준의 수비형 미드필더의 존재가 필요하다. 4—2—2—2 시스템을 즐겨쓰는 브라질에서 유난히도 세계적인 수비형 미드필더가 자주 배출되는 것도 이 같은 원인을 내포하고 있기 때문이다.

▶ 4-3-2-2 시스템

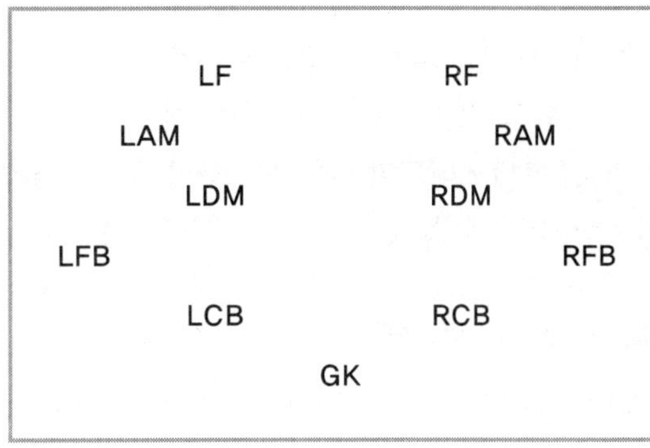

그런데, 4—2—2—2 시스템이 무조건 공격적으로만 활용되어진 것은 아니다. 94 미국 월드컵 당시 브라질은 공격형 미드필더 징요—마징요가 수비시에는 반드시 측면 수비 지역으로 신속히 후진해 공간을 차단하는 모습을 보였다(옆의 그림). 단, 징요—마징요가 가지고 있는 공격 성향을 최대화하지 못했고, 이는 4—2—2—2 시스템 고유의 공격 축구를 실현시키지 못한 결과로 이어졌다. 때문에 24년 만에 월드컵 정상을 탈환했음에도 '화끈한 공격'을 추구하는 브라질 축구팬들로 하여금 비판에 시달려야 했다.

▶ 4-2-2-2 시스템

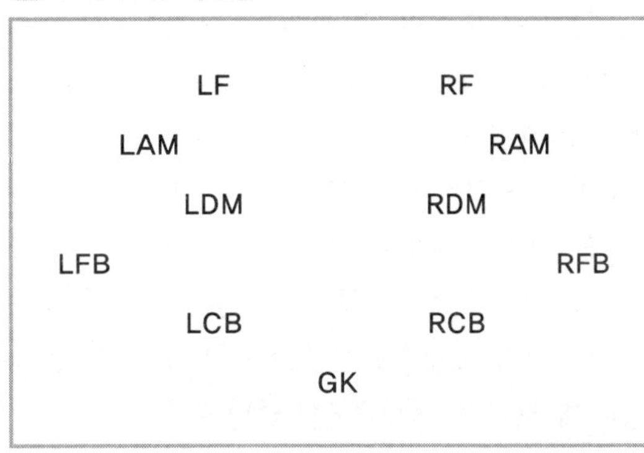

'수비의 고밀화'를 타개할 방법으로 측면 공간 활용이 중요하게 떠오르고 있는 현 시점에서 윙을 두지 않는 4—3—1—2 시스템과 4—2—2—2 시스템은 세계 축구 무대에서 흔히 찾아 볼 수 있는 대형은 아니다. 현재 유럽에서 자주 활용되어지는 4—4—2 시스템은 미드필드를 1자로 두는 대형이다.

그런데, 주목해 볼 것은 이 대형이 과거처럼 '수비형'으로만 활용되지 않는다는 것이다. 윙 역할의 다양화, 공격형 풀 백의 유행이 이의 원인이 되었다. 윙은 터치라인에서 기본적으로 볼을 소유하면서 공격을 시작하되, 측면 공간과 페널티 지역 안쪽을 자유롭게 누비며 팀 공격을 구성한다. 그리고 윙이 페널티 지역 안쪽으로 진입할 시 생성되는 측면 공간을 통해 풀 백이 호시탐탐 공격기회를 노린다. 이 같은 이유로 4—4—2 시스템과 4—2—2—2 시스템이 혼용되는 양상을 자주 보인다(옆의 그림). 07—08 시즌 맨체스터 유나이티드가 이 시스템을 활용해 정상에 올랐다.

▶ 4-4-2 시스템

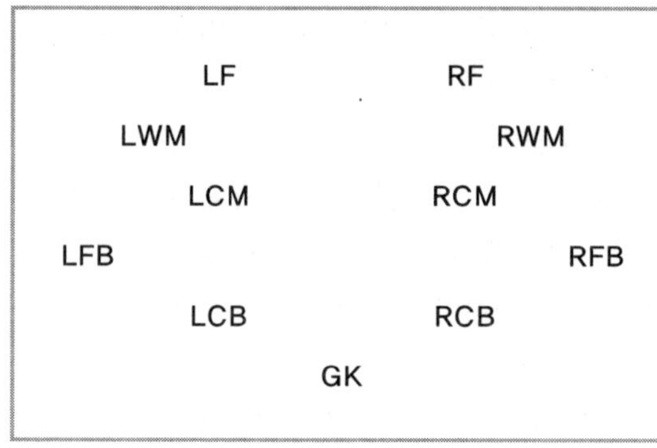

14) 3—5—2 시스템

4백 일색인 현대 축구에서 자주 보여지는 시스템은 아니지만 중앙 수비 숫자 보강에 따른 수비 강화, 공격형 풀 백의 공격력을 부각시킬 수 있다는 점에서 여전히 전술적인 가치가 있는 시스템이다. 우선, 3—5—2 시스템의 운영 방법에 대해 알아보도록 하자. 3백 운영은 1명의 Sweeper, 2명의 Stopper가 조합을 이루는 대인방어에 기초하는 예가 많았으나 현대 축구에서는 포지션 게임의 효율성을 증대시키기 위해 지역방어를 활용하는 예가 많다. 미드필드지역의 측면에 위치하는 윙 백은 3—5—2 시스템의 유일한 전문적인 측면 자원으로서 터치라인을 따라 부지런히 공—수를 넘나들어야 한다. 3명의 중앙 미드필더는 공—수 전환 및 연결을 주도하는 역할을 이행한다. 그런데, 이를 배치하는 형태는 팀이 지향하는 전술 방향에 따라 다소 다르게 나타난다(옆의 그림) 수비형은 공격형 미드필더 1명을 배치한 형태로 수비지향적인 경기운영을 펼치는 2명의 중앙 미드필더의 든든한 지원 아래 윙 백의 공격 가담을 상대적으로 활성화시키고자 하는 성향이 강하고, 공격형은 2명의 공격형 미드필더가 2스트라이커와 4인 공격 체제를 이루어 중앙에서 보다 세밀한 공격을 운영하겠다는 의도가 내포되어 있다. 아르헨티나, 멕시코

▶ 3-5-2 시스템 -수비형-

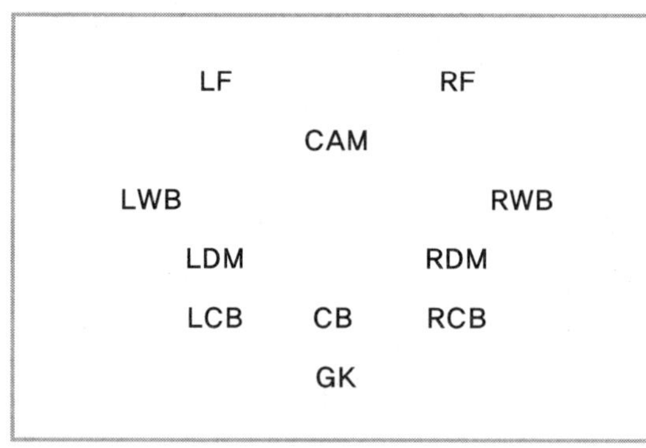

▶ 3-5-2 시스템 -공격형-

등이 3—5—2 시스템을 전통적으로 자주 활용해왔으며, 공—수를 겸비한 측면 플레이어가 많은 브라질에서도 3—5—2 시스템은 여전히 각광받는 시스템이다.

15) 4—5—1 시스템

현대 축구가 미드필드를 강화하는 방향으로 나아감에 따라 4—5—1 시스템이 득세하고 있다. 4—5—1 시스템은 3명의 중앙 미드필더를 삼각형의 형태로 두느냐 역삼각형의 형태로 두느냐에 따라 4—2—3—1 시스템과 4—1—4—1 시스템으로 다시 나눠지게 된다. 4—2—3—1 시스템은 유로 2004, 2006 독일 월드컵에서 자주 선보였던 시스템으로 흔히 더블 보란치로 불리는 2명의 수비형 미드필더가 미드필드 후위를 폭넓게 커버하면서 공격형 미드필더의 수비 역할 부담을 최소화한다. 즉, 공격형 미드필더의 공격 역량을 최대한 활용하겠다는데 주안점을 둔다. 지단, 데쿠가 이 시스템의 공격형 미드필더로서 명성을 떨친 대표적인 선수이다.

▶ 4-2-3-1 시스템

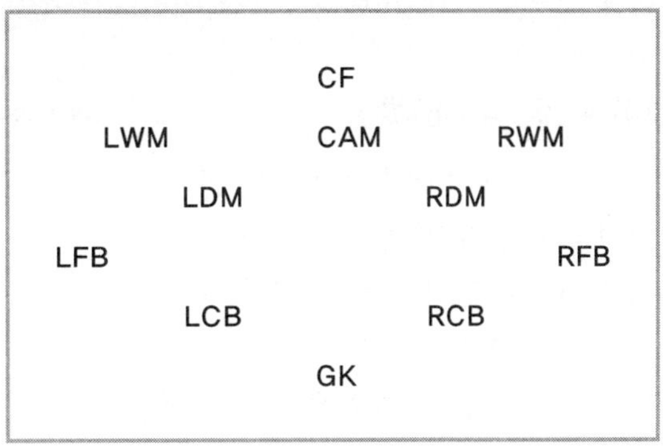

4—1—4—1 시스템은 공격형 미드필더를 1명 더 충원한 공격 지향적인 시스템이다. 하지만, 이 시스템의 수비적인 장점에 주목하는 팀들도 많다. 공격적인 4명의 미드필더가 미드필드 전방의 좌측—중앙—우측으로 고르게 분포되어 있으므로 사전 압박에 있어 상대적으로 용이하다는 것이다. 4명의 공격적인 미드필더가 전방 압박을 가하고, 그 후위에서 수비형 미드필더가 폭넓게 커버 플레이를 펼치며 상대 공격을 중원에서부터 압박한다. 미드필드에서의 수비 안정화는 곧 4백의 안정화를 의미하며, 공격의 이동 거리를 좁히며 속도감 있는 역습을 전개할 수 있다는 장점 또한 발휘하게 된다. 유로 2008 결승전에서 스페인이 이 시스템을 활용해 독일을 꺾었다. 중원 장악, 빠른 역습 등에 장점이 있다는 점으로 미루어 보아 앞으로 이 시스템을 활용하고자 하는 팀들이 더욱 늘어날 것으로 예상된다.

▶ 4-1-4-1 시스템

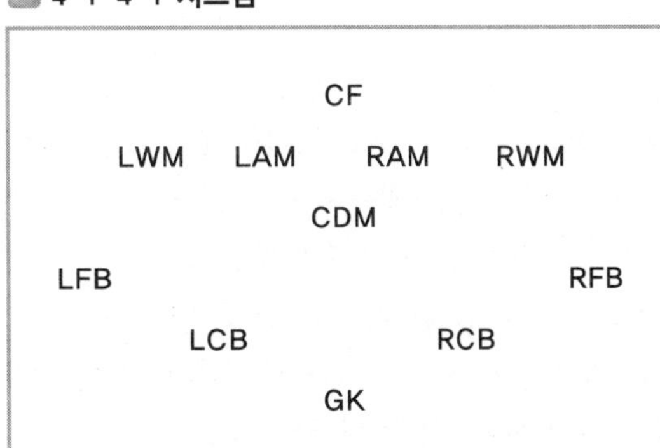

4—2—3—1 시스템과 4—1—4—1 시스템 모두 공격시, 스트라이커의 역량이 매우

중요하다. 스트라이커는 항상 홀로 고립되어 있으므로 공간 창출이 여의치 않다. 때문에 2선 공격수들이 1선으로 빠르게 진입해 득점하는 상황을 연출할 필요가 있다. 따라서 스트라이커는 1선에서 2선 공격자가 빠르게 1선으로 진입할 수 있는 길을 열어주는 것이 중요하다. 이를 위해선 상대 최종 수비를 끌어들일 수 있는 다양한 공격적 역량이 스트라이커에게 필요하다. 토티, 드로그바, 아데바요르, 반 니스텔루이 등이 4—2—3—1, 4—1—4—1 시스템의 스트라이커로서 훌륭한 조건을 겸비한 선수들이다.

16) 4—3—3 시스템

4—5—1 시스템과 공통점이 많다. 차이점은 윙의 플레이 시작 위치에 있다. 4—5—1 시스템의 윙이 미드필드진의 측면, 4—3—3 시스템의 윙은 포워드진의 측면에 위치하여 플레이한다. 때문에 4—5—1 시스템에서는 상대적으로 공격형 미드필더의 공격 가담이 잦고, 4—3—3 시스템은 윙 포워드가 득점과 어시스트를 총괄하는 예가 많다. 하지만, 현대 축구에서는 미드필드 균형 유지 차원에서 4—3—3 시스템의 윙 포워드가 수비시에는 미드필드진 측면까지 후진해 공간을 차단하는 예가 잦아졌다. 그리고 4—5—1 시스템 역시 미드필드 중앙의 탄탄함을 기반으로 윙을 공격화하므로 4—3—3 시스템과 4—5—1 시스템은 거의 같은 틀에서 이루어진다해도 과언은 아니다. 다만, 4—5—1 시스템과 4—3—3 시스템을 '같다'고 볼 수 없는 것이 3포워드 체제가 반드시 1명의 스트라이커와 2명의 윙 포워드로만 이루어지는 것이 아니라 2명의 스트라이커와 1명의 윙 포워드로 구성하는 예도 적지 않기 때문이다.

▶ 4-3-3 시스템

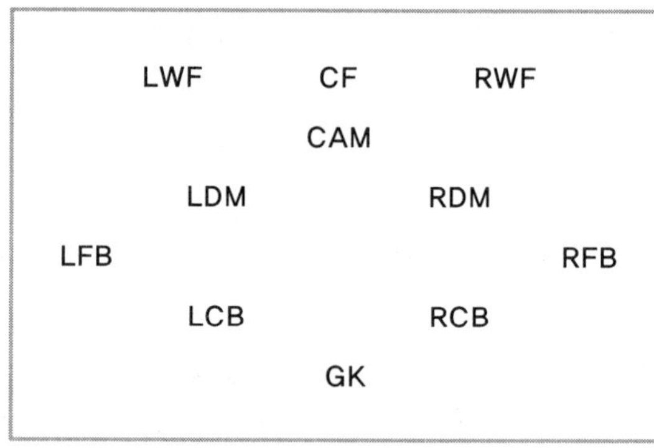

▶ 4-3-3 시스템

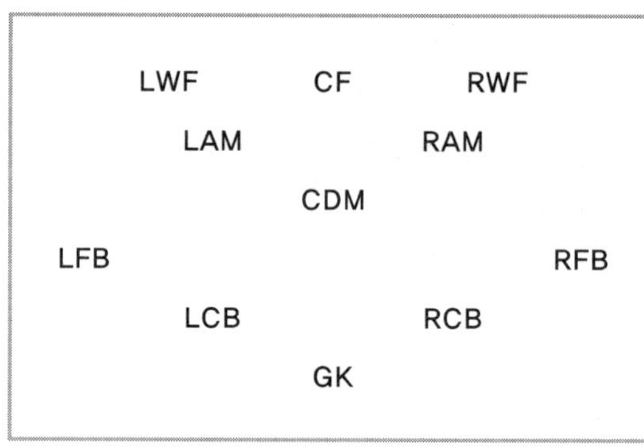

▶ 4-3-3 시스템

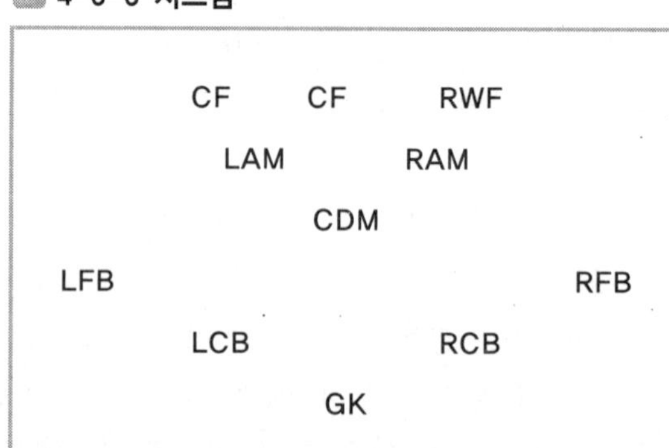

17) 2006 독일 월드컵 : 4—2—3—1 시스템

이 대회에서 한국은 16강 진출에 실패했다(1승 1무 1패, 한국2:1토고 한국1:1프랑스 한국0:2스위스). 대회 전 2002 월드컵 4강 신화를 기억하고 있는 대부분의 국민들이 16강 이상의 성적을 거둘 것으로 전망했다. 여론조사 전문기관 '폴 앤 폴'의 설문조사(06.4.20)에서 응답자의 89.6%가, GSM21 스포츠리서치의 설문조사(06.5.31)에서 88.3%가 16강 이상의 성적을 예상했다. 이외의 여론조사에서도 이와 비슷한 응답이 나왔다. 6월 19일(한국시간) 열린 프랑스전을 앞두고 네티즌의 60%가 한국이 이길 것으로 기대하고 있는 것으로 나타났다(06.6.16 야후코리아).

그러나 유럽 베팅업체들은[32] 한국의 16강 진출에 회의적이었다. 일례로, 잉글랜드 베팅업체인 '베트 365'는 2006년 5월 17일 16강 진출에 +162 탈락에 —225의 배당률을 보여 "스위스가 한국보다 16강 진출 가능성이 크다."는 견해를 발표했다. 결과적으로 국민의 기대와는 달리 2006 독일 월드컵을 통해 한국축구는 세계축구와 큰 격차가 있다는 걸 확인할 수 있었다.

당시 일화 하나. 2006년 6월 4일 스코틀랜드 에딘버러에서 열린 한국과 가나와의 평가전, 벤치에서 경기를 지켜보던 아드보카트감독이 10여 분 동안 땅을 내려다 보며 한숨을 쉬었다. 한국은 이날 가나에 1—3으로 완패했다. 이영표, 김영철(32, 성남일화) 김진규(23, FC서울), 송종국(29, 수원삼성)이 호흡을 맞춘 한국의 포백은 가나에 여러 차례 공간을 내주며 수비조직에 심각한 문제를 드러냈다. 아드보카트 감독은 선수들의 무기력한 플레이에 충격을 받았다.

(1) 전술적인 특징

수비는 포(4), 공격은 원(1)톱이 대세를 이뤘고 시스템상 성공 방정식은 4—2—3—1이었다. 한 달간 지구촌은 지름 22cm 450g의 자그마한 둥근 공의 엄청난(?) 무게에 어찌할 바를 몰랐다. 그렇다면 무엇이 축구팬들을 환호와 탄식의 드라마에 휩싸이게 했을까.

단순히 승패의 희비보다는 축구 그리고 날로 변해가고 발전해가는 전술의 힘이 박진감 넘치는 드라마에 더 재미난 요소를 얹어줬다고 볼 수 있다. '골이 적다'는 푸념은 있었지만 어느 경기 하나 밋밋하고 지루하지 않았다는 점이 이를 뒷받침한다.

2006독일월드컵은 3·4위전까지 63경기를 치르며 143골이 터져 경기당 2.27골이 나왔다. 이는 90이탈리아월드컵의 경기당 평균 2.21골에 이어 역대 17차례의 월드컵 중 가장 적은 골수다. 역대 월드컵 통산, 평균 2.93골이 터진 것과도 차이가 난다. 골가뭄은 공격수의 능력 부족으로 예단하기보다는 쉽게 골을 나오지 않게 한 전술의 변화에

32) Sports 2.0 103호, 2008.5.19, p.68.

서 비롯됐다고 할 수 있다. 현대축구 전술의 기본이 공격보다는 '수비의 고밀화'에 맞춰져 있다는 점도 이를 확인해 주는 대목이다. 브라질과 아르헨티나 등 화려한 개인기를 앞세운 국가들은 수비축구 앞에서 맥을 못췄다. 반면 7경기에서 단 2골만을 허용한 이탈리아는 철벽 수비로 월드컵 우승컵을 들어 올렸다.

① 주류는 포백 수비였다.

수비진에 3명을 배치하는 스리백 전형은 낡은 유물이 된 듯하다. 독일월드컵은 현대축구 최적의 전형은 포백에 근간을 두고 있음을 보여줬다. 본선 32개팀 중 포백을 주 전형으로 쓴 팀이 28개팀이나 된다. 기존의 스리백을 쓴 팀은 호주 멕시코 크로아티아 코스타리카 등 4팀 뿐 성적도 포백의 우위를 말해준다.

스리백을 구사한 호주와 멕시코만이 2라운드 16강에 들었을 뿐이다. 8강 이후에는 포백 수비의 팀들만으로 경쟁구도가 형성됐다. 스리백 대신 포백이 주류를 이룬 것은 대인방어 보다는 지역방어가 보다 합리적인 수비법이라는 인식 때문이다. 94미국 월드컵때부터 포백 수비가 스리백을 대체하는 조류를 보이더니 2002년에 대세를 이뤘고 이제는 전술적인 유용성이 검증된 공통된 틀로 굳어졌다고 볼 수 있다.

② 4—2—3—1 전형이 떴다.

결승에 오른 프랑스와 이탈리아의 공통점은 탄탄한 수비에 있다. 짠물 수비는 최고의 수비수들로 짜여진 포백라인에도 있지만 수비진 위에 2명의 수비형 미드필더를 배치하면서 원톱을 활용하는 4—2—3—1 전형을 주로 활용해 효과를 봤다. 브라질에선 '더블 볼란치'라는 말로 불리는 더블 수비형 미드필더는 '홀딩 미드필더'(일반적으로 수비형 미드필더는 상대공격을 차단하는 '홀딩형'과 전방으로 패스를 열어주는 플레이메이커의 성격이 있는 '앵커형'이 있다)로 불리며 이번 대회에서 강팀의 가장 강력한 전술 포인트로 쓰였다. 스위퍼의 역할은 수비라인 바로 앞에 서는 수비형 미드필더에게로 넘어 갔다. 수비의 무게 중심도 미드필드 지역으로 이동했다. 수비형 미드필드가 미리 상대 공격을 차단함으로써 실점을 막는 것이다.

4강에 오른 팀 중[33] 독일(4—4—2)만 빼고 나머지 3개팀은 4—2—3—1포메이션을 중심꼴로 활용했다. 마켈렐레—비에라(프랑스), 가투소—피를로(이탈리아), 마니시—코스티냐(포르투갈)가 공수의 중심축이 됐다. 포백 라인 위에 두 명의 앵커맨(또는 홀딩 미드필더)을 배치해 촘촘한 블록을 형성하며 난공불락의 요새를 만들었다.

94, 98 월드컵부터 앵커맨들이 주목을 받아왔지만 대부분 중원의 1차 수비와 커버플레이라는 수비중심적 역할에 치중한 면이 크지만, 이탈리아의 피를로, 포르투갈의 마니시, 프랑스의 비에라는 공격침투 패스는 물론 직접득점을 기록하는 공격적인 역할에도

33) 수비는 포백—공격은 원톱 스포츠서울 5면, 오광춘기자 '4—2—3—1' 대세, 2006.7.10.月

충실한게 이번 대회의 특징이다.

4—2—3—1 전형은 미드필드에 최대 5명의 숫자를 포진할 수 있고 상황에 따라 양쪽 풀백의 오버래핑을 통해 사이드 돌파의 변화를 줄 수 있다는 점에서 필승을 노리는 안정적인 전법으로 통용됐다.

③ 원톱이 대세를 이뤘다.

프랑스의 앙리, 이탈리아의 토니, 포르투갈의 파울레타, 브라질의 호나우두.... 두 명의 공격수를 두는 투 톱보다는 최전방 공격수로 한 명을 두는 전법이 유행처럼 번졌다. 이는 좋은 성적과도 연동됐다. 포돌스키와 클로제를 투 톱으로 쓰며 전형적인 투 톱을 쓴 독일 외에 4강팀 프랑스, 이탈리아, 포르투갈은 원 톱을 배치해 재미를 봤다.

92 유럽선수권 때부터 조류를 타기 시작한 원 톱 스트라이커의 배치는 미드필드 숫자를 한 명 늘릴 수 있다는 장점이 있다. 경기력을 장악하기 위해 미드필드 싸움에 초점을 맞출 수 있어 경기를 지배할 수 있다. 그러나 원톱은 골수를 줄어들게 한 가장 큰 요인이 됐다. 능력있는 원 톱이라도 최전방에서 고립되는 경우가 많았고 잘 짜여진 수비진을 혼자서 헤집는 것은 무척 어려운 일이었다.

(2) 월드컵 기술연구 그룹 포지션별 분석

2006년 7월 8일 발표된 독일월드컵 테크니컬 스터디 그룹(TSG기술연구그룹)의 미시적인 분석으로 접근해 보면, 포지션별로도 뭔가 유형이 있었다. 특히 필드플레이어에 비해 그늘에 가려졌던 골키퍼의 활약이 두드러진 대회였다.

① 골키퍼

이탈리아의 부폰은 준결승까지 6경기를 소화하면서 상대팀 선수에게는 한 골도 허용하지 않았다. '골수가 줄었다'는 점은 '실점이 적었다'는 말로 대체할 수도 있다. 이는 수비의 마지막 보루인 골키퍼들의 보이지 않는 힘이 뒷받침됐다. 블록화된 수비라인을 조율하는 능력과 적절한 위치선정 흔들리지 않는 냉정함은 골키퍼를 슈퍼스타로 부상케 한 요인이 됐다. 부폰 외에도 포르투갈의 히카르두, 프랑스의 바르테즈, 독일의 레만, 브라질의 지다, 체코의 체흐, 스위스의 추버빌러 등이 찬사를 받았다.

② 수비수

선취골이 중요해졌다. 3·4위전까지 63경기중 선취골을 넣지 못한 팀이 경기를 뒤집은 경기는 단 8경기뿐이었다. 이같은 역전승도 모두 조별리그에서 나왔을 뿐 수비가 그만큼 강했다. TSG는 "이탈리아의 중앙수비수 칸나바로는 압박하고 공을 가로채 그 공간을 좁힘으로써 공격수에게 부담을 주며 좋은 활약을 펼쳤다."고 대표 사례를 들며 수비수의 기량 향상을 인정해야 한다고 강조했다.

③ 미드필더

전문화된 선수들이 미드필드에서 어우러지는 조화가 중요한 힘으로 부상했다. TSG는 "독일월드컵은 미드필드의 무대였다"고 공언하면서 프랑스의 르네상스를 견인한 지단 등 미드필더가 팀의 주축이었고 슈퍼스타로 부상했다고 설명했다. 환상적인 발재간과 패스를 보여준 지단, 공격의 중심을 잡아준 독일의 발락, 포르투갈의 피구와 데쿠, 빠른 발로 수비수를 흔들었던 프랑스의 리베리와 잉글랜드의 레넌, 힘든 몸싸움으로 화려한 플레이를 받쳐줬던 이탈리아의 가투소와 아르헨티나의 마스체라노의 플레이가 높이 평가받았다.

④ 공격수

공격수가 골을 넣기가 어려웠다. 결승을 제외하고 5골로 최다득점을 기록한 클로제는 62 월드컵 이후 가장 적은 골로 득점왕에 오를 가능성이 높다. TSG의 쿠비야스 위원은 "전형적인 골잡이보다는 공격형 미드필더들이 눈길을 끌었다"고 분석했다. 아울러 공을 멈춰놓고 진행하는 세트피스의 중요성도 높아졌다. 세트피스에서 나온 골도 많았을 뿐더러 위협적인 장면도 프리킥과 코너킥 등에서 더 많았다. 아울러 왼발을 가진 선수가 왼쪽에서만 활약하는 단순한 움직임은 점점 효용성이 떨어지고 있다. 오른발을 쓰는 선수가 왼쪽 지역을 돌파한 뒤 오른발로 감아차 골을 만드는 경우도 많았다.

(3) 2006월드컵 뉴 트렌드 7가지

FIFA 테크니컬 스터디 그룹(TSG)의 일원인 앤디[34] 록스버그와 올거 오시에크는 이번 대회의 트랜드를 7가지로 분석했다.

34) 세트피스 '득세'…'홀딩 MF' 06.7.1.土.스포츠서울 2면

▲2006년 7월 10일 새벽 베를린월드컵경기장에서 열린 2006독일월드컵 결승전에서 승부차기까지 가는 접전 끝에 프랑스를 물리치고 우승한 이탈리아 선수들이 우승 트로피를 들고 환호하고 있다. (사진 : 연합뉴스)

① 선취골이 중요해졌다.

선취골을 내주며 경기 후반 극적인 반전을 이뤄냈던 한국축구에 시사하는 바가 크다. 첫 골의 중요성이 두드러졌다는 것은 역전보다는 기선 제압의 중요성을 깨닫게 한다. 16강전까지 56경기 중 단 8경기만이 선취골을 넣지 못한 팀이 경기를 뒤집었다는 분석이 뒷받침한다.

② 세트 피스의 힘이 컸다.

현대축구의 변하지 않는 흐름은 공이 멈춘 상태서 진행되는 세트피스의 중요성이다. 세트피스에서 나온 골이 벌써 20여 골에 이른다는 집계가 세트피스의 무게감을 전해준다.

③ 왼쪽 지역에서 오른발로 감아차는 슛이 위협적이다.

축구 발전은 '공의 회전을 얼마나 이용하느냐'의 역사다. 이번 대회에서는 골키퍼 앞에 수비수와 공격수가 붐비게 하면서 스핀을 거는 슛이 많았다. 왼쪽 지역에서 오른발을 쓰는 선수들이 강세를 띠었다. 15골이 이런 형태에서 나왔을 정도다.

④ 빠른 역습이 돋보였다

깊게 수비하는 팀을 뚫는 방법으로 빠른 역습이 주로 활용됐다. 20여 차례가 이런 역습으로 수비라인을 파괴한 것으로 집계됐다.

⑤ 새로운 유형의 수비형 미드필더가 등장했다.

가나의 에시엔과 이탈리아의 피를로가 대표적. 포백 수비 앞에서 단순히 공을 뺏는 형태의 수비형 미드필더가 아닌 공격의 시발점을 만드는 역할까지 해내는 새로운 형태의 '홀딩 미드필더'가 강세를 보였다.

⑥ 젊은 스타들이 두드러졌다.

아르헨티나의 메시, 스페인의 파브레가스, 스위스의 센데로스, 잉글랜드의 루니, 독일의 포돌스키 등이 대약진했다.

⑦ 감독들의 기지가 빛났다.

호주의 히딩크 감독은 일본전 막판 1—0으로 뒤지고 있는 시점에서 카힐 알로이시 등 조커를 투입해 3—1 역전승을 일궈냈다. 트리니다드 토바고의 벤하커 감독, 이탈리아의 리피감독도 경기 막판 승부수를 던지는 용병술로 효과를 봤다.

18) 4·1·4·1 시스템

독일은 전통적으로 단판 승부에 강하다. 스페인은 유독 큰 대회 성적이 좋지 않다. 독일은 힘이 좋고 스페인은 기술이 뛰어나다. 힘과 기술이 충돌하면 힘의 축구가 이긴 경우가 많았다. 골키퍼를 포함한 독일 수비수 5명의 평균 신장은 186.8cm였고 스페인 미더필더 5명의 평균 키는 172.6cm에 불과했다.

그래서였을까. 지난 6월 39일 오스트리아 빈 에른스트 하펠 슈타디온에서 열린 스페인과 독일의 유로 2008 결승전에서 애초 독일의 승리를 점치는 의견이 많았다. 그러나 예상은 보기 좋게 빗나갔다.

스페인 선수들은 좁은 지역에서 공을 빼앗기지 않고 패스를 주고받았다. 독일 선수들이 에워싸기 전에 공을 처리했고 부지런히 움직여 그라운드의 거의 모든 지역에서 수적인 우위를 이어갔다. 중원을 장악한 스페인의 공격은 효과적이었다. 한 박자 빠른 침투패스에 수비 뒷공간을 파고들어 가는 움직임은 독일 수비진을 크게 흔들어 놓았다. 스페인은 전반 33분 간판 골잡이 패르난도 토레스(24.리버풀)가 수비수 두 명을 뚫은 사비 에르난데스(28.FC바르셀로나)의 패스를 받아 결승골을 터뜨려 독일을 1—0으로 꺾었다.

유로 2008을 통해 스페인의 기술 축구가 완성됐다. 스페인은 미드필드를 강화한 4—1—4—1 포메이션으로 유럽 정상에 올랐다. 독일과 치른 결승전을 포함해 대회 6경기에서 스페인의 패스 성공률은 81.33%로 16개 출전국 가운데 1위였다. 성공률이 높은 짧은 패스는 그렇다 치고 성공률이 낮은 긴 패스(65.5%)와 중간 패스(87%)에서 1위를 차지했다는 점은 뜻하는 바가 크다. 스페인은 평균 점유율에서도 53.67%를 기록해 네덜란드(53.75%)에 이어 2위에 올랐다. 미드필드가 살아나자 공격이 날카로워졌다. 스페인의 경기당 슈팅수는 독일(10.33개)의 2배에 가까운 19.5개로 대회 출전국 가운데 가장 많았다. 스페인의 공격 포인트(12골 11도움)도 1위였다.

스페인의 기세는 멈출 줄 모른다. 유로 2008에서 44년 만에 유럽 정상에 선 스페인은 2010년 남아프리카공화국월드컵 유럽 예선에서도 4승으로 5조 1위를 달리고 있다. 11월 20일 스페인 산티아고에서 열린 칠레와의 평가전에서 3—0으로 이겨 A매치 28경기 연속 무패 행진을 이어가고 있다. 루이스 아라고네스(70)감독에 이어 스페인의 사령탑을 맡은 비센테 델 보스케(58)감독도 주로 4—1—4—1 전형으로 팀을 이끌고 있다. 해외축구 전문가들은 "선수들의 특성을 잘 살린 4—1—4—1 전형이 뒷받침됐기에 스페인이 유로 2008에서 우승할 수 있었다. 4—1—4—1 전형은 현대축구의 큰 흐름으로 떠오를 가능성이 있다."고 말하고 있다.

(1) 해설 1. 올라간 무게 중심

1980~90년대 축구는 리베로의 구실이 중요했다. 이탈리아어로 자유인이라는 뜻의 리베로는 수비수이면서 공격에 적극적으로 가담하는 선수를 말한다. 수비수의 임무를 맡고 있다 공격을 할 때는 순간적으로 치고 올라가 돌파나 패스 등으로 공격의 물꼬를 튼다. 독일의 프란츠 베켄바워(63)와 로타 마테우스(47) 그리고 이탈리아의 프랑코 바레시(48) 등이 리베로로 이름을 떨쳤다. 한국에서는 '영원한 리베로'라는 애칭을 지닌 홍명보(39)가 공수에서 빼어난 활약을 펼치며 팬들의 사랑을 받았다. 이들 모두 시대를 대표하는 선수로 이름값을 높인 데서, 당시 리베로가 얼마나 중요했는지 알 수 있다.

2000년대 들어 리베로는 역사의 뒤편으로 사라졌다. 수비진 깊숙한 곳에서 상대의 공을 빼앗고 공격을 시작하는 리베로 중심의 축구는 압박과 속도의 중요성이 갈수록 강조되는 현대축구에서 살아남을 수 없었다.

압박과 속도는 현대축구를 이해하는 키워드다. 프레싱 형태와 위치만 다를 뿐 현대축구에서 압박을 하지 않는 팀은 거의 없다. 압박이 위력을 떨치면서 압박에서 벗어나기 위한 방법으로 속도가 떠올랐다. 빠른 축구는 탈 압박의 가장 확실한 해법이다. 상대의 공을 빼앗아 공격을 시작하는 지역이 수비에서 미드필드 진영으로 올라갔다. 이에 따라 리베로가 사라지고 수비형 미드필더가 팀전력의 핵으로 꼽히기 시작했다.

수비에 대한 개념도 바뀌었다. 골문 주위를 지키는 게 아니라 보다 앞쪽에서 압박을 펼쳐 상대의 공을 빼앗는 방식으로 전환됐다. 팀의 무게중심이 미드필드진에 있고 공격과 수비에서 모두 힘을 발휘할 수 있는 4—1—4—1 전형은 이런 현대 축구의 흐름을 충실히 좇고 있다.

— 공간활용의 극대화, SPORTS 2.0·2008·1201 PP.52~55.

4—4—2와 4—1—4—1의 비교

4—4—2의 무게중심	4—1—4—1의 무게중심
FW FW MF MF MF MF DF DF DF DF GK	FW MF MF MF MF MF DF DF DF DF GK
4—4—2 전형에서 팀의 무게중심은 수비 쪽에 쏠려 있다. 두 명의 수비형 미드필더와 포백이 포진하는 수비 지역에서 상대의 공을 빼앗아 공격을 시작한다. 수비형 미드필더에게는 강한 몸싸움 능력과 전개력이 요구된다. 긴 패스력이 뛰어난 수비수는 빠른 공격이 가능해 그만큼 높은 몸값을 받았다. 이탈리아의 프랑코 바레시(48)와 독일의 로타 마테우스(47)가 유명세를 탄 이유다.	4—1—4—1은 4—4—2 전형과 비교해 팀의 무게중심이 상당 부분 앞쪽으로 올라간다. 스페인은 주로 4—1—4—1 전형을 쓰면서 유로 2008 정상에 올랐다. 스페인의 수비형 미드필더 마로코스 세나(32.비야레알)는 넓은 활동 반경을 자랑하면서 중원의 수적 우위를 가능하게 만들었고 전방 압박의 효과를 이끌어 냈다. 상대 골문에 가까운 지역에서 공을 빼앗고 공격을 시작하면 그만큼 빠른 공격이 가능하다.

(2) 해설 2. 다른 포메이션의 약점을 보완

4—1—4—1 전형은 4—4—2나 4—3—3에서 필연적으로 나타나는 약점을 없앤다. 4—1—4—1의 공격진과 4—3—3의 스리톱을 비교할 때 얼핏 보면 전자보다는 후자를 공격적인 전형으로 생각할 수 있다. 4—3—3의 측면공격수는 어디까지나 골과 도움 등 공격 포인트를 올려야 하는 공격수다. 전방에서 호시탐탐 기회는 엿보며 득점을 노리기 때문에 공격 진영 깊숙한 곳까지 올라가 있는 경우가 많다. 때문에 4—3—3의 측면공격수는 스스로 유효 공간이란 빠르게 공격을 전개할 때 전방으로 치고 올라가면서 확보할 수 있는 지역을 뜻한다. 4—1—4—1의 좌우 공격수에 비해 기동력에서 강점을 보인다. 이는 공격으로 전환할 때 상대적으로 넓은 유효 공간을 만들어 낼 수 있고 슈팅 지역까지 곧 바로 이동할 수 있다는 뜻이다.

4—1—4—1은 수비에서도 다른 전형의 약점을 보완한다. 4—1—4—1의 수비형 미드필더는 두 명의 수비형 미드필더를 일컫는 '더블 볼란치'와 비교해 전방 압박에 유리하다. 선수의 특성에 따라 예외가 있을 수 있지만 일반적으로 '더블 불란치'는 포백 바로 앞 선에서 지역을 커버하고 상대 공격을 늦추는 임무를 맡는 경우가 많아 전방 압박을 크게 기대하기 어렵다. 4—1—4—1에선 중원에서 수적인 우위를 점할 수 있어 '더블 불란치'가 포진하는 지역보다 앞선 위치에서 상대의 공을 빼앗을 수 있다. 4—1

—4—1에선 한 명의 수비형 미드필더 활동 반경에 따라 상대의 공을 빼앗을 수 있는 지역도 그만큼 넓힐 수 있다. 그러나 4—1—4—1의 수비형 미드필더에겐 상대의 역습 때 커버할 공간이 많다는 부담도 뒤따른다. 몸싸움에 강하지만 발이 느린 김남일(31, 빗셀고베)같은 스타일의 수비형 미드필더보다는 신체 조건이 그리 좋지 않아도 빠르면서 부지런히 움직이는 조원희(25, 수원 삼성)같은 스타일의 수비형 미드필더가 4—1—4—1에서 제격이다.

▶ 4—1—4—1의 보완성

스리톱의 약점	'더블 볼란치'의 약점
스리톱 FW FW FW	**더블 볼란치** MF MF MF MF
4—1—4—1 FW MF MF MF MF	4—1—4—1 FW MF MF MF MF
4—3—3의 스리톱은 습관적으로 공격 1선에 서게 된다. 그러다 보니 세 명의 공격수들이 활용할 수 있는 유효 공간이 넓지 않다. 좌우 측면 공격수들이 플레이할 수 있는 지역이 좁아 공격의 효율성이 떨어진다. 4—1—4—1은 제대로 기능하면 유효 공간을 넓힐 수 있다. 인테르 밀란의 지휘봉을 잡고 있는 조세 무리뉴(45)감독이 4—3—3에서 측면 공격수들의 기동력을 강조하는 이유가 여기에 있다.	두 명의 수비형 미드필드는 포백 바로 앞 선에 포진한다. 이들은 전방 압박으로 상대의 공을 빼앗기보다 서서히 뒤로 물러서며 상대 공격의 속도를 떨어뜨리는 임무를 맡는다. 이러다 보니 공을 빼앗아 공격을 시작하는 위치가 수비 진영 깊숙이 내려오게 된다. 가능한 한 앞쪽에서 볼을 빼앗는 것이 최근의 흐름인데 이런 측면에서 보면 '더블 볼란치' 시스템은 현대 축구의 흐름에 역행한다고 볼 수 있다.

(3) 해설3.공격과 수비의 공간 활용

4—1—4—1 전형이 제대로 기능하려면 선수들의 전술 이해도가 높아야 한다. 특히 공간 활용에 대한 선수들의 이해가 반드시 있어야 한다. 유효 공간을 최대한 이용하는 공격과 위험 공간을 빈틈없이 메우는 수비가 이뤄질 때 4—1—4—1은 위력을 떨칠 수 있다.

4—1—4—1의 기본 형태를 보면 전방의 넓은 공간을 비운 것처럼 보인다. 그러나 전방 압박으로 공을 빼앗아 공격을 시작하고 4명의 미드필더들이 동시에 상대 문전을 향해 달려들 때는 텅 비워 놨던 공간을 마음껏 활용할 수 있다. 두 명의 공격형 미드필더

가 있어 다양한 공격을 시도할 수 있고 포백을 쓰는 팀을 상대로 경기를 할 때는 수비 뒷공간을 이용하기에도 좋다. 이들이 원톱과 치고 빠지는 식의 움직임으로 상대 수비진을 흔들어 놓으면 공격의 파괴력은 크게 올라간다.

▶ 4—1—4—1의 공수 이론

4—1—4—1의 공격	4—1—4—1의 수비
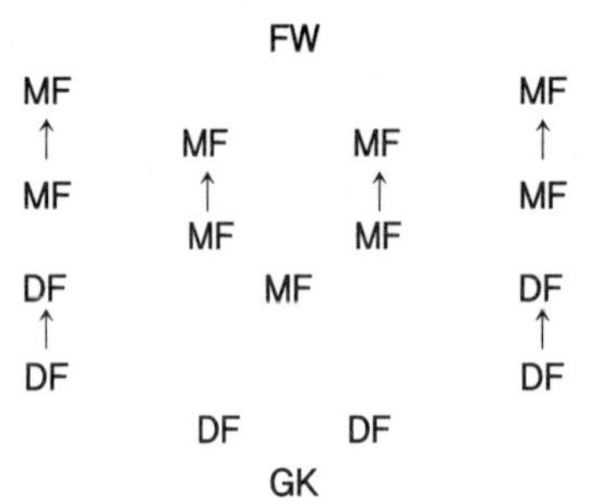	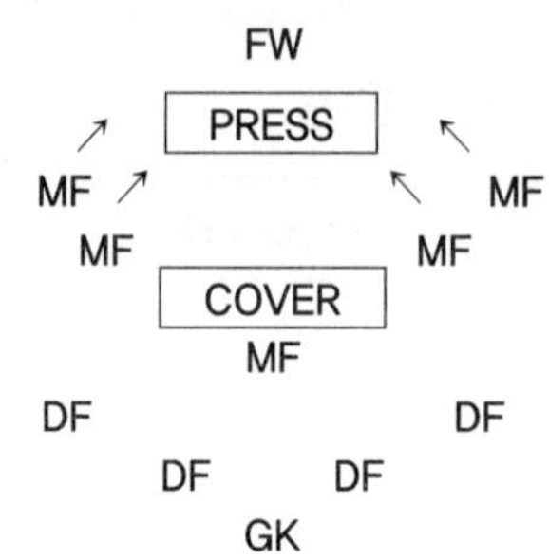
4—1—4—1의 가장 큰 장점은 앞쪽의 넓은 공간을 4명의 미드필더들이 얼마든지 이용할 수 있다는 것이다. 유효공간은 활용 여부에 따라 '0'이 될 수도 있고 '100'이 될 수도 있다. 양 측면 수비수는 미드필더 공간을 커버한다. 다만 원톱이 상대 중앙 수비수의 움직임을 제한해야 수적인 우위를 확보할 수 있다. 수비형 미드필더와 함께 원톱은 4—1—4—1에서 가장 중요한 포지션으로 꼽힌다.	4—1—4—1은 팀의 무게중심이 미디필더 진영에 있기 때문에 앞쪽에서 효율적인 프레스를 걸 수 있다. 언뜻 보면 미드필더의 공간이 넓은 듯 하지만 원톱을 비롯해 두 명의 공격형 미드필더가 제구실을 하고 한 명의 수비형 미드필더가 부지런히 움직이며 활동 반경을 넓히면 위험 공간을 없앨 수 있다. 미드필더의 숫자가 많고 공간을 많이 내주지 않기 때문에 커버 플레이의 효율이 높다.

수비에서 가장 위험한 지역은 골문 바로 앞이다. 4—1—4—1에서는 전방에서 효율성이 높은 프레싱을 걸 수 있기 때문에 상대 공격이 위험 지역으로 오기 전에 공을 빼앗을 수 있는 기회가 많다. 4명의 미드필더들이 돌파된다 하더라도 수비형 미드필더가 상대를 에워싸는 등 압박을 하면서 커버플레이를 할 수 있어 위험공간을 적절하게 메울 수 있다.

그러나 4—1—4—1은 위험성이 높은 전술이기도 하다. 각 포지션의 임무를 완벽하게 해낼 수 있는 능력 있는 선수들이 반드시 있어야 한다. 한 포지션에서 일그러지면 4—1—4—1의 모든 기능이 멈춰 버릴 수도 있다. 예를 들어 4—4—2 전형을 쓰는 팀을 상대로는 포스트플레이를 잘 하는 원톱이 두 명의 중앙 수비수를 상대해야 한다. 중앙 수비수들의 시선을 끌어 움직임을 제한하는 등 위협적인 플레이를 펼쳐야만 모든 지역에서 수적인 우위를 보일 수 있다. 전방에서 쉽게 뚫리면 한 명의 수비형 미드필더는 그만큼 힘든 싸움을 벌여야 한다.

3 세트플레이(Set Play)

1) 세트플레이의 중요성

세트플레이(또는 세트피스)는 정지된 상황에서 경기가 재개되는 것을 말한다. 프리킥 코너킥 PK 고울킥 등이 해당하며, 이때 공격측 선수들이 골을 넣기 위한 다양한 방법을 보여 준다. 세트피스에서 득점이 많이 나기에 현대축구에서 갈수록 중요시되고 있다. 상대편 선수는 볼에서 9.15m 떨어져 위치해야 하기에 강력한 압박이 전혀 없다는 유리함이 있다.

중국의 조선족 축구인 추명(秋鳴, 46)씨가 2006년 12월 20일 발표한 영남대 대학원 체육학과 박사과정 논문 '한국·중국 프로축구와 월드컵의 득점유형 분석'에 따르면 1990년 이탈리아 월드컵대회부터 2006년 독일월드컵대회까지 5개 월드컵 대회에서 전체 729골 중 프리킥 등 세트플레이에 의한 득점이 173골(23.7%)로 가장 비중이 높았다. 이어 측면 롱 패스에 의한 득점 비중이 17.8%(127골),[35] 중앙 침투 패스에 의한 득점 비중은 17.4%(124골), 단독 드리블 10.2%(75골), 수비실책으로 인한 자책골 9.5%(72골) 순으로 나타났다.

이에 비해 한국프로축구는 전체 347골 중 측면 연결에 의한 득점 비중이 23.0%(80골)로 가장 높았고 자책골 20.4%(71골), 세트플레이 19.3%(67골), 패스 어시스트 15.5%(54골) 순이었으며 단독드리블에 의한 득점은 4.3%(15골)로 미미했다.

이에 대해 추씨는 세계 축구의 흐름이 강하고 낮고 정교한 킥을 구사할 수 있는 전문키커를 육성, 득점하는 능력을 높이고 있으며 팀 플레이가 강화되는 추세 속에서도 뛰어난 개인기를 바탕으로 득점하는 능력도 뛰어난 것으로 해석했다. 이에 비해 한국 축구는 측면공격이 강한 반면 세트플레이에 의한 득점 능력이 떨어지며 고질적인 문제점인 수비 불안을 해소하지 못하고 있는 것으로 평가했다.

추씨는 월드컵대회에서 세트플레이에 의한 득점과 측면 짧은 패스에 의한 득점이 점차 높아지는 경향을 보이고 있으며 득점 위치와 킥은 페널티 지역 내 정면에서 인스텝킥에 의한 방식이 가장 높았으나 페널티 지역 좌우 측면이나 바깥 지역에서 득점 비율이 점차 높아지고 있다고 분석했다.

이처럼 코너킥과 프리킥에서 골 집중력을 높이는 것이 세계적인 추세다. 그러나 한국의 대표팀이나 K—리그에서의 세트피스 득점력은 너무나 낮고 비효과적이다. 허정무 대표팀 감독은 "세트플레이 상황에서 한국의 가장 큰 문제는 부정확한 킥이다. 또 공격수들이 수비수를 떼어놓는 다양한 움직임이 부족하고 적어도 킥의 지향점이 가까운 골문 쪽이냐, 먼 골문 쪽이냐에 대해 약속된 플레이가 미흡하다"고 지적한다. 한국

35) 세트플레이 약한 한국, 세계축구 흐름과 거리, 2006.12.21.木 매일신문 26면

선수 중 세계적인 프리킥 스페셜리스트가 한 명이라도 있는가?

세트플레이 연습 모범 사례 한 가지. 히딩크감독은[36] 전술훈련 도중 가끔 고의로 수비 측의 파울을 선언해 공격팀이 문전 프리킥을 훈련할 수 있는 상황을 만들었다. 프리킥 상황을 이용한 세트플레이는 문전 중앙, 즉 골마우스 지역(A)에서 발생하는 때와 페널티지역 모서리 부분(B)에서 발생하는 때의 두 가지로 구분해서 훈련했다. A의 상황에서는 상대 수비조직이 갖춰지기 전에 빠른 연결로 기습하도록 강조했다. 그리고 직접 슈팅할 때는 당시 킥의 정확성을 인정받은 현영민이 했다. B의 상황에서는 윤정환이나 이천수가 킥을 하고 최용수에게 맞히도록 하거나, 먼 쪽 포스트의 황선홍을 이용하는 세트플레이를 집중적으로 훈련했다. 히딩크감독은 세트플레이 내용이 미음에 들지 않으면 같은 위치에서 반복적으로 시도하도록 요구했다.

2) PK의 전술

(1) 승부차기의 8가지 비밀

1890년 북아일랜드의 골커퍼 윌리엄[37] 맥크럼이 창안한 PK는 1890～91 시즌[38] 북아일랜드축구협회에 의해 처음 도입됐다. 세계 최초의 PK는 1891년 북아일랜드 벨파스트에서 열린 린필드 FC와 미국 캐나다 혼성팀의 경기에서 혼성팀의 미국 출신 제프리 선수가 축구 역사상 제1호 PK를 성공시켰다. 잉글랜드는 1891～92 시즌 PK제도를 채택했다. FIFA는 1970년 PK와 동일한 방법의 승부차기를 확정했으며 월드컵에는 1982년 스페인 월드컵에서부터 적용했다.

2007—08 유럽축구연맹(UEFA) 챔피언스리그 결승전(2008.5.22)은 맨체스터 유나이티드와 첼시의 승부차기로 판가름났다. 4(첼시):3(맨유) 상황에서 첼시 존 테리의 실축으로 거의 손 안에 들어왔던 우승컵을 놓쳤다. 월드컵의 경우 승부차기가 도입된 것은 1982년[39] 스페인 대회 때다. 독일(서독)은 월드컵 승부차기에서 한 번도 진 적이 없다. 2006 독일월드컵에서는 아르헨티나를 승부차기로 누르고 준결승에 올랐다. 축구관계자들은 "독일선수들의 승리에 관한 집념이 승부차기에 반영된 결과"라며 "이것이 독일축구의 진정한 위협요소"라고 평가한다. 남미의 양대 산맥 브라질과 아르헨티나도 역대 월드컵에서 뛰어난 전적을 자랑한다. 브라질은 1982년 스페인대회 이후 승부차기에서 3승 1패의 성적을 올렸다. 특히 우승팀이 승부차기로 갈린 1994년 미국대회에서 브라질은 이탈리아를 승부차기에서 3—2로 누르고 통산 4번째 우승컵을 거머쥐었다. 아르헨티나는 2006 독일월드컵 이전까지 월드컵 승부차기에서 3전 3승을 거뒀다.

---

36) 치열한 주전경쟁, 실전이 따로 없다. 2002.5.15.水 스포츠서울 3면
37) 축구가족 2008년 7월호, 찰나의 승부 PK에 대한 단상, 박문성, p.12.
38) 한국축구 100년 비사 1, 박경호 김덕기 지음, 책읽는 사람들, 2000.7.15 초판 1쇄, p.267.
39) 승부차기, 과연 악마의 제도인가, SPORTS 2.0, 2008.5.5 p.55.

이탈리아는 승부차기 제도의 최대 피해자다. 1990년 대회 준결승전에서 아르헨티나에게 94년 대회 결승에서는 브라질에게, 98년 대회 8강전에서는 프랑스에게 각각 승부차기로 졌다. 승부차기 악몽에 치를 떨던 이탈리아는 2006 독일월드컵을 통해 분위기를 바꿨다. 이탈리아는 독일월드컵 결승전 승부차기에서 안드레아 피를로, 마르코 마테라치, 다니엘레 데 로시, 알레산드로 델 피에로, 파비오 그로소가 모두 성공해 다비 트레제게가 실축한 프랑스를 5—3으로 꺾고 우승컵을 안았다.

2006 독일월드컵 후 독일 일간지 디벨트가 승부차기와 관련한 8가지 흥미로운 사실을 공개했다.

① 구석보다 골 위쪽을 노리는 것이 성공률을 높인다.
1.22m 이상의 높이를 노린 슛은 99% 이상 성공한다. 골대의 높이가 2.44m이므로 골대의 절반 위쪽으로 보면 된다.

② 볼은 시속 72~90Km로 0.5초 내에 날아온다.
골키퍼는 상대 선수의 움직임을 잘 읽어 미리 움직일 방향을 결정해야 하며 슛이 날아오는 동안 이를 바꾸기는 불가능하다.

③ 누구나 골키퍼의 예상을 깬 방향으로 차려 하지만 선수마다 좋아하는 방향이 분명히 있다. 골키퍼가 이를 미리 연구해 두면 훨씬 유리하다.

④ 당연한 듯 하지만 골키퍼의 경력이 절대적으로 중요하다. 어떤 골키퍼든지 승부차기를 경험한 횟수에 따라 방어력이 계속 높아진다.

⑤ 원정경기가 홈경기보다 승부차기에 오히려[40] 유리하다.

⑥ 골키퍼는 차는 선수의 발을 보고 볼이 들어올 방향을 알 수 있다. 차기 직전, 차지 않는 쪽 발은 80% 정도 볼이 들어올 방향을 가리킨다.

⑦ 페널티킥의 경우 파울당한 선수가 직접 차는 경우와 동료가 차는 경우 성공률은 모두 77%로 차이가 없다.

⑧ 역대 월드컵에서 독일이 승부차기에서 패한 일은 한 번도 없다.

승부차기 순서는 감독마다 다르다. 일반적으로 팀에서 가장 잘 차는 선수가 1번 키커로 두 번 째로 잘차는 선수가 5번 키커로 한다. 2·3·4번 킥커는 킥 능력이 3위, 4위, 5위의 선수를 배치한다. 결정권이 주어진다면 상대팀보다 먼저 차는 것이 심리적으로 훨씬 유리하다.

(2) 이운재, 신 들린 손의 비밀 5

이운재는 PK에서 탁월한 능력을 보여주는 GK이다. 2002년 6월 22일 한·일월드컵

40) 승부차기 8가지 비밀, 2006.7.5.水. 동아일보 A 19면

스페인과의 8강전에서 4번째 키커 호아 킨의 슛을 막아내며 4강 진출의 일등공신이 됐다. 2007년 7월 22일 말레이시아 콸라룸푸르에서 벌어진 승부차기에서 마다비키아와 카티비의 킥을 막아내며 한국의 4—2 승리를 이끌었다. 조광래 경남 FC 감독(당시 스포츠조선 해설위원)은 이란전 직후 "승부차기로 넘어가는 순간 페널티킥에 유독 강한 이운재가 있으니 이기겠다는 예감이 들었다"고 했다. 이운재가 승부차기에 유독 강한 비결 다섯 가지는 뭘까?

① 피말리는 극한[41] 상황을 즐긴다.
지나친 두려움과 긴장은 경기력에 결코 도움이 되지 않기 때문이다. 백전노장 이운재이기에 현실화가 가능한 것이다.

② 철저하게 킥커를 분석한다.
마음을 다스린 다음엔 누가 상대팀 킥커로 나설 것인가를 예측한다. 어차피 마지막까지 그라운드에 남아 있던 11명 중 5명이 차는 데다 이미 분석된 각종 국제경기 자료가 있어 대여섯명 압축이 가능하다.

③ 상대와 눈싸움에서 이긴다.
킥커가 찰 준비를 하면 이운재는 상대 선수와 피 말리는 눈싸움을 한다. 슛하기 직전까지도 킥커의 눈을 주시한다. 눈에 해답이 담겨 있다는 것이 그의 지론이다.

④ 웬만해선 움직이지 않는다
상대 키커가 페널티마크에 다다를 때까지 어지간해선 움직이지 않는다. 섣부른 움직임은 상대에게 허점만 노출시키기 때문이다.

⑤ 최후까지 발목을 주시한다.
이운재는 극도로 짧은 시간에 키커의 발목을 주시한다. 발목 위치(딛는 발뒤꿈치에서 발가락 쪽으로 연결한 선이 볼 차는 방향임)에 따라 볼의 방향이 결정되는 만큼 최종적으로 확인한 후 몸을 움직여도 늦지 않다고 한다.

이운재에 대해 더욱 자세히 알고자 하면 이운재의 저서 「이기려면 기다려라」(이운재, 일리, 2005.12.22 초판 1쇄, 10,000원)를 참고하기 바란다. 한편 위의 내용은 PK를 차는 선수에게도 여러 가지 아이디어를 제공한다.

(3) 경기 중 페널티킥의 전술

경기 중 페널티킥을 얻었을 경우 종종 어떤 팀은[42] 키커가 슛을 하고 날 때까지 멍하니 아예 손 놓고 있는데 이것은 정말 어리석은 일이다. 한 골에 이기고 지는 판

41) 'PK 영웅' 이운재, 신들린 손의 비밀 5 스포츠조선, 2007.7.24.火. 12면
42) 승부사 박종환의 특별한 축구강의, 박종환 김홍삼 지음, 시대의 창, 2002.6.3, 15,000원, pp.152~155.

에 페널티킥이라고 해서 멍하니 있는다는 것은 선수나 특히 지도자에게 큰 문제가 있다는 것이다.

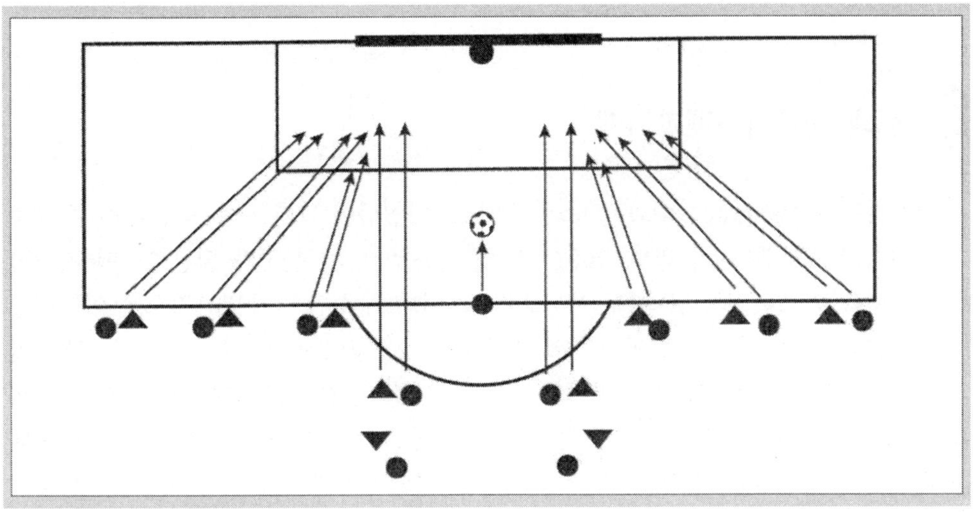

페널티킥을 할 때는 킥커 외의 모든 선수는 9.15m 떨어진 페널티마크 및 페널티박스 밖에 위치해야 한다. 따라서 대부분의 선수들이 이 라인 바로 앞에 서는 경우가 허다하다. 더 효과적인 방법이 있다. 추천하는 방식은 이 선보다 멀리 위치해서 키커가 볼을 향해 움직이기 시작할 때 같이 스타트하여 가속도를 붙이는 방법이다. 이렇게 하면 골키퍼가 볼을 막아냈을 때 먼저 볼을 차지할 확률이 더욱 높아지는 것이다. 키커 바로 뒤에서 스타트하는 두 선수는 그 팀에서 가장 단거리 속도 및 순발력이 빠른 선수를 배치하는 것이 좋다. 반대로 수비하는 팀도 똑같은 방법으로 방어를 해야 한다. 그런데 이러한 방법을 모르고 있으면 골키퍼가 쳐낸 볼을 상대 공격수가 골을 넣도록 내버려 두는 것이나 마찬가지다.

PK에 임하는 GK의 자세는 모든 싸움에서 그렇듯이 눈싸움이 특히 중요하다. 눈싸움에서 지면 그 싸움은 지게 마련이다. GK의 위치는 골라인 선상의 골대로부터 중앙 지점인 3.66m 지점에서 GK가 자신있게 다이빙할 수 있는 방향의 반대쪽으로 조금 치우치는 것이 좋다. 그 치우치는 거리는 평소 자신의 다이빙거리와 속도 등을 고려해서 결정한다.

이렇게 하면 평소 키커가 연습해 왔던 방향으로 GK가 치우쳐 있으면 당황하게 되고 심리적으로 흔들린다. 반쯤은 성공한 셈이다. 그 이후는 넓은 쪽을 선택하게 되고 GK도 넓은 쪽의 한 방향만 잡게 되어 막을 확률이 높아지는 것이다. 또한 대부분의 GK들이 킥하기도 전에 방향을 잡고 움직이는 경향이 있는데 이것은 좋지 않다. 그냥 제자리에서 그대로 기다리는 것이 좋다. 어차피 양 사이드로 정확히 들어가는 것은 누구도 못

막는다. 양 사이드는 크게 신경 쓰지 말고 GK가 처리할 수 있는 볼만큼은 확실히 막아낸다는 자세가 필요하다.

4 현대 축구의 3백과 4백[43)]

현대 축구의 3백은 80년대와는 달리 대체로 '대인방어'보다는 '지역방어'에 무게중심을 두며 운영되는 예가 많다. 2002 한·일 월드컵 당시 한국과 일본도 3백 지역방어 시스템을 앞세워 성공을 거둔 케이스다. 스위퍼 시스템의 대명사격으로 여겨졌던 3백이 현대 축구에서 지역방어에 기반을 두는 예가 잦아진 이유는 최전방 공격수들의 활동 범위가 넓어지고, 위치 변화 및 빠른 패스 연결, 공간 침투가 공격 전술의 핵심으로 자리했기 때문이다. 수비진은 위치 변동을 최소화하며 안정적인 경기 형태를 유지하는 것이 바람직하다. 그런 의미에서 지역방어의 중요성이 떠오를 수 밖에 없는 것이다.

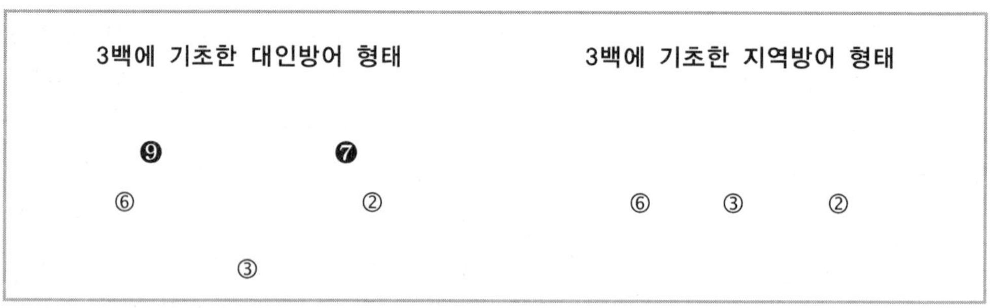

3백은 특별한 상황이 아니고서는 3인의 수비자가 오버래핑 없이 90분간 수비진을 굳건히 지키며 경기운영을 이행함으로 수비 조직 구성에 용이한 측면이 있다. 때문에 리더십과 전술적 능력을 겸비한 센터 백이 역량을 발휘하기가 비교적 수월하다. 그리고 위급 상황시, 센터 백이 전—후진을 병행하며 중앙 수비진

43) 위의 '4. 현대축구의 3백과 4백'은 이수열 선생의 글이다. 「한눈에 축구의 전략을 읽는다」(책이 있는 마을, 2006.5)를 비롯해 4권의 축구서적을 상재한 이 선생은 축구 전반에 걸쳐 두루 해박하다. 특히 전략전술분야에서는 이미 세계 경쟁에 들아가 있다. 현재 대학 2학년인 이 선생이 한국축구와 세계축구에 어떤 업적을 내놓을지 벌써부터 기대된다.

을 2중으로 두텁게 형성하면서 상대의 슛을 능동적으로 막아낼 수 있으며, 4백에 비해 기본적으로 미드필드—공격에 배치하는 선수를 1명 더 두게 되므로 높은 지점에서의 수비에서 강점을 발휘한다. 이는 도중 차단에 이은 신속한 역습을 가능케 하는 등 공격 운영에도 힘을 보태게 된다. 더불어 위험 상황시, 윙 백을 후진시켜 수비 숫자를 5명까지 늘릴 수 있어 탄탄한 수비 구성이 가능해진다.

하지만, 현대 축구에서는 3백 시스템을 자주 찾아 볼 수 없다. 2006 독일 월드컵에서 무려 28개팀이 4백에 기반을 둔 시스템을 활용했으며, 3백을 활용한 팀은 단 4개팀에 그쳤다. 그 이유는 크게 두 가지로 나누어 분석해 볼 수 있다. 첫째, '측면 수비'가 허약하다는 것이다. 왜냐하면, 3백 구성원들은 센터 백의 개념, 즉 상대의 슛에 대한 가능성을 최소화하기 위해 중앙 지향적인 수비를 이행하게 된다. 따라서 측면의 공간 커버에 대한 전술적 대안 마련은 3백을 활용하는 팀에게 항상 따라다니는 고질적인 '숙제'일 수 밖에 없다. 공간침투에 능하고 스피드가 좋은 상대의 측면 공격자가 지속적으로 이 공간을 파고들 경우, 자칫, 큰 위기에 빠질 수 있다. 물론, 3인의 수비수가 좌—중—우로 고르게 분포해 방어 태세를 갖출 수도 있지만, 이 경우, 개인—개인의 거리차가 생겨 긴밀한 조합이 상대적으로 어려워질 수밖에 없다는 또 다른 문제에 직면하게 된다. 이같은 문제는 연쇄적으로 미드필더들로 하여금 '상대의 공격을 사전 차단'하는 데 대한 지속적인 부담을 안길 수 있고, 특히, 측면 미드필더가 상대 윙의 공격을 의식한 나머지 적극적으로 전진하지 못할 경우, 중원 장악 및 공격 활성화에도 좋지 못한 영향을 끼칠 우려가 있다. 시간과 공간 장악이 중요한 현대 축구에서는 상대에게 공간을 활용할 수 있는 빌미를 제공하는 것은 위험하다. 특히, 현대 축구에서 압박 수비를 벗어나는 하나의 방법으로 측면의 공간을 충분히 활용하려는 전술적 대응이 잦아진 만큼, 이같은 위험성은 더욱 크게 부각되어지고 있다.

또 한 가지는 현대 축구에서 최전방에 1명의 스트라이커만을 두는 예가 잦아졌다는 것이다. 즉, 1명의 스트라이커를 봉쇄하기 위해 최후라인에 3명의 센터 백을 두는 것은 '낭비'라는 의미다. 상대 최종 공격수에 대응하는 수비진 구성은 '상대 공격수 숫자+1'이 적당하다. 1명의 스트라이커에 1명의 센터 백이 대항하고, 나머지 1명의 센터 백으로 하여금 스트라이커가 활동할 수 있는 남은 가능성을 차단하는 것이다. 정리하면, 1스트라이커 체제에 기반을 둔 3스트라이커 체제의 득세는 자연스레 3백의 존재적 가치를 상실케 하는 결과로 이어진 것이다.

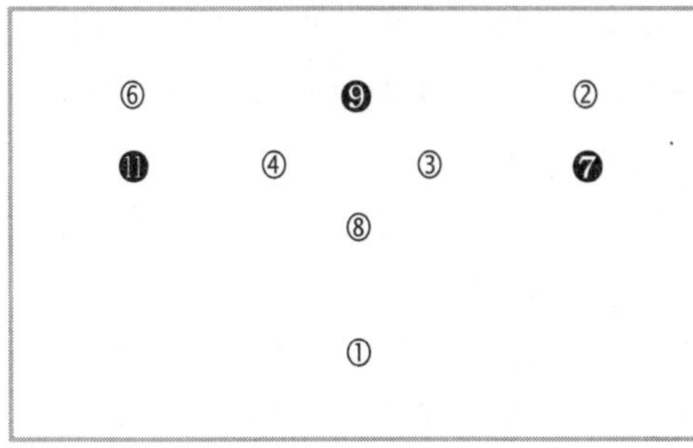

반면, 4백은 풀백이 상대 측면 공격에 직접적으로 대응할 수 있으며, 2명의 센터 백으로 하여금 상대 스트라이커 1명

을 효과적으로 가둘 수 있다. 또한 3백 시스템에 비해 기본적으로 미드필드—공격 구성원을 1명 적게 두지만, 3백은 윙 백의 측면 수비 부담이 크므로 오히려 미드필드—공격에 전념할 수 있는 인원은 4백이 1명이 더 많다고 볼 수 있다. 따라서 3백보다 더 공격적인 경기를 지향할 수 있다. 공—수 모두에 있어 효율성이 짙은 4백이 현대 축구 흐름의 '트렌드'로 떠오르는 것은 어찌 보면 당연한 것이다.

단, 체력과 기동성을 바탕으로 뛰어난 역량을 보유한 측면 플레이어가 공—수를 빠르게 넘나들며 공간 장악에 대한 약세를 노출시키지 않는다면, 오히려 4백 보다는 3백이 더욱 유용할 수 있다. 4백이 대세긴 하지만, 이는 어디까지나 '보편적 성향'이 그렇다는 것이다. 팀의 전술 지향점과 구성원 개개인의 플레이 특성상, 3백이 더 알맞다고 판단될 시에는 3백을 활용하는 것이 옳다.

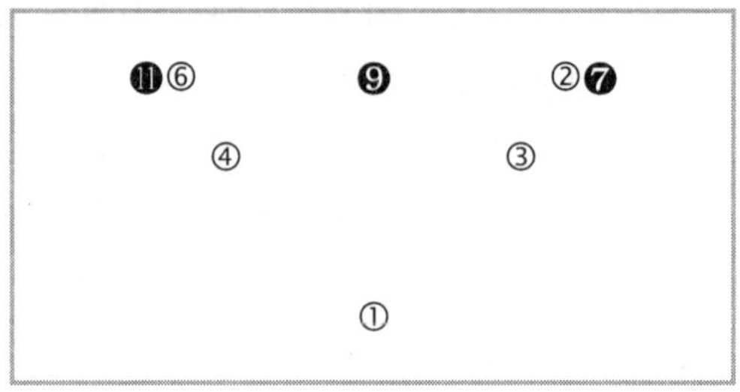

하지만, 무엇보다 중요한 것은 전술 변화가 유동적인 현대 축구의 흐름상, 3백과 4백 모두 실전에서 적용시킬 수 있을 만큼 탄탄한 전술 역량이 요구된다는 것이다.

그런데, 현대 축구의 4백은 단순히 수비수 4명이 자신의 수비 위치만을 지키며 운영하지 않는다. 다양하고 창조적인 공격 축구 구현을 위해 상대 수비의 마크로부터 자유로운 사이드백을 팀 공격의 '히든카드'로 활용하고자 하는 예가 많아졌기 때문이다. 현대 축구의 사이드백은 사실상, 윙 백처럼 활용된다고 해도 과언이 아닐 만큼 공격화된 것이 특징이다. 심지어 사이드 백에게 있어 '공격 능력'은 필수화되고 있다. 이는 곧, 현대 축구 수비 운영에 있어 또 한 가지의 과제를 남긴 것이다. 구체적으로 알아보자. 그림 은 4백에서 측면으로 넓게 펼쳐 공격 대형을 갖추는 풀 백 ⑥—②로 인해 센터 백 ③—④가 이들이 전진하며 남긴 공간을 커버하기 위해 수비 폭을 넓히고 있다. 이때, 자칫, 재빠르게 역습을 감행하는 상대 공격자로 하여금 수비 뒷 공간을 단 번에 허용할 가능성이 크다.

이를 타개하기 위해 현대 축구에 이르러 나타나고 있는 수비진 구성의 가장 큰 특징은 기존의 4백에 이를 지원하는 +a를 두어 4백 균형의 흐트러짐을 방지한다는 것이다. 우선, 여기에서 언급하고 있는 +a는 어떤 포지션이며, 주요 역할에는 어떤 것이 있는지 알아보자. +a는 '잠재적인 수비자' 즉 그림에서 센터 백 ③—④의 앞 포지션에서 수비진을 커버하는 ⑧을 의미하는 것이다. ⑧은 미드필드 지역의

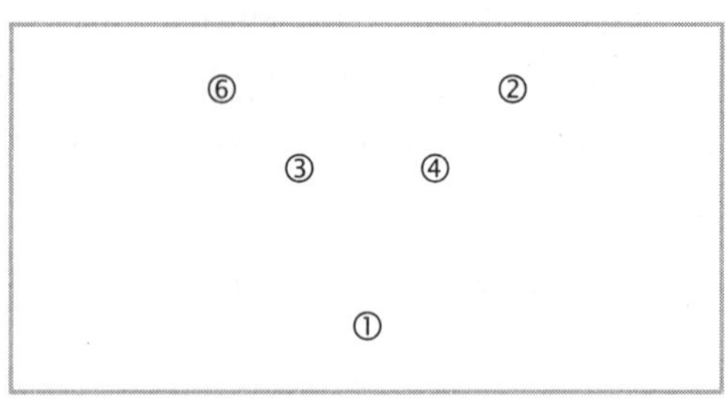

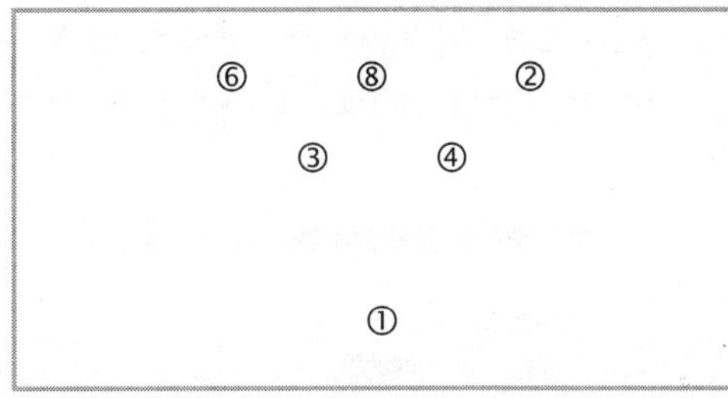

전문 수비수로 해석할 수 있다. 그의 가장 중요한 역할은 팀 수비의 배후로 나아가는 상대 미드필더의 패스 루트에 대해 미리 압박을 가하는 것과 위급 상황 시, 수비진의 위험 공간을 신속히 메우며 이를 탈피하는 것이다.

아래 그림은 사이드백 ⑥—②가 공격에 가담한 상황에서 상대가 볼을 가로채 재빠른 역습을 감행하려할 시, ⑧이 ⑥—②가 남긴 수비진의 위험 공간을 차단하며 최단거리로 넘어오는 상대 공격 가능성을 저지, 지연시킴으로써 ⑥—②가 수비진으로 돌아오는 시간을 벌어들이는 상황을 예로 든 것이다. 이로서 4백의 안정성 및 사이드백의 공격 가담을 동시에 이끌어 낼 수 있게 된다. 이렇듯, +a, 즉 ⑧의 존재는 4백의 다양한 장점을 이끌어내는 데 있어 중요한 역할을 이행하므로 현대 축구에서 그 비중이 굉장히 커지고 있다. 엄밀히 따지자면, +a는 수비라인 앞 포지션으로 위치를 변동시킨 스위퍼로 해석할 수도 있으며, 또한 +a의 기능을 극대화 시키는 현대 축구의 4백은 '변형된 4백' '3백의 공격적 진화'로도 해석이 가능하다.

※ 94 미국 월드컵 당시 브라질의 마우루 실바는 여기에서 설명하고 있는 +a의 역할 모델로서 손색이 없는 선수였다. 카를로스 페레이라 감독은 4—4—2 시스템을 활용함에 있어 사이드백인 브랑코—조르징요의 공격적 장점을 최대한 이끌어내기 위해 중앙 미드필더 중, 수비 능력이 매우 우수한 마우루 실바로 하여금 이들이 떠난 공간을 커버하는 중책을 맡겼다. 마우루 실바는 빈틈이 없었고, 브랑코—조르징요는 이의 지원을 얻어 줄기차게 오버래핑을 시도했다. 브라질은 사실상 잠재적인 수비수로서 활약한 마우루 실바를 센터 백으로 활용하면서 3—5—2 System으로의 유연한 변화도 상황에 따라 시도했다. 마우루 실바는 세계 축구 역사상 가장 훌륭했던 중앙 미드필더로 인정받기도 했다.
또한 그는 현대 축구에서 4백을 스크린하는 수비형 미드필더의 가치를 세계화시켰다는 평을 이끌어내기도 했다. 이외에도 98 프랑스 월드컵 당시 프랑스의 데샹, 2005—2006 시즌 첼시의 클로드 마켈레레, 2006 독일 월드컵 당시 대한민국의 김남일 등이 여기에서 언급하고 있는 +a의 대표적인 선수로 손꼽힌다. 현 세대에

서는 오언 하그리브스, 마테유 플라티니, 지우베르투 실바, 마스체라노, 에시앙이 이 포지션의 대표적인 선수들로 손꼽힌다.

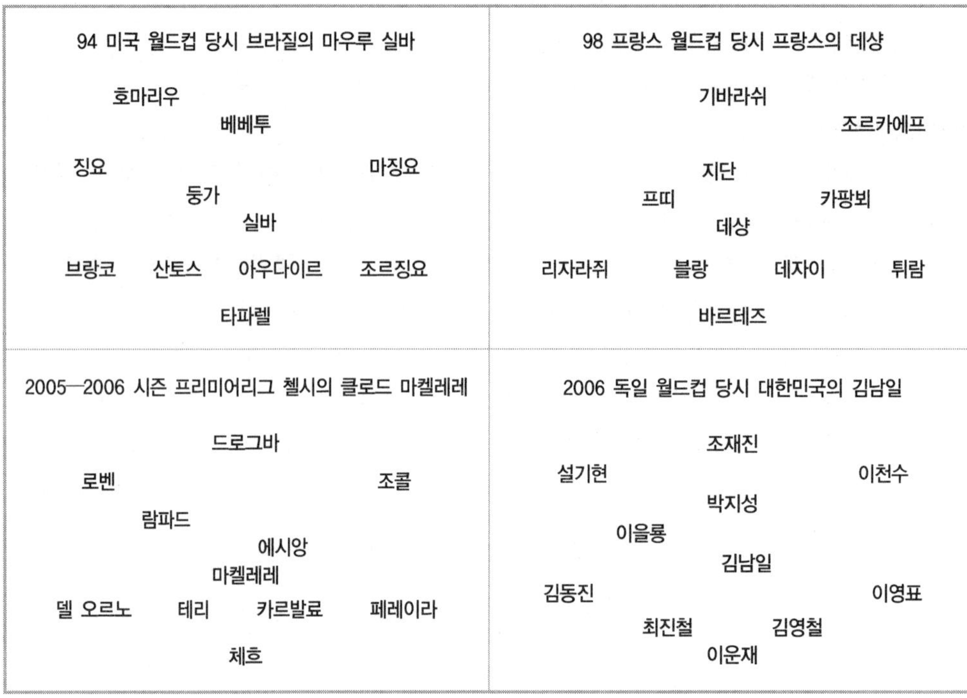

골키퍼의 필드 플레이어로서의 역량에 대한 중요성

골키퍼 ①은 전통적 역할, 즉 골문으로 향하는 볼을 최종적으로 수비하는 역할과 함께 현대 축구에서는 스위퍼로서의 역할도 중요하게 부각되어지고 있다. 이유는 최종 수비라인의 앞 포지션에 수비적 역할을 전문으로 이행하는 수비형 미드필더의 가치를 부각시켜 상대의 공격을 후위에서 방어하기보다는 미드필드, 나아가 전방에서부터 적극적으로 수비를 이행하면서 중원을 장악하고, 짧은 거리 역습을 통한 빠른 공격을 가능케 하려는 현대 축구의 흐름에 따라 최종 수비라인—골라인 사이에서 '청소부' 역할을 이행하는 '전통적 스위퍼'를 찾아보기 힘들어졌기 때문이다. 더군다나 이를 위해 공—수 간격을 30m 내외로 유지시키며 수비라인을 끌어올려 이를 유지시키려는 경우가 많은 만큼, 최종 수비라인—골라인 사이에는 과거에 비해 상대적으로 많은 공간이 생기는 것이다. 따라서 수비라인 후위 공간을 커버하는 것

골키퍼의 스위퍼 역할

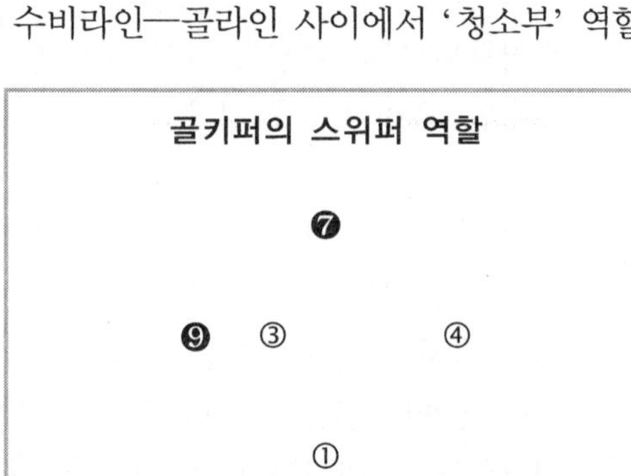

은 현대 축구 수비전술에 있어 굉장히 중요한 사항으로 떠올랐다. 이를 커버하기 위해 수비가 취할 수 있는 방법은 위급 상황시, 상대 공격자와 함께 후진하며 퇴로를 차단하는 것(이를 위해 현대 축구 수비자들에게는 기본적으로 '스피드'가 요구된다.), 오프사이드 트랩을 활용해 상대 공격자를 함정에 빠뜨리는 것이 있다. 그리고 상대의 기민한 움직임에 후위 공간이 뚫려 위의 수비 방법 이행이 여의치 않을 경우, 골키퍼로 하여금 뒷 공간을 차단케 함으로써 위기를 벗어날 수 있는 것이다.

따라서 현대 축구에서의 골키퍼는 문전 방어뿐만 아니라 상황에 따라 어느 타이밍에 어느 지점으로 정확히 전진하여 수비 뒷 공간을 노리는 패스를 커트할 것인지에도 심혈을 기울일 수밖에 없다. 자칫, 골키퍼의 판단 착오로 전진해야 할 타이밍을 놓칠 경우, 상대로 하여금 쉽게 득점을 허용할 수도 있을 것이다. 그만큼, 골키퍼의 '판단력'과 '집중력'은 물론, 과거에도 마찬가지였겠지만 현대 축구에서는 더욱 크게 중요시되고 있다.

※ 74 서독 월드컵에서 네덜란드가 토탈사커로 맹위를 떨친 데에는 다수의 이유가 있지만, 그 중 골키퍼로 활약한 용블루드의 전술적 역할 역시 빼놓을 수 없다. 용블루드는 전반적으로 Defence line을 미드필드진까지 과감하게 끌어올리는 네덜란드 토탈사커의 전술적 특징에 있어 그 후방의 공간을 차단하는 '최후방 수비수'로서의 역할 역시 기존의 역할과 함께 동시 이행해야만 했다. 특히, 오프사이드 트랩을 뚫고 전진하는 상대 공격수의 숫을 사전에 차단하기 위해 많은 노력을 기울여야만 했다. 용블루드는 미헬스 감독의 요구대로 다수의 위기 상황을 슬기롭게 극복했다. 골키퍼가 문전을 수호하는 성격이 강했던 당시 축구계에서 필드 플레이에 가담하는 골키퍼의 출현은 신선한 충격이었다. 용블루드의 필드 플레이 참가로 네덜란드 축구는 필드에서 숫자적인 우위를 점하며 경기를 효율적으로 이끌어 갈 수 있었다. 그리고 당시 용블루드의 전술적 역할은 미래의 골키퍼가 지향해야할 방향을 제시한 것이기도 했다.

04 정신력

정신력에 대한 히딩크 감독의 해석도 독특했다. 기존의 관념을 뒤엎는 것이었다. "한국대표팀이 2002월드컵 이전까지 월드컵 무대에서 단 한 번도 승리하지 못했던 건 선수들의 기술이 부족했기 때문이 아니다. 정신력이 따르지 않았기 때문이다"

그간의 일반적인 평가와는 정면으로 배치됐다. 정신력은 뛰어난데 기술이 부족했기 때문에 월드컵 무대에서 성공하지 못했다는 게 우리의 주된 평가였다. 혼란스러웠다.

히딩크 감독은 정신력의 재해석을 강조했다. "내가 말하는 정신력은 이를 악물고 쓰러질 때까지 뛰는 과도한 투지를 말하는 게 아니다. 우리에게 필요한 정신력은 프로답게 평소 몸 관리에 충실하고, 경기에 임해서는 분위기에 휩쓸리지 않는 것이다. 평상심을 유지해 자신이 갖고 있는 기량과 체력을 90분 동안 효과적으로 분산해 소모할 수 있는 심적 안정과 강인함이다. 또 충격적인 패배와 시련을 빠른 시일 내 극복할 수 있는 회복 능력이 내가 말하는 정신력이다."

— 「사랑한다 내 꿈아」, 박문성, 여우별, PP.133~134.

"흠, 그럼 또 다른 질문. 형이 생각하기에 유능한 축구 선수가 되려면 뭐가 필요한 것 같아요?"

"우선 긍정적인 마인드, 노력, 실패를 당연하게 생각할 줄 아는 것, 그리고 정신력이 강해야 돼."

"그 정신력이라는 게……. 사람들마다 생각하는 정신력의 의미가 다를 수도 있는데, 흔히들 상상하는 것처럼 머리를 다치고 난 뒤 머리에 붕대를 감고 경기를 계속하는 것도 정신력이지만, 그건 정신력의 일부일 뿐이야. 내가 생가하는 진짜 정신력은 경기력에 결정적인 영향을 미치는 자신감을 늘 일정한 수준으로 유지할 수 있는 능력이야. 강자 앞에서 위축되지 않고 약자를 쉽게 생각하지 않는 거지. 또 경기장 안에서 자신의 감정을 제어하고 경기장 밖에서 절제된 삶을 사는 것 그리고 끝없는 노력과 성실함도 넓은 의미에서는 정신력이라고 볼 수 있지."

"여기 선수들은 어때요?"

"한국 사람들은 한국축구의 장점 가운데 하나로 특히 정신력을 뽑곤 하는데, 내가 생각하기에 정신력에 관한 한 유럽 선수들이 한국 선수들에 비해 훨씬 낫다고 생각해. 여기 선수들은 가령 100을 기준으로 경기를 준비한다면, 실제 경기에 임하는 정신 자세가 평균 90 정도는 되는 것 같아. 강팀을 만나거나 약팀을 만나도 크게 흔들리거나 쉽게 생각하는 경우가 드물지, 예전에 비해 최근 많이 좋아지긴 했지만, 나를 비롯한 한국 선수들은 한 75에서 80 정도랄까. 재미있는 건, 유럽 선수들은 평소의 90에서 준비를 더 잘하면 100이 전부야. 근데 한국 선수들은 80 정도임에도 마음만 먹고 강해지려고 하면 120을 보여줄 수 있지. 그게 정말 신기하고 놀라워."

"하긴, 우리는 '필'만 받으면."

"내가 여기서 훈련하며 느낀 건데, 체력 테스트를 하면 계속 뛰거든. 그럼 얼마 안 가서 나는 힘이 들어. 근데 옆의 선수들은 정말 잘 뛰어. 재밌는 게 뭐냐면, 나는 인상 쓰며 이를 악물고 계속 뛰는데 여기서는 표정도 변하지 않고 편하게 뛰다가 갑자기 멈춰. 자긴 더 이상 뛸 수 없다고. 나는 초반부터 계속 힘들었지만 거기서 이를 악물고 조금 더 갈 수 있는데."

"축구선수에게 그렇게 중요하단 말이죠, 정신력? 형이 본 선수 중에 그런게 가장 강한 선수는 누구예요?"

"지금은 은퇴한 김태영 선수야."

"예?"

"대영이 형은 한국을 대표하는 수비수이기도 했지만, 상대가 누구든 자기 실력을 기복 없이 보여줄 수 있음은 물론이고, 경기장 안에서 강한 캐릭터와 훈련에 임하는 성실함 그리고 축구 밖에서는 생활까지, 내가 생각하는 가장 균형 잡힌 정신력을 갖춘 선수였던 것 같아. 실제로 대표팀에서 같이 생활하면서 정말 많은 걸 느끼게 해 준 고마운 선배님이었어, 늘 형에게 뭔가 배우려고 노력했지."

오호. 한국 선수가 영표 형이 생각하는 최고의 정신력을 갖고 있다니, 역시 대한민국인 건가!

— 「성공이 성공이 아니고 실패가 실패가 아니다」, 이영표 이승국, 홍성사, 2009.5.13, pp.284~286.

축구경기는 체력 개인기 전술 정신력으로 이루어져 있다. 그러므로 경기력을 향상시키려면 이 4가지를 성장시켜야 한다. 그러면 경기에서 정신력이란 무엇이며, 경기에 어떠한 영향력을 미칠까? 정신력을 강화하려면 무엇을 어떻게 해야 할까?

체육과학연구원 김용승 연구원은 "세계 대회에 나가면 1위부터 8위까지는[44] 거의 기량의 차이가 없다고 보면 된다. 누가 메달권에 들어가는가는 훈련을 통해 결정되지

---

44) 정신력이 메달 색깔 바꾼다, 일간스포츠, 2007.4.14.土. 13면

만 메달의 색깔은 누가 더 심리적으로 안정되어 있는가에 달려 있다."고 스포츠 심리학의 중요성을 역설했다.

김 연구원은 "스포츠 심리학은 위기 상황에서도 기량을 꾸준히 유지하며 더 강해지는 방법을 연구하는 학문"이며 "체육과학연구소는 이를 실제 스포츠에 임상 적용하는 곳"이라고 말했다. 그렇다면 도대체 어떻게 정신력을 강화할 수 있을까. 일대일 개별 면접을 통한 선수의 특성 파악, 선수의 특성에 맞는 심리 강화 프로그램의 적용이 그 방법이다. 근육 이완, 명상 등의 방법이 동원되기도 한다. 음악을 듣는 것도 한 가지 방법이다. 흔들릴 때마다 미리 연습해둔 대로 시나리오를 짜서 행동하는 루틴 프로그램도 있다.

양궁을 예로 들자면 '사대에 선다, 횡경막을 이용해 깊은 숨을 들이쉬고, 내쉰다. 표적을 바라본다. 아기(사랑하는 사람)의 얼굴을 떠올린다. 화살을 뽑는다. 다시 심호흡을 하며 바람 등 기상을 체크한다. 천천히 화살을 당긴다.'는 식이다. 하지만 스포츠 심리학을 현장에 적용하는 것은 정말로 어려운 일이다. 일반인들이 신경정신과에 가는 것을 달가워하지 않는 것처럼 아직 몇몇 선수들과 지도자는 스포츠 심리학에 도움을 받는 것을 탐탁치 않게 여기기도 한다.

스포츠 심리학 훈련 역시 웨이트 트레이닝처럼 심혈을 기울여 꾸준히 수행해야 하는 것임에도 불구하고, 시간 날 때 잠시 하는 명상 정도로 이를 가벼이 여기기 일쑤다. 제대로 심리 훈련의 효과를 거두기 위해서는 1년이 넘는 꾸준한 노력이 필요하다는 게 전문가의 지적이다.

그러나 각 팀의 훈련을 지켜보면, 체력 개인기 전술에 열중하나 정신력 강화에는 관심이 적다. 감독 코치가 정신력의 중요성을 모르고 있거나, 구체적이 지도방법이 미숙하거나, 해오던 관성에 따라 가르치기 때문이다. 변화가 요구된다. 하나의 방법으로 지도자 강습회와 지도자 보수교육 때 지도자에게 정신력의 중요성을 침투시키는 것이다. 쉽고 깊고 명쾌하면서도 지도 현장에서 바로 활용할 수 있는 교재의 발굴과 보급도 필요하다. 무엇보다도 지도자의 자각과 공부가 절실하다.

1 정신력의 개념

정신력이란 '몸과 마음의 아주 특별한 관계를 이해하고 통제할 수 있는 능력이나 힘을 말하는데, 정신력의 본질은 '몸과 마음의 관계를 통제할 수 있는 것'을 말한다.

Leohr(1982)는 운동선수가 시합 중에 최고의 경기력을 발휘하기 위해서는 육체적인 체력은 물론 정신적인 체력이 강해야 한다고 지적하고, 정신적인 힘은 기본적으로 심리적인 기능을 보다 구체화하는 것이라고 말하고 있다.

따라서 그는 이러한[45] 기능을 구체화시키려면 집중력의 향상, 일상적인 생활태도의 조절능력, 스트레스 관리능력, 올바른 상황 판단능력, 에너지 통제능력, 유발된 동기수준 유지 및 기술의 시각화 조절능력 등이 포함되어야 한다고 밝히면서 "정신력이란, 몸과 마음의 아주 특별한 관계를 이해하고 통제할 수 있는 능력이나 힘"이라고 정의를 내리고, 스포츠 경기상황에서 정신력의 본질은 이러한 "몸과 마음의 관계를 통제할 수 있는 것"이라고 규정하고 있다.

정신력을 한 마디로 정의를 내리기는 곤란하지만 우리가 일반적으로 생각하고 있는 단순한 것처럼 '오기'나 '한', 혹은 '독기' 정도로만 해석할 것이 아니라 '운동선수들이 경기의 현장에서 발휘할 수 있는 몸과 마음의 아주 특별한 관계를 이해하고 통제할 수 있는 힘'라고 본다면, 그 자체가 운동선수들에게는 '심리적인 기술(mental skill)'과 거의 동일한 개념으로 이해되어야 할 것으로 판단된다.

물론 여기에는 사회·문화적인 차이와 사상적인 문제 등 근본적인 차이가 존재할지는 몰라도 경기 현장에서 발생할 수 있는 제반 문제들을 보다 효율적으로 통제하고 이상적인 방향으로 조절해 줄 수 있어야 한다는 점에서 보면, 한 마디로 "이상적인 경기 수행 능력을 발휘하기 위한 상태를 어떻게 만들어 가고 조절해 줄 수 있느냐"하는 것이다.

2 정신력과 운동수행

일반적으로 경기력을 체력, 기술 그리고 정신력(지적인 능력 포함)과 함수관계가 있다고 말할 수 있다. 그 중에서 체력과 기술은 훈련방법과 정도에 따라 크게 달라질 수 있어 그 결과를 비교적 쉽게 평가하거나 정량화시킬 수 있지만, 심리적인 요인은 인간의 내면적 문제이기 때문에 평가하거나 정량화시키는 것이 쉽지 않다.

어떤 선수가 특정 스포츠에 적합한 체력이나 훌륭한 기술을 가지고 있다 하더라도 심리적 요인이 바람직하지 못하여 경기에서 패배하거나 좋지 못한 경기 기록을 나타내는 경우와 체력이나 기술 수준이 약간 낮은데도 불구하고 우수한 심리적 요인 때문에 승리하거나 좋은 경기 기록을 작성하는 경우의 예를 종종 볼 수 있다. 이러한 사실에서 경기력에 관련된 신체적, 생리적 능력 외에도 심리적 요인 그 중에서도 특히 정신력이 경기력에 미치는 영향은 대단히 크다고 보아야 할 것이다.

경기력에 영향을 미치는 심리적 요인으로는 성격, 동기, 공격성, 욕구 수준, 자아 개념, 경쟁불안 수준, 집중력, 주의 형태, 정신력, 응집력, 주시 등 여러 가지가 있으며, 이러한 요인들이 바람직하지 못할 때 경기력은 현저하게 떨어진다(Spielberger, 1972;

45) 축구선수를 위한 과학적 트레이닝, 신동성 외, 국민체육진흥공단 체육과학연구원, 1999.12, pp.214~228.

Carron, 1980; Loehr, 1982).

이와 같은 관점에서 많은 스포츠 심리학자들은 운동선수들의 내·외적인 심리 요인에 관하여 연구하고 그 결과 및 효과를 발표하고 있는데, 대부분의 현장 지도자와 스포츠 심리학자들은 선수들의 심리적 요인이 스포츠의 경기 수행 능력에 가장 중요한 요인으로 작용하고 있다고 믿고 있기 때문에 우수 선수들의 심리적 요인이나 특성에 관하여 지대한 관심을 가지고 있다.

경기력은 경기 현장에서 선수 개인이나 팀이 발휘하는 종합적인 능력을 말하는 것인데, 이것은 개인의 내·외적인 요인, 즉 신체적, 생리적, 심리적, 물리적, 사회 환경적인 제반 요인에 의한 복합적인 상호작용의 결과로 이루어진다고 볼 수 있으며, 스포츠 심리학적 관점에서 보면 경기력은 운동 기능과 심리적 변인의 함수로서 파악될 수 있다(Carron, 1980).

그런데도 불구하고 일선 스포츠 현장에서 뛰고 있는 지도자나 선수들은 경기력을 향상시키기 위한 훈련 효과가 마치 신체적, 기술적인 훈련에 의해서만 이루어지고 있는 것처럼 인식하고 있으며, 이러한 신체적인 연습에 소비한 시간이 많으면 많을수록 운동의 효과가 크고 경기력 향상 또한 신체적인 연습에 의해서만 영향을 크게 받는 것으로 생각하고 있다.

그러나 바로 이러한 사실은 외형적인 신체 훈련만을 강조한 나머지 인간의 내면적인 심리 과정과 정신적인 능력을 충분히 이해하지 못하고 있음을 잘 나타내고 있는 것이다(Oxenline, 1970).

최근 40여 년 동안 경기력 향상을 위한 스포츠과학은 눈부신 발전을 해 왔다.

즉, 운동 생리학, 스포츠 생체역학, 트레이닝 방법론이나 영양학 등 체력이나 기술 요인 등 경기력과 관련이 있는 거의 모든 학문 분야의 연구 결과가 극치를 이루고 있다(Loeht,1982)고 볼 수 있다.

그러면 스포츠심리학 분야는 어떠한가? 각종 심리적인 요인의 규명이나 연구방법 등의 이론적인 면에서는 다른 관련 분야와 큰 차이가 없이 발전해 왔다고 볼 수 있다. 그러나 스포츠 현장에서의 도입이나 응용은 그렇지 못하다. 하나의 좋은 예로서 Loehr (1982)가 정신력 검사지를 개발하기 직전에 자료 수집을 위해 미국, 캐나다, 일본 등 스포츠 선진국을 순방하면서 경기 종목별로 세계 정상급의 운동선수나 그들을 현장에서 지도하고 있는 일선 지도자들과의 면담을 실시한 후 얻어낸 내용을 살펴보면 대략 다음과 같은 결론으로 귀결되고 있다.

운동경기 시 경기 수행을 잘하기 위해서는, 여러 가지 좌우하는 요인 중 특히 심리적인 요인이 최소한 50% 정도 작용한다고 보고 있거나, 또 다른 선수나 지도자의 느낌은 그 이상인 70~90%까지도 심리적 요인이 절대적으로 작용한다고 믿고 있다는 사실이다. 그러면서도 "실제 연습을 할 때는 어느 정도의 시간을 정신력이나 정신적 기술 연습에 할애하고 있을 뿐"이라고 대답하였다. 그들의 대답대로 하면 전체 훈련량의 최소한 50% 정도 혹은 그 이상의 시간을 심리적 요인의 강화에 할애해야 하겠지만, 그들의 대답은 '무엇을?', '언제?', '어떻게?' 해야 할지 모르겠다고 대답했다는 사실이다.

선수들은 경기 상황이 가까워지거나 직면하게 되면 주로 경기 외적인 정보나 그 밖의 요인들에 대해서만 많은 심적 부담을 느끼고 있는 것으로 알려지고 있다. 이러한 과중한 심리적 부담은 선수들의 주의형태나 집중력을 방해하고, 이러한 결과는 곧 신체적으로 과도한 긴장을 야기시킴으로써 비효율적으로 운동을 수행하게 할 뿐만 아니라 쉽게 피로해지거나 무기력하게 된다.

평소 연습 시나 혹은 그다지 비중이 크지 않은 경기에서는 상당히 우수한 성적을 나타내는 선수들이 중요한 경기에서는 이러한 심적 부담을 극복하지 못하고 허무하게 무너지거나 크게 실패하는 경우를 종종 볼 수 있다.

Loehr(1982)는 정신력은 선천적으로 소유하고 태어나는 것이 아니라 후천적으로 습득하는 것이라고 주장하면서, 운동경기에서 가장 중요한 정신적 기술은 경기 중에 이상적인 심리 상태를 유지하는 일이라고 말하고 이러한 이상적인 심리상태를 경험할 때 나타나는 내적 분위기로 다음과 같은 12가지를 제시하고 있다.

즉 ① 신체적인 긴장이완, ② 정신적인 평온함, ③ 낮은 상태의 불안수준 유지, ④ 활력이 넘치는 의욕, ⑤ 낙관적인 마음가짐, ⑥ 즐거움, ⑦ 힘들이지 않음, ⑧ 자동화 상태, ⑨ 민첩함, ⑩ 정신적 집중, ⑪ 자기 자신에 대한 신뢰감, ⑫ 자기 통제 능력 등을 말하고 있다.

그는 또 정신적인 에너지를 긍정적 혹은 적극적 에너지와 부정적, 소극적 혹은 비판적 에너지로 구분하여 설명하고 있다.

그는 정신력을 강화시키기 위해 선수는 자기 자신의 정신적인 강점과 약점을 잘 분석·파악할 수 있어야 하고, 자기의 한계를 보다 더 잘 알고 있어야 하며, 자기의 목표를 명확하게 설정할 수 있어야만 효율적인 정신력 강화 훈련이 가능하다고 밝히고 있다.

Loehr(1982)는 그가 정신력 강화 프로그램을 개발하게 된 배경을 다음과 같이 말하고 있다. "벼르고 벼르던 운동 시합에서 실력 한 번 제대로 발휘도 못해보고 허무하게 패배하는 것처럼 후회스럽거나 실망스러운 일은 없다. 그러한 경우를 당하게 되면 여간해서는 기분이 후련해지지도 않을 뿐만 아니라 그런 경우가 몇 번씩 되풀이되면 자기 불신이나 자기 비하로 발전하게 된다.

그것은 결국 경기 수행 능력의 슬럼프로 이어지게 되고 더욱 장기화되면 현역으로부터의 은퇴를 재촉하는 경우에 이르게 된다. 그러나 선수와 지도자는 그러한 문제에 대하여 늘 고민하면서도 뚜렷한 해결 방안을 제시하거나 실행에 옮기지 못하고 있다."고 말하고 있다.

③ 정신력 강화방법

운동 수행능력을 극대화하기 위해서는 근본적으로 경기수행을 위한 이상적인 심리상태와 긍정적 에너지의 흐름이 심리적인 태도와의 굳건한 협응을 이루어야 하는데, 이러한 이상향의 삼각관계요인들의 상호관계를 삼각형의 그림형태로 표시하면 다음 <그림>과 같다.

▶ 이상적인 심리상태의 흐름

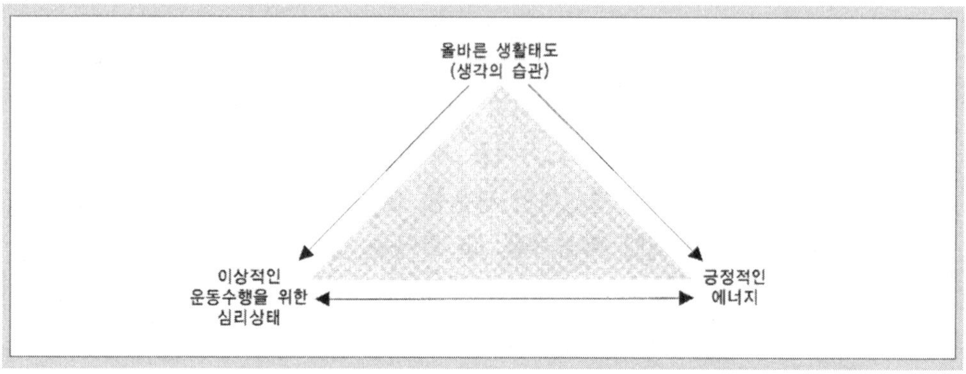

<그림>에서 보는 바와 같이 올바른 생활태도는 이상적인 운동수행을 위한 심리상태나 긍정적인 에너지 흐름을 촉진시켜 주거나 통제를 가능하도록 하는 데 기여를 한다.

따라서 <그림>에서 표시된 세 가지의 요인을 강화시켜 주기 위한 구체적인 내용을 살펴보면 다음과 같다.

1) 성공적인 생활태도

- 올바른 생활태도는 즐거움과 관련이 있다.
- 운동수행 시 승리와 패배는 생활태도와 관련이 있다.
- 실패의 경험은 아무리 잘 훈련을 해도 발생할 수 있다.
- 운동수행 시 발생되는 압력(억제)은 자기 스스로가 상정해 놓은 목표라고 이해하면 된다.
- 어떤 세계적인 선수라도 고난을 스스로 극복하고 '할 수 있다'는 신념을 가져야 한다.
- 언제나 긍정적이고 낙관적인 사고를 가지고 있어야 한다.
- 나에게 주어진 여건에 관계없이 언제나 최선을 다하겠다는 마음가짐이 필요하다.

운동선수들의 경우에, 시합이나 연습 시에 요구되는 운동수행을 위한 이상적인 심리상태 조절능력의 여러 가지 요인 중 어느 한 가지 요인을 숙달시키기 위해서는 최소한 3주 이상이 소요되며 또 다른 요인을 추가하여 숙달시키기 위해서는 적어도 한 달 이상의 추가적인 훈련기간을 필요로 한다. 우수한 운동선수들이 이상적인 운동수행을 위한 심리상태를 유지하기 위한 특별한 정서적 통제 능력을 숙달시키기 위해서는 다음과 같은 필수적인 과정이 요구된다.

- 긴장 이완 훈련
- 기술적인 시각 및 이미지화를 위한 훈련 연습
- 시각, 청각 및 운동역학적 회상
- 선수 자신의 최고 운동수행 능력을 발휘할 수 있는 심리적 분위기의 창조와 유지
- 강력한 체력 상태 유지
- 역경을 이겨낼 수 있는 행동

2) 긍정적인 에너지

정신력 강화를 위한 긍정적인 에너지 원천을 얻기 위해서는 다음과 같은 특별한 과제와 부가적인 훈련을 필요로 하게 된다.

- 운동기술 발휘를 위한 시각 및 이미지화 훈련
- 자기 자신의 동기유발 훈련
- 근육의 긴장 이완 훈련
- 심리적 이완 훈련
- 정신력 강화를 위한 연습 전략으로서의 명상 혹은 초월명상 훈련
- 호흡 조절 훈련
- 선수 자신의 에너지 원천의 수준 향상을 위한 활성화 훈련
- 집중적이고 폭발적이며 역동적인 에너지 발현 훈련
- 심리 강화를 위한 최면 요법 훈련
- 슬럼프 및 정체현상 극복을 위한 원인 제거
- 큰 경기를 위한 심리적 준비
- 팀 단결력 구축
- 강력한 후진 양성
- 우수 운동선수의 훈련 모델과 지도방법 교육

4 정신력의 구성요인 및 내용

'정신력'이란 추상적인 개념이다. 학자들마다 정의가 조금씩 다르고 측정방법도, 측정 결과의 해석도 일정 부분 차이를 보이고 있다. 정신력의 구성요소도 그러하다. 여기서는 2가지 학설을 소개하고자 한다. 저자는 정신력의 구성요소로 아래의 7가지로 규정하고 있는데, 이 역시 개인적인 선택이다. 이것은 넓은 의미의 정신력이라 할 수 있겠다. 또 하나는 경기에 직접 그리고 구체적으로 활용할 수 있는 경기 적용 정신력이다.

■ 넓은 의미의 정신력

- 확고한 삶의 목표
- 자기 주도적 학습 문화
- 근면과 열정
- 창의성
- 자기 관리 능력
- 집중력
- 자신감

■ 경기 적용 정신력

- 경기에 대한 자신감
- 주의 조절능력
- 동기유발 수준
- 태도 조절요인
- 각성수준 조절능력
- 시각화 및 심상 조절능력
- 긍정적 에너지

1) 넓은 의미의 정신력

(1) 확고한 삶의 목표

'나는 무엇을 위해 살아가는가?'
'나는 왜 축구를 하는가?'

이 2가지 질문에 대한 확고하고 선명한 대답을 가지고 있어야 한다. 즉 1인기업으로서의 경영이념이 확고해야 한다. 목표가 뚜렷하면 방황하지 않는다. 열정이 오래 지속되고, 스스로 자가발전할 수 있다. 선수가 이걸 빨리 깨닫게 해야 한다. 여기서 출발해야 한다.

(2) 자기관리 능력

선수의 경기력은 어디에서 향상될까? 운동장? 그렇다. 하지만 감독 코치가 가르치는 연습구장에서는 아무리 후하게 주어도 35% 미만이다. 65% 이상이 운동장 밖에서 이루어진다. 그러므로 선수의 성공 여부는 여기에 달려있다.

그러나 너무나 많은 지도자들이 운동장에서의 연습이 경기력 향상의 전부라고 잘못 알고 있다. 단체 연습 외 시간을 효과적으로 활용하는 선수가 대선수로 성장한다. 그러므로 '효과적인 시간활용 시스템'을 만들고, 선수들에게 침투시키는 일이 실로 중요하다. 일례로, 한국의 초·중·고·대학팀들은 거의 기숙사 생활을 한다. 기숙사 생활은 여러 가지 부작용이 있지만 일정 시기 유지해야 한다면 대대적인 혁신이 요구된다. 기숙사 생활의 강점도 있다. 그 하나가 통학할 때보다 2배 이상 시간이 많이 생긴다는 것이다. 날마다 이걸 제대로 활용하면 엄청난 변화가 일어난다. 너무나 많은 선수들이 하지 않아야 할, 해서는 안 될 일로 시간을 소모하고 있다. 감독 코치는 이걸 그대로 지나가서는 안 된다. 인생도, 사업도, 축구도 시간 싸움이다.

자기관리는 선수가 축구를[46] 잘 하기 위해 훈련이나 일상생활, 경기 상황 등 총체적 생활에서 축구에 적합하게 스스로의 사고나 행동을 가꾸는 활동이다. 로테르 마테우스는 무려 21년 동안(1980~2000) 독일 국가대표로 활약했다. 그는 5회 연속 월드컵에 출전해 25경기 2048분 출장이라는 탁월한 기록을 가지고 있다.

마테우스 말고도 당시 43세로 월드컵에서 골을 기록했던 카메룬의 로저 밀러, 한국의 홍명보나 황선홍 등은 공통적으로 자기관리에 성공한 선수였다. 참고로 성공적 자기관리 지침에 대해 알아보자.

- 오늘 할 일은 내일로 미루지 않는다.
- 나는 할 수 있다고 생각하고 노력한다.
- 내가 한 약속은 반드시 지킨다.
- 사생활이 축구에 부정적인 영향을 미치는 일이 일어나지 않도록 한다.
- 동료, 선후배와 좋은 관계를 유지한다.
- 몸에 좋은 것만 골라 먹는다.
- 패스 위주로 플레이 스타일을 전환한다.
- 미래를 생각하고 결정에 맞는 준비를 한다.
- 운동일지를 매일 쓴다.
- 내 장점이 될 수 있는 기술 세 가지를 만든다.
- 꾸준히 독서를 한다.
- 계획(1일, 주간, 월간, 연간계획)을 세워 생활하며 틈새시간을 활용한다.

(3) 자기 주도적 학습 문화

감독 코치는 자기 자신이 모르는 건 가르치지 못한다. 누구에게나 인식하지 못하는 세계는 그에게 없는 세계이다. 축구선수도 예외가 아니다. 무엇을 폐기하고, 무엇을 발전시켜야 하는지를 정확하게 아는 데서부터 혁신은 시작된다. 지식과 정보의 취사선택

---

46) 자기관리 능력, 선수생명과 직결, 윤영길, 축구가족 2004년 9월도 pp.32~33.

은 이러해야 한다. 하지만 정보의 홍수 속에서 대부분의 선수들이 쓰레기 정보 속에서 헤어나지 못하고 있는 게 현실이다. 인터넷 TV 신문 서적 등에서 무엇을 선택하여 보는가? 어떤 책을 읽는가? 무슨 영화를 보는가? 이와 같은 행위의 결과, 선수 자신에게 유익한가, 경기력 향상과 인격 함양에 도움이 되고 있는가, 정신을 황폐화시키고 귀중한 시간을 낭비했는가? 가치는 배제하고 재미만 추구하는 정신이 허기진 사람이 되지 않도록 경계할 일이다.

배우려는 열정의 지속 → 학습 → 기록 →피드백

열정을 보다 오래 지속하는 선수가 이긴다. 도처에 학습대상(스승)이 있다. 감독 코치, 서적, 일간지, 신문, 인터넷, DVD, 주위 사람들, 동료선수 등 얼마든지 있다. 언제나 배우려는 마음으로 자세히 보면 훤하게 보인다. 기록은 지식과 정보를 저장하는 효과적인 수단이다. 이걸 수시로 복습하여 선수 자신의 것으로 완전히 승화시켜야 한다.

배움에 있어 선수는 호연지기(더없이 크고 굳세며 곧은 마음)와 진취적 기상(목표한 바를 이루어 내겠다는 뜨거운 마음)이 있어야 한다. 감독 코치에게 열심히 배우되, 축구 지식에서 가능한 빠른 시일 안에 감독 코치를 뛰어 넘어야 한다. 이래야 성큼성큼 대선수로 성장할 수 있다. 감독 코치가 가지고 있는 축구 지식보다 그들이 가지고 있지 못한 축구 지식이 훨씬 많다. 특히 공부하지 않는 감독 코치는 말할 필요도 없다.

이 글을 읽는 이 순간부터 선수는 스스로 마음속으로 감독 코치가 되어 자기 자신을 주도적으로 가르치는 경지에 도달해야 한다. 이 세상에서 가장 뛰어난 코치 감독이 선수 자신이라는 걸 하루 빨리 깨달아야 한다. 이걸 실행하는 선수를 만나고 싶다. 선수 스스로 등불이 되어, 스스로 길을 찾고, 스스로 걸어가야 한다.

(4) 집중력

집중력은 모든 스포츠에 있어서 최상의 수행력을 위한 필수적인 정신적 요건이며 이는 훈련을 통해 충분히 습득되는 심리적 기술로 볼 수 있다. 집중력은 현재 시점에만 해당하는 것이므로 단 몇 초 이전의 일이나 지금부터 일어날 일들에는 적용되지 않는다. 스포츠에서 집중력을 잃게 하는 주요한 두 가지 원인은 '계속되는 실수'와 '자신감 상실'이다.

집중력은 능력이라기보다는 습관에 가깝다. 또한 동기유발과 더불어 지속적인 훈련이 필요하다. 컴퓨터게임에 집중할 때는 옆에서 말을 걸어도 모르는 사람이 공부를 할 때는 쉴 새 없이 방과 거실을 들락거리는 것을 생각해보자. 무엇인가를 하고 싶게 만드는 것이 동기유발이라고 하면, 하고 싶은 일이 아니어도 어떤 상황에서 해야 할 일에 몰입할 수 있게 하는 것이 바로 집중력 훈련이다.

다음은 집중력 증대를 위한 방법이다.

① 자신의 스타일 파악하기

어떤 선수들은 자신이 통제를 할 수 있고 주변에[47] 아무도 없는 조용한 상태에서 더 잘 집중하는 경우가 있는가 하면 어떤 선수들은 주변의 자극들(다양한 환경변화, 사람들과의 대화 등)과 끊임없이 상호작용을 하면서 오히려 더 집중이 잘 되는 경우도 있다.

② 집중대상을 자유로이 전환시키기

선수들은 저마다 자라온 환경, 생활방식이 다르다. 그러다 보니 자신의 역할이 '개인'에서 '선수'로 변화할 때 집중력에 문제를 경험하는 경우가 많다. John Wooden (1972)은 한 가정의 아들로서, 동생으로서의 개인역할과 선수로서의 역할을 분명히 구분할 필요가 있다고 말한다. 다시 말하면, 선수로 게임을 뛸 때에는 아들로서의 고민이나 아버지, 동생으로서의 자신을 잊고, 집안의 모든 걱정거리나 해결해야 할 문제들로부터 자신의 생각을 차단해야 한다는 것이다. 게임을 할 때는 선수 자신이 팀의 일부라는 것만을 명심해야 한다.

③ 다양한 자극 제시

인간의 뇌는 반복적이고 같은 자극에 싫증을 내게 되어 있다. 때문에 적절한 자극의 변화는 집중력을 증대시킨다. 20~30분 간격으로 다양한 훈련방법을 제시하는 것이 1~2시간씩 같은 훈련을 하는 것보다 집중을 극대화하는 데 훨씬 효과적이다. 재활운동이 지루해지기 쉬운 이유도 마찬가지이다. 환경의 변화도 별로 없이 매일 일정시간 같은 동작을 반복해야 하는 프로그램 특성 때문이다. 인내심이 강하고 성실한 선수들 중에 상대적으로 성공한 선수가 많은 것은 이들은 이러한 지루함을 잘 견뎌내고 그만큼 집중력을 오래 유지할 수 있기 때문이기도 하다. 단, 선수들마다 성격이 다르고 반응이 다르기 때문에 효과적인 지도를 위해서는 저마다의 집중시간과 좋아하는 것들을 파악할 필요가 있다. 특히 어린 유소년 선수들일수록 놀이 또는 게임과 같은 재미있고 다양한 방법으로 훈련을 할 필요가 있다.

④ 목표 설정

목표를 분명히 구체적으로 세우도록 해야 한다.

- 우선순위에 집중하기 : 가장 중요한 것이 무엇인지 알고 그에 집중한다.
- 주의를 분산시키는 요소들은 철저히 제거하기
- 이뤄야 할 원칙과 정도를 분명히 하기

47) 쉽게 보는 축구의학, 나영무 외, 군자출판사, 2006.7.31 초판1쇄, pp.139~144.

흔히 목표를 세우라고 하면 '게임에 승리하자', '열심히 한다' 등과 같이 모호하고 광범위한 목표를 언급하곤 한다. 그보다는 좀 더 행동을 구체적으로 묘사하는 목표를 세우는 것이 집중하기에 쉽다. 가령 '오늘은 게임에서 한 골을 반드시 넣도록 한다', '내일까지 상대팀 5번 선수 000을 집중적으로 분석한다' 등과 같이 시점은 가까운 미래, 그리고 행동은 한 번에 한 가지만 정하여 좀 더 집중의 폭을 강화시키도록 한다.

⑤ 이완과 에너지 보존

집중상태를 유지하는 것은 피곤한 일이다. 선수들이 게임을 하기 위해서는 최대한의 에너지가 필요하기 때문에 적절한 긴장 이완과 에너지를 보존하는 것도 중요하다.

⑥ 지도자들에게 유용한 집중력 훈련방법은 다음과 같다.

- 신체적인 컨디션을 확인하여 피로로 인해 집중력을 잃지 않도록 한다.
- 선수들의 개인별 집중 스타일을 파악해두도록 한다.
- 결과보다는 과정에 집중하도록 한다.
- 각 선수들이 집중해야 할 역할이나 목표를 개별적으로 정확하게 지시한다.
- 선수마다 다른 집중시간을 파악하고 이를 선수들에게도 알려준다.
  (비디오를 보여주며 설명하는 것이 쉽다)
- 긴장을 적절히 푸는 방법들을 가르치도록 한다.
- 무엇보다도 목표를 지시할 때 개인별로 한 번에 한 가지씩만 지정해 준다. 너무 많은 집중상대는 오히려 산만하게 만든다.
- 선수들이 혼자 있고 싶어 할 때는 걱정하지 말고 방해하지 않도록 한다.

(5) 근면과 열정

명저 「아웃 라이어」(말콤 글래드웰 지음, 김영사)에 등장하는, 성공하려면 '1만 시간'의 노력이 필요하다는 통찰과 근면은 그 궤를 같이 한다. 시작이 같아도 먼저 '1만 시간'의 실행을 이루어내면 경쟁자보다 앞서 성공에 이르게 된다. "일찍 일어나는 새가 벌레를 잡는다", "티끌모아 태산", "천리길도 한 걸음부터" 등의 격언 속담은 모두 근면의 중요성을 가르치고 있다. 경기력 향상도 이러하다. 선수마다 학습에 필요한 시간이 있고, 학습에 사용한 시간이 있다. 이 둘이 일치하면 완전학습에 도달한다. 그러나 선수가 학습에 필요한 시간보다 적게 학습에 사용하면 불완전학습이 일어난다.

열정은 사람을 행동하게 하는 강력한 힘이다. 열정은 그 모든 추진력의 원동력이 된다. 열정을 1일, 3일, 1달, 6개월 또는 1년 지속하는 사람과 평생 열정을 불태우는 사람 사이의 업적은 천양지차의[48] 결과를 보인다. 저자가 감독 중의 감독, 감독의 최고봉으로 존경하는 존 우든 감독은 근면과 열정, 이 2가지를 경기력 향상의 출발점으로 기초로 주춧돌로 규정하고 있다.

근면과 열정, 이 2가지 습관은 존 우든 감독이 피라미드 구조를 교육도구로 써야겠다고 마음먹고 나서 제일 먼저 선택한 것들이다. 다른 블록들은 그 후 14년에 걸쳐서 택했다가 버렸다가 혹은 피라미드 구조물 내에서 위치를 바꾸기를 수십 번 반복했지만, 두 주춧돌로 정한 근면과 열정은 단 한 번도 바뀌지 않았다. 열심히 연습하지 않으면 대선수로 성장할 수 없다. 그리고 열정이 없이는 열심히 연습할 수 없다. 따라서 성공을 위해서는 이 두 가지가 꼭 필요하다.

성공의 기초를 이루는 두 주춧돌인 근면과 열정은 각각 그 자체만으로도 큰 힘을 지닌다. 그러므로 이 둘을 합하면 막강한 힘을 발휘할 수 있다. 또 감독 코치가 근면과 열정을 보여 주면 팀원들도 곧 그렇게 하게 된다.

(6) 자신감

자신감은 주어진 과제를 해결할 수 있다는 자기 자신에 대한 믿음이다. 축구에서 자신감은 개인과 팀의 이원적 구조로 형성된다. 개인적 의미의 자신감은 축구 경기나 훈련에서 할 수 있다는 자신에 대한 믿음인 반면, 팀 자신감은 경기 상황에서 우리 팀은 이길 수 있다는 팀에 대한 믿음이다. 이러한 자신감은 선수로 하여금 불리한 상황에서도 경기가 끝날 때까지 결코 포기하지 않도록 만드는 힘이며 경기에 집중할 수 있도록 만들어 운동을 지속시켜 주는 힘이 원천이기도 하다.

자신감이 높은 선수는 경기에서[49] 이겼을 때 그 원인을 자신의 기술과 경기 능력에서 찾는 반면, 경기에서 졌을 때는 그 원인을 경기 상황적 요인과 잘못된 전략 및 전술 등으로 판단하기 때문에 다음 경기에서도 자신감을 잃지 않는다.

이러한 성공 경험은 선수로 하여금 자신감을 갖게 하고 이는 곧 선수의 성장과 직결된다. 성공 경험은 선수 자신의 직접적인 경험에 의해 자신감을 얻는 방법인 대신, 대리 경험은 다른 선수의 성공 경험을 통해 간접적으로 자신감을 향상시키는 방법이다. 즉 자신과 실력이 비슷한 수준의 선수가 주어진 과제를 성공적으로 수행하는 모습을 통해 자신도 할 수 있다는 믿음을 가짐으로써 자신감을 향상시키는 방법이다.

지도자나 부모, 동료 등 선수가 관계를 맺고 있는 사람의 격려나 조언을 통해 자신감을 얻을 수 있다. 격려나 조언은 선수로 하여금 성공적인 기술을 발휘하여 상대 선수를 충분히 이길 수 있다는 믿음을 심어줄 수 있는 내용이어야 하며 경기장에서 능력이 부족하거나 상대방이 너무 뛰어나다고 판단하여 경기를 도중에 포기하려고 할 때 사용하면 효과가 크다.

---

48) 조직을 성공으로 이끄는 우든의 리더십, 존 우든 외, 이지북, 2006.6.20초판1쇄, pp.42~43p
49) 자신감이 곧 승리의 원천, 윤영길, 축구가족 2004년 7월호, pp.28~29.

자신감은 경기에서 투지를 발현시켜 주며 자신감 있는 선수는 적극적으로 경기에 임하는 동시에, 훈련이나 경기 자체에 몰입할 수 있다. 선수가 자신의 플레이에 몰입하면 실수의 위험성이 줄어들고, 과제 달성을 위한 지속적인 노력을 하게 된다. 동시에 자신감은 경기에서 다양한 전략을 구사할 수 있는 여유를 갖게 한다.

(7) 창의성

새로운 것을 만들어 내거나 발견해내는 능력은 어떤 문제에 대한 새로운 해결안, 새로운 방법이나 고안, 새로운 예술적 대상이나 형태 등으로 구체화된다. 동기유발과 학습유인 분야에서의 심리학적 실험 결과에 따르면 새로운 것을 좋아하는 마음이 그것을 찾아내는 또는 발명해내는 계기가 된다고 한다. 고등지능을 갖춘 생물의 경우 자신을 둘러싸고 있는 환경을 그대로 유지하려는 성향과 새로운 가능성을 실험하기 위해 기존의 균형 상태를 깨뜨리려는 충동 사이의 긴장이 늘 존재한다. 창의적인 사람들의 심리를 연구한 결과에 따르면, 이러한 긴장은[50] 지능과 직관, 의식과 무의식, 정신적 건강과 정신이상, 평범과 비범, 복잡과 단순 등의 양극(兩極) 형태로 존재한다.

일정 수준을 넘어서면 지능은 창의성과 큰 관계가 없어 보인다. 즉 대단히 지적인 사람이 반드시 대단히 창의적인 사람은 아니라는 뜻이다. 이 때문에 지능 중에서도 집중적 사고능력과 확산적 사고능력을 구분하게 되었다.

전자는 지능검사에서 분석적 추리능력을 나타내는 지표이고 후자는 사고의 다양성과 독창성을 나타낸다. 창의적 활동에는 이 양자가 모두 필요하지만 사람의 직업이나 하는 일의 종류에 따라 그 필요성의 정도가 달라진다(수학자는 집중적 사고 능력을, 예술가는 확산적 사고능력을 더 필요로 하는 등의 예를 들 수 있음).

많은 창의적인 사람들은 무질서·모순·불균형 등에 강한 흥미를 보인다. 그들은 때로 불균형과 무질서가 하나의 재미있는 현상이라고까지 여긴다. 또한 창의적인 사람들은 심리적으로 불안정한 것 같은 인상을 주기도 한다.

그러나 미숙한 듯이 보이는 퍼스낼리티가 실은 평균보다 더 넓은 경험의 폭과 행동양식을 외부적으로 드러내는 것일 수도 있다. 이런 사람들은 이례적일 정도로 깊고 넓고 탄력적인 자아의식을 갖고 있을 수도 있다. 그러나 여러 가지 심리 연구에 의하면, 창의적인 사람은 여러 가지 문제에 대해 아주 민감한 감수성을 가진 지적 지도자의 경우가 많다는 것이 밝혀졌다. 또한 자신감과 자율성의 정도도 높다. 남을 압도하는 힘이 있으며 비교적 내적 갈등이나 구속 등을 받지 않는다.

지적 호기심의 범위가 대단히 넓으며[51] 복잡하고 도전적인 일을 매우 좋아한다. 창의적인 사람들이 가끔 내놓는 기발한 생각은 동화(同化)에 대한 저항으로서, 이들

50) 브리태니커 세계대백과사전 제 20권, p.355.

51) 창의적 사고는? 한겨레신문, 2001.3.24.土.21면, 박창섭기자

은 동화에 의해 자신의 근본적이고 독창적인 성격이 포기된다고 생각한다. 이 때문에 평범한 도덕적 태도를 배격하기도 하지만 그렇다고 해서 도덕성 그 자체가 저하되는 것은 아니다.

현재 생존해 있는 창의적인 사람들과 과거의 창의적 천재들을 연구·조사한 결과, 창의성이 발동되는 과정에 대한 몇 가지 사실이 알려지게 되었다. 그 결과 창의적 과정 중 가장 중요한 요소는 독창성 또는 독특함이라는 것이 발견되었다.

① 창의적 사고의 기능

창의적 사고에서 요구되는 기능은 전반적인 사고 과정에서 요구되는 기능과 크게 다르지 않다. 임선하 현대창의성연구소(www.hico.co.kr) 소장은 창의적 사고의 기능을 크게 몇 가지로 나눠 설명한다.

첫째, 민감성이다.

주변의 환경에 대해 민감한 관심을 보이고 이를 통해 새로운 탐색영역을 넓히는 능력을 말한다. 같은 대상을 보고도 사람마다 서로 다른 생각을 갖는 것은 인식체계가 동일하다면 민감성에 의해 결정되는 것이다. 하늘은 왜 푸른가? 궁금해 하고, 숨은 그림을 찾아내는 행동들이 다 민감성과 관련된다.

두 번째로, 유추성이 있다.

일상생활에서 두 개 이상의 대상이나 상황의 유사점을 뽑아내 새로운 추정을 할 수 있는 능력이다. 물고기를 보면서 잠수함을 떠올리거나, 구름 모양을 보고 날씨를 예측하는 것 등이 이와 관련된다.

세 번째로, 고정적인 사고방식이나 시각자체를 바꿔 다양한 해결책을 찾아내는 융통성이다.

흔히 경직되고 상투적인 방식으로 사고를 하게 되면, 사고에서의 진전을 이룰 수 없으며, 편협되고 진부한 문제 해결을 하게 된다. 어린 아이의 눈높이로 거리 풍경을 본다든지, 자동차 펑크를 해결하기 위해 튜브 자체를 없애는 방법을 생각하는 것 등이 융통성의 사례가 될 수 있다.

네 번째는, 독창성이다.

기존의 것에서 탈피해 참신하고 독특한 아이디어를 내놓는 능력을 말한다. 다른 사람과 같지 않게 생각하기, 기존의 생각이나 사물의 가치를 부정하고 생각하기 훈련을 하면 독창성을 키우는 데 도움이 된다.

마지막으로 제시되는 상상력을 경험 세계의 범위를 벗어나 자기만의 생각을 해내는 능력이다.

시각적이거나 청각적인 이미지를 과장해 떠올리거나, 꿈속의 이야기를 현실적인 것으로 만들어내는 것 등이 모두 상상력과 관련된다.

② 창의적 행동 유형

구 분	유 형
쉬는 시간에도 하던 일을 계속한다. 이 생각 저 생각을 잘 결합시킨다. 추측하고 이를 확인하는 습관이 있다.	에디슨 형 (실험의 천재)
호기심이 많아 알려고 하는 것이 다양하다. 말할 때 비유를 많이 사용한다. 사물을 면밀하게 관찰한다.	다빈치 형 (호기심의 천재)
혼자 있는 시간을 잘 활용한다. 생각나는 것을 그대로 잘 기록한다. 문제의 핵심적인 질문을 잘 한다.	모차르트 형 (직관의 천재)
무조건 생각나는 것을 해보는 경향이 강하다. 모험심이 강하다는 말을 자주 듣는다. 새로운 아이디어를 생각하고 이를 즐긴다.	스필버그 형 (몽상의 천재)

③ 축구경기 그리고 창조적 상상력의 결정적인 역할

무수한 의견들이 있을 수 있다. 여기서는 그 중에서도 핵심적인 3가지를 주의깊게 응시한다.

㉠ 경기력 극대화

창조적 상상력은 대뇌의 신경회로를 활성화시킨다. 축구경기에서 패스는 선택이다. 가령, 다섯 명의 동료 선수에게 패스할 수 있는 상황에서 누구에게 패스할 것인가? 다섯 가지 패스가 각각 상대방에게 미치는 영향력은 어떠한가? 누구에게 내는 패스가 가장 효과적인가?

축구경기에서 선수들의 모든 행위는 선택의 결과이다. 창조적 상상력은 대뇌의 신경회로를 활성화시킨다. 그리하여 변화무쌍한 각각의 상황에서 선수들이 최선의 선택을 하도록 돕는다. 최선의 선택이 경기력을 극대화시키는 것은 너무나 자연스러운 일이다.

㉡ 우승 개연성과 비례

경기의 구성요소는 체력·개인기·전술·정신력이다. 이 4가지가 앞서 있는 팀이 승리할까? 우리는 월드컵 축구 대회, 유럽 선수권, 세계 청소년 축구, 유럽 챔피언스리그 등 크고 중요한 대회에서 작품을 이루게 하는 정신적 능력, 즉 창조적 상상력이 부족한 팀은 결코 우승하지 못했다는 사실을 축구 역사를 통해 알고 있다.

㉢ 홍미로운 경기 연출

경영자의 입장에서 프로구단은 기업이다. 흑자를 내지 못하는 기업은 사회에 큰 해악을 끼치며, 존립 자체를 위협받는다. 세계 초우량 기업들의 공통된 특징 하나는 품질관리도 중요하지만 그보다 고객 감동을 넘어선 고객 이익 고객 성공을 지향한다는 점이다.

프로구단의 최대 고객은 누구인가? 경기장을 찾는 관중이다. 이러함에도 고객 개념이 빈곤한 감독 코치 선수들이 너무나 많다. 창조적 상상력이 부족한 지도자일수록 수비 중심의 경기를 한다. 기술보다는 체력 위주의 거친 플레이로 경기가 홍미 없을 뿐더러 경기의 내용까지 볼 게 없다.

시간의 집합이 인생인 이 시대에 소중한 몇 시간을 내고 돈을 들여 경기장을 찾는 관중에게 축구는 무조건 재미있어야 한다. 관중들은,

- 팽팽한 긴장감으로 피가 끓어오르고
- 코 앞에서 선수들의 열기가 생생하게 느껴지고
- 공격축구로 마음껏 함성 지르게 득점이 자꾸 쏟아지고
- 섬세하고 의외적인 패스워, 공중에서 꺾이고 비틀리고 순식간에 골인되는, 전력질주상태의 인프론트 킥,최고의 수비를 무너뜨리는 마술사들의 연주, 축구경기를 예술로 승화시키는 이미지의 상승을 느끼고 싶어 하는 것이다.

  수비 위주로 일관하다 관중이 크게 감소하고, 팀 성적이 곤두박질치고 급기야는 감독이 해고되는 경우를 여러 번 보아 왔다. 세상의 모든 축구팀이여! 창조적 상상력이 충만한 공격적인 축구를 활발하게 보여주세요!

④ 창조적 상상력 기르기, 어떻게?

인간의 우뇌에는 지금까지의 인류의 모든 경험·지혜·정보가 들어 있다. 누구나 마음만 먹으면 최고로 창조적 상상력을 무한정 길어 올릴 수 있고 활용할 수 있다. '어떻게' 할 것인가? 구체적인 방법을 찾아보자.

㉠ 신념은 창조력을 해방시킨다.

어떤 일을 할 수 있다고 믿는 것은 '창조적[52] 상상력으로 향한 길'을 가는 첫걸음이다. 당신이 어떤 일을 불가능하다고 믿는다면, 당신의 마음은 그것이 불가능한 이유를 증명하기 위해 작용한다. 그러나 당신이 어떤 일을 가능하다고 믿는다면, 그리고 정말로 확신한다면, 당신의 마음은 이것을 실현시키는 방법을 찾아 작동하기 시작한다. 신념은 창조력을 불러 일으키지만 불신은 제동 역할을 할 뿐이다. 믿어라. 그러면 당신은 건설적으로 생각하기 시작할 것이다. 일의 성패에 있어서 '할 수 있다', '꼭 해낸다'는 확신보다 더 강한 것은 없다.

52) 크게 생각할수록 크게 이룬다(The magic of thinking big). David J. Schwartz 저 김상용 옮김, 나라. p.107.

㉡ 고정관념을 깨끗하게 청소해야 한다.

대중은 십중팔구 고정관념병 환자이다. 고정관념은 창조적으로 일을 하려는 사람에게 가장 큰 장애물이다. 고정관념은 우리의 정신을 얼어붙게 하고, 진보를 가로 막으며, 창조력을 발휘하는 것을 방해한다. 다음은 이러한 장애를 극복하기 위한 세 가지 방법이다.

a) 아이디어에 대한 풍부한 감수성을 가질 것

새로운 아이디어를 적극적으로 받아들여야 한다. '도움이 되지 않을 것'이라는 생각은 아예 버려라.

b) 실험적 인간이 될 것

고정관념을 깨부숴야 한다. 새로운 레스토랑에 가고, 새로운 책을 읽고, 새로운 연극을 보며, 새로운 친구와 교제하라. 지금부터 당장 어떤 새롭고 다른 일을 해 보라.

c) 퇴보적이 아니라 진취적일 것

'이제까지 이렇게 해 왔으니 이번에도 그대로 해야 한다'는 사고방식은 금물. '어떻게 하면 이제까지 해 온 것보다 낫게 할 수 있는가?'라는 생각을 가져야 한다.

㉢ 창의적 행동 유형을 생활 속에서 실천한다.

앞의 에디슨 형(실험의 천재), 다빈치 형(호기심의 천재), 모차르트 형(직관의 천재), 스필버그 형(몽상의 천재)은 천재들이 창조적 상상력을 어떻게 길어 올렸는지를 보여주고 있다.

㉣ 개선을 향한 무한한 전진

성공하는 사람들은 "내가 그것을 좀 더 개선할 수 있을 것인가?"라는 질문은 하지 않는다. 그들은 이미 그것을 할 수 있다는 사실을 알고 있다. 그러므로 그는 다음과 같이 질문한다. "어떻게 해야 나는 이것을 더 좋게 할 수 있는가?" 능력이란 마음의 태도이다. 매일 일을 하기 전 10분 동안 '오늘은 어떻게 해야 좋은 일을 할 수 있는가'라고 생각하자.

항상 수첩이나 카드를 가지고 다니다 떠오르는 아이디어는 바로 기록해 두어야 한다. 수집한 아이디어는 활용할 수 있도록 파일이나 CD에 정리해 둔다. 정기적으로 아이디어 창고를 검사해야 한다. 그리고 아이디어를 성장시켜야 한다. 아이디어에 대해 생각하고 각각의 아이디어를 서로 연결시켜야 한다. 아울러 모든 각도에서 연구해본 후, 기회를 만들어 당신 자신과 당신의 업무 그리고 당신의 미래를 위해 사용하도록 해야 한다.

㉤ 지식인이 되고 지식 경영을 한다.

a) 지식인과 지식 경영

지식의 종류를 3가지로 나눠볼 수 있다.

첫째, 기초과학이나 순수학문, 경제경영학과 같은 이론적 지식

둘째, 데이터베이스나 기술 특허와 같은 실용적 지식

셋째, 현장 경험과 노하우 등이다. 이 세 가지가 합쳐져야 비로소 실질적으로 활용할 수 있는 지식이 된다. 레이 헬튼(Ray Helton)은 그의 논문에서 업무에서 지식 사용, 의사결정, 복잡성, 작업당 시간이 많이 드는 업무를 하는 사람일수록 지식인이라고 정의했다.

개인이나 팀이[53] 지식 경영, 즉 자식의 창조 · 데이터베이스 · 공유 · 관리(폐기 · 보완 · 추가) · 보상은 창조적 상상력을 발굴하고 구조화하는 데 결정적으로 기여한다. 지식 사회의 도래로 가장 강력한 생산수단을 지식 근로자가 가지고 있다. 이제 단 하나의 의미 있는 경쟁 우위는 지식 근로자의 생산성이다.

b) 제안제도의 충실한 활용

회사의 제안제도와 같다. 꼭 지켜야 할 점은 제안의 결과 생긴 이익의 70% 이상을 제안자에게 주어야 한다. 결코 인색해서는 안 된다. 이렇게 해도 회사나 팀은 전혀 손해가 아니고 이익이다. 보상이 클수록 제안활동은 활발해진다. 장기적으로 제안자와 회사(팀) 모두에게 큰 이익을 준다.

2) 경기 적용 정신력

(1) 경기에 대한 자신감

자신감의 정도는 현재의 경기 수준에 대한 가장 좋은 예측 수단으로 승패 가능 여부에 대하여 자기 자신이 가지는 느낌이나 시상을 말하는 것으로 정상급의 선수는 이러한 자신감을 저해시키는 확실한 행동, 생각이나 이미지를 빨리 알아차린다고 말할 수 있다.

우리나라 선수들의 경우, 경기 종목별로 살펴보면 프로 야구, 배구와 사격 선수들이 높게 나타났으며, 레슬링, 축구, 배드민턴과 양궁 선수들이 중간 그룹을, 프로 골퍼, 복싱과 탁구 선수들이 비교적 낮은 그룹에 속하는 것으로 나타났다.

경기에 대한 자신감 요인에서 우수선수와 비우수선수들 사이에는 모두 유사한 차이를 나타냈는데, 남자의 경우에는 우수와 비우수선수 간에 거의 일정한 수준의 차이를 나타내고 있다는 사실이다.

53) 프로페셔널의 조건, 피터 드러커 지음, 이재규 옮김, 청림출판, 책 뒤표지 중에서

(2) 각성수준 조절능력

각성수준 조절능력이란 노여움, 불안, 갈등, 원한관계, 스트레스, 압력 등을 효율적으로 다룰 수 있는 능력으로, 어려운 상황이라기보다는 도전으로 인식하고 냉철하게 판단하며 부정적 에너지의 흐름과 충격을 통제할 수 있는 능력을 말한다.

대체로 다른 정신력 요인보다 외국선수에 비해 우리나라 선수들의 점수가 낮게 나타나는 요인으로 프로 야구와 배구 선수들이 비교적 높은 그룹을 형성하고 있고, 사격, 베드민턴, 양궁 및 축구 선수들이 중간 그룹을, 복싱 레슬링 및 탁구 선수들이 낮은 그룹을 형성하는 것으로 나타났다.

전체적으로 볼 때 우리나라 운동선수들이 이 요인에서 점수가 아주 낮게 나타났다는 것은 우리나라 선수들은 외국 선수들에 비하여 위기에 봉착하거나 난관에 부딪쳤을 때 그러한 상황을 보다 냉정하게 판단하여 충격을 통제할 수 있는 능력이 낮다고 볼 수밖에 없다.

(3) 주의 조절능력

주의 조절능력이란 경기 중에 중요한 것과 중요하지 않은 실마리(cue)를 선별 · 조율할 수 있는 능력이며, 이것은 경기 상황에서 경기 자체에 대하여 계속적으로 정신적인 주의 초점을 유지할 수 있는 집중력이나 근성을 말한다.

각성수준 조절능력과 마찬가지로 정신력 요인 중에서 아주 낮게 나타나고 있는 요인 중의 하나에 해당된다. 그러나 종목별로 아주 우수한 선수는 각성수준 조절능력이나 주의 조절능력에서도 비교적 높은 점수를 나타내고 있다는 사실이다.

이 요인에서도 우리나라 선수들이 낮게 나타나고 있어 대체로 우리나라 선수들은 경기 중에 중요한 정보만을 선별할 수 있는 능력이 낮고, 또 비교적 효율적인 주의 초점을 유지하고 있지 못하는 것으로 판단된다.

(4) 시각화 및 심상 조절능력

시각화 및 심상 조절능력이란 경기 장면을 말보다는 영상으로 보다 선명하고, 구체적이며, 세부적이고 사실적으로 상상할 수 있는 능력을 말한다. 경기력이 우수한 선수일수록 이러한 현상이 자동적으로 이루어지며 이것은 정신훈련 전술 중 가장 강력한 수단 중의 하나로 중추신경계(CNS)와 밀접한 관련이 있다.

우리나라 선수들은 비교적 오랫동안 많은 훈련과 경험을 쌓았기 때문인지 모르지만 이 요인의 점수는 경기 종목이나 성별에 관계없이 비교적 높게 나타나고 있다.

(5) 동기유발 수준

의미 있는 목표 설정, 성공을 거두려는 의욕, 훈련 계획에 따르려는 의지, 훈련의 고

통과 불편함을 참아 내려는 인내력 및 자기희생을 감수하려는 의지 등에 대한 수준이다. 내·외적인 동기는 이에 대한 중요한 구성 요인이며 긍정적인 에너지와 밀접한 관계가 있다.

경기 종목이나 프로, 아마추어, 성별에 관계없이 우리나라 선수들이 정신력 요인 중 가장 높은 점수를 나타내고 있는 것이 바로 이 동기유발 수준이다. 특히 이 요인은 외국의 선수들에게서는 기대하기 어려울 정도의 점수를 나타내고 있어 주목되는 요인에 해당된다.

특히 동기유발 수준에 관해서는 연금 혜택이나 상급학교 진학, 군대 면제 등의 외적인 보상의 효과가 크게 기여하고 있기 때문인 것으로 판단된다.

(6) 긍정적인 에너지

즐거움, 기쁨, 결심 및 사기, 수준 높은 경기력의 성취 등과 같은 원천들을 에너지화시킬 수 있는 능력으로 동기유발 수준, 태도 요인의 발달과 밀접한 관련이 있다.

이 요인은 사고의 형태를 팀의 사기, 수준 높은 경기력의 성취 등과 같은 원천들을 에너지화시킬 수 있는 능력으로 동기유발 수준, 태도 조절능력 요인 발달과 밀접한 관련이 있는데, 우리나라 선수들이 동기유발 수준이나 태도 조절능력의 점수가 비교적 높은 데 비해 이 요인의 점수가 낮게 나타난 것은, 대부분의 선수들이 지나치게 많은 훈련량과 오랜 합숙 등을 거치면서 팀 동료나 코칭 스탭과의 인간관계에서 부정적이고 비판적인 사고가 형성된 것이 아닌가 하여 주목해야 할 대목으로 사료된다.

▲재활공작소 전북 현대의 최강희 감독은 선수들을 평온하게 하고, 선수 스스로의 결의를 불러 일으키는 특유의 지도력을 보여주고 있다. 2009.11.1(日) 경기 후 K리그 정규리그 우승이 확정되자 선수들이 경기장을 내달리고 있다.
(사진 : 전북 현대)

(7) 태도 조절요인

선수 개인의 사고 습관이나 훈련에 임하는 자세, 마음가짐 등을 반영하는 것으로, 올바른 태도는 정상급 선수로서의 마음가짐, 정서적 조절, 긍정적 에너지 흐름을 가져온다.

이상과 같이 정신력에 관하여 종합적으로 살펴볼 때 우리나라의 운동선수들이 현재 가지고 있는 정신력 요인 중에는 특히 각성수준 조절능력과 주의 조절 능력이 아주 낮게 나타난 점과, 긍정적 에너지 요인이 낮게 나타난 점을 일선 현장에서 선수를 지도하고 감독하는 위치에 있는 사람들은 간과해서는 안 되는 대목으로 지적하고 싶다.

평소에 아무리 좋은 운동훈련 프로그램을 가지고 충분히 훈련을 잘했다 하더라도 경기장에서 위기에 봉착했거나 또는 난관에 부딪쳤을 때는 언세나 합리직이고 객관적이면서도 냉철한 판단을 요구하게 되는데, 이러한 장면에서 쉽게 흥분하거나 포기하게 되면 결코 좋은 성적을 낼 수 없게 되고, 이러한 현상이 여러 번 되풀이 되다보면 그 선수는 성공할 수 없게 되기 때문인 것이다.

참고로 국내에서 정신력을 측정하는데 주로 사용되는 검사지로는 Loehr(1982)가 제작한 정신력 진단 검사지와 Mahoney, Gabriel과 Perkins(1987)가 개발한 스포츠 심리검사지(PSIS) 등이 있다.

5 스포츠 정신력 자기진단법

스포츠 수행과 관계있는 신체적인 면과 정신적인 면은 서로 얽혀 있다. 즉, 정신은 전신의 세포에 큰 영향을 미치고 신체현상으로서 발현된다. 또한 반대로, 사람의 신체활동은 심리현상에 반영된다. 그러므로 스포츠 활동성과의 기반이 되는 것은 경기자가 스포츠에 전념하는 자세, 연습·트레이닝·시합에 대한 정신적 태도와 행동 결과에 대한 대응에 달려 있다고 할 수 있다. 따라서 스포츠 정신력의 경향을 진단하는 것도 자기인식의 형성에 도움이 될 것이다.

연습과 게임에 대한 자신의 정서적 반응과[54] 스포츠 활동에서 특수한 심리적 경향 등을 더 잘 알게 되면 선수는 분명 잠재된 정신적인 문제를 쉽게 이해할 수 있을 것이다. 자기 진단의 목적은 스포츠에서의 기본적인 심리적 경향을 어느 정도 갖고 있는지 알고, 그럼으로써 연습과 게임을 적극적인 자세로 수행할 수 있는 자신감을 구축해 나가는 데 있다.

---

54) 뉴 마인드 코칭론, 嶋田出雲 지음 김성복 옮김, 대경북스, 2005.3.25 초판1쇄, pp.139~151.

1) 스포츠 정신력 진단테스트 방법

인간의 정서라는 것은 불변적인 것이 아니라, 날짜·시간·장소에 따라 달라지는 것이다. 즉, 시간적·지리적·물리적·사회적 환경에 의해 지배되고 변화하는 것이므로 선수의 마음의 움직임을 질과 양으로 과학적으로 파악하는 것은 매우 곤란한 것이다. 그럼에도 불구하고, 선수의 마음을 객관적으로 파악하기 위하여 지도와 카운슬링을 하는 입장에서, 많은 심리테스트를 참고로 작성한 것이 다음과 같다. 이것은 아직 불완전하고 매우 모험적인 것이지만 한 번 활용해 보기를 바란다.

진단테스트의 질문항목은 91개이고, 각 항목에서 자신의 생각과 맞는 것을 하나 선택해서 ○표를 한다. 이때, 자신의 기분을 솔직히 답하는 것이 중요하다.

▶ 운동선수의 정신력 자기진단테스트

1. 허둥대는 바람에 자주 실패하는 편입니까?
① 네 ② 둘 다 아님 ③ 아니오

2. 화가 치밀어 오르면 발끈하는 편입니까?
① 네 ② 둘 다 아님 ③ 아니오

3. 일을 하는 중 기분이 자주 바뀌는 편입니까?
① 네 ② 둘 다 아님 ③ 아니오

4. 주위에서 융통성이 없다는 말을 자주 듣는 편입니까?
① 네 ② 둘 다 아님 ③ 아니오

5. 차분하게 이치를 생각하기보다 즉석에서 대처하며 움직이는 편입니까?
① 네 ② 둘 다 아님 ③ 아니오

6. 모든 일을 이러쿵저러쿵 너무 딱딱하게 생각하여 수완있게 처리하지 못하는 편입니까?
① 네 ② 둘 다 아님 ③ 아니오

7. 멍하니 뭔가를 생각하면서 무심코 시간을 보내는 경우가 자주 있는 편입니까?
① 네 ② 둘 다 아님 ③ 아니오

8. 어떤 일에 열중하면, 그것이 끝날 때까지는 다른 일에 대해 생각하지 않는 편입니까?
① 네 ② 둘 다 아님 ③ 아니오

9. 자신이 관심이 없는 것에는 무심한 표정을 짓는 편입니까?
① 네 ② 둘 다 아님 ③ 아니오

10. 꼼꼼한 성격이어서, 책상 위에 놓아 둔 물건이 비뚤어지면 신경이 쓰이는 편입니까?
① 네 ② 둘 다 아님 ③ 아니오

11. 가벼운 농담을 하거나, 신나게 이야기하는 경우가 많은 편입니까?
① 네 ② 둘 다 아님 ③ 아니오

12. 단조로운 것이라도 꾸준히 끈기 있게 할 수 있는 편입니까?
① 네 ② 둘 다 아님 ③ 아니오

13. 사람이 좋다는 말을 자주 듣는 편입니까?
① 네 ② 둘 다 아님 ③ 아니오

14. 무언가 하기 시작하면 도중에 그만두지 못하는 편입니까?
① 네 ② 둘 다 아님 ③ 아니오

15. 별로 사람과 어울리지 않고, 혼자 있어도 외롭지 않은 편입니까?
① 네 ② 둘 다 아님 ③ 아니오

16. 언제나 청소를 철저히 하지 않으면 마음이 놓이지 않는 편입니까?
① 네 ② 둘 다 아님 ③ 아니오

17. 조그마한 일로 초조함을 느끼고 안절부절 못하는 편입니까?
① 네 ② 둘 다 아님 ③ 아니오

18. 흥분하게 되면 자신을 억누르지 못하는 편입니까?
① 네 ② 둘 다 아님 ③ 아니오

19. 끈기가 없고, 조그만 어려움에 부딪혀도 힘들어하는 편입니까?
① 네 ② 둘 다 아님 ③ 아니오

20. 모든 일을 이것저것 집요하게 머리로 생각하는 편입니까?
① 네 ② 둘 다 아님 ③ 아니오

21. 자신의 결점을 극복하려고 여러 가지를 해보지만, 결국 오래 가지 못하는 편입니까?
① 네 ② 둘 다 아님 ③ 아니오

22. 자신의 생각대로 되지 않을 때, 결국 포기해 버리는 편입니까?
① 네 ② 둘 다 아님 ③ 아니오

23. 뭔가 제대로 되지 않을 때, 푸념을 늘어놓는 편입니까?
① 네 ② 둘 다 아님 ③ 아니오

24. 뭔가 망설여지는 일이 있을 때, 나쁜 면만을 생각하게 되는 편입니까?
① 네 ② 둘 다 아님 ③ 아니오

25. 소설을 읽을 때, 자신이 주인공이 된 듯한 기분을 느끼는 편입니까?
① 네 ② 둘 다 아님 ③ 아니오

26. 지는 것을 싫어해서, 단순한 놀이라도 지게 되면 억울해 하는 편입니까?
① 네 ② 둘 다 아님 ③ 아니오

27. 다른 사람보다 예민해져 있다고 생각되는 때가 가끔 있습니까?
① 네 ② 둘 다 아님 ③ 아니오

28. 조심성이 많아서, 몸 상태에 대해 다른 사람보다 더 신경 쓰는 편입니까?
① 네 ② 둘 다 아님 ③ 아니오

29. 뭔가 하고 싶은 말이 있어도 다른 사람의 기분을 생각하기 때문에 말할 기회를 놓쳐 버리는 편입니까?
① 네 ② 둘 다 아님 ③ 아니오

30. 비교적 제멋대로 굴어도 다른 사람이 받아주는 편입니까?
① 네 ② 둘 다 아님 ③ 아니오

31. 목표를 세우고 그것을 반드시 달성하려고 노력하는 편입니까?
① 네 ② 둘 다 아님 ③ 아니오

32. 매일 하는 연습의 내용을 잘 이해할 수 있고, 그 요령을 잘 알 수 있는 편입니까?
① 네 ② 둘 다 아님 ③ 아니오

33. 무엇보다 자신이 하고 있는 스포츠에 가장 흥미를 갖고 있는 편입니까?
① 네 ② 둘 다 아님 ③ 아니오

34. 우수한 선수가 될 수 있다는 자신감이 있습니까?
① 네 ② 둘 다 아님 ③ 아니오

35. 자신이 하고 있는 스포츠에 의미를 느낄 수 있습니까?
① 네 ② 둘 다 아님 ③ 아니오

36. 우수한 사람과 어울리면서 자신을 자극하는 편입니까?
① 네 ② 둘 다 아님 ③ 아니오

37. 자신이 하고 있는 스포츠를 더 연구하려는 경우가 가끔 있는 편입니까?
① 네 ② 둘 다 아님 ③ 아니오

38. 연습에 열중하기 위해 끊임없이 자신을 자극합니까?
① 네 ② 둘 다 아님 ③ 아니오

39. 피곤하면 연습을 대충 하는 편입니까?
① 네 ② 둘 다 아님 ③ 아니오

40. 스포츠를 하는 데 방해가 되는 요소를 없애기 위한 노력을 하고 있습니까?
① 네 ② 둘 다 아님 ③ 아니오

41. 매우 걱정되는 일이 있을 때
① 걱정으로 연습이 손에 잡히지 않는다.
② 연습을 지장 없이 할 수 있다.
③ 양쪽의 중간

42. 싫어하는 사람과 마주쳤을 때
① 감정적으로 변하여 잘 대응할 수 없다.
② 감정을 억누르고 잘 대응할 수 있다.
③ 양쪽의 중간

43. 실패하여 코치나 선배에게 질책을 받았을 때
① 자포자기 상태로 실망해 버린다.
② 실패를 성공의 계기로 삼고 공부를 한다.
③ 양쪽의 중간

44. 연습이 잘 되지 않을 때
① 초조해져서 플레이를 잘 할 수 없다.
② 차분하게 좋은 방법을 생각할 수 있다.
③ 양쪽의 중간

45. 곤란한 문제에 직면했을 때
① 자신을 잃고 잘 생각할 수 없게 된다.
② 문제를 해결하기 위해 여러 가지 연구를 할 수 있다.
③ 양쪽의 중간

46. 연습 중에 상당히 피로할 때
① 피로가 신경 쓰여 연습에 성실할 수 없다.
② 피로를 억누르며 연습을 계속할 수 있다.
③ 양쪽의 중간

47. 연습을 할 때, 여러 가지 악조건이 있을 때
① 악조건하에서는 연습이 잘 되지 않는다.
② 악조건이 있어도 그것을 극복하고 연습할 수 있다.
③ 양쪽의 중간

48. 자신의 결점을 의식하여 절망적일 때
① 연습을 하고자 하는 마음이 없어져 버린다.
② 곧 마음을 추스르고, 연습을 하고자 하는 마음을 갖는다.
③ 양쪽의 중간

49. 코치 또는 선배에게서 무리한 과제를 강요받았을 때
① 아무래도 안 될 것 같다며 포기해 버린다.
② 어떻게든 해 보려고 노력한다.
③ 양쪽의 중간

50. 연습시간이 매우 길어질 때
① 대단히 싫다.
② 연습이라고 생각하고 기꺼이 노력한다.
③ 양쪽의 중간

51. 친구를 선택할 때

① 자신보다 뛰어난 사람을 택하여 자극을 받으려 한다.
② 같은 수준의 사람을 택한다.
③ 자신보다 못한 사람을 택한다.

52. 친구가 좋은 플레이를 했을 때

① 자신이 졌다는 생각에 분하다.
② 부러워한다.
③ 같이 기뻐해줄 수 있다.

53. 자신의 생각대로 되지 않을 때가 있을 때

① 어떻게든 생각대로 되도록 한다.
② 실망하지만 계속해 나갈 수 있다.
③ 맘에 안 들어서 포기해 버린다.

54. 시합에서 자신의 팀이 지게 되었을 때

① 모두 격려하며 어떻게든 이기려고 한다.
② 승패에 관계 없이 최선을 다한다.
③ 지려고 하면 금방 포기해 버린다.

55. 다른 사람이 좋은 것을 갖고 있으면

① 자신도 꼭 손에 넣겠다고 생각한다.
② 갖고 싶다고 생각하지만 무리해서 가지려고는 하지 않는다.
③ 다른 사람의 것에는 신경을 쓰지 않는다.

56. 운동선수로서

① 어떤 것을 하더라도 꼭 우승한 선수가 되고 싶어 한다.
② 팀의 주전이 된다면 만족한다.
③ 그런 것은 그다지 신경 쓰지 않는다.

57. 연습이 어려워서 잘 이해할 수 없을 때

① 어떻게든 이해하려고 하며, 연습이 끝난 후에도 알 수 있을 때까지 노력한다.
② 다른 사람에게 물어보거나, 책을 봐서 해결해 나간다.
③ 자신을 잃고 혼자 고민한다.

58. 다른 사람들 앞에서 말할 때

① 긴장해서 말하기 힘들다.
② 평상시처럼 말한다.
③ 양쪽의 중간

59. 토론할 때 형세가 나빠지면

① 앞뒤가 맞지 않는 이야기를 하게 된다.
② 머리로 냉정히 생각한다.
③ 양쪽의 중간

60. 연습이 싫어지는 경우가
① 자주 있다. ② 가끔 있다. ③ 거의 없다.

61. 코치 또는 선배가 하는 말은
① 순순한 태도로 열심히 듣는다.
② 가끔 반항하면서 듣는다.
③ 억지로 듣는다.

62. 다른 사람과 싸움을 잘 하는 편입니까?
① 네 ② 둘 다 아님 ③ 아니오

63. 다른 사람을 기다리고 있으면 금방 초조해집니까?
① 네 ② 둘 다 아님 ③ 아니오

64. 타고난 소질이 안 좋다고 생각합니까?
① 네 ② 둘 다 아님 ③ 아니오

65. 노력하면 우수한 선수가 될 수 있다고 생각합니까?
① 네 ② 둘 다 아님 ③ 아니오

66. 슬럼프에 빠지기 쉬운 편입니까?
① 네 ② 둘 다 아님 ③ 아니오

67. 연습에 몰두하여
① 할 수 있다 . ② 보통 ③ 할 수 없다.

68. 항상 자신이 하고 있는 스포츠를
① 생각한다.
② 가끔 생각한다.
③ 별로 생각하지 않는다.

69. 마지막까지 완벽하게 하지 않으면 마음이 놓이지 않는 편입니까?
① 네 ② 둘 다 아님 ③ 아니오

70. 자신의 장·단점 등을 알고 그 단점을 없애려고 노력합니까?
① 네 ② 둘 다 아님 ③ 아니오

71. 다른 사람이 자신의 단점을 지적했을 때
① 화 낸다 ② 둘 다 아님 ③ 감사한다

72. 뭔가 미스를 했을 때 그 원인은
① 자신이 잘못했다고 생각하는 편이다.
② 다른 사람의 탓이라고 생각하는 편이다.
③ 둘 다 아님

73. 자신을 실제 이상으로 봐 주는 것을
① 좋아한다 ② 둘 다 아님 ③ 좋아하지 않는다.

74. 연습을 할 때 맘에 안 드는 것이 있을 때
① 신경이 쓰여 고민한다.
② 금방 신경쓰지 않게 된다.
③ 연습이 끝나서 기분이 바뀌면 잊어버린다.

75. 연습 전, 왠지 우울할 때
① 우울한 기분이 쉬이 풀어지지 않는다.
② 연습을 하는 중에 곧 잊어버린다.
③ 시간이 흐르면 우울한 기분이 줄어든다.

76. 사람 앞에서 실패하여 수치감을 느꼈을 때
① 언제까지나 고민한다.
② 다른 일을 하고 있는 중에 곧 잊어버린다.
③ 시간이 흐르면 잊혀진다.

77. 자신보다 뛰어난 동료가 있으면
① 따라잡으려고 한다.
② 아무래도 당해낼 수 없다고 생각한다.
③ 상관하지 않고 자기 페이스를 지키겠다고 생각한다.

78. 난관에 부딪혀도(부상을 입었을 때 등) 포기하지 않고 노력하는 편입니까?
① 네 ② 둘 다 아님 ③ 아니오

79. 절체절명의 중요한 순간에서 자신에게 찬스가 돌아왔을 때
① 실패를 두려워하지 않고 과감한 플레이를 한다.
② 나 외에 좋은 사람이 없는지 찾는 편이다.
③ 실패하는 것이 신경 쓰여 과감한 플레이를 하지 못한다.

80. 결심을 잘 하지 못하기 때문에 지금까지 찬스를 놓친 경우가
① 자주 있다 ② 가끔 있다 ③ 거의 없다

81. 팀 미팅을 할 때 자신이 앞에 서서 모임을 밝은 분위기로 가져갈 수 있습니까?
① 언제나 할 수 있다 ② 가끔 할 수 있다 ③ 거의 할 수 없다

82. 다른 사람이 격려를 해 주지 않아도 괴로운 연습을 계속해 나갈 수 있습니까?
① 계속할 수 있다 ② 둘 다 아님 ③ 계속할 수 없다

83. 팀 미팅을 할 때
① 자신의 의견을 거침없이 얘기하는 편이다.
② 다른 사람의 의견을 듣는 편이다.
③ 둘 다 아님

84. 자신이 하고 있는 스포츠에 관해 떠올라 잠을 잘 수 없었던 적이
① 자주 있다 ② 가끔 있다 ③ 거의 없다

85. 연습을 할 때 언제나 다른 사람의 선두에 서는 편입니까?
① 네 ② 둘 다 아님 ③ 아니오

86. 팀을 위해서라면 어떠한 싫고 괴로운 일이라도 해 나갈 수 있습니까?
① 네 ② 둘 다 아님 ③ 아니오

87. 평소 연습을 할 때, 다른 사람을 격려하는 편입니까. 다른 사람에게서 격려 받는 편입니까?
① 격려한다 ② 둘 다 아님 ③ 격려받는다

88. 가끔은 심한 말을 입에 올리는 편입니까?
① 네 ② 둘 다 아님 ③ 아니오

89. 연습 중, 구시렁대는 경우가
① 자주 있다 ② 가끔 있다 ③ 거의 없다

90. 자신이 하고 있는 스포츠에 관해 자신감을 가질 수 있는 요소가
① 많이 있다 ② 조금 있다 ③ 거의 없다

91. 현재의 기분은? 다음 중 자신에게 가장 적합한 것을 하나 고르시오
① 득의만면
② 마음 내키는 대로 할 수 있다.
③ 신념을 갖고 하고 있다.
④ 확신을 갖고 플레이할 수 있다.
⑤ 매일의 훈련이 기다려진다.
⑥ 어떤 일을 하더라도 용기를 가진다.
⑦ 연습이 유쾌하다.
⑧ 연습 전에도 명랑하다.
⑨ 매일 기운차게 연습할 수 있다.
⑩ 냉정하게 플레이할 수 있다.
⑪ 동요를 잘 한다.
⑫ 장래가 불안하다.
⑬ 장래가 크게 걱정된다.
⑭ 매일의 연습이 우울하다.
⑮ 무기력하다.
⑯ 자주 궁시렁 댄다.
⑰ 초조하다
⑱ 팀을 그만두고 싶다.
⑲ 아무것도 하고 싶은 마음이 없다.
⑳ 절망적이다.

2) 테스트 결과의 진단과 평가

테스트 결과의 진단과 평가에 관해서는 아래에 나타나 있는 스포츠 정신력 자기 진단테스트의 득점표를 보고 행한다.

91번 질문은 연습태도 점수, 스포츠에 열중하고 있는 자세를 보는 것으로 ①에서 ⑳까지를 플러스 10점에서 1점씩 감점하여 ①을 선택한 경우에는 10점, ②는 9점, ③은 8점, ⑩은 1점이 되도록 하고, ⑪~⑳까지는 마이너스 점수가 가산된다. ⑪은 —1점, ⑫는 —2점, ⑳을 선택한 경우는 —10점이 되도록 배점되어 있다. 진단과 평가는 각 질문 항목에 대한 회답(200점 만점)의 종합 득점에 의한다.

▶ 스포츠 정신력 자기진단테스트의 득점표

문 항	점 수			문 항	점 수			문 항	점 수		
	①	②	③		①	②	③		①	②	③
1	0	1	2	35	2	1	0	69	2	1	0
2	2	1	0	36	2	1	0	70	2	1	0
3	0	1	2	37	2	1	0	71	0	1	2
4	2	1	0	38	2	1	0	72	2	1	0
5	0	1	2	39	0	1	2	73	0	1	2
6	2	1	0	40	2	1	0	74	0	2	1
7	0	1	2	41	0	2	1	75	0	2	1
8	2	1	0	42	0	2	1	76	0	2	1
9	0	1	2	43	0	2	1	77	2	0	1
10	2	1	0	44	0	2	1	78	2	1	0
11	0	1	2	45	0	2	1	79	2	1	0
12	2	1	0	46	0	2	1	80	0	1	2
13	0	1	2	47	0	2	1	81	2	1	0
14	2	1	0	48	0	2	1	82	2	1	0
15	2	1	0	49	0	2	1	83	2	0	1
16	2	1	0	50	2	1	0	84	2	1	0
17	0	1	2	51	2	1	0	85	2	1	0
18	2	1	0	52	2	0	1	86	2	1	0
19	0	1	2	53	2	1	0	87	2	1	0
20	2	1	0	54	2	1	0	88	0	1	2
21	0	1	2	55	2	1	0	89	0	1	2
22	0	1	2	56	2	1	0	90	2	1	0
23	0	1	2	57	2	1	0	91	① 10	② 9	③ 8
24	0	1	2	58	0	2	1		④ 7	⑤ 6	⑥ 5
25	2	1	0	59	0	2	1		⑦ 4	⑧ 3	⑨ 2
26	2	1	0	60	0	1	2		⑩ 1	⑪ −1	⑫ −2
27	0	1	2	61	2	1	0		⑬ −3	⑭ −4	⑮ −5
28	0	1	2	62	0	1	2		⑯ −6	⑰ −7	⑱ −8
29	0	1	2	63	0	1	2		⑲ −9	⑳ −10	
30	0	1	2	64	0	1	2				
31	2	1	0	65	2	1	0				
32	2	1	0	66	0	1	2				
33	2	1	0	67	2	1	0				
34	2	1	0	68	2	1	0				

▶ 운동선수의 정신력 자기진단테스트의 평가표

득 점	운동선수의 정신력 평가
150점 이상인 사람	이 선수는 스포츠 정신력의 기초가 되는 근면함, 열의, 협력적 정신, 독창성, 집중력, 자신감, 경쟁심 등을 갖고 있고, 스포츠에 몰두하고 있으며, 무엇도 두려워하지 않는 의지가 견고한 사람이다. 만약 체격, 체력, 운동능력, 기술이 뛰어나다면 초일류선수가 될 수 있는 스포츠 정신력이 있는 사람이다.
130~150점인 사람	이 선수는 스포츠 정신력의 기초가 되는 플러스의 마음을 많이 갖고 있고, 모든 일에 용기가 있으며, 확신을 갖고 스포츠에 몰두하고 역경이 있어도 지지 않고 해낼 수 있는 의지가 강한 사람으로서, 적극적인 마음의 소유자이다. 각종 대표선수로 선발되어 활약하고, 톱 레벨 팀의 정신적인 지주로서 리더를 맡을 수 있는 사람이다.
120~130점인 사람	이 선수는 일반적으로 약간 몸 상태가 나쁠 때에도 정신면의 외적 압박 등의 장애도 두려워하지 않고, 강한 의지, 정신력으로 매일 기운차게 연습할 수 있는 사람으로서, 소속팀, 클럽의 정규선수로서 활약할 수 있는 스포츠정신력의 소유자이다. 또한, 보통 사람 이상의 체격, 체력, 운동능력, 뛰어난 기술을 갖고 있으며 우수한 선수가 될 자격이 있는 사람이다. 만일 이 만큼의 득점을 올리고도 정규선수가 되지 못하는 사람이 있다면 신체적 자질, 기술적 능력이 아직 미숙하거나 스포츠 환경이 좋지 않은 사람인 것이다.
101~120점인 사람	이 선수는 일반적으로 운동선수로서 정신적인 면에서는 보통의 정신을 갖고 있는 사람이다. 정규선수로서 활약하려고 한다면, 보통 이상의 운동능력과 기술, 전략적 능력을 몸에 익힘과 동시에 정신적 자질을 높이려는 노력을 해야 하는 사람이다.
81~100점인 사람	이 정도의 득점을 한 사람은 일반적으로 급이 낮은 사람으로 볼 수 있는 경향이 있는데, 이 선수는 스포츠, 클럽활동, 대인관계에 대해 불안이 있는 사람으로 약간 무기력한 정신적 자질을 갖고 있는 사람이다. 열의와 협동심, 독창성, 자제심, 용기를 갖지 않으면 소속팀의 정규선수가 되지 못할 것이다. 지금부터라도 성실하고 적극적인 정신적 태도를 갖고 노력해야 한다. 그렇게 하면 매일의 연습이 의미를 갖게 될 것이다.
51~80점인 사람	이 선수는 현재 스포츠에 별로 흥미를 갖고 있지 않으며, 어쩌면 스포츠를 지속하는 데 의문을 품고 있다고 생각된다. 코치 또는 선배와 잘 상담하여 자신의 마음의 마이너스가 되는 갈등, 의심, 무기력 등 소극적인 마음과 개운치 못한 감정을 빨리 없애는 것이 중요하다.
50점 이하인 사람	이 선수는 현재 스포츠에 대한 관심이 조금밖에 없으며 다른 것에 흥미를 갖고 있는 사람이다.

제 5 부

교수학습계획

"주는 것을 그만두면 받는 것도 끝나며,
배우기를 그만두면 성장도 끝난다."

— 서양 속담

1 지도 계획의 이점들

Deland 고등학교 400미터 계주팀은 경기에서 우승을 휩쓸어버리길 기대했지만 선수들은 바톤 터치 때마다 어려움을 겪었고, 막판에는 거의 바톤을 떨어뜨릴 뻔하기까지 했다. 결과적으로 계주팀은 실망스러운 3위에 머물렀고 Deland 고등학교는 우승할 기회를 놓친 결과가 되었다.

경기가 전개되면서, Seyfert 코치는 그가 계주에서의 바톤 터치를 훈련시키지 않았다는 것을 깨달았고, 그를 아는 사람들에게, 그 일은 그리 놀라운 일이 아니었다. 육상 경기에 관해서는 모르는 것이 없는 Seyfert 코치는 아마도 미국에서 스포츠에 관련한 가장 박학다식한 코치였다.

그는 달리기 동작을[1] 역학적으로 분석하고 훈련프로그램을 계획함에 있어서 매우 뛰어났다. 그러나, 만약 당신이 전형적으로 지도 계획이 없는 교수를 만나고자 한다면 Seyfert 코치는 그런 인물에 가장 근접한 사람일 것이다. 항상 무질서하고 자주 연습시간에 지각하는 Seyfert 코치는 연습 계획을 전혀 세우고 있지 않았다. 그는 주로 팀 멤버들에게 그 전날에 무엇을 했는지 물어 보며 연습을 시작했고, 각각의 사건에 대해 그는 그 자리에서 연습계획을 세웠다.

'계획에 실패하는 것이 바로 실패를 계획하는 것이다'라는 자명한 진리를 들어본 적이 있을 것이다. 스포츠의 지식이나 경험기간에 상관없이, 여러분은 지도계획(instructional plans)이란 것을 통해 이득을 얻을 것이다.

- 어떻게 시즌을 위한 교육계획을 세울 것인가?
- 각각의 연습을 위해 교육계획을 어떻게 준비해야 하는가?

흔히 시즌과 하루의 연습계획을 세우는 데에만 중점을 두겠으나 오늘날 매우 경쟁적인 스포츠 세계에서 많은 코치들과 선수들은 성공하기 위해서 연간 계획을 짜고 더 나아가 장기 마스터 계획을 세운다.

계획은 성공을 필요로 하는 선수들에게 성공적인 기술을 연습하고 가르치기 위한 전 과정을 포함한다.

직관적으로 우리 모두는 계획을 짜는 것은 매우 좋은 생각이라는 것을 알지만, 주로 문제가 되는 것은 계획을 짜는 시간을 가지는 것, 혹은 시간을 가지기 위해 계획을 짜는 것에 실패하는 것이다! 계획을 짜는 것은 시간이 좀 걸리고 처음에는 힘이 드는 작업이지만 그 이점은 매우 크다.

---

1) 코칭과학, Rainer Martens 지음 김병준 외 옮김, 대한미디어, 2007.9.3, pp.239, 240, 241, 253, 257, 258.

시즌의 계획은 배우는 데 필요한 모든 것을 가르치는 것을 확정할 지도와도 같다. 예를 들어 스포츠 기술과 체력훈련이 요구되는 것뿐만 아니라 성공에 필수적으로 필요한 작전과 의사소통 기술까지 포함한다.

시즌별 계획은 중요한 것이 무엇인지 계속 추적 그리고 분류할 수 있도록 도와준다. 또한 많은 시즌 동안의 교육에 성과를 가져오기도 한다. 왜냐하면 지난 시즌을 평가하고 다음 시즌을 위한 더 나은 계획의 기초 작업이 되기 때문이다. 지도 계획을 하나의 투자라고 생각해 보라. 그것은 후에 시간을 절약하는 커다란 지름길이다. 이러한 계획을 세우는 것을 통해 여러분은 다음과 같은 행동을 할 수 있을 것이다.

- 여러분의 선수들을 활동적으로 참여하게 하고, 연습시간 동안 더 많이 배우고 즐길 수 있게 하라.
- 도전적이며, 적절하게 학습할 수 있는 상황을 제공하라.
- 학습과 동시에 안전을 극대화하기 위하여 적당한 과정 안에서 기술을 가르쳐라.
- 선수들이 과부하나 과훈련을 하지 않도록 하기 위하여 그들의 컨디션과 학습을 조절하라.
- 가능한 시간과 공간과 장비를 활용하라.
- 규율 문제는 최소화하라.
- 상황을 관리하기 위한 여러분의 능력에 있어서 자신감을 증대시켜라.

2 효과적인 지도 계획의 6단계

(1) 선수가 필요한 기술을 파악한다.

여기서 논의할 것은 스포츠 기술과 작전뿐만 아니라 선수들이 배우기를 원하는 모든 기술들이다. 기술을 파악하기 위한 자료들, 스포츠 기술, 스포츠 작전, 신체적 기술, 정신적 기술, 의사소통, 인성발달 등을 포함한다. 이 단계는 코칭을 하는 데 있어서 심장부라 여길 정도로 여러분에게 매우 중요한 작업이다. 스포츠 기술의 지도는 성공적인 선수가 되기 위한 이상적인 역량들을 나열하고 있는 목록이어야 한다.

(2) 선수에 대해 안다.

선수들에게 무엇을 가르칠 것인가, 그들이 현재 무엇을 알고 있는지 그리고 그들의 성격, 즉 무엇을 그리고 얼마나 많이 배울 수 있는 성격인지를 고려해 보아야 한다. 지도 계획을 준비하면서 여러분은 선수에 관한 다음과 같은 질문에 답을 가지길 원할 것이다.

- 선수는 나이가 어떻게 되며, 그들의 신체적, 심리적, 사회적 성숙도의 수준은 어떠한가?

- 선수는 얼마만큼의 출전경험을 가지고 있고 얼마나 그 경험이 다양한가?
- 선수들 간에는 얼마나 잘 알고 있는가, 그리고 그룹으로 얼마나 일을 잘 수행하고 있는가?
- 선수들이 얼마나 책임감을 가지고 있는가?
- 선수들은 전통적인 방식으로 무엇을 하라고 지시를 받는 것에 익숙한가? 혹은 문제를 생각하고 풀 것을 경기 접근 방식으로 지도받아 왔는가?

(3) 상황을 분석한다.

시즌별 계획을 위한 준비에서, 각각의 상황별 구체적인 정보를 수집해야 할 필요가 있다. 본질적으로 감독 코치에게 이러한 평가를 돕기 위해 아래 양식을 작성해 보아라.

만약 상황이 지도하기에 이상적이지 못하다면(예를 들어, 연습공간이 너무나 작다거나, 기자재가 충분하지 않다거나, 보조자가 충분치 않다거나) 감독 코치는 먼저 상황을 개선시켜야만 한다. 만약 그럴 수 없다면, 가지고 있는 수단들을 최대한 활용해야 하기 때문에 계획은 보다 중요하게 될 것이다.

팀 상황을 평가하라

얼마나 많은 연습을 시즌 동안 할 것인가, 그리고 얼마나 오랫동안 연습을 할 수 있는가?

___

___

___

시즌 동안 얼마나 많은 경기를 하게 될 것인가?

___

___

___

어떠한 특별한 이벤트(팀 미팅, 부모님 오리엔테이션 세션, 연회, 토너먼트)를 언제 가질 것인가?

___

___

___

얼마나 많은 선수들을 코칭할 것인가? 얼마나 많은 보조자를 가지고 있는가?
선수 대 코치의 비율은 어떻게 되는가?

연습할 때 어떠한 시설들이 준비되어 있는가?

어떠한 장비들이 연습할 때 준비되어 있는가?

얼마나 많은 자금을 여행하거나 다른 지출을 위해 가지고 있는가?

어떤 지도 자료(비디오, 책, 차트, CD)가 필요한가?

어떤 다른 보조 인원이 준비되어 있나?

어떤 다른 요인이 당신의 지도 계획에 영향을 끼칠 것인가?

출처 : Sussessful Coaching, Third Edition, by Rainer Mainer, 2004, Chanmpaign, IL:Human Kinetics

(4) 우선순위를 정하라.

다음 단계로는 주어진 상황에서 가르치거나 연습할 수 있는 기술이 어떤 것인지에 관한 확실한 우선순위를 정하는 것이다(예를 들어, 시간, 장비, 시설 혹은 코치와 선수들의 수). 여러분은 2개의 기준을 가지고 각각의 기술을 평가해야만 한다.

① 스포츠를 수행하기 위한 기술의 중요성과 핵심. 각각의 기술을 다음과 같은 질문에 대답함으로써 평가한다.

㉠ 만족할 만한 성과를 얻기 위해서는 주어진 시간에 무엇을 꼭 가르쳐야 하는가(Must)?

㉡ 주어진 시간을 효과적으로 활용한다면 어떤 것들을 짚고 넘어가야 하는가(Should)?

㉢ 시간이 허락된다면 무엇을 가르칠 수 있는가(Could)?

② 기술을 배울 수 있는 준비상태. 다음 질문을 여러분 자신에게 질문해 보아라.

㉠ 선수들은 그 기술을 배우기 위해 근력과 지구력과 유연성 그리고 운동 신경을 갖추고 있는가?

㉡ 선수들은 그 기술을 배울 수 있는 정신적 재능이 있는가?

㉢ 기술을 가르치기 전에 배워야 할 기초 기술이 있는가?

㉣ 기술을 가르치기에 안전한가?

(5) 지도 방법을 선택한다.

무엇을 가르칠지를 정하였으면, 배움을 극대화시키기 위하여 각각의 기술을 어떠한 방법으로 연습하고 가르치는지를 고려하여야 한다.

(6) 연습을 계획한다.

이제 여러분은 무엇을 가르치고 연습하기를 원하고 또 시즌을 위해 어떠한 방법으로 훈련을 시킬지도 알게 되었다. 그러면 이제 이러한 시즌별 계획과 각각의 하루하루를 구체적으로 연습시킬 계획을 세워야 할 필요가 있다. 이것은 코치에 있어서 가장 재미있는 것 중 하나이다. 여러분은 여러분의 선수들을 위해 학습 경험을 조정하게 될 것이다!

연습계획의 기본 요소는 다음과 같다.

① 날짜, 총 연습시간, 과제별 연습시간

이러한 정보를 기록함으로써 어떠한 기술을 얼마나 오래 연습하고 언제 가르칠지에 대해서 알게 된다. 이러한 정보는 시즌 후에 계획을 평가하고 교정할 때 많은 도움을 주게 될 것이다.

② 연습의 목적

선수들이 무엇을 알아야 하고, 무엇을 할 수 있어야 하는지를 그 연습 결과로서 뚜렷한 목적을 가지고 있어야 한다.

③ 필요한 장비

연습을 위해 필요한 장비를 써 보아라(예를 들어, 매트와 볼, 네트 그리고 웨이트, 초시계 등). 연습 전에 사용하기에 안전하고 깨끗하고 고장 여부에 대한 점검을 하여라. 또한 시설에 요구되는 준비도 해야 한다.

④ 준비운동(warm up)

매 연습마다 약 10~15분 동안 준비운동을 시작해야만 한다. 준비운동의 심리적인 목적이나 부상예방의 기능은 이미 논의되었다. 준비운동은 개인 혹은 팀, 종목에 맞게 실시하면 된다. 너무 틀에 짜여지게 진행하여 지루한 시간으로 만들지 말아라.

⑤ 배운 기술의 연습

연습계획에서 여러분은 주로 이전에 배운 기술을 연습하고자 한다. 종종 스포츠의 중요한 기술은 거의 매일 연습이 필요하나 어떤 기술들은 그럴 필요가 없다. 이전 시간에 가르친 기술의 연습시간은 기술의 난이도나 선수들의 컨디션에 따라 달라질 것이다. 이러한 기술에 대한 연습을 계획할 때, 선수가 개인적 혹은 팀에서 해야 할 지 그리고 훈련이나 게임을 통해서 연습을 해야할 지를 고려한다.

⑥ 새로운 기술을 가르치거나 연습

연습에서 20~30분 동안은 한두 개의 새로운 스포츠기술 혹은 작전을 지도한다. 정신 기술, 의사 소통, 인성 기술 등은 초기에는 조용한 장소에서 연습하지만, 나중에는 연습 경기에서 강화된다.

⑦ 정리운동(cool down)

준비운동과 함께 연습을 시작하는 것과 같이 10~15분간 정리운동으로 마무리를 해야만 한다.

⑧ 코치의 코멘트

전체 팀에게 코멘트를 하여 지도하고 개인의 뛰어난 노력과 수행을 파악하면서 팀이 어떻게 연습하는지 5분 정도 관찰하여라. 이것은 어느 누구를 지적하는 시간이 아니다. 어떤 기술이 팀을 향상되게 만들 것인가를 설명하라. 또한 정신기술, 의사소통 기술, 인성 기술 등을 강화하거나 가르치는 기회가 될 수 있다. 필요한 팀 비즈니스에 관한 언급도 이럴 때 사용하고, 그들에게 다음 연습의 시간과 장소 그리고 다음 연습에서 해야 할 것을 상기시켜줄 수 있다.

⑨ 연습 평가

각각의 연습은 결과가 나오자마자 평가하라. 보조 코치에게서 얻은 자료로부터 연습의 목표가 달성되었는지 아닌지 그리고 다음 연습 때 특별한 도움이 필요한 선수들이 있는지에 대해 기록한다. 그런 다음 각각의 연습계획을 노트에 적거나 컴퓨터에 입력한다. 이러한 계획이 다음 시즌을 계획할 때나 연습을 계획할 때 도움이 되는 것을 알게 될 것이다.

3 교수 학습 과정

코칭은 교수(敎授 : teaching)의 한 형태이다. 스포츠에서 코칭이란 선수가 참여하고 있는 운동에 관한 지식, 전문체력, 기술, 태도를 효과적으로 습득하도록 하기 위해 코치가 해야 할 일을 의미한다. 특정한 운동을 수행하는 데 필요한 기술을 가르치는 일에는 몇 가지 절차 혹은 과정이 요구된다. 이러한 과정은[2] 학자에 따라 다소 차이가 있는 것처럼 보이나 사용하고 있는 용어가 다를 뿐 기본 틀은 매우 유사하다. 교수—학습과정(敎授—學習過程)에서 요구되는 요소를 열거하면 다음과 같다.

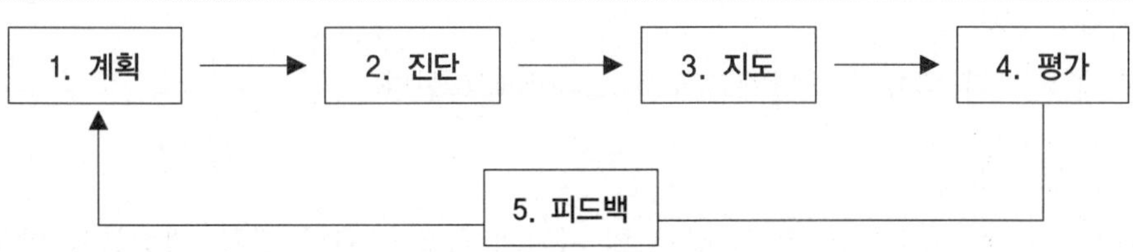

① 계　획 : 코치가 어떤 기술을 가르치기 위해 훈련을 계획하는 단계
② 진　단 : 선수들이 그 학습과제를 배우는데 필요한 준비가 되어 있느냐를 진단하고 그에 따라 필요한 교정조치를 하는 단계
③ 지　도 : 훈련이 이루어지는 단계를 의미하며 크게 시범과 연습활동으로 구분
④ 평　가 : 그 학습과제의 훈련결과를 종합적으로 평가하는 단계
⑤ 피드백 : 연습 중 발견된 오류 혹은 훈련결과의 평가를 기초로 발견된 문제점의 교정 단계

2) 코치론, 강상조 외 편저, 대한미디어, 2007.3.15, pp.219, 234~236, 243~246, 255.

4 교수체제의 구성요소

교수체제는 학습자의 행동 변화를 목적으로 상호작용으로 기능하는 수업에 관련된 구성요소의 총체를 의미한다. 일반적으로 교사, 학습자, 교재를 교육의 3요소라고 하는데, 실제 교수 상황에서는 더 많은 요소들이 교수·학습과정에 영향을 준다. 교수체제에 대한 이해를 돕기 위해서 교수체제의 구성요소에[3] 대해 살펴보면 다음과 같다.

(1) 목표

교수체제의 목표로서 학습자가 새로이 습득하거나 변화시켜야 할 행동유목을 말한다.

(2) 내용(메세지)

교수체제의 구성요소들에 의하여 전달되는 정보로서 사실, 의미, 자료 및 아이디어를 의미한다.

(3) 사람

내용을 전달하거나 전달받기 위하여 활동하는 사람으로서 교사, 학습자, 직원, 보조원, 기술자 등을 포함한다.

(4) 자료

기구나 장치에 의하여 전달할 수 있도록 내용을 저장하고 있는 것으로 보통 소프트웨어라고 하며, 기재나 장치에 의하여 활용된다.

(5) 기재나 장치

자료에 저장된 내용의 전달체로서 하드웨어라고 한다.

(6) 기법 또는 절차

내용의 전달에 동원되는 자료, 장치 및 사람의 활용에 관한 절차, 방법들을 말한다.

(7) 환경

내용을 전달하고 전달받기 위한 활동을 전개하는 물리적 시설이나 상황적 조건을 포함한다.

(8) 시간 계획

교수·학습 활동을 위해 미리 작성해 놓은 시간 계획을 의미한다.

---

3) 교수・학습과 교육공학, 박숙희, 염명숙 지음, 학지사, 2004.8.10, pp.168,173,181,87~126.

이와 같은 교수체제의 구성요소들은 서로 다른 환경이나 다양한 수준의 교육에서도 공통적으로 고려해야 할 요소들이다. 이 요소들은 교수체제 안에서 상호작용적 그리고 상호관련적으로 통합되어 교수체제의 목표를 달성한다.

5 훈련의 목표 설정하기

목표를 설정하고 계획하는 과정에 선수를 참여하게 하는 것은, 선수에게 동기를 부여하고 기술지도에 효과적이기 때문이다. 선수들은 자신이 목표설정에 적극적으로 참여할 때 그 목표성취에 전념할 수 있으며 선수가 팀의 구성원으로서 그 목표가 중요하다고 느낄 때 이를 달성하기 위한 욕구가 더욱 강해진다. 또한 선수 자신이 목표설정 과정에 참여함으로써 그들이 이루고자 하는 바가 무엇인지를 알도록 할 수 있기 때문이다. 그렇게 함으로써 코치와 선수가 서로 다른 목표나 기대수준을 가질 때 경기 전에 효과적인 해결 방안을 찾아내어 수정할 수 있다. 또한 코치 자신도 집단목표설정에 참여함으로써 선수들이 경기에 참여하는 이유와 추구하는 바가 무엇인지 이해하게 될 것이다.

선수가 특정 목표설정을 그들 스스로가 정했다고 느낄 때 선수는 코치의 지시나 지도를 잘 받아들이는 경향이 있다. 또한 진지하게 선수와 목표설정의 결과에 대해 논의한다면 선수의 소속감과 팀에 대한 관심이 한층 더 고조될 수 있다.

■ 집단목표를 설정할 때 12가지 효과

① 뚜렷한 목표와 중요성을 인식할 수 있다.

모든 선수에게 경기 개최기간(season)동안 무엇을 해야 할 것인가와 왜 그것이 중요한가를 인식하게 한다.

② 동기를 강화할 수 있다.

목표가 명백하고 선수가 이를 완전히 이해하였을 때 선수 각자가 맡은 역할에 대한 약속은 훨씬 더 강화된다.

③ 성취감을 확인할 수 있다.

경기에서 이기는 것과는 별도로 많은 특정한, 성취 가능한 목표들이 달성되었을 때 성취감은 얻을 수 있다.

④ 자신감과 사기가 증진된다.

명확한 집단목표의 달성은 선수들에게 자신감을 부여하고 전체집단의 사기를 향상시킨다.

⑤ 심리적으로 성숙할 수 있다.

선수가 목표설정 과정에 직접 참여할 경우, 선수는 자기훈련, 자제력 및 자기관리 능력을 배양할 수 있다.

⑥ 어려운 상황에 대한 대처능력(對處能力)을 배양할 수 있다.

명확한 목표, 자신감, 심리적 성숙은 어려운 상황에 대처하거나 적응하는 능력을 증진시킨다.

⑦ 문제를 사전에 예방한다.

집단목표가 분명할 때 집단목표에 부합되지 않는 행동은 방지 혹은 제거가 용이하다(예 : 선수답지 않은 행동, 지각 또는 나태함, 게으름, 변덕스러움, 훈련 불참 등).

⑧ 좀 더 즐겁고 효과적인 지도에 도움을 줄 수 있다.

팀의 모든 선수가 의견의 일치를 보고, 코치 자신도 단순히 경기 보조자로서 역할을 할때 지도자의 역할은 더욱 용이하고 즐거운 일이다.

⑨ 계획과 목표설정을 생활화하는 데 도움을 줄 수 있다.

생활 가운데에서 바람직한 목표설정과 계획을 경험한 사람은 많은 다른 영역에까지 전이가 되며 이러한 현상은 숙련된 선수들에게서 더욱 명확하게 나타난다.

⑩ 타인의 권리를 존중할 수 있다.

집단목표 설정과정에서는 타인의 권리를 고려해야만 한다. 왜냐하면, 타인을 배려하는 이러한 태도는 앞으로 선수의 행동이나 운동수행을 긍정적으로 유도하기 때문이다(팀의 조화, 스포츠맨십 등).

⑪ 원활한 의사소통이 가능해진다.

모든 선수들이 경기 또는 행동에 대해 긍정적으로 사고하며 코치 역시 선수들이 경기나 시합에 대해 긍정적으로 사고하도록 유도하기 위해 선수 간, 선수와 코치간의 원활한 의사소통이 이루어져야 한다.

⑫ 운동수행과 즐거움은 선수의 행복감에 비례한다.

이는 행동의 본성이나 기술수준과는 무관하며 바람직한 목표설정에 있어 가장 의미있는 것이기도 하다.

6 교수 방법

수업(코칭) 장면에서 널리 이용되고 있는 교수방법들 중에서 전통적인 교수방법이라고 할 수 있는 강의법, 토의법 그리고 20세기 이후에 와서 주로 현대적인 교수방법이라고 할 수 있는 개별화 학습, 협동학습, 자기주도적 학습, 문제 중심 학습 등에 대해서 알아보기로 하자.

1) 강의법

강의법(Lecture Method)은 가장 오래 전부터 실시되어 왔고 또 오늘날까지도 널리 이용되는 보편화된 방법으로 교사중심 체제에서 시행되는 대표적인 방법이다. 강의법은 지식이나 기능을 교사가 중심이 되어 설명을 통해 하급자에게 제시하는 방법이다.

역사적으로 보면 강의법은 고대 희랍시대의 철학자들이 웅변을 통해 서로의 지식을 나누어 갖기 위해 사용되었고, 중세 때에는 대학에서 주로 사용된 교수법이었다. 그러나 17세기에 이르러 경험주의 교육철학이 등장하고 언어주의 교육을 비판하게 되면서 암기 위주의 교육을 배제하고 경험을 통한 교육, 실물을 통한 교육, 노작교육 등이 강조된다. 특히 진보주의 교육관이 확산되었을 때는 강의법은 전통적인 교수방법이라고 비판받기도 한다. 그러나 그 후 현대적인 교수방법이 많이 등장한 오늘날까지도 강의법은 여전히 확고한 위치를 치지히고 널리 활용되고 있다.

(1) 강의법의 장·단점

강의법은 강의라는 언어적인 방법으로 지식을 체계적으로 전달하기 때문에 일방적인 의사소통 방법이 되며, 학생들은 수동적으로 강의 내용을 듣고 노트하며 이해한다. 이러한 강의법은 새로운 교수방법들이 등장하면서 전통적인 교수방법이라고 문제점도 많이 지적되었지만, 그럼에도 불구하고 학교 현장에서는 강의법이 여전히 지배적인 교수방법이 되고 있는데, 그 이유는 강의법이 다음과 같은 장점을 가지고 있기 때문이다.

① 장 점

㉠ 정해진 시간에 다양한 지식을 많은 학습자를 대상으로 동시에 전달하기에는 가장 좋은 방법이다. 논쟁의 여지가 없는 사실적 정보나 개념들을 논리적이고 객관적으로 분명하게 효과적으로 전달할 수 있다.

㉡ 전체 내용을 개괄하거나 요약하고자 할 때 교사의 언어적 표현능력에 따라 학습자를 용이하게 이해시킬 수 있다.

㉢ 수업시간, 학습량 등을 교사가 자유로이 조절할 수 있고 학습 경제성 면에서 매우 유리하다.

㉣ 학생 수가 많은 경우에도 별 어려움이 없이 실행할 수 있다.

㉤ 심리적으로 경직되어 있거나 융통성이 없고, 순응형의 학습자에게는 심리적으로 편안함을 느낄 수 있는 교수방법이 되므로 효과적이다.

② 단 점

㉠ 학습자들이 능동적으로 수업에 참여할 수 없어 학습에 대한 동기유발이 힘들고 학습자들의 수업태도가 수동적이기 쉽다.

㉡ 고차적인 인지 학습목표나 정의적인 학습목표를 달성하는 데는 좋은 방법이 아니며 주의력이 떨어지기 쉽다. 특히 저학년인 경우 주의력을 집중할 수 있는 시간은 매우 짧으므로 적절치 못하다.

㉢ 교사의 능력에 전적으로 의존하게 되므로 사전에 충분한 수업계획이 없거나 설명력이 부족한 경우에는 그 영향이 직접적으로 학습자에게 미치게 된다.

㉣ 학습자들의 개별화나 사회화를 기대하기 어렵다.

(2) 수업효과

수많은 교수방법이 있지만, 교육수준이 높고 낮음을 막론하고 얼굴을 서로 마주 대하고 하는 이야기 즉 '강의'가 교수방법 중에서 아직도 중심을 이루며 앞으로도 이 현상은 계속될 듯하다. 그러므로 강의법이 전근대적인 교수방법이라고 외면하기보다는 강의법에 여러 가지 방법을 병행함으로써 단점을 보완하고 장점을 살려나가면 수업효과를 더 올릴 수 있을 것이다.

2) 토의법

여러 교과영역에서 자주 사용되는 학습활동 중의 하나인 토의법(discussion)은 학습자의 역할과 활동을 중요시하며 교사와 학습자, 학습자와 학습자들 간의 언어적인 상호작용에 의해 의견을 교환하고 집단 내에서 문제를 해결할 수 있도록 하는 교수방법이다.

토의는 일종의 민주적 원리를 바탕으로 한 민주적인 방법이 되며, 민주시민으로서 필요한 사회적 태도와 기능을 키울 수 있는 학습형태로서의 가치를 지니고 있다. 브라운 휠드(C. Brownfield, 1973)는 토의법을 인본주의적 교육철학을 교육현장에서 구체화시키는 최선의 방법이라고 극찬하고 있다(이성호, 1999, 재인용).

(1) 토의법의 장·단점

① 장 점

㉠ 토의는 개방적인 의사소통과 협조적인 분위기 속에서 학습자들이 적극 참여하게 되므로 학습동기와 흥미를 유발시킬 수 있다.

㉡ 토의를 통해 학습자들은 집단 활동의 기술을 개발하고 민주적인 태도를 배울 수 있다.

㉢ 토의는 학생 자신의 생각을 일관성 있게 나타내고 의미 있게 표현할 수 있는 의사소통 기술을 연습할 기회를 제공해 준다.

㉣ 토의는 대화를 통해 상호 의견을 교환하고 집단적으로 문제를 해결하는 협력의 과정을 전제로 하기 때문에 사회적 기능 및 태도를 형성시킬 수 있다.

② 단 점

㉠ 집단의 크기가 크면 원활한 토론이 이루어질 수 없으므로 집단 구성원의 숫자에 한계가 있다.

㉡ 토의의 리더가 미숙하면 효과적인 토론이 이루어질 수 없으므로 리더의 영향력이 크다.

㉢ 소수의 토론자에 의해 주도될 우려가 있다.

㉣ 토의 참여자 전체의 자발적이고 적극적인 참여가 필요한데, 평가불안(evaluation apprehension)이나 사회적 태만(scocial loafing)을 보일 수 있다. 평가불안은 자신의 생각에 대해 다른 사람들이 부정적인 반응을 보이면 어떻게 하나 하는 두려움을 말하며, 사회적 태만은 '내가 아니어도 남들이 하겠지'하는 방관적인 태도로 개입하지 않으려는 행동을 말한다.

㉤ 토의는 준비와 계획단계에서뿐만 아니라 진행과정에서도 많은 시간이 소요된다.

㉥ 학습자들이 토의주제에 관해 충분히 이야기할 수 있을 만큼의 수준에 도달해 있어야 하고 주제에 대해서도 잘 파악하고 있어야 하는데, 그렇지 못할 경우 토의에서 기대하는 만큼의 효과를 거두기 어렵다.

(2) 토의법의 절차

① 사전준비

효과적인 토의가 이루어지기 위해서는 주의 깊게 계획하고 준비해야 한다. 사전준비로는 토의의 목적을 분명히 설정하고 토의방식 선택, 시간계획, 토의에 필요한 자료준비, 집단의 크기를 결정해야 한다. 토의의 주제는 토의식 수업목표에 적절해야 하겠지만 학습자들의 능력, 흥미나 관심, 전체 교과내용의 맥락과 부합 등을 고려하여야 한다.

② 토의 장소

토의 유형에 따라 토의장소, 좌석의 배치, 시설물 등에 대한 세심한 배려가 있어야 한다. 토의할 때는 각각의 얼굴을 서로 마주 대하고 보면서 토론할 수 있도록 좌석을 배치해야 하며, 토의실 내의 공간도 미리 조정해 좋은 분위기 속에서 토의가 진행되도록 한다.

③ 토의 진행

토의가 시작될 때 교사는 토의의 목적과 주제를 명확하게 제시해 주고, 토의의 규칙이나 방법도 미리 알려준다. 사회자와 기록자를 결정하고 자유스러운 분위기 속에서 전체가 참여하는 토의가 되도록 유도하는데, 교사는 분위기가 침체되거나 또는 소수의 참여자에 의해 토의가 주도되거나 또는 감정대립이 일어나 분위기가 격해질 때 등은 교사가 개입해 토의가 원만히 진행되도록 하여야 한다.

④ 토의결과 종합

주어진 시간이 끝나갈 때가 되면 토의결과를 종합하고 정리하여 마무리를 짓도록 한다. 기록자에 의해 정리된 토의결과를 발표시키고 처음 제시한 토의목적도 검토하며 토의진행 과정에 대해서도 평한다.

3) 개별 학습

개별화 학습(individualized learning)은 학습자의 특성을 고려하여 각각의 학습자들에게 최적의 학습 환경을 조성해 주며 수업의 모든 요소를 학습자의 특성에 알맞게 조정하는 변별적인 교수방법이다.

(1) 역사적 배경

개인차에 따른 개별학습의 중요성은 이미 오래 전부터 강조되어 왔지만, 개별 학습방법이 등장한 것은 20세기 초이다. 진보주의 경향이 확산되었던 미국에서 샌프란시스코 주립 인문 고등학교에 근무하던 버크(F. Burk)에 의해서 처음으로 시도되었다. 버크는 학습자의 능력에 따라 교과별로 서로 다르게 진급하는 교과별 진급법을 실시하였고, 그의 제자였던 워시번(C. Washburne)은 1919년 시카고 교외의 위네트카에서 개별화된 학습방법을 실시하였다. 위네트카 안(Winnetka plan)이라고 불리우는 이 방법은 오전에는 각자의 능력에 따라 특별히 고안된 교과서를 가지고 개별학습을 했고, 오후에는 협동적인 학습을 해서 교육의 개별화와 사회화를 동시에 실시했다.

개별학습에 대한 관심은 1930년대부터 1950년대까지는 더 이상 논의되지 않고 사라지게 되었다. 그러나 1960년대에 와서는 스키너의 프로그램학습이 발표된 이후 개별학습 방법에 대한 관심은 다시 확대된다. 스키너는 프로그램 학습을 자동화할 수 있게 교수기계(teaching machine)를 개발하였고 이는 컴퓨터보조수업(CAI)의 시초가 된다. 그 후 개별학습방법의 원리를 적용한 다양한 교수방법들이 학교현장에 많이 등장하게 된다. 그러나 이러한 개별학습 방법들도 1970년대 후반부터 연구와 관심이 다시 쇠퇴하기 시작한다.

(2) 개별학습의 특징

개별학습 방법은 학습자의 개인 차이에 따라 적절한 교수·학습활동을 전개시켜 나가는 것이다. 그러므로 학습자의 특성이 어떠한 측면에서 차이가 나타나는지 고려해 보아야 한다. 김호권(1970)은 학습자의 개인차는 다음과 같은 영역에서 비교할 수 있다고 했다.

① 학습자 개인은 서로 다른 학습 진도를 보인다.
② 학습자 개인은 공부하는 기술(skill)에 있어서 서로 다르다.
③ 학습자 개인은 서로 똑같은 방법으로 문제를 해결하지 않는다.
④ 학습자 개인은 서로 다른 흥미 경향을 가지고 있다.
⑤ 학습자 개인은 서로 다른 학습 경향을 가지고 있다.
⑥ 학습자 개인은 특정 시점에서 똑같은 학습 준비도를 가지고 있지 않다.
⑦ 학습자 개인은 특정 시점에서 똑같은 학습 능력을 가지고 있지 않다.

(3) 개별학습의 장·단점

① 장 점

㉠ 학습자의 특성과 능력수준에 맞는 개별학습이 가능하다. 학습자의 능력이나 서로 다른 심리적 특성을 고려하여 학습속도의 조정과 개인차에 적응할 수 있는 지도를 가능하게 하므로 각 개인에게는 최적의 교수방법이 된다.
㉡ 교사와 학습자 간의 끊임없는 상호작용을 통하여 완전학습을 추구할 수 있다.
㉢ 인지적·정의적·신체 기능적 영역의 모든 학습목표를 효과적으로 달성시킬 수 있다.
㉣ 개별학습 방법은 독립심을 신장시킬 수 있다. 교육의 개별화를 통해 학습의 주도권을 학습자가 갖게 된다. 따라서 학습자는 스스로 자신의 학습을 이끌어가고 그에 대해 책임감을 갖게 된다. 또한 학습자는 스스로 학습하는 방법을 학습하게 되어 다른 일도 해결해 나갈 수 있는 능력이 생기게 된다.

② 단 점

㉠ 개별적인 학습방법이므로 시간과 노력이 많이 든다. 그러므로 이와 같은 방법이 학교현장에서 현실적으로 실현되기에는 어려운 점이 많다.
㉡ 교사와 학습자 간의 관계가 긴밀하여 좋지만 반면 동료 학습자와의 사회적 관계가 부족하기 쉽다.
㉢ 학습의 효과성에서 성공적이라는 실증적인 자료가 부족하다. 그러므로 비용효

과성에서 긍정적인 결과만 있는 것은 아니다.

4) 협동학습

협동학습(Cooperative Learning)은 고도의 경쟁심을 유발시키는 전통적 학급에서 학생들이 느끼는 소외감이나 적대감을 해소시키고, 학급 전체 학생들이 공동의 목표를 향하여 함께 상호작용하고 협력하는 태도와 능력을 향상시키는 방법이다(Slavin. 1995). 즉 성취수준에서 차이가 나는 학습자들을 모아 소집단을 구성하고 집단 구성원들이 서로 협력하여 공동의 목표를 달성하는 방법이다.

개별학습에서 학습자들은 교사에 의해 설정된 학습목표를 자신의 속도와 방법에 의해 개별적으로 학습하며 교사는 각각의 학습자에 대해 목표달성 정도를 확인하고 평가한다. 이와 같은 방법의 개별학습이나 완선학습방법은 각자 개인이 가지고 있는 능력이나 적성을 충분히 살리고 개인 차이를 인정할 수 있는 교수방법이었다. 그러나 이러한 방법은 학습자들을 너무 대립적으로 활동하도록 조장시켜 지나친 경쟁심을 유도하고, 오직 각자의 목표만을 향해 스스로 학습하는 형태이므로 학습자간의 상호작용은 기대할 수 없는 방법이었다. 개인 간의 경쟁에서 만성적으로 실패를 거듭하는 학습자는 소극적이고 무기력해지며, 지나친 경쟁심은 학습자들을 불안하게 만들 수 있다. 또한 개별학습을 학교현장에서 실시하는 데는 현실적인 어려움이 많이 있었다.

한편, 듀이(J. Dewey)는 일찍이 시카고 대학에 실험학교를 세우며 학교를 하나의 삶의 터전으로 만들려고 노력했다. 그는 "인간이 협동적으로 사는 것을 학교를 통하여 배우지 않으면 안 된다."고 주장하며 학교생활을 통해 서로 협동하고 조력하는 풍토를 만들려고 노력했다. 협동학습은 듀이의 이러한 주장에서 비롯됐다고 할 수 있지만, 1970년대에 들어서 미국의 존스 홉킨스 대학의 사회교육 조직센터가 그 출발점이었다고 볼 수 있다(Slavin, 1980). 당시 그들은 여러 인종이 모여 있는 학교 교실에서 서로 팀을 구성해 서로 가르치고 배우며 협력해서 공부하는 프로그램을 만들었는데 이 방법이 매우 효과적이라는 것을 알게 되었다.

5) 자기주도 학습

자기주도 학습(Self—Directed Learning)이란 학습자가 스스로 자신의 학습요구를 진단하고 학습목표를 설정하고 학습에 필요한 인적·물적 자원을 파악하고 적절한 학습전략을 선택·실행하고 학습결과를 평가하는 과정을 말한다(Knowles, 1975). 즉 학습경험을 계획하고 학습결과를 평가하는 일차적인 책임을. 학습자가 가진다는 의미로, 이는 학습자를 무한한 가능성을 가지 존재로 인식하는 인간주의적인 교육철학에 기본을 두고 있다.

(1) 역사적 배경

교육학 분야의 변천을 살펴보면, 1950년대는 학습자들의 정신능력이 학업성취에 결정적이라 보고 이에 대한 관심과 측정에 집중하였고, 1960년대는 학습의 사회적 환경에 주목하였다. 1970년대에 와서는 개별학습, 완전학습 등 교육 프로그램 개발에 역점을 두었는데 이 시기까지의 특징은 주로 학업성취에 영향을 주는 요인에 관심을 두고, 수동적인 존재로서의 학습자를 가정하고 있다는 점에서 공통적이라 볼 수 있다(양명희, 2000).

그러나 한편에서는 수동적인 존재로서의 학습자가 아니라 능동적이고 주도적인 입장에서 학습자가 스스로 학습목표를 세우고 실행하는 학습방법에 대한 새로운 접근이 일어나고 있었다.

1960년대부터 성인교육에 대한 논의가 있어오다가 1967년 한 학회에서 성인 교육의 실천방법으로 '자기주도 학습'이 제기된다. 성인학습자는 교육에 있어서 의존의 상황보다는 비의존의 상황으로 확대해 가는 개인이므로 그 동안 아동 교육의 이론인 페다고지(Pedagogy)가 성인교육 이론인 앤드라고지(Andragogy)에 그대로 적용될 수 없다고 주장한다(Knowles, 1980). 성인은 자기 지시적이고 스스로 자율적인 인간으로 인식하며 인격적으로 취급받기를 바라며, 풍부한 경험이 훌륭한 학습자원이 될 수 있기 때문에 성인교육은 문제를 해결하기 위한 문제 중심학습이 바람직하며, 이러한 특징에 적절한 교육방법이 자기주도 학습이라는 생각을 갖게 된다.

한편 1960년대 말 캐나다에서 성인교육을 강의하던 토그(Tough)는 성인들이 그들의 학습과제(adult's learning)를 할 때 학습자들이 스스로 학습과제에 대한 계획을 세우고 자기 계획에 의해 학습을 수행하는 '자기계획 학습'을 제시한다(정지웅·김지자, 1995). 전통적이고 형식적인 교수방법은 대부분의 성인들의 생활환경에 맞지 않으며 이들의 요구를 충족시키지도 못하기 때문에 자기계획 학습(자기주도 학습)의 효율성을 지지하게 된 것이다. 그러므로 자기주도 학습은 성인 학습자의 주관적인 학습노력, 일방적이 아닌 자연스러운 학습과정의 역동성, 교사와 학습자간의 관계에 중점을 두고 있다. 즉, 각 학습자들이 처한 다양한 현실을 인정하고 총체적인 접근을 하는 것이 바로 자기주도 학습이다.

이와 같이 주로 성인교육에 적용되었던 자기주도 학습은 1980년대에 와서는 교육 전반에 걸쳐, 성인교육뿐만 아니라 모든 영역에서 자기주도 학습에 관한 관심이 일기 시작한다. 이는 1960년대, 1970년대의 학습이론으로 크게 영향을 미쳤던 행동주의 이론과 인지주의 이론에 대한 새로운 도전으로 1980년대 후반부터 등장한 구성주의 이론과 맥을 같이하게 된다. 구성주의는 지식의 구성에 있어서 학습자가 자기주도성을 가지고 책임지고 자신의 학습과정을 주관하여야만 자신에게 유의미한 지식을 구성할 수 있다고 보는 관점으로 구성적인 학습은 자기주도적 학습을 전제로 한다.

씨몽(Simmons)은 구성적인 학습에 있어서 자기조성 혹은 자율성의 중요성을 다음과 같이 강조하고 있다(박명자, 1998 재인용).

오직 학습자들만이 학습 과정에서 적극적인 참여자가 될 수 있다. 학습자들만이 계속해서 사용되어야만 하는 선수 지식을 안다. 학습자 자신만이 구성적이 될 수 있으며, 자신의 학습을 진단할 수 있다. 교사와 같은 외부인은 결코 학습자의 내부를 접할 수 없다. 오직 학습자 스스로 추구할 목표만이 있을 뿐이다. 사람들은 원하지 않는 목표를 다른 사람에게 결코 강요할 수 없다. 반성 또한 학습자의 적극적인 역할을 요구한다. 구성적인 학습은 자기주도적 학습을 전제로 한다.

자기주도 학습은 진보주의(progressivism), 인본주의(humanism), 행동주의(behaviorism), 비판주의(criticism)의 철학적 관점에서 정의된 것이다(정지웅 · 김지자, 1995). 즉 개인적 경험과 자기주도에 중점을 두었던 듀이(Dewey)의 진보주의 경향과 자아실현이나 개인의 성장과 자주성을 강조한 매스로우(Maslow)와 로저스(Rogers)의 인본주의적 배경 그리고 사회적 학습이론으로 자기 주도적으로 학습자가 성공적으로 학습할 수 있도록 하고 자기관리를 돕는 데 영향을 준 신행동주의자 반두라(Bandura)의 이론들이 배경이 된다. 사회적, 지적 시스템의 가치와 구조를 적대적인 눈으로 비판하고 개인에게 강압적인 구조나 역할이 강요되는 것에 대해 이의를 제기했던 일리치(Illich), 막스(Marks), 프레르(Freire)와 같은 비판주의자들의 입장도 포함하고 있다.

자기주도 학습은 다양한 학습 및 교수전략과 방법을 포함하고 있다. 학습자에 의해서 주도된 학습의 형태는 그 동안 독립 학습(Independent Study), 자기계획 학습(Self—planned Learning), 자기교수(Self—instruction), 자기주도 학습(Self directed learning) 등 다양하게 소개되었고, 토그(Tough)에 의해 소개된 자기계획 학습도 킬패트릭(Kilpatrick)의 프로젝트법(Project method)이 배경이 된다. 오늘날에 소개되고 있는 상호교수법(Reciprocal Teaching) 또한 자기주도 학습이 교실에서 주로 대화와 토론을 통해 학습해 나가는 방법이며, 자기 주도적인 탐구학습을 통한 방법인 프로젝트 중심학습(Project—based Learning) 등도 자기주도 학습의 한 형태이다(Borich, 2000). 또한 문제 상황을 중심으로 자기 주도적으로 문제를 해결해 나가는 문제중심 학습(Problem—based Learning)도 자기주도 학습의 한 형태라 할 수 있다.

(2) 자기주도 학습의 특징

자기주도 학습은 학습자가 자신의 능력, 학습상태, 관심 등을 파악하고 이에 맞게 스스로 학습과제와 목표를 설정하고, 학습계획을 세우며, 이를 진행하는 동안 스스로 자기점검, 자기모니터링, 자기평가 등을 실시하여 목표에 도달하는 자율적이고 자기 조절을 통한 학습방법이다.

자기주도 학습의 핵심은 학습의 자기주도성(self—directness)과 학습자의 자기관리(self—direction)에 있다. 이는 자기학습에 대한 독립성과 학습과정 전체에 있어서 주도성 그리고 자율성을 내포하고 있다. 즉 학습자가 학습의 전 과정에 대해 학습자의 자유 의지와 자율적인 통제가 중요한 요인이 된다.

자기주도 학습의 특성을 요약해 보면 다음과 같다(백영균, 1999).

① 학습자가 수업의 주도권을 가지고 있다.
② 자기주도적 학습은 학습목표, 학습수준, 학습내용, 학습방법, 학습평가 기준 등이 처음부터 학습자에 의해서 결정되고, 그 결정의 기초는 학습자 개인의 가치, 욕구, 선호 등에 둔다.
③ 학습자의 개인차를 중시한다. 학습자는 자신의 능력에 따라 학습 속도를 조절할 수 있다.
④ 학습자의 선행 경험이 중요한 학습 자원이 된다.
⑤ 학습 결과에 대한 책임이 학습자에게 부여된다. 따라서 학습자의 자기 평가가 중시된다.

학습자가 자기조절을 하면서 진행해 가는 자기주도 학습은 다양한 심리적 변인들이 작용되는데 이는 인지변인, 동기변인, 행동변인으로 나누어 볼 수 있다(양명희, 2000).

6) 문제중심 학습

문제중심 학습(Problem—Based Instruction)은 종전의 강의법을 지양하고 제기된 문제를 중심으로 해결해 나가는 과정을 통해 학습이 이루어지는 방법이다. 즉 학습자들이 현실에서 당면하고 있거나 당면하게 될 수 있는 맥락적인 문제나 사례들을 개인적인 학습활동보다는 다른 학습자들과 소집단 협동학습을 통해 문제를 해결해 나가는 과정인데, 지식의 습득과 형성이 개인의 사회적 배경을 바탕으로 하는 인지적 활동의 결과라는 구성주의 이론을 바탕으로 하는 교수·학습 환경에서의 실천적인 학습방법이다.

(1) 역사적 배경

문제중심 학습은 1960년대 캐나다의 한 의과대학에서 개발된 모형이다. 이 방법의 창시자라고 할 수 있는 바로우(Varrows, 1994)는 의과대학 교수로서 활동하면서 기존의 강의식, 암기식 수업이 의과대학 수업에는 적절하지 못한 비현실적인 교육환경이라는 판단 하에 그 대안으로 문제 중심의 학습방법을 제시한다.

실제적인 문제와 상황을 중심으로 접근하는 문제중심 학습은 의과대학뿐만 아니라 경영학, 교육학, 건축학, 법학, 공학, 사회학 등 다양한 분야에서 적용되고 있다. 더욱이 오늘날에 와서는 구성주의적 목표와 방향이 일치하므로 구성주의에 지지를 받고 또한 웹기반(web based) 문제 중심학습의 전개가 활발히 논의되고 있다.

웹이 지니는 기능적인 특성, 즉 하이퍼링크, 멀티미디어, 전 세계화 연결가능 등은 학습자들이 손쉽게 관련된 정보를 찾아갈 수 있고 그들의 인지구조에 따라 보다 능동적으로 학습에 참여할 수 있으므로 학습자 스스로 학습의 주체가 되어 정보를 구성해 나갈 수 있다. 그러므로 학습자 중심으로 문제를 해결해가는 데 웹은 아주 좋은 학습자원이 될 수 있으며 구성주의의 학습 원리를 실천할 수 있는 좋은 학습 환경을 제공해 주고 있다.

(2) 문제중심 학습의 특징

문제중심 학습은 실천적인 문제를 중심으로 상황적 맥락을 고려하며, 학습자가 스스로 문제를 해결해 나가야 하므로 자기주도적인 학습방법이다. 또한 이러한 문제를 해결하는 과정에는 학습자들이 가지고 있는 사전지식들을 활성화시켜야 가능하므로 서로 협동해서 문제를 해결해 나가는 협동학습의 방법이 바람직하다. 문제중심 학습의 특징은 다음과 같이 요약할 수 있다.

① 자기주도적인 학습

문제중심 학습은 자기주도적인 학습방법이다. 학습자는 교사에 의해 주도되고 지시 받는 학습 환경으로부터 벗어나, 학습자 스스로 주어진 문제를 명료화하고 학습자의 인지적 작용에 의해 문제를 해결해 나아가며 스스로 그 결과에 대해 책임진다. 그러므로 교사의 권위는 학습자에게 위임되고 문제의 규명에서부터 전 과정과 결과에 대한 책임은 전적으로 학습자에게 있으므로 학습결과에 대해서도 논리적으로 설득력 있게 주장할 수 있어야 한다. 그러므로 문제중심 학습에서의 평가는 자기 자신에 대한 평가, 학습과정에 대한 평가, 반추노트(reflective journal)와 같은 종합적인 평가방법을 주로 실시한다.

② 협동학습

문제중심 학습은 협동학습의 환경을 강조한다. 여러 사람이 협동해서 문제를 해결해 나가며, 다양한 사회적 견해의 접근을 통해 사고영역을 확장시키며 다른 사람의 견해를 자신과 비교하고 평가하므로 자신의 결론과 견해에 대해 객관적인 평가도 받을 수 있으므로 문제중심 학습에서는 사회적 협동과 상호작용에 의한 지식의 구성, 즉 협동학습의 학습 환경을 강조한다. 이는 타인의 감정을 이해할 수 있고 의사소통 기술과 발표기술도 확장시킬 수 있는 그룹 시너지 효과도 기대할 수 있다.

③ 실제적인 문제

문제중심 학습에서는 실제로 생성된 문제를 기반으로 한다. 학습자가 당면하고 있는 실제적인 성격을 갖는 과제로 학습자의 일상행활 속에서 접할 수 있는 비구조화된(ill-structured) 문제를 그 대상으로 한다. 정형화된 정답이 존재하는 구조화된 문제에 대해 비구조화된 문제는 해결안이나 결과가 접근하는 방식에 따라 여러 가지 결론을 얻을 수 있는 문제로, 학습자가 지식을 구성해 나가며 그 과정 속에서 최선의 해결책을 찾고, 그러한 접근이 다른 대안들 보다 효율적이라는 것을 증명하고 설득할 수 있어야 한다.

(3) 문제중심 학습의 절차

문제중심 학습은 교사에 의해 제시된 문제를 협동적으로 해결하기 위해 소그룹을 편성하고 그룹활동을 통해 문제를 해결해 간다. 학습자들은 자신이 기존에 배운 내용이나 지식을 사용하여 주어진 문제를 파악하고 분석하며, 문제의 해결책을 고안하고, 해결을 위한 자료를 모으며 협동 활동으로 문제를 해결한다. 이를 단계별로 보면 다음과 같다.

① 그룹형성

소그룹이 형성되면 그룹 구성원들은 서로 편안하고 친숙한 분위기를 조성한다.

② 문제의 제기 및 인식

문제가 제기되면 학습자들은 문제에 대하여 자세히 검토하고, 본질을 정확하게 인식하여야 한다. 문제의 확인과 해결안을 찾기 위하여 크게 생각, 사실, 학습과제, 향후 실천 계획의 네 가지 관점에서 검토한다.

③ 역할분담

주어진 문제를 해결하기 위해 깊이 사고하고 각자가 알아야 할 내용이나 또는 그룹별로 맡아야 할 문제를 어떤 방법이나 절차로 해결할 것인가를 연구한다. 역할을 분담하는 이유는 과제가 너무 방대한 경우 효율적인 자료의 수집에 도움을 줄 뿐만 아니라 중복된 자료를 억제할 수도 있으며 다양한 자료를 수집할 수도 있다.

④ 자료수집

학습자들은 자기 주도적으로 필요한 자료를 찾고 정보를 확인하며 그것에 대해 서로 의견을 교환한다.

⑤ 자료의 재검토

집단구성원들은 그들의 조사 결과들을 활용하여 가설을 검토하고, 증거를 제시하며, 주어진 문제에 대해 새로운 접근을 시도하는 등 재검토의 과정을 갖는다.

⑥ 정리, 종합발표 및 결과 발표

문제해결의 결과를 정리하여 발표한다. 발표형식은 구두, 보고서, 제작물 등 다양하게 할 수 있는데, 이는 자신의 수행에 대한 평가가 되기도 한다. 교사는 학습자의 발표에 대해 건설적인 비판과 지도를 하여야 하며, 다른 대안도 가능한지에 대해서도 검토한다.

▶ 문제중심 학습의 전개과정 예(Barrows & Myers, 1993)

수업 전개

1. 수업 소개
2. 수업 분위기 조성(교·강사의 역할 소개)

문제 제시

1. 문제 제시
2. 문제에 대한 주인의식을 느끼도록 한다.
3. 마지막에 제출할 과제물에 대한 소개
4. 그룹 내 각자의 역할 분담

생각(가정들)	사실	학습 과제	실천 계획
주어진 문제에 대한 학생들의 생각을 기록 : 원인과 결과, 가능한 해결안 등	개인 혹은 그룹학습을 통해 제시된 가정을 뒷받침할 지식과 정보 종합	주어진 과제를 해결하기 위해 학생들 자신이 자세히 알고 있어야 하거나 이해해야 할 사항 기록	주어진 과제를 해결하기 위해 취해야 할 구체적 실천 계획

5. 주어진 문제의 해결안에 대하여 깊이 사고 : 칠판에 적은 다음 사항에 관하여 과연 나는 무엇을 할 것인가를 생각

생각(가정들)	사실	학습 과제	실천 계획
확대/집중시킴	종합/재종합	규명과 정당화	계획을 공식화

6. 가능한 해결안에 대한 생각을 정비
7. 학습과제를 규명하고 분담
8. 학습 자료를 선정, 선택
9. 다음 번 토론 시간 결정

문제 후속 단계

1. 활용된 학습 자료를 종합하고 그에 대한 의견 교환
2. 주어진 문제에 대하여 다시 새롭게 접근을 시도한다 : 다음 사항에 대하여 나는 무엇을 할 것인지를 생각

생각(가정들)	사실	학습 과제	실천 계획
수정	새로 얻은 지식을 활용하여 재종합	(만일 필요하다면) 새로운 과제규명과 분담	앞서 세웠던 실천 안에 대한 재설계

결과물 제시 및 발표

문제 결론과 해결 이후

1. 배운 지식의 추상화(일반화)와 정리 작업(정의, 도표, 목록, 개념, 일반화, 원칙들을 만들어 본다)
2. 자아 평가(그룹으로부터의 견해를 들은 후에)
   - 문제해결 과정에 대한 논리적 사고
   - 적합한 학습 자료를 선정하여 필요한 지식과 정보획득
   - 주어진 과제를 잘 수행함으로써 그룹구성원들에게 협조적
   - 문제해결을 통해 새로운 지식습득 혹은 심화학습

7 연습계획 시 지켜야 할 수칙

- 코치와 선수 간에 원만한 의견을 교환하고 사용할 도구를 정돈하며 안전도를 체크하기 위해서 코치는 연습에 앞서 경기장에 도착해야 한다.
- 선수와 인사할 때 선수의 이름을 불러준다.
- 부드러운 분위기를 조성한다.
- 소속감, 단체감을 불러일으키기 위해서 준비운동 단계에서는 모든 선수가 동시에 같이 할 수 있는 활동을 한다.
- 처음 연습을 시작할 때는 규칙적인 활동을 정하여 상당히 일관성 있게 그 활동을 계속한다. 연습이 계속됨에 따라 코치는 이러한 규칙적인 활동을 다양하게 변화시킬 수 있다. 이때 고려해야 할 사항은 쉽고 잘 알려진 활동으로부터 어렵고 알려져 있지 않은 활동으로 변화시켜야 한다.
- 연습을 시작할 때는 코치와 선수 간에 언어적인 의사소통이 계속 유지되어야 한다.
- 코치와 선수 간에 바람직한 인간관계를 형성하고 선수들의 과도한 긴장을 해소하기 위한 하나의 방법으로 유머를 사용한다. 그러나 이 방법은 코치가 유머를 사용하는데 크게 어색해 하지 않을 때 사용할 수 있다.
- 선수들의 경기력(기술)이 향상된 증거를 찾기 위해 노력하고 그러한 증거를 찾았을 경우에는 긍정적인 피드백을 준다.
- 선수들의 지도력을 배양하기 위하여 연습의 일부분을 맡긴다.

8 효율적·효과적인 연습방법

여러 가지 스포츠 종목의 연습은 일반적으로 전통적·체험적·주관적으로 정해지는 것이 현실이다. 복잡한 스포츠 활동에 대해 어떠한 연습이 가장 효과가 좋은가 하는 문제에 관한 연구는 거의 되어 있지 않다. 이것은 스포츠 활동의 복잡성과 개체가 갖는 특성의 차이성이 그 과학적 연구를 어렵게 하고 있기 때문이다. 그러나 이 문제는 스포츠 지도자에 의해 조기에 해결되어야 하는 문제 중 하나이다.

연습효과는 반복연습의 결과로 나타난다는 것은 앞에서 설명한 대로이다. 반복연습에 의해 활동이 습관화되어 무의식적·자동적으로 행해지게 되면 최소한의 에너지 체제로 정리될 수 있다. 그러나 이렇게 반복을 할 때 단순하게 반복만 해서는 효과가 생기지 않을 것이다.

1) 전체 연습법과 부분 연습법

일련의 기술·운동을 전체적으로 연습하는 '전체연습법'이 좋을까, 몇 개의 부분으로 분할하여 연습하는 부분연습법이 좋을까? 일반적으로 부분은 전체보다 학습하기가 쉬우므로 일련의 운동 중에서 일부를 빼내어 그것만 연습을 하면 그 부분의 체제화는 빠르게 이루어지지만, 그러한 개개의 동작·운동을 모두 합쳐놓아도 일련의 통합된 운동이 되기는 어렵다는 문제가 있다.

스포츠에서 운동이란 결코 개개의 동작·운동의 나열이 아니라는 것을 이해할 필요가 있다.

(1) 전체연습법(전습법:whole method)

일련의 연습과정을 시작부터 끝까지 통째로 연습하는 방법이다. 연습자의 능력이 우수할수록 전체연습법이 유리하다고 하는데, 초보자라도 가능하면 이른 시기에 전체연습법을 도입해야만 한다. 실제, 야구·농구를 주로 하는 미국에서 아이들은 게임을 우선시한다. 축구를 주로 하는 남미와 유럽국가에서는 축구게임을 즐기며 기본기술을 습득한다. 야구가 인기 있는 일본에서도 어린이들은 시합을 기반으로 하여 여러 가지 기술을 배우고 있다. 하지만 일본에서 야구 이외의 비인기 종목의 스포츠를 배울 때는 대부분 '부분연습법'을 주축으로 하고 있다. 스포츠의 목적은 '부분(기본기술)'의 습득이 아니라, 게임을 즐기며 승리하는 것이라는 사실에 비춰볼 때 전체연습법의 의미가 크다고 할 것이다.

스포츠 수행에서 중요한 것은 부분과 부분, 부분과 전체와의 결속이며, 전체로서의 통합이다. 부분연습법에서는 부분과 전체의 관련을 파악하기 어렵기 때문에 부분연습법만 실시하면 게임에 대한 흐름을 알 수가 없게 된다. 단기간이라도 좋으니 정식게임 또는 간이게임·미니게임을 매일 실시하기를 권한다.

농구에서 1:1 상황의 부분연습을 할 수 있다고 해서 3:3 상황의 전체연습을 잘 할 수 있는 것은 아니다. 5:5상황의 부분연습을 할 수 있다고 해서, 게임을 잘 전개해 나갈 수 있는 것도 아니다. 전체연습법을 실시하여야 부분연습이 빛을 발하는 것이다.

(2) 부분연습법(분습법:part method)

전체를 주요한 몇 개의 부분으로 나누고, 그 부분들을[4] 따로따로 연습해 나가는 방법이다. 부분연습법의 동기부여는 전체연습법의 동기부여보다 시간과 노력을 덜 들여도 된다. 또한, 부분연습법에 의한 연습에서는 효과를 빨리 알 수 있다. 그것에 비해,

4) 뉴 마인드 코칭론, 嶋田出雲 지음, 김성복 옮김, 대경북스, 2005.3.25, pp.158~169, 216~219.

전체연습법은 효과를 알기 힘들다는 면이 있지만 흥미를 환기시킬 수 있다. 그러나, 각각의 요점을 이해시키거나 부분적인 면을 효과 있게 습득시키는 데에는 부분연습법이 효과적인 경우가 많다.

따라서, 부분연습법은 초보자에게 주로 사용하는 연습법이다. 경험자에게도 부분의 강화, 특히 고도의 기술, 복잡한 기술, 플레이를 습득하는 데에는 절대적으로 필요한 연습이다.

농구의 경우, 슛 기술의 습득과 그 강화를 목표로 할 때에도 이 연습법을 쓴다. 테니스에서 서브기술의 습득과 그 결과를 목표로 할 때에도 좋은 방법이다.

(3) 순수부분연습법(pure part method)

분할된 부분을 일정 기준에 달할 때까지 연습한 후에 전체를 하나로 통합하는 연습법이다. 초보자가 초기 단계일 때는 좋은 연습법이지만, 전체적인 운동수행능력을 높이는 데에는 많은 시간이 필요하다. 대부분의 사람이 하고 있는 일반적인 연습법이다. 농구의 경우, 패스·드리블·슛·디펜스 등의 기본기술을 습득한 후에 게임연습을 행하는 방법이다. 테니스에서 그라운드 스트로크·서브 리시브·서브·발리·스매시 등의 기본기술을 일정 수준까지 도달시키고 난 후 게임을 행하는 방법이다.

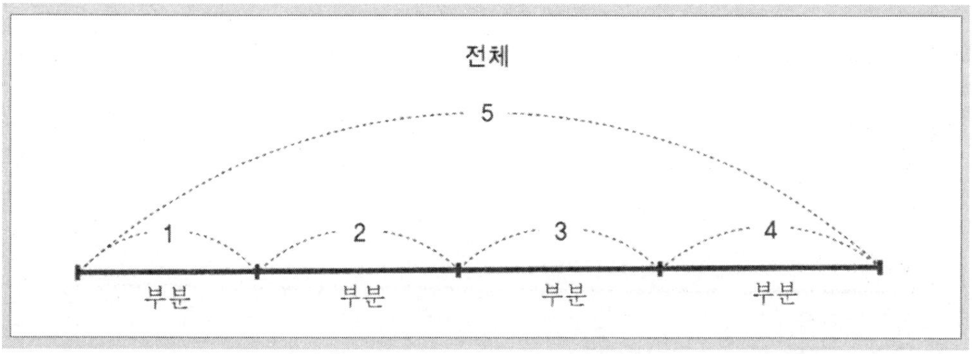

(4) 점진부분연습법(progressive part method)

부분과 부분을 쌓아 점차 커다란 단위로 연습하는 방법이다. 이렇게 쌓아올리는 방식(계단방식)으로 수행력을 높이는 데에는 매우 많은 시간이 든다. 농구를 예로 들면, 1:1 연습에서부터 시작하여 2:2 연습, 3:3 연습, 4:4 연습, 5:5 연습을 차례로 전개시켜 가는 방법이다.

테니스에서 예를 들면, 포핸드 스트로크 기술 연습에서 백핸드 스트로크 기술 연습, 이어서 좌우 스윙연습으로 전개시켜 가는 연습법을 말한다.

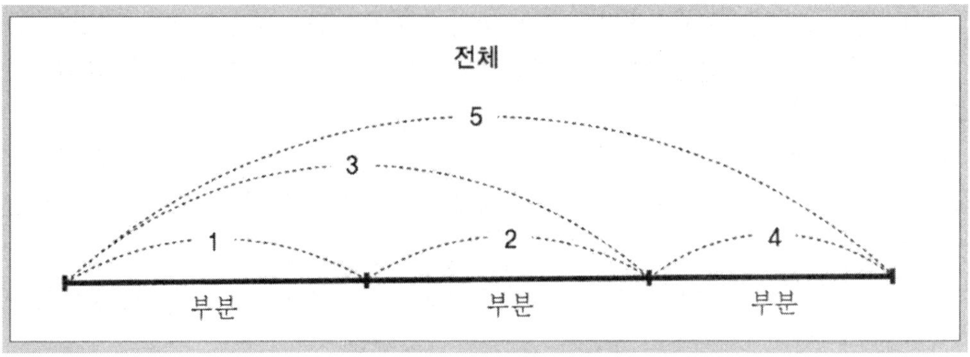

(5) 반복부분연습법(repetition part method)

제1부분을 연습한 후, 제2부분을 합쳐서 연습하고, 이어서 제3부분을 합쳐서 연습하여 순차적으로 발전시켜 가는 방법이다. '부분'과 '부분'을 연결하여 전개해 가는 이런 계통적인 축적방식은 효과적인 연습방법이 될 수 있다. 농구에서 예를 들면, 1:1 연습과 2:2 연습을 복합시킨 연습을 말한다. 테니스에서 예를 들면, 서브와 발리를 복합시킨 '서브 앤드 대시 발리' 발리와 스매시를 합친 '발리 앤드 스매시' 연습을 들 수 있다.

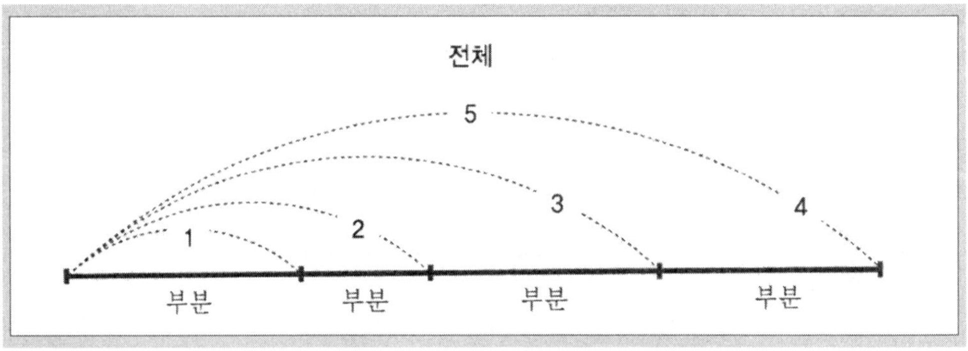

(6) 전체·부분연습법

부분에서 시작하여 시간과 에너지를 절약할 수 있어 문제에 적응하기 쉽지만, 전체적으로 유기적인 관련성을 갖고 있지 않다면, 따로따로 떨어져 분절적 통일을 이룰 수 없다. 그래서, 전체연습법과 부분연습법을 교대로 실시하여 그러한 문제를 해결하는 것이 이 연습법이다. 즉, 어떤 일정시간 전체연습을 한 후, 그 중에서 나빴던 부분을 피드백 시켜 부분연습법으로 개선한다. 이어서 다시 전체연습법으로 돌아가서 이 과정을 반복한다.

실전연습은 많은 기술이 유기적으로 연결되어 있어야 한다. 테니스에서 네트플레이를 하기 위해서는 백코트에서는 스트로크가 필수이고, 서브는 다음에 이어지는 발리와 스매시의 준비 단계라고 생각해야 한다. 그러므로 항상 전체적인 시야에서 보아, 어떤 부분에 결함이 있고, 어디서부터 교정·개선해야 하는지 판단해야 한다. 그러므로, 다음과 같은 사이클 연습이 필요하게 된다.

전체연습법 → 부분연습법 → 전체연습법 → 부분연습법 → 전체연습법

2) 집중연습법과 분산연습법

스포츠 연습에서 반복이 중요한 요인이라는 것은 이미 설명을 했지만, 그렇다고 해서 연습만 하면 기술의 향상과 진보가 나타난다는 것은 아니다. 연습시간이 길어지면 피로 현상이 일어나 효율이 나빠진다. 그러므로 연습을 하는 중에 적당한 간격을 두는 것이 중요하다.

(1) 집중연습법(집중법:massed practice)

어떤 일정한 연습시간에 휴식을 취하지 않고 연속적으로 연습하는 것을 집중연습법이라고 한다. 예를 들면, 농구에서 휴식을 취하지 않고 100개의 연속 슛을 실시하는 것이나, 10분간 휴식을 취하지 않고 연속 슛을 하는 방법을 말한다. 연습과 연습 사이에 긴 휴식시간을 취하면 망각현상이 일어나 휴식 후의 연습은 전혀 새로운 연습이 되어 버린다. 그러므로 새로운 폼을 익힐 때는 절대적으로 필요한 연습법이다.

집중연습법을 할 경우에는 피로가 생기고 금방 싫증이 일어나지만, 기술의 고정화·강화와 나쁜 습관과 버릇의 수정에는 절대적으로 필요한 연습법이다. 하나하나 간격을 두고 실습을 하면 새로운 기술을 습득하는 것이 곤란하다. 3분간, 5분간, 10분간, 20분간, 30분간 등 연습의 내용과 능력에 따라 나누어 실시한다.

(2) 분산연습법(분산법:distributed practice)

연습의 중간에 휴식을 취하는 것을 분산연습법이라고 한다. 예를 들면, 농구에서 슛을 한 번 할 때마다 짧은 휴식을 취한 후, 다음 슛을 시행하는 연습법이다. 이 방법은 연습과 연습 사이에 긴 휴식시간을 취하면 망각현상이 일어나 휴식 후의 연습은 전혀 새로운 연습이 되어 버린다. 그러므로 새로운 폼을 익히거나, 새로운 기술과 플레이를 습득할 때는 효과적이지 않다. 하지만, 게임이라는 것은 상황과 반응에 따라 그 변화가 다양하므로 실제로 기술은 분산되어 행해지게 된다.

그러므로 습득된 기술이 실제 게임에서 효과적으로 발휘되기 위해서는 분산연습법이 중요하다. 분산법의 효과는 연습의 질과 휴식시간의 횟수와 시간, 휴식을 넣는 위치 등에 따라 다르므로 일률적인 결론을 이끌어내는 것은 어렵지만, 일반적인 효과로서는 다음과 같은 것을 들 수 있다.

① 집중법은 피로가 생기기 쉬우므로, 피로를 동반하는 연습은 분산법이 유리하다.
② 장시간 집중법은 동기부여를 저하시킨다. 휴식에 의해 민첩함과 주의력이 상승하므로 이 경우에는 분산법이 유리하다.
③ 휴식 중에 앞선 연습에서 올바르지 못한 반응이 해소되는 경우가 있다.

(3) 집중분산연습법

소단위의 집중법을 분산시켜 실시하는 방법이다. 학습은 자극과 반응(S—R)의 반복에 의해 강화·결합되어 안정화되어 간다. 그러나 집중법에 의해 반복연습을 쌓아 피로가 동반되면, 모든 반응이 마이너스로 작용하게 된다. 이것을 '반응성 억제'라고 한다. 또한 연습시간과 반복횟수가 동일할 때에는 분산법을 실시하는 것이 효율이 높다. 그것을 '분산효과'라고 한다.

농구의 슛 연습에서 연속 100회 슛을 하는 것보다, 30회를 한 단위로 하는 연습을 3회로 분산하는 것이 효과를 높일 수 있다. 또한, 10분간을 한 단위로 하는 게임을 1분간의 휴식을 넣어 3세트, 또는 5세트 실행하는 방법이 효과적이라고 생각된다. 테니스의 스트로크 기술을 높이는 경우에도, 이 방법이 유효하다고 여겨진다. 스포츠 연습을 할 때 원칙적으로는, 한 번에 많은 시간을 들여 연습을 실시하는 것보다, 짧은 시간씩 장기간에 걸쳐 연습을 실시하는 것이 좋다.

그러나, 집중분산연습법이 좋다고 해서, 휴식시간을 쓸데없이 많이 두면 오히려 연습 능률이 저하된다는 것도 고려해야 한다. 이 문제는 운동의 종류와 학습자의 수준에 따라 고려해야 할 것이다.

3) 계통성·통합성·일관성 연습법

스포츠의 성과를 높이기 위해서는 긴 과정이 필요하다. 연습은 목표에 도달하려고 하는 것이기 때문에 현실의 조건하에서 목표도달로 연결되는 가장 유효한 방법과 연습내용이 무엇인지를 확정할 필요가 있다.

그 주요한 포인트로 다음과 같은 것이 있다.

① 구체적 목표를 명확히 한다.
② 연습내용이 선수에게 적합하도록 한다.
③ 연습내용에 발전적 계통성이 있도록 한다.
④ 연습내용을 잘 숙지해야 한다.

(1) 계통성 연습법(종적 연결)

일정한 순서에 따라 행동함으로써 목표가 달성되는 것이 계통성 연습법이다. 스포츠에서 연습은 최초의 연습과 다음 단계의 연습이 하나의 원리·원칙·방식 하에서 지속되어, 연결되는 것이 중요하다. 사물과 정보는 배열하는 방식에 따라 효과가 달라진다. 이것을 '순서효과'라고 한다. 또한, 하나의 계열 중에서 처음에 연습한 것이 학습하기 쉽다. 이것을 '초등성의 법칙'이라고 한다. 농구에서 팀의 포메이션과 개인의 기본기술과의 계통성을 생각할 필요가 있다.

(2) 통합성 연습법(횡적 연결)

연습에서 가장 중요한 것은 구체적인 목표를 확인하는 것이다. 그렇지 않으면 맹목적인 반복행동에 불과하게 된다. 즉, 수많은 부분연습이 구체적 목표를 핵으로 하여 통합되고 도식화되지 않으면, 서로 관계없는 연습이 되어 버린다. 연습과 연습의 종적 연결(계통성)과 횡적 연결(통합성)이 그래서 중요한 것이다. 별로 관계없는 여러 경험은 분리되고, 서서히 망각되어 버린다. 예를 들면, 농구에서 슛과 리바운드를 연결하는 통합연습이 필요한 것이다. 효율적·효과적인 연습은 이 계통성·통합성에 달려 있다고 할 수 있다.

(3) 일관성 연습법

스포츠의 연습은 계통성과 통합성을 중심으로 하여 연속과정을 이루고 있다. 이 과정이 어중간하게 진행되거나 도중에 좌절하는 경우가 있다면, 그 효과는 반감한다. 하나의 성과를 달성하기 위해서는 처음부터 끝까지, 일정한 방침을 세우고 일관되게 진행하는 것이 바람직하다.

스포츠의 세계에서는 어중간한 특기를 아무리 많이 갖고 있다 해도 그것은 의미가 없다. 확신을 가질 수 있을 때까지 철저를 기할 필요가 있다. 성공하는 사람과 그렇지 못하는 사람의 차이는 철저함의 차이, 일관성의 차이이다.

(4) 변화연습법

변화가 있는 내용과 형식을 가진 운동으로 실시하는 연습법이다. 즉, 운동 강도가 큰 것, 중간인 것, 작은 것을 교대로 행하는 연습법을 말한다. 농구에서 같은 삼각패스 연습을 하더라도, 처음에는 걸으면서 삼각패스를 하고, 이어서 달리면서 삼각패스를 하고, 그 다음에는 전력질주를 하면서 삼각패스, 마지막에는 수비를 두고 삼각패스를 실시한다. 이것은 순차기술을 고도로 높여가는 방법이다. 즉, 동작의 템포를 처음에는 느슨하게 하다가 점차 속도를 높여가고, 마지막에는 최대속도로 실시하는 방법이다.

또한 대·중·소 여러 가지 삼각형으로 패스워크를 연속적으로 연습하고, 어려운 상황에서의 숏 패스, 미들 패스, 롱 패스, 수비를 둔 채로 행하는 패스 등을 교대로 연습한다. 테니스에서는 스트레이트, 크로스, 로빙, 숏 커트 등을 교대로 연습한다. 이러한 연습의 효과는 근육감각을 신속·명확하게 구별할 수 있게 하며, 합리적인 동작과 기술을 이룰 수 있는 능력이 생기게 한다.

4) 개인·그룹·전체 연습법

연습의 성과를 높이기 위해서는 개인연습(1인 연습), 그룹연습(2인 연습, 3인 연습, 4인 연습 등), 전체연습(멤버 전원의 연습)을 잘 구분하여 실시할 필요가 있다. 팀 스포츠에서는 1:1 맨투맨에 의한 연습에서 시작하여, 2인·3인 컴비네이션 연습, 정규멤버의 연습, 멤버 전원의 연습에 이르기까지 효율적으로 배분해야 한다. 사람 수가 너무 많으면 연습의 효율이 나빠지므로, 효과적인 연습을 하기 어렵다.

이상적인 적정 인원수에 의한 그룹이 가장 적당하다. 적정 인원은 스포츠종목과 시설에 따라 다르다. 그러므로, 많은 인원수의 그룹을 지도하는 경우에는, 그 목적에 맞게 적절한 그룹으로 나누어 지도하는 것이 좋다. 지도자는 한정된 공간과 연습시간 내에 이것들을 잘 조합하여 구분해서 실시할 수 있도록 연구하는 것이 중요하다.

5) 목적 연습

연습은 목적적일 때 효과가 나타난다. 연습은 모두 목적을 갖고 이루어지지만, 전체연습과 게임연습에서 많은 지도자가 그 목적을 잊어버리는 경우가 있다. 농구에서 공은 무엇을 위해 앞으로 패스하는지, 공격은 무엇을 위해 하는지, 수비는 무엇을 위해 하는지는 초보자라도 누구나 알고 있는 것이지만, 실제로는 그런 목적을 망각하고 맹목적인 연습이 이루어지는 경우가 많다.

물론, 목적을 달성시키는 과정에는 패스·드리블 동작 등의 절차와 수단은 매우 중요한 사항이지만, 그 절차와 수단에만 정신이 쏟기 쉽다. 이것은 목적과 방향이 잘못되어 있는 것이다. 그러므로, 이 연습은 공격의 목적과 방어의 목적 등의 목적의식을 갖고 목적을 달성시키기 위한 연습법이다. 연습시간을 아무 의미 없이 보낸다면, 그것은 연습항목을 겨우 소화하는 것 외에는 별 의미가 없다. 목적연습법은 목적을 향해 연습의 목표를 달성할 때까지 철저하게 실시하는 연습법이다. 기술은 수단이지 결코 목적이 아니다.

6) 요점 연습

게임 전개의 요점이 되는 부분의 연습이다. 특히 게임의 중요 포인트를 강화하는 연습을 요점연습이라고 부른다. 농구에서 '팀의 공방 포메이션의 조직 연습',

'1:1 슛 연습', '리바운드 연습', '트랜지션(공수전환) 연습', '연속득점 연습' 등을 들 수 있다.

7) 약속 연습(더미 연습)

약속 연습이란 기술을 시행하기 전에 서로 실시할 기술을 미리 정한 후, 실시하는 연습법이다. 즉, 서로 절차를 정한 후 시행하는 것이다. 테니스에서 크로스를 하는 측과 포치를 하는 측을 양쪽이 사전에 약속한 후, 한쪽이 크로스를 하고, 반대쪽이 포치를 하는 연습법을 말한다.

농구에서는 상대가 공을 받는 순간 디펜스가 공을 잡고 있는 사람에게 접근하여 더미 디펜스를 행하고, 상대에게 드라이빙 슛을 하게 하여 그 성과경험을 시키거나 그 요령을 습득시키는 것을 말한다.

이 연습은 팀 스포츠에서 가장 중요한 '대처대응 능력'을 습득시키는 데 절대적으로 필요한 연습법이다. 이 연습에 의해 작은 성과경험을 맛보게 함과 동시에 기술의 사용법, 타이밍, 적응능력 등을 양성할 수 있다.

8) 특기기술 연습

승부의 세계에서 평균적인 기술이나 플레이로는 커다란 성과를 얻을 수 없다. 실제 개성·특징·특기기술이 없는 선수는 평균적인 선수에서 정체되고 만다. 평균적인 기술을 갖고 있지 않아도 무언가 뛰어난 기술을 갖고 있다면 그것은 커다란 무기가 될 수 있다.

유도의 한판기술이나 야구에서 볼 수 있는 원 포인트 릴리프, 승부처에서 대타로 나올 수 있는 선수가 그것이다. 그러므로, 선수의 개성과 특기를 몸에 익히도록 하는 연습이 필요하다.

9) 루트 연습

산에 오르는 데에는 많은 루트가 있는 것처럼, 하나의 기술을 습득시키는 길은 하나가 아니다. 이것을 '루트연습'이라고 부른다. 하나의 기술을 습득시킬 때, 하나의 길만을 나아가는 것이 아니라, 다른 길도 경험시키는 것이 중요하다.

사람에게는 각자 좋아하는 음식과 싫어하는 음식이 있듯이, 연습도 좋아하는 방식과 싫어하는 방식이 있다. 예를 들면, 스키의 베테른턴 기술을 마스터하는 데에는 크게 3가지 루트가 있다.

① 플루크 베테른
② 점프 베테른

③ 직진 베테른 등이다.

기본적으로는 이 3개를 모두 채용해 보는 것이 필요하지만, 일반적으로 여성은 플루크에 의한 도입이 매우 효과적이고, 남성은 점프를 도입하는 것이 쉽게 이 기술을 마스터할 수 있다. 그 중간에 있는 방법이 직진을 도입하는 것이다. 테니스에서는 드라이브·플랫·슬라이스 중 어느 것부터 시작할 것인지는 사람의 특성과 관계있는 문제이다.

모든 스포츠에는 좋아하는 것과 싫어하는 것이 존재한다는 것을 파악하는 것이 중요하다. 그러므로 하나의 연습법을 모두에게 강요하는 것은 위험하다. 그 연습법에 맞는 사람에게는 좋지만, 맞지 않는 사람에게는 방해가 될 뿐이다. 따라서 목적에 맞는 여러 가지 연습법을 실시하는 것이 필요하다.

10) 실패 연습

연습이라는 것은 일반적으로 기술의 습득과 플레이의 성공을 목적으로 하지만, 때로는 실패 연습도 행하여진다. 이 연습은 실패를 체험시키는 연습이다. 실패했을 때, 어떻게 에너지가 쓸데없이 낭비되는지, 자신들의 리듬이 어떻게 무너지는지, 어떻게 상대에게 좋은 리듬을 가져다주는지 알게 하고, 또한 좋은 플레이와 미스플레이의 경계를 배우게 한다.

이 연습에 의해서 실패했을 때의 대처방법, 처치법을 마스터시킬 수 있다. 만일 실패했을 때의 대처방법을 모른다면, 반복하여 미스를 범할 위험성이 생긴다. 또한, 실패를 두려워하여 플레이가 위축되고 과감한 플레이를 할 수 없을 것이다. 가장 잘 알려진 연습으로서 유도의 낙법 연습이 있다.

농구에서 슛 미스에 대한 대처법, 패스미스를 했을 때의 대처법, 패스를 인터셉트 당했을 때의 대처법, 디펜스에서 자신이 마크하는 선수를 놓쳤을 때의 대처법 등도 여기에 해당된다. 사람은 실패를 쌓아가며 성장한다. 실패를 하면서 조금씩 기술을 연마하여 가게 된다.

11) 작전 연습

게임에서는 의도적으로 어떠한 작전을 짜는 것이 상대보다 우위에 설 수 있는 방법이라는 것은 확실하다. 상대의 특징과 결점을 알고, 그것을 전술로 살리는 것이 승리로 가는 확률을 높인다. 그러기 위해서는 평소에 이러한 연습을 하는 것이 매우 큰 의미를 갖는다. 전술의 폭이 넓어지면 기술도 높아진다. 또한, 기술이 높아지면 작전도 다양해진다.

작전은 플레이의 리듬과 전술적 동작에 안정성이 있고, 미스를 하지 않는다는 전제가 있어야 성립한다. 또한, 상대의 미스를 적극적으로 유도하거나, 상대를 어렵게 만들거나, 효과적인 작전을 성공시키는 능력을 몸에 익히게 해야 한다.

12) 이미지 연습

스포츠 동작과 폼 등에 관해 이상적인 모습을 머릿속으로 그리고 실제 플레이와 게임 방법에 그것을 정착시켜가는 방법이다. 실제로 신체를 움직이는 것이 아니라, 머릿속에서 운동동작을 생각으로 그리고, 그 올바른 동작과 플레이를 학습하는 것이다. 특히, 이 연습은 실제 연습에 들어가기 전에 행하면 그 효과를 더 크게 할 수 있다. 이것을 멘털 리허설(mental rehearsal)이라고 한다.

13) 책상 연습

연습은 그라운드와 코트에서만 하는 것이 아니다. 지도자가 실내에서 하는 레슨과 팀 미팅에서의 지시와 충고 등의 학습경험, 시각적 이미지와 지각적 이미지는 연습의 효과와 효율을 배가시켜 준다. 심리학자에 의하면, 인간은 머릿속에 무언가(멘털 픽처)를 그림으로써, 근육을 움직이는 신경을 작동시킬 수 있다고 한다.

오늘날에는 특히 텔레비전과 비디오가 보급되어서 시각적인 정보는 물론, 지각적인 정보도 널리 활용되어 한층 효과를 높일 수 있을 것이다. 실제로, 흑판으로 지도를 할 때 중요한 것은 적당한 그림을 그리며 행하는 것이다. 올바른 코트, 올바른 선수의 위치·방향·동작 코스 등 그림을 정확히 그려 지도해야 한다. 이론을 정확히 아는 것도 실습을 하는 것만큼이나 중요하다.

14) 연습 시간

연습을 할 때에는 훌륭한 선수가 되고 싶다는 마음으로 노력해야만 바람직한 성과를 가져올 수 있다. 오랫동안 질질 끄는 연습은 피로하기만 할 뿐 흥미를 일으키지 못하고 효과도 오르지 않는다. 연습은 미리 계획을 세워 조직화하고, 충실한 내용으로 채워야 하는 데, 연습시간을 비교적 짧게 하여 원칙적으로는 예정된 시간 내에 끝내고 지루한 장시간의 연습은 피해야 한다.

연습시간은 기본적으로는 짧은 것이 바람직하다. 짧은 연습시간의 이점은 자신의 플레이에 관해서 냉정하게 생각할 수 있고, 좀 더 하고 싶다는 기분을 일으키게 된다는 점이다. 연습시간을 짧게 하면 의욕도 솟아나고, 더 효율적으로 더 실전에 가까운 연습을 할 수 있으며, 높은 수준의 열정을 유지시키고, 기술의 정착에 도움이 되는 휴식시간이 많아진다.

하루에 연속 4, 5시간 동안의 긴 연습을 하는 팀이 있는데, 이들 중 대부분은 단지 연습항목을 맹목적으로 소화시키려고 하는 것으로서, 집중력이 결여된 느슨한 연습으로 끝나는 경향이 있다. 연습시간은 초보자와 상급자, 선수의 능력에 따라 다르지만, 일반적으로는 2시간 이내가 이상적이다. 경기를 목적으로 하는 선수는 가능한 공식시합시간의 1.5~2배의 시간이 이상적이다. 물론, 강화훈련과 합숙훈련은 별개의 문제이다.

기능은 휴식시간 중에 상기되어 향상되고, 확고해지며, 더 확실한 모습으로 다듬어진다고 한다. 긴장된 상황은 기억에 남고, 마음속에서 그것을 반복하게 된다. 이것을 형태 심리학자는 '형태의 완결'이라고 한다. 그러므로, 피로를 회복시키는 목적의 휴식시간뿐만 아니라, 기술을 확고하게 하는 휴식시간도 중요한 요소이다.

9 단원 계획안

1) 단원계획 작성의 주의점

단원계획은 다음의 주의점에 따라 작성되어야 한다.

① 단원은 전체성과 통일성을 중시하고, 단순히 학습내용을 모아 놓은 것으로 그치지 않도록 한다.
② 단원의 목표를 명확히 파악할 수 있도록 한다. 단원 학습에 의해 어떠한 기술, 지식, 체력, 습관 등을 선수에게 가르칠 것인가를 명확히 한다.
③ 지도자가 전면에 나오지 말고, 어디까지나 선수의 자주적, 자발적 학습을 추진하도록해야 한다.
④ 선수가 자기의 과제를 발견하기 쉽고 시합이나 자기표현의 기회를 많이 갖도록 한다. 그렇게 함으로써 앞으로의 과제를 발견하고 피드백할 수 있게 된다.
⑤ 개성과 개인차를 고려하여 누구나가 다채로운 학습활동을 할 수 있도록 한다.

2) 단원계획의 작성

(1) 단원명

단원명은 그 단원의 중심과제와 활동목표를 보여주는 것이 좋다. '농구', '멀리뛰기'와 같이 그 운동종목으로 적는 것이 보통이다. 어떤 주제를 갖는 단원일 때에는 그 주제를 적는 경우도 있다. 예를 들면, '즐거운 조깅 교실', '중년 스키 교실' 등이다.

(2) 단원목표의 설정

그 단원에서 무엇을 목표로 지도할 것인가를 적어야 한다. 이 단원목표는 형식적으로 다루어지는 경우가 자주 있고, 실제로 달성하기 어려운 목표를 적는 경우도 적지 않다. 단원의 목표설정을 할 때는 그 단원을 끝마쳤을 때 선수가 달성 가능한 것이어야 하고, 무리한 목표를 설정해서는 안 된다. 또한 목표를 구체적으로 파악하여 학습지도의 반성과 음미를 할 수 있게 하는 것이 중요하다. 학습을 활발하게 하기 위해서는 그 목표가 선수에게 있어 필요감을 느낄 수 있어야 하고 도전의욕을 불러일으키도록 적당한 수준으로 제시하는 것이 중요하다.

(3) 단원의 지도기간, 지도횟수, 지도시간

얼마의 기간 동안 몇 회 지도할 것인지, 주(월)당 지도횟수, 지도시간 등을 적는다. 매주 정기적으로 실시하는 경우도 있고, 스키 실습처럼 단기간에 집중적으로 실시하는 경우도 있다.

(4) 대 상

지도를 행하는 대상의 연령과 인원, 성별, 특성 등을 적는다.

(5) 단원의 전개(지도과정)

도입에서 전개, 정리까지의 지도력 과정을 밝힌다.

(6) 단원의 평가

언제, 어떠한 방법으로 평가를 실시할 것인지 정한다. 기능, 관심, 의욕, 태도, 사고, 판단, 지식, 이해, 협조성, 습득 정도 등의 평가기준과 배점을 정한다. 또한, 실기테스트, 필기테스트 등을 언제 어떻게 실시할지, 그 배경 등을 설정한다.

3) 단원의 전개(지도과정)

(1) 도 입

지도계획을 선수에게 이해시키고, 선수가 스스로의 학습전망을 생각할 수 있도록 지도하는 단계이다. 또한, 이용할 수 있는 용구와 시설은 무엇인지, 어떠한 자료를 사용할 것인지, 선수의 인원에 맞게 어떤 지도단계를 취할 것인지, 조는 어떻게 나눌 것인지 하는 학습전개의 준비를 한다.

(2) 전 개

실제로 진행해 나가는 학습내용과 학습활동을 적는다. 단계에 따라 발전성과 연결이 된다. 선수가 무엇을 어떻게 배울 것인지, 지도자는 무엇을 사용하여 어떻게 지도할 것인지를 구체적으로 기록한다.

(3) 정 리

진행한 학습의 성과를 정리·반성하고, 목표달성의 정도를 평가한다. 좋았던 점, 나빴던 점, 앞으로의 과제 등을 생각하고 참고자료로 삼는다.

지도자는 선수의 학습결과를 기록함과 동시에 자기가 행한 지도계획에 관해 반성·평가하고 다음 번의 과제로 삼는다.

⑩ 학습 지도안

1) 지도안 작성의 유의점

지도안은 1회의 지도계획을 나타내는 것이다. 단원계획에서도 어느 정도 지도 내용이 나타나 있지만, 지도안에서는 더욱 구체화되고 더 세밀하게 학습내용, 지도내용을 전개해야 한다.

또한, 지도안은 선수의 학습효과를 높이고, 지도자의 의도를 선수가 알 수 있도록 하는 목적도 있다. 따라서, 목표에 근접하기 위해 여러 가지 연구가 이루어져야 하는데, 선수를 어떤 상태까지 이끌 것인가 하는 구체적인 의도가 확실히 드러나야 하는 것이 중요하다.

그러기 위해서는 지도의 근거가 되는 단원계획의 요점을 명확히 할 필요가 있다. 1교시의 학습지도안이라고 하더라도 각각의 1교시가 서로 떨어져 이루어져 있는 것이 아니라, 어디까지나 단원 전체 안에서 다른 1교시와 연결되어 있기 때문에 단원계획의 기본적인 개념을 인식해 두는 것이 중요하다.

2) 지도안의 내용

지도안의 내용으로서는 다음과 같은 것이 있다.

① 그 날의 학습목표
② 지도 장소
③ 지도내용의 요점
④ 학습자의 활동
⑤ 준비물
⑥ 지도상의 유의점
⑦ 평가의 관점

3) 지도안의 전개

(1) 선수 측의 란

학습내용과 활동에 관해 학습의 시간적 흐름에 따라 적는 것이 중요하다.

'도입'의 단계에서는 용구들의 준비방법, 준비운동 방법과 그 내용, 본시목표의 확인 및 학습방법의 결정 방법에 관해 어떠한 형태로 진행시킬 것인지를 적는다.

'전개'의 단계에서는 연습내용과 협력활동 및 사고활동이 개인과 집단으로 어떠한 형태로 진행되는지를 명확히 해야 한다. 즉, 시설과 용구를 개인 또는 그룹이 어떻게 사용하여 연습할 것인지 서로 가르쳐 주고 도움을 받는 것은 언제 어디에서 어떻게 행할 것인지, 개인 또는 집단끼리의 논의는 언제 어떻게 할 것인지를 나타내어 준다.

'정리'의 단계에서는 학습을 정리하여, 다음 번의 학습에서 살려나가는 것이 중요하기 때문에 각자의 활동을 구체적으로 파악할 수 있도록 해야 한다. 또한, 예상되는 선수의 활동 예와 과제에 대한 해결 순서와 그 평가의 관점 및 기준에 관해 제시한다. 이외에, 연습대형 등을 도식화하는 등 간단명료하고 알기 쉽도록 하는 것이 중요하다.

(2) 지도자 측의 란

여기에서 중요한 것은 학습내용과 활동에서 기술한 것과 중복되지 않도록 하는 것이다. 연습을 진행시키는 방법과 대화하는 방법, 연습내용에 대한 활동방법, 운동기술에 관한 포인트 등이 '학습내용과 활동'에 쓰여져 있다면 다시 '지도'의 란에 쓸 필요는 없다. 이 난에는 학습을 원조하고 더 발전시키기 위한 지도자의 개별적인 방법과 유의점에 관해 적는 것이 중요하다.

4) 교수학습 지도안 예시

- 때 : 2009. 10. 16(金) 15:00 ~ 17:00
- 곳 : 여호수아 프로축구단 강의실 및 운동장
- 강 사 : 김 기 호
- 대 상 : 선수, 코칭스텝(가능한 참석 권장), 그 외
- 시 간 : 100분(2차시)
- 학습주제 : 인스텝 킥(슛)의 스포츠물리학적 이해와 실제 연습

(1) 학습목표

① 선수 모두가 '인스텝 킥(슛)의 스포츠물리학적 원리'를 깊이 있게 이해한다.
② 구체적인 연습을 통하여 '인스텝 킥(슛)의 3대 원칙과 2대 핵심'을 체득한다.
③ 선수 모두가 경기나 연습 중에 잘못된 — 실패한 — 인스텝 킥(슛)을 했을 경우 선수 스스로 그 원인을 알고 교정할 수 있는 능력을 가진다.

(2) 교수학습지도안

분류 / 순서	교수학습 활동		시간	학습자료	비 고
	강 사	선 수			
도 입	• 여호수아 프로축구팀 선수들이 경기 중 실패한 슛 동영상을 보여 준다.	• 생각하면서 시청한다.	7분	DVD 또는 비디오테이프	
	• 학습목표 3가지를 제시한다.	• 학습목표를 듣고 공부할 내용을 안다.	3분		
전 개	• 인스텝 킥(슛)과 관련된 몇가지를 질문하고 선수들의 답을 들은 후 바로 잡아준다. - 인스텝 킥(슛)에 사용되는 발의 부위는 어디인가? - 선수의 대답을 자세히 듣고 명쾌하게 설명해 준다.	• 질문받은 선수가 대답한다.	2분	축구화 1켤레	
	- 인스텝 킥(슛)의 정확성 스피드 타이밍을 결정하는 5대 요소는 무엇인가?	• 질문 받은 3~4명의 선수가 답한다.	38분	축구공 3개	• 강의의 핵심부분 • 여기까지 강의실에서 진행
	• 피지컬 트레이너가 준비운동을 이끈다.	적극적으로 준비운동을 소화한다.	8~9분		
	• 구체적인 인스텝 킥(슛) 연습방법 중 핵심적인 7가지를 가르친다.	강조사항을 기억하고 연습한다.	15~17분	• 볼 50개 • 볼 보이 4~5명	
	• 다양한(5~7가지) 인스텝 킥(슛) 연습을 하고 실패한 슛에 대하여 해당선수에게 그 원인을 질문하고 바로 잡아준다.	질문에 답한다. 스스로 코치가 되어 자신의 잘못을 교정한다.	20~23분	〃	
	• 정리운동		3~4분		여기서부터 운동장에서 연습
정리	• 지금까지의 강의에 대한 질문을 권장하고 질문에 답한다. • 질문하기 - 인스텝 슛 실패 원인을 알고 이제 스스로 고칠 수 있는가? - 강의 소감을 질문한다. • A4 용지 배포(강의 내용 들어 있음) • 차시 예고(패스받는 달리기 10가지)	궁금한 점을 질문한다. 질문에 답한다. 질문에 답한다.	3분	A4 용지(강의 내용 들어 있음) 4~5매	

5) 강의와 연습 시의 학습목표와 교수전략

학습 목표	교 수 전 략	
주의 집중	• 활자 크기 • 소리의 크기 조절 • 색다른 경험 제공 • 학습자의 눈을 보기	• 목소리의 크기 조절 • 친숙한 음악의 사용 • 색의 사용 • 학습자와 가까이 하기
동기 유발	• 내용의 제시 일정 • 외재적 보상에 대한 약속 • 도전과 경쟁심 유발 • 실생활과 관련짓기	• 내재적인 가치의 언급 • 시험에 대한 예고 • 자부심의 자극과 격려 • 동료들과 그룹 짓기
선행 조직	• 사전 검사 • 내용에 대한 요약이나 개관 • 선수 학습 회상 • 내용에 관한 어의적인 도표	• 예습 • 목표 진술 • 브레인 스토밍
이 해	• 내용의 타당도 • 제목 • 원리 • 데이터 수집과 분석 • 모델링 • 질문과 응답 • 정보적인 피드백	• 내용의 조직 • 단서나 예제 • 제안 • 수업속도 • 설명 • 시험 • 사전지식과 연관 짓기
숙 달	• 반복과 지시적인 연습 • 재택 시험 • 아이디어의 촉진	• 리포트 작성 • 문제해결활동 • 발표
전 이	• 일반화나 적용하기 • 실생활과 연결된 상황학습	• 견학과 시뮬레이션 • 실제문제 해결하기
창 의 력	• 지시적인 발견학습 • 상호작용적인 멀티미디어 • 상호작용적인 의사소통 • 가상현실의 탐구	• 독립적인 프로젝트 • 문제해결에 대한 도전 • 사이버 스페이스의 여행

11 평 가

평가단계에서는 형성평가(形成評價)와 총합평가(總合評價)를 포함한다. 이 단계에서의 평가목적은,

첫째, 어떤 운동과제에 대한 훈련이 진행되는 동안, 훈련 상황을 파악하여 선수의 훈련의욕을 증진시키고, 현재의 운동과제와 다음에 배우게 될 과제를 개선하기 위해 실시한다.

둘째, 설정된 훈련목표가 얼마나 잘 달성되었는지를 알아보며 그 밖에도 훈련과정에 명시되지는 않았지만 훈련의 결과로 나타나는 여러 가지 비의도적 훈련효과를 평가하려는 것이다.

이러한 평가는 너무 많은 시간을 평가활동에 사용하는 것을 피하기 위하여 2주에 1회 정도 평가하도록 한다.

코치는 훈련목표를 기초로 평가도구를 작성하거나 이미 활용되고 있는 방법을 사용하여 평가를 실시하고 선수별, 계절별, 특성별 프로파일을 작성한다. 이렇게 함으로써 선수들이 어떤 운동과제의 훈련목표가 성취되고 또 어떤 운동과제에서 개선이 필요한가를 알 수 있다.

코치는 이 평가결과를 기초로 선수들의 경기력 향상도를 판정할 수 있고 자신의 훈련방법을 반성해 보는 자료로 활용할 수 있다.

1) 향상도의 평가

개인의 향상도 평가는 선수의 발전 정도를 나타내주기 때문에 운동에 대한 동기를 유발시키는 중요한 요인이 된다.

이와 같은 향상도 평가를 통하여 선수는 의욕과 자신감을 가지게 되며 자신이 무엇인가 가치 있는 일을 하고 있다고 느끼게 된다. 뿐만 아니라 향상도 평가는 선수에게 책임감을 불러 일으키도록 하는 데 도움을 줄 수 있다.

(1) 무엇을 기록할 것인가?

각자가 참여하는 스포츠에서 보고 측정할 수 있는 것은 어느 것이든 개인별 향상기록표(progress chart)에 기록할 수 있다. 예를 들면 속도, 거리, 슛, 패스, 완주한 거리, 인터셉터한 수, 높이 뛴 거리, 유연성, 연습 참가 횟수, 운동량, 작업시간, 팀 동료에 대한 격려 횟수 등이 기록 내용이 될 수 있다.

(2) 어떻게 기록할 것인가?

코치가 선수의 운동기술이나 사회성의 향상도를 평가하기를 원하든 원하지 않든, 측정하고자 하는 운동 목표는 코치나 선수가 분명히 알 수 있도록 관찰 가능하고 측정 가능한 용어로 정의되어야 한다.

예를 들면 체조에서는 동작의 난이도에 따라 고급난도를 ‘C’라 하고 구분이 다소 명확하지는 않으나 중급난도를 ‘B’로 명명한다. 또한 팀 동료에 대한 격려에는 ① 동료에게 운동기술의 수행방법을 가르쳐주거나 ② “현수야, 좋아, 너 할 수 있어. 계속 시도해봐.” 등과 같은 격려와 ③ “좋아, 좋은 킥이었어.” 등과 같은 칭찬을 하거나 ④ “첫째 동작은 훌륭해, 착지하기 전에 발을 좀 더 뻗는다면 훨씬 더 좋게 보일거야.”와 같은 건설적인 피드백을 제공하는 것 등이 포함될 수 있다.

(3) 처음 기록하는 사람이 유의해야 할 사항

개인별 향상기록표(向上記錄表 : progress chart)를 사용해본 적이 없는 사람은 간단한 것부터 천천히 시작하는 것이 좋다.

예를 들면 시즌 초에 간단한 몇 가지 사항을 측정하여 얻은 결과와 시즌 동안 자신이 달성하고자 의도했던 목표점수 그리고 시즌이 끝난 후에 측정한 결과(結果)와 비교해 보는 방법이 있을 수 있다. 비교 결과를 근거로 선수에게 “수아야, 너가 성취한 것을 보라구.”라고 말하는 것과, “앞으로 좀 더 개선해야 할 필요가 있는 부분이 이거야.”라고 말하는 것은 현실감이 있는 평가라고 할 수 있다. 다음의 개인별 향상기록표를 보고 스포츠 상황에서 이러한 기법을 선수들에게 어떻게 적용할 것인가를 생각해 보라.

▶ 개개인의 향상기록표(向上記錄表)를 효과적으로 활용하기 위해서는

- 해당 스포츠에서 가장 중요하다고 판단되는 행동(예 : 운동기술과 사회성)이 무엇인가를 결정한다.
- 이러한 행동(行動)을 정확하고 관찰 가능한 용어로 정의한다. 다시 말하면 “내가 본 것이 무엇이며 그것을 어떻게 측정할 것인가”를 정의한다.
- 가장 중요한 행동이 포함된 향상기록표(向上記錄表)를 작성한다.
- 향상기록표를 선수들에게 배포하고 선수 자신이 그들의 향상도를 기록하도록 한다.

2) 개인별 향상도 평가표

Sample Format

Date____________ Date____________

성 명	과제 혹은 목표	설정된 목표수준	실제 성취된 목표수준	과제 혹은 목표	설정된 목표수준	실제 성취된 목표 수준

목표는 예를 들면 연습계획의 3회 반복, 일정한 높이의 반복 뛰기, 일주일 동안 달릴 거리, 기분이 상했을 때 코치에게 말하기 등이다.

제 6 부

분야별 한국어판 축구서적

"잘 하였도다, 착하고 충성된 종아."

— 마태복음 25:21

여기서는 축구서적만을 담고 있다. 축구서적 중에서 만화, 정기간행물, 부정기간행물, 논문, 각종 보고서는 제외했다. 자연스럽게 테이프나 DVD 등 동영상 자료 등은 포함시키지 않았다. 그리고 이 중에는 절판된 책이나 비매품도 여럿 있다. '비고'난에 일일이 표기하지는 않았지만 2000년 이전에 나온 책들은 대부분 품절 또는 절판되었다고 봐도 거의 틀림이 없다. 2000년 이후에 출판된 책도 이런 경우가 많다. 품절 절판된 책은 인터넷 헌책방 여기저기를 찾아보면 간혹 만나게 되기도 한다. 책 내용이 상대적으로 뛰어난 책은 권장하는 의미에서 '추천'이라고 표기해 놓았다. '추천'이라고 표시한 이 책을 우선적으로 읽으면 효과적일 것이다. 아래의 서지정보가 여러분의 축구 공부에 도움이 되기를 기대한다.

이 장에서는 한국어로 출판된 축구서적을 분야별로 정리하여 살펴보기로 하자. 감독 코치뿐만 아니라 축구를 공부하고자 하는 사람들에게 축구 관련 서지정보를 제공하기 위해서이다. 한국어판 축구서적을 가장 많이 보유하고 있는 곳은 국립중앙도서관이다. 인터넷을 통해 축구 관력 서적을 검색하는 것도 좋은 방법이다.

이 장의 내용은 크게 책의 정의, 한국어판 축구서적의 현주소, 대한축구협회의 출판 정책, 분야별 한국어판 축구서적으로 이루어져 있다.

1 책의 정의

사람의 사상이나 감정을 글·그림 등으로 적거나 인쇄한[1)]여러 낱장을 묶어 만든 것. 국제연합교육과학문화기구(UNESCO)는 통계를 목적으로 '표지를 제외한 면의 수가 최소한 49면인 비정기 간행물'이라고 책을 정의하고 있으나, 어떤 엄격한 정의로도 다양한 출판물 가운데 책을 확실하게 구별하기란 쉽지 않다.

오랜 역사를 거치면서 책의 형태·내용·제작·유통과정이 크게 변화되어 왔지만, 책은 공통된 특징을 가지고 있다.

첫째, 의사전달의 수단으로 제작되었다는 점이다.

둘째, 의미를 전달하기 위해 문자나 그 밖의 시각적인 상징체계(그림이나 음표·기호 등)를 사용한다는 점이다.

셋째, 실제로 일반대중에게 유포되는 출판물이라는 점이다.

따라서 책이란 상당한 분량의 메시지를 지니고 대중적인 배포를 목적으로 하며, 휴대할 수 있을 만큼 가벼우면서도 견고한 재료에 기록되어 있는 것이라고 정의내릴 수 있다. 이러한 휴대의 간편함과 보존의 영구성이라는 책의 2가지 기능에 의해 사람들은

1) 브리태니커 세계대백과사전 제20권 pp.383~384.

지식과 정보를 발표, 설명, 전달, 보존할 수 있다. 읽고 쓸 줄 아는 모든 문명사회에서 지식을 전파 보존하는 데 책은 절대적으로 중요한 역할을 해왔다. 최초의 책으로 알려진 메소포타미아의 점토판과 이집트의 파피루스 두루마리는 대략 BC 3,000년 경에 제작된 것으로 추정된다.

2 한국어판 축구서적의 현주소

한국어판 축구서적은 크게 2가지 경로를 통하여 출판된다. 하나는, 모국어인 한글로 한국인이 쓴 축구서적이고 또 하나는, 외국인이 외국어로 쓴 책을 한국어로 옮겨 출판한 번역본이다.

지금까지 한국 축구계가 내놓은 축구서적의 수준과 종수는 독일, 잉글랜드, 일본 등과는 비교조차 할 수 없이 열악하지만, 아프리카나 동남아시아보다는 우월하다. 이같은 사실은 한국 축구계의 지식체계가 축구선진국, 출판대국 등에 많이 뒤지고 있다는 구체적인 증거이다. 저자는 축구서적을 계속 추적하고 있는데 세계 축구인들의 찬사를 받을만한 수준의 축구서적이 몇 권도 안 된다고 확신하고 있다. 이것은 한국에 세계적인 축구석학이 너무나 희귀하다는 것과 궤를 같이 한다. 한국의 축구서적이 축구선진국으로 저작권이 수출된 사례는 아직 없다. 반면 여러 종의 해외 축구서적 번역본이 출판되어 100% 가까운 무역적자를 기록하고 있다.

올해로 한국축구 131년이 지나고 있지만 World Class 선수를 1명도 배출하지 못하고 있다. 경제에서 중진국이나 개도국은 최고의 지식체계인 원천기술을 가지고 있는 선진국과 경쟁이 되지 않는다. 축구에서도 마찬가지다. 한국은 축구 지식이 부족한 국가다. 지구 최후의 경쟁수단이며 가장 강력한 경쟁 무기인 지식, 한국 축구계는 축구 지식에서 기존의 축구선진국을 능가하지 못하면 밝은 미래를 기대할 수 없다. 하지만 변화의 기운은 감지되지 않고 있다. 한국의 축구시장은 좁다. 거기다가 내 편 네 편을 가르고 끼리끼리만 뭉치는 풍토이기에 유능한 인재가 축구계에 들어오기를 꺼려하고 있다.

현재 한국축구계가 내놓은 축구서적은 몇 가지 공통점이 있다.

1) 축구서적의 수준이 세계 수준에 많이 뒤진다

일례로, 「축구, 그 빛과 그림자」(에두아르도 갈레아노, 예림기획) 「축구의 과학」(존 웨슨, 한승) 「오프사이드는 왜 반칙인가?」(나카무라 도시오, 뿌리와 이파리) 등 이런 수준의 책을 쓸 수 있는 인식세계를 가진 축구지식인이 있을까? 공부, 경험, 자료 등에서 아직 많이 뒤지고 있다.

2) 해마다 출판되는 종수가 빈약하다

국립중앙도서관 문화관광부 국회도서관에 납본한 도서자료 집계에 의하면 2007년 발간된 신간도서는 총 4만 1,094종에 1억 3,250만부였다. 이 중 축구서적은 15종도 되지 않는다.

2009년 1월 1일부터 7월 23일 현재 출판된 축구서적은 3종 정도이다. 「성공이 성공이 아니고 실패가 실패가 아니다」(이영표, 이승국 지음, 홍성사, 2009.5.13), 「사랑한다 내 꿈아」(박문성 지음, 여우별, 20095.6),「좌충우돌의 나의 축구인생」(김삼락 지음, 2009.5)이다. 이게 현실이다. 2012년 올해도 다르지 않다. 너무나 빈약하고 허약하다. 학자가 공부하는 가장 좋은 방법은 세계적인 학술지에 논문을 발표하는 것이다. 축구지도자 축구전문가는 책을 쓰는 것이다. 지적 호기심이 고갈된 듯한 한국축구계, 한국은 축구지식 무역에서 변함없이, 거의 일방적인 적자를 내고 있다.

3) 축구평론·수필 성격의 책이 많고 구체적이고 전문적인 분야의 서적이 거의 없다

축구서적 중 축구평론·수필 분야가 가장 많이 출판되고 있다. 해외축구가 어떻고, 어느 선수가 이러저러해서 성공했고, 어느 팀의 역사와 마케팅이 이렇게 앞서 있다, 어느 축구대회의 역사와 기록이 이러하다 등등의 내용을 담은 책들이 축구서적의 대부분을 차지하고 있다. 이런 책들도 필요하다. 축구문화의 다양성을 확장하는 데 도움이 된다.

반면 경기력 향상에 활용할 수 있는 전문분야의 축구서적이 너무나 적다. 축구경기는 체력, 개인기, 전술, 정신력으로 구성되어 있다. 이 중 개인기는 6가지로 이루어져 있다. 패스 드리블 슛 볼컨트롤 킥 헤딩이다. 그러면 패스만을 담은 패스 전문서? 한 권도 없다. 드리블 전문서? 역시 한 권도 없다. 볼 컨트롤 슛 헤딩 전문서도 마찬가지다. 킥 전문서? 딱 한 권 있다. 2003년 3월에 나온 「신태용의 축구교실 킥」(김기호 지음 예림기획 15,000원)이다.

전략전술서? 2006년 5월 8일 처음으로 한 권 나왔다. 「한눈에 축구의 전략을 읽는다」(이수열 지음, 책이 있는 마을, 19,000원)이다. 이전에는 전무했다. 저자 이수열씨는 축구선수 출신이 아니다. 당시 대학교 1학년이었다. 선수 출신이 아니고 누구에게도 축구를 배운 적이 없지만 한결같이 독학으로 공부하여 낸 책이다. 준비운동, 정리운동을 체계화해 놓은 책도 하루 속히 나와야 하고 수비 중반 공격 전술을 수준 높고 명확하게 풀어낸 책도 시급하다. 피지컬 트레이닝 전문서도 요구된다.

현재 K리그 감독이 쓴 전문서가 한 권도 없는 데, 이분들이 경험과 공부를 책으로 내면 모두에게 크게 도움이 될 것이다. 여기에다 구단흑자경영서, 축구코칭학 등도 절실하다.

4) 마케팅에서 성공한 책은 극소수이다

지금까지 지명도가 낮은 저자의 원고는 내용 수준에 관계없이 유명한 출판사로부터 거절 받아 왔다. 영세한 출판사에서 나오니 광고도 나지 않는다. 이러하기에 독자는 책이 출판되었다는 사실조차 모르는 경우가 허다하다. 대부분의 독자들도 지명도에 쏠려 책을 구입한다.

2002 월드컵 이전에 나온 축구서적 중 판매에서 성공한 책은 오직 한 권뿐이다. 홍명보의 「영원한 리베로」(은행나무)가 그것이다. 나머지는 철저하게 실패했다. 초판 1쇄 1,000부를 넘기지 못한 책이 대부분이다. 2002 월드컵 이후에는 히딩크 전 대표팀 감독의 「마이 웨이」(조선일보사)가 월드컵 열기와 지명도에 힘입어 비교적 많이 팔렸다. 가장 많이 팔린 책은 박지성의 「멈추지 않는 도전」(랜덤하우스 중앙)으로 10만 부를 넘어 섰다.

5) 빠르게 절판된다

한국의 축구서적 시장은 너무나 좁다. 초판 2쇄를 넘기는 책이 드물다. 안 팔리니 서점 매대에 잠시 있다 사라진다. 출판사도 더 이상 그 책을 내지 않는다. 자연스럽게 빠르게 품절된다. 축구 공부를 하는 사람은 책이 나오면 절판되기 전에 얼른 구입해 두어야 나중에 여기 저기 찾고 수고문하는 수고를 덜 수 있다. 해당 출판사는 이후 축구서적을 낼 생각을 단념하게 될 가능성이 크다.

6) 절판된 책은 더러 인터넷 헌책방에 있다

고구마, 북코아, 북어게인 등 인터넷 헌책방에서 가끔 절판된 책을 구입할 수 있다.

7) 처음 책을 내려는 지명도 낮은 저자는 출판사를 순례하게 된다

한국에서 원고 내용이 아무리 뛰어나도 지명도 낮은 사람이 책을 출판하기는 무척이나 어렵다. 먼저 출판사의 벽에 부딪힌다. 축구인들이 워낙 축구서적을 구입해 읽지 않으니 대부분 1,000부 내외로 내는 초판 1쇄도 판매되지 않아 적자를 보기 때문이다.

필자도 이런 경험을 겪었다. 한국 최초 유일의 킥 전문서 「신태용의 축구교실 킥」은 26곳 출판사에서 거절당하고 27번째 찾아간 출판사와 가까스로 계약할 수 있었다. 혁신과 마케팅의 관점에서 한국축구를 진단하고 처방한 축구경영서 「킥 오프」는 19곳 출판사로부터 거절당했다. 그 이전의 「축구기초기술지도」 上·下도 이와 별반 다르지 않았다. 지금 쓰고 있는 「축구코칭론」도 10여 차례 서울을 오가며 여러 출판사를 만나야 하는 수고를 해야 할 것 같다.

③ 대한축구협회의 출판 정책

대한축구협회는 조직·재정·대외 협상창구 등 한국축구의 거의 모든 것을 장악하고 있다. 2009년 예산이 762억 원으로 대한체육회 가맹단체 중 가장 많다. 유급 상근직원만도 80여 명이 넘는다. 이들이 1년 연중 계획을 세우고 나름대로 힘써 추진하고 있다. 그러나 예방적 정비나 앞서 있는 시스템 창조는 거의 이루어지지 않고 있다는 느낌을 주고 있다. 해마다 1년이 지난 후 협회가 한 일을 살펴보면 이 지적에 공감할 것이다.

협회의 출판 정책도 시급히 개선되어야 한다. 협회는 축구서적을 발간하여 일선 지도자에게 보급하려고 하고 있다. 하지만 협회가 낸(외주 또는 직접) 축구서적은 그리 많지 않다. 「축구강국 유소년 훈련서」 시리즈(대한미디어), 「축구이론총서」 시리즈(대한미디어), 「축구동영상 훈련교재」(하재훈 외), 「2003 기술보고서」(기술위원회, 대한미디어) 등 얼마 되지 않는다. 이 중 「축구이론총서」와 「축구동영상 훈련교재」는 비매품으로 협회에 등록된 현직 축구지도자 외의 축구인이나 축구매니아들이 구입할 수 있는 길이 막혀 있다.

협회의 출판정책에 적극적인 전환이 요구된다. 아래는 하나의 참고자료로 활용될 수 있을 것이다.

① 먼저, 고객이 무엇을 필요로 하는지 알아야 한다.
감독 코치와의 면담, 설문조사 등을 통해 일선지도자들이 요구하는 분야가 무엇인지를 알고, 그 분야의 책을 출판 보급해야 한다.

② 현재까지의 축구서적 자료를 데이터 베이스화해야 한다.
그리하여 누구나 이 정보를 명쾌하게 알 수 있게 한다.

③ 어느 수준 이상의 축구서적이 출판되면 협회가 일정 부수를 구입하여 일선지도자에게 배포하는 결단이 요구된다. 도무지 팔리지 않는 축구서적, 축구서적 출판을 꺼리는 출판사, 온갖 노고를 다해 책을 내어도 보상은커녕 시간, 돈, 노력만 소모해 버린 듯한 느낌을 받는 저자…. 협회의 축구서적 구입은 이런 현실을 일정부분 완화할 수 있다.
이때 협회는 저자가 낸 원고를 검토한 후 협회 기준을 통과한 원고에 대해 일정부수 '구입 보증서'를 저자에게 전달하면, 집필자가 출판사와 보다 수월하게 출판계약을 체결할 수 있을 것이다. 2009년 협회 예산이 762억 원이며, 이 사업에는 3억 원도 들지 않는다.

④ 협회가 전 국민과 해외동포를 대상으로 능력 있는 저자를 발굴하고 이들을 활용할 수 있는 다양한 방법을 추진할 필요가 있다.

⑤ 저작권 수출을 목표로 기획 출판을 할 수 있다. 빅3를 비롯한 전 세계에 저작권을 수출하는 것이다. 가능한 일이다. 세계 수준의 축구서적은 자연스럽게 한국축구의 소중한 지적 자산이 되며 감독 코치 선수의 경기력 향상에 길잡이 역할을 하게 된다.

⑥ 축구자료 문헌정보센터를 운영해야 한다.
상근 전문직원이 근무하는 독립된 공간이다. 여기에 한국과 세계의 각종 축구자료가 갖추어져 관리, 열람, 대여되는 것이다. 축구서적, 정기간행물, 무크지, 논문, 각종 세미나 자료, 보고서 자료, 비디오 테이프, DVD 등 온갖 활자매체와 동영상매체를 계속 모으고 활용하는 것이다. 한국에는 아직 제대로 된 이런 곳이 하나도 없다.

축구 개인기 지도서

순번	책 이 름	저 자	출 판 사	출 판 일	추천여부	비고
1	마라도나의 수퍼축구	다카하시 히로시 외	행림출판	1988.8.22	추천	절판
2	축구 워크북 플러스	이강옥 외	대경북스	04.3.30		
3	마이클 오웬의 축구교실	마이클 오웬	삼호미디어	00.8.25		
4	축구강국 유소년 훈련서 1~8 꿈은 이루어진다.	김의수 외	대한미디어	02.8.15	추천	
5	KFA 축구 동영상 훈련교재	하재훈 외	대한미디어	07.12.14	추천	비매품
6	승부사 박종환의 특별한 축구 강의	박종환 외	시대의 창	02.5.29		
7	180가지 개인기 훈련	한국축구지도자협의회			추천	비매품
8	축구 아는 만큼 보인다	Editorial 엮음	아이세움	02.2.25		
9	축구 최고의 게임을 위한 가이드	클라이브 기포드	다섯수레	02.3.15		
10	축구 기본기술 및 전술 트레이닝	강유원 외	두남	01.7.10	추천	
11	알기 쉬운 축구지도법	박경화	축구와 사람들			
12	실전 축구	박경화	문향	89.3.25		
13	파워 축구교본		삼호미디어	99.5.20		
14	재미있는 축구	최종덕	단웅미디어	92.11.28		비매품
15	데이비드 베컴의 사커 스킬스	데이비드 베컴	물푸레	08.3.8	추천	
16	신태용의 축구교실 킥	김기호	예림기획	03.3.31	추천	
17	축구기초기술지도 上·下	김기호	금광	92.3.15		절판
18	최신 축구지도론	최병성	삼보	06.1.10		
19	축구 교본		일신서적	96.10.20		절판
20	2002 실전축구 기술 및 전술서	최은택 외	21세기 교육사			
21	근대 축구	이희상	형설출판사	82.2.15		절판
22	축구란 무엇인가	선영제	입문각	73.4.15		절판
23	축구 잘 알고 잘하기	이민표 외	태근	98.6.5		
24	과학적 축구	신동성 외	한국체육과학연구원	1990		
25	꿈나무축구 이렇게 가르쳐라	Horst Wein	MBC꿈나무축구재단	2005		
26	유소년 축구	축구발전연구소	내하출판사	2001		
27	유소년 축구교실	이강옥 외	대경북스	2008		
28	유소년 축구지도서	신동성 외	국민체육진흥공단	2000		
29	축구	김의수	동양문화사	1982		
30	축구	윤홍근	명지출판사	1982		
31	축구선수를 위한 체조와 놀이	Helmut Hennes 외	보경문화사	1973	추천	절판
32	축구 실전학	박경호, 박경화	문향	1992		품절
33	축구연습방법	노일환	보경문화사	1991		품절
34	축구 입문	마사오 와타나베	국일미디어	1998		품절
35	(실전) 축구 테크닉	이강옥 외	대경북스	1999		
36	현대 축구	박기용	영남대학교 출판부	2003		
37	현대축구의 이론과 전술	이한혁	대경북스	2001		
38	축구클리닉, 브라질 편	박경화	경인기획	2000		품절
39	SPORTS HANDBOOK 4;축구 복싱 핸드볼	KBS 아나운서실	한국방송사업단	1983		품절
40	축구교실	김영권	삼성출판사	1998		절판
41	포인트 축구레슨	편집부	일신서적	95.12.31		품절
42	필승 축구교본	카토 하사시	서림문화사	1999		품절
43	골키퍼 지침서	박영수			추천	비매품
44	우희용의 축구묘기 따라하기	우희용	크로바	11.10		
45	NEW 축구교본	하야시 마사토	삼호미디어	11.4		

축구 전략전술서

순번	책이름	저자	출판사	출판일	비고	
1	4 : 3 : 3 시스템	김호곤 배명호				비매품
2	3 : 4 : 3 시스템	"				"
3	5 : 4 : 3 시스템	"				"
4	4 : 4 : 2 시스템	"				"
5	완전정복 4·4·2	한국축구연구소	북젠	06.11.21	추천	"
6	축구의 수비전술	방스보 외	"	07.7.16	"	"
7	한눈에 축구의 전략을 읽는다	이수열	책이 있는 마을	06.5.12	"	
8	2002 기술보고서	대한축구협회	대한미디어	03.7.5		품절
9	축구전술론	오대성	태근문화사	97.8		절판
10	축구 득점력 향상을 위한 경기운영 방법개발	신동성	한국체육과학연구원	05.12		
11	축구 철학의 역사	조나단 윌슨	리북	11.12	추천	
12	한눈에 훑어보는 축구전략의 역사 1	이수열	JNC 커뮤니티	10.7.3	추천	
13	이수열의 축구전술 리포트	이수열	ESSAY	12.2	추천	

축구 코칭론 관련서

순번	책 이 름	저 자	출 판 사	출 판 일	추천여부	비 고
1	축구 코치학		태근문화사	99.8.20		
2	90분 리더십	데이빗 볼초보 외	제이엔북	06.5.11	추천	탁월
3	축구선수를 위한 과학적 트레이닝	신동성 외	국민체육진흥공단	99.12	추천	비매품
4	뉴 마인드 코칭론	嶋田出雲	대경북스	05.3.25	추천	
5	스포츠 심리학	최만식	무지개사	04.6.30		
6	스포츠 지도론	윤익선	태근	96.3.20		
7	스포츠 교육학	최의창	무지개사	03.3.13		
8	코치론	강상조 외	대한미디어	07.3.15	추천	
9	코칭과학	Rainer Martens	대한미디어	07.9.3	추천	탁월
10	교수·학습과 교육공학	박숙희 염명숙	학지사	01.6.30	추천	
11	카운슬링, 유소년 축구선수를 위한	김학운	광림북하우스	2008		
12	한중 축구지도자의 리어십 유형이 지도성향에 미치는 영향 연구	이천식	한국학술정보	05.7		
13	축구선수의 심리조절 전략	윤영길	무지개사	04.5		
14	머리로 이기는 축구	한명우	레인보우북스	10.8		축구심리

감독 선수 관련서

순번	책 이 름	저 자	출 판 사	출 판 일	추천여부	비 고
1	히딩크 500일의 기록	정해성 외	컴온스포츠	02.8.9		
2	CEO 히딩크	윤정민	하서	02.6.25		
3	거스 히딩크, 열정으로 승부하라	공병호 외	샘터	02.7.10		
4	세계가 놀란 히딩크의 힘	최영균 외	중앙 M&B	02.7.11		
5	히딩크 리더십	이인석	리더스	01.4.6		
6	마이웨이	거스 히딩크	조선일보사	02.9.1	추천	
7	퍼거슨 리더십	심재희 외	메가트렌드	07.5.21		
8	알렉스 퍼거슨 열정의 화신	데이비드 미크 외	미래를 소유한 사람들	07.7.2	추천	
9	세계적 스포츠 리더 55인의 성공 패스워드	윌리엄 J 오닐	지식의 날개	05.2.15		
10	Art 축구의 황제 우희용	우희용	명상	02.5.30		
11	황선홍, 그러나 다시…	황선홍	중앙 M&B	02.10.10		
12	모든 가능성은 열려 있다.	딕 아드보카트	랜덤하우스중앙	06.5.13		
13	그라운드 산책	차범근	우석	97.12.4		
14	어떤 인생	서기원	명상	00.12.4	추천	
15	공포의 외룡구단	장외룡 임유철	중앙 mb	06.12		
16	아름다운 터프가이 김남일	손정섭	지상의 양식	02.7.13		
17	데이비드 베컴 : 마이 사이드	데이비드 베컴 외	물푸레	03.10.28		
18	최고의 순간	크리스티아누 호날두 외	랜덤하우스 코리아	08.12.17		
19	호나우두 한 축구영웅의 시련과 영광의 드라마	조르지 깔데이라	일신사	07.8.31	추천	
20	멈추지 않는 도전	박지성	랜덤하우스 중앙	06.3.7		
21	이기려면 기다려라	이운재	일리	06.1.10		
22	희망을 쏘아라	변현명 외	헤르메스	06.5.26		
23	한국 축구의 영웅들	대한축구협회	랜덤하우스 중앙	05.6.25		
24	아름다운 질주	송종국	한언	2002		
25	당돌한 아이 이천수가 말하는 월드컵 뒷이야기	이천수	컴온스포츠	2002		
26	히딩크 어록	유현민	예문당	2002		
27	CEO 히딩크 게임의 지배	이동현 김화성	바다출판사	02.6.25		
28	베컴, 나의 축구 나의 인생	대이비드 베컴	문학사상사	2002		
29	프랑스 예술축구의 검은 두목 마르셀 드싸이	마르셀 드싸이	엠애드	02.12.20		
30	축구황제 펠레	샌디 로이드하우스	삼성당	06.1		
31	펠레	펠레	미다스북스	01.11.29		
32	영원한 리베로 홍명보	홍명보	은행나무			
33	홍명보 나카타 Together		컬처라인	02.5		
34	진공청소기 NO5 김남일	편집부	서음출판사			
35	신문선의 스포츠와 미디어	신문선		06.4		
36	투혼	최원창	동아일보사	06.4		
37	이 경기장에선 내가 최고다	이상주	대교베텔스만	06.3		

38	알렉스 퍼거슨, 무한 인생 경영	알렉스 퍼거슨	조윤커뮤니케이션	07.7.30		
39	알렉스 퍼거슨 1999챔피언리그 트라이엄프	"		07.7		
40	성공이 성공이 아니고 실패가 실패가 아니다	이영표 이승국	홍성사	2009.5.13	추천	
41	좌충우돌의 나의 축구인생	김삼락		2009.5		
42	버드 플레이어 Bud Player					
43	퍼감독, 루니좀 말려줘	김석현	일간스포츠			
44	나를 버리다	박지성	중앙북스	10.4		
45	가슴으로 꾼 꿈이 행복한 미래를 만든다	박성종	서울문화사	10.6		
46	Football 축구	존 스트라우드	한국방송출판			
47	축구의 메시아 메시	루카 카이올리	중앙생활사	10.6.23	추천	
48	우리가 보지 못했던 우리 선수	신무광	왓북	10.6		
49	꿈꾸는 스트라이커 정대세 분투기	모리 마사후미	북북서	10.7		
50	축구를 망친 50인	마이클 핸더슨	스포츠 서울	10.6.8		
51	일기가 나를 키웠어요	여민지	명진출판	11.1.15	추천	
52	맨발의 꿈	주경희	북스토리	10.7.25		
53	한국인 프리미어리그 영웅전	홍재민 외	브레인스토어	12.2		
54	네가 있어 나는 멈출 수 없다	김정민	푸르름	12.6		

▶ 축구평론·수필

순번	책 이 름	저 자	출 판 사	출 판 일	추천여부	비 고
1	박지성 휘젓고 박주영 쏜다	김화성	동아일보사	06.3.27		
2	강신우의 재미있는 축구이야기	강신우	창작시대사	96.10.20		
3	미래를 위한 선택	이연철	동문사	96.12.20		
4	월드컵도 하는데 축구장 하나 살까	최승돈	평단문화사	01.11.30	추천	
5	우리는 왜 축구에 열광하는가	장원재	경덕출판사	06.5.30	추천	
6	서기원의 축구사랑	서기원	이른아침	06.11.20	추천	
7	420가지 축구이야기	신중경	강원도민일보사	99.3.10		
8	피버 피치	닉 혼비	문학사상	05.2.5	추천	
9	축구의 사회학	리처드 줄리아노티	현실문화연구	04.8.16	추천	탁월
10	축구의 문화사	이은호	살림	04.5.15		
11	축구, 그 빛과 그림자	에두아르도 갈레아노	예림기획	02.5.13	추천	탁월
12	축구는 어떻게 세계를 지배했는가	프랭클린 포어	말글빛냄	05.3.7	추천	
13	움베르토 에코와 축구	피터 프리포니스	이제이북스	03.12.30		
14	수학자 위의 축구공	강석진	문학동네	06.6.9		
15	축구 바보 탈출기	매일경제 월드컵취재팀	매일경제신문사	06.5.15		
16	콜드론의 함성	최창신	명상	00.5.25		
17	킥 오프	김기호	삼보	05.8.8	추천	
18	황홀하고 격정적인 한국축구를 위하여	장원재	북마크	08.12.26		
19	재미있는 축구 이야기	신중경	새미	00.12.5		

20	김흥국의 축구 이야기	김흥국	청솔	02.4.17		
21	축구장을 보호하라	정윤수	사회평론	02.8.16		
22	축구장 밖의 숨은 이야기	서영원	책님들	2006		
23	축구 산책	신중경	새미	2001		
24	축구와 하나님 나라	마크 로크스	한국기독학생회 출판부	07.9		
25	프로축구 2920	김덕기	문향	1991		
26	축구장 밖 축구이야기	21세기 평화재단	평화연구소	2006		
27	생각하는 축구사랑	배태경	지평	1999		
28	축구장의 불청객	고행석	석필	94.12		
29	즐기는 축구에서, 직업으로 축구를	장승규	지식닷컴	2008		
30	프리미어리그로 떠나다	최성욱	미래를 소유한 사람들	07.9		
31	왜 세계는 축구에 열광하고 미국은 야구에 열광하나	스테판 자만스키 외	에디터	00.6.4		
32	사랑한다. 내 꿈아.	박문성	여우별	2009.5.6	추천	
33	조국과 모국과 풋볼	신무광		10.10		
34	축구란 무엇인가	크리스토프 바우젠바인	믿음인	10.5	추천	
35	존 듀어든의 거침없는 한국축구	존 듀어든	산책	10.3.30	추천	
36	축구 아는 여자	이은하	나무수			
37	축구는 문화다	홍대선 외	책마루	10.6.29		
38	축구의 미학	프리츠 지몬 외	초록물고기	10.7		
39	축구화를 신은 소크라테스	마티아스 루	함께 읽는 책	11.7		
40	비싱, 그라운드에 다시 쓸 드리미	안종복		12.1		
41	나의 도전 나의 열정	정몽준		11.9		
42	공은 사람을 기다리지 않는다	최영미	이순	11.10		
43	빅버드 일기	이준석		11.8		
44	축구 세계인의 스포츠: 유럽 프로축구 의 정치 경제	스테판 모로우	스포츠 정치외교 연구회	07.8		
45	22억원 짜리 축구공	이재형	미래를 소유한 사람들	12.5		
46	축구의 이해	박기용 외	페가수스	09.7		
47	춤추는 축구	구경모 외	이담북스	11.7		
48	세계를 가슴에 품은 축구 선교	류영수	누가	11.8		

해외 축구

순번	책 이 름	저 자	출 판 사	출 판 일	추천여부	비 고
1	아~ 축구왕국 브라질	이백수	세진사	04.6.15		
2	이것이 진짜 축구다	SHO'W	살림	06.5.20		
3	영원이의 세계축구 길라잡이	서영원	한숲	05.8.29		
4	세계적인 축구스타와 유럽리그 축구클럽	KFDRI	지원북클럽	96.12.3		
5	유럽축구 기행	서형욱	살림	05.6.30	추천	
6	수열이의 브라질 축구 이야기	이수열	경남	01.5.15	추천	
7	삼바축구, 그들은 강하다	이수열	가림출판사	02.5.20		
8	월드컵 삼바	이수열	경남	04.5.5		
9	왜 클럽축구가 더 재미있을까	육성철	동아일보사	03.10.30		
10	풋볼 보니또	이승호	종이책	08.9.12	추천	
11	프리미어리그와 사랑에 빠지다	최보윤	소담출판사	08.1.7	추천	
12	The Champion		맥스미디어			
13	유럽축구 PERFECT GUIDEBOOK	이형석	사커라인	08.10		
14	유로 2000	편집부	옥토	00.6.14		
15	유럽축구 유럽문화 1	서형욱	삼성출판사	06.7.7		
16	첼시: 축구의 전설 프리미어 리그	클라이브 배티	보누스	09.12		

축구마케팅

순번	책 이 름	저 자	출 판 사	출 판 일	추천여부	비 고
1	비즈니스와 축구	테오 시오벌드 외	맥스미디어	06.3.27		
2	유럽축구에 길을 묻다	장원재	삼성경제연구소	07.3.5		
3	사커 비즈니스	매일경제 월드컵팀	매일경제신문사	02.7.30		
4	월드컵으로 돈 좀 벌어봅시다	한국월드컵 비즈니스컨설팅	동방미디어	98.6.20		
5	스포츠를 읽어라	최성욱	스포츠 인 코퍼레이션	06.6.20		
6	그라운드는 전쟁터다	이창식	FPR 스포츠마케팅 연구소			
7	전설적인 조직 뉴욕 양키스의 경영방식	랜스 A 버거 외	예솜출판	05.10.10	추천	
8	스포츠 마케팅의 세계	박찬혁	살림	06.4.30		
9	스포츠팬을 잡아라	필립 코틀러 외	지식의 날개	09.3.16		
10	스포츠와 브랜드 파워	백은경 외	국민체육진흥공단	2004.12		비매품
11	3대 프로리그 무엇이 문제인가	정희윤 외	"	"		"
12	스폰서 시장을 지배하는 스폰서와 에이전시	서명운 외	"	"		"
13	미디어와 스포츠 비즈니스	이건우 외	"	"		"
14	스포츠 시설 및 서비스 산업	조성균 외	"			"
15	스포츠마케팅	박세혁 외	학현사	00.3.2		
16	스포츠 경영학 개론	William F. Stier	대경북스	03.8.15		
17	스포츠경영관리사	권오성 외	박문각	05.7.21		

18	FIFA Players' agent 2008	장승규		2008.2		
19	선수를 통해 본 스포츠마케팅	김화섭	국민체육진흥공단	2003		
20	피파의 은밀한 거래	앤드류 제닝스	파프리카	2007		
21	축구, 세계인의 스포츠	스테판 모로우	인간사랑	2007		
22	FIFA 월드컵 마케팅	김도균 외	오성출판사	04.10.15		
23	머니 볼(Money Ball)	빌리 빈				
24	지방의 역습	이케다 히로무	한국행정 DB 센터	09.7	강추	
25	우연히 들어가는 공은 없다	페란 소리아노	잠	10.6	추천	바로 세로나 경영 전략서
26	즐겨야 이길 수 있다.	스포츠토토		10.10		
27	축구 승부 예측의 전략	체리쉬	메가트렌드	10.9		

▶ 월드컵 관련서

순번	책 이 름	저 자	출 판 사	출 판 일	추천여부	비 고
1	월드컵의 역사	마쓰오카 히로시	푸른미디어	02.5.25	추천	
2	TV도 잡지 못한 2002월드컵 드라마	고두현	지문사	02.11.25		
3	RED		일요신문사	02.7.25		
4	2002월드컵 글로벌 축구 가이드북	이용수 외	대한미디어	02.5.11		
5	월드컵축구	박기만	서음출판사	02.3.20	추천	
6	월드컵 70년		한국일보	01.5.15		월드컵축구 보도사진집
7	비바! 월드컵	서기원	동아일보사	98.6.12		
8	대한민국 아름다운 월드컵 4강 이야기	남태우 외	창조문화	02.7.30		
9	붉은 함성! 세계를 뒤덮다	한국언론인협회	한국언론인협회	022.7.25		
10	꿈 ☆은 이루어진다	조선일보 2002월드컵 취재팀	조선일보사	02.7.6		
11	6월의 붉은 혁명	조선일보사	조선일보사	02.7.4		
12	붉은 악마와 월드컵	이순형	서울대학교 출판부	05.8.30		
13	월드컵의 강국들	심재희	살림	06.4.30		
14	월드컵과 평화통일	이종완	한빛	95.10.20		
15	월드컵의 위대한 전설들	서준형	살림	06.4.30		
16	월드컵의 영광 코리안 스포터즈	문상주	청조사	03.9.5		
17	독일 축구 이야기	남균 외	효형출판	2006.5.25		
18	월드컵축구 발자취	김광희	금민출판사	1975		
19	축구 서포터스 그리고 붉은 악마	신동민	맥스미디어	2005		
20	2006 월드컵 가이드	대한축구협회	랜덤하우스중앙	2006		
21	월드컵 축구, 몬테비데오에서 뮌헨까지	국홍주	영흥출판사	1977		
22	축구제전에 모인 32개국 친구들	카자키 시게루	럭스미디어	2002		
23	월드컵, 그 환희의 뒤끝	안영도	비봉출판사			
24	월드컵 유치 비화	이연철	동문사			

25	2002 한일월드컵조선일보 컬러축쇄판	조선일보사	조선일보사	2002		
26	월드컵 이야기	유희락	문학사상사			
27	2002 World Cup Guide	장원구	중앙 M&B	2002		
28	월드컵 신화와 현실	윤상철 안민석	한울아카데미			
29	붉은 악마, 깨달음과 희망의	이승헌	한문화			
30	Again 2002 1·2	장원재 이기명	이레			
31	꿈은 계속된다	한국 편집기자협회				
32	2002 월드컵보도	한국언론재단		2002.5		
33	광화문에서 만납시다	김영철	생각과 느낌	04.5.20		
34	월드컵 4강 신화의 비밀	이용수 외	시공사	02.9		
35	월드컵과 붉은 전사	기영노	무당미디어	98.4		
36	비바 월드컵	서기원	동아일보사	98.6.12		
37	신화창조의 수역들	한국기자연맹	한국언론인협회	02.10.25		
38	2006 월드컵 스카웃팅 레포트	장원구	스포츠 넷	06.3		
39	2010 월드컵 스카웃팅 리포트	장원구	스포츠 넷	10.4		
40	2010 남아공 월드컵 가이드북		스포츠 온	10.5		
41	승리의 함성 하나된 한국	대한축구협회		10.5		
42	월드컵 1930~2010	랜들 노르댐	오디북스	10.5.10	추천	
43	2010 남아공 월드컵 퍼펙트 가이드북	이형석 외	싸커라인	10.5		
44	The Worldcup 2010	일간스포츠 축구팀	중앙 m&b			

▶ 축구 역사

순번	책 이 름	저 자	출 판 사	출 판 일	추천여부	비 고
1	축구는 한국이다	강준만	인물과 사상사	2006.6.9		
2	한국축구 100년 비사 1	박경호 외	책 읽는 사람들	00.7.15		
3	국기 축구 그 찬란한 아침 1·2	최창신 외	국민체육진흥공단	97.10.5	추천	비매품
4	한국 축구 발전사	김성원	살림	06.4.30		
5	축구 전쟁의 역사	사이먼 쿠퍼	이지북	02.5.6		
6	축구의 역사	빌 머레이	일신사	08.4.15	추천	
7	축구의 역사	알프레드 바알	시공사	99.5.15		
8	세상을 바꾼 12권의 책	멜빈 브래그	랜덤하우스	07.5.23	추천	
9	경북·대구 향토축구의 맥	이주녕		02.11		비매품
10	연세축구 70년	연세축구 OB회		1989		
11	미주 땅에 뒹군 한국인 축구	오재인	재미한인축구협회	1992		
12	일화천마축구단(1989~1996)	편집부	통일스포츠	1996		
13	FC 서울 25년사	FC서울사무국		2009		
14	탐라에 피어난 축구의 꿈, 제주도 축구 60년 회고	이명길	월대	2004		
15	연변조선족 축구 운동사	편집부	교보문고	94.1		

16	한국축구 100년사	대한축구협회		03.5		
17	유럽 축구선수권대회 유로 1960~1992	박웅찬	퍼플			
18	근대스포츠의 본질: 제례의식에서 기록 축구로	앨런 거트만	나남	08.4		

▶ 축구관련 백과사전

순번	책 이 름	저 자	출 판 사	출 판 일	추천여부	비 고
1	축구용어사전		한국외국어대학 출판부	2002		
2	축구입문백과	권혁철	아카데미	1980		
3	도설 축구대사전	편찬실	예문관	1973		
4	축구대백과	편집부	능력개발	1986		
5	축구용어사전(한·중·영/중·한·영)	편집부	한국외국어대학 출판부	2002.4.20		
6	유럽축구인명사전	스포탈 코리아	미디어윌 M&B	2007		
7	축구 신 용어사전	김종환	케이보스	2005		
8	체육과학대사전		대경북스		추천	
9	재미있는 축구사전	강준막	북카라반		추천	

▶ 축구 과학서

순번	책 이 름	저 자	출 판 사	출 판 일	추천여부	비 고
1	축구의 과학	존 웨슨	한승	02.5.15		
2	우리가 찾아낸 축구공 속의 과학	조남주	웅진닷컴	96.7		
3	원더풀 사이언스 7: 축구 야구	전미화	지식채널	09.12		

▶ 축구의학 관련서

순번	책 이 름	저 자	출 판 사	출 판 일	추천여부	비 고
1	축구의학	이경태	군자출판사	2002	추천	
2	쉽게 보는 축구의학	나영무 외	군자출판사	2006		
3	달리기와 부상의 비밀, 발	조 엘리스 외	지식공작소	02.9.9		
4	내 몸 사용설명서	마이클 로이젠 외	김영사	07.3.20		
5	알기 쉬운 스포츠의학	가토 데쓰야	군자출판사	03.10.27		
6	내 몸안에 숨겨진 비밀, 해부학	사카이 다쓰오소	전나무숲	09.7		

축구경기장 관련서

순번	책 이 름	저 자	출 판 사	출 판 일	추천여부	비 고
1	축구장 잔디조성과 관리	고석구	유천	02.11		
2	서울축구경기장	편집부	인터피알	02.7		
3	독일뮨헨축구경기장	편집부	꿈꾸는 공화국	05.1		

축구소설

순번	책 이 름	저 자	출 판 사	출 판 일	추천여부	비 고
1	마지막 15분 1·2	고원정	생각의 나무	2001		
2	숙명의 대결	문축구	이화문화출판사	1996		
3	축구전쟁	김별아	웅진닷컴	2002		
4	월드컵 코리아	신정훈	처용	1996		
5	월드컵 1·2	김우영	푸른 사상	06.5.25		
6	승리의 90분	장 노엘 블랑	여명	06.3		

축구 어학 관련서

순번	책 이 름	저 자	출 판 사	출 판 일	추천여부	비 고
1	'월드컵 4강'이 영어로 뭐지	편집부	미래의 창	2002.7.20		
2	축구와 함께 배우는 주니어 영어회화	강신우 외	대한미디어	07.9.3		
3	축구 용어 바르게 알기	김준영	대한미디어	06.3.27	추천	
4	일본어를 알면 축구가 2배로 재미있다	혼다 토모쿠니	대산출판사	01.11.20		
5	축구로 배우는 일본어	김정숙 외	일본어뱅크	02.1		

축구 규칙

순번	책 이 름	저 자	출 판 사	출 판 일	추천여부	비 고
1	아빠 축구를 가르쳐 주세요	이근호	한빛	96.9		
6	볼수록 만만한 축구	김윤정	형설라이프	10.6		

저자협의
인지생략

축구코칭론 – 개정판

초 판 1쇄 발행 —— 2009년 12월 29일
초 판 2쇄 발행 —— 2010년 5월 25일
개정판 1쇄 발행 —— 2012년 11월 1일
개정판 2쇄 발행 —— 2015년 8월 10일
지은이 —— 김 기 호
펴낸이 —— 전 두 표
펴낸곳 —— 도서출판 두남
서울시 강동구 성내로6길 34-16 두남빌딩
신 고 : 제25100-1988-9호
TEL : 02) 478-2065, 2066, 2067, 2311
FAX : 02) 478-2068
E-mail : dunam1@unitel.co.kr
http://www.dunam.co.kr

정가 22,000원

ISBN 978-89-6414-375-9 13690